林增平辑

周秋光 编校

民主与建设出版社

林增平（1923—1992）

湘学研究丛书总序

由中央文史研究馆与全国各地文史研究馆通力合作的文化工程《中国地域文化通览》，在历时 6 年之后，终于全部完成，陆续出版，这无疑是一件令人振奋的事情。更让我欣喜的是，湖南省文史研究馆在《中国地域文化通览·湖南卷》编撰完成之后，即着手湘学研究，这是对湖南地域文化研究的拓展和深入。因此当"湘学研究丛书"执行主编、湖南省文史研究馆馆员陈书良先生嘱余为丛书作序时，余乐见其成，遂欣然应允。

湘学作为一种极富地域色彩的学术思想，在中国传统学术思想史上有独特的地位，并在历史上对中国的学术思想演变产生了很大的影响。"湘学"的独特品格是儒学地域化的结果。但这一地域化的过程并不是完全被动的，它既有南北的交流与互动，也有东西的冲突与融合。中国传统的学术文化不断对湘学施加影响，湘学也因其自身特质影响了全国的学术发展。其表现最突出的主要是两个时期，一个是南宋的湖湘学派，一个是晚清湖南的经世派。

南宋时期，以胡安国、胡宏父子和张栻为代表的湖湘学派，主张"性本论"和"气本论"，与朱熹的"理本论"和陆象山的"心本论"三足鼎立，朱熹更是深受胡氏父子和张栻的影响。过去我们过多强调张栻接受朱熹的观点，修正师说，而忽视了朱熹所受湖湘学派的影响。实际上，朱熹正是从湖湘学领悟到践履功夫的重要性，并纠正了佛老之弊。刘师培在论朱熹学问的进程时曾指出"考亭早年泛滥于佛老之学，及从延平问道，讲明性情之德皆由发端处施功，乃渐悟佛老之非……乃从南轩于湘南，而治学之方始易以察识为先、以涵养为后，由蹈虚之学加以徵实之功。"（《刘申叔遗书》之"南北理学不同论"，江苏古籍出版社，1997 年，551 页）这一点随着对南宋思想和社会发展的深入研究，已经越来越成为共识。

至于湘学与晚清学术思潮的转变，最突出的就是湖南理学经世派的强势复兴。陶澍、贺长龄、魏源作为晚清理学经世派的第一批领袖人物，在道光年间积弊丛生的时局中崛起，他们因此而有机会将湘学的经世传统付诸实践，湘学也正是在此时再次兴盛。到了咸同年间，中兴名臣曾国藩借由湘军的壮大不断传播其"以礼调和汉宋"的主张，将"经济"一门与"义理、考据、辞章"并举，将经济藏于义理之中，在乾嘉考据之外，大大提升了理学的地位。他强调时务致用，兼收并蓄，以撮合、化解汉宋之争，成为当时经世学风的主流。但曾国藩的这种努力，基于更多的现实考虑，从学术上来说，并没有解决汉宋之争存在的学理问题，事实上影响了清代理学的发展。同时，在对西学的引进上，湘学的思考习惯和学术精神也影响了时人对中体西用关系的理解。对西方器物、制度、文化的次第引进，在湖南本土产生了激进与保守的严重分歧，它不仅使中国传统学术的发展呈现出复杂的局面，也深刻影响了中国社会发展的方向和进程。关于这些，仍有待更多的研究。

作为传承近千年的地域学术思想，湘学的学术内涵极为丰富，一方面随着历史变迁而不断发展，另一方面却保留着学统上的延续性，形成了一种学术精神传统，深刻地影响了湖南的民风民俗和政治、经济、文化的发展。

因此，开展湘学研究，对湖湘地域学术文化和学术群体深入开掘，具有重要的学术史意义。有关湘学的研究，近年来湖南地区的学者已经取得了不少成果，这种学术自觉充分显现了湖湘学人的自信，也非常契合湘学的旨趣与独立精神。但作为一个学术思想史概念，湘学的历史研究和学理研究仍然很薄弱，还有许多工作要做。湖南省文史研究馆作为政府机构，牵头组织部分学有专长的文史研究馆馆员和一些学术界的朋友共同整理、研究、编写"湘学研究丛书"，显示了他们的学术勇气与社会担当，昭示着湘学研究进入一个新的阶段。最后，我希望这套丛书的出版，能成为各省地域学术研究的参照。

袁行霈

目　录

中国资产阶级研究

湖湘文化及人物研究

相关研究专论

序言书评致词杂感

附录：林增平先生生平大事年表

前　言

流光易逝，师恩难忘。恩师林增平先生离开我们已经22年了，但先生留下的事业和精神将是永存的。

林增平先生早年就读于南昌国立中正大学时，原班约有二十来个同学，到后来仅有先生一人选学历史。先生矢志不渝，坚守在历史这块"冷田地"里苦心经营，一干就是半个世纪。辛勤的耕耘最终获致了令人瞩目的成就。建国后第一部采用学界讨论后认识比较一致的分期法全面研究和叙述中国近代史的著作《中国近代史》（全二册）即出自先生之手（该书已先后出版三次，现又将出第四版），从而使先生成为新中国以马克思主义为指导研究中国近代史的前驱者之一。先生对辛亥革命的开拓性研究与贡献，更使先生蜚声海内外学界。先生又以其广阔的学术视野，开创了近代湖湘文化研究的新领域。由先生手创并倾注毕生心血的湖南师范大学中国近现代史学科（国家重点学科、湖南省第一个文科博士点）也在不断地发展壮大。先生不仅在学术上造诣深厚，他的人格精神同样令人称道，诚如华中师范大学校长马敏先生所言："铁肩担道义，流水不争先。"先生自强不息、淡泊名利、大智若愚、忠厚谦和，他的学问是他的人品的外化和展延，他的学品、人品乃致于官品（先生曾担任湖南师范大学校长和湖南省文史研究馆馆长）可谓内在一致、浑然天成。

林增平先生将毕生的精力和心血奉献给了科学研究和教育事业，而其匆促辞世，对于后事、遗作，无半句遗言。2006年，湖南师范大学中国近现代史学科将当时所能发现的先生生前文论纂辑成编，出版了《林增平文存》以为纪念。时逾8年，又发现了一些先生的言论文字，恰适先生曾经担任馆长的湖南省文史研究馆计划出版一套《湘学研究丛书》，其中列有《周士钊辑》《杨树达辑》《林增平辑》三种，委我承担编纂《林增平辑》，于是有机会重新整理一本更加全面的先生言论文字，以慰先生在天之灵。

　　《林增平辑》共收录先生除著作《中国近代史》（全二册）、《辛亥革命史》（合作主编全三册）、《中国近代史话》（合著）、《辛亥革命》（小册子）之外的言论文字凡87篇，约50余万字，时间上起50年代，下迄先生逝世之前，包括先生的自传、研究专论、学术评论、书评序言、会议致词等。其中大部分已正式发表，有少量未刊件或登载于非正式刊物。我们整理的原则是，凡是先生手定成稿的，无论已刊未刊，一律不加更动，仅做一些核对引文、统一格式之类技术性工作；对于根据讲话记录整理的，一般参照两种或两种以上记录，进行条理文句、补加注释之类工作，但不作学术观点方面的改动。本书编排体例，首列历史（主要是近代史）研究总论，以下依次是辛亥革命史研究、中国资产阶级研究、湖湘文化及人物研究、相关研究专论、序言书评致词杂感，并于每篇文题之下标出成文时间，篇末注明出处。每篇文章均按时间顺序排列。为了便于读者了解、研究林增平先生的生平和学术，书末附录了《林增平先生生平大事年表》。

　　林增平先生是饮誉海内外的史学大家，继承先生的学术事业和人格精神并为之发扬光大，是弟子们义不容辞的责任和孜孜以求的信念。经过再一次的搜集整理，展现在大家面前的林增平先生的学术涉猎当更加全面，学术历程和特点也更加清晰。在此，要感谢所有为该《林增平辑》顺利出版奉献心血和汗水的各位领导与师友，本门2013级硕士研究生曾宪斌、高丹丹、胡娟、刘彬彬、王艳君、曹晓宇、刘晓敏为本书付出了辛勤的劳动，其中曾宪斌担任我的学术助手和联络人，费心费力尤多。谨对上述各个方面的支持与助力一并致以最诚挚的谢意！

　　谨以此书献给和纪念敬爱的恩师林增平先生！

周秋光
2014 年 7 月 31 日

历史研究总论

中国近代史研究的回顾和展望

1980 年

中国近代史的研究，在解放前，是和党领导的新民主主义革命相联系的。不少老一辈的无产阶级革命家，都曾经力求通过近代史的研究，确切认清中国的国情，作为认清中国革命的性质、任务、动力、对象等基本问题的重要依据之一。范文澜同志 1946 年写成的《中国近代史》第一分册，就是为了这个目的，试图用马克思主义观点阐述近代中国史事的系统的著作。这部著作的功绩，就在于通过史实的叙述和分析，确立了人民群众是创造和推动近代历史发展主体的体例，揭露了帝国主义侵略中国和国内反动统治者媚外卖国的罪行，阐述了半殖民地半封建社会的某些特点。可以说，范著是为建立一个马克思主义的中国近代史体系作了开创性的工作。

建国以后，到 1957 年，在中国近代史研究领域内，无论是资料整理，专题研究，通史著述，都取得较大的成绩。而且一般地注意了史论结合、实事求是的原则和学风。然而，随着 1957 年反右斗争的扩大化，愈来愈"左"的错误思潮，就不断殃及包括近代史在内的历史学的研究和著述；待到林彪、"四人帮"、康生一伙横行肆虐，"历史"便成了这伙反党野心家用以罗织诬陷、篡党夺权的工具，已经完全失去探索社会发展规律，吸取经验教训，吸取鉴诚的意义。十年浩劫给史学领域的灾难，岂堪回首！

"四人帮"被粉碎后，因开展真理标准问题的讨论而启导的思想解放浪潮，在历史学界同样引起了解脱极"左"程式，冲破人为禁区的波澜。近代史的研究，也出现了向新的领域，新的课题求索的风气。前事不忘，后事之师。回顾来路，瞻望前程，应该不是多余的。以下，就四个问题略陈管见，以供参考。

一、近代史分期问题的重议

1954 年，胡绳同志首倡为近代史（1840～1919 年）划分时期，并提出"以阶级斗争的表现"，即中国近代三次革命高潮（太平天国、义和团、辛亥革命）作分期标志的见解。问题提出后，虽然引起了一场争论，对分期标志和阶段划分有不同看法，但后来在制定高等学校历史系中国近代史教学大纲和编写近代史教材和专著时，一般都基本上接受了胡绳同志的意见，按三大高潮将中国近代史划为三个时期。

无庸讳言，从范著的纪事本末编例到划分时期进行叙述是近代史研究的一大发展。由于分期叙述，就更便于对特定历史阶段的政治、经济、文化思想作综合的研究和认识，也推动了对人民群众反抗斗争资料的搜集和介绍，使得人民群众在近代史上应有的地位获得更充分的依据。那次分期讨论对近代史研究的贡献是不能否认的。

但是，一方面是以阶级斗争的表现作为划为时期的标志，和近代三大革命高潮的提法，本身有欠妥当；另一方面，则是因极"左"思潮的干扰，致人们对阶级斗争的理解产生很大偏向，主要表现在：其一，只承认阶级斗争的最高形式，即暴力行动是历史发展的动力；其二，只承认劳动人民的起义和革命对社会发展有促进作用，资产阶级从事的运动，哪怕是名正言顺的革命，也是软弱无力的。基于上述原因，按三大革命高潮来划分近代史的不同发展时期，显得不够妥当，与历史进程有较大出入。

首先，由于不恰当地把义和团运动列为第二次革命高潮，从而使划分在第二个时期（1864～1901 年）内的洋务运动和戊戌变法，没有得到应有的注意，其历史作用估计偏低。实际上，在太平天国革命失败后到义和团运动期间，导致社会经济、政治、文化思想逐渐演变的事件，主要是洋务运动和戊戌维新。义和团运动只是 19 世纪末年因帝国主义对华北侵略骤然加剧所激起的群众自发性的反抗斗争。可是，既然把义和团列为三大高潮之一，因此，叙述第二个时期内的史事，就不能不把这次高潮的酝酿、发展作为历史的主流，而洋务运动和维新变法则成了支流，甚至被作为这一主流的对立物来看待。于是，不仅洋务运动遭到全盘否定，而百日维新也越来越多地涂抹上反动的色彩。历史没有得到公允的对待。

其次，由于上述那种对阶级理解的偏向，而且，在现实生活中，阶级斗争被错误地估计为尖锐化和复杂化，不恰当地扩大化。于是，以阶级斗争的表现作为划分时期的标志，近代三大革命高潮的提法，日益取得牢不可破的地位，其他一些有关分期标志的提法和分期界限，就逐渐被淘汰。于是，中国近代史的体例，就产生定于一尊的现象。翻开高等院校讲义，公开出版的著作，篇幅虽有详略之分，而面貌、内容，则没有多大区别。不少从事近代史教学和编辑出版的同志，给近代史教材、著作归纳出一个公式："一条线索，两个过程，三次高潮，八大事件。"近代史研究，陷人公式化的境地。如同刘大年同志说的："新近出版的近代史读物，重复劳动多，新增加的东西少。陈陈相因，了无新制，引起读者的批评。"

　　近两年来，随着一些禁区的冲破，极右思潮的排除，史学界对近代三大高潮的划分时期的问题，提出了异议。导致这种异议的因素是：

　　1. 通过历史发展动力问题的讨论，对曲解马克思主义阶级斗争学说的偏向所造成的混乱，作了澄清。讨论中，虽不少人认为阶级斗争是有阶级社会发展的真正动力，但提出生产斗争是社会发展根本动力，社会发展来自一种合力等见解的，却更多。促使了近代史研究者对以阶级斗争的表现为分期标志的怀疑，企图探求一种比阶级斗争更为实质，更为确切的标志来重新划分近代史的不同阶段。

　　2. 对洋务运动、戊戌维新展开了重新如实评价的讨论，就义和团运动也提出了不同的看法。从趋势来说，洋务运动、戊戌变法逐渐有了较公允的评述，而义和团运动，则在消退着因极"左"思潮而得到的某些虚浮的身价，不少研究者对它作为一次革命高潮，表示了异议。

　　3. 有的同志更认为，中国近代史上，只有辛亥革命才算得上革命，太平天国、义和团，是两大农民运动；这两次运动，都不曾触动旧的生产关系，都没能建立越出封建制度的新制度。况且，农民起义没有也不可能承担用资本主义取代封建社会的任务。所以，这两次运动都不能算革命，更说不上革命高潮，这样，三次革命高潮的提法就似乎根本动摇。

　　4. 人们对近代史著作"陈陈相因，了无新制"的状况提出批评，促使近代史研究者对过去公式化的体例进行反省，认为必须容许、鼓励不同的分期标志、界限的同时存在，出版不同体例、不同风格、不同流派的近代史著作，以抛除那"定于一尊"，程式划一，缺乏创新，学调沉闷的气氛，把中国近代史的研究搞上去。

　　显然，中国近代史分期问题如不重新讨论，一些史事就不易得到如实的评议，不能改变面貌，也会束缚研究者的手脚，无法得到发展。重议分期标志、界限的文章，已在报刊登载，看来，它确有广泛展开的必要。

二、农民、人民群众的地位和作用问题

在中国近代史上，人民群众，主要是农民，是居于历史主体的地位的，编写近代史，必须如实地还原人民群众创造历史的过程。这是毫无疑义的。但是，这并不等于说，正在上升阶段，而且负有领导革命的历史使命的民族资产阶级，可以因其属于剥削阶级而摒斥于人民群众之外；可以因农民反封建的要求迫切、斗争性强而设想它能够取代资产阶级的地位，经由农民运动来实现发展资本主义的任务；或是出于所谓朴素的阶级感情，不加区别地颂扬一切自发的、甚至是蒙昧落后的群众活动，并不管青红皂白地贬责资产阶级的所有言行，包括它的革命斗争。然而，事实确实说得上匪夷所思。这些本来是马克思主义基本知识的东西，居然不同程度地流露在过去近代史的著述中，到史无前例的十年浩劫时，竟至盛极一时，成为不容非议的正统观点。

在这种正统观念的影响下，中国近代史的研究产生了向"左"偏离马克思主义的倾向，作为近代史开端的鸦片战争，就被渲染为广东三元里群众抗英为主干的对外战争。一些著作、教材，隐讳真实史料，牵强附会地引用不完全可靠的传闻和访问纪录，把三元里抗英写成了由农民领导、农民组成的一支有组织的武装，并且惋惜地评论说，如果没有清朝反动派的媚外卖国和阴谋破坏，由三元里农民倡导起来的人民抗英斗争，完全有力量将侵略者打败；而屈辱的《南京条约》，也许就不会在历史上出现——这是何等违反历史主义的论调。三元里抗英的主力确实是农民，也无疑应高度予以评价，但倡首的确为爱国的地主士绅，则是事实。如果按照上述理解，就不免使人产生疑问：既然当时的农民即能出头领导抗英武装斗争，并且具有击败侵略者的可能，那么，中国人民反帝反封建的任务，就无须等待中国共产党领导新民主主义革命来完成了。同时，人们也可以提出责难：既然广东农民能组织三元里抗英，并有可能赢得胜利，那么，江浙一带农民为什么不起来阻止清政府签订贻害无穷的《南京条约》呢？这就不是颂扬了农民，而是苛责农民了。

继鸦片战争之后，是长达 14 年的太平天国运动。这次规模空前宏伟的农民大起义，辉煌壮观，如实地叙述就已令人赞叹不已。然而，它

仍然被无止境的夸大拔高。洪秀全被描写成完满无缺，毕生正确的领袖，甚至说他的革命思想是与生俱来的，谁要是对他的缺点和错误稍加指责，很可能要负现实的政治责任。对太平天国的制度、政策、措施，也一味地颂扬，似乎丝毫不逊于无产阶级及其政党所能达到的治绩。太平天国的历史，被涂饰得面目全非。

尤其是对义和团运动的论述，几乎成了拔高的比赛。好像谁把义和团的作用说得无与伦比，连改东交民巷为切洋街，改一座什么桥为断洋桥，也说是最最最革命的行动。缺点和消极面是不许说的。"文化大革命"前，我曾经提到，义和团不应当在反帝的同时，笼统地把进步的生产工具和交通工具以及资产阶级新的科学技术一齐反掉，就受到严厉批判。"文化大革命"开始后，江青、康生指使其走卒戚本禹发表《爱国主义还是卖国主义》，恶意地歪曲义和团运动，于是导致了火烧英代办署的事件，产生了极坏的后果。

辛亥革命，无可争辩地是民族资产阶级革命派领导的，然而，因极"左"思潮的泛滥，也就产生一种论调，认为对辛亥革命史应当"立足于批"，首先对资产阶级革命派批一阵，煞下它的威风，免得人们以为它是高明的。过去，有位同志写文章论述辛亥革命时资产阶级革命派的领导作用，提到当时推动历史发展的动力集中在资产阶级身上，也被指责为排挤了工农群众，是为剥削阶级续家谱。按前些年的看法，怎样才可以避免犯这种为剥削阶级续家谱的错误呢？办法就是极力抬高20世纪初年各种群众自发的反抗运动，让各式各样自发的运动取代资产阶级革命派领导的革命斗争。就是说，要在这时的历史舞台上，把资产阶级赶下台或排挤到配角的地位，仍然使农民充当主角。虽然，这样一部辛亥革命史并没有编出，但可以设想，按照这种"立足于批"的办法，辛亥革命史也就可以被写成农民运动史。

这样，中国近代史就成了一部前仆后继的农民战争的记述。这就形成一个体系。即，中国近代史和前、后都衔接起来，在此之前，一部封建社会史是农民战争史。在此之后，使无产阶级领导的新民主主义革命和农民运动直接衔接，中间不致为资产阶级领导的运动隔断。据说，劳动人民创造历史的体系，就得以确立，不会出现为剥削阶级续家谱的偏差。

谈到这里，不能不使人想起十年浩劫时情景。为什么林彪、"四人帮"制造的现代迷信，用封建主义的礼制仪注来尊崇无产阶级领袖的行径能够延续十年之久？为什么专制主义、家长制，甚至封建性的人身依附关系，至今还不能消除？而且出现过江青想当女皇的咄咄怪事。原因当然是多方面的，然而，这和对辛亥革命时资产阶级领导的民主革命"立足于批"，使党领导的革命同农民运动直接衔接的体系不无联系。既然无产阶级领导的革命是直接继承了农民运动的传统，那么，盖万岁馆，忠字牌，高颂万寿无疆，想当女皇，等等，就是可以理解的事了。显然，尽管编就这种体系的人是无意的，是受极"左"思潮的影响，但它迎合了林彪、"四人帮"的那一套，则是可以肯定的。

这样一种不符合马克思主义、违背历史真实的农民运动体系，在"左"倾干扰逐渐有所消除的情况下，理所当然地被研究者加以抵制。而随着禁区的次第开放，打棍子、扣帽子的恶劣手法，已为人所厌弃，对农民运动、群众斗争的研究也逐步趋向实事求是。在史学界，人们在赞扬太平天国规模空前、功业彪炳的同时，也对它的局限、缺点和错误进行了论述，力求给这次旧式农民起义的高峰以恰如其分的评价。而义和团运动，史学工作者于肯定它的正义性和历史意义的同时，也论到了它的弱点和消极方面。一位青年史学工作者在清除自己十年浩劫所受的影响的过程中，对义和团所带有的封建蒙昧主义作了详细的评议。有的研究者论证，进入北京的义和团，其性质已不同于进入以前的义和团；有的著文，认为义和团运动粉碎帝国主义瓜分中国的狂潮的说法，不符合历史事实，因为，1904～1905 年的日俄战争，就是在中国土地上进行的帝国主义分割中国的战争。极"左"思潮给两次农民运动涂饰的虚浮不实的色彩，逐渐消失，把一部近代史写成农民运动史的体系，也就瓦解。

随着这种体系的瓦解，一些研究者开始探讨近代史的主流究竟是什么？有的研究者认为，太平天国是旧式农民运动的高峰，也是它的终结。之后，出现的是中国资本主义化的运动，大体经历了洋务运动、戊戌变法、辛亥革命三个阶段。这几个阶段前后交错，相互继承，标志着近代中国历史前进的基本脉络。这种看法，有赞同者，也有反对的，它是否真实反映近代历史进程呢？还有待于讨论。

三、正确对待近代史上的资产阶级问题

曾经一度流行的对辛亥革命时资产阶级革命派要"立足于批"的主张，是逐渐消除的。1976 年冬，我参加一次编写辛亥革命史的协作会议，讨论编写原则时，对"立足于批"就有不同意见，有支持的，有反对的。

后来，会议的报道在报上发表，仍然把"立足于批"定为编写原则。但很快，就有读者提出批评。这说明"左"的干扰影响是大的，但也不乏明智之士出面抵制。

大约过了两年，到1978年时，"立足于批"这个极端形而上学的原则，渐渐被批出了臭味，遭到绝大多数人的厌弃，它才算是被扫进了垃圾堆。而近代史上资产阶级的问题，随即有较实事求是的对待。

很长一个阶段，洋务运动被作为纯粹迎合帝国主义意旨的过程。"立足于批"的原则抛弃后，人们对它的看法也有改变，认为洋务派办近代工业、办海防，未必没有抵挡外来侵略，推动中国资本主义发展的意义。有的研究者认为，筹办洋务的洋务派官僚，是否可以看作是中国最早向资产阶级转化的人们，只是他们背着极为沉重的封建包袱，带着同帝国主义极为密切的联系，因而不能实现这种转化而已。因此，洋务运动也就不能不最后宣告失败。从这方面说，洋务运动是否可以看作中国资产阶级的第一个运动。

戊戌变法，本来是作为资产阶级早期进步运动看待的。只是戚本禹《爱国主义还是卖国主义》一出笼，它就一落千丈，甚至被作为修正主义的历史靶子来打。近两年来，它才逐渐恢复了名誉。一些研究者认为，这样一种变封建主义为资本主义的政治理想和救国途径，不管它多么不彻底，不切实，但却是以往农民运动从来未提出，也不可能提出的，所以有划时代的意义。戊戌维新尽管由于本身的弱点和客观条件的限制，最后归于失败，然而它的启蒙作用却不能低估，影响深远，因而它在历史上的地位比任何一次农民运动重要得多。

资产阶级从事的维新运动比任何一次农民运动都重要得多，那么，资产阶级发动的革命，当然要比农民运动重要得多。

有人本着朴素的阶级感情，总觉得资产阶级既软弱，又是剥削阶级，怎么能说他们比农民更进步，更高明呢？这种感觉是形而上学的、非历史主义的。农民是和自给自足的封建小农经济相联系的，而资产阶级是和近代大机器生产形式、近代文明相联系的，是不同历史范畴的产物，本来不好进行比较。如果一定要比较谁进步，谁高明，那得衡量在特定历史范畴里各自在社会经济、政治、文化的发展的作用。在近代中国，资产阶级以及与之联系的近代工业，是导致中国民族独立、国家富强、社会进步的物质基础。这种任务，是农民运动所不能代替的。资产阶级革命派要使中国发展资本主义，又敢于采用革命手段来实现自己的目的，它不是比农民高明吗？

过去，有人总是对资产阶级革命派抱有反感，总是把他们同资本家剥削成性、唯利是图的性格联在一起。其实，这是误解。马克思指出过："不应该认为，所有的民主派代表人物都是小店主或小店主的崇拜人。按照他们所受的教育和个人的地位来说，他们可能和小店主相隔天壤。使他们成为小资产阶级代表人物的是下面这样一种情况：他们的思想不能越出小资产者的生活所越出的界限，因此他们在理论上得出的任务和做出的决定，也就是他们的物质利益和社会地位在实际生活上引导他们得出的任务和做出的决定。"（《路易·波拿巴的雾月十八日》）考察一下辛亥革命时期的革命派就可以看出，他们一般是留学生，接受了新式教育的知识分子。所以称他们为资产阶级革命派，就是因为他们的物质利益和社会地位是同资本主义社会相适应的，他们从事革命的目的，就是要争取实现这样的社会，并认定这就是挽救中国的途径。他们也许并不总想到是要为资本家争取利润而献身。如果他们自认为是为了资本家的利润这样一种卑下的目的而革命，那么，怎么能有那么多慷慨悲歌、英勇壮烈的英雄行为出现呢？

资产阶级革命派从事的革命，在具体进程中确实是农民运动所不及的。农民起义，一般是借助宗教迷信动员群众。太平天国借助上帝教，义和团借助设坛念咒，这是众所周知的。天地会宗教色彩少，而也是借助拜盟结义来维系自身的团结。他们也不能摆脱封建思想意识和伦理道德的约束，所以，在建立政权时，仍然要沿袭封建制度，山呼万岁，称孤道寡。最终，不是被旧王朝剿灭，就仍然演变成一个新的封建王朝。众多的农民起义英雄，从容就义，壮烈牺牲的不少，但差不多都是以封建性的尽忠死节来表述自己的胸怀。李秀成在自述里，称自己为太平天国竭智尽力，是出自对天王的愚忠。赖文光慷慨就义，在自述里表示："古之君子，国败家亡，君辱臣死，大义昭然……，惟死以报国家，以全臣节。"[1] 以君臣之义来作为自己保持气节的规范，实际上不曾超越封建主义的范围。

然而，资产阶级革命派却不同，他们有民主的觉醒，有爱国主义的思想，有革命的自觉性，完全摒弃了宗教迷信。翻开《革命军》《猛回头》一类革命书刊，一种为民族的屈辱，国家的危亡而忧心如焚的爱国激情，

---

[1] 《赖文光自述》，中国史学会主编：《中国近代史资料丛刊·太平天国》（二），上海人民出版社，1957年版，第863页。

真能感人肺腑；一种渴望解脱封建束缚，实现民主共和的愿望，跃然纸上，呼之欲出。比起洪秀全的《原道救世歌》《原道醒世训》《原道觉世训》以上帝及其子女与阎罗妖及其妖徒鬼卒的对立来宣传反清起义，显然是进步得多。真正的民族觉醒和充沛的爱国主义思想，是伴随资产阶级革命派的形成而产生的，它不可能从农民运动产生出来，听听辛亥革命时期那些革命志士就义前的慷慨悲歌，勇毅陈词，更是令人肃然起敬。秋瑾、方声洞、林觉民等那种临危表白自己强祖国，为同胞谋永福的恢宏心境，喻培伦就义前深信"学说是杀不了，革命尤其杀不了"的豪迈气质，至今还具有很大的教育意义。他们为民族，为祖国而献身，比起农民起义英雄以尽臣节、报知己以自勉的思想意境，显然是要高得多。但这也不能苛责农民英雄，他们也是在当时历史条件允许下达到了最高的境界。

因为一提到资产阶级就有软弱、妥协的感觉，又流行过"立足于批"的原则，因而对辛亥革命时期资产阶级革命派的功绩也曾作了过低的估计，甚至认为他们领导人民推翻了清王朝，也是因为太平天国、义和团已经把这个王朝的基础掘松了。这是不公允的。资产阶级革命派进行的武装起义，前仆后继，可歌可泣。在辛亥革命以前，还没有任何一次农民起义有这样众多勇于牺牲，视死如归的仁人志士。以武昌起义全国响应来说，功绩就很伟大。孙中山认为，自古成功，未有如此之速者。武昌起义后 50 天，清朝主要武装力量——新军共 14 镇 18 协，起义、溃散的 7 个镇，10 个协，14 个省脱离清廷统治。没有革命党人艰苦努力的奋斗牺牲，能有如此成效吗？推翻清朝，结束 2000 多年封建帝制，确是资产阶级革命派的丰功伟绩。

我们的前人，流血牺牲，做出了如此历史功勋，却还要"立足于批"，这是什么感情？什么主义？

回顾中国近代史的研究，我以为，如果能在分期问题上做出科学的答案，如实地、历史地摆正人民群众作为历史主体的地位，正确估价资产阶级的作用，中国近代史是可以摆脱"陈陈相因，了无新制"的状态，得到应有的发展的。

四、承认差距，策励来兹

按理说，中国近代史的研究应当是我们领先的，但事实不然，我们对自己国家历史的研究、编纂和资料整理，都不如外国，这是很令人泄气的。

据不完全的统计，1950～1978年间，包括几千字的通俗读物在内，我们出版的中国近现代史书籍，共395种，其中通俗、一般读物206种，学术著作为189种。

另一个不完全统计，1949～1977年间，外国出版的中国近现代史书籍，共1822种（英、德、法文1041种、俄文444种、日文337种）。

对照之下，我们出的近现代史学术著作，大约只有同时期外国出版的1/10多一点。比美、苏、日三国都要少得多。

另一个比较：

我国1950～1978年出版的189种，其中：

1958年前出版	102种	54%
1959～1966年	56种	30%
1967～1978年	31种	16%

外国1949～1977年出版的1822种，其中：

1949～1958年	294种	17%
1959～1966年	498种	27%
1967～1977年	1007种	56%

外国出版的数量多，部头大，如孙中山传，共25种（英6种、俄8种、日11种）。我国1979年前，只有一本少年儿童读物《孙中山》，1979年出了一本10万字的《孙中山传》。对于如此一位伟大的革命先行者，我们为他树碑立传的热情，还不如外国人，这能说得过去吗？

同类的书籍，也相形见绌，如：

［美］艾希里克：《中国的改良和革命：辛亥革命在湖北和湖南》352页

李时岳：《辛亥革命时期两湖的革命运动》9万字

［美］希夫林：《孙中山和中国革命的起源》412页

陈锡祺：《同盟会成立前的孙中山》5.5万字

当然，外国许多中国近现代史的书，观点反动，陈旧，就事论事，有些确实很不高明。但也有一些研究的广度、深度，引用资料之丰富，是我们所不及的。

作为一个泱泱大国，这种相形见绌的情况是不应当长期延续下去的。近几年赶上去，可能有困难，但到2000年，当四个现代化实现之时，情况是应当改观的。我们年长的史学工作者固然有责任，但更多、更重的担子，将落到在座的青年肩上。让我们在共产党的领导下，共同勉励，迎头赶上去吧。

附记：上面提到的研究中的缺点和错误，也包括我的一些言论在内。可以说，这也是我对自己研究工作的反省。

（这是湖南师范学院林增平教授1980年10月19日在江西省历史
学会代表大会上的发言。根据记录整理。未经本人审阅。）

（原载《江西社会科学》1980年第1期）

中国近代史研究述评

1982 年

近几年来，中国近代史（1840 ～ 1919 年）的研究颇为活跃，提出了不少新课题，产生了一批新成果，探讨和争论较集中的问题，大体可归纳为四个方面。

一、近代史的分期和线索

分期问题，包括大小两个断限：一是指近代史应断至 1919 年还是 1949 年。尽管多数人倾向于 1949 年，但由于多年来的积习一时难于改变，因而在近代史的教学和科研中，至今还沿袭旧例，实际上仍没有越过 1919 年这条界线。

所谓小断限，是指近代史内部划分阶段的问题。这是胡绳同志 1954 年首先提出来的。他认为，以往的近代史著述，一般都只能说是纪事本末体，不利于对社会政治、经济、文化的内在联系作综合研究，从而阐明历史不同发展阶段的特点和规律。为此，他提出了以近代阶级斗争的表现为划分时期的标志的看法，主张按近代三大革命高潮——太平天国起义、义和团运动和辛亥革命的消长演变，把近代划为 1840 ～ 1864 年、1864 ～ 1901 年、1901 ～ 1919 年三个时期。虽然，也有人对他的看法表示异议，在分期的具体界限上争论更多，但他的主张终于被大多数研究者认为是较为妥当的。无论是综合性大学的还是师范院校的历史系中国近代史教学大纲，都是按这个体系编撰的。近年，胡绳同志把他自己提出的体系和看法，写成了《从鸦片战争到五四运动》这部大著，这是 30 年来近代史研究方面的重大成果，堪称是成一家之言的著作。

近年来，不少同志感到，按阶级斗争为标志，三大高潮的消长划分时期，仍没有显示近代中国社会发展的全貌和政治、经济、文化各个领域的内在联系，因而对近代历史的进程提出另一种看法，认为从鸦片战争后，中国就面临着使自身资本主义化的课题。太平天国的失败，表明空前宏伟的农民大起义，不可能完成这一课题。随后，由于中国社会已为资本主义的兴起和发展提供了客观的条件和可能，因而伴随中国资本主义的发展程度和规模，先后产生了洋务运动——戊戌维新——辛亥革命三个既有联系又彼此否定的过程。这三个过程的前后植替，基本上反映了近代社会不同阶段的特点和抗拒帝国主义要使中国变为半殖民地、殖民地所进行的斗争。

反对这种"洋务——维新——革命"体系的颇不乏人，抨击的焦点，在于洋务运动。即认为洋务运动的实质是配合帝国主义变中国为半殖民地的一个运动，它并不表示中国资本主义的兴起，而恰恰相反，倒是给中国资本主义的产生和成长设置了枷锁。因此，要使这一体系得到大多数研究者的赞同，还取决于洋务运动获得如何的评价。从研究动态来看，主张侧重从中国社会经济的变化去考察洋务运动的内涵和动因，肯定它和中国资本主义的兴起有联系，因而具有或多或少进步意义的议论，逐渐增多，论据也渐次充分有为。目前虽不能判断哪一种体系更为符合历史真实，也许还有第三说出现，但通过这样的切磋酬答，是有益于推动中国近代史研究的进展的。

二、农民起义问题

解放后，给长期被歪曲、被诬蔑的历代农民起义予以昭雪，肯定和表彰它的正义性和历史意义，是完全必要的，有成效的。但由于"宁左勿右"思想的影响，在"文革"前，对农民运动即有某些拔高的迹象。"文革"中，"左"的思潮扶摇上升，对历史上农民战争的评价便几乎完全脱离了历史唯物主义的准绳，被随心所欲地拔高再拔高。至于林彪、江青两个反革命集团为其篡党乱国的政治阴谋的需要，而肆意篡改农民起义的做法，那当然谈不上历史研究，但却给历史研究造成了极大的混乱。中国近代史上的农民战争，也就因此而被涂抹得面目全非。

随着政治、思想各方面的拨乱反正，学术研究的日趋兴旺，双百方针的得以贯彻，对农民起义的研究，也就很快地返回了历史地、如实地论述的园地，研究的广度深度都有较大的延伸。

在太平天国的研究中，关于天国政权性质的讨论，起了很好的作用。通过这一讨论，较多的研究者大致都认为，太平天国无疑是达到了最高成就的一次农民起义，但它毕竟是不曾得到先进阶级的领导，还属于自发斗争的范畴，因而它的政权不可能不产生封建化的过程，只是对"化"的迟早、"化"的程度还有不同看法。这样，不少研究者也就依据这一论点，探讨天国政治、经济、文化各个方面因受封建化的制约所产生的种种现象和实质，从而正确地总结其历史经验和教训。同时，也由于日益切实地按照唯物主义的观点认识和说明问题，因而洪秀全也没有再被描绘为毕生正确，一而再、再而三地与篡权、分裂、投降等几次反革命路线作斗争并获得胜利的革命领袖，而给了他恰如其分的评价。有的研究者认为，至少在 1845～1846 年洪秀全撰写《原道救世歌》《原道醒世训》的时候，他还只是一个虔诚的宗教家，确切说来，只是到了 1849 年他赋诗抒怀，以汉高祖、明太祖自况的前后，才表明了反清起义的意图。他不愧为伟大的农民起义领袖，但进入南京后，也搞了不少维护封建等级伦常的措施，存在日益信任亲近嬖佞，猜忌有功将帅的严重缺点和错误。至于杨韦事变，既不是什么路线斗争，也不是地主阶级在革命阵营内部策划的阴谋，而是重蹈历代农民战争大都出现过的同室操戈的内讧覆辙。而李秀成，充其量是有变节行为，并不是一参加太平军就作为一个叛徒坏子一直在起义队伍中干尽了坏事，他在被俘前的功勋是应当给以评价的。这样历史地、一分为二地论述太平天国史事为所有研究者所赞同。

　　义和团运动史的研究和讨论也同太平天国史讨论相类似。多数研究者于肯定它的巨大的历史意义的同时，也认为它表现了自发的农民起义的种种弱点和缺陷。一般都指出，义和团是一次反帝爱国运动，并不具备反封建的意义。它的组织较散漫，缺乏有才干有威信的领导核心，对封建统治者认识也是模糊的，故终于在帝国主义和清统治者联合镇压下失败。有的研究者认为，义和团某些斗争方式是不宜给以过多赞扬的。比如，义和团在北京攻打外国使馆和西什库教堂，不过是慈禧太后所导演的一场闹剧，为的是把义和团群众的反帝斗争的情绪和精力白白地发泄掉。团众表现出来的笼统的排外主义，也不宜美化。但是，多数研究者也不同意把义和团运动说成"封建蒙昧主义和小生产者的习性"的产物，把它称作"历史的惰性力量"等等。无论义和团存在何种缺陷和弱点，它终归是中国人民不堪忍受帝国主义残暴压迫，在岌岌堪危的瓜分狂澜面前，奋起自救的反帝民族运动。连生当其时，素来反对群众自发反抗的梁启超在提到义和团时也指出："吾党虽怜其愚，而犹惊其勇，以为排外义愤有足多焉。"显然，义和团运动的正义性和历史意义是不能低估的。

对农民起义加以拔高，多半是出于研究者的好心，有的是怕被指责为有意贬损劳动人民在历史上的地位和作用。实际上，这样做是不妥当的。因为，既然农民起义的思想水平、改革成就、政令治绩都达到了几乎是完满无缺的程度，它的领导者也几乎都是完人，那么，这就使人感到困惑：无产阶级及其政党领导进行的革命和建设，能比历史上的农民起义高明多少？我们今天所能做到的，古人也可能做到。这样，拔高了历史上的农民起义，就无异是贬损了现实。

三、资产阶级的维新和革命

"文革"中，近代中国资产阶级的维新和革命，总的来说是评价偏低；而戊戌变法，则几乎被完全勾销了进步意义。

戊戌变法的被冷落和贬责，主要是被认为：（1）它是改良主义政治运动，是反对革命的；（2）改良主义就是修正主义，它可作为批修的历史靶子。而戚本禹在《爱国主义还是卖国主义》一文中，更别有用心地把戊戌维新描写成康有为等维新派抱着那个卖国皇帝载湉大腿所发生的一个事件，这样，戊戌变法就几乎是被看作卖国运动了。

近几年，不少研究者发表论文，对戊戌变法的进步意义作了恰当的估计。尤其是关于历史上改良和改良主义之间的区别的讨论，对澄清思想，划清界限具有重大意义。不少研究者指出，所谓改良主义，是随着无产阶级社会主义运动逐渐上升而产生的一种反动的社会思潮和理论，是资产阶级用来抵制无产阶级革命的政治逆流。它的社会基础是被资本家收买的资产阶级化了的工人贵族。而戊戌变法则是反映正在襁褓中的民族资产阶级的愿望，由维新派发动，以革除封建专制弊政，发展资本主义经济，抵制外来侵略为目的的政治运动。所以，具体比较一下，戊戌变法和通常所说的改良主义（或称修正主义）并不是一码事。有的同志建议，以后不要再把戊戌变法称作改良主义政治运动了，至少要把"主义"两字删掉，以免再把它搅到改良主义的反动漩涡里去。把历史上的变法改良同特定条件下的改良主义区分开来，戊戌变法的研究也就走上了正轨。

"四人帮"被粉碎后的一段期间，有些研究者仍然认为，要论述或讲授辛亥革命，得坚持"立足于批"的原则。产生这种原则的原因是：（1）我们当前要批判资产阶级，防止资本主义复辟，辛亥革命是资产阶级领导的，不先批一顿，就不能做到为政治服务；（2）没有看到资产阶级革命派同资产阶级的差别，认为资产阶级革命派是为资本家的利润而闹革命的。

随着"左"的思想渐次遭到摈弃，"立足于批"的原则也就为研究者所不取了。但资产阶级革命派是否就等同于资本家阶级呢？有些研究者对此有所澄清。他们指出，按照马克思主义的观点，资产阶级的政治代表，在思想意境、德行修养等方面，同资本家阶级的人们，可能是有天壤之别。辛亥革命时期中国的革命派绝大多数是出国留学和国内新式学堂毕业或肄业的学生，是当时一批痛恨清统治者腐朽卖国，对民族危机和人民的苦难深切忧虑，站在时代前列的爱国志士，他们很少是资本家或资产阶级家庭出身，多数几乎是同资产阶级没有社会联系。决定他们的资产阶级属性的，是基于如下三种因素：第一，他们用以指导革命的理论和思想，是西方资产阶级民主主义思想家卢梭、孟德斯鸠等人的学说，宣称要"执卢梭诸大哲之宝幡，以招展于我神州土"。他们顶礼膜拜的是华盛顿、拿破仑，盛赞"此地球人种所推尊为大豪杰者也。"第二，是把西方资产阶级革命作为榜样，所谓"欲求一革命之事，以比例乎英、法、美者"。第三，他们流血牺牲所获得的胜利，将是在中国以资本主义制度取代封建的、半殖民地的制度，而不可能是别的。所以，辛亥革命时期的革命派，是当时中国思想界最敏锐，最有觉悟，掌握了最进步的革命理论的人们，他们根本没有想到要为资产阶级的利益而革命。如果他们拖着为资本家的利润这样一个卑下的目的而奔走效命，怎能有那么多的慷慨悲歌、英勇壮烈的英雄行为出现呢？弄清了这个问题，宣传辛亥革命的伟大历史意义，表彰那个时期的革命志士，就不会瞻前顾后，心有余悸了。研究的路子也就广阔得多了。

在辛亥革命研究领域里，近年议论较多的是立宪派和立宪运动的问题。大多数研究者都认为立宪派也有功，只是对他们的功与过孰大孰小，孰主孰次，还颇为参商。但共同的意见是，国外某些研究者在论述辛亥革命推翻清王朝统治时，强调立宪派起了主导作用的论点，是不能苟同的。

经过 1981 年辛亥革命 70 周年纪念，辛亥革命史的研究有了大的进展。特别是从资本主义发展和资产阶级动态去论述辛亥革命的动因、经过和结局的论文，写得较有份量，有效地回答了国外某些研究者否认辛亥革命是一次资产阶级革命的挑战。

四、近代历史人物评价问题

在"左"倾指导路线影响下，前些年对近代人物也偏于苛求，甚至把目前的政治标准强加于古人，按今人的面目去描画古人脸谱。林彪没有暴露其险恶阴谋以前，有人把杨秀清写成才德兼备，年轻有为，太平天国理想的接班人。林彪叛逃毙命后，有人又斥责杨是抢班夺权的奸佞之辈。因为，杨曾经迫使洪秀全封他为万岁，又封他的儿子（东世子）万岁，而且世世代代皆万岁。这同林彪妄图为其子孙谋求万世一系的梦想何其酷似。如此以今射古，以今律古，主观唯心地塑造历史人物，与历史人物评价毫无共通之处。

大约是为了澄清十年浩劫中在历史人物评价问题上造成的混乱，因而近几年在近代史的研究中，发表了不少为若干人物翻案、辩诬和重评功过的文章，一般都尽可能做到历史地、唯物地、公允地给一些革命领袖、民族英雄、进步人士以应有的地位，对某些人功过是非，尽可能划分清楚。在发表的文章中，有的肯定石达开在前期战功卓著，不愧是太平天国杰出的军事家，只是后来犯了闹分裂的严重错误，但决非一开始就是钻进太平军的暗藏敌人；部分研究者还认为，他在大渡河失败后的表现，不可作为一种投降行为。有的为甲午海战中的刘步蟾辩诬，指出他并不是临敌怕死，擅改队形的懦夫败类，而是坚持抵抗，以身殉职的爱国者。有的给黄兴"改正"，认为把他错划成"右派"是不公允的；孙黄并称，早有定论，他作为领导辛亥革命的第二位领袖，是当之无愧的。有的著文指出，1903 年以前，在宣传民主主义的阵地上，梁启超是最有影响的启蒙思想家，堪称他的黄金时代。把他从戊戌维新失败后即作为一个投机取巧，破坏革命，蛊惑人心的反动文人和阴谋政客来看待，是与史实不符的。也有人指出，梁在袁世凯复辟帝制时站在反袁一边，指导蔡锷南返护国；张勋复辟时，梁坚主讨伐，不惜与自己的老师康有为反目，都不能称作见风使舵，应变自保。综其一生，仍应说是功大于过。

较长一段时期，左宗棠似乎没有得到任何一点赞许的评语，这主要是因为：（1）他镇压了太平天国和西北少数民族起义；（2）他是洋务派，而洋务派以后都被指控为卖国的、反动的。近几年，不少研究者著文论证，洋务运动代表了中国资本主义兴起的一个阶段，并有一定的御侮图强的意义；而左宗棠所办洋务，如福建船政局、兰州织呢局，则更明显地具有上述作用。就这一方面来悦，左宗棠做了有利于中国社会发展的进步事业。尤其值得称道的是，左宗棠毅然出兵新疆，歼灭入侵者阿古柏，挫败了英、俄帝国主义觊觎新疆的阴谋，保全了西部领土，建设了西陲边防，这是一项值得子孙千秋颂扬的勋绩。所以我们不应隐讳左宗棠镇压人民起义的罪行，但衡量功罪，他确应被称作杰出的爱国者。

有些向来似乎属于禁区的人物，也开始有人著文问津。比如，对胡汉民、汪精卫在辛亥革命时期的历史作用，也作了实事求是的评述。陈其美是长期被作为心术不正的"杨梅都督"看待的，近年，也有人认为，尽管他有很多错误，如指使蒋介石谋杀光复会首领陶成章等劣迹，但他始终坚持民主革命，最后也是被袁世凯所杀害，仍可说是一个有功的革命家。

数年来在近代历史人物评价上的主要成绩，是基本上坚持了马克思主义的历史唯物观点，把应当被承认的不少革命领袖、民族英雄、爱国志士、进步人物，从被废黜、被诬罔、被苛责、被冷落的境况下解脱出来，给以应有的历史地位。这样，就使得那作为进行革命传统和爱国主义的好教材——中国近代史更为生动，更为丰富了。

此外，在近代经济史、思想文化史的研究方面，近年也有进展。但相形之下，这两方面的研究还可说是较为薄弱的。

（在湖南省历史学会 1982 年学术年会上的发言）

学史琐谈

1984 年 9 月

解放前，我进入大学历史系，主要是对这门学科感兴趣，并没有领悟学习和研究历史的真谛。但因为既选择了这一专业，就不能不经常和故纸堆打交道，从而在阅读古籍，使用工具书，整理和考订史事等方面，获得了若干知识和方法，为此后从事研究工作练就了一点浅易的基本功。

真正理解学习和研究历史的意义，是在解放以后。从 1949 年春夏起，此后几年间，我的主课是学习马克思主义理论，致力于使自己具备辩证唯物主义和历史唯物主义的立场和观点。搞好这一主课的学习，首先当然是学好马、恩、列、斯著作和毛泽东著作。认真、刻苦、反复地学好主要的马列主义原著所产生的效益，是每个学术工作者都能感受到的，我这里就不作赘述。其次，是有选择地阅读几本阐述辩证唯物主义和历史唯物主义原理的著作或教材，这有助于使自己学到的理论条理化和系统化。再次，选读几种力图运用马克思主义观点、立场、方法编写的历史书籍，也能获益不浅。我当年选读的是郭沫若、范文澜、吕振羽、翦伯赞等前辈史学家的著述，读时也择要做些札记。无庸讳言，这些从 30 年代到 50 年代初的著作，不同程度地存在某些不够完善之处，纪事立论也偶有失误。然而，在探索不同阶级社会性质，阐明人民群众创造历史，剖析史事内在联系，揭示社会发展规律等重大问题上，毕竟作了开拓性的、向导性的工作，其前驱先路、嘉惠后学的作用，是应当承认的。我经过几年的主课学习，就为自己从事历史研究打下了较为坚实的基础。

我确定从事中国近代史的教学和研究，是 1953 年调到湖南师范学院历史系以后。从那时起，每年都承担专科、本科中国近代史课程的教学任务；每年都把讲义从头到尾校订、修改、充实、提高。经过四次轮回，这部讲义就由湖南人民出版社于 1958 年以《中国近代史》为书名分上、下册出版。那时，我还不满 35 岁。有的同志以为我是秉承了家学渊源，或认为我的天分高，有夙慧。其实，我并非出自书香门第，父兄都是搞工程的；读初中一年级时，我还曾因为好几门功课不及格而当了留级生。我的诀窍是人们所熟知的那句话："学海无涯勤是岸。"在那几年内，为把讲义编好，我一般地说得上是专心致志，埋头苦干。在炎天三伏，午睡这个程序也是被我从日常生活里排斥出去了的，而且，还经常捐弃了文娱活动。开夜车是每日的例行功课。这也许不足为训。但话又得说回来，做学问，在年富力强的岁月，是应该下点苦功夫的。

进入60年代，临近40岁，我把自己的研究领域收缩到辛亥革命这个阶段上。1961年，我应中华书局之约，写了一本《辛亥革命》小册子，编入"知识丛书"出版。随后，就准备编撰一部大型的《辛亥革命史》。于是将辛亥革命全过程梳理出若干专题，按专题印制了万余张卡片，着手进行研究。不料，"文化大革命"开始了，我和许多同志一样，研究工作完全停顿了10年。令人颇为遗憾的是，从学识、精力等方面来悦，这正是我能够提供若干稍有份量的研究成果的10年。

"四人帮"的被粉碎，党的十一届三中全会以来的大政方针，把一切工作，包括社会科学的研究引上了稳步发展、日趋繁荣的境地。1976年冬起，我襄助章开沅同志主编《辛亥革命史》，到1981年得以竣事，全书达110万字，分上、中、下三卷，由人民出版社出版。参加本书编撰工作的先后有30余人。有的同志问道："你们编写组那么多人，竟能顺利地在五年多的期间完成这部大型专著，有什么好的经验？"我的体会是：大伙合作共事，和衷共济，不斤斤于名利，没有像《红楼梦》一书里王熙凤说的"放窝里炮"，如此而已。

近年来，我又进一步把研究范围缩小到近代中国资产阶级这一课题。经过探索，我对中国资产阶级的产生、形成、分化、特性以及它与近代中国社会经济的演变、政潮的起伏、文化思想的嬗替等等的关系，提出了看法，自认为是大体形成了一个体系。

概言之，30岁以前，我主要是练习基本功，在基础知识、基本理论方面打好底子。随后确定研习中国近代史，由此缩小到专攻辛亥革命史，进而探索中国近代资产阶级的产生及其归宿，提出了自以为颇具体系（也许是将被人们嗤之以鼻的谬误见解）的看法。

各人情况不同，在治学道路上步法不一，我不敢自命充"人之师"，无非姑妄言之，更请读者姑妄听之。

（原载《博览群书》1985年第2期）

加强对祖国历史的学习和研究，开展爱国主义的宣传教育

1984 年

同志们！

上午，曹国智和刘欣森同志，就历史教学与爱国主义问题作了指导性的发言。我很受启发。现在，我在具体问题上作点补充。

最近，关于京剧《四郎探母》可不可以上演的问题，在戏剧界、学术界引起了讨论。《四郎探母》是清末开始流行的剧目，解放后被禁演，主要原因是杨四郎投降辽方，是个卖国者。

现在，有的同志认为这个戏没有什么了不起的大问题，宋辽战争只是中华民族的内部纠纷，降辽不降辽不牵涉卖国、爱国的问题，它不过是因为民族不和而造成的家庭悲剧，还可以上演。如果这个意见成立，那么，岳飞还算不算爱国主义者？文天祥、史可法，我们又怎么看？这就牵涉到什么是爱国主义的问题。我就这个问题谈些看法。

一、爱国主义是一个历史范畴，它有一个发展过程

在历史上，爱国主义的范围，它的表现形式，是随着历史的发展而发展的。我们的国家是一个多民族的国家，在历史上存在着不同民族的独立政权，就是同一个民族，有时也建立过几个各自独立的政权，即使汉唐盛世，也存在着少数民族的独立政权，这是客观事实。这些独立的政权，应该视为历史上的国家。将那时的国家、乡土、民族作为自己发展、捍卫的目的，应该看作是爱国主义。从这个意义上来说，《四郎探母》还是不演为好。同样，在这个意义上，屈原热爱自己的楚国，不愿楚被秦灭，秦攻陷郢，他怀沙自沉了，他写下了许多忧国忧民的诗篇，是一个伟大的爱国诗人。而秦王嬴政顺应历史的潮流，灭六国建立统一的国家，也是一个爱国主义者；女真族的阿骨打建立金，为金的繁荣昌

盛作出了贡献，是个民族英雄、爱国者，而岳飞抗金，不愿宋土落入金国，抗击金兀术的烧杀掳掠，代表了人民的利益，也是一个民族英雄、爱国者；努尔哈赤是个民族英雄、爱国者；抵抗满族统治者派兵南下杀掠的史可法也是民族英雄、爱国者。这二者并不矛盾，因为爱国主义是一个历史范畴，我们不能用今天中华民族的概念来看待当时的历史。如果我们不是这样看问题，否定岳飞他们的话，那么秦桧岂不成了爱国者了？那就没有是非，美丑不分了。

爱国的范围到何时可以从我们今天国家的概念来理解，我认为是康熙以后。康熙以后，我国基本上不存在其他的独立的政权。祖国的统一大业可说是康熙完成的。他平定三藩叛乱，消灭噶尔丹分裂势力，抗拒沙俄入侵，签订《尼布楚条约》，收复台湾，为祖国的统一和发展作出了很大的贡献。郑成功赶走荷兰殖民者，收复台湾，建设台湾，是民族英雄，爱国主义者。郑成功的孙子郑克塽归清，也是爱国的行动，应该充分肯定。因为这时，清朝已经是统一全国的中央政权了，台湾再作为独立政权，就不行了，就不能抵御西方日益扩张的殖民主义。这就是说，从清朝起，我们的国家现在的版图上已经没有第二个并存的独立政权。爱国的范围即可理解为今天的爱我们包括50多个民族的中华民族，960万平方公里的国土的这样一个国家。

总之，爱国主义是一个历史范畴，它存在一个发展过程，是从不完整逐步到完整的。

二、爱国主义的基本内容

爱国主义是一个历史范畴，但还是有它的基本内容和基本特点的。过去一般以对抗外来侵略或忧国忧民而遭到迫害，为其内容和特点，实际上这样理解不够全面。中央书记处研究室和中宣部关于加强爱国主义宣传提纲上，讲了爱国主义的四个基本内容和基本特点：一是不畏艰难，世代相承地开发祖国的自然资源，改造祖国的山山水水，不断丰富和发展中华民族的物质文化财富，为人类文明努力作出自己的贡献。二是反对民族的分裂和国家的分裂，维护各民族的联合、团结和祖国的统一。一旦发生分裂，各族人民和社会各方面的爱国力量就为尽快结束这种不幸的局面而进行坚持不懈的斗争。三是在外敌入侵面前，团结对外，奋起抵抗，直到彻底战胜侵略者，坚决维护祖国的主权和独立。四是同一切阻碍历史发展和社会进步的反动阶级、反动社会势为和反动制度进行英勇顽强的斗争，推动祖国朝着繁荣富强的方向前进。这四点把爱国主义的基本内容和特点，提得既概括，又具体，比以往人们认识的范围扩大了，内容大大丰富了。

三、不同历史阶段爱国主义的具体内容和具体特点

1. 古代爱国主义的内容和特点

我国古代爱国主义有极为丰富的内容，显著的特点，主要表现以下四个方面：

第一，我国古代文明和成就，很长时期居于世界的前列，对世界历史的发展产生了很大的影响。曹国智同志对这一点讲得非常生动具体，我不再重复。

第二，我国古代农民起义的次数之多，规模之大是世界历史所罕见的。农民起义反抗封建的压迫和剥削，推动社会发展，是一种强烈的爱国主义的行动，应该充分估计它推动历史发展的作用。有一种看法，我们不宜接受，就是过多地指责农民起义有"破坏"作用；认为农民战争是"长期动乱、贫穷的病根"，"破坏了生产和积累，使得中国封建社会刚一发展，经过战争又回到了原来的起点"，使中国的封建化长期不能"成熟"，造成中国封建社会的"长期延续"。这种看法，无疑地抹杀了农民起义的历史进步作用，是不妥当的。

第三，我国古代有许多卓越的政治家、军事家、思想家、文学家，为我们的祖国、为世界、为全人类的发展，作出了很大的贡献。这一点，曹国智同志也讲得比较具体，我不再重复。

第四，我国古代各民族经过长期的融合、竞争，形成了中华民族，产生了许多民族英雄和爱国者。为本民族的发展作出贡献的杰出人物，也就是为中华民族作出了贡献。汉民族的多不胜数，少数民族也不少。如吐蕃的松赞干布，契丹族的阿保机，女真族的阿骨打，党项族的元昊，蒙古族的成吉思汗、忽必烈，满族的努尔哈赤等。这些杰出人物，是叫做本民族的英雄，还是叫中华民族的英雄，可以讨论。有一种意见，说他们都是中华民族的英雄，因为我国历史上这些民族后来都融合成为中华民族了。这是有道理的。事实上这些少数民族当时都为开发我们现在祖国的边疆作出了贡献，丰富了我们祖国的物质财富（如胡椒、胡萝卜

等）和精神财富（如音乐、绘画、雕刻、建筑、舞蹈等）。以前，我们注重了汉民族英雄人物的研究，忽视了少数民族英雄人物的研究，对他们捍卫祖国边疆的安全，建设开发祖国边疆研究不够。我们应该充分肯定少数民族对祖国的功绩，要加强这方面历史的研究和学习，宣传他们的爱国主义精神。在我国古代除了有许多为本民族的发展同时也为中华民族的形成和发展作出贡献的杰出人物，也有许多反对民族压迫，反对民族之间的不义战争的杰出人物，汉族有（如岳飞抗金，文天祥抗元），少数民族也有（如阿骨打抗辽），不能偏颇，只承认汉族有，应该说少数民族也有。还有一些为整个中华民族，抗击外敌入侵，为祖国统一大业作出卓越贡献的人物，如戚继光、郑成功、康熙帝等。

但是，古代的爱国主义有它的局限，具体表现有三点：一是以本民族及其乡土为捍卫、发展的目的，一般没有现在国家的观念、没有现在中华民族的观念。二是当时的爱国主义一般都以捍卫王朝为目的，受"忠君"的思想指导。正因为这样，他们有的往往既是民族英雄、爱国者，又是镇压农民起义的刽子手，如岳飞、史可法都是。三是一般都存在民族歧视的成份，实行民族压迫，很少有主张民族互助、民族融合的。这些主要是历史的局限，不能苛求。

2. 近代爱国主义的内容和特点

我国近代爱国主义也有一个发展的过程。

鸦片战争到维新变法前的爱国主义是古代爱国主义的继承和发展，这时的爱国主义，仍然受"忠君"思想的指导。当时一些爱国主义者，对人民起义十分仇视。林则徐死在受命去镇压太平天国的路上；左宗棠是曾国藩的帮凶；聂士成一方面大杀义和团，一方面又英勇抗击八国联军，牺牲在天津八里台；魏源也组织过团练镇压太平天国。就是太平天国起义者，也不可避免，他们不是忠于清朝，也是受忠于"天王"的思想指导。赖文光被俘后就是在"古之君子，国败家亡，君辱臣死，大义昭然……，惟死以报邦家，以全臣节"的思想指导下，慷慨就义的，这时的爱国主义也未完全脱离"民族压迫、民族歧视"的思想。左宗棠收复新疆，是个爱国主义者，但他对当地少数民族歧视，进行惨杀。鸦片战争中镇江副都统海龄（满族）是个抗英的民族英雄，最后战死；还有裕谦（蒙古族）也是这样。但他们却都惨杀过汉人。不过，这时的爱国主义比古代爱国主义有发展，有进步，主要表现在反帝、对抗外国的侵略。这实际上代表了中华民族的利益。

维新派出现后，爱国主义的内容和思想水平有了很大的发展。资产阶级维新派的爱国主义的发展表现有三点：一是"发奋为雄，救亡图存"。康有为建立"保国会"，他在保国会序中说："举四万万圆颅方趾聪明强力之人，二万万方里膏腴岩阻之地，……"维新派，保的是"四万万"人民，"二万万方里"。他们爱的国是全中国，全民族。二是开始明确把斗争矛头指向帝国主义，揭露帝国主义灭亡中国的野心。三是与社会的进步联系起来，主张发展资本主义，变封建主义制度为资本主义制度，要求国家的强盛。维新派的爱国主义也有它的局限，主要是没有提出反清，还是依靠清朝实现爱国大业。

维新派的爱国主义的局限，后来被资产阶级革命派所克服。辛亥革命时期的资产阶级革命派的爱国主义又是维新派爱国主义的发展，表现在：第一，克服了维新派的缺陷，把救亡图存，反对帝国主义与反对清王朝的统治结合了起来。第二，明确指出了"祖国"的概念，指出我们是炎黄子孙，中华民族以黄帝纪年，有了民族自尊心、自豪感。孙中山在《民报》发刊词中说："翳我祖国，以最大之民族，聪明强力，超绝等伦。"第三爱国主义已成为广泛的群众运动，如1903年的拒俄运动，1905年的反美运动，1911年的保路运动等。这种爱国主义的群众热潮是辛亥革命能够推翻清王朝的反动统治的重要因素。但资产阶级革命派的爱国主义也有一定的局限，就是反帝不坚决，对帝国主义还缺乏本质认识，同时多少还存在某种民族歧视。

辛亥革命时期的爱国主义已经接近完整意义的爱国主义，涌现了许许多多的为国捐躯的英雄人物。不过，真正完整意义爱国主义的形成还是中国共产党成立以后。中国共产党以马列主义理论为基础，充分继承和发展历史上长远的爱国主义传统，加以发扬，在革命实践中不断丰富其内容，纠正其缺陷。60多年来，我们党始终以争取祖国的独立，维护祖国的荣誉，争取民族的解放，捍卫民族的尊严作为自己的神圣职责，为此付出了最大的牺牲，贡献了自己许多最优秀的儿女。中国共产党人，是最杰出、最忠诚的爱国主义者。中国人民的爱国主义传统，在我们党的理论和斗争实践中，得到了最新、最集中和最光辉的体现。

我国历史上的爱国主义者，尽管受到时代与阶级的局限，但他们的爱国思想和行动，都是同当时社会的发展方向一致的，都顺应了历史潮流，都为祖国的富强，民族的繁荣，社会的进步，人民的幸福作出了贡献。我们应当历史地看待，不能要求历史上的爱国者有我们现在这样的认识和水平。同样，我们也不能降低我们现在爱国主义认识和水平。我们要加强对祖国历史的学习和研究，开展爱国主义的宣传教育，努力建设社会主义精神文明，为四化建设作出应有的贡献。

（原载《教育科学研究》1984 第 10 期）

知识分子与中国历史发展

1985 年

一

　　在原始社会，当每个社会成员都必须从事生产生活资料劳动的时候，是没有知识分子的。只有到了原始公社崩溃，奴隶制社会产生之际，生产有了一定的发展，社会开始有了若干剩余产品，文字也开始出现，从而为脑力劳动和体力劳动的分工创造了前提，这才给知识分子的产生提供了条件。所以，知识分子是人类社会生产发展到一定阶段的产物。

　　正因为知识分子的产生是基于体力劳动和脑力劳动的分工，而不是伴随人们在生产资料占有关系和产品分配上的差别而出现的分化，因此，在脑力劳动者和体力劳动者之间不存在剥削与被剥削的关系；以脑力劳动为主的知识分子在任何阶级社会里都不作为单独的阶级存在，而是分别属于不同阶级里的阶层，即在统治阶级里有知识分子阶层，在被统治阶级里也有知识分子阶层。只是在古代的奴隶制社会和封建社会里，由于生产力水平低下和生产规模狭小，从事体力劳动在多数场合下不需要系统的科学知识，而主要靠生产经验的一代代转相传授；社会物质财富的积累也不能给知识分子提供从事科技、学术、文化、艺术等活动的费用和报酬，以致脑力劳动者很难依靠其职能活动糊口赡家，一般都得藉地租剥削的收入以仰事俯育。所以，古代的知识分子大多数属于奴隶主阶级或地主阶级中的一个阶层；不属于统治阶级、自食其力的知识分子，如乡村塾师、医师等，为数不多。

　　到了资本主义社会，随着科学技术的急剧进步和生产的迅速发展，知识分子的数量比封建社会时扩大了不知多少倍，所操职业则分门别类，名目繁多；所处地位也高低不一，贵贱悬殊。资本家本身又是知识分子的，无疑是靠榨取工人的剩余价值为生；替资本家经营工商企业，即充当资本家代理人的知识分子，以及在资产阶级政权机构分掌大小职权的知识分子，则是分取利润的剥削者。这些人，是名符其实的资产阶级知识分子；他们人数不多，不是资本主义社会里知识分子的主要组成部分。在那个社会里，知识分子的主要成份可区别为两大类：一类如受聘于公、私立学校的大、中、小学教师，在医疗卫生部门供职的医师及其他从业人员，在文化机构工作的记者、编辑，各类剧团、电影公司的编导和演员，在工矿、交通、财政、金融、邮电或城乡各种公用事业供职的技术人员及一般管理人员，受雇于政府机构的雇员等等，主要靠领取工资维持生活。一类是自行开业的医师，悬牌代理诉讼事务的律师，独立举办补习或一定专业的教师，专业作家等等，有自己的少量工具器械，自食其力，大体上不剥削他人，也不受剥削。就人数来说，前一类占大多数，他们基本上同产业工人一样，系由资产阶级出钱雇佣并受其剥削的工资劳动者。后一类人数较少，按其经济地位和主要生活来源而论，类似个体劳动者，一般称为自由职业者。

　　然而，上述两大类不属资产阶级的知识分子，由于劳动方式的不同，工资收入的数量不同，社会地位和生活方式的不同，他们和以体力劳动为主的产业工人及其他劳动者仍有不少差别；特别是工资收入高的那部分人，差别还相当大。同时，他们一般地是接受资产阶级的学校教育；就业谋生，同资本主义制度有很密切的联系；所操职业，如教授、律师、医师、工程师、编辑、导演、作家等，或受到社会器重，或为人们所艳羡。所以，就他们的社会地位和生活方式来悦，多数是或多或少地从属于资产阶级和小资产阶级的。只有一部分在资产阶级政府和企业里供职的低级雇员、小学教师等，收入微薄，社会地位低下，时有失业之虞，其思想意识和生活方式，与产业工人更为接近。不注意到资本主义社会里大多数知识分子同产业工人之间的上述差别，就无法理解他们为什么在思想意识上和政治上存在这样那样的弱点以及较为软弱动摇的特性。因此，人们又从这种差别的角度出发，习惯地把这两大类知识分子统称作小资产阶级知识分子。

　　既然资本主义社会里的资产阶级知识分子也是少数，那么，到了社会主义社会，残存的资产阶级知识分子就更属少而又少了。但是，正如胡耀邦同志指出的："从五十年代后期开始，我们在对待知识和知识分子的问题上，逐渐离开了正确方向，犯了严重的'左'倾错误。它的主要表现，就是轻视知识，轻视专业，给广大的热爱社会主义祖国并对社会主义建设事业作出了重大贡献的知识分子戴上'资产阶级'的帽子，排斥和打击他们，使许多知识分子遭受压抑，以至于蒙受冤屈。"[1] 正由于被这样一些背离马克思主义的错误观念纠缠了多年，因而提到以往阶级社会里的知识分子的时候，就毫不迟疑地肯定他们全部是统治阶级当中的一部分，并由此产生一种看法，即认为"社会的物质财富是由工人农民创造的"，"知识分子是靠工人农民养活的"。于是古往今来的知识分子，都被看作坐享其成的剥削者，对社会历史的发展似乎没有任何积极的作用。

工人农民创造社会物质财富，当然毋庸置疑。但如果把知识分子排除在外，就不妥当了。正确的提法是："我们的一切财富，归根到底都是体力劳动和脑力劳动的共同产物。"[2] 在古代以使用手工工具为标志的小生产，是主要依靠劳动者的体力，运用一代代转相传授的经验和技艺来进行，也不能说没有包含脑力劳动者的成果在内。即便是生产的发展尽管极为缓慢，也主要取决于知识的积累和工具的改进，而不是取决于体力的增长。到了资本主义社会，随着机器的广泛使用和生产的社会化，除了少数手工业品和工艺品的制作外，大、小厂矿的生产，都越来越多地依靠生产工作者所掌握的科学技术知识，通过开发和利用自然界的能源来进行，而在机器、仪表、生产流水线旁处理劳动对象的工作者的体力消耗则越来越少，脑力消耗则急剧增多。至于科学技术知识的积累和发展，显然是不可能凭藉一代代通过口头的或示范的途径来实现，而必须倚仗建立多层次、分门别类的教育机构和相应的出版机构等，培养出大量掌握自然科学、社会科学的理论和知识的知识分子，才得以完成。大部分的知识分子则直接、间接参与物质财富的生产，和体力劳动者共同创造剩余价值，同样受资本家阶级的剥削。所以，仅仅看到生产工作者在机器旁处理劳动对象，制成产品，在田间耕耘，得到收获，就说社会财富只是工人、农民创造的，无疑是一种非常浮浅的见识，也是多年来轻视知识，歧视知识分子所引申出来的误解。进而指责知识分子靠工人、农民养活，就更属无稽之谈了。

上面谈到的是知识分子参与社会物质财富的创造和积累。至于他们参与精神财富的创造，就更不用赘述。一言以蔽之，体力劳动和脑力劳动共同创造社会财富，是古今中外的通例。本文主要选择中国历史上杰

---

1 胡耀邦：《马克思主义伟大真理的光芒照耀我们前进——在卡尔·马克思逝世一百周年纪念大会上的报告（1983 年 3 月 13 日）》

2 胡耀邦：《马克思主义伟大真理的光芒照耀我们前进——在卡尔·马克思逝世一百周年纪念大会上的报告（1983 年 3 月 13 日）》

出知识分子中若干个代表人物的言行事功，予以简略纪述，以便对这一通例作具体的解说。

二

我国封建社会较长，有两千余年历史。在这期间，统一安定的局面是主要的，而且出现了几度号称文物昌明，百工繁庶的盛世。从而为我国各民族繁衍生息，创造和推进中华民族的优秀文化和文明提供了条件，导致我们的祖先在漫长的古代，就在哲学、史学、法学、兵学、文学、艺术、医学、数学、天文、历法、冶金术、建筑术等方面取得显著的成就。其中一部分还在古代世界一直居于领先的地位。这都主要是历代知识分子在总结前人和当时人民群众实践经验的基础上所作出的贡献。

封建社会里的知识分子，大多数是属于地主阶级中的一个阶层，为什么能够作出那么多至今还使我们折服，还令我们引以为荣的贡献呢？无疑，他们既要依靠地租剥削以为生活来源，其思想意识、政治态度自然都表现出地主阶级的特性和立场。但是，地主阶级知识分子中一部分较为开明的人士，对于自己的伟大祖国，也抱有炽热的爱国的情感，对于人民所处的惨境，怀有程度不同的同情心。尤其在民族危机深重，朝政如江河日下的时候，他们的忧国忧民的思虑，改革现实的抱负，促使他们的思想言行逐渐接近人民，接近科学。其次，他们运用自己的知识开展的职能活动，则是脑力劳动。其中虽有一些人以其职能活动的一部分或全部用于维护本阶级的统治和利益，但也确有不少人将他们的视野和思维的触角移向窥测自然界的奥秘，观察社会的历史和现状，探讨社会进步的途径以及人们认识世界的规律和思维的方法；或者运用文字这个工具，抒发感受，吟咏心境，言情状物，叙事论世，撰成名篇佳作，传诵当时，流播后代。这一切，都为祖国的精神文明丰富了库藏，扩大了积累，少部分还或多或少地实现了科学技术的物化；促进了社会生产的发展。所以，封建社会里知识分子的职能活动所产生的成果，虽有一部分被用作巩固地主阶级统治的基石，标榜专制主义、地租剥削的橱窗，但也确有大部分或多或少地可以为全社会所共享，有益于当代，泽被于后世，成为全民族的财富。如果按照前些年"左"倾错误指导下的观点，轻视知识，轻视知识分子，甚至把解放后我们自己培养出来的一千多万中专以上文化程度的知识分子，通通扫入地主、资产阶级行列，斥为异己，视同废物，那么，封建时代的知识分子不更是寄生贻害的社会赘瘤吗？这样，我们的列祖列宗，累世神明华胄又是如何由蒙昧野蛮进至文明社会，成为举世公认的文明古国的呢？显然，没有农民和其他劳动人民的辛勤努力，我们先人确实无法脱离穴居野处、茹毛饮血的状态，甚至不能抵御凶禽猛兽的咬噬，早已靡有孑遗；但是，没有知识分子从事其职能活动，我们的祖先不也会长期停滞于生番野人的境地吗？

翻阅我国史籍，历史哲人贤士，名儒大家，各以其聪明才智，殚精竭虑，阐隐发微，在多种学术和科技领域内取得非凡成就的纪录，随处都映入眼帘；间或甚至令人目不暇给，赞不绝口，以至爱国主义的热忱，油然而兴，民族自尊心和自豪感，沛然而起。

在我国古代，老聃、孔丘、墨翟、孟轲、荀况、韩非、王充、范缜、张载、陈亮、李贽、顾炎武、黄宗羲、王夫之、戴震、龚自珍等著名思想家，创立学派，著书立说，聚徒讲学，或宏观远瞻，或提要钩玄，在哲学、逻辑学、教育学等方面颇多建树，影响深远。虽然，他们当中较多的人还是唯心主义者，少数唯物主义者也是朴素的、初级的，可是，这些思想家却以周密的思辨方式，提出了相当深邃的哲理和学说。各个学派经累代师承，相互间的扬弃补充，导致了我国古代人们认识水平的提高和思维方法的改进，一程一程地缩短着人们主观认识同客观真理之间的距离。与同时期欧亚各国的著名思想家相比，我们古代的那些哲人宗师是毫无愧色的。

我国历史悠久，而史籍流传也最为久远，最称完备，最足征信。且不说上古所谓"晋之乘，楚之梼杌，鲁之春秋"，已是史官广设，史籍繁多。降至汉代司马迁著《史记》起，更是代有史学名家、史籍名著。班固、范晔、陈寿、司马光等，是史家中的大手笔。前后《汉书》《三国志》《资治通鉴》，堪称史籍中的上乘。而刘知几的《史通》、章学诚的《文史通义》，则是关于史学理论、史籍体例、治史方法的名作，至今还有很高的参考价值。我国历史记载既长且赓续不断，史籍丰富，是世界各国无与伦比的。

特别要提到的是我国文学创作的源远流长，绚丽多彩；文豪大师的比肩踵起，前后辉映。还在殷商时代，就产生了简短的书写文学。刚进入封建社会——战国时代，文学园地即呈现出百花杂陈、落英缤纷的景象。庄周等诸子所撰写的散文，脍炙人口，历久不衰；屈原谱写了长篇韵文《离骚》，叙述自己的抱负和不幸遭遇，抒发了眷恋楚国的衷情，它的艺术表现手法，成为后代诗人、词家竞相效法的典范。降及秦汉，散文、辞赋、乐府、古诗，各种文体，都有高手名家。司马迁传记文学的艺术成就，是后人群相摹拟的范本。提起恬静自然的田园诗，晋朝陶渊明的作品应是首屈一指的。描绘重峦叠嶂，飞瀑幽泉，将祖国的壮丽河山写得传神逼肖，首推南北朝郦道元的《水经注》。"唐诗宋词元曲"，早有定评。李白、杜甫，并称诗仙、诗圣。白居易、刘禹锡，也堪称独步一时。宋代词人，苏轼、辛弃疾以豪放名世，李清照则以婉约擅长。古代散文，到唐宋八大家（韩愈、柳宗元、三苏、欧阳修、王安石、曾巩）相继唱和文坛，俨然达到了登峰造极的地步。元明戏曲繁兴，数百年间，关汉卿、汤显祖是无可争辩的大家。明代以后，小说渐盛，罗贯中撰《三国演义》，施耐庵撰《水浒传》，吴承恩撰《西游记》，蒲松龄撰《聊斋志异》，曹雪芹撰《红楼梦》，都不愧是世界名著。他们在书里塑造的众多人物，音容性格，各有千秋，至今还经常出现在舞台、银幕和荧光屏上。上面列举的只是部分大师泰斗，至于传世的名家巨擘，更数不胜数。祖国古代丰富的文学遗产，造福民族，为世界各国人民所钦羡。珍视、继承、整理这桩遗产，做到古为今用，无疑大大有助于社会主义精神文明的建设。

　　还应当提到的是我国古代科学技术的卓越成就。从上古起，许多优秀的知识分子就在天文、历算、地理、农政、水利、医药、建筑、冶炼等方面有过不少发明创造，有些曾明显地推动了人类文明的进步。如李冰修筑都江堰，使四川人民受惠二千余年；张衡首制地动仪，成为世界地震研究史上划时代纪录；扁鹊、华陀，创造了精湛奇效的医疗技术，之后是张仲景、孙思邈和李时珍等，为祖国医学的发展和完善，作出了非凡的贡献；精于天文、历算的祖冲之，推算出世界最早最精确的圆周率值；沈括所著《梦溪笔谈》，广博精微，被撰述《中国科学技术史》的英国李约瑟博士誉为"中国科学史的里程碑"。其他科学名人、技术巨匠，不胜缕述。科学技术本身是生产力，古代知识分子在这方面的贡献，能够使全社会、全民族受益，直接地促进了社会生产力的发展。

　　虽然，封建社会里当官作宰的知识分子，多数是为地主阶级出谋划策，尽力效忠，为专制王朝祈求天命永锡，长治久安；其中一些人甚至虐民害物，阻滞社会的进步。但是，在一定时期和特定情况下，他们当中的贤臣良将，也能对历史的进步起到积极作用。比如，当国家需要结束割据纷争的局势，建立统一的王朝以利于百姓安居、生产发展的时候，出面顺应这一潮流为之运筹谋划，建功立业的，就应当给以肯定的评价，像汉初的萧何、张良、陈平。当人民要求结束民族间的对敌和纷争，制止某一民族上层统治者发动烧杀抢掠的不义战争的时候，出而筹粮统兵，以救民水火、解民倒悬为己任者，是应当给以表彰的。如岳飞、虞允文抗击金统治者的贪婪侵扰，文天详抵御元统治者的凶暴南犯。他们爱自己国家和乡土的热忱，不畏强暴，重视节操的气概，至今还被人民树为爱国主义的典范。他们不避险阻，沟通内地与西域各民族之间的联系，为中华民族的发展作出贡献的张骞、班超；不畏权贵，公正廉明，被后人传诵为"青天"的包拯、海瑞；为倡改革以发展经济、澄清吏治的商鞅、王安石；足智多谋，被誉为治国安邦栋梁之材的诸葛亮、耶律楚材；坚贞不屈，统兵驱逐荷兰殖民者，收复祖国宝岛台湾的郑成功；以及能为民兴利除害，或削平割据势力，奠定国家安定统一局面，或抗击外来侵犯以苏民困的名臣贤相，如西门豹、曹操、戚继光等，几乎是不胜枚举。他们的言行和事功，是同我国封建社会曲折地螺旋式地向前发展的历史进程联系在一起的。

三

1840 年鸦片战争后，中国由封建社会一步一步地转变为半殖民地半封建社会。大约在 20 世纪以前，中国还基本上没有伴随资本主义经济而产生的新式知识分子。大多数的知识分子，仍属于地主阶级的一个阶层。他们一般地还沿袭着封建时代知识分子所向往的道路，流连科举考试，希冀平步青云；有的则本着反动立场，力图补葺已经残破腐朽的封建专制统治；也有投靠外国侵略者卖国求荣的民族败类。他们不属当时进步知识分子的行列。

这期间，凡属进步的知识分子都有两个共同的特点：第一，有高度的爱国主义热忱，力图抵制外国殖民者的侵略，改革封建制度；或致力于推翻清朝反动统治。第二，向西方寻求救国真理，力图使中国摆脱陷入半殖民地半封建的命运，建成独立富强的国家。像厉行禁鸦片，积极筹防练勇以抗击英国侵略军的进犯，首先睁眼看世界的林则徐；倡说"师夷之长技以制夷"和"变古愈尽，便民愈甚"的魏源；舆榇了关，挫败英、俄侵略者的阴谋，收复祖国新疆的左宗棠等，是地主阶级中爱国知识分子的代表人物。领导太平天国起义的洪秀全、冯云山、洪仁玕等，则是农民知识分子中的佼佼者。

与古代知识分子相比，这期间少数地主阶级知识分子的爱国主义思想有了一个大的变化，即他们的立足点，是力求使整个中国、整个中华民族免遭帝国主义的侵略和蹂躏，只是没有提出明确的概念。这同古代爱国者一般以维护汉族政权为职志的观念比较，确是一大进步。可是，他们仍不曾摆脱阶级和时代的局限，其爱国思想总是同传统的忠君信条联系在一起的。所以，林则徐、魏源、左宗棠虽无愧于杰出的爱国者的称号，但都主张和实行对太平天国起义严加镇压；左宗棠在这方面的罪责尤其是不能稍予宽假。至于农民起义的领导者始终以抗击"番鬼"（外国侵略者）、蔑灭"清妖"为己任，但也常同忠君信念有联系，像太平天国遵王、后期捻军首领赖文光于被俘后表示："古之君子，国败家亡，君辱臣死，大义昭然。……惟一死以报国家，以全臣节。"[1] 这说明他的慷慨就义，是以古代忠臣义士为楷模的。

到 19 世纪末产生的戊戌维新运动，可以说是全由当时的进步知识分子发动起来的。以康有为、梁启超等为领袖的维新派，按其思想言行来看，是开始跳出封建士大夫旧窠臼，具有资本主义倾向的新知识分子。他们把林则徐、魏源等所倡导的学习西方，变革图强的主张推进到一个新阶段，并通过办报刊、设学会、兴学堂等方式，组织了一场耳目一新，很具声势的宣传活动。在宣传中，最能鼓舞人心而令人感奋的是他们强调的"发愤为雄，救亡图存"的爱国思想。他们开始明白地指出，所要爱的国，就是"四万万圆颅方趾聪明强力之人，二万万方里膏腴岩阻之地"[2] 的中华民族繁衍生息的祖国，所要挽救的是"俄北瞰，英西眺，法南瞵，日东眈，处四强邻之中而为中国"[3] 的岌岌堪危的亡国横祸；所要达到的目标，是开国会，立宪法，改行君主立宪政体，使中国走向富强的境地。

维新派发动的戊戌变法，具有深远的历史意义。它启迪了人们向往民主，大兴西学，掀起了第一次的资产阶级新文化同封建主义旧文化的斗争高潮。然而，他们宣传的爱国主义，仍有很大局限，即依然寄希望于清政府实行自上而下的改革，而没有号召人们推翻这个腐朽卖国的封

1 《赖文光自述》，中国史学会主编：《中国近代史资料丛刊·太平天国》（二），上海人民出版社，1957 年版，第 863 页

2 康有为：《保国会序》；汤志钧编：《康有为政论集》（上），中华书局，1981 年版，第 230 页。

3 康有为：《京师强学会序》，《康有为政论集》（上），第 165 页。

建王朝。所以，变法运动一失败，他们的主张就遭到广大进步分子的鄙弃。

进入 20 世纪，随着中国资本主义的初步发展，国内各类新式学堂的兴办和出国留学成为一时风尚，新式知识分子于是大量产生。这时，原有的地主阶级知识分子仍旧存在，只是数量渐次减少；新起的知识分子中除资产阶级知识分子外，还有少量的为帝国主义效力的买办阶级知识分子，大量的是属于人们习惯地称作的小资产阶级知识分子。

由于中国正日益陷入半殖民地半封建的深渊，连新兴的资产阶级也处于被统治的地位，所以，新式知识分子一步入社会，绝大多数（包括资产阶级知识分子）就不同程度地感受到帝国主义和封建势力的压迫，因而特别富于爱国热忱，迫切要求改变自己国家遭受凌辱和贫弱落后的处境。20 世纪初，清朝统治者越发腐朽无能，帝国主义分割中国的危机日益逼近；而希冀清政府维新变法的期望则业已化作泡影。这样，涉世不久的新式知识分子，包括他们还在襁褓之中的同侪（留学生和国内学堂中的学生），就深感亡国之祸迫在眉睫，其中先进分子于是相率追随孙中山，发动了伟大的辛亥革命，建立了推翻清朝专制统治、创建共和国的丰功伟绩。

据统计，就 1905 ~ 1907 年加入同盟会，可以查出本人成份的三百余人加以考察，有 93% 是留学生和国内的学生。孙中山后来也说到："本党从前在日本组织同盟会所得的会员，不过一万多学生。"其中只有极个别的资本家，连资本家家庭出身的都是很少数。既然这样，为什么通常我们把以孙中山为领袖的革命党人称作资产阶级革命派，把辛亥革命称作资产阶级民主革命呢？

这是不难理解的。

首先，20 世纪初中国革命志士虽然没有忽略从自己国家的历史中吸取斗争经验，但更主要的是力图从欧美各先进国家所经历的变革过程中去寻求救国方案。他们如饥似渴地研读西方资产阶级启蒙思想家的著作，宣称要"执卢梭诸大哲之宝幡，以招展于我神州土"。他们赞誉华盛顿、拿破仑为英雄豪杰，希望在中国也能出现像华盛顿、拿破仑式的人物，其目的是"欲求一革命之事，以比例乎英、法、美者" [1]。那种对西方资产阶级革命顶礼膜拜的虔诚，到达了无以复加的程度，期待步英、法、美等资产阶级革命后尘的愿望，更是溢于言表。

其次，从兴中会确定"驱除鞑虏，恢复中国，创立合众政府"的誓

1　邹容：《革命军·绪论》，上海大同书局，1903 年版，第 9、10 页。

言，到同盟会揭橥"驱除鞑虏，恢复中华，创立民国，平均地权"的宗旨，是中国革命派由朦胧地仿效西方，到明确地要求在中国实现资产阶级民主革命任务的过程。孙中山之所以成为当时革命者公认的领袖，除了他始终不渝地坚持反清斗争外，还由于他提出了被列宁称作"带有建立共和制度要求的完整的民主主义。""纯粹资本主义的、十足资本主义的土地纲领！"[1] 这是对中国革命者提出的主张和纲领的定性分析。

再次，尽管当时的革命者并不承认，也确没有意识到是为了建立一个资本主义社会，像孙中山那样，一直是满腔热情地要使中国既能在物质文明方面赶上和超过西方强国，又能避免在欧美已经为害的少数富人垄断、贫富悬殊的弊端，建成一个"家给人足，四海之内无一夫不获其所"的"社会的国家"。可是，按当时中国的社会制度和历史条件来说，他们如果获得成功，所建立的共和制度，只能是资产阶级专政的共和国；所期待的"社会的国家"，只能是资本主义的国家。

事实上，知识分子发动资产阶级民主革命是一个普遍的现象。如同马克思指出的："小资产者干着通常应该由工业资产者去干的事情。"[2] 只是毅然投身于这种革命的志士们并没意识，也不承认充当了资产阶级的代表，更不曾想到自己为之壮烈捐躯所创造的胜利前景，归根到底是资产阶级得利受益。他们之所以要革命，是出于内心炽盛的爱国热忱，对自己民族的不幸，祖国的灾难苦心焦虑、寝食不安，矢志为祖国的强盛，同胞的幸福而以身许国，效命前驱。正是这样一种恢宏的襟怀和高尚的情操，导致辛亥革命时期众多的革命志士演出了一幕幕悲壮英烈的场面。他们或亲冒锋镝，抱视死如归的壮志而献身疆场；或不避斧钺，鼓磅礴浩然的正气而从容就义。自孙中山于 1895 年在广州筹划第一次反清起义始，每一次斗争都留下了革命者慷慨悲歌、英勇喋血的壮烈篇章。陆皓东、史坚如的宁死不屈；刘道一、魏宗铨的临危不惧；禹之谟备受酷刑而志不稍馁；杨卓林身陷囹圄犹掀案骂贼；徐锡麟就义前神态自若，赋"死亦无憾"以勖勉来者；熊成基赴刑场甘之如饴，殉难时仍笃信"继我而起者，大有人也！""虽死犹生，牺牲尽我责任"；秋瑾临难前吟诗明志，读到她那"秋风秋雨愁煞人"的绝命词，更令人对这位赍志以殁的"巾帼英雄"倍加敬仰。尤其是那"碧血横飞，浩气四塞"

---

1 列宁：《中国的民主主义和民粹主义》，《列宁选集》第 2 卷，人民出版社，1972 年版，第 427 页。

2 马克思：《1848 年至 1850 年的法兰西阶级斗争》，《马克思恩格斯选集》第 1 卷，人民出版社，1972 年版，第 393—499 页。

的黄花岗起义，真说得上是惊天动地的空前壮举。方声洞给家人写绝笔书，豪迈地宣称："以强祖国，使同胞享幸福，虽战斗而死，亦大乐也。"林觉民致书妻子，自誓"当亦乐牺牲吾身与尔身之福利，为天下人谋永福也"。喻培伦在敌人面前严正地宣告："学说是杀不了的，革命尤其杀不了！"辛亥革命时期众多殉难烈士的高风亮节，牺牲精神，是弥足珍视的爱国主义传统，至今还有着重要的教育意义。

辛亥革命失败后，以孙中山为领袖的革命民主派，又经过几度合法的或武装的斗争，仍没有达到在中国建成独立的民主共和国的愿望。帝国主义侵略所造成的民族灾难，与日俱深；封建军阀的反动统治，暴戾滋甚。先进分子对从西方资本主义世界搬来的学说和救国方案，日益感到迷惘失望。1917年11月7日，俄国爆发了伟大的十月社会主义革命，引起了中国各阶层人们的关注，马克思列宁主义在中国产生了深刻的影响，从而导致了以李大钊、毛泽东、周恩来、刘少奇为代表的一大批先进分子转变为具有初步共产主义思想的知识分子。他们投身工人当中，与蓬勃兴起的工人运动相结合，在这个基础上，于1921年7月产生了伟大的中国共产党。从这时起，一批一批进步的知识分子被吸收入共产党，经过长期的革命斗争实践，大多数成为无产阶级的坚强战士。还有更广大的知识分子也越来越倾向进步，倾向革命，靠拢共产党，积极参与党所组织的各种斗争。在中国共产党领导的新民主主义革命过程里，中国先进的知识分子为了赢得反帝反封建革命的胜利，为了新中国的诞生，作出了比历史上任何时代的知识分子更为巨大、更为卓越的贡献。

我们党依据马克思列宁主义的理论，考察了中国知识分子在社会经济结构中的地位和它的历史作用、在革命斗争中的表现，对它的重要性和阶级属性，早就有过定论。1939年毛泽东同志为中共中央写的《大量吸收知识分子》的决定中提出："没有知识分子的参加，革命的胜利是不可能的。""全党同志必须认识，对于知识分子的正确的政策，是革命胜利的重要条件之一。"1950年，中央人民政府政务院重新公布1933年瑞金中央民主政府制定的《关于土地改革中一些问题的决定》，在补充决定中指出：解放前"凡受雇于国家的、合作社的或私人的机关、企业、学校等，为其中办事人员，取得工资以为生活之全部或主要来源的人，称为职员。职员为工人阶级中的一部分"。"凡有专门技能或专门知识的知识分子，受雇于国家的、合作社的或私人的机关、企业、学校等，从事脑力劳动，取得高额工资以为生活之全部或主要来源的人，例如工程师、教授、专家等，称为高级职员，其阶级成份与一般职员同"。1956年周恩来同志代表党中央在知识分子问题会议上作报告，对旧社会过来的知识分子作了分析，明确地宣布："他们中间的绝大部分已经成为国家工作人员，已经为社会主义服务，已经是工人阶级的一部分。"这是完全符合实际的马克思主义的估计。

可是，后来产生的那种轻视教育科学文化，歧视知识分子的完全错误的观念，不仅长期存在，而且在"文化大革命"期间达到了登峰造极的地步。这样，知识分子才被扫入剥削阶级的行列，被视为废物赘瘤；进而被作为"一批二用""给出路"的对象。知识分子受到严重的打击和折磨，党的事业也蒙受很大的损失。

粉碎"四人帮"以后，邓小平同志就重视知识，重视教育，重视科学和尊重人才等问题作了多次讲话。党的十一届三中全会以来，在知识分子问题上采取了一系列拨乱反正的措施和政策。到1983年胡耀邦同志在马克思逝世100周年纪念会上，就知识分子问题和党的知识分子政策作了全面透辟的论述。这样，党对中国知识分子所作的马克思主义的估计，才得以恢复，对知识分子的正确的、传统的政策，才得以贯彻施行。在社会主义现代化建设的新时期中，知识分子必将发挥前所未有的特别重要的作用。"工人、农民和知识分子，在党的领导下，手拉手，肩并肩，一起飞上天！一起飞上社会主义现代化的新天地"！[1]

（原载湖南历史学会编：《知识分子与中国历史的发展》，
湖南人民出版社1985年版）

---

[1]　胡耀邦：《马克思主义伟大真理的光芒照耀我们前进——在卡尔·马克思逝世一百周年纪念大会上的报告（1983年3月13日）》。

治史琐言

1986 年孟冬

　　我的老家在江西省萍乡县芦溪镇的东北角,始祖从福建蒲田县迁来。经过两百多年的繁衍生息,一直聚族而居,故地名称林家坊。父道一,民国初年入湖南高等工业学堂学机械专业,1923 年在安源煤矿任技师。那年岁杪,我出生于安源,未满一岁,随母亲回老家居住,取名增禄。6 岁进族中设立的小学念书,启蒙老师周先生大约是觉得增禄这名字有点俗气,替我改名增平。刚满 9 岁,随父母迁居南昌,继续上小学。1935 年在南昌北营坊小学毕业。

　　小学阶段,我的学业成绩一直是中下水平,仅免于留级而已。毕业后,考入在江西颇有名气的南昌心远中学。尽管侥幸跨进了中学的门槛,但毕竟经不起那严格的筛选,所以,念完一年级,就因为考试不及格的课程达到了留级的界线,于是当了“降班生”,重读一年。抗日战争开始后,1938 年随父母进入四川,转到成都石室中学上初中三年级。可能是那次留级产生了些鞭策作用,因而转到四川这所名牌学校后也逐渐能跟上班,由初中一直读到高中三年级。高中阶段,为避日寇飞机轰炸,学校疏散到新繁县清凉寺,离县城约五六里,除利用寺内破旧殿堂外,教室和大部分宿舍都是稻草盖的茅屋。伙食很差,每到星期日,照例是三五同学醵钱打平伙,买两斤肉,几斤萝卜,就地刨个坑,拾点干枝桠,炖一大锅,以飨饕餮。晚间每人一盏菜油灯,光照昏黄,往往烧得头发吱吱叫。1940 年冬的一个午夜,汉奸潜入寺内,纵火焚烧校舍,霎时红光烛天。我被惊醒,朝窗外一望,但见火舌四撩,慌忙一骨碌滚到地下,拿起脸盆偕同学奋力救火。“火神”毁了一排教堂,才被赶走(在这前后一两天疏散到市郊的成都中学被一炬成焦土)。之后,我们不得不轮流值夜护校。事隔 40 多年,偶尔想起,恍似如昨。

　　1941 年末,父亲转到湖南芷江工作,我不能不相随出川,返回家乡,入萍乡中学借读半年,于 1942 年夏高中毕业。时值抗日战争相持阶段,大城市和主要交通线均为敌占，故毕业后除被保送免试上国立浙江大学（迁设于贵州遵义）师范学院外，只能就近报考刚刚开办两年的国立中正大学（创设于当时江西省政府所在地泰和县杏岭）。放榜时，得录取入文法学院文史系。10月绕道赶到赣州城外分校入学。入校时，同系同学约20人。翌年，转到泰和本校，原先同班的绝大多数转到别的系去了。

1944年的春夏间，杏岭伤寒病流行。国难方殷，学生体质差，又缺医少药，致相继感染伤寒的同学连续死了几个，数十人住进医院。校内人人自危，一派惶恐凄凉景象。阢陧不安地折腾匝月，才告缓解。暑假期间，侵华日军发动豫湘桂战役，旁扰赣中，学校被迫仓粹迁往宁都长胜圩。我因祖母去世，道途阻梗，只得休学一年，在家乡濂溪小学教书。

1945年秋，抗战胜利，学校迁到南昌望城岗，大部分校舍是旧军营。我复学时，文史系分为中文、历史两系，同班同学4人。念完三年级，抗战胜利已历1年，仍然是疮痍满目，百废待兴。暑期回家，从南昌至萍乡的铁路、公路都未修复，只好结伴沿着荒废的公路步行，冒酷暑走了一个星期，才抵达家乡。随后，继续在艰困的条件下念完四年级，于1947年毕业，获学士学位。旋即留系任助教。

解放前，历史系是"冷门"之一。我之所以株守在这个"冷门"内，主要是对它感兴趣，并图谋获得一个仅免于饥寒的文史教师的席位。但由于没有学习马克思主义理论，只是将史学当作一门记问之学来研习，因而仅能熟悉一桩桩的史事过程，在阅读古籍，整理和考订史事等方面，练就了一点较浅易的基本功。这里，我只就阅读古籍谈谈自己的体会和受益。我觉得，读懂古籍，当然少不了请教老师，掌握点古汉语语法知识，但更主要的是精读和背诵一定数量脍炙人口的名篇佳作；而且，选读的范围得广泛些，不但要读古代散文（包括史籍中的书、志、纪、传等），也要拣选诗、词、歌、赋等类韵文若干篇精读以至背诵。读到一定数量，古汉语的语法规律就大体了解，翻开一篇未曾浏览过的古文，没有标点，也不致读不下去。同时，这对于撰写文章，也大有裨益。当然，我们现在不宜再模仿古人写文言文，但写现代白话文，却能从古文中得到很多的启发。大凡流传至今，诸家选录的古代名篇，无不文笔精练，结构严谨，起承转合，顺理成章；写景状物，则描绘逼真，立论辩道，则提要钩玄，一般都足资取法。读熟了，用于抒情、叙事、析理、述评的词汇，贮存于脑际，写起文章来，随时都能转送到笔端，增添文采，避免行文枯涩，索然寡味的缺陷。不过，我只是提倡读一定数量的古文，如果沉溺于古文词，食古不化，以至写文章时文白缠夹不清，那就是适得其反，有害无益的了。

1949年5月，南昌解放，中正大学由江西军管会接管，改名南昌大学。秋冬之际，进入八一革命大学学习，次年春仍返南昌大学工作，承担政治理论课的辅导和部分讲课任务。1951年秋，晋升讲师。在这前后的三四年间，我的主课是学习马克思主义理论。初读马、恩、列、毛泽东著作，确有茅塞顿开的喜悦。尤其是展阅马、恩关于历史的论述时，每每读到这两位大师剖析精湛，显隐发微的论述，就不禁击节赞叹，不忍释卷。当年学习理论那种盎然兴趣，迫切心情，大堪回味。此外，也认真读几种力图运用马克思主义观点、立场、方法编撰历史的书籍，如郭沫若、范文澜、吕振羽、剪伯赞等诸家著作，读时还择要做些札记。无庸讳言，这些从30年代到50年代初的著作，不同程度地存在某些不够完善的地方，纪事立论也间有失误。然而，在探索不同阶段社会性质，阐明人民群众创造历史，揭示史事内在联系，勾绘社会发展轨迹等重大问题上，毕竟作了开创性的、向导性的工作，其前驱先路，嘉惠后学的作用，是应当承认的。

1953年秋，中南区进行院系调整，我调到湖南师院历史系任教。从那时起，每年都承担专科、本科中国近代史课程的教学任务，每年都把讲义从头到尾校订、修改、充实、提高。经过四次轮回，这部讲义就由湖南人民出版社于1958年以《中国近代史》书名分上、下册出版。在这几年内，为把讲义修订好，我一般地说得上是专心致志，埋头苦干。除了炎天三伏，午睡这个程序是被我从日常生活里排斥出去的；而且，还经常捐弃了文娱活动，开夜车是每日例行功课。这当然不足为训。但话又得说回来，做学问，在年富力强的岁月，是应当下点苦功夫的。

在《中国近代史》的前言里，最后我写道："本书体例、结构、取材等问题的处理，总的来说，都是近年来我国学术界在中国近代史研究领域内得出的成果所赐予。"意思是书里基本上没有自己独到的系统见解。设计封面时，编辑同志在作者署名后写一个"著"字，我提笔改为"编"字，他建议来个折中，署为"编著"，我仍不让步，终于只用了一个"编"字。因为，我觉得把讲义署作"著"是不恰当的。本来，我预计这部书出版后少则3年，多则5年，就只有"覆酒瓿"的用场。没料到过了20年，1979年竟重印了5万部，发行后销售较快。1979～1980年，还有四川大学历史系、河北大学历史系、上海社会科学院经济研究所、湖南社会科学院等单位，在招收中国近现代史、中国近代经济史等专业研究生的简章上指定为必读参考书。这样，我就有点沾沾自喜了，因而当出版社于 1982 年第三次重印时，我请编辑同志把封面上那个"编"字去掉。虽没改为"著"字，意思是这部书不应当用"编"字来贬损它的著作价值了。1984 年初第四次重印，又发行了 3 万多部。现在想起来，脸上确有点火辣辣的，感到自己颇不谦虚了。事实上，随着岁月的推移，书里不少内容显然落在研究进度的后面，可由于抽不出时间来增删校改，所以四度重印我都不曾对书中存在的论述不当、史事讹误加以修正。对此，我只应深感内疚，怎么还骄傲起来呢？足见，做学问始终保持谦逊的态度，良非易事。

进入 60 年代，临近 40 岁，我把自己探索的领域收缩到辛亥革命这个阶段上。1961 年应中华书局约，写了一本《辛亥革命》小册子，编入《知识丛书》出版。在纪念辛亥革命 50 周年的学术讨论会上，有几篇文章论述了会党问题，认为会党是农民的组织，辛亥革命时期革命派通过联络和发动会党，形成了与农民的松懈联盟；这个联盟的维系和破裂，在很大程度上决定了革命的高涨和失败。我对此持不同意见，会后发表了两篇文章，从近代中国半殖民地社会游民急剧增加、会党的约规和习尚反映了游民的利益和愿望、革命派多次起义所发动的会党成员主要是游民等几方面加以阐述，论证了辛亥革命时期会党是游民的结社而不是农民的团体。因此，革命派与会党联系的亲密或疏远，对革命的高涨或失败没有决定性的影响。事实上，自 1908 年后，革命派联络的重点也转向新军，而且正由于约半数的新军反正，才出现武昌首义和全国响应的高潮。1984 年我再写一篇题为《会党与辛亥革命》的文章，重申己见，并依据史料，进一步论证。在会党的誓词，会规中，没有发现与封建制度下小农经济有关的，诸如耕田力作，安土重迁等一类词汇，也没有体现农民与地主阶级的矛盾，反映农民渴求土地的条文，说明会党不是农村生活的产物。而且，大量档案证实，起源于清乾隆中叶的天地会，宗旨是"一人有难，大家相帮"，并非以"反清复明"为目的；多次会党起事，一般都以"遇事得有帮助，免人欺凌"，"铲富济贫"相号召，没有揭橥"反清复明"旗号的。因此，认为会党素以"反清"为主旨，同革命派力倡"排满"基本一致，从而构成二者具有结成联盟的政治基础的说法，似不能成立。

因为研究领域收缩到辛亥革命一段，于是，对近代中国资产阶级问题的考察就显得很必要。我感到，既然中国资产阶级搞革命是步西方前辈的后尘，却又因时过境迁和本身的软弱而不能赢得胜利，那么，探讨一下中、西方资产阶级的异同，当是可行的办法。因此，我就从这个方法入手，首先作如下比较研究：

在西欧，"中世纪的城关市民等级和小农等级是现代资产阶级的前身。"（《共产党宣言》）

在中国，"一部分的商人、地主和官僚是中国资产阶级的前身。"（《中国革命和中国共产党》）

从两者来源的不同，论证了"中国民族资产阶级的软弱性是从娘肚子里带出来的"。我的文章在《人民日报》发表后，正因蒙受不白之冤，失去自由的吕振羽同志，居然在监禁中撰写评述，大体赞同我的观点，并给以匡正补充（吕文在去世后才发表）。正当我就这一课题继续探索的时候，"文化大革命"开始了。我和许多同行一样，研究工作停顿了10年。令人不无遗憾的是，从学识、精力等方面来说，这正是我能够提供若干稍有分量的研究成果的10年。

"四人帮"的被粉碎，党的十一届三中全会以来的大政方针，把一切工作，包括社会科学的研究引上了稳步发展，日趋繁荣的境地。我也得以重新投身研究工作者的行列。1976年冬起，我襄助章开沅同志邀集中南和四川、贵州等省的同行友人，主编一部《辛亥革命史》，到1981年春完稿，全书达120万字，由人民出版社分上、下两册出版。书出后，国内（包括台湾）外均有评论。日本冈山大学副教授石田米子在题为《辛亥革命通史的新成果》一文里写道："……具体的进行过程我无从了解，但是在国土面积和交通情况都与日本不同的中国，出于各方面的考虑，邀集这么许多研究者共同协力，写出这部通史，一定要具有很高的热情和付出艰巨的劳动吧。有120万字，1700页的《辛亥革命史》，把从1901年至1912年南京临时政府迁往北京这段时期作为对象，但叙述却从明代的资本主义萌芽开始，一直写到作为辛亥革命余波的护法运动。末尾还附有大事年表、主要参考文献目录和索引。无论是从参与编写的众多人数，为增强说服力而提供的丰富材料，还是从涉及问题的广阔范围来说，这部书都可视为三十年来辛亥革命史研究的集大成者。"（载霞山会《东亚》183号）这位副教授的评述容有过誉，但有一点她是说得很切合实际的，即在章开沅同志主持下，我们编写组20多人确实做到了通力合作，和衷共济的。否则，要在不到 5 年的期间协作完成这部 120 万字的学术著作，是不可能的。当然，毕竟是时间不长，编写组成员过于分散，因而全书仍存在某些方面论述不深，若干史事考订不确，结构间有松散，笔调不一等缺陷。所以，这部书的修订任务还相当艰巨。

尽管停辍了 10 年，但随着国家的拨乱反正，我原有的一点点学识，也得到了恢复，并有所进展。1979 年起，相继发表了 20 多篇文章，自忖对中国近代史学科的重建和发展不无添砖加瓦的微劳。其中多数是论述近代中国资产阶级的篇什，分别探讨了中国资产阶级的孕育、产生、形成和分为不同阶层的过程，以及它在近代各不同阶段上的地位和作用。我的见解是：中国有明中叶后虽然出现过资本主义的萌芽，但基于封建制度的某些不同于西方的特点，致不曾产生像西欧那样的市民等级。这样，鸦片战争后，当中国社会自身为近代资本主义的产生提供了某些客观条件和可能的时候，一部分地主、官僚和商人（买办）就出而顶替，充当中国资产阶级的前身。从 19 世纪 70 年代至世纪末，投资近代企业的大部分是官僚和买办，他们一般还没有完成蜕化的历程，资本主义经济也很微弱。因此，这个阶段中国民族资产阶级还不能说已经形成为一个独立的阶级。据此，我认为学术界一般把戊戌变法作为民族资产阶级上层的运动看待，显与史实不符。确切地说，这个维新运动恰好是反映了还没有独立社会地位的、正处于陆续转化的资本家集团的处境和愿望。从种种迹象去考察，中国民族资产阶级应形成于 20 世纪初，并相应地产生上层和中下层的分化。此种情形，既导致了资产阶级革命派的形成和跃登政治舞台，领导了轰轰烈烈的辛亥革命；也使代表民族资产阶级上层利益的立宪派日益活跃，把国会请愿搞得有声有色。从清末至五四运动前，中国局势的演变，政潮的起伏，不难从中国资产阶级的两大派别的关系中探寻到因果脉络。今后，我打算就这样一个粗略的体系，撰写一本《近代中国资产阶级研究》。

我于 1961 年冬被任命为湖南师院历史系副系主任，主持系务工作。1963 年晋升副教授。1980 年任系主任，升任教授。1981 年任学院副院长，1983 年 10 月任院长。1984 年 9 月，改名湖南师范大学，任校长。目下兼任的学术团体的职务是：中国史学会理事，中南地区辛亥革命史研究会副理事长，湖南省哲学社会科学联合会副主席，湖南历史学会理事长。

　　花甲之年刚过。我的愿望是：能在二三年内摆脱一切行政职务，专门从事学术工作。计划有：继续与章开沅同志等合作，编纂一部《辛亥革命编年实录》；参加《中国近代史资料丛刊·辛亥革命》（续编）的编纂工作；1987年起修订三卷本《辛亥革命史》。与此同时，还参与白寿彝同志主编的多卷本《中国通史》的编撰工作，将偕章开沅、龚书铎同志分担第十二卷《近代前编》的主编，参加戴逸同志为首的"《清代人物传稿》（下）编辑组"，分担编辑任务。此外，我还不自量力，担任"《魏源全集》编委会"主任委员，不时得为此事张罗奔走；今冬明春，将与周秋光同志合作，完成《熊希龄集》的编纂计划。工作如此繁杂多头，能兑现吗？好在我们的后续力量已上来了，他们中有的正崭露头角。这使我满怀信心。

　　（原载北京图书馆《文献》丛刊编辑部、《图书馆学研究》编辑部编：《中国当代社会科学家》第9辑，书目文献出版社1986年版）

关于“史学危机”的思考

1986 年

繁荣乎“危机”乎？

近些年来，关于“史学危机”的呼声可说是不绝于耳，但也有不少人认为今日之史学实为繁荣时代。那么究竟是危机还是繁荣？我们必须作一番分析。

自三中全会以后，史学界情况可概括为四多：研究会多、学术会议多、出版书籍多、学术文章多。如书籍，关于中国近代史的各种教材、参考资料、讲义、题解等，不下数百种；又如文章，从前只要公开发表的文章，中国人民大学复印资料就予复印，但是目前发表的文章只有十分之一二能够复印。这不是繁荣吗？从这一角度来说，确实可以算是繁荣。

但是，如果我们认真研究一下，就会发现，这些著作中层次较低的较多，真正有分量的学术著作很少。甚至有些书是为评职称或某些原因而在短时间内拼凑出来的。出版上，越是专门的著作越是难于出版，如《中国运河城市发展史》只征订了 14 本，《中国近代航运史》只征订了 600 多本，而这两部都是很有价值的著作。

近两年，较专门的学术著作出版有更加困难的趋势。不少专业工作者“下海”或改行从事其他工作，仍在从事学术研究的人心理也很不平衡。这确确实实是危机，是不容否认的。

“危机感”从何而来？

其一，由封闭而开放。

“文革”结束以后，我们国家实行改革开放，重新打开了几乎是关闭着的国门。一时间，种种中外对比的景象扑面而来，应接不暇，惊异、悔恨、渴慕、不安，由文化的参照进而引起文化体系的冲突。中国为何落后？古老民族能否再生？中国向何处去？应如何对待传统文化和西方文化？这些问题交织在一起，构成了当前历史反省思潮。

　　一部世界近代史，曾被我们认为是资本主义发生、发展到衰亡的历史。然而，第二次世界大战以后，帝国主义国家经济仍在向前发展，特别是日本崛起成为第二经济大国。社会主义和资本主义两个阵营的壁垒消失了。社会主义国家之间本应亲如兄弟，但有时这兄弟之间却打个你死我活。还有苏联侵略阿富汗，原来被我们视为欧洲的一盏社会主义明灯的阿尔巴尼亚实际却是黑暗、孤立。在世界事务上，我们有时同美国采取同样的态度。这都是在国门打开之后，我们了解到的事实与我们先前所认识的规律不同，从而引起人们的思考和怀疑。

　　其二，是过去史学研究的公式化、模式化。

　　比如我们长期按照五种生产方式的模式来研究中国历史，但却使中国古代史的分期问题长期不得解决。中国封建社会开端，有人认为始自西周，有人认为始于魏晋，前后相差竟有 1000 年。原因在于五种生产方式说乃照搬欧洲历史，强调了人类历史的共性，而忽视了不同环境下发展起来的不同人类群体的个性，因而就难于完满地解释。

　　中国近代史的研究上，也有不少这种公式化、模式化的情况。如在鸦片战争的研究中，人们一直认定战前就有禁烟派和弛禁派的斗争，战争开始以后，禁烟派转化为抵抗派，弛禁派转化为投降派。然而据今年的研究，事实上并不存在壁垒分明的禁烟派和弛禁派，也并没有由这两派转化为抵抗派和投降派。林则徐的《钱票无甚关碍宜重禁吃烟以杜弊源片》并没有起到多大作用。抵抗派、投降派分歧的出现，是在定海失陷以后。投降派的投降不是因为鸦片利益，而是中国长期的闭关所造成的积弱而引起的。中国的军事体系，不是国防的，而是防内的；山海关的大炮还是前明铸造的；鸦片战争中调兵，从湖南到广东竟用了 50 多天。在这种情形下，焉得不败？[1]

　　在中国近代史的体系上，人们看到了过去三大高潮八大事件模式的局限，于是有人提出了洋务—维新—革命的新线索。争论尚在进行，有人已批评这是"有限性发展观"，提出"历史研究的非线性化"[2]。正如有的同志指出的，当一些研究者还在热衷于辩论，精心修补完善自己的论点的同时，另一些研究者已经厌倦这种争论。

　　日本学者野泽丰先生曾云："批评的尖锐性和文章所得结论的贫乏性成正比例。"所以无论是古代史的研究还是近现代史的研究，在推翻

---

1 茅海建：《鸦片战争时期的中英兵力》，《历史研究》1983 年第 5 期。

2 姜进：《历史研究的非线性化及其方法论问题》，《历史研究》1986 年第 1 期。

旧体系建立新体系的时候，也切忌新的模式化和公式化。

其三，是史学研究方法的陈陈相因，以及机械的政治决定论，政治化的史学等。

其四，危机在某种程度上也是人为的。

青年史学工作者感到走旧路超不过老一辈，故强调危机，走新路。但是老一辈，当然是少数，讳言危机，因为老路自己已经走熟了，走新路已很难学，不免崎岖坎坷。

出路何在？

总的说来，史学研究应该面向社会需要，重视社会效益和社会价值。

首先，是课题的选择。

很重要的一条是要扩展新的研究领域和合理选择课题，多研究一些时代向我们提出的新的重要问题。

然而，重要的在于创造出经得起检验的研究成果，不管是大成果，小成果，只要它直接或间接对社会、对人们有益，它的价值也就算得到了承认。我们无需乎超过历史学所能起到的作用，去追求历史学本身所不能起的、也不应该起的社会作用。如果把历史学的作用放大到超乎应有的，或是变态的、人为的程度，将是一场灾难。

中国古代史分期问题的讨论，农民起义和阶级斗争等问题的研究，在新民主主义革命与社会主义革命时期具有一定的学术价值，但是随着今天的社会主义现代化建设，我们不能把史学研究的视野仅仅局限在这些方面。例如，我们正在进行社会主义的伟大改革，有许多人很想了解中国古代改革的历史，很想了解古代改革中遇到的各种问题以及改革家采取的各种措施，分析改革成功与失败的原因，等等。

课题选择应该宽一些，新一些，适当考虑社会需要。研究方法要提倡创新，吸收其他学科的研究方法。

其次，提倡多角度的研究。

历史学家的目光，应该深入到社会历史的各个领域。人的组合、人与人的关系、人的活动，构成了社会生活丰富多彩的各个侧面。社会的组成、社会群体、社会关系、风俗习惯、民间信仰，以及经济、政治、法律、宗教、家庭、婚姻、邻里、师生、官民、民族、民俗等等，都可以成为史学家的研究对象。史学家应从"庙堂之上"转向了解"黔首细民"的生活、动态。

　　对于历史发展的动力亦是如此，与其单从某一角度或单一原因追求历史的动力，不如从多个角度和多重因素去探索历史的合力。

　　史学家应从"史——论"（以史求论，以论带史）的单一思维框架中解放出来，充分吸收社会心理学、经济学、政治学、民俗学、人类学的成果和研究方法。

　　再次，是自然科学方法引进史学研究。如信息论、控制论、系统论的方法。应该提倡这方面的尝试。但是这应该是在对自然科学理论有起码的了解的条件下，切忌滥用新名词和借新名词吓人而实际研究方法又没有什么真正的改变。

（据林增平先生未刊文稿，时间据内容判定）

熟悉湖南近代史，进一步做好我省文史资料研究工作

——在全省文史资料工作培训班上的讲课提纲 [1]

1987 年 3 月 27 日

我省政协文史资料研究工作，近年来有显著的进展，成绩斐然可观。这一方面是省政协和各州、市、县政协从事文史资料研究工作的同志克尽主观努力，作出了很见成效的贡献；另一方面是，在中国近代史上湖南所发生的各种史事，都是引人注目，往往对全国产生举足轻重的影响，从而在客观上给搞文史资料研究的同志提供了广阔的"用武之地"。因此，要把我省文史资料研究工作推上更高的水平，取得更多的成果，进一步熟悉湖南近代史是很有必要的。

古代的湖南，自有文字记载以来 3000 多年间，可以称得上对全国有较大影响的史事，屈指可数；产生的历史名人，寥若晨星。有同志曾对此就《中国历代名人辞典》（南京大学编撰）载人的 2993 位历史名人中的籍贯进行统计，其中湖南籍的只 23 人，仅占同期全国历史名人的 0.77%，与其他省比，真可说是相形见绌！而从 1840 年鸦片战争到五四运动这段期间，即通常所说中国近代史的 80 年中，湖南籍的有 83 人，占该书所载同期全国名人的 10.9%。从五四运动前后到新民主主义革命时期和社会主义革命与建设时期，湖南更涌现了一大批党政领袖人物。在人才杂志社出版的《中共党史人物简介》一书列举的 515 名党史人物中，湖南籍的有 89 人，占 17.3%。胡耀邦同志在《庆祝中国共产党成立六十周年大会上的讲话》中提到的 27 名我党杰出领袖人和创建时期的主要领导人里，湖南籍的有 13 人，占 48%。在中华人民共和国第一届中央人民政府的 52 名领导人中，湖南籍的有 10 人，占 19.2%。以 10 位元帅、10 位大将和 57 位上将的籍贯来看，湖南籍的分别为 3 人、

---

1 根据作者意见本刊发表的是讲课稿的第三部分。

6 人和 19 人。湖北人民出版社出版的《历代爱国名人辞典》收入这一时期的爱国名人计 449 人，其中湖南籍的即有 73 人，占总数的 16% 强。

进入近代，湖南为什么会产生这种人文蔚起，人才辈出的盛况，其原因确实耐人寻味。目下对这一课题进行探索者，颇不乏人，尚无一致的看法。唯有个明显的现象是大家没有异议的，即认为：湖南近代发生的对全国影响巨大的事件前后连接，自然要产生众多的比肩踵起的著名人物；而叱咤风云、驰骋宇内的能人一多，自然要给当时产生的事件以重大影响。所以，湖南近代史很值得研究，是中外史学家所公认的。

尽管对湖南在近代史上的重要地位还研究不够，但学术界已普遍地注意到近代在湖南所兴起的一种"士气"和"世风"所产生的影响。认为正是这种"湖湘士气"的氤氲绵延，导致了湖南人在近代史上的显赫声势。

开启所谓"湖湘士气"的先驱者，是衡阳王夫之。但由于他于明朝覆亡后辟处湘西避祸 40 年，潜心著述，虽著作等身，却流传不广。到鸦片战争前后，他的著述和思想，才为湖南士人所重视，进行研究，受到影响。当时，安化人陶澍、善化人贺长龄、贺熙龄，邵阳人魏源等，力倡"通经学古而致诸用"，湖南学风一时大变。魏源于 19 世纪 20 年代编《皇朝经世文编》，就是旨在宏扬"经世"学风而刊印行世的。英国侵略中国的鸦片战争刚刚结束，魏源又推出了他编纂的《海国图志》50 卷（嗣后又增辑为 60 卷、100 卷），破天荒地介绍世界地理、历史、政治、经济、民族、宗教、历法和文化等，并提出了"师夷之长技以制夷"的命题，学习西方长技，以抵拒西方殖民主义者的侵略。在这里，有必要请大家了解一下鸦片战争前中国的当政者对自己国门以外的世界是怎样看的。

鸦片战争还未结束时，1841 年（道光二十一年）台湾守军俘获了约 50 个英国侵略军官兵，道光皇帝于次年传谕台湾总兵达洪阿审讯俘虏时询问以下各事：

究竟该国地方周围几许？所属国共有若干，其最为强大不受该国统属者，共有若干？又英吉利到回疆各部，有无旱路相通？平素有无往来？俄罗斯是否接壤，有无旱路相通？……

号称天纵圣明的皇帝，满腹经纶的大臣，连英国座落在什么地方，国家情况如何，竟一无所知。这就说明魏源编撰《海国图志》，对于长期封关禁海，与外界隔绝的中国，具有何为重要的启蒙作用。

陶澍、贺氏兄弟、魏源等倡导的"经世"学风，毕竟是基于封建统治者的立场提出来的。当第一次遭受英国侵略时，他们能提出"师夷之长技以制夷"，力主革新。而当太平天国起义发动后，倡导通经致用的曾国藩、左宗棠自然要将"致用"的宗旨侧重在镇压农民起义，稳定封建统治上，因而立刻奉行道光皇帝"攘外必先安内，禁暴即以爱民"的"上谕"，先后筹组"湘军"，与太平军为敌。湘军于是转战长江中下游各省，成了镇压太平天国革命的主要武装，产生曾（国藩）、左（宗棠）、彭（玉麟）、胡（林翼）为首的一大批"中兴名臣"，为国内所注目。湖南在当时的地位，正像侍读学士潘祖荫推崇左宗棠的奏折里写的"国家不可一日无湖南，即湖南不可一日无宗棠也"。潘所谓的"不可一日无湖南"，并非说湖南地位重要或财赋充实，是指清王朝不可一日无湘军。当然，湖南出了曾、左等人才，为清王朝所倚重，不免使人感到遗憾。所以，到辛亥革命时期，湖南革命党人就讳言曾、左、彭、胡。如著名革命家新化人陈天华"少时即以光复汉族为念，遇乡人之称颂胡、曾、左、彭功业者，辄鄙弃不顾，而有愧色"，并斥责他们是"汉奸"。

然而，在另一方面，湘军的得势和迅速扩大，也产生了其他有利的后果。历史总是辩证地发展的，在有阶级社会里，某些正义的、善良的事件，常常会产生阻滞社会进步的后果，某些残暴的、邪恶的事件，却常常成为推动社会发展的杠杆。湘军确实犯下了镇压农民起义的罪行，然而，随着湘军转战各地、相继镇压太平军、捻军和其他地区的群众反抗斗争以及少数民族的反清起义，不少湘军将领就相继出任地方督抚，据统计，官至总督者有 14 人，官至巡抚者 13 人。这样，就提携了不少湖南籍人士，在全国各地或为官，或充幕僚，培养了一批治军、从政、出使、河工、漕运、理财和兴办新式企业的人才，使湖南风气日开，造成湖南在全国引人注目的地位。故郭嵩焘等人咸认为，湘军之兴为"湘运之起"。

太平天国和捻军起义失败后，国内地主阶级同农民的矛盾在形式上趋向缓和；而西方资本主义国家则相继转变为帝国主义，彼此之间展开了瓜分和重新瓜分世界领土的竞争，中国更成为帝国主义国家角逐的场所。于是，中华民族和帝国主义之间的矛盾趋向紧张。主要矛盾的变化，也导致湖南士人所服膺的"经世"学风转向抵御外来侵略的方面。在西北国土频遭蚕食窃分的紧急情况下，左宗棠以暮年舆榇出关的气概，率湘军西征，收复新疆。从而获得"玉门春晓左公柳，湖湘子弟满天山"

的盛誉。左宗棠也因此得到爱国主义者的称号。随后，在 1884～1885
年抗击法国侵略的中法战争，湘军也曾获得抗击入侵者的勋绩，左宗棠、
彭玉麟也都表现了满腔爱国热忱，为后人所称许。从这方面说，湘军既
曾充当镇压农民起义的凶手，后来，却也无愧于民族的干城。在反抗外
国侵略的斗争中，既有鏖战沙场的名将，也有折冲樽俎的贤才（如郭嵩
焘、曾纪泽）。

随着经世致用，拒外日强的风气日盛，当19世纪末维新运动高涨时，
湖南又俨然得风气之先，各种维新新政络绎兴起，成为当时"最富朝气
之一省"。倡维新的皮锡瑞便说："近日湖南风气又为各省之最，是由
地气变得兴盛，亦由乡先贤之善复也。"在湖南，出现了著名的维新志
士谭嗣同、唐才常、熊希龄等，而谭、唐尤以维新派中的左翼著称。唐
才常就颇为自信地称："古有燕赵，今有湖南；日本有摩萨二省，中国
有湖南一省。救中国自救湖南始。"及至戊戌维新失败，谭嗣同等"六
君子"遇害，著名的革命者邹容为之震悼，曾书写"赫赫谭君故，湖湘
士气衰"以表积愤。这表明当时人对于倡经世致用，革新救国，以匡时
救亡为己任的湖湘士气，都很关注，邹容就有"湖湘士气衰"的隐忧。

戊戌维新失败后，由于清王朝的顽固腐朽，拒绝一切可行的改革；
接着又招致了八国联军侵华的横祸和《辛丑和约》的奇耻大辱。湖南众
多志士更增强了奋起救国的紧迫感。1903 年，杨度撰写一首《湖南少
年歌》，其中有一段是这样写的：

中国今日是希腊，湖南当作斯巴达，中国将为德意志，湖南当作普
鲁士。诸君诸君慎如此，莫言事急空流涕。若道中华国果亡，除是湖南
人尽死。

这种以救国为己任的责任感和自信心，表明"湖湘士气"并不因戊
戌维新和唐才常自立军起义的受挫而衰竭，反而更形旺盛之势。

由孙中山倡导、发动的反清民主革命运动兴起后，湖南志士相率投
入革命的阵营。1905 年，孙中山约集在日本的革命志士成立中国同盟会，
集结全国各革命小团体和各省革命者，订立章程，发表革命纲领，从而
掀起了反清革命高潮。根据现有材料统计，1905～1907 年三年间在东
京加入同盟会的会员以湖南、四川、广东、湖北四省人最多。其中湖南
籍 157 人，四川籍 127 人，广东籍 112 人，湖北籍 106 人。如果加上在
香港和海外入会者，则湖南、广东籍的均为 158 人，两者颉颃，不相上

下。在湖南，产生了不少威望素著的革命领导人和革命先烈，如黄兴、宋教仁、蔡锷、陈天华、焦达峰、陈作新、禹之谟、刘道一、蒋诩武、姚宏业、谭人凤等。真正达到了"惟楚有才，于斯为盛"的景况。

辛亥革命后，如同当时革命者所扼腕叹息的"无量金钱无量血，可怜购得假共和"！孙中山也万分感叹地说："现在的中华民国只有一块假招牌。"先进志士又怀着救国救民的宏愿，苦心焦虑，探索新的途径，新文化运动油然勃兴。湖南因毛泽东、蔡和森等的倡导，组织新民学会，创办《湘江评论》，集结爱国志士，砥砺学识，探求新知，从而培育出一代服膺马克思主义，蓄志为共产主义事业而努力奋斗的三湘英杰。他们大多数成为中国共产党的领袖人物，中华人民共和国的治国贤能，或造就为文化方面的巨匠大师，各以其勋业伟绩而彪炳史册，造福后人。

当代史学家谭其骧曾说："清季以来湖南人才辈出，功业之盛，举世无出其右。"信乎其言！在湖南从事文史资料工作，是大有可为的。

（原载《湖南文史通讯》1987年第2期）

中国近代史的结论：只有社会主义才能救中国

1987 年

　　中华民族是伟大的勤劳勇敢的民族。从上古起，就创造了灿烂的文明，对人类历史的发展作出过重大的贡献。但由于封建制的长期延续，17 世纪中叶，清朝建立后，又一直推行封关禁海的闭关政策，因而封建制度更形腐朽，植立于这个基础上的政治上层建筑——清朝的统治，一度出现所谓"康（熙）乾（隆）盛世"后，就迅速衰败。而与此同时，西方资本主义国家陆续兴起，正加速地对外肆行殖民主义掠夺政策，亚洲的若干文明古国已沦为它们的殖民地或保护国；广袤富庶的中国，正是它们群思染指的对象。以致当完全陌生的英国侵略者带头汹汹然叩关入侵时，昏庸的清统治者就慌乱失措，无能抵御，而又害怕人民揭竿起义，于是就采取"攘外必先安内"的反动政策，对外妥协，并与之勾结，镇压人民，以维护自身的腐朽统治。这样，中国的主权就渐次破损，经济和政治逐步地半殖民地化；封建自然经济虽逐步解体，但民族资本主义却受到摧抑，不能发展成占主导地位的经济成份。于是，中国就日益陷入半殖民地半封建社会的苦难境地，构成一幅贫穷落后、血迹斑斑的悲惨图景。"落后是要挨打的！"继第一次鸦片战争之后，就连续不断地发生英法联军入侵的第二次鸦片战争（1856 ~ 1860 年）、中法战争（1884 ~ 1885 年）、甲午中日战争（1894 ~ 1895 年）、八国联军侵华战争（1900 ~ 1901 年）、"九一八"事变后日本发动的长达十余年的侵华战争（1931 ~ 945 年）等等；还有连绵不断的局部或小规模的武装侵犯；不见硝烟，不闻声息，昼夜不停地渗透、榨取、吸吮中国人民膏脂的经济侵略等。这一切政治、军事、经济侵略，都是因中国的反动统治者不同程度的妥协投降而得逞的。成百年的民族屈辱和苦难，致使我们伟大的祖国山河破碎，经济凋敝，祸乱绵延，生民涂炭，濒于国亡无日的危殆境地。

富于革命传统、不甘屈服于外敌的中国人民，不仅在帝国主义相继大举入侵时奋起抵抗，而且掀起了多次全国规模、震惊世界的反帝反封建斗争高潮。其间有太平天国农民大起义（1851～1864年）、戊戌维新运动（1895～1898年）、义和团反帝运动（1900～1901年）、孙中山领导的具有比较完全意义的资产阶级民主革命即辛亥革命（1905～1912年）、五四运动（1919年）等。1921年中国共产党成立后，又有第一次国共合作，由国共两党共同组织和发动的、推翻北洋军阀黑暗统治的第一次大革命（1924～1927年），由中国共产党领导，建立工农红军和革命根据地，反对国民党新军阀反动统治的土地革命战争（1927～1937年）。紧接着，又产生在中国共产党倡导的抗日民族统一战线方针指导下，以第二次国共合作为基础，动员了全民族奋起救亡图存的抗日战争（1937～1945年）。随后，中国共产党又领导全国人民开展反对国民党反动派坚持独裁、卖国和挑起内战的人民解放战争（1946～1949年），终于取得了举世瞩目的伟大胜利，成立了中华人民共和国，结束了旧中国半殖民地、殖民地的苦难处境，开启了创建社会主义新中国的新纪元。

在一个世纪的近代史上，中国人民就是这样前仆后继，为摆脱帝国主义和国内反动统治者的压迫、奴役、剥削和杀戮，争取独立、自由、民主和社会主义而奋勇斗争，付出了重大的牺牲。仅以抗日战争来说，中国军民伤亡达二千万，损失财产达六百多亿美元。亿万人民，百年时光，以碧血遍野，珠泪成河的代价，换来了社会主义人民共和国的锦绣前程。这是多么令人惊心动魄、血涌肺张的伟大长轴历史画卷啊！

在百年反帝反封建斗争历程中，先进的志士哲人，一代接一代地殚思竭虑，寻求建设一个新中国的方案，首先撞进中国来的是船坚炮利、器巧械精的西方资本主义侵略者。因此，鸦片战争后不久，湖南邵阳人魏源就提出了"师夷之长技以制夷"的命题，堪称号召学习西方资本主义的先声。魏源在所编纂的《海国图志》里按照他的理解，赞美国的政治制度，"其章程可垂奕世而无弊！"太平天国起义时，天王洪秀全的族弟洪仁玕提出一个称作《资政新篇》的纲领，按照他对西方资本主义国家的理解，建议革新太平天国的政治；创办工厂，开发矿藏，兴办学校、医院等以发展经济和文化。这可说是最早的一个较为全面的学习西方的方案。可惜的是，太平天国已因内部的分裂和政局的蜷蜷而一蹶不振，旋踵即被中外反动派合谋扼杀了。洪仁玕不能不为此抱终夭之恨。到 19 世纪末，由康有为、梁启超、谭嗣同等维新派首领发动，掀起了奏请皇帝推行以大体仿行资产阶级君主立宪制度的变法运动。然而，光绪皇帝颁发的"明定国是"，宣告维新的诏旨不过百日，这个运动即遭到慈禧太后的镇压，谭嗣同、康广仁等后来称作"戊戌六君子"的维新志士被斩杀于北京菜市口。因倡导学习西方，挽救危亡的杰士仁人，演出了血溅刑场的惨剧。

较全面地向西方寻求救国蓝图的宏伟场面，莫过于孙中山领导的、有众多革命志士参与的辛亥革命运动。孙中山当时所提出来的三民主义，明确地揭橥了推翻君主专制制度，建立资产阶级民主政体；发展资本主义经济的主张。辛亥革命获得了推翻清朝统治，创立中华民国的伟大成就。可是，革命后的政权，却落入封建军阀袁世凯集团之手。

到了民国九年（1920 年），首倡民主革命、饱经挫折的孙中山就完全觉察到："现在的中华民国只有一块假招牌，以后应再有一番大革命，才能够做成一个真中华民国。"孙中山期待的再一番的大革命，亦由于1921 年中国共产党的诞生而加快地来临。

在中国共产党人的帮助下，孙中山改组了他所领导的中国国民党，实现了第一次国共合作。他回顾自己领导中国革命的历程，感到非易辙改道不可，明白无误地宣称："我党今后之革命，非以俄师，断无成就。"表明这位为在中国建立像西方一样资产阶级民主国家而奋斗大半生的伟大革命先行者，晚年就彻底醒悟，决心改弦更张，选择了俄国十月革命的成功道路，顺乎世界之潮流，继续前进。

如果说，中国古代是我们历史的前天，那么，中国近代就是昨天。这殷鉴不远的昨天，对我们的启示是弥足珍视的。

中国近代史是我们民族受欺凌，土地被分割，利权遭掠夺的苦难历程。百年沉沦，长夜难明。反动统治者，从清王朝到北洋军阀，到四大家族的官僚资产阶级政权，对内暴戾恣睢，涂毒生民；对外屈膝妥协，招致民族的祸患和屈辱。以致被殖民主义者诬为"东亚病夫""一盘散沙"，不能自立于世界民族之林。了解这长达一个世纪的深重灾难，睹今思昔，对比之下，才能知道今安而昔危，今治而昔乱，今是而昔非，从而对我们社会主义人民共和国国际地位的提高，国内政局安定，经济稳步发展，文教渐趋昌盛，亿万人民生活普遍改善和提高，社会主义现代化建设的宏伟前景定可如期实现的今天，百倍珍惜，充满信心，为发展安定团结的大好局面，为社会主义建设事业做出积极的贡献。

在中国近代史上，众多的进步人士，革命英杰，为了使祖国摆脱殖民地、半殖民地的屈辱地位，报仇雪耻，救人民于水深火热的困境，不惜含辛茹苦，前仆后继，抛头颅，洒热血，百折不回地英勇斗争。他们那崇高凛然的民族气节，充沛炽热的爱国主义激情，誓死如归的英雄气概，理应受到我们的高度钦敬和永远怀念，铭记在心，继承光荣传统，借以鼓舞和督责我们坚持四项基本原则，搞好改革、开放，加强社会主义民主和法制的教育，有效地加速社会主义现代化的进程。

中国近代史是几辈哲人志士探求救国方案的历程。近代的前80年，马克思主义的社会主义学说还没有传入中国，俄国十月革命也还没有发生，先进的中国人向西方资本主义寻求救国真理是理所当然的。经过半个多世纪的奋斗和流血牺牲，都失败了，中国丝毫也不曾摆脱向半殖民地、殖民地深渊加速沉沦的厄运。中国共产党成立后，人民在共产党的领导下，流血奋战，才取得新民主主义革命的胜利，创立了社会主义的人民共和国。中国昨日的历史证明，资产阶级共和国的方案在中国屡试不验，只有社会主义才能救中国。这就是中国近代史的结论。我们应当尊重历史，尊重事实，坚决摒弃那种"全盘西化"的谬说，坚定地跟共产党走，在社会主义大道上奋勇前进！

（原载《求索》1987年第6期）

中国近代史研究反思

1988 年

按我国史学界的一般看法，中国近代史是指从 1840 年（清道光二十年）中英鸦片战争至 1919 年（民国八年）五四运动为止，约 80 年间中国所经历的一段史事。其上限，即与中国古代史的界限，断于 1840 年，是因为这一年英国资本主义发动了侵略中国的鸦片战争。由于清政府抵抗失败，被迫与英国侵略者订立了《中英江宁（南京）条约》，从而使美、法等其他资本主义国家跟踪效尤，相率迫使清政府订立不平等条约，紧随英国之后，进入中国逐步开展殖民主义的掠夺活动。由此伊始，中国社会产生很大变化，即由封建社会开始向半殖民地半封建社会转变。其下限断于 1919 年是因为经过新文化运动，随即又有 1921 年中国共产党的诞生，中国开始进入新民主主义革命时期，其历史进程具有与前此不同的特点。故史学界通常又把五四运动作为中国近现代的交接点。

中华人民共和国成立后，中国近代史的上限（1840）和下限（1919）基本上确定下来。高等院校历史系的教学计划和教学大纲也明确规定，中国近代史作为一门专业课程，讲授的范围是 1840 ~ 1919 年。中等学校历史课，中国近代史也作为一学期课程安排。

在国外，对中国近代史上限、下限的理解，颇不一致。

日本研究中国近代史的学者，较多地同意我国史学界的见解。比如，近年由东京汲古书院出版的两本史学论著，一是已故信州大学教授永井算已的论文集，收录的论文上起太平天国，下至辛亥革命，书名为《中国近代政治史论丛》；一是东京辛亥革命史研究会为悼唁福岛大学教授菊池贵晴，辑日本史学界撰写的论文（其中有一篇为中国学者汤志钧的文章）为一集，因撰稿者论述范围涉及鸦片战争至“九一八”事变后抗日战争期间的史事，故书名为《中国近现代史论集》。这表明日本学术界一般对中国近现代史的界限是明确的。又如，由野泽丰、田中正俊主编的七卷本《中国近现代史讲座》，小岛晋治、丸山松幸合著的《中国近现代史》，也是起自鸦片战争，叙至中华人民共和国成立之后。当然，也有部分学者持不同意见，但主要是对近代、现代的含义理解不一致；或对近现代的界限有不同的看法。

在国外，美国研究中国历史的机构和人员为世界各国之冠。上海人民出版社出版的《国外出版中国近现代史书目》，收录 1949～1978 年国外刊行的有关中国近现代史的三千多种书目中，美国的占半数以上。关于中国近现代史的分期，不少美国学者同我国史学界的见解大相径庭，主要是对以 1840 年鸦片战争作为中国近代史的开端颇多异议。有代表性的是密执安大学历史系教授费维恺（Albert Feuerwerker），他在一篇题为《穿着马克思主义服装的中国史学》的文章中写道："如果'帝国主义'是近代中国史的关键，那么历史就有完全丧失其自主性，从而失去其意义的危险。"又称："在中国近代史的结构中给外国入侵派上这么大的作用，这几乎是抛弃历史能够自动发展的信念"，"引起人们怀疑自己过去的价值"。这里，费维恺认为我们指出帝国主义侵略对于中国历史进程的重大影响，并以鸦片战争作为近代史的开端，就是否认中国历史的自动发展，也就是说，这是一种外因论。而按他们的看法，中国近代史的起点应从西欧开始进入近代社会的十六七世纪算起。必须指出，无论从事实还是从理论上来探讨，美国学者这种看法都难于成立。我们认定 1840 年是中国近代史的起点，是以大量的确凿无讹的史实，揭示了自从英国发动侵略中国的鸦片战争起，帝国主义列强在持续地侵略中国的过程中，即竭力扶植中国的封建统治者，并使之成为它们统治和假手掠夺中国的工具。于是，中国就逐渐丧失独立，社会经济结构、阶级关系以至政治上层建筑都产生巨大的变化，从而导致中国社会经济形态的质变。也就是说，以 1840 年英国发动鸦片战争为契机，随着外部和内部各种因素错综复杂的影响和演变，封建的中国就一步一步地变为半殖民地半封建社会。这种看法，系坚持外因是促使变化的条件，内因是产生变化的根据，外因通过内因起作用的观点，不能够指责为外因论。如果按照费维恺的意见，中国历史应当从属于西欧的分期界标，从十六七世纪即进入了近代时期；而且，还应当树立"历史能够自动发展的信念"，那么，中国自 19 世纪中叶起逐步沦为贫穷落后的半殖民地半封建社会，就应是历史自动的发展的结果，与帝国主义列强多次的、

持续的军事、政治、经济和文化等等侵略无甚关系。这样，成百年来信
而有征，帝国主义侵略中国的血迹斑斑的历史不是一笔抹煞了吗？[1]

苏联史学界对中国近代史的分期界限，可以齐赫文斯基主编的《中
国近代史》（苏联科学出版社 1972 年出版）为例。这部中国近代史，
将中国近代的上限提前两个世纪，即以 1644 年清朝的建立作为中国近
代的开始。其所持理由有二：一是说"满洲人征服封建的明朝所统治的
中国，恰好与世界史近代时期的上限—十七世纪七十年代相吻合"，"它
的上限和下限是根据世界史发展的规律确定的"。二是说，中国近代史
恰好是"满洲军事封建主侵入了中国疆界"，到辛亥革命"推翻满洲人
的统治"[2] 的历史。这种分法是很不妥当的。第一，世界不同地区和国
家历史发展的进程有很大的差别，所谓近代史，一般是指资本主义社会
产生及其没落的阶段。1640 年英国开始发生资产阶级革命，揭开了欧
洲资本主义历史的第一页，因而一般把这一年作为欧洲近代史的开始；
由于人类进入资本主义社会是以英国资产阶级革命为嚆矢，所以，1640
年泛指为世界近代史的发端，也未尝不可。而 1644 年，中国虽然发生
清王朝取代明王朝的事变，但社会性质并没变化，即仍然属于封建社会
时期。讲中国史，则显然不能以此作为由古代进入近代的标志。即使是
讲与英国毗邻的法国的历史，也应以 1789 年开始的法国大革命作为法
国近代史的肇端，而不应以英国资产阶级革命的发轫作准绳，将法国近
代史的上限提前到 17 世纪的 60 年代。所以，认为清朝的取代明朝"恰
好与世界史近代时期的上限相吻合"，从而把中国历史塞进世界史分期
的框架里，截下 1644 年以后的一段并入近代史的范围，是毫无道理的。
其次，满族自古以来是中华民族的一个成员，他们长期休养生息的地区，
也一直是中国领土的一部分，不存在什么"满洲军事封建主侵入了中国
疆界"的问题。只是满族的统治者驱军入关，推翻了以明朝皇室贵族为
首、主要代表汉族地主阶级利益的明朝，重演了中国历史上多次出现的
封建王朝嬗替兴废的事变而已。显然，把清朝取代明朝说成是"侵入了
中国疆界"，与历史事实不符。所以，齐赫文斯基主编的《中国近代史》
所持关于中国近代上限下限的看法，是我们不能苟同的。

由于中国近现代史的起讫是建国初确定的，而随着岁月的推移，近、

1　参阅余绳武、刘存宽：《中国近代史始于何时》，载《第十六届国际历史科学大会中国
学者论文集》，中华书局版，第 293—305 页。
2　齐赫文斯基主编：《中国近代史·编者的话》。生活·读书·新知三联书店，1974 年版，
第 1—2 页。

现代的概念也不能不产生变化。因此，史学界近年遂提出新的分法，其主要理由有二：（1）近代史的上限，是以中国由封建社会开始向半殖民地半封建社会转变为标志，即基于社会性质的变化而确定的，而其下限定于1919年，则是从革命性质开始变化的角度来划分的；上、下限划分的标准明显地不一致。中国半殖民地半封建社会是以1949年中华人民共和国的建立而宣告终结的；1919年前后，中国社会性质未发生变化。（2）中华人民共和国建国转瞬就将40年，光阴似箭，半个世纪指顾可待，社会生活的各个方面产生了空前的变化，足够构成一部翔实丰富的中国现代史。因此，主张中国近代史应延长到1949年，而中华人民共和国的成立，无疑应作为现代史的起点。这种意见，目前虽还没有成为定论，无奈岁月如流，再过若干年，必将为史学界所公认。

迄今为止国内所有中国近代史的教材、专著或一般读物，对于近代80年史事的排编，大体有两种体裁。

一是由范文澜在建国前即已创行，在他的专著《中国近代史》上册一书里采用的体裁。即以近代发生的重大事件为主干，分为若干章详其始末，叙其因果，评述其成败利钝和历史意义等。较通行的分法是列为第一次鸦片战争、太平天国起义、第二次鸦片战争（英法联军侵华战争）、洋务运动、中法战争、中日甲午战争、戊戌变法、义和团运动、辛亥革命等八章。有的分得较小，即将上述八章拆开，将每章中较重要史事或政治、经济的变化，列为章题，全书列十余章，或二十余章不等。这种体裁被称为纪事本末体，其优点是能使读者对某一特定史事的全过程有较完整的了解；但由于一般是以政治事件的始末为主题，从而易于忽略与此特定事件相联系的经济、文化思想等方面的内容，且不易显示中国近代历史发展的线索，启迪人们全面地去探讨历史前进的规律。

正是鉴于上述纪事本末体裁所存在的缺陷，1954年，遂由胡绳首倡，在《历史研究》杂志第一期上推出《中国近代历史的分期问题》一文，提出了中国近代史分期的标准和界限的主张。不少学者相继撰文发表意见，从而形成了一次卓有成效的关于中国近代史分期问题的大讨论。尽管当时对分期的标准和界限还存在较大分歧，但这次讨论很快就产生了明显的效应，即推动了1956年全国高等院校历史系《中国近代史教学大纲》的产生。

《中国近代史教学大纲》是由邵循正执笔拟定的，经讨论后略有修改。《大纲》大体依据近80年阶级斗争形势的变化，中国人民同帝国主义和国内封建势力之间矛盾的交相演变，以及由此导致的近代人民革命三大高潮——太平天国起义、义和团运动和辛亥革命，将中国近代史分为三个时期，具体界限是：1840～1864年、1864～1901年、1901～1919年。《大纲》据此分为三篇，每篇若干章；各篇里适当地纳入了该时期社会经济和思想文化的内容。

《大纲》订立后，高等院校历史系所编撰的中国近代史讲义，公开出版的少量中国近代史专著，一般都采取了按《大纲》要求，分时期安排篇章论述史事的体裁。这就在形式上改变了原来那种纪事本末的格局，也就或多或少增添了近代社会经济、思想文化方面的内容。

在这前后，中国近代史的学术研究逐渐活跃起来，史料的发掘、整理和出版也颇具成绩。较显著的是对建国前受到贬责甚至加以污蔑的太平天国农民战争和义和团反帝运动，以及诸如三元里抗英斗争、1910年长沙抢米风潮、各少数民族反侵略反封建压迫的起义等人民自发的反抗事件，都曾认真地进行调查研究，发表了一批按历史唯物主义观点，持论较为公允的论著。1958年为纪念戊戌变法六十周年，1961年为纪念辛亥革命五十周年，学术界曾撰写了一批有一定质量的论文；全国政协和有关省、市政协，还曾组织亲身经历过这两次事件的老人撰写回忆录，陆续公开发表。由中国史学会主编的大型《中国近代史资料丛刊》，自1951年出版《义和团》资料起至1961年刊出《洋务运动》资料，共计八种，累计达二千四百余万字还有其他专题资料汇编、档案资料选辑、国外资料翻译等的络绎面世，有力地促进了中国近代史的研究。与建国前比较，学术界对近代史的研究不仅有明显的拓宽和加深，更主要是产生了质的变化，即基本上确立了以马克思主义的立场、观点和方法，对近代史事进行研究、叙述和编撰的体系。当然，与中国近代史本身广阔丰富的内容及其纷繁复杂的变化来比，研究者所涉及的范围又显得很不够。发表的论著，较集中于近代人民反帝反封建斗争的历程，而对近代中国社会经济、思想文化以及社会生活等方面，研究极为不够；这些方面的大部分课题，还可说无人问津。而尤其需要提到的是，从50年代后期起，由于"左"的思潮漫衍起伏，政治运动的相继开展，史学研究遂大受影响，或多或少地脱离了马克思主义的轨道，陷入混乱状态。及至"文革"来临，林彪、"四人帮"酿祸谋乱，狂热地鼓吹现代迷信；尤其热衷于把历史学作为宣传"在无产阶级专政下继续革命"这种错误理论的工具，打着"历史为无产阶级专政服务"的幌子，肆意歪曲和篡改历史，以遂其篡党窃国的诡谋。以致历史学的声誉被败坏无余，正常的史学研究完全停顿下来。

1976 年粉碎"四人帮"后，在党的十一届三中全会路线指引下，史学界迅即对"四人帮"蹂躏史坛、歪曲史事以遂其篡窃野心的阴险手段和造成的恶劣影响，进行揭露和清算，尽速恢复马克思主义历史学的科学性，认真贯彻"百花齐放，百家争鸣"的方针，开展学术活动，把史学研究推向一个新的发展阶段。中国近代史的研究也有明显的进展。研究者们相继建立了太平天国史研究会、辛亥革命史研究会、义和团运动史研究会、孙中山研究学会、中国近代经济史研究会等学术团体，并陆续举行有较高水平的学术讨论会。有较大影响的近代通史新著和专史著作也相继问世。而为研究者所共同感到兴趣的课题，则首推再一次开展的中国近代史分期和基本线索的讨论。

在讨论中，"文革"前提出的以太平天国起义—义和团运动—辛亥革命三次革命高潮为基本线索的提法，仍为一部分学者所赞同，对此作了进一步的阐明。另一部分学者则基于对洋务运动进行了重新评价，即认为洋务派是清朝统治集团中具有资本主义倾向的地主阶级改革派，他们的活动在一定程度上促进了中国资本主义的产生和微弱的进步。而近代中国的发展方向，主题应是为在中国开辟和不断扩大资本主义发展的途径。值此，这部分学者主张以洋务运动—戊戌变法—辛亥革命作为中国近代历史的基本线索；有的学者并称它为中国近代化的三个阶梯。随后，持此一说的学者又提出补充意见，认为不能否认太平天国起义所具有的冲击封建统治秩序，促进中国资本主义产生的客观作用，因而这次农民大起义应当视为中国近代化的第一个阶梯。还有的学者对上述两种见解均持异议，另行提出以近代中国民族解放运动的前仆后继和多次高涨为基本线索的说法，倡议应将鸦片战争、中法战争、甲午中日战争同太平天国、义和团、辛亥革命一起串入中国近代历史基本线索之内。从讨论的情况看来，几种意见参商的症结，在于对洋务运动的评价有根本的分歧。尽管这样，通过这次讨论，学者们就中国近代史的基本线索、发展过程、演变体系和涉及到的研究方法等，在切磋中仍提出了很有价值的见解，颇多新意，确曾有效地推进了近代史的研究。而当这桩学术争论的公案还远没有了结的时候，有位学者在《历史研究》1986 年第一期发表《历史研究的非线性化及其方法论问题》一文，认为开展关于近代史基本线索的讨论，乃是囿于一种所谓"历史的线型发展观"的藩篱而从事的争辩，虽然也有相互启发切磋的意义，但却难以使中国近代史的研究获得更为显著的扩展和深入。无论辩论者如何继续精心修饰和完善自己的论点，总归始终摆脱不了"线性发展观"的束缚，从而对近代中国所经历的由传统社会到近代社会过程中纷繁多样的变化和深层潜在的因果关系难于触及。需要指出，关于中国近代史基本线索的讨论是否属于"历史的线性发展观"的一场争辩？这番讨论是否会限制研究者向近代史上更广阔更深层的境界进行探索？当然还值得商榷。但文章作者所提到的关于中国近代史研究和探索中的缺陷和局促于狭窄范围的弊端，是值得重视的。

事实上，中国社会科学院近代史研究所所长刘大年对此早已洞察。他在 1980 年的《历史学年鉴》上发表一篇题为《中国近代史研究从何处突破？》的文章，建议学术界寻找一个"突破口"，并强调"应当狠抓中国近代经济史的研究"。学术界不少人也有同感，中国近代经济史的研究遂有所加强。随后又渐次开拓近代文化史的钻研和讨论，陆续就中西文化交相冲击，彼此融汇的过程，传统文化的承袭和扬弃的得失撰文商兑，或相偕探讨近代哲学思想、典章文教、科学技术、文坛艺圃等方面的因革兴废。近年，又更提议将无形中圈为禁区、荒芜多年的社会史研究领域重新开放，从速加强近代社会生活各方面的探讨，分别就近代中国社会结构的变化，社会组织的兴革，各阶级、阶层不同的生活情况，社会习俗、宗教、礼仪等方面的变迁，帝国主义入侵和中国社会近代化的关系等等，以马克思主义为指导，认真开展讨论和研究。一些新的领域，如近代城市发展史、边疆开发史、人口迁移史、区域经济文化史及其比较研究等，也都开始被学者们选定为研究的课题，且已有少量阶段性成果面世。可以预期，这将有效地将近代史的研究推向前进。

学习和研究中国近代史同学习和研究中国古代史、中国现代史、世界史一样，应当尽可能做到通晓马克思主义，运用马克思主义去研究和解释一切社会现象。因为，只有到了伴随近代无产阶级的出现和发展而产生的马克思主义的历史唯物主义，才能使人们借助它的原理的指导，从事理论思维，把对于历史的认识和解释做到符合人类社会发展的客观实际，并阐明历史发展的规律性，从而使历史学成为一门科学。在我国学术界，一般将历史唯物主义和历史事实的关系称为论与史的关系，因而几度用"寓论于史"，"以论带史"，"论史结合"的提法，琢磨商讨如何确凿妥善地运用历史唯物主义的原理，去探寻历史事实的真相、实质及其相互联系和发展规律。

　　应当指出，无论如何确切地阐明论与史的关系，重要的是必须熟练地掌握历史唯物主义原理，这就需要认真学习马克思、恩格斯、列宁关于这方面的论述，而不能满足于熟悉一些历史唯物主义基本观点的片断摘录。当我们仔细地阅读这几位大师的有关论著时，就能发现，他们对所阐述的特定历史事件，是那样地剖析精微，鞭辟近里；洞察因果，揭示规律又是那样地脉络清晰，顺理成章；评论人物，更属褒贬得当，恰合分寸。可以肯定，确实认真地读几本，就必然会获得这样的感受；也必然确认，学好历史，研究中国近代史，切实学好历史唯物主义理论是不能缺少的必修课。

　　马克思主义理论只是学习和研究历史的指南，不能认为，征引几条理论，就可以取代对历史本身推移变化的具体论述。因此，掌握必备的历史基础知识，也是必不可少的功课。这就要求任何有志于学习和研究中国近代史的人，不仅要熟悉近代范围内中国社会经济、政治、文化思想、社会变迁等方面的情况，掌握一定的资料，还要对中国古代史和世界近代史有所了解。如所周知，中国近代史是古代史的延续，古代的社会制度，政治体制，文化思想，风俗习尚……都在一定期间，一定范围内延续到了近代，先后不同地产生变化。中国近代史的第一章，则是英国发动的鸦片战争；嗣后，欧美各主要资本—帝国主义和日本帝国主义都曾在不同时期或独自，或相互勾结对中国进行武装入侵或外交讹诈、经济掠夺等侵略活动；中外关系成为近代中国的一项主要内容。不言而喻，如果不具备一定的中国古代史、世界近代史的基础知识，是难于学好中国近代史的。

　　掌握必备的基础知识，只是学好中国近代史的基本条件，而要开展研究，则还必须掌握与研究课题有关的大量资料；并具有对资料进行鉴别，加以去粗取精，去伪存真的技能，这就是所谓史料的考订问题。长期以来，在我国旧史学研究中，不少学者曾经历代师承一种史料即史学的观点，认为研究历史的主要任务就是对史料的考证，史学家把史料考证得确凿无讹，就实现了研究的目的。这种旧史学传统，是我们所不取的；我们一贯强调，必须以历史唯物主义原理去考察史事，探索历史的真象及其规律性。然而，我们也不忽视史料考订的重要性。因为，史料毕竟是我们运用唯物主义去探索和阐明历史发展规律的主要素材。如果史料是未经校勘考证的错误记载，那么，所阐明的历史发展的过程及其内在联系等，就必然会讹误失实。更值得注意的是，有些史料经过纠误匡谬后，也不一定会影响对史事本身性质、作用、价值、意义的阐述。比如，关于辛亥革命时期著名女革命家秋瑾的生年，即有 1875 年、1877 年、1879 年三种说法，何者正确，当然应加以考订，但即使采用了错误的生年，也不致影响对秋瑾的评价。然而，有些史料经过辨伪订谬后，则足以纠正或改变人们对重大历史问题的理解和评论，使某些特定的历史研究课题获得实质性的突破。以下，举几个近年在这方面的重要成果为例。

（1）关于第一次鸦片战争期间"穿鼻草约"的问题。

沿袭多年的错误说法是："英国人已经十分明确地表示他们坚持无论如何要占据香港。义律认为需要使琦善明白他军事上的软弱无力，竟在 1841 年 1 月 7 日命令英军占领了虎门炮台。这时琦善才绝望地认识到，只有虎门要塞才能把英国人与广州隔开。为了避免他认为可能发生的一场屠杀，他无可奈何地于 1841 年 1 月 20 日同意了穿鼻草约。英国人在这项协议中提出的条件是割让香港；赔款六百万元；两国官员在平等的基础上直接交往，并且开放广州贸易。"[1]

这种不实之词，早就有人置疑。1983 年 2 月 2 日《光明日报》第三版发表胡思庸、郑永福的《穿鼻草约考略》，以极有说服力的论证，断言：其一，琦善始终没有向义律答应割让香港，只许寄居，而且始终也未答应英方占有香港全岛，只同意寄居香港一隅；其二，所谓"穿鼻草约"是在英军强占香港以后，才单方面制定的条文，而琦善始终未在该约上签字或加盖关防，故"穿鼻草约"当时既未签订，事后也未经中、英两国政府批准。从而证实，英国侵略者捏造所谓《穿鼻草约》，乃是为了制造强占香港的口实，以掩饰其恃势攘夺中国领土的殖民主义侵略行径。

（2）鸦片战争后英国强租广州河南和广州人民反河南租地斗争的年代问题。

1980 年以前三十年期间，先后出版的中国近代史著述和有关的年表辞书等，凡提到鸦片战争后广州群众反河南租地斗争，都肯定事件发生于 1844 年（清道光二十四年）。1979 年，廖伟章、林增平分别在《学术研究》第二期、《近代史研究》第二期上撰文考证，事件并非发生于 1844 年，而是 1847 年（清道光二十七年）。讹误的原因，是梁廷楠所著《夷氛闻记》的纪述失实，学术界不察，故长期沿袭致误。从表面看来，

---

1 费正清编：《剑桥中国晚清史（1800—1911）》中国社会科学出版社，1985 年版，上卷第 213—214 页。

年代记载谬误，似乎无关宏旨，但问题并非如此简单。因为，这是英国资本主义无端起衅的侵略行动，长期误作 1844 年，则可能畀人以口实，讥为无中生有；甚至指控为捏词构陷，致有损于我国学术界的声誉。而且，也不免会导致对前后发生的其他史事的评述产生差错。故 1983 年《历史学年鉴》发表的一篇《鸦片战争史研究》述评的文章，认为这一史事发生年代的订正是近年鸦片战争史有明显进展的成果之一。

（3）关于康有为《戊戌奏稿》的改篡问题。

多年来，学术界据以论述戊戌维新运动的重要史料，是刊印于清宣统三年辛亥（1911）年五月的康有为《戊戌奏稿》。1982 年，孔祥吉于《晋阳学刊》该年第二期上发表《〈戊戌奏稿〉的改篡及其原因》一文，用他在国家第一历史档案馆查阅到的《杰士上书汇录》中所收康氏奏稿的原件，以及其他未收入《汇录》的奏稿和进呈书原本及序，发现《戊戌奏稿》中各奏章与原件存在不同程度的差别，有的甚至面目全非，个别奏折如《请君民合治满汉不分折》，在档案中竟属阙如。从而指出，《戊戌奏稿》是经康氏改篡的，改篡之处比较集中于三点："其一，加进了制定宪法，立行立宪的内容"；其二，"《奏稿》将维新派的政治纲领由开制度局改为开国会"；其三，"《奏稿》极力掩盖康有为尊崇君权的思想"。作者认为，经改篡的辛亥年刊行的《戊戌奏稿》所反映的大多是康有为及其弟子梁启超等辛亥革命前流亡海外时的政治主张。当时，以孙中山为首的革命派正同康有为保皇党展开论战。康、梁为了回击革命派的笔伐，以求摆脱政治上的困境；并借以敦促清廷尽速推行宪政，故匆匆将《戊戌奏稿》推出应市。这是改篡《戊戌奏稿》的政治目的。

孔祥吉这一考订和论证，说明使用辛亥年《戊戌奏稿》为依据所进行的关于戊戌维新的研究，无论是对当时康梁等人思想认识水平的估计，对所提出来的维新新政奏章条陈所能达到的变革程度的预测，都会与实际情况有或多或少的差距。这就显然难于写出情真事确，信而有征的戊戌变法史。

（4）关于《景善日记》的真伪问题。

《景善日记》叙述了义和团运动高涨期间的见闻，原有学者撰文表示置疑。但因建国初出版《中国近代史资料丛刊·义和团》曾将其收录，故似乎又将疑团冲散。研究中国近代史的学者一般都征引采用。近年，丁名楠发表题为《〈景善日记〉是白克浩司伪造的》[1]一文，论证

1　《义和团运动史论文选》，中华书局 1984 年出版，第 492—504 页。

了宣称 1900 年 8 月八国联军攻陷北京后在景善的住宅发现这份日记的英国汉学家白克浩司（B、Backhouse），纯系撒谎诓骗。《景善日记》实系白克浩司伪造的、嗣又有胡滨、吴乃华将英国休·特雷费—罗珀（H·Trevo-Poper）著的《北京的隐士——白克浩司爵士的隐蔽生活》[1] 译成中文出版，书中揭露白克浩司"在政治上也是一个一贯招摇撞骗、弄虚作假的大骗子。"并从多方面坐实了白克浩司伪造《景善日记》的作伪行径。由于《景善日记》中记述了清廷自西太后至军机大臣荣禄、刚毅等在义和团运动高涨时的言论和廷议，多为研究者所引用，而近年则考证它纯属伪造的赝品，这就不能不使研究者感到有对义和团若干史事重新进行估量的必要。

此外，如 1962 年台北世界书局将藏于曾国藩后人家中的《李秀成供词》原稿影印，以《李秀成亲供手迹》出版后，过去不少讹传的太平天国史事，有些遂得以澄清。例如，长期以来均将洪秀全之死称作服毒自杀。而在《李秀成亲供手迹》上则两处提到："天王之病，因食甜露病起，又不肯食药，故而死也。"曾国藩为了夸张自己的功勋，竟将上两处删去，于上奏朝廷所附呈的"李秀成供"上改为"因九师之兵处处地道近城，天王斯时焦急，日日烦燥，即以五月二十七日服毒而亡。"嗣后，他又将经篡改者刊印行世。这就使得洪秀全服毒身亡之说俨然成了"信史"，讹传至今。又如，1985 年 9 月 4 日《光明日报》发表杨天石《康有为谋围颐和园捕杀西太后确证》一文，论证了康有为在戊戌政变前夕确曾计议利用袁世凯举兵包围颐和园，着毕永年乘间捕杀西太后。这就说明，康有为并不是人们心目中那种笃守儒家君臣大义的圣人，在情迫事急时，他仍然不惜以某种阴谋秘计来实现自己的政治目的。也使人了解，戊戌维新时期新旧两党的斗争，远比原来所想象到的要激烈得多。再如，以往人们都相信，辛亥革命时期浙江《龙华会章程》订于 1904 年为确凿无误，因为，《中国秘密社会史》登载这份《章程》时明白署为"天运岁次甲辰正月朔日"。近年经李时岳、杨天石、王学庄分别考证[2]，所谓《龙华会章程》，实为 1908 年成立的《革命协会章程》；章程自署"甲辰正月"，系有意倒填年月。类似这类辨伪订误的成果还有若干，不多赘述。

---

1 ［英］特雷费·罗珀著，胡滨、吴乃华译：《北京的隐士——白克浩司爵士的生活》，齐鲁书社，1986 年版。

2 李时岳：《〈龙华会章程〉考释》，《辛亥革命史丛刊》第一辑，中华书局出版；杨天石、王学庄《〈龙华会章程〉探微》，《历史研究》1979 年第 9 期。

　　值得提出，有些史料经考证确实讹误之后，仍然为少数研究者所继续引用，以致重复过去的错误或不妥当的看法。比如，近两年出版的一部中外关系史著作中，即仍然肯定琦善曾经与义律订立"穿鼻草约"的谬说；同时，也仍然因袭广州人民反河南租地的斗争发生于1844年的讹误。又如，撰著《革命军》的邹容系1903年4月16日从日本返抵上海。而冯自由在《革命逸史》第二集的《〈革命军〉作者邹容》一节里，也许是记忆之误，却称邹容是在日本东京参与发起拒俄义勇队（4月30日），还"逐日从众会操"。此事已有人订正。但之后发表的一篇论述邹容革命事功的文章，则仍然依据冯自由的说法。再如，有位学者撰文，对谭嗣同就义前的精神心理进行分析，很有新意。但遗憾的是，作者描述了谭嗣同读到光绪帝交杨锐带出赐给康有为等的密诏（即有"今朕位且不保，汝可与杨锐、谭嗣同、林旭、刘光第及诸同志妥速密筹，设法相救"等语之密诏）之后的心情和举动，这就有点游谈无根了。据记载，光绪帝确给了杨锐一道手诏，着杨锐、谭嗣同、刘光第等妥速筹商，没有提到康有为，也没有"今朕位且不保，……设法相救"等字样。所谓赐康有为密诏，早已有人质疑，近年，有学者就此作了订正，考实了所谓赐康有为密诏，乃康有为所伪造[1]，用以抬高和稳定自己在继续维新保皇运动中的领袖地位。谭嗣同就义前，康有为还没有伪造这份密诏。由此可见史料的甄别，辨伪，订正，是很重要的，应当注意史事考订的情况，避免以讹传讹。

　　还要提到，马克思主义不是狭隘的、封闭式的僵化教条，它能够、也必须不断吸收当代科学的新成果，使自身日益丰富和与时俱进；特别是在研究方法上，更不应墨守成法，固步自封。近年来，史学界的研究者对此甚感兴趣，相继采用比较研究的方法、计量史学的方法，利用社会学的研究方法；以及近年来随着科学技术的发展，自然科学和社会科学之间的互相渗透，现代科学技术理论（如系统论、控制论、信息论等）是否可以适当吸收，作为研究历史一种手段等，也正为若干研究者所乐于探讨，在近代史学界也渐次成为热门课题。无疑，坚持以马克思主义和历史唯物主义为指导，吸取当代科学发展中某些可行的方法，必将有助于历史研究工作转向多层次、多角度的广阔轨道上去。中国近代史的研究范围将日益开拓和向纵深延展。但也值得注意，运用新的方法，应

1　房德邻：《戊戌政变史实考辨》，《四、光绪赐康有为密诏考》，《戊戌维新运动史论集》，湖南人民出版社1983年出版。

当经过抽象的概括和科学的验证，舍弃只适用于某些学科的具体形式，使方法具有广泛的适用性，而不是简单地、生硬地挪用。我们应当满腔热情地从事或赞助引进、学习、探索、掌握各种新的研究方法，但也要注意，每一种新方法都有其合理地应用的界限，是不可以任意夸大、滥用的[1]。

　　建国以来，就中国近代史的研究来说，成绩是主要的。只要我们继续加强马克思主义的学习，坚持以历史唯物主义为指针，更新史学方法，借鉴当代各种史学理论，确立中国人民反帝反封建斗争在近代史上的主要地位，注意近代经济、文化、思想、社会结构、风俗习尚、人群心理各个方面的资料积聚和研究探索，就可能将一部中国近代史写成从基础到上层建筑、意识形态以及中外关系的全面、整体的变化发展，并推移更新的历史过程。

（原载《湖南师大社会科学学报》1988 年第 6 期）

1　参阅李侃、田居俭：《近五年（1980—1984）中国历史学概述》，载《第十六届国际历史科学大会中国学者论文集》；戴逸：《中国近现代史的研究如何深入》，《人民日报》1987 年 7 月 17 日第五版。

辛亥革命史研究

辛亥革命时期天地会的性质问题

1962 年

前一时期，史学界有几位同志撰文，从资产阶级革命派和会党、农民之间的关系中去探讨辛亥革命运动的发展、高涨以及失败的轨迹。他们的见解有精湛独到之处，已引起大家的重视，展开讨论。据我体会，在讨论中接触到的问题大概有如下几方面，即：为什么资产阶级革命派和南方天地会的关系较为密切而同北方白莲教、大刀会等往来却很稀疏？革命派是否通过联络会党建立了和农民的合作关系？革命派同会党合作和疏远的过程是否可以看作革命发展和失败的标志？会党在辛亥革命运动中的作用究竟如何估计？会党的阶级成份如何？对于这几方面，大家有着不同的看法。

前此，邵循正同志指出过："我们对于秘密社会的分析最关键的还是要首先考虑它的基本阶级成份的特点。"[1] 我很赞同这个意见。本文就是企图接触这个关键问题的尝试。由于辛亥革命时期崭露头角的会党主要是天地会的两支——三合会和哥老会，所以，论述的范围也以这两个派系为限。

我认为，辛亥革命时期天地会的主要成份是：现役的清廷兵勇和裁遣的散兵游勇，水陆交通线上的船户水手、贩夫走卒，专营走私漏税的盐枭，流荡江湖的医卜星相，啸聚落草的绿林好汉，以至地棍青皮、乞丐偷盗和一大群转徙不定的流民。这些人大多出自破产失业的农民和手工业者，其中一部分如水陆交通工人虽仍靠技艺营生，但由于他们终年浪迹江湖，因而无论是生活习尚还是思想意识，都和农民不同，而带着游民无产者的特性。所以，辛亥革命时期的天地会，是游民无产者的组织，而不是农民的团体。此外，早期的中国产业工人也有不少加入天地会的，但在会中比重不大，并不影响这个秘密结社的性质。至海外天地会，如美洲致公堂，则几乎包括全部华侨在内，其性质与国内会党显有

---

1 邵循正：《秘密社会、宗教和农民战争》，《北京大学学报》1961 年第 3 期。

差别，这里暂不涉及。

一

　　天地会据说是创始于清康熙年间，乾隆时，哥老会相继出现。从此起，天地会叶分两支，盛于东南沿海的称三合会（三点会），兴于长江流域的称哥老会（哥地会）。原来都是以"反清复明"为宗旨的民间秘密结社，政治性较为显著。鸦片战争后，随着中国社会的逐步半殖民地化，天地会的性质就发生变化，渐次成为数量众多的游民资以互助周济的团体，除了在一定的时期也自发地进行反抗帝国主义和封建势力的压迫外，在一般情况下，它的主旨在于通过拜盟结义的方式，使会众相互扶持，彼此存恤，达到共同谋取生活出路的目的，原来那个"反清复明"的政治目标，就日益淡薄甚至消失了。太平天国起义时，杨秀清曾发布诏谕责备应清廷招募前来围困永安的广东天地会众说："盍思洪门歃血，实为同心同力以灭清，未闻结义拜盟，而反北面于仇敌者也。"[1] 辛亥革命时期，共进会的宣言书里也说："到了如今，我们好哥弟，多半去赌博，或是去抢劫。"根本忘却了哥老会反清的本旨。还有一位辛亥革命老人谈到："贵州原有一种封建式的革命秘密组织——哥老会。它是由长江一带的洪门会（又称洪帮）发展过来的，基本宗旨以推翻清朝统治为目的。但因为受清政府长时期的压迫摧残，这种目的反而逐渐消失了，剩下来的只是一点患难相助，济困扶危的形式。"[2]

　　导致天地会的性质发生变化的因素有二：一则是明室覆亡已久，除了部分汉族知识分子还经常借助于明朝这个观念去激发人们的反满情绪外，在下层人民中，"复明"的口号已经失去号召力。早在太平天国起义前，洪秀全就已谈到这个问题。而更重要的是，自鸦片战争起，在中国社会里，帝国主义和中华民族的矛盾逐渐成为最主要的矛盾，封建主义和人民大众的矛盾也日趋激化，摆在中国人民面前的主要革命任务是反帝反封建，而不是反满，更不是复明。辛亥革命时期，尽管资产阶级革命派是那样的热衷于排满宣传，但实际上，汇成席卷全国革命风暴的斗争是抗捐抗税、抢粮事件、保路风潮和反洋教运动，而不是打着"反清复明"旗号的反满斗争。如果天地会不是性质起了变化，那它就没有存在和发展的可能了。再则是，游民的大量涌入，并在天地会里逐渐占

1　罗尔纲：《太平天国文选》，上海人民出版社，1956年版，第74页。
2　胡适、吴雪传：《贵州辛亥革命史略》，《近代史资料》1956年第4期，第79页。

到了支配地位；他们按照游民的精神面貌改造了这个秘密结社。

　　游民，古已有之，但其数量之多，对社会生活影响之大，都远不如近代以降。原因在于：自鸦片战争起，随着帝国主义侵略的加深和中国封建经济的解体，以及清朝统治的愈趋暴戾腐朽，大量的农业和手工业劳动者日益破产失业，被迫另谋生计。可是，由于旧的经济结构的破坏，而亟待建立的资本主义生产方式又横遭压抑，发展异常迟缓艰困。这样，那些正在辗转谋生、徒手求食的破产失业的劳动者，就不能不长期陷入无业可就的地步，越来越多地卷入了游民无产者的队伍。这支队伍，在半殖民地半封建社会里，生活最不安定，备遭歧视。于是那个原来就异常倡导拜盟结义、济困扶危的秘密会党，很自然地成为他们借以栖身托足之门了。

　　游民因会党而获得暂时的栖身温暖，会党则因游民的急剧增加而日肆蔓延，但在卷入会党的游民成份里，我们又可看出，一般以散兵游勇和水陆交通线上的江湖流浪者最多。这些人成为天地会的主要成员。

　　游勇之多，原于裁军汰勇的频繁。近代以来，中国连年处于对外战争和国内战争交相踵接的境地。清政府一方面是每当军兴之际就大量地招勇练团，战事结束后旋即遣散；一方面又陆续改编队伍，裁汰旧伍。先是以胚胎于湘淮等军的防练军代替八旗绿营，随即又编练新军，取代防练。经历几次战事，积年累月，就从非正规的义勇团防和正规的八旗绿营、湘淮防练等军队里，迭次裁遣大量的兵弁，流散各处，其间又递相募散，出入无常，不少人时而是游勇散兵，时而是防营汛卒。于是，秘密会社就遍布于现役的行伍和裁汰的游勇之内了。同治年间一个地主官僚就谈到："咸丰间，贼（按：诬指太平军）踞江介。仅淮阳一隅，北至袁浦，南至绍伯，东至通海，西至仙女庙，保有岩疆；与贼接壤；五方杂处，禁令不行。所恃以无失者：庙镇商贾，来自上江；木厂悍夫，多而善斗。无事则啸聚为匪，有事即应募为勇，当时颇得其力，而私立盟会，渐成祸机……及撤防益久，匪势益横，曰哥老会，曰安庆道友，多脚夫、船户、肩贩、手艺及游民、游勇者流，借烟馆、赌场、茶坊、小押为巢穴，行劫为非，声气甚广……此类根底于仙庙，枝叶于苏、沪，蔓延于京、瓜、清、淮，萌蘖于金陵、芜、六。"[1] 到 19 世纪末和20 世纪初，游勇日多，他们在会党中更形活跃。1900 年，湖南巡抚俞

---

[1] 李文治：《中国近代农业史资料》第 1 辑，生活·读书·新知三联书店，1957 年版，第 944 页。

廉三奏称：“窃查湖北地方素多匪类，然皆军营散勇，无业游民，结会放飘，偷窃抢劫。”[1] 同年，另有人奏称：“向来枭贩有清帮围帮两种。清即安清道友；半东皖徐海一带青皮光棍；围帮俗号红帮，即哥老会匪，多两湖三江散勇在内。”[2]《民报》第二号的一则“时评”里把哥老会和游勇的关系说得更明显，它指出：“晋省之有哥老会，在四十年前清咸丰之初，晋人之从军于南方者以万数（以绿营调往者），迨后湘楚名军既盛，而绿营皆遣散归籍，晋军亦与焉。若辈在南方，习知哥老会，归后无恒事，无生活，遂相结合而成一晋省之哥老会。豫军散归者亦结为会。蔓延既久，相合为一。然当其有会之初，所在各地多不过数十人，及豫省之会既盛，而晋省西南之陕豫接壤之地，乃较多于他处。”[3] 由此可见，一般认为哥老会之盛源自清廷裁军汰勇，是有根据的。

水陆交通线上游民的增殖，主要由于原有航运驿道的冷落和旧式交通工具的废弃失业。在这方面，首先遭到外国资本主义打击的是沿海的船民。五口开市后不久，长江以南各省沿海“商船大半失业，前之受雇于该商者，多以衣食无资，流而为匪。”[4] 随后，内河船民也遭到了同样的厄运。原因是：“自 1860 年长江开放汽航以来，以万计数的中国民船，都被迫退到长江的支流去航行了。这些被迫退入支流的船民，与早已充满了支流的船民，发生激烈竞争；在这竞争中，船民穷饿而死的，难以数计。”[5] 到 19 世纪末，帝国主义进一步扩大对中国航运的垄断，铁路也开始兴筑，旧式交通线上失业的劳动者更急剧增加。比如：1900 年义和团起义时，仅“顺（天府）属州县中穷民，失车船脚店之利，而受铁路之害者，遂蜂起而应之，约四万余人”。尤其是哥老会里青帮的发展过程，更明显地反映了这种变化。在中国做过会党调查的日本人平山周说：“青帮者，即盐枭及光蛋，如安庆之道友会是也。其徒始皆以运河漕粮为业，及漕粮改由海运，无所衣食，遂集于大族潘氏兄弟下，组织团体，密行贩盐，或以偷税为业。”[6] 从全国范围来说，旧式交通

1 《光绪二十六年闰八月二十一日湖南巡抚俞廉三奏折》，《中国近代史资料丛刊·辛亥革命》第 1 册，第 271 页。

2 《光绪二十一年佚名奏片》，《中国近代史资料丛刊·辛亥革命》第 3 册，1981 年版，第 404 页。

3 汉民：《晋省哥老会纪事》，《民报》第 2 号“时评”。

4 《道光朝留中密奏》，《中国近代史资料丛刊·鸦片战争》第 3 册，1957 年版，第 492 页。

5 《中国文件》（美国国务院存档），引自卿汝辑：《美国侵华史》第 2 卷，第 135 页。

6 平山周：《中国秘密社会史》，商务印书馆，1935 年版，第 76 页。

线上落入游民阶层的人数比离开农村辗转沟壑的破产农民要少，但由于他们本来就过着漂流无定的生活，不仅是失业的乐于投身会门，就是执业者也因为生活习尚的近乎游民而相率入会。所以，在天地会里，这部分人占的比例也很大。清朝统治者惯常把会党称为"江湖会匪"，其原因就在于此。

二

从天地会所倡导的风气、会众的习尚和彼此相处的关系来看，明显地反映了游民的特点，表现它是游民无产者组织，而不是农民的团体。

游民的第一个特点是生活的极不安定和最无保障，所以，他们比社会上其他阶级和阶层的人们更加需要相互扶持，彼此周济。怎么样才能满足这个需要呢？正因为他们是游民，居无定址，行踪飘忽，萍水邂逅，五方杂凑，不能像其他阶级阶层那样可以通过地域的宗法的或者是行业的关系相互维系，因而就必须首先借助于拜盟结义的方式，叙盟谊，讲义气，以达到扶持周济的目的。而天地会的组织和规章，就正体现了游民这种愿望。从我所接触到的两本记述天地会的专书——平山周《中国秘密社会史》和施列格《天地会研究》——来看，所载天地会三十六誓和二十一则的词句顺序虽有差异，但内容却都一致地大量胪列着洪门弟兄相互扶持周济的条文。在平山周一书里，属于这方面的有二十七誓和十则，在施列格一书里，有二十誓和十四则。所以如此，孙中山曾经做过解释，他说："其固结团体，则以博爱施之，使彼此手足相顾，患难相扶，此最合夫江湖旅客、无家游子之需要也。"[1] 至于天地会众往来的隐语和暗号，也较多的使用江湖套语，他们彼此常用的是"茶碗阵"，这就意味着一般多往来茶楼酒肆，很少农村风味。它如山堂也叫码头，开山堂叫站码头，初来拜谒叫拜码头，川陕一带称会内大爷为舵把子，等等，都带有江湖习气，足资旁证。

游民的第二个特点是社会地位卑贱，向来被统治者视同匪类，目为莠民。所以，他们特别渴求人与人之间的平等相处，希望得到起码的做人的权利。这种愿望，在天地会也得到反映。凡入会的，都称洪家弟兄，他们一致认为："凡两京十三省一视同仁，共来禀天地父母、日月三光……天下兄弟，都是同胞，一父所生，一本同原。"[2] 人人都是平等的，陶成

1　《孙中山选集》上卷，人民出版社，1956 年版，第 171 页。

2　[荷] 施列格著；薛澄清译：《天地会研究》，商务印书馆，1940 年版，第 177 页。

章也说，天地会"力求平等主义，故彼此皆称兄弟，政体主共和，同盟者一体看待"[1]。哥老会也叫哥弟会，其会名就寓有人人平等的意味在内。

　　1907年共进会成立，改同盟会平均地权纲领为平均人权，更足以印证天地会的游民特色。如所周知，部分资产阶级革命家从同盟会分裂出来另组共进会，主旨就在于加强同会党的联系。共进会的领导骨干也多系长江中游哥老会首脑。但无论是当事者还是后人的记述，一般都说是因为平均地权意义高深，不易为会党群众接受，所以改为平均人权。这种解释是值得商榷的。不管当时同盟会人对平均地权内容的阐述是如何含混模糊，但这个纲领一望便知是为了解决土地问题而提出来的。太平天国"天朝田亩制度"都曾那样的掀动人心，鼓舞革命，为什么平均地权会难于为群众所理解呢？事实上，早于共进会成立的前一年，哥老会的一个支派——洪江会在萍浏醴起义，就揭橥了"使地权与民平均"的口号。如果就同盟会十六字的纲领比较而言，建立民国的含义似更不能为会党所领会。在萍浏醴一役中，既出现了中华民国国民军的檄文，也有打着新中华大帝国的露布。四川同盟会人余竟成发动哥老会起义时，"会党以为革命是想做皇帝，有称他为余大王者"[2]为什么共进会又不曾有鉴于此而修改建立民国的提法呢？问题的实质不在于平均地权意义高深，而在于这个口号对于天地会的动员作用不大。因为天地会是游民的结社；游民的大多数虽来自农村，但和农村的关系日见疏远，他们所关切的已不是土地而是争取摆脱那种不齿于流氓的卑贱地位。不是会党不能接受，而是会党所代表的游民特征不曾为人们所认识，以致身历其境的过来人也只是不自觉地迎合了游民争取人权的愿望，而没有体察自身所作所为的实质。

　　游民的第三个特征是散漫成性，浪荡不羁。这个特点，既造成了天地会山堂分峙，不相统一的传统，也使辛亥革命时期的资产阶级革命派咸有驾驭会党，颇非易事的同感。从革命派利用会党发动武装起义的过程来说，每次起义失败，情况各异，但有一个共同的原因，那就是会党散漫不羁，难于约束。一向重视会党的孙中山就曾经喟然叹息道："彼众皆知识薄弱，团体散漫，凭借全无，只能望之为响应，而不能用为原

1　陶成章、《浙案记略》，《中国近代史资料丛刊·辛亥革命》第3册，1981年版，第109页。

2　杨兆蓉：《辛亥革命四川回忆录》，《近代史资料》1958年第2期，第31页。

动力也。"[1]湖北的革命者对这个问题尤其谈得具体，他们说："更重要的是，会党散漫，无纪律，不受约束。如湖南潘平界（鼎新）领导下的焦逸仙，京山刘英领导下的垄世英、刘伯旗，兴国、大冶黄申芗领导下的柯玉山等，都是行动自由，先后泄露机密，致使湘、鄂两省共谋起事之计划，不能达到目的。"以致原来力主发动会党的共进会也"有鉴于屡次联络会党起事，都没有得到结果，所以共进会的革命运动，遂转向新军"[2]。诚然，会党这个弱点也并非不能改变，奈资产阶级革命家无能为力何！

　　游民的第四个特点是勇于反抗，可以作为革命的一种力量，但他们在政治上又是盲目的，具有破坏性，所以也可能被反动统治者利用作为破坏革命的工具。整个近代史上天地会的政治动向，一直受着游民这个特点的支配。太平天国革命时期，同是天地会，政治态度就迥然相异。罗大纲的一支投入上帝会后，就成为太平军里的坚强战士，而田芳、张剑却转到清统治者方面去，变成太平天国的敌人。广东的天地会众，应募充勇，前来围困永安，而太平军从永安突围北上湖南后。"凡入添弟会者，大半附之而去"[3]天地会对太平军这种忽敌忽友的态度，曾经引起不少史学家的注意，从各方面做了有益的说明。但遗憾的是较少从太平天国农民队伍和天地会游民成份之间的不同去进行探讨。辛亥革命时期，天地会的动向也是这样，不少洪门弟兄，接受了资产阶级革命派的影响和领导，为民主革命做了巨大的努力。但在同时，也有不少山堂或码头，却被立宪派、旧势力所利用，充当了破坏革命的工具。如贵州的哥老会，曾经助革命党人张百麟、黄泽霖等发动起义，建立起军政府。可是，曾几何时，它的成员就被立宪党所煽惑，盲目地从事破坏革命的活动，而最后终成为宪政党人发动血腥政变的垫脚石。江苏扬州的光复也类似于此。先是，会党首领孙天生发动"定字营"兵变，鼓噪入城，摧毁了清朝在扬州的统治。不久，扬州官绅却与青帮盐枭头目徐宝山勾结起来，由徐宝山率领着一伙徒子徒孙，袭陷扬州，杀害孙天生和起义

1 《孙中山选集》上卷，第172页。

2 李春萱：《辛亥首义纪事本末》，湖北政治协商会议编：《辛亥首义回忆录》第2辑，湖北人民出版社，1957年版，第113—114页。

3 《严办士匪以靖地方折》，《曾文正公全集奏稿》，台北文海出版社，1974年版，第283页。

军民 70 余人，夺去了扬州革命政权。[1] 事实上，当时资产阶级革命家就已经指出："会党发难易，成功难；既成而嚣悍难制，不成则徒滋骚扰。"[2] 这种评论，固然反映了资产阶级对领导、团结、改造会党感到束手无策，但也大体符合真实情况。

三

为了具体了解天地会的性质，我们还可以从辛亥革命时期经由资产阶级革命派发动起来的会党群众的社会成份进行考察。关于这方面确实是文献不足证。但从一般记述中，也能找出一些线索，蛛丝马迹，可资探寻，从而究其大略，窥其概况。

资产阶级革命家运动会党起事，始于 1895 年乙未广州一役。据冯自由《革命逸史》载，这次起义："筹备半载，城内防营及水师与附城各处绿林泰斗联络就范，北江会党由著盗梁大炮负责号召。……至八月间，各方运动渐臻成熟，香港总部遂定期于九月重阳日举事，预定由主要党员率领香港会党 3000 人，于是月初八晚乘夜轮进省。"[3] 这段记载说明，预定参与起事的大体分为三部分：一是会党，二是绿林，三是防营水师。其中，北江会党是由著盗梁大炮负责号召，则可见绿林是会党中的一支。由此大致可以看出，这次通过会党关系联络的群众，主要是香港的 3000 人和广州四周的绿林。而香港 3000 会党又是什么成份呢？一般记载都没涉及，只知道这 3000 人中第一批乘轮到广州的 200 人是由会党首领朱贵全、丘四率领的散兵游勇。据以类推，那 3000 人中游民成份当不少。还不曾发现有较多的农民参加这次起义的记述。

1900 年时，资产阶级对北方爆发的义和团反帝斗争抱着敌视的态度，而对南方天地会却不遗余力的加以笼络，利用它发动了两个性质不同的运动，一是孙中山组织的惠州起义，一是唐才常在长江发动的半革命半改良的自立会起事。据参与庚子惠州一役的陈少白说："其时他们所预备起事的人分两种，一部分就是新安县的绿林，……为这次起事的主力军。一部分就是嘉应州一带的三合会。"[4] 两支力量汇齐在惠州三洲田

1　扬州师范学院历史系中国近代史乡土资料调查队：《辛亥革命时期江苏光复情况简介》，《江海学刊》1961 年第 8 期，第 48—49 页。

2　杨玉如：《辛亥革命先著记》，科学出版社，1958 年版，第 11 页。

3　冯自由：《革命逸史》第 4 集，中华书局，1981 年版，第 11 页。

4　陈少白：《兴中会革命史要》，中国文化服务社，1941 年版，第 103 页。

发难。嘉应州一带的三合会是由哪些社会成份组成,无从稽考,而绿林是这次起义的主力,殆无疑义。至于自立会,它不仅和哥老会取得联系,而且开富有山堂,企图囊括长江一带会党势力尽入其毂。但经由富有票联系到的群众又是些什么人呢?镇压了这次事件的张之洞奏说:伏查长江一带会匪素多,近自富有票匪散票勾煽,各种会匪往往领票入会,混入各营兵勇及长江水师者甚多。"[1]张难先也说:"时主力在会党,而绿营、巡防、督、抚标各营弁卒,强半为彼之徒侣,而悉受其运动。"[2]原来是湖北哥老会首脑后充富有票总堂的辜仁杰,就是湖北巡防营的军官,他的徒众散布于该军中。[3]种种记载,都说明这次富有票的党徒大多数散布于长江中下游的防营水师当中。

同盟会成立后,孙中山于1907~1908年在两广云南组织了几次起义,使用的力量主要是会党。钦廉发难时,清廷官书就指出:"钦廉游勇土匪,勾结逆首孙文,倡首起事。"[4]关于镇(睦)南关一役,《革命逸史》作者有如下描述:

> (王和顺)至那模后,遂与(李)祐卿议定于十三晚率所联络之游勇夺取镇南关炮台。………惟届期祐卿所部游勇与顺遽生意见,不听调度,遂不克依时发动。盖桂省绿林游勇原分两派,和顺乃绿林出身,故游勇与之无情谊。总理以和顺与祐卿所部不惬,遂改派黄明堂、关仁甫经营镇南关军事。………明堂、仁甫向系游勇首领。………事前早与台上守兵联络成熟。………(镇南关夺得后),青天白日之革命旗随风招展,附近游勇来投军者,不绝于道。[5]

镇南关起义失败后,孙中山转图云南河口。攻河口的统帅仍是王和顺、黄明堂、关仁甫等,借助的力量仍是游勇绿林,使用的方式仍是军事冒险,招降纳叛,没有跳出流寇主义的窠臼。

经过几度挫折,资产阶级革命派感到发动会党难于成事,大多数革命党人的活动重点转到新军。那时的革命家在这方面是做得有成绩的。武昌义旗一举,全国响应,大部分省区的起义,是革命化的新军士兵发

---

1 《光绪二十六年八月三十日湖广总督张之洞奏折》,《中国近代史资料丛刊·辛亥革命》第1册,第270页。

2 张难先:《湖北革命知之录》,商务印书馆,1946年版,第20页。

3 吴良愧:《自立会追忆记》,《湖南历史资料》1958年第2期,第77页。

4 冯自由:《革命逸史》第5集,第120页。

5 冯自由:《革命逸史》第5集,第120—121页。

动的。而部分省区的会党也很活跃，如四川、陕西、湖南、贵州等省。但在这些省区经由会党动员起来的群众是些什么社会成份呢？目前尚无确实材料可资征信，只在部分记述中找到某些迹象，聊作管窥。据当时日本汉口领事馆报导陕西情况说："西安革命军号称复汉军，由革命党与哥老会员组成，前者多为受过新式教育之将校及具有新知识之青年，哥老会员则包括兵士与地方志士。"[1] 为陕西哥老会众公认的首领张云山，原是新军里的司号长，起义后，即出任兵马都督。由于起义军几乎全部是哥老会众，所以，"其时云山所发告示，有公议洪令小戳记，与兵马都督关防并用"。[2] 湖南会党似乎也多系新军、巡防各营兵弁。曾参加湖南光复的鲁莹谈及，那时兵目加入会党的很多。[3] 撰写"湘事记"的子虚子记述："焦达峰既为都督，即在谘议局楼上画状……其时都督印信未刊，随取草纸一方，上书都督焦临时命令，委任某为标统，某为营官，下盖四正小印，四正合之即罡字，其洪江会暗号也。……一时城中庙宇公所客栈，无不高悬招兵旗帜，车轿儓役流氓乞丐，皆相率投营当兵矣。"[4] 子虚子系谭延闿亲信，所记对焦达峰领导的起义尽情诬蔑，务在证实焦达峰是"草窃"而不类于"文明革命"。但他描述那种"车轿儓役流氓乞丐相率投营当兵"的情况，差堪作为考察洪江会所动员的社会成份的旁证。

从 1895 年资产阶级革命派开始作武装斗争起，到 1911 年全国革命高潮止，种种迹象表明，经由资产阶级革命派通过会党所发动起来的群众，大体不出于游勇、绿林、现役的清朝新旧兵弁和其他流氓的范围。很少发现有通过会党动员了农民起来斗争的材料。因此，那种把辛亥革命时期的天地会当作农民或者说是以农民为主的结社、革命派通过会党与农民建立了联系的见解，似可置疑。

总之，从近代以来天地会的发展趋势、天地会所表现的特点和资产阶级通过天地会所动员的群众等三个方面看来，辛亥时期的天地会，是一游民无产者的结社，而不是农民的团体；它的宗旨在求得成员间的相互扶持、彼此周济，主要已不是作"反清复明"的斗争；它反映了游民反抗压迫剥削的要求，在一定时期里也起来自发地进行反帝反封建的斗

---

1 《近代史资料》1961 年第 1 号，《辛亥革命资料》，中华书局，1961 年版，第 60 页。
2 郭希仁：《从戎记略》，《中国近代史资料丛刊·辛亥革命》第 6 册，第 78 页。
3 鲁莹：《辛亥革命湖南光复回忆琐记》，《湖南历史资料》1958 年第 1 期，第 124 页。
4 子虚子：《湘事记》"军事篇"二，《中国近代史资料丛刊·辛亥革命》第 6 册，1981 年版，第 151 页。

争，所以在辛亥革命时期能够作为资产阶级革命派的追随者之一；但它又带有盲目的破坏性，因而也可能被反动派用作破坏革命的工具。

去年，袁定中同志在《文汇报》（11月10日）发表"天地会究竟是什么性质"一文提出了不少独到的灼见。但他认为天地会是下层群众为主体的反清秘密组织和"天地会在辛亥革命时期其所以成为一支重要的革命力量，正由于它坚持的'反清'斗争和中国资产阶级的'民族主义革命'在'反满'这一点上一致的缘故"的看法，我觉得尚可商榷。第一，所谓天地会是下层群众为主体的秘密组织的提法，似嫌笼统，因而无法考察天地会的阶级属性，具体探索它的政治动向和作用等问题。第二，如果认为天地会和资产阶级革命派的合作是基于两者在"反满"这一点上的一致，那么，天地会又曾追随过改良派作保皇运动，还曾被反动派利用作为破坏革命的工具，其间又有什么一致的地方呢？从天地会这种不光彩的关系上说，所谓它坚持反清斗争的论点，大有推敲余地。执此谨向袁定中同志求教。

（原载《学术月刊》1962年第2期）

辛亥革命时期的资产阶级革命派、会党和农民

1962 年

李文海同志"辛亥革命与会党"一文（以下简称"李文"），对辛亥革命时期引人注目的会党的社会成份、性质、作用以及它和资产阶级革命派之间的关系等问题，作了新的探索。拜读之后，获得很大启发，受益不浅；但也感到有所疑惑。特略陈管见，质疑求教。

一

关于会党的社会成份，"李文"认为，它的基本群众是广大的农民和手工业工人，而出头露面的具有较大影响的人物，有不少却是流荡江湖的游民无产者，另外也还有不少的地主分子。但据我所接触到的材料看来，在辛亥时期的会党里，游民无产者不仅是出头露面的角色，而且已经成为它的基本成员；其中农民和手工业工人所占的比重是较小的。

游民之所以成为会党的基本成员，是因为这部分人在中国近代社会里急剧增多的缘故。这从会党发展的趋势可以究其梗概。有些会党派别，就是伴随着游民队伍的扩大而兴盛起来的，哥老会的滋蔓于长江流域，明显地反映了这种关系。曾经在中国作过会党调查的平山周说："哥老会或称哥弟会，其成立在乾隆年间。同治时，平定粤匪以后，湘勇撤营，穷于衣食之途，从而组织各团体，于是哥老会始盛。除有仍为水陆军将弁者外，余则皆以赌博盗窃为业。"[1]之后，由于清政府迭次整编军队，裁汰旧伍，更造成散兵游勇遍布各地的景象，而影响所及，即使是现役兵弁，也时有沙汰之虑；且因整编集散的频繁，许多人时而是游勇散兵，时而属防营汛卒，这样，会党就不仅是游勇赖以托足之门，同时也成为现役兵弁借资相互扶持的秘密组织。到清朝末年，"凡常备军巡防营以

[1] 平山周：《中国秘密社会史》，商务印书馆，1935 年版，第 76 页。

及警察新军各色人等，若属于各党各派分子方好立脚，如两广军队内的三点三合会；长江上下的哥老会；四川的袍哥孝义会；山东、陕西的八卦大刀会；河南、河北的红枪天地会等，军队兵士均是此类分子居多"。[1]

从某些省份会党的发展来说，也能窥见上述情况。湖南是哥老会盛行的地区之一，据辛亥老人邹永成、鲁莹说，当时湖南的巡防营里头，哥老会分子为数不少[2]；新军兵目加入会党的也很多[3]。据另一本民国元年出版的"湖南民情风俗报告书"说，哥老会"谓随所至可得衣食，以故无业游勇趋之若鹜"[4]。山西和河南之有哥老会，原于绿营、晋军、豫军的裁撤，被裁者"归后无恒事，无生活"，遂相结成会[5]。清统治者也称："查湖北地方素多匪类，然皆军营散勇，无业游民，结会放飘，偷窃抢劫。[6]"一般记载都说明，某些会党本身显然不是农村生活的产物，而是裁撤遣勇的结果。

在清末会党成员里，从备遭帝国主义和封建统治者破坏而废弃的旧式交通线上游离出来的江湖流民，也占到重要的地位。陈天华说："那些走江湖的，种类很多，就中哥老会、三合会、各省游勇，最占多数[7]。"哥老会别派青帮（安庆道友）的发展过程，比较鲜明地表现了这个特点。光绪二年（五月二十四日）《申报》纪述："安庆道友之为患久矣，其名目始于安庆帮之粮船。……其后粮船停废，其族无以为生，即散处各州县，各曰站码头，萃聚亡命，藐法殃民。初犹淮海一带，千百成群，今则蔓延江南北郡县，无地无之。"因为游勇也是终年浪迹江湖，所以，在一般人的印象里，会党和江湖流民是没有区别的。清统治者通常指会党为"江湖会匪"，而重视会党的资产阶级革命派则称他们为"江湖豪客"。当某些资产阶级革命家利用会党的形式开展活动时，也都是以"江湖豪客"为招徕对象，而不去同农民结缘。谭人凤说："共进会，孙武、邓玉林等组织之，江湖士占多数[8]。"而谭人凤在华兴会起义失败后，

1　邓文学：《共进会之原起及其若干制度》，《近代史资料》1959年第3期，第17页。

2　杨思义记录：《邹永成回忆录》，《近代史资料》1956年第3期，第80页。

3　鲁莹：《辛亥革命湖南光复回忆琐记》，《湖南历史资料》1958年第1期，第124页。

4　1912年湖南调查局辑：《会匪》，《湖南民情风俗报告书》第9章第12节，湖南法制院1912年版。

5　汉民：《晋省哥老会纪事》，《民报》第2号"时评"。

6　中国史学会：《辛亥革命》第1册，上海人民出版社1957年版，第271页。

7　《陈天华集》，中国文化服务社，1944年版，第84页。

8　谭人凤：《石叟牌词叙录》，《近代史资料》1956年第3期，第49页。

也曾跑回家乡，"召集许多江湖上的朋友在那里开山堂，取名卧龙山，他自己作山主"[1]。所以如此，无非是因为会党和江湖人士有不可分割的关系之故。

从资产阶级革命家通过会党动员起来的群众来看，绿林好汉也是会党中的重要成员，从1895年广州之役起到1907～1908年两广云南迭次起义止，孙中山利用会党发动的武装力量有两支主力，一为游勇，一为绿林。1895年广州一役，兴中会组织的力量除开在香港的会党三千外，主要是散布广州四周的绿林和游勇[2]。1900年汇集于三洲田准备发难的六百壮士中，新安县的绿林充当主力[3]。1907年防城一役，起义的武装是由王和顺招集的绿林和梁建葵、梁少廷率领的游勇合组而成。镇南关（即今之睦南关）之役，主力是黄明堂、关仁甫等所部游勇，占领炮台后，"附近游勇来投军者，不绝于道"[4]。还很少有通过会党组织了较多农民参与这一系列起义的记载。

诚然，少数纪述也隐约有农民是会党主要成员的说法，如"李文"所引蔡寄鸥《鄂州血史》和陶成章《浙案纪略》两书中字里行间的某种寓意。但鄙意以为，《鄂州血史》类于文学作品，且其中"当时之所谓'会匪'，实际上都是人民"一词，过于笼统，不足征信。至《浙案纪略》所言"会中兄弟"一闻命，"市者无不即弃筐筥，耕者无不即弃耒耜"等情事，不容否认是可以作为会党中包括了不少农民的佐证。但那仅指浙江而言，似不能据以概括一般。同时，就在同一书里也能找到某些迹象，足以说明浙江的部分会党基本上仍是游民的结社，如该书"列传一"记白布会首领濮振声事迹说：

先是太平天国兵兴之际，严属之分水桐庐，湖属之安吉孝丰，杭属之临安富阳新城于潜昌化，与安徽之宁国广德等处，皆浙江通江苏及南京要道，为军事上所必争。故事平后户口因以稀少，该地居民遂分为三种状态：其第一种曰主籍，系军兴前之旧居，俗称曰老百姓。其第二种曰客籍，系军兴后新迁入者。其第三种曰系各地无籍游民，来此作工以谋食者，近者来自温处台衢之各府，远者来自福建之浦城，江西之玉山，安徽之巢湖。湖南湘勇，本地绿营，遣散后无家可归者，亦麇聚于是间。既无室家之好，亦无人生之乐，好勇斗狠，在地方最为不靖。然亦均有

1　杨思义记录：《邹永成回忆录》，《近代史资料》1956年第3期，第84页。

2　冯自由：《革命逸史》第4集，商务印书馆，1946年版，第11页。

3　陈少白：《兴中会革命史要》，中国文化服务社，1941年版，第103页。

4　冯自由：《革命逸史》第5集，第136页。

其党类，而又各受其党魁之约束。其间党派凡分十支，即以甲、乙、丙、丁、戊、己、庚、辛、壬、癸十干名其党派之区别。振声与其友周鉴娄□□胡奏平王□□施□□钱□□等，均以善驭客游，见称乡里。客游亦均仰望而崇拜之，于振声尤甚，咸称曰濮先生。振声即丙派，为白布会首领。……[1]

这段记述指出，分布在浙江严州、湖州、杭州和安徽宁国、广德等府属之间的十支会党，都是所谓"客""游"的组织，其首领也以"善驭客游，见称乡里"。由此看来，在浙江地区，农民也未必是所有会党的基本群众。

上述各类记载，虽然大部分不是叙述会党的专书，但从其中涉及这一方面的内容进行推敲，一般给人的印象是：清末会党不是农民和手工业工人的组织，而是游民无产者的结社。

二

关于会党的性质问题，"李文"认为，"一方面，是阶级斗争的工具，又一方面，它的阶级性又常常是模糊的；一方面，它有着反帝反封建的历史传统，又一方面，它的矛头又常常不能对准真正的敌人"。这样从两方面去观察会党的性质，是恰当的。但使人感到不足的是，这个论断似乎对会党弱点的揭示还不够确切。我觉得，会党的主要弱点，还不是它的矛头常常不能对准真正的敌人，也不仅表现为"李文"所指一些小会党从属于某些地主分子报复私仇的斗争，某些会党"彼此相仇"，或会党中有些人有时甚至干出抢劫掳掠的勾当，而在于一般会党都带有游民无产者的那种盲目的破坏性，因而它们又常常被反动势力所利用，成了压迫人民、破坏革命的工具。

还在太平天国革命时期，会党的这个主要弱点就开始暴露。太平天国起义之初，一部分天地会众，如罗大纲部，就融入了上帝会里，而另一些天地会众却在张嘉祥、田芳、张剑等率领下，叛降了清政府，成了太平天国的敌人。太平军克永安后，广东部分天地会众应募充清廷兵勇，前来围困永安；而太平军北上湖南后，"凡入天地会者，大半随之而去"[2]。同是天地会，不同派系的政治动向竟迥然异趣；同是秘密结社，上帝会

1　陶成章：《浙案纪略》，中国史学会：《辛亥革命》第3册，上海人民出版社，1957年版，第51—52页。

2　《严办土匪以靖地方摺》，《曾文正公全集·奏稿》卷2，上海国学整理社，1936年版，第286页。

众那种团结一致反抗清廷的立场，就和天地会众显有区分。产生这种差别的原因，就在于上帝会是农民的团体，而天地会则是游民的组织。

辛亥革命时期会党的这个特点，表现得也很明显。如下几个事例可以窥其大略。

1899年，孙中山谋在长江和粤江同时发动起义，特地派毕永年往来湘鄂等地，和哥老会首领杨鸿钧、李云彪等取得联系，相约为革命效力。但当1900年唐才常组织以"勤王"为宗旨的自立军时，杨、李等人却转而"纷纷向才常报名领款，愿为勤王军效力"。竟使兴中会在湘鄂一带联络会党所取得的成效，顿成画饼。毕永年因此"愤而削发，自投普陀山为僧"。产生如此后果的原因，据当时人说是因为杨、李等人"闻才常方面富而多资"，至"见利忘义"[1]。换言之，就是因政治上的盲目所致。

1906年萍浏醴起义主要是由哥老会组织的，这是众所周知的事。但当起义发动后，原来部署的一支主力——安源矿工却不曾大规模地起来武装暴动。一般记载都说，那是由于清统治者大大加强了对安源的军事镇压所致。可是，据安源的老工人回忆，原因是起义爆发后，矿局"张总办和县知事也慌了手脚，只好利用帮会势力，暂时蒙哄哥老会头子萧克昌，出钱请他来护矿"。这样，萧克昌"待浏阳醴陵起义时，不但没有起来配合，还劝大家不要轻动"[2]。回忆史事，在人名年月上容有差错，如上述回忆所说张总办其人即系讹误（按萍矿首任总办张赞宸已离职，当时总办为林志熙），但关键情节，谅不致子虚。看来，关于萍浏醴起义的经验教训，大有进一步探讨的必要。

哥老会别派青帮在辛亥革命时期所表现的弱点，比起来似更为突出，青帮头子徐宝山（怀礼）所控制的一支势力的政治活动可资说明。1900年自立军起事时，改良派曾着人去游说徐宝山，相约起兵勤王。徐宝山立刻响应，发布"清君侧，救圣主"的告示。而不旋踵徐又被两江总督刘坤一收买了去，转过来大肆残害同类。据刘坤一奏报说："将盐贩徐宝山妥为招抚，已责令徐宝山严拿匪党，多有弋获。"[3]武昌起义后，徐宝山见风转舵，居然扯起革命党的旗号，率领徒子徒孙，与豪绅富商

---

1 冯自由：《革命逸史》初集，第75页。
2 中共萍乡煤矿党委宣传部编：《红色的安源》，江西人民出版社，1959年版，第66、75页。
3 《剿平大通票匪请奖出力文武折》，《刘忠诚公遗集·奏疏》卷34，中华书局，1959年版，第39页。

勾结，袭陷扬州，残酷地屠杀光复扬州的起义者孙天生等 70 余人[1]。就徐宝山这帮会党来说，除破坏外，根本谈不上任何积极作用。

辛亥贵州光复时哥老会的向背，也是会党那种盲目破坏性的具体表现。原来，贵州哥老会曾经是自治党人发动起义的辅助力量。但光复不久，宪政党人为破坏革命计，竟倡言大开公口。数日之间，由宪政党设立的黔汉公、大汉公、懋华公、斌汉公等就相继出现，哥老会众纷纷附从。"至是各党会竟明目张胆占据民房衙署，以立公口，仪式陈设，比于官厅"[2]。从而给宪政党人提供了发动反革命政变的机会。贵州哥老会这段不光彩的历史，在当时就已大招物议，备受谴责。

辛亥革命时期会党的破坏作用，固然是各种反动势力诱骗煽惑有以致之，但如果它本身不曾带有盲目破坏性的一面，那么，反动派任何诱骗煽惑的伎俩也是无从获售的。

三

关于资产阶级革命派、会党和农民之间的关系问题，"李文"指出，从资产阶级革命派的主观意图来说，"他们只是联络会党而不是艰苦地放手发动广大的工农群众。"所以，"联络会党本身，只不过是为接触群众开辟了一条极其狭小的途径而已。"但"由于会党在这次革命斗争中的广泛参加，它便成为一种中介，使得资产阶级革命派得以在一定程度上联系了劳动群众"。这个论点，有其合理的一面。但我所要提出的问题是，就某些场合看来，资产阶级革命派利用或联络了会党，似乎是反而疏远了广大劳动人民；一定条件下，会党不但没有起"中介"作用，反而堵塞了革命派和劳动群众的联系。原因在于会党那种游民的习气和作风，同广大农民的好恶终有所不同，特别是资产阶级革命派不曾引导会党克服它的盲目破坏性的时候，更易使革命派失去和农民取得联系的机会。

1907 年钦廉之役是资产阶级革命派和农民有过某种联系的一次起义。但从起义过程看来，与其说是革命派重视抗捐农民的发动，毋宁说他们还是着眼于争取前来镇压抗捐事件的郭人漳、赵声两支新军的反正。这样，首先就铸成了民团刘思裕部遭到郭军袭击的大错，抗捐运动宣告失败。随后，革命派一面寄望于清军的反正，一面命王和顺组织会党武

---

1 《辛亥革命时期江苏光复情况简介》，《江海学刊》1961 年第 8 期，第 49 页。

2 黄济舟：《辛亥贵州革命纪略》，《云南贵州辛亥革命资料》，科学出版社，1959 年版，第 165 页。

装准备发难。当王和顺到达那桑时，当地人民还是热情欢迎，"刘思裕之侄显明党数百人来会，声势颇盛。"而王和顺却志在远袭南宁，"率党众来往三那附近，日谋伺隙而动"，"停顿数月，毫无发动之机会"。"刘显明因王久无办法，遂引所部散去"[1]。致人民对革命党大为失望。

1908年，黄兴率200余人的一支队伍，重新转战于钦廉上思一带，前后40多天，虽然打了不少胜仗，但形势却日见低落，最后不得不退回桂越边境。据当时人分析，失败的原因有二："（1）则将士疲惫，难以得力，无论战时平时均难以军法约束；（2）则民心日不如前，所至前极欢迎者，今则多不许留宿[2]。"这里，一是暴露了革命党人单纯军事行动的弱点；再则是革命党人组织的军队里，很大一部分是梁瑞阳、梁少廷所部游勇，这批游勇在钦廉一带曾从事"杀人越货"的勾当，所以引起民心日不如前的后果。

共进会的成立和修改同盟会平均地权纲领为平均人权一事，似更有助于明了资产阶级革命派和会党、农民之间的关系问题。不可否认，平均地权的提出，显然寓有资产阶级革命家希望同农民建立良好关系的意图。而共进会则是部分同盟会人旨在加强和会党的合作而创立的，正是为了这个目的，他们抛弃了平均地权的口号，代之以平均人权。事件恰好表明，革命派密切了和会党的联系，但却疏远了农民。

尤其是革命派和某些反动性较大的帮会取得联系时，他们更容易失去农民的支持。比较而言，青帮在清末时是日趋反动的一个派别，其中土霸豪绅颇为不少。"以扬州的青帮为例，其成员，有'盐枭'和缉私营的士兵，有衙门内马快，也有卖拳的、卖膏药的；其中的头目有的是军官，有的是商会董事、绅士。清大学士阮元的曾孙阮老五就是青帮头子，曾与青帮兼红帮的大头目、绰号'老虎'的徐宝山结拜为兄弟"[3]。武昌起义后，镇江的革命党人林述庆、李竟成就曾利用徐宝山这一帮反动势力去阻遏苏北人民的起义，并杀害了光复扬州的孙天生等70余人。显然，利用这样的会党，不但没有联系农民，反而招来农民的怨恨。

会党在资产阶级革命派和农民之间，在某种场合下，可以起"中介"作用，而在另一些条件下，也招致阻隔两者联系的后果。其间关系，似不可一概而论。

1　冯自由：《革命逸史》第5集，第119页。

2　冯自由：《革命逸史》第5集，第153页。

3　《辛亥革命五十周年学术讨论的一些问题》，《江汉学报》1961年第4期。

四

关于会党的作用问题，"李文"也作了评价，既表彰了它的积极作用，也揭示了它的消极作用，并指出："历史地说，它在当时的积极作用是主要的。"但还可商榷的是，在论述这个问题时，似乎对会党在整个辛亥革命时期的地位和作用作了偏高的估计，如认为会党分子参加的武装斗争，"造成了'山雨欲来风满楼'的形势，促进了革命高潮的到来。"且"在对封建专制政权的最后一击中，会党也发挥了颇大的作用。会党成员基本上成为冲锋陷阵的主力军。"

从整个辛亥时期资产阶级革命派所发动的武装斗争来看，1908年以前，主力是会党，之后，主力是革命化的新军，会党一般只起着配合和辅助的作用。当然，新军里的会党分子也很多，但他们的反正，大多由于革命党人事先做了组织工作和宣传工作，主要不是借助于会党的关系而发动起义的。比如，在辛亥光复时两个具有战略意义的重大战役中，即武昌起义和攻克南京，冲锋陷阵的是革命的新军士兵，而很少会党分子。继武昌首义后的各省光复，如江西、山西、浙江、广西、云南、福建，也都是通过新军反正而初步实现的。有些省份，如四川、湖南、陕西、贵州，光复时会党也崭露头角，但如果论功行赏，新军似乎还应高踞首座。陕西光复，新军和会党是二位一体；而湖南长沙的光复，则首先是新军发动的，到军政府已经成立，由焦达峰号召来的会党才陆续抵达长沙；贵州情况和湖南相类似。浙江本是会党很活跃的地区，光复会经营革命，原来也致力于联络会党，但自1907年秋瑾死难、大通学校瓦解后，会党势力一度星散，光复会发展组织，也主要在新军里进行，所以到辛亥光复时，会党作用不很显著。至"李文"所举"绍兴就是由平阳党首领王金发所领导而建立革命政权"一事，有的记载也与此有出入。据陈燮枢所写"绍兴光复时见闻"一文[1]说，王金发是在绍兴已经宣布独立后由徐叔荪等劝说才从杭州去的，军政分府都督一席，由汤寿潜委任，带去的兵士，临时"招自市中"。种种迹象，表明王金发在绍兴建立军政府，并不是借资会党，而是凭恃他的才干和在革命党里的声望。公平地说来，在对封建专制政权的最后一击中，主力军是革命化的新军，而不是会党。

从辛亥革命整个时期来看，造成"山雨欲来风满楼"的形势，推动革命高潮的因素，固然包括革命派运用会党发动的武装起义在内，但全

1·《近代史资料》1958年第1期。

面地观察，主要还应首推席卷南北的抗捐闹税、抢米风潮、保路运动和反洋教斗争等各种形式的群众斗争。尤其是到了 1911 年革命高潮的前夕，会党在资产阶级革命派组织的起义中既已不是主角（如 1910 年广州新军之役和 1911 年黄花岗一役），在群众自发斗争中，则由于各种形式的反帝反封建运动的风起云涌，东鸣西应，许多地区的人民已不待会党带动就揭竿而起；且会党本身也不能胜任组织如此急剧辽阔发展的革命声势，因而它在群众斗争中的影响也不很突出。当时清统治者的文报里和资产阶级、小资产阶级知识分子的纪述中，也都惊呼那些普遍骚动的事件是"村民""乡愚""饥民""穷黎"的铤而走险，一般承认大多数的反抗原于"官逼民反""绅逼民变"，较少牵涉到所谓"会匪""游匪"的头上。会党在革命斗争中的地位，似乎随着中国革命事业的发展而在逐渐降低。

具体说来，在辛亥革命不同发展的阶段上，1908 年以前会党作用较显著，之后，就让位于新军；在整个革命力量的配备上，广大的工农群众是主力，会党则属偏师。因此，那时的民主革命先行者对会党的评述——如孙中山认为会党"只能望之为响应，而不能用为原动力"。陈天华说："会党可以偏用，而不可恃为本营。"也未必全系偏见。因为会党是游民的结社，的确是不能担当革命原动力或本营的任务的。至于什么是原动力或本营，孙中山和陈天华都寄望于所谓"中等社会"，即资产阶级和小资产阶级，则是错误的，表明他们没有认识农民是革命的主力军；但这只是对农民的忽视，而不是说是对会党的偏见。

以上管见，容有臆断穿凿之处，敬候指教。

（原载《教学与研究》1962 年第 1 期）

辛亥革命时期湖南保路运动

1962 年

　　20 世纪初，为维护铁路主权、抵制帝国主义侵略的保路风潮，席卷了中国大部分地区，吸引了中国社会各阶级的注意。它成为辛亥革命时期中国人民反帝反封建斗争的一个重要组成部分，直接推动了革命形势的发展，并在这个风潮的中心——四川和两湖，首先爆发了武装起义，推涌起全国革命的高潮。

　　本文将围绕粤汉铁路的路权斗争，主要是湖南人民的保路运动，叙其始末，究其因果，探讨其与辛亥革命的关系。

一

　　中日甲午战争的失败，暴露了清政府前此 30 年所谓"自强新政"的虚浮腐朽，削弱了清王朝的统治力量。一些洋务派官僚有鉴于此，咸认为兴修铁路，是力挽颓势，稳定自身统治的"切要之图"。1895 年（清光绪二十一年），张之洞上疏请修北干线，倡议以芦汉路为诸路纲领，四向延展，向南由汉口延至广州，为南干路。清廷大体同意了他的建议，命他回任鄂督，有关方面商洽筹办。消息传出，各个帝国主义国家的垄断集团就纷纷前来兜揽借款。当时，中国舆论界已经发出了"铁路自办，以杜外患"的呼声，主张路款由华商自筹，不招洋股。因此，清政府不敢遽行彰明昭著地违反众志，不得不允诺"各省富商如有集股在千万两以上者，准其设立公司，自行兴办"[1]。同时，却又规定必须采取"官督商办"的方式。这样，那些愿意集资合股的绅商，就莫不裹足退缩了。其结果当然是筹款无成。到 1896 年春，张之洞就与直督王文韶会衔入奏，说是"干路必不可缓。洋股必不可恃，华股必不能足"，建议设立铁路

----

[1]《旨着督办军务王大臣傅知中外集股筹办芦汉干路》，《清季外交史料》卷 118，第 33 页。

总公司，"准由公司一面招股，一面借款，为入手第一义"[1]，并保荐盛宣怀作督办。疏上，清廷命总理衙门召盛宣怀咨询。盛当即呈递一个铁路说帖，倡议"公司必合南北统筹，始能展拓，苏沪、粤汉亦当次第举办"，"洋债则拟借诸美国"。清廷采纳了盛的意见，于九月间命他督办铁路公司事务。年底，铁路总公司成立于上海。

清政府既决定借债修路，帝国主义就一起迎了上来。美国的美华合兴公司（American-China Development Co.）钻营最力。

美华合兴公司成立于 1895 年 12 月，它的首脑布莱士（C.Brice）是美国参议院议员，曾经担任美国许多家铁路公司的董事长，任过银行和邮船公司经理，是华尔街的大亨之一。公司的台柱，是有名的洛克菲勒——哈里曼——坤洛这样一批财政寡头所组成的集团。因此，这个垄断组织拥有相当雄厚的势力，实际上成为当时美国向中国推行帝国主义掠夺政策的重要机构。

合兴公司一成立，就确定了以劫持中国铁路路权为主，兼及轮船、电讯、矿冶等事业的宗旨。它曾拟订过一个极为广泛的铁路方案，计划首先夺取北接西伯利亚铁路，南迄广州的南北干线，然后囊括兼并，垄断中国全部铁路。为此，当清政府抛出芦汉铁路招徕外债时，合兴公司立刻委派熟悉中国情况的巴士（Bash）充当驻华代理人，千方百计地张罗奔走，又特地聘请与清廷贵族官僚有过密切往来的前参议员华士宾（Washburn）专程来华，广事游说行贿，并动员美国国务卿奥尔尼（Olney）训令驻华公使田贝向清廷胁逼诱骗。从各方面打通关节，夺取芦汉路借款权利。

与美国同时参与争夺芦汉路的还有英、德、法、俄等几个帝国主义国家，无不气势汹汹，志在必得。介于这些列强的竞争之中，清政府感到异常困惑棘手。这时，比利时财团忽然插入，所提条件不像其他国家那样苛刻。于是，张之洞就认为"比系小国，别无他志"，力主商借比款。1897 年 5 月，盛宣怀与比国财团签订了"芦汉铁路借款合同"。在帝国主义列强疯狂竞争的情况下，美华合兴公司的计划不曾获售。但它却从盛宣怀处得到"保证给予美国公司粤汉铁路的让与权"的诺言。[2]这样，美帝国主义立刻倾全力来争取粤汉路，通过盛宣怀向清廷示意，"如

1　张之洞撰，王树枏编《张文襄公全集》（以下简称《张集》）卷 44，《芦汉铁路商办难成另筹办法折》，民国 20 年重印本。

2　肯德：《中国铁路发展史》中译本，三联书店，1958 年版第 105 页。

以海关、盐课及粤汉铁路抵借一百四十兆，以百兆归国家用，四十兆归粤汉铁路用，两合同一气议，可便宜"[1]，借此诱惑清廷入彀。

清廷借外债修筑芦汉路的行径，引起了鄂、湘、粤三省爱国人士的注意。他们预计粤汉路的修筑，行将仿效芦汉路的方式。为了抵制外人觊觎，就提出三省集股分段兴修粤汉路的倡议。1897年，三省绅商联合具禀，要求张之洞移咨总理衙门，奏请许诺三省自办。接着，湖南绅商由前山东藩司汤聘珍领衔，"呈请创立湘粤铁路公司，集股开办，公举现署臬司长宝道黄道遵宪为总办，以专事权"[2]。

三省分段兴修的倡议，特别是湖南绅商拟创设公司，公举总办，以专事权的活动，是与"挟外自重"[3]的盛宣怀的愿望不符的，也遭到企图把持南北干线以扩大实力的洋务派官僚张之洞的阻格。可是，他们却没有断然拒绝三省绅商的要求，反而因利乘便，虚与委蛇，借势促成举借美款的预谋。一面由张之洞致电湘抚陈宝箴，说是"湘绅尚未悉铁路甘苦曲折"，且"湘中集股、尚无约数……粤商力量，未必肯附入湘商"。又说："大抵粤汉总办，若能独任华股七百万，并担当洋债二千余万，自可另树一帜。"否则，只应由铁路总公司将芦汉、粤汉"合为一气"，才足"以底于成"[4]。湖南绅商经此一番刁难，拟设公司的劲头就软了下来。另一面，则由张之洞、王文韶、盛宣怀等于1898年一月联名上疏密奏说："今年春间，英商屡来揽办粤路，坚持未允……现在德已踞胶，俄已留旅，法已窥琼，英或有图长江、吴淞之谋……再令英人造一铁路直贯其中，将来俄路甫引，英路北趋……则是咽喉外塞，腹心内溃……惟有赶将粤汉一路占定自办，尚是补救万一之法。然则由粤入湘，由湘通汉一路缓办，则必为彼族强占之资；急办亦恐集资有限，难于展布。"因此，恰当的办法就是举借外债。向谁借款呢？他们认为："英及法、德，无论何国承办，皆有大害。"为此，"拟函商驻美使臣伍廷芳，就近仍与美国绅商筹议借款"。但一意商借美款，又必然招致其他帝国主义的要挟呵责，所以，"应请诏旨宣布，准令总公司督同三省绅商迅速筹款办理，并请饬下总理各国事务衙门立案，如他国有以承办粤汉铁路

1　《寄李傅相》，盛宣怀：《愚斋存稿》（以下简称《存稿》）卷27，第35—36页。

2　《存稿》卷29，《湘抚陈右帅来电》，第10页。

3　黄昌年：《粤汉铁路始末记初篇》（以下简称《始末记》）卷2，《龙芝生侍郎信》，第1页。

4　《致长沙陈抚台》，《张集》卷154。

为请者，即明告以预准各该省绅民公司自行筹办，俾免枝节"[1]。当时，胶州事变发生不久，瓜分风潮呈急转直下之势，清政府处于列强巧取豪夺、讹诈勒索的困境而无法自拔，正竭力图谋立足于帝国主义彼此牵制的夹缝中苟全半殖民地的统治地位。所以，张之洞等人密摺所陈各节，很快就得到清廷的认可。美华合兴公司也就因此甩开了其他帝国主义垄断集团的跟踪竞争，揽到了粤汉路的"让与权"。1898 年 4 月 14 日由伍廷芳代表中国铁路公司和美华合兴公司代理人布莱士在华盛顿签订了粤汉铁路借款合同 15 款，另附件两项。

合同的主要内容为：借款额 400 万英磅（约合库平银 2800 万两），年息 5%。九扣付款，以铁路全件为抵押，分 50 年还清；合兴公司有添造短支路之权；建路所用款项，合兴公司抽 5% 的酬劳费；路成后，所有照管驶车事情，均由合兴公司选派妥人经理，铁路所得余利，以 1/5 归合兴公司；3 年内，合兴公司允将全路建成。

至于两个附件，则载明中国铁路总公司对美华合兴公司所许诺的两项权利：（一）光绪二十三年四月盛大臣与比国公司订立建筑芦汉铁路借款合同。兹议定，该合同如已作废，督办大臣当准美华合兴公司建造。（二）中国铁路总公司一经请准铁路附近地方开采煤矿，当即允准美华合兴公司勘查开办。

与合兴公司原来所订掠夺计划相比，攫取到粤汉路的路权，还远远不能使美国的垄断资本家感到满足。可是，仅就这一借款合同来说却已经使得当时正卷入了美西战争漩涡的美帝国主义得以插足分割中国的行列，与其他列强并驾齐驱。合兴公司的总工程师柏生士（W.B.Parsons）就曾经承认："这一项路权的'让与'包括约九百英里的铁路，附带着沿路矿山采掘权及其他种种特权，使其在价值上与重要性上，绝不亚于中国对其他各国的任何'让与'。"[2]

合兴公司既把粤汉路的路权抢夺到手，就乘此作进一步的要挟。它借口经过勘测后发现原来预计的 400 万英磅的造价比实际需要低估了一倍，所以，合同必须修改。1899 年春，美国纽约律师公会律师坎理（Gury）代表合兴公司来到中国，谈判订立续约。按照合兴公司要求修改合向的理由，只应是追加造价、增添借款的问题，可是，事实上坎理要求各节，主要并不是造价高低。在盛宣怀两次发给总理衙门的电函里就说到："美

---

1 《议立粤汉铁路公司并密筹借款片》，《存稿》卷 2，第 9—11 页。

2 柏生士：《一个美国工程师在中国》，第 45 页。

国特派律师坎理到沪，议定正约……送来铁路相近处开矿章程，意在必办。"又说："美公司派律师坎理来议粤汉续约，送来十七款，所求权利大过芦汉，并照伍订原约误会要索甚多。"[1]经往返交涉，同时，美国驻华公使康格（E.H.Conger）还特地跑到武昌向张之洞大施恫喝，"云此路美国家必办，断不能让他人"[2]。这样，粤汉铁路借款续约就完全按照美帝国主义的意图，于1900年7月13日在华盛顿仍由伍廷芳与合兴公司签订下来。

　　既然知道合兴公司"所求权利大过芦汉"，"要索甚多"，为什么清政府仍然含垢隐忍地接受了呢？除了美帝国主义一方进行恫喝要挟这个因素外，那个"挟外自重"的盛宣怀巧言迎合，清廷打算依赖美国保全自身统治的卑劣意图，是促成续约签订的重要原因。当合兴公司为修改合同而晓晓讹索时，帝国主义瓜分中国的狂潮正异常的险恶湍急，尤其是英国和俄法集团的竞争更日益尖锐。这时，清政府也已经发现，站在攫取了芦汉路路权的比利时人后面的，正是俄法集团，这种情势，就造成了清政府不得不依赖美国来居间缓冲的倾向。所以，当盛宣怀向总理衙门陈说合兴公司要求揽取矿权时，就乘间进言："窃思湘粤矿甚多，英法皆觊觎，与其用英法而碍大局，尚不及用美款。"[3]张之洞虽明知合兴公司要索无厌，但也认为："若美约不成，必为法踞……若南北干路俱为法占，大局全坏。"[4]特别是到1900年夏间，声势浩大的义和团反帝运动走向高潮，帝国主义列强组成联军发动空前野蛮的侵华战争，清朝统治濒临瓦解的边缘。这时，清廷内外贵族大臣更加期待再一次宣布所谓"门户开放"政策的美国出来维系局势。情况正如伍廷芳所表述的："北事危，外侮急，恐日后美公司借端要索，续约似应准廷先画押，候旨批准。如此，一可成功，二可望美国助我力保大局。"[5]就在这样的形势下，美华合兴公司完全达到了要索的目的。

　　粤汉铁路借款续约规定：借款额增至美金4000万元（约合库平银5300多万两），利率、折扣、抵押、还款期限、酬劳费、余利分配等项，基本照原约；全路修成期限则由3年延长为5年。值得注意的是第六款

1　《寄总署总局》《寄总署》，《存稿》卷34，第6页。

2　《致京盛京堂》，《张集》卷159。

3　《寄总署总局》《寄总署》，《存稿》卷34，第6页。

4　《致京盛京堂》，《张集》卷159。

5　《华盛顿伍秩庸星使来电》，《存稿》卷36，第4页。

和第十七款。第六款规定，铁路开筑后，即设总管理处，由总办 5 人组成，其中两人由督办大臣选任，两人由合兴公司选任，余一人由总工程师兼，而总工程师则按合同系由合兴公司委派。据此，就进一步具体保证了美国垄断集团对于粤汉路经营管理的控制权力。第十七款则规定："此续约与原约一体订立者，准美国公司及接办之人或代办人一律享受，但美国人不能将此合同转与他国及他国之人。又议定：除督办与美国公司互缮凭据允准外，粤汉干路及枝路经通界内，不准筑造争夺生意之铁路，并不准筑造与粤汉干路及枝路同向并行之铁路，致损利益。"据此，美国垄断集团即攫取了持续劫持粤汉铁路的权利，同时还得到把持与粤汉路及其支路并行同向的一切铁路路权的保证。实质上，这就无异是清政府承诺划给美国的"势力范围"。

二

根据粤汉铁路借款续约，合兴公司应当在 5 年之内将全路修成。可是，实际上它却一再俄延拖沓，迟迟不动，到 1904 年秋，仅仅修筑了广州至佛山的一段全长仅 32 英里的支线，干路工程，尺轨未铺。且在修筑支线时，"逾估甚巨，工程司借款经商渔利，各洋匠迭次枪毙人命，并有窃资远遁，索账不送，索凶不交，压制中国应有辖察之权"[1]等情事。与此同时，公司的股权逐渐地转移到比利时人的手里，1902 年时，合兴股票就有 2/3 被比利时的资本家收买过去，公司董事大半易人，经理一席由比利时垄断集团在纽约的代理人惠惕尔将军（Weneral Whittier）担任。1904 年，合兴公司派驻中国的代理人和总工程师也由比利时人接充。

合兴公司为什么延宕路工并让比利时人把公司股票大量地收买了去呢？这和当时中国局势以及美国国内经济情况有密切关系。

从中国局势来说，义和团运动失败后，一方面是中国人民对帝国主义的仇恨继续加深，全国各地以反洋教形式出现的群众反帝运动依然普遍发展，此伏彼起，斗争不已。美国的财阀们有鉴于此，感到他们那种掠夺路权的行径，很可能招致鄂、湘、粤三省人民的反击，因而迟疑犹豫，不敢大举兴工。另一方面，列强在中国的疯狂角逐，也随着国际帝国主义争夺殖民地半殖民地的火并日趋激烈而急剧发展，俄法集团和英国的关系还是异常紧张，纵贯三省、联系长江和华南的粤汉路，也仍旧是这

1 《清季外交史料》卷 186，第 4 页。

些帝国主义猎取的重要鹄的。还在 1899 年美华合兴公司要索修订合同时，法、比两国就加紧钻营，力图把粤汉路夺取过去，但没有成功。

　　"于是，他们就把活动范围转移到纽约，努力设法获得股票，俾在合兴公司内部获得控制性的股权。正如《泰晤士报》驻沪记者所发表的简闻说，进攻的方法变了，从'正面的政治进攻转而为侧面的经济进攻'"。[1]

　　然而，尽管俄法集团支持比利时采取了侧面进攻的方式，但凶谋久蓄的美国垄断资本几经周折所攫取到的路权，又怎样听任它暗中转移到别人手里去呢？原因在于：（一）20 世纪的初期，美国垄断资本虽然已经达到空前集中的地步，对外扩张的意念也极为狂热，但它终究是个后起者，经济实力还不够充实。据有人统计，迄至第一次世界大战之际，美国国外投资总额还只二十六亿零五百美元，而同时期外国在美国的投资却达 45 亿至 55 亿美元之谱[2]。且美国对外投资，绝大部分还用于掠夺拉丁美洲，尽管它已经抱有鲸吞中国市场的企图，而在财力上却是"力与心违"的。1900 年时，投放于国外的美国资本总计约五亿美元，其中只有 2470 万美元在中国[3]，仅占国外投资的 1/20，相当于粤汉路借款额的 1/2 强。这种情况，一方面表明合兴公司要筹措 4000 万美元的贷款来劫持粤汉路路权，良非易事；另方面表明，包括法、比资本在内的投于美国国内的外国资本相当庞大，从而使比利时人有可能借助这样一个庞大的外资势力来达到"侧面进攻"的预谋。（二）这一期间，美国的财阀虽然醉心于对外扩张，但它却比欧洲各国垄断资本拥有较多的继续开发国内市场的余地。华尔街的大亨们，一般地还使用相当大的力量从事于国内股票交易的投机，追逐超额利润，尤其是铁路股票的交易，更能套取暴利。这样，合兴公司为粤汉路发行的股票，也就很自然地被卷进了交易市场。加上比利时的资本家不惜高价收进，粤汉路的修筑又遥遥无期，于是，那些唯利是图的资本家，特别是分散的小额股票拥有者，就莫不见风使舵，从抛售合兴股票的交易中去营求厚利了。正像英国人肯德说的："从多数的股东看来，这个公司变成了只是一个生意买卖的机构……结果，在合兴公司里获得控制数量的股权的比利时人就相当容易地达到他们的愿望。"[4]

　　合兴公司延宕路工、暗售底股的行为，是公开地食言背信，违反合

1　肯德：《中国铁路发展史》中译本，三联书店，1958 年版，第 110 页。

2　转引自祖波克：《美国史略》中译本，三联书店，1959 年版，第 218 页。

3　《美国史略》，第 415 页。

4　肯德：《中国铁路发展史》中译本，三联书店，1958 年版，第 112 页。

同的。这样，就引发了湘、鄂、粤三省群众要求"废约自办"的争路运动。

应当指出，如果认为三省群众要求废约自办，主要是反对美国食言背约，那是不够恰当的。正确地说来，要求废约的出发点，还在于粤汉路借款合同的丧权太甚，贻祸无穷，不能不激起三省人民和爱国人士急起自救，作杜绝外患、保全主权的斗争；至于合兴公司的违约，不过是废约运动所发生的契机而已。这从当时三省爱国人士为废约所发函电，以及废约中三省群众坚持收回路权的态度来看，就完全可以明了。

既然废约自办运动主要为了抵御外患，挽回主权，要求根本销废那个丧权卖国的借款合同，而不只是追究合兴公司违约的责任问题。这就不能不在帝国主义、买办势力和中国人民之间产生夺路、售路和保路、赎路的激烈斗争。这场斗争，大体经历了三个阶段。

第一阶段，从1904年春夏间争路运动的发端到年底。在这个阶段内，美国垄断集团采取了强词夺理、恃势恫吓的方式，为自己掠夺中国和食言背信的行为作辩护，说什么比利时人虽然占有合兴的股票，但并不影响这个公司按照美国法律注册的地位，它仍然是一个美国公司，也不曾将合同让售别人，算不得违约。如果中国要废约，美国政府就必定出面保障自己国家公司的利益，惹起一场国际纠纷。"挟外自重"的盛宣怀也仿照美国财东的口吻，始则说："股票分售，美例不禁，权仍属美。"[1]继则替美国资本家恫喝道："废约则美公司必兴讼，美政府必干预。"[2]这样一来，"利钝损益，殊难逆料"，且"国家必吃亏。"[3]因此，他就提出一种所谓"收回比股，曲全美约"的主张，倡议责成合兴公司把比利时人买去的股票收回，承认原订正续合同有效。为了实行这个主张，他特地派铁路公司参赞美国人福开森（Ferguson）前往美国活动，疏通合兴公司，与盛宣怀遥相呼应。

除了狡赖恫吓外，美国财阀又施展一套新瓶旧酒式的撞骗伎俩，企图搪塞了事。具体做法是由合兴公司旧人巴士出面，声称已经组成一个"新公司名协丰，允俟中国实能注销旧合同后，承接合兴所有之权利；倘不便作废，协丰亦必尽其能力收买股分，至足敷管辖办理粤汉铁路之权"。盛宣怀于是又出来打圆场，说这叫做"以美接美"，据称这样可以"力顾中美友谊"，建议清廷采纳[4]。

1　《寄武昌张宫保长沙赵中丞》，《存稿》卷63，第9页。

2　《寄魏午帅》，《存稿》卷64，第27页。

3　《寄外务部户部》，《存稿》卷64，第30页。

4　《寄外务部》，《存稿》卷66，第9页。

　　美帝国主义这样怙恶狡赖，激起了三省人民和爱国士绅的义愤，尤其感到盛宣怀那种"曲全美约"的卖国立场，是与三省群众要求"立废合同"的意愿大相径庭。为了达到废约目的，湖南的士绅，由在籍侍郎龙湛霖、王先谦等倡首，一再地发出函电，驳斥美国的无理饰词，揭露盛宣怀的卖国行径，转述人民要求废约自办的决心。这些函电说：早在盛宣怀与美华合兴公司订约时，就"于三省绅商未一过问"，以致所订合同"攘利侵权，足以亡我中国"。"盛杏生（宣怀）心计素工，岂有此可以亡国尚有不知之理，故疑其交结美商，同谋分利，剥削中国，以图自肥；不然，何昏愦若此？既如是，何不将路送与美人，尚为直截了当"！况自订约后，合兴公司延宕路工，贪利售股，违背合同。"查公司向以股分多者为主，股去而权即随之移易，名美而实比，名比而实法也"。在这个售路合同既有"可废之理"，又有"可废之机"的时候，盛宣怀却倡议所谓"曲全美约"，"以美接美"的论调，显然是公开地左袒美商。且"美公司暗中售比，佯称收回，我又何从查察？路权所至，利权兵权随之，后患何堪设想"！所有一切都说明，盛宣怀是"一手操纵，言废约而实保约，明则咨梁大臣（驻美公使梁诚）力为辩说，暗则遣福参赞曲为斡旋"。无怪乎"沪上绅商首持论说，谓此次挟外人以抵制我族，系盛宣怀之故智"。"盛杏生之罪，真诛不容诛矣"！总之，"此事关系太大，湘人首受其害，断不承认。""必争至废约而后已"[1]！

　　三省人民和爱国士绅的正义斗争，博得了全国各地各阶层支持和同情。尤其是正在成长和逐步革命化的资产阶级、小资产阶级知识分子，更形活跃。这年秋，"鄂湘粤留日学生组织鄂湘粤铁路联络会，电达外部及三省督抚，并函告内地绅商，主张废约自办"。年底，"留日学生为粤汉铁路借款问题，开干事会于留学生会馆，公举杨度为总代表，赴沪力争"[2]。同时，上海的《中外日报》《时报》和《东方杂志》等报刊和湖南《官报》，也陆续发表消息和评论，对三省绅商争路运动作舆论声援。

　　废约自办运动掀起时，张之洞的态度和盛宣怀颇不相同，基本上是站在三省绅商的一面，主张销废合同。一则由于张自19世纪末年以来，10多年间，一直高踞湖广总督席位，两湖官绅，久已成为他赖以扩大实力、跻身权要的支柱。因此，在争路运动中他不敢也不愿脱离这个支柱，自

1　《龙芝生侍郎信》，《始末记》，卷2，第1—2页。《湘绅请废粤汉铁路合同公呈》，第8—9页。《赵次帅来电》《外务部来电》，《存稿》卷64。
2　《湘路纪事》，《湘路警钟》第1期。

贻伊戚。再则是张之洞向来和英、日的联系密切，与俄法集团较为疏远，自从发现俄法支使比利时出面揽取了芦汉路以后，就加意提防粤汉路的得失，深恐南北干路尽入俄法集团的囊橐，以致影响到他的地位和与英国的关系。所以，他对美华合兴公司售股与比的行为极为反感。这样，就导致了张之洞与三省士绅暂时保持了一致的态度，从而也使三省士绅，至少是两湖绅商，拥戴张之洞为争路的首领。

通过大半年的废约斗争，不仅揭露了美帝国主义的掠夺暴行和清廷内部买办势力的卖国面目，而且宣传了保障路权、抵制侵略的严重意义，表达了三省人民的争路决心，从而为进一步开展废约自办运动打下了基础。

第二阶段，是 1905 年春季。

由于狡辩抵赖的伎俩被戳穿，美帝国主义就采取了进一步的措施，办法是利用日俄战争中俄国军队的失败、比利时人开始感到自己在中国的后台不稳、打算在粤汉路的争夺中暂时松手的机会，由号称"钢铁大王"的摩根（J.P.Morgan）出头来收买落到比利时人手里的合兴股票，然后由合兴公司将粤汉路的"让与权"顶售给摩根公司，宣布股权确已由一个拥资雄厚的美国巨富所掌握，借以达到继续劫持粤汉路的目的。为了使这一掠夺计划奏效，摩根就怂恿那个曾经使过他 15 万美元作为竞选费用而再次当选为总统的西阿多·罗斯福（Theodors Rooseventt）和与他关系密切的国务卿罗得（Elihu Root）出来效力，由罗得训令美国驻华公使照会清政府说："准本国政府电训：不允中政府将合兴合同作废，因该公司前售他国股票，现美国人多出优价买回。如中国废此合同，是与抢劫无异，一定不能听从。"[1] 美国政府一出头，盛宣怀立刻呼应，企图恃势实现"以美接美"的计划，破坏争路运动。

三省群众听到摩根收回比股、美国政府出头干预的消息，并没有因此气馁，仍然坚持斗争。湖南士绅表示："湘除收回自办外，更不承认第二种办法。"[2] 并严正驳斥美国政府的谰言道："中国之路，中国收回，可谓抢劫乎？总之，此约傥不力争，湘人民早晚为黑奴之续，湘土地早晚为东三省之续，移山填海，之死靡他！"广东士绅也同样大声疾呼，"款虽美款，约由我立，背约应由我废，备款赎路，何谓抢劫！……粤民万众一心，有进无退"[3]。基于这种决心，三省群众对盛宣怀的卖国

1　《致上海盛大臣》，《张集》卷 191。

2　《致上海盛大臣》，《张集》卷 191。

3　《致上海盛大臣》，《张集》卷 192。

态度益加愤恨。他们指出，盛宣怀那种"阳言废约，阴实回护"的行径，完全证实他是一个"宁卖祖国，不负合兴"的汉奸。"迹其生平所为，蠹国病民，营私罔利。全国路矿半为所卖，今复忍绝可乘之机，自斩求生之路，甘犯神人之愤，力为他族之伥，虽肆市朝，不足蔽罚"[1]！

清政府迫于舆论，不得不于1905年2月暂时丢开盛宣怀，谕令张之洞专办粤汉路废约事项，驻美公使梁诚协同办理。

张之洞在前一阶段所表现的态度较为坚决，现在看到美国政府出头干预，也软了下来。可是，鉴于"三省绅民志坚气愤，其势汹汹，若此路不能收回自办，必致酿成事变"[2]，又不敢遽行退缩。因此，他采取了所谓"办大事不能惜费"的办法，屡次电告梁诚说，"但冀此路收回自办，多费不惜"[3]，以糜费国家钱财的方式去填塞美帝国主义的欲壑。梁诚就遵嘱与合兴公司经理惠惕尔、摩根集团的罗得，英格澜（Ying Ko—Lon）等交涉赎费等问题。

第三阶段，1905年夏初到初秋。

1905年春夏之交，为声讨美帝国主义虐杀旅美华工，抗议美国政府拒绝改订苛待阻禁华工的条约，中国人民掀起了广泛的抵制美货运动，给予美帝国主义侵华活动以沉重的打击。美国政府和摩根集团不能不应允废约赎路。据美国威罗贝教授（Wiloughby）供认："这个解决的条件对中国人说是十分苛重的，因为他们被迫付出约六百七十五万美元，比美国人所已花费之数多三百七十五万元。完成这一赎买的合同的日期是一九○五年八月二十九日。"[4]

还在争路过程中，鄂湘粤三省就分别进行筹款赎路，逐渐著有成效。可是，主持废约的张之洞基本上也是"挟外自重"的一流人物，他只是因为不信赖美国，深恐南北干路皆为俄法所占，才力主废美约、拒美款，而并不反对借款修路。确切说来，他还是借款修路的倡议人和热衷者。因为，只有这样他才能排挤一般代表向民族资产阶级转化的绅商，压抑民族资本，把持路政。所以，他一面命梁诚与美国资本家交涉赎款，一面就忙着张罗借英款还美款。九月九日，张之洞就向香港英国殖民政府借得110万英磅，以湖北、湖南、广东三省鸦片烟税为抵押。附带条件

<hr/>

1　《尤侍郎张阁学孔庶常联名信》，《始末记》卷2，第4页。
2　《致华盛顿梁钦差》，《张集》卷192。
3　《致华盛顿梁钦差》，《张集》卷192。
4　威罗贝：《外人在华特权和利益》中译本，三联书店，1957年版，第654页。

是，修筑粤汉路的路款，除中国自筹外，如须向外洋借款，应尽先与英国商借。在湖北、湖南境内另有修造铁路事，亦按上述原则办理。

湖南学界曾经起来反对这种饮鸩止渴的借款。可是，由于那些首倡争路的士绅终究还依附于封建势力，政治态度很软弱，争得废除美约后就松了劲，并开始卷入了争夺筹办铁路的权势地位的漩涡，对张之洞借英款持赞同态度。因此，反对借英款的斗争没有开展起来。

经过一年多的努力，三省群众把粤汉路从美帝国主义手里夺了回来。可是，因为张之洞又举借英款，以致又预伏下帝国主义重新夺走这条铁路的祸胎。

三

粤汉路自美帝国主义手中收回之后，一贯主张借外债修路的张之洞，除了向英国借款 110 万镑作为偿还美国合兴公司的赎路费外，同时又倡议什么"借款自办"，拟借英款修筑粤汉路。湘省绅商得知消息，极为愤慨。当由湘籍御史黄瑞麒向清廷揭发，指出这是"赎之美人，奉之英国"，"去美来英，不如不废"[1]。清政府外务部因驰电张之洞查询，认为美约甫废，"深虑借款纠葛"，不同意张之洞又立即借款修路的主张。张之洞遂被迫暂时放弃借款计划，并于 1905 年 10 月向外务部声明，"粤汉路决计筹款自办，不借外债"[2]。于是，湘鄂粤三省自办粤汉路的筹议正式开始。张之洞并设立"粤汉铁路总局"于武昌。

1905 年 11 月，张之洞召集三省官绅到总会共商路事。这次会议确定了三省"各修各路，各筹各款"的原则，并订立了粤汉路修路条款十四则和行车条款四则。修路条款的主要内容包括：（一）分认赎路费；（二）广佛支线车利摊分，专充赎款；（三）粤境已成干路财产估价分配；（四）分办路工，限修支线；（五）三省路成，按本分利；（六）不招洋股，不购洋料[3]。

粤汉路全线计 2000 余里，以湘境为最长，占 1200 余里。湘境粤汉路的筹办活动，早在废约运动中即已开始。1905 年 5 月，湘省官绅在长沙成立湖南铁路筹款购地公司，由官方委派龙湛霖、王先谦为总理；张祖同、席汇湘为总办；龙绂瑞为会办；汪粟、谭延闿、冯锡仁、黄自

1　《奏粤汉铁路赎回自办宜严杜外债洋股折》，《始末记》卷 1，第 7 页。
2　《议遵旨画押折附商约及附件照会》，《清季外交史料》卷 179，第 23 页。
3　《湘路纪事》，《湘路警钟》第 1 期。

元、孔宪教、叶德辉为总议。其时，机构虽已译置，人早亦经派定；但因尚值废约阶段，筹款既无力大举进行，购地自难即时措办。公司成立的主要目的在于"保地权"，抵制美帝国主义的侵略。

废约合同签字后，湘路的筹办活动加紧进行。待三省官绅代表集议于武昌，王先谦等即正式组成粤汉铁路筹款购地公司，主持湘路修建。公司体制名为"官率绅办"，总理以下负责人仍旧是前设公司的原班人马；唯此时首席总理龙湛霖业已病逝，路事由王先谦独任。

"官率绅办"在清季新式企业中是一种颇为奇特的经营方式。当时，粤汉路广东段系商办，湖北处于张之洞直接统治之下定为官办，唯独湖南采取这种奇特的体制。它是官绅联合压制商界、而官绅之间又经过一番争夺的结果。原来，官、绅、商三方面在废约运动中尚能一致对外，力争路权，但当铁路行将收回和废约合同达成协议以后，那种暂时的一致性就消失了。三者之间围绕着由谁办路的实际利害问题展开了攘夺倾轧。以王先谦等人为首的湘绅集团是地方实力派。他们凭着亦官亦绅的优越社会地位，与官方连为一气，共同压制商界。一方面他们以争路"首功"自居，独揽了全部筹办路事的权利，由他们组成的铁路公司中完全排斥了商界代表；同时又借口湖南的商业资本不如广东雄厚，反对湘路商办。因此，当湘路草创时期，商办活动遭受了压抑。商办被压制以后，接着在官绅内部也因办路权利问题引起了争执。在三省官绅代表会议召开以前，洋务派官僚张之洞原欲使"湘鄂一体，都归官办"。为此，特邀请张祖同、席汇湘等赴鄂商量。张、席等人拒绝张之洞直接插手于湘路，不同意他的官办意图，准备以不去武昌相要挟。后来由王先谦出面转圜[1]，劝张祖同等前往武昌。结果是张之洞对湘绅作了重大让步，官绅之间达成了某种默契，从而出现了"官率绅办"的局面。从此，湘路长期为官绅所把持。由于这样，湘路公司在筹款问题上遇到了重重困难，无法募集为修建铁路所需要的巨额资金。

原来，王先谦等人在废约时期即已开始筹款，他们从张罗官款入手，先后筹得两湖赈粜米捐和衡宝配销盐厘，合计每年约略四五十万两，作为官股。而湘路修造费据估计约需银二千数百万两，仅恃米捐盐厘不敷甚巨。公司因又准备鼓铸铜元，且已定购日产百万枚的铜元机器。但鼓铸铜元除了购买机器，还要勘地建厂，自属缓不济急。待粤汉铁路筹款购地公司创立，王先谦等即仿照外国条例，发行铁路有奖公债，总额定

1　王先谦：《葵园书札》卷2，第35页。

为 1200 万元，分为 300 万股，每张股票银 4 元；按月发行 5 万张，预计分 5 年售完。但自章程公布后，无奈一般群众或其他社会人士对官绅都不信任，公债无人过问，终至毫无成果[1]。其鼓铸铜元一事，也因清政府下令停止而落空，但购就之机器耗银 17 万两，机器不用，寄存堆栈，且月出存栈费 1000 两。因此，公司颇有亏累。嗣后乃变计办理铜矿，亏本又达 3 万余元。自湘路公司树立"筹款购地"名目以来，至此已历时两年，不仅筹款罗掘俱穷，而且原有之经费亦日见短绌[2]。湘人见公司如此情状，舆论哗然，对官绅大加攻击，认为官绅操纵是使公司陷入困难境地的唯一原因。他们尖锐地指出："绅办若此，虽百年仍无寸路。"[3]

绅办一筹莫展，客观上就为商办提供了有利条件。商会协理陈文玮、周声洋等趁此时机积极活动商办。当时，长沙的各级新式学校已为数不少，学界人员是商办活动的热烈支持者。1906 年 5 月陈文玮等联络学界发起召开集股特别大会，与会者达千余之众。陈等宣告"（湘路）如改归商办决有可观"；并倡议集股 2000 万元，设立"商办湖南全省铁路公司"。会上，当由发起人领先认股 200 万元，作为办路基金，到会群众欢欣鼓舞，纷纷表示愿意投资于商办公司[4]。商学两界于一日之间认股即达 200 万元，超过了官绅两年来的筹款所得。这一鲜明的对比，是商办优于绅办的有力证明。

由于商办活动的开展以及社会舆论对官绅的攻击，在官绅内部产生了反响，引起"倒王"和"拥王"的纠纷。倒王派官绅一致反对由王先谦继续主持路政，其中一部分主张解除王先谦的总理职务，以余肇康代王为总理；另一部分则推举袁树勋回湘主持路事，担任因龙湛霖死后久悬的首席总理职务，王但居第二。拥王派仍旧拥戴王先谦充当总理，他们声言："必须举王祭酒（引者按：指王先谦）为总理，众论方服。"在这次纠纷中，湘籍京官瞿鸿禨、张百熙是倒王派的首要人物。他们通过张之洞居中上下其手，由张之洞以采取众论的名义，举定袁树勋、王先谦、余肇康三人同为总理，袁居第一，王第二，余第三[5]。它一方面调和了官绅内部的矛盾，另一方面，公司不能解决筹款难关是由于官绅把持，并非个人的失职，张之洞企图以这种调整总理人选的措施欺骗群

---

1 《湘路记事》，《湘路警钟》第 1 期。

2 《湘路记事》，《湘路警钟》第 1 期。

3 《湘路记事》，《湘路警钟》第 1 期。

4 《东华续录》卷 201。

5 《致京瞿中堂、张伯熙书》，《张集》卷 196。

众，缓和舆论攻击，并打击方兴未艾的商办活动。

商界于集股大会召开后，除了继续募集股本，争取社会人士支持商办外，并于1906年6月，由陈文玮等36人联名具文，将开会集股、设立商办铁路公司缘因，呈请商部代奏立案。陈等申述："（粤汉路）粤省绅商合办，鄂由官局凑资，闻皆次第定议，刻期兴办；惟湘仅恃米捐盐厘，入款有限，以致开办无期。……良以正名商办，则障碍全消，人无疑虑。"并指出："安徽、江苏、浙江三省，均邀奏明商办，……先后奉旨允准，湘路事同一律，拟援案请归商办。"[1]但商部上奏后，清政府借口"铁路系国家要政，仍应官督商办"，拒绝了陈文玮等由商自办的要求，并谕令张之洞查明办理[2]。这样一来，张之洞便成了湘路官督商办的具体执行人。张于奉到上谕后曾派员来湘进行调查，实际上，是以调查为名对商界代表陈文玮、周声洋等施展威胁利诱，迫使陈等就范，达到其一贯排斥商业资本、打击湘路商办的目的。因此，在张之洞的手中，湘路连官督商办也成为有名无实。根据后来张之洞关于处理湘路经过的奏报看来[3]，所谓官督商办包括以下一些内容：（一）湘路仍由官绅所设立的公司承办，更名为奏办湖南粤汉铁路总公司（简称奏办公司）；（二）商界已招之股并入奏办公司，取消商办铁路公司名目；（三）公司进行换汤不换药的改组，以前定三总理为奏办公司总理：袁树勋担任主持总理，王先谦为名誉总理，余肇康为坐办总理；陈文玮、周声洋参加公司，"作为筹款招股之绅"，"帮同招股"，显然处于无权的地位。从这些内容可以看出：张之洞所奉行的湘路官督商办，实质上不过商界出钱，官绅办路。它依旧是一种利绅不利商，不超出官绅操纵范围的政策。因此，一度活跃的商办热潮横遭摧折。

奏办公司于1907年3月正式宣告成立。主持总理袁树勋迄未到职，不过遥领而已；公司一切事务由坐办总理余肇康主持。当公司成立之初，余肇康刊布了一个暂定简明章程。章程内容全未涉及股东权利，仅言招股。预定招股3000万元，以5元为一零股，百元为一整股。3000万元中先招股600万元，作为优先股。优先股无论零整，须于限期内一次交足；抽红利1/10为特别报酬。优先股招满后入股者为普通股，股金可于3年内分期缴纳。此外，章程中又拟定：待优先股招到相当数目，即

1 《东华续录》卷201。

2 《清实录德宗朝》卷561，中华书局，1987年，第422—430页。

3 《张集》卷68。

首先赶办长沙至岳州一段路工；并同时分办长株段，期于3年内完工[1]。这个章程，由于股东仍无权，招股同样没有效果。加之，奏办公司自成立后，弊窦丛生，充分暴露了在官绅把持下的腐朽性。首先是公司的衙门化，表现在总理余肇康等只向官府负责，不受股东约束；股东不仅无权过问公司事务，公司反而视股东如下属，命令"股东具禀言事"，股东因之大惠，咸谓："公司而若是，与官衙何异？"其次就是官绅集团把公司当作私产，公司人员由总理、议绅任意安插；经费开支又不公开，且恣意挥霍。例如：王之春死后，余肇康等竟以公款1000两，私自赠与王氏家属。股东因指责公司："用人唯私，用财过滥。"凡此种种，足以使未入股者望而生畏，裹足不前，以致公司招股为难；已入股者有切肤之痛，丧失投资信心。同年10月，商股股东终于向陈文玮等提出退股要求。[2]

其时，张之洞已调任军机大臣，鄂督由赵尔巽继任。陈文玮等一面碍于股东的要求，不能置之不理，一面深感铁路又不可不修，乃电请赵尔巽出面维持。赵尔巽派沈守廉等来湘进行调解，"劝绅商化除意见"，后来亦无具体成果，退股事件不了了之。[3]

在商股要求退出前后，以张之洞为首的部分官绅，又趁湘路招股困难，路工窒滞，准备引进外债和暗招洋股。1907年5月，当张之洞尚在湖广任内的时候，首先由他沟通萍乡矿局的盛宣怀向奏办公司示意，愿借洋款代修长株段。余肇康等虽已应允，但恐湘人反对，没有立即执行。不久，张之洞便直接出面干预，催促公司迅速答复。余肇康等就采取一种掩耳盗铃的方式去接受洋款，说什么，"公司只认借自萍矿，萍矿借自何处，不与公司相干，尤不能以路作抵"。主持总理袁树勋闻讯，极力劝阻，才没有成功。

后来，商股要求退出，公司更加窘迫。余肇康等呈请鄂督赵尔巽，请其转向川、粤铁路公司各借钱300万两。但川、粤皆不允。湘抚岑春煊见借款不成，因派遣席汇湘、沈廉赴南洋招股，意在同时招纳洋股。事为湘人所闻，起而攻击。鄂督赵尔巽恐事态扩大，不支持岑春煊的主张，电岑追问招股内情，岑被迫只得放弃原来计划。

公司借外款、招洋股两事被揭穿后，陈文玮等又于1907年底联合

1 《长沙日报》光绪三十三年二月二十五日（1907年3月28日）。
2 《湘路记事》，《湘路警钟》第1期。
3 《湘路记事》，《湘路警钟》第1期。

长沙学界从事第二次挽救湘路的斗争。他们具呈鄂督赵尔巽，反对公司仍由官绅操纵，希望清政府改变做法，允许湘路完全商办。接着，上海和留日湘籍学生相继响应，一致指出："湘路不成，由于任绅不任商，请去官督二字。"但是，清政府仍然不同意他们的请求。长沙学界见事已不成，随即谋求实际的补救办法：建议改良奏办公司，由商会公举会计检查员，检查公司出入，并创立集股会，劝入铁路股份。这次补救活动取得了一定的效果。其公举会计检查员的创议，后来正式列入奏办公司1908年的章程中，定为制度；商股的权力开始得到承认。但集股一事，"应者仍无几"。

此时，湘路筹办已历4年，而修路资金尚无着落，鄂督、湘抚因决定采取硬性摊派方式以募集股本。1908年6月，鄂督陈夔龙奏请加征湖南食盐口捐，作为路款，但盐税所入究系有限。1909年3月，陈夔龙又联合湘抚岑春煊仿照川滇章程奏请抽收租股。章程规定按粮计股，"每完粮银一两者随收路股银一元，核收至分数为止，凡屑厘数一概免收"[1]。按照当时全省的租粮计算，每年约可得股金百余万元。这些措施都先后经清政府认可施行，湘路股款，初有眉目。可是，正在路事稍有端倪之际，清政府又进一步推行出卖路权投靠帝国主义的政策，从而又使湘路问题波折横生。

粤汉路从美帝国主义手里收回后，在湖南形成为官、绅、商三方面争夺的局面。所谓官方，实际上代表了清政府买办化军阀官僚的意图，他们执行依赖外债把持路政的方针，竭力排斥民族资本。所谓绅方，则是湖南当权的官僚豪绅势力，他们为了攘夺铁路利益，主要是采取依附官方的手段去排斥商股。所谓商方，则反映了湖南民族资产阶级和部分爱国士绅的要求，他们力主不借外债，不招洋股，基本上符合民族利益和群众的要求。由于民族资产阶级的软弱和官绅势力的专横，因此，在湘路筹办过程中，首先是采取了完全压抑商股的"官率绅办"的方式，继而虽改为"官督商办"，但实际上仍然是官绅当权，而商股向隅，民族资本在铁路事业中依旧找不到出路。所以，湘路虽经收回自办，但历时4年，路款既未筹妥，路工更属延宕，毫无成绩可言。

四

正当湘路因官绅把持而致群情愤激的时候，清政府的买办集团又抬

---

1 《湘路文电辑要》钞本上（二），第127—129页。

出所谓"铁道国有"的口号，前来劫夺路权。

"铁道国有"政策，是清政府进一步勾结帝国主义，妄图抵制日益高涨的民主革命运动的手段之一。做法是以铁路不宜各省绅商自办，应一律由政府官办为借口，将已准商办各路加以劫夺，改为官办，以便于举借外债，拍卖路权，取媚于帝国主义。因此，这个所谓"国有"，实际上是假手于清政府官办，转变为帝国主义所有。为了这个目的，清政府于 1908 年 6 月颁发一个上谕，首先夸张由举借外债而落到帝国主义手里的所谓官办铁路的成绩，指责各省绅商自办各路说："近年各省官办铁路，皆能克期竣工，成效昭著。而绅商集股请设公司，奏办有年，多无起色。"然后宣称，如今后各省绅商所办各路仍"推诿误工"，即将"另筹办理"[1]。紧接着这个上谕颁发后，清政府就把粤汉路和鄂境川汉路作为首先劫夺的对象，先后任命军机大臣张之洞兼充该两路督办大臣，举借外债，相机收回官办，实施替帝国主义吞噬中国财富的卖国政策。

张之洞奉命后，立即抛出这两条铁路招徕外债。于是，几个主要的帝国主义就群起争夺。英帝国主义对长江流域的铁路是觊觎已久的，1905 年，它利用张之洞借款赎路的机会，顺手勒索了粤汉路的投资优先权。因此，当张之洞奉命再次拍卖路权时，英国就借此迎了上来。1908 年 10 月初，张之洞通知英国驻汉口总领事法磊斯（E.D.H.Fraser），要他派员到北京"面议借款办法"[2]。法磊斯接到张之洞的通知后，派遣濮兰德（J.O.P.Bland）代表华中铁路公司（Chinese Central Railways Ltd）和张之洞进行借款谈判。双方经过几个月的交涉终以濮兰德所提条件过于苛刻，没有结果。此时正蓄意向长江流域伸展势力的德帝国主义便趁虚而入，愿意以较英国为宽的条件兜揽借款。张之洞为了冷一冷英国，接受了德国的借款，并将鄂境川汉路同时出卖。1909 年 3 月，张之洞和柯达士（Heinrich Cordes）签订了中德湖广借款的草约。但同时与德国约定：如英国反对太烈，则粤汉路的借款权仍属英国，只鄂境川汉路由德国承借[3]。中德草约订立后，英帝国主义果然大加反对，改派熙礼尔（E.G.Hillier）再来谈判，并同意接受德国条款，让德国也加入。而法国则与英国就侵略长江的问题达成了协议，并于 1905 年加入华中铁路公司，因此，湖广借款就成为三国联合举借的局面。三国银团经过一番争执，取得了协议。

---

1 《光绪朝东华录》（五），总第 5930—5931 页。

2 《致汉口英国法磊斯领事》，《张集》卷 201。

3 《张集》卷 70，第 32—35 页。

1909 年 6 月，即由张之洞代表清政府与三国银团代表订立湖广借款合同草约，名为："中国国家湖北湖南两省境内粤汉铁路、鄂境川汉铁路五厘利息借款。"主要内容包括：一、三国合借 550 万英磅，各占 1/3，利息 5 厘；二、以两省厘金和部分盐税作抵，分 25 年还清；三、粤汉路用英工程师，川汉路用德工程师，借款未还清以前仍任用欧洲工程师；四、三国分别承购材料；五、英德派遣会计人员稽核铁路用款，铁路盈余并须存入英德银行；六、支路投资的优先权[1]。

美、俄、日等几个帝国主义闻讯，立刻前来争夺。沙俄由华俄道胜银行（Bangue Rusno-Chinese）出面，声称"川汉、粤汉借款，亦欲同沾利益"。日本则临时组织日清振业公司，"其宗旨专为分润中国铁路利益"。公司成立之后，派人来华活动，并希望它的盟国——英帝国主义能够"互相提携"。但俄日的要求后来都没有成功。美帝国主义自日俄战争以来，即已加强了对中国侵略的野心，亟欲在东北立足，但几次图谋因与日俄的既得利益相冲突，未能实现。1909 年塔夫脱（W.H.Taft）总统上台以后，高唱"金元外交"，其侵略行动更为凶悍。一面仍提出东北铁路由国际共管的诺克斯计划，一面则力图挤进三国湖广借款，借口清政府于 1904 年曾许给川汉路的投资优先权，训令其驻华公使柔克义（W.W.RockhilJ）向清外务部再三要挟。迄三国草约订立，美帝国主义更表示不能甘休，特照会清政府和三国，坚持非加入不可，又在国内策划成立财团，作为包揽对华铁路投资的官方代表，派遣在华搞过多年侵略勾当的司戴德（Willand D Straight）充任该财团驻北京的代理人。司戴德在北京和欧洲到处钻营。由于美国的多方活动，三国政府对于美国的竞争也感到难于应付，故几经交涉，就同意美国加入，至于参加的条件，要美国去和银团具体洽商。三国既然同意，清政府也就没有话说了。因之，遂有四国银行团的成立。

四国银团刚开始谈判就意见分歧，美国参加较迟，原已表示愿与法国平等，而三国意在使美国仅参加川汉路借款的 1/4。美国不允，交涉拖延。同年 7 月张之洞在三国怂恿下，敦促美国接受三国方案，美国却乘势反而增加要求，坚决表示所有权利均须四国平分。总统塔夫脱且因此亲自出面干预，他打破外交惯例，致书清政府摄政王载沣，强调美国银团必须在与三国同等条件下参加湖广借款。塔夫脱把这种保障美国金

---

[1] 《大学士张之洞与德华汇丰汇理等银行定立湘鄂境川汉铁路借款合同》，《清宣统朝外交史料》卷 3，第 40—53 页。

融大亨利益的行径,厚颜无耻地说成是关心中国的"福利"和"物质繁荣"。同日,美国驻华代办又严重警告清政府说,如果有谁不愿美国平等加入,那就将触犯美国的"尊严"和"道义的权利"。且声言若美国的愿望受到障碍,中国政府应负"全部责任"。载沣在美帝国主义的压力下屈服了,随即电复塔夫脱,应许了他的要求,同时劝三国也重新考虑。不久,四国银团恢复了谈判。由于彼此矛盾重重,直到1910年5月才在以前三国协定的基础上,达成了一个"附加协定"。其中要点是借款总额增至600万英磅,四国平分,其他如工程师的任用以及材料的供给,均由四国分享,美国在各方面基本上都取得了1/4的地位。同年7月,英美法德四国以同样照会通知清政府,并要求早订正式契约。

从三国湖广草约和四国"附加协定"看来,清政府是将两路主权全盘出卖了,仅在名义上保有一个空头的官办铁路公司。帝国主义通过借款和工程技术人员的派遣,攫夺了修筑和经营两路的权利,甚至两路在财政上也完全受帝国主义国家在华银行的支配。此外,通过借款,帝国主义的侵略势力还伸展到两湖的厘金和盐税,以及支路的兴修。尤其严重的是这次借款是国际银行团对华投资的滥觞,更导致出无穷的后患。清政府将路权重新出卖,唯恐外间闻知,从谈判勾当开始一直到后来协定成立都保守秘密,不予宣示,但中外报刊却经常透露一些消息。约当三国草合同签字前后,留日学生和两湖绅商即起而反对,各方面随即闻讯响应。于是,以"拒债商办"为中心的保路运动,又首先在两湖地区广泛展开。当时领导这次运动的是刚刚成立起来的两省谘议局。湖北因鄂路原系官办,当保路运动掀起后,遂一面拒债,一面力争商办。1911年11月,在谘议局的主持下,成立了"湖北商办铁路协会",该会以拒款商办为宗旨[1]。同时,谘议局和铁路协会等团体又致电邮传、度支两部说:"粤汉、川汉借款,关系大局安危,鄂人全未预闻,暂不承认。"[2]湖南的保路运动于1909年6月就已发动。开始时包括三方面的力量:一为留日同乡会;一为谘议局;一为旅居各省湘籍官绅。留日同乡会在东京为铁路借款事,接连召开了两次特别大会,专门设立铁道部,主持拒款。同盟会的湘籍重要人物且曾参与谋划,"适粤汉铁路借款风潮起,

1 《八记湘鄂铁路商借外款情形》,《东方杂志》第6卷第11期,第340—342页。
2 《东方杂志》第6卷第11期,同上。

谭人凤、宋教仁在日本，视为革命良机，即以同乡会为争路办事处"[1]，留日同乡会的具体进行方法有三：一、发通电："先电张之洞，乞饬止；度支部，乞严驳；商会、谘议局，合力死争。"二、推派特派员何陶（同盟会会员）等三人"回国联络团体，力持拒款"。三、创办刊物——《湘路警钟》输入国内，作为文字声援[2]。谘议局其时尚未正式成立，遂由初选议员 820 人代表各府州县的绅商学界电呈邮传部、宪政编查馆等处反对借款说："铁路借款，湘人决不承认，照谘议局章程，本省权利之存废应由议员决定。现距议员集省期近，万勿签押。"[3] 旅居各省湘籍官绅则函电纷纷，拒借外债。他们陈说："湘路已争回自办，若复借款，害与前等。"或云："湘路借款，祸迫眉睫，路亡湘亡，暂不承认。"[4] 旅宁湘人的声势更大，3000 余名通电力争称："外债入，路权失，全湘利害关系，风闻六月六日有签字之说，湘人死不奉命。"[5] 这些旅居各省的湘籍官绅除了致电各有关方面，还成立了各种名目的保路集股团体，认为"非实筹股款，空言难拒"[6]；由以上三方面发动起来的保路运动，虽已一时风起，且互有联系；但力量分散，缺乏统一领导。留日同乡会有见及此，又鉴于清政府勾结帝国主义出卖铁路主权的危机日趋严重，遂于 7 月间向立宪派人谭延闿等提出组成机构统一领导保路的建议；"速一各拒款会，设总机关，集股东会；招股拒债，举人叩阍；力图挽救"[7]。谭延闿，龙璋、陈文玮等旋于 8 月发起召开"湘路股东共济会"筹备会议，并设置了该会事务所，通告凡有一股以上的股东，均须赴事务所进行登记，以备将来召集股东会。嗣后，留日同乡会特派员何陶等回到了长沙，经过和立宪派人交换意见，又创设集股会，公推谭延闿，童光业为该会正副会长。集股会的任务，不限于集股，它还主持拒债办报，研究湘路筹款赶修的具体办法，预备提交谘议局作为议案通过，以便付诸实施。"由是，湘人之拒债集股，颇有头绪"[8]。这表明集股会在当时实际上

---

1 邹鲁：《湖南光复》，中国史学会主编：《中国近代史资料丛刊·辛亥革命》（六），上海人民出版社，1957 年版，第 132 页。

2 《湘路记事》，《湘路警钟》第 1 期。

3 《湘路记事》，《湘路警钟》第 1 期。

4 《湘路记事》，《湘路警钟》第 1 期。

5 《湘路记事》，《湘路警钟》第 1 期。

6 《湘路警钟》，《湘路记事》。

7 《湘路警钟》，《湘路记事》。

8 《湘路警钟》，《湘路记事》。

已成为谘议局成立以前，立宪派人和各方面合作领导保路运动的组织。

集股会成立后，即刊行《湘路新志》；由龙璋主编，宣传拒款自办。9月，复拟定湖南各界呈清廷最高当局的专文，推举何陶为"捧呈员"北上，恳请都察院代奏。嗣因都察院拒绝接受，乃改由湘籍御史黄瑞麒以个人名义递上，原呈缕述借款甚危，自款有着等情，接着便说："湘境之路线虽长，充全省之财力，五六年内可期藏事，即偶有不足，未尝不可广劝全国富商，共投资本……何必轻借外债。"[1] 此时，张之洞已经死去，粤汉、川汉鄂境铁路事宜已归邮传部接办，借款谈判尚在进行。清政府为了避免发生重大事端，影响交涉，这时对两湖拒款的要求，采取了"骗"和"拖"的办法。因此，载沣在御史黄瑞麒的拒款奏章上，模糊地批了一句："严着邮传部知道。"这种批示原系封建王朝不负责任的惯语，但也包涵许可的意思。邮传部于奉到谕令后，表示要查实股款，始能定夺。湖南绅民看得清楚，并未因此受骗，仍然坚持拒债，集股修路。自谘议局成立，湖南的保路运动更向前发展了。

1909年11月，谘议局正式成立。保路斗争是当时立宪派人的中心课题，所以谘议局刚开议，即通过了关于湘路无庸借款、实行完全商办、以及用人培材等一系列的议决案；制订了筹款的各种办法和修路计划，决计于5年内赶修完竣。立宪派人同时申说："湘人现在情形，所争者借外债，所急者废草约，并不患其不筹股款。免危亡之祸，正所以鼓踊跃之机也。夫修路固必保主权。拒款即应筹自款，而欲以完全商办为目的。"指出过去湘路延宕的原因是："正以未能实行商办，非商办之无效。"[2] 由于谘议局的敦促，也由于邮传部为主的买办势力在售路问题上与两湖地方官绅产生矛盾，因此湘路公司的封建官绅余肇康、王先谦等人，以及湘抚岑春煊，鄂督陈夔龙都改变了态度，于1909年冬，先后参与争路。至于城乡广大居民，包括学生、农民、手工业者、小商人、军营、学校教职员、下级公职人员和一些开明地主分子则通过踊跃认股，投入了保路斗争。故"湘路自去冬谘议局议决后，多方集股，得学界欢迎，去冬周氏女塾各学生向集股会缴入路股二千余元"[3]。1909年初，修业小学由彭国钧等发起组织成城社，"以劝集路股为目的，联合全体

---

1 《湘路文电辑要》钞本上（二），第139页。
2 《长沙日报》宣统元年员10月16日—17日（1909年11月28日—29日）。
3 《湘路新志》第1年第7期。

学界，讨论方法……俾湘路早日完成"[1]。数月之内，仅修小"即已缴入公司路股洋银四千余元"。复有"经正学堂减膳入股，久已实行"[2]。广大劳动人民因激于爱国义愤，也人人节衣缩食，乃至"农夫、焦煤夫、泥木匠作、红白喜事杠行、洋货担、铣刀磨剪、果粟摊担、舆马帮佣，亦莫不争先入股以为荣"[3]。他们的股金从各属集股分会源源输入公司。浏阳各界的集股活动也极踊跃，惜无负责机构，"小民多称不便"，商会等团体因创设集股分会，经办招股、换票、发息，"数日之内，集股已多"[4]。此外，凡属湘籍公职人员、军营、学校则以廉薪酌量入股，"经调查，各局所、学堂、军营莫不鼓舞从事"。1910年春，已收到廉薪股款近万元[5]。因为拒债保路，关连到整个民族的命运，一般开明地主分子也出面劝输租股；认为"此项要公巨款，与其告贷于人，认赎于事后，何如公担责任，固藩篱于事先"[6]。以上是从1909年冬至1910年春，湖南出现的集股高潮，它是保路运动发展的一项重要内容；同时也是城乡广大居民爱国行为的具体表现。

　　这时，湖北的保路运动也很活跃。1910年3月，湖北代表黎大钧等在京请愿，要求鄂路由商创设公司，集股自办。几经周折，得到了邮传部一纸"准于立案"的批文。湖南立宪派人看到这种情况，又因自拒债风潮以来，清政府对于湘路借约请废一层迄无明确答复，爰于四月间，由湖南各界推选谘议局粟戡时、陈炳焕、曾继辉、石秉钧4人晋京请愿。邮传部最初只认公司，不认议员代表，拒绝接受。及代表入都，徐世昌（邮传部尚书）等遂施展骗术，伪装同情拒债，于接见代表时宣称："湘路既有的款，工程亦进行迅速，自可允如所请，当以公司为主体，须由公司加递呈词。"[7] 请愿代表信以为真，因派粟戡时兼程返湘，商量由公司补具专呈。当粟戡时再至北京之日，忽有旅粤湘人夏寿华等通电主张借款，粟激于爱国热情，断指大书"湘路无庸借款，乞中堂主持，戡时谨上"十五字。代表捧持血书及公司呈文递交徐世昌。旅京湘绅数百人即于翌日假同乡会馆召开大会，"各界演说，言词颇形激越，闻此皆

1　《湘路新志》第1年第2期。

2　《湘路新志》第2年第8期

3　《湘路新志》第1年第4期。

4　《湘路新志》第1年第9期。

5　《湘路新志》第1年第8期。

6　《长沙日报》宣统元年7月初10日（1909年8月15日）。

7　《十五记湘鄂铁路商借款情形》，《东方杂志》第7卷第5期，第118页。

感愤"[1]。湖南绅民如此愤慨，而邮传部却依旧行骗搪塞。在批复公司来呈时写上"具见热心公益"，"本部良深嘉许"等几句无关痛痒的滥调；既不及借款，又不言废约，请愿毫无结果。邮传部的伎俩如此卑劣，"湘人大为不满"[2]。

此际，清政府的借款勾当已接近表面化，1910年5月23日，四国"补充协定"成立。英美法德驻华公使一再催促清廷迅速签字。消息传来，全湘震动，各界反对益烈。是年7月，绅商学界又致电外务、度支两部说："顷传四国银行代表来京交涉，舆情惶骇，伏乞钧部严词拒绝，注销草约，宣示天下，以保路政，而定人心。"[3]同时，立宪派人又请在籍湘绅卸任闽浙总督魏光焘上疏拒款，巡抚杨文鼎即据以上奏，湘路公司余肇康等复电主持借款的盛宣怀，谓"湘中商民为赎路修路先后共已实输银五百万元，修成现路百余十里，与粤略同。现仍岁筹实款四五百万元，除赎路保息外，实可岁修路二百余里，与三年前迥不相同，断不必再借外债"[4]。清政府出卖路权的阴谋早成定计，只待时机成熟即将签字，这些奏疏自然没有反响。1911年4月，湖南省城因又组成湘路协赞会，致力于修路。协赞会成立之日，到会者"千数百人"，为保路运动以来所仅见，"湘人之热心路事，于此可见一斑"。会上选举了李达璋为会长，粟戡时、周广询为副会长，以及干事左学谦等40人，大都属于立宪派。该会分为集股、研究两部，一为推广集股，一为研究进行。

湖南的保路运动，自1906月发端至协赞会成立，将及两年。社会各阶层几已全部卷入，而主持这个运动的是谘议局。它是立宪派人的合法讲坛，也是"全湘舆论"名义上的代表。当时谘议局的中心活动就是保卫路权，立宪派人奔走呼号，十分活跃。谘议局成立前，初选议员首先发起拒债，其后又创立各种团体，将原来分散的力量组织起来，从而扩大了拒债运动的实力。尤其是赶修湘路议决案的通过，无论对于筹款拒债，争取完全商办，或是湘路的修建，都起了一定的推动作用。此外，谘议局的拒债态度在这一阶段也是较为坚决的。例如，当邮传部委员南下查勘湘路股款时，谘议局代表罗杰在致欢迎词中热烈地表示："如外务部力为争废，则全湘感激，如有压借之举，本局人已决计头可断而借

1　《湘路新志》第1年第8期。

2　《湘路新志》第1年第8期。

3　粟戡时：《湖南反正追记》，《湖南文献汇编》第3辑，第31页。

4　《长沙湘路公司余克衢京卿等来电》，《存稿》卷76，第8—9页。

不认，即行解散，以明馆章可背，舆论弗采之责。"[1]像这些言论不仅表明了谘议局的拒债态度，同时也产生不小的鼓动作用。总的说来，谘议局是保路运动的领导核心，它的态度是比较坚决的，立宪派从各方面组织和推动了保路运动。但是，立宪派人反对革命，害怕群众，力图使保卫路权的斗争仅仅停留在有秩序的"拒债商办"范围以内。基于这种立场，他们对清政府和帝国主义不仅不曾深刻地揭露，反而满怀幻想，希望以"文明争路"的方式，求得清政府的同情，以"赶修湘路"的措施来抵制帝国主义的掠夺。因此，湖南的保路运动，也正由于是谘议局把持了领导，没有演变成为由广大群众直接举行的反帝反封建的政治斗争。

在帝国主义攫夺铁路的刺激下，久经筹办的湘路于1900年8月26日正式动工，首先兴筑的是长株段。原来，湘路的筹款活动自推行按租认股后，已初有眉目。迨保路运动兴起，谘议局相继成立，又实行租股累进法："由收百石入股三元起，递加至收千石入股百三十元止，岁可得四百万元。"[2]此外，还开辟了抽收房租股、廉薪股及盐斤加复银价等财源。至1910年，每年用于修路的款项已实筹四五百万元。湘路公司的局面，自保路运动开展以来，也为之一新。在谘议局和股东共济会的督促下，于1909年11月正式召开了"股东发起会"，选举了谭延闿等五人为办事员（即权理董事），陈家珍、帅学蕖为查账员。根据办事员职权的规定，凡公司一切用人行政须经办事员会议议决，方能施行[3]。实际上办事员会议已成为公司的权力机关。从此，湘路公司的商办实力空前增强。公司既已改组，资金又有着落，因之，湘路自动工后，工程进展颇为迅速。1910年9月，长株段已全线修通。当长株道上试车之日，"观者骈集，甚形热闹"[4]。这对于湖南爱国绅商和人民群众来说，都是一个极大的鼓舞，证明由湘人自办铁路完全可能，继长株段完成后，南段株郴，北段长岳线，亦已于1911年1月破土兴建[5]。

五

1911年春，黄花岗之役前后，国内革命风声日紧。清政府面对着这

---

1 《湖南欢迎部员大会续录》，《湘路杂志》第1年第9期。

2 《湘路危言》，《湘路记事》下篇。

3 《湘路新志》，第1年第3期。

4 《湘路新志》，第1年第3期。

5 《湘路危言》，《湘路记事》下篇。

种形势，愈益加紧投靠帝国主义，企图在政治上和经济上取得帝国主义的支持。这年 3 月，清廷以修筑铁路的名义向日本贷款 1000 万日元；4 月，又和四国银行团订立了"币制改革和振兴东三省实业"的借款合同。以载沣为首的皇族集团，以为只要由他们掌握大权，而又得到帝国主义的援助，清朝的腐朽统治就能巩固。因此，他们变得日益专横，为所欲为，毫不顾及全国各阶层人民的反对。继反动透顶的皇族内阁成立之后，清政府又将蓄谋已久的拍卖铁路计划提上了日程。

首先，它于 1911 年 5 月 9 日正式颁布铁路国有政策，宣称："干路均归国有，定为政策，所有宣统三年以前各省份设公司集股商办之干路，延误已久，应即由国家收回，赶紧兴筑；除支路仍准商民酌行外，其以前批准干路各案，一律取销。" [1] 同日，邮传部盛宣怀奏报湖广铁路借款正合同签字一事"势难久延"。旬日以后，清廷又派遣端方充任督办粤汉、川汉铁路大臣，准备南下强行接收四省铁路公司；紧接着于 5 月 21 日就和四国银行团签订了湖广借款合同。很显然，这一系列的步骤都是按照早已安排好的计划一一进行的。清政府铁路国有政策的实质——向帝国主义拍卖路权的罪行暴露无遗，从而引起了全国人民，特别是湘、鄂、川、粤四省人民的强烈反对。

当铁路国有的消息传到长沙，人心大为愤激，保路运动进一步高涨。各团体刊发传单，沉痛地指出："湘省干路为全省命脉所关，将来借债修筑，湘人财产性命，均操于外人之手，若不极力争回，后患何堪设想？"湖南各界旋于 5 月 14 日在教育会总会开全体大会，到会者万余人，反对铁路国有政策，主张"完全商办，实力进行"。会上，决定于 16 日联合各团体要求湘抚杨文鼎代奏，希望清政府立即收回成命，否则将"全力抵抗，无论酿成如何巨案在所不顾"。至 16 日，各团体都赶到巡抚衙门，请求杨文鼎向清政府转达湖南人民的强烈抗议。湘路公司长株一带工人万余名于是日停工进城，他们的态度尤为激昂，沿途声言："如抚台不允上奏挽回，商须罢市，学须停课，一般人民须抗租税。"杨文鼎见"众情愤激，不能势禁，当答允向清廷具奏" [2]。

借款合同签字后，谘议局通过杨文鼎呈递了一个颇为强硬的奏折，陈述湘路力能自办，不甘借债。首先，立宪派人正面揭穿国有政策的阴谋说："今邮传部之所谓国有者，不过借外债以筑路耳，此其名称虽与

1 《清实录·宣统政纪》卷 52，中华书局，1987 年版，第 937 页。
2 《湘省反对国有政策风潮记》，《国风报》第 2 年第 9 号，第 6—7 页。

各国之国有相同,然而实际则与各国之保路权相反。"然后,又以曾奉"先朝遗旨"不借外债为理由,对清政府大加责难:"湘路自光绪三十一年钦奉德宗皇帝谕旨:'借款修路,流弊滋多,应由三省集股兴修,以保利权,不准借用外债。'……今乃忽取民人所力拒之外债,阴以施之此路,而阳托名国有,以强迫吾民。违圣训而招外侮,弃前功而滋后患;亏信用,失人心,莫此为甚。"[1]可见立宪派人这时拒债保路的态度仍然相当坚决。

清政府于出卖路权的措施全部摊牌以后,随即采取利诱与威胁兼施的方式以应付路事。它一方面下令停收租股和米、盐、房捐,并宣布发还湖南各项蹄股,分化参与保路的社会各阶层势力;一方面对坚持争路者则实行压服。当湘抚杨文鼎代谘议局的奏章递上后,清廷立即下严旨申饬,且威胁湘省绅民说:"如有匪徒暗中鼓动,致生事端,着即从严惩办。"6月中旬,长沙各校因相继罢课,表示抗议,官方恐事态扩大,无比惊慌,出示禁止开会,为了封锁消息,又采取禁发路亭电报,不许散发传单,实行新闻和信件检查等措施。此外,军警密探日夜四处巡逻,"手擎枪械,如防匪寇",以致街市行人,"皆不敢偶语"。领导这次运动的谘议局,经过申饬之后便变得软弱无力,值此紧急关头,不仅不敢坚决加以领导,反而畏惧起来,多数议员竟相率辞职,形成连开会也不可能的涣散局面[2],这些情况表明,在谘议局内部已经发生分化,当8、9月间全国革命形势逐渐高涨的时候,这种分化则更为明显。谘议局的右翼以谭延闿为首,背离了保路运动,开始站到清政府一边,谭此时留居北京,变成了盛宣怀的贵宾[3]。另一部分人害怕起来,销声匿迹。某些平日比较激进的议员,以易光羲、左学谦、龙璋为代表走上了反清的道路;粟戡时等人则逐渐摆脱了原来的改良主义立场,转而倾向革命[4]。

1911年秋,湖南的保路运动已开始低落,铁路公司和一部分立宪派人在办理湘路善后事宜,他们就退股问题与清政府往来驳诘,争执单纯的经济利益。最后,由清政府答允商股如数发还现银,所征他项路股,另换给国路保利股票。租股、房股、廉薪股作为私股;米捐、盐斤加价则作为地方公股。

湖南的保路运动,在清政府的铁路"国有"政策颁布以后,曾经一

---

1 《中国大事记》,《东方杂志》第8卷第5号,第9—12页。

2 《湘省争路事志》,《国风报》第2年第12号,第5页。

3 《寄瑞制军端大臣》,《武昌瑞大臣专电》,《存稿》卷81,第11—12页。

4 参阅《湘路新志》第1年第3期。又,邹永成:《湖南辛亥光复记》,载《湖南历史资料》1969年第1期。

度颇为激烈，为什么后来突然低落了呢？原因之一，是谘议局的解体状况。立宪派人与封建统治阶级的利害关系，本极为接近，为了利用群众迫使清政府让步，他们希望群众参与争路，但当群众斗争稍许开展，即长沙各校相继罢课，在某种程度上表现和清政府对立的时候，他们又害怕起来。在他们看来，比较激烈的群众运动就是"越轨"，从而担心社会秩序会被破坏，因此，他们宁愿抛开群众，选择清政府。此外，在铁路的经济利益上，他们也得到了一定的满足，清政府同意退回湖南的全部路股，在当时的情况下，路股能够到手，铁路国有、民有的问题，比较起来就成为次要了。由于这些政治和经济的原因，谘议局在紧急关头实行了退却，内部瓦解，这自然要使运动受到影响。

其次，湖南的同盟会组织，在铁路国有政策颁布前后，也处于涣散状态。当时的情况是，"湘中革命空气，一时颇为沉寂"[1]。因此，革命派不可能利用时机将保路斗争引向革命的道路。后来，川路事起，焦达峰等人回到了长沙，同盟会虽渐形活跃，但他们热衷于秘密活动，没有像四川一样，利用保路斗争，去动员群众发难，将保路运动发展为武装斗争。上面，立宪派既然退却了；在此前后，下面的广大群众又因革命派错过了因势利导的机会，没有动员起来。这也是使湖南的保路运动后来低落的原因。但更重要的是：当川路风潮扩大以后，全国革命形势高涨，湖南亦跃跃欲试。"反对国有""保路拒债"已逐渐失去了号召群众的力量。至于领导运动的上层分子，倾向革命的不用说，就是仅仅反清的，对保路运动也感到不满足了。原来的一些保路团体，如湘路协赞会等，这时都已成为掩护革命活动的机关[2]。从这里我们可以看出保路运动沉寂的消息。

既然广大人民群众已不能局促于争路范围之内，而当时湖南由民主革命派所领导的武装起义已成密云欲雨之势，所以，保路运动的沉寂，实预示着一场更大的革命风暴即将到来。

六

湖南保路运动，从发轫到辛亥湖南光复前夕，历时8年，几经起伏，对于全国和省内的资产阶级民主革命，都有巨大的影响。

保路运动，首先是反对帝国主义的侵略，同时也打击了帝国主义走狗

1 邹永成：《湖南辛亥光复记》，载《湖南历史资料》1969年第1期。
2 《湘路新志》第1年第3期。

辛亥革命史丛谈

1980 年 11 月 2 日

明年是辛亥革命 70 周年，已成立了纪念活动筹备委员会，准备开展隆重的纪念活动，研究会是活动的内容之一。在此，打算谈八个问题。

一、辛亥革命是不是一次革命

在国外存在认为辛亥革命不是一次革命的看法，这种否定有左右两个方面。出现在 10 来年前的美国，认为不算一次革命。理由有三：（1）清末是清政府改革最有成效的时期。从义和团运动到辛亥革命 10 年内，清朝实行了维新变法，1905 年又预备实行君主立宪，改革尤见成效，不处于必须推倒、垮台之时；（2）认为清王朝的倒台主要是自己犯了错误；（3）清倒台后，中国人的生活没有发生革命后应有的变化，建立的共和国也是徒有虚名，总之未发生质变，够不上一次真正意义的革命。

从左的方面否定：大体是"文革"时期，在日本出现的一种看法，是广岛大学的横山英提出的，可说是"文革"极"左"思潮的反映。横山英对中国近代史有一个看法，认为近代中国存在着两种变革路线，二者互相影响、冲突，构成中国社会政治、经济的变化。这两条路线一条是反帝反封建的变革路线，表现的线索是：太平天国—义和团运动—五四运动；一条是半殖民地化半封建化的变革路线，主导力量是资产阶级，具体表现的线索是：洋务运动—戊戌维新—辛亥革命。这种看法同"文革"时的看法一致，把新民主主义革命看成是农民运动的直接继承，而和资产阶级民主运动无联系，对外国产生了影响。

无论是从左或右的方面来否定辛亥革命，都是站不住脚的。辛亥革命从孙中山 1894 年建立兴中会开始，直到 1905 年同盟会成立，一直制订了一个推翻封建主义，革新社会的纲领，很明显是一次推翻封建主义，建立资本主义，变封建国家为资产阶级民主共和国的社会革命。以后提出的三民主义都包括这些内容。至于生活未发生变化，是因为这次革命失败了，不应该说失败了的就不是革命，这样就会导致成者则王败者则寇的倾向。

认为清王朝改革有成效，实际是对中国近代社会的误解。清政府只是口头上的、纸面上表示改革，实际上它越来越腐朽，对外屈膝投降，对内疯狂压榨。清末已经是清王朝奄奄一息，革命形势成熟之时。辛亥革命是一次有组织领导的、有变革社会的纲领目的的，并且是在革命形势和高潮出现的情况下发生的革命。

日、美提出了这个问题，我们必须回答，首先是资产阶级的成熟问题，它们是否已达到自觉地领导革命的程度？中国资本主义经济的发展是否已形成导致革命的经济因素？其次是资产阶级是否在革命中起了作用？等等，这些，要从社会经济的发展，阶级关系的变化，革命形势的发展方面回答，才能使人信服。

二、中国资产阶级的形成及其分化

中国资产阶级主要指民族资产阶级。它形成于何时，辛亥革命时达到何等程度，研究得都不够，原来较通行的看法是形成于1898年戊戌变法前。大多数论述辛亥革命的文章都说它是民族资产阶级上层发动的。既然有上层，当然是一个阶级，但没有充分的史实根据。应该说形成于戊戌变法之后，此前不可能形成一个阶级，可以从中国资产阶级发展的本身来看。

中国资产阶级的发展可分三阶段：（1）1872～1894年，中国资产阶级兴起阶段；（2）1895～1913年，中国资产阶级初步发展阶段；（3）1913年（第一次世界大战期间），中国资产阶级进一步发展阶段。

从第一阶段看中国资产阶级还缺乏形成的物质基础。据统计：1872～1894年，中国近代工业（主要为官督商办或官办和商办两种形式）中，属官的企业资本占78%，商办占22%。一般都承认官办、官督商办的企业不属于民族资本，而属于官僚资本。在民族资本和企业中，还有外国在中国开设的，实际上民族资本主义性质的企业资本只占总额的11%，很难提供一个形成独立的民族资产阶级的物质基础。

第二点理由：中国资产阶级的发展与西方不同。西方资产阶级的前身是市民阶级，经过了较长期的市民阶级阶段，从中分化出近代资产阶级。中国资产阶级主要是从地主、官僚中分化出来，大部分是从封建母体中发展而来。在西方，市民与封建领主是对立的等级，通过对立，市民发展成资产阶级，并起来推翻封建国家，建立资产阶级国家。中国资产阶级是在半殖民地半封建社会发展的，有没有市民等级，还很难说，姑且说有，但也在鸦片战争后被帝国主义摧毁了。中国资产阶级和市民等级联系，多由地主官僚分化而来，另是从买办势力中分化出来。因此，中国资产阶级有一个转化的过程，不是一下变过来的。一个官僚投资办企业，开始并不是将土地、全部财产都投入，他还保留了土地和封建身份，只是投资一部分，改变了一部分剥削形式。只有当雇佣剥削的利润和投资已在其资产中占大部分时，其身份才发生变化。中国资产阶级有一个发展、转化的过程，只有到一定程度时，它们才从封建母体中分裂出来，形成为一个阶级。

基于以上两点理由，可以说戊戌变法前并不可能形成一个资产阶级，更不可能有上层。康有为和梁启超是封建士大夫，只是有在中国发展资本主义的愿望，代表了一部分中国地主和官僚向资产阶级转化的要求，只有到第二阶段才形成为一个阶级。

1895～1913 年的初步发展阶段，为资产阶级的形成提供了条件。表现：（1）有了物质基础。据统计，这时期商办企业占76%，官办企业占23%。与第一阶段比较，民族资本增长了1900%，官办资本只增了180%。这说明民族资本占了绝对优势。（2）资本家有了相当数量和显著的社会影响。据统计，20世纪初年统计了14个有名的资本家，共占有企业136家，多的资本家占有27个企业。像这样的大资本家已经不少了。这说明资本已走向集中，资本家有了一定的实力。康梁在戊戌变法时与资产阶级毫无关系。20世纪初，他们通过保皇会建立了公司，投资开矿，约有好几百万的资本。（3）民族资产阶级已有了阶级觉悟。在言论上已表露了本阶级的社会责任和觉悟。1904年的一份《商务报》曾说："上古之强在农业，中古之强在牧业，近世之强在商业。"认为商业是国家富强的基础，强国的责任在资本家、商人身上。封建士大夫的责任不过是"治国平天下"。资产阶级革命派已意识到有领导革命的责任，他们认为自己不是农民，也不是封建阶级，而是中等社会。过去的农民革命不能成事，中等社会应该主持革命。从以上三点可以看出，资产阶级形成于20世纪初年。

由于中国资产阶级的形成，并觉悟到有领导革命的责任；又由于他们发生了分化（上、中、下层），所以其政治运动也就不同。上层主张君主立宪，被称为"立宪派"；中、下层主张推翻清王朝，挣脱封建的束缚，发展资本主义，孙中山是他们的代表。上层发动了全国性的请愿，革命派则发动了前仆后继的起义，这些运动都成为全国性的。如资产阶级未经过初期发展，没有相当的基础，是不会有这些大运动的。辛亥革命就是资产阶级初步发展的集中表现。社会革命是这一系列形势发展的必然。资产阶级运动是有组织的，主要的组织是同盟会。

三、中国同盟会的性质及其历史作用

同盟会成立于 1905 年 8 月，一般把这个时间作为资产阶级革命高潮的起点。孙中山说："革命风潮一日千丈。"同盟会的成立集中体现了资产阶级发展，革命形势发展的需要，因而它是一个资产阶级革命政党，有划时代的意义。

同盟会是一个政党，这是无容置疑的。其发布了《军政府宣言》，正式宣布了"十六字纲领"："驱除鞑虏，恢复中华，创立民国，平均地权。"还建立了革命方略，组织了武装斗争，在思想上与立宪派论战，主张推翻洋人的朝廷。《民报》是一面宣传旗帜。同盟会的性质是比较明显的，它很早就成为一个领导全国资产阶级革命的政党。派出了很多人到各省主持同盟分会的工作，据统计，1909 年同盟会在香港海外的成员为 9%，在国内的占 91%，改变了兴中会的力量长期囿于海外的局面，为革命运动做好了组织准备。以同盟会作为辛亥革命的起点和革命高潮的起点是对的。

同盟会的研究，有两种争论。《毛选》四卷注解说同盟会是资产阶级的革命派、资产阶级自由派和地主阶级的反满派的一个松懈的联盟。近几年来，有人认为这个提法不合事实，列宁所说的"自由派"都是立宪派，他们与同盟会应是对立的，故不存在联合的事实。至于地主阶级的反满派它是否存在，还值得考虑。过去认为章太炎是反满派的代表，近年来则认为他是资产阶级革命派，这一来，就找不出一个反满派的代表了。有的同志不同意同盟会是三派联盟之说，而认为是一个资产阶级革命政党，这并不排除其内部政见的分歧，其原因在于接受资产阶级民主主义的程度差异，不是松懈联盟的结果。

再一个争论是，同盟会是否是兴中会的继续。过去说是，现在否定了。一方面，同盟会成员主要不是华侨，华侨只占 9%，而兴中会会员有 80% 是华侨。（同盟会的人数以两湖地区为最多，1909 年统计湖南有 105 人，近 30%，湖北为 150 人）同盟会应是华兴会的发展。另一方面，同盟会的领导成员多数是华兴会的，而兴中会的主要干部大部分死了或消退了，不占主要地位。（"继续说"认为不能从人数变动来看，而应看同盟会是否继续了兴中会的纲领和思想。这是为孙中山争正统的说法。当然可以讨论，弄清它们之间的关系）

四、辛亥革命时期的会党

会党的作用引人注目，很多人颇感兴趣。这个问题的研究中心和重点是：会党的成份及其同革命派的关系。通常有两种看法：

1. 认为会党的主要成份是农民。会党是革命派与农民结成同盟的纽带。当然这个同盟是松懈的，不牢固的。

2. 认为会党的主要成员是游民和流氓无产者。因而会党不能成为联盟的纽带。资产阶级革命派与农民不存在同盟关系，只是农民的斗争影响和支持着革命。

认为会党是游民组织的理由是：（一）鸦片战争后，由于帝国主义、封建主义的压迫剥削，许多农民离开农村成为游民，而资本主义的发展又极为缓慢，容纳不了这样多的劳动力，于是这些游民就结帮结社，成为会党的后备军。（二）从近代会党的形成看，在长江一带的是哥老会，多由清政府裁军后的游勇组成。青红帮是由于运河的阻塞，漕运的废弃，粮运变为海运为主，而造成大量的失业旧式运输工人形成的。其他很多会党也都是由于帝国主义侵略、封建主义解体、资本主义发展不充分而造成的游民组成的。

近代会党与鸦片战争前的会党不同。鸦片战争前的天地会以农民为生，主张"反清复明"。洪秀全正认为天地会丧失了革命性，乃创立拜上帝会的。近代的会党没有继续前会党"反清复明"的传统，而只是扶危救国的组织。

从会党的生活方式来看。四川哥老会，由于他们游闯江湖，所以其首领称作"舵把"，有的叫"铜袍""袍哥"，与游勇有关。有些会员的来往要摆茶碗阵，这一些都是市镇江湖的生活方式，而不是农民的生活方式。

1907 年同盟会中分化出个共进会，它把同盟会的"平均地权"改为"平均人权"，目的在于团结和联络会党，使之易于会党接受。这说明会党已离开土地，故不关心土地问题，只希望平均人权，要求社会上人与人之间的关系平等，改变游民为人瞧不起的地位。这也说明会党是游民组织，不是农民组织。

会党由原来的反封建组织成为游民组织，这是个过渡阶段，到"五四"后则成为反动组织。这个问题尚未得到解决。还有一种看法认为会党与辛亥革命无缘，值得研究。总之，会党对辛亥革命起了一定作用，也起了破坏作用，功大于过。

五、辛亥革命和新军

清朝，军队以前是八旗兵和绿营兵，太平天国时有湘军、淮军，后留下一部分为"防军"，再后又从防军和绿营军中抽调人组成"练军"。这些军队都在义和团运动中垮了。于是，清政府决定建立新军，原计划在全国编"三十六镇"，按西方军队的编制办法训练。新军成为清朝巩固统治的主要工具。到辛亥革命前只完成了14个镇、18个协。武昌起义后，有7个镇、10个协转向革命。当时全国有14个省宣布独立，清王朝的政治经济发达的地区都由于新军的转变而丧失，从而造成清王朝必然灭亡的局面。如果没有新军，就不会有14省的独立和武昌起义的成功，清朝就不会垮台。因而新军也成为研究的中心，首先接触到的问题是这个工具为什么为革命所夺取。

总的原因：封建主义采用资本主义的部件来装配统治机器，这是不可能的，而新军乃是资产阶级化的军队，用它来装配统治机器，要么不运转，要么使之崩溃。

此外还有具体原因：第一，新军与八旗兵、绿营兵、防军、练军有区别。八旗、绿营兵有独立的军籍，历代吃兵粮，是职业兵，防军和练军都是兵痞，它们与封建主义相联系，随之腐朽而腐朽，不能为革命所发动。新军大部分来自民间，有招募的形式，还不属征兵，但有指定的兵源区域，并规定在旧军中当过兵的一律不收，要纯粹的老百姓，他们多少能反映民间的愿望；第二，新军要求士兵有一定的文化。没有文化的只能当副兵，有文化的当正兵，二者年饷有区别。加上1906年清朝废科举，农村很多童生、秀才没有了指望，其贫困者于是投到新军当兵，新军中有不少童生、秀才，他们较易接受民主主义的宣传；第三，许多革命者有意识地加入新军，他们认为新军是可以争取和发动的，故以此作为一种发动起义争取力量的方法；第四，新军军官多数是从新式学堂的学生中选拔的，他们基本上受的是资产阶级教育，还有一些高级军官是留学生，这些人有的具有民主主义倾向，有的易于接受民主主义思想。由于上述原因，就使得新军较易成为革命工具。没有新军的起义，就不会有全国大好的革命形势。北方未发生起义，就是由于袁世凯控制了北洋新军。

为什么北洋新军成为革命的对立力量呢？湖北新军的创办与袁世凯训练的新军都开始于1895年，发展方向迥然不同。这与袁世凯有很大关系。袁世凯在天津小站练兵，自那时起，就形成了一个军阀雏形，成为他的核心人马，后扩大，控制了六个镇。袁世凯在新军中主要以他自办的军校的学生和他在小站培养的人为骨干，其他人很难插进去。其次与清政府对北洋新军的直接控制有关。清利用北洋新军维持北京和天津，控制很严，革命派打不进去。北洋新军是由政府出款办的，其他新军则由各省筹款，多为一省一镇，无法形成独立的势力。所以北洋六镇得以成为一支庞大的北洋军阀反动势力，为祸中国几十年。

六、立宪派和立宪运动

立宪运动在全国大有影响。立宪派企图推动清政府实行立宪搞议会斗争，被称为历史上的修正主义。这种看法是不合理的，其有功也有过，应该恰如其分地评价。评价立宪运动的作用，要看它代表哪个阶级，在当时的历史条件下是阻碍还是有利于社会的发展，而不能完全以其在政治上的表现作为定论的依据。

立宪派代表民族资产阶级上层。民族资产阶级上层主要是依赖与封建势力的联系得到发展，他们从事资本积累，反对革命，但又不满意封建独裁统治，要求实现君主立宪，以保障他们的经济利益。在当时的历史条件下，他们也属于新的经济势力。凡是新的力量都是有利于民族解放和社会发展的。上层资产阶级与民族资产阶级一样，也要求发展资本主义，因此有利于社会发展，他们是一种新势力，不能作为一个反动腐朽的势力来打倒。他们的活动对社会、民族都产生过好的作用。有三个方面应肯定：

（1）他们是资产阶级，希望得到利润，这就要扩大资本积累，因而同帝国主义有矛盾，有一定的反帝要求。他们领导过收回利权运动，抵制帝国主义侵略，是爱国举动。

（2）立宪派从事大规模的立宪运动，曾发动过三次大请愿，这不能不揭露出清政府假立宪实专制的面目，也不能不宣传某些民主主义的思想，因而他们在民主主义的启蒙方面做了一定的工作。

（3）他们为了扩大企业和资本，需要有与之相适应的科学文化、出版事业和教育的配合，于是这些东西就发展起来了。由于革命派在当时还没有合法的身份和一定的经济力量，因此，从某种程度上说，革命派在西学、新学以及民主主义的宣传方面的贡献比不上立宪派。

但是，他们的一个最大的"过"就是反对革命，他们所有的贡献和作用之和，还是抵消不了反对革命所起的破坏作用。应该说是过大于功，不过还是应给他们恢复一些名誉。

台湾和国外一些学者认为立宪派和革命派异曲同工，殊途同归，这种看法是不能接受的。立宪派到革命派的转化，是在清政府使他们完全失望，清政府处于必然垮台的局面时才实现的。

七、保路运动和全国革命高潮

武昌起义是在全国保路风潮的基础上发生并胜利的。保路运动于是成为一个研究重点。为什么保路运动会成为一个大风潮，并且导致武昌起义和全国革命呢？原因是：在20世纪末夺路和保路是帝国主义与中国民族利益冲突的焦点。保路与中国的发展密切相关，帝国主义大量掠夺中国的矿产。路权的丧失而造成的民族危机为很多人所忧虑。1903～1907年，全国有15个省成立了商办铁路公司，以抵制帝国主义。1911年，综合12个省商办公司的股本达5987万元，而工矿企业的民族资本当时也只有9000万元。说明铁路资本是民族资本的一个重要部分。帝国主义夺取中国的铁路，就容易引起资产阶级的反抗和人民群众的反对。因为铁路的修建会影响铁路沿线广大民众原有的生活方式。所以资产阶级号召保路，能够集中全国的斗争。

当时的清政府处于财政崩溃的状态，只有出卖铁路矿山才能应付12亿的外债和赔款。清政府"借债救亡"，以铁路为抵押，帝国主义纷纷抢占铁路。资产阶级和人民反对，地方势力与政府的矛盾也很大。这一来，各方面的矛盾都集中到保路斗争上。当清政府宣布铁路国有并出卖粤汉两条铁路时，保路运动便爆发了，并导致武装斗争，形成全国革命高潮。

八、辛亥革命的历史意义

辛亥革命推翻了统治 260 多年的清王朝，结束了封建专制的帝制。尽管没有建立真正的共和国，但究竟没有了皇帝。

由于现代史上中国封建主义的因素是如此顽固地存在，并深深地影响整个社会生活，所以近年来有人认为辛亥革命是近代史上一次真正的革命高潮，它为中国开辟了摆脱半殖民地半封建地位的道路，否则就没有以后的革命。太平天国革命和义和团运动都不算革命高潮，虽然他们反帝反封，但没有指明中国解放的道路，没有一个引导中国独立解放的纲领。而孙中山提出了切实可行的方案，前驱先路，不可磨灭。到"五四"时，还举行纪念湖南十·二二起义活动，每年都游行，表彰先烈之功绩，振奋人民的信心。直到第一次国内革命战争时仍然如此。

过去有一个看法，认为革命教育了人民，从此资产阶级共和国在人民心目中破了产。辛亥革命失败了，但共和国的方案本来就未实行，所以还是不能说破了产。辛亥革命失败了，民主的事业仍在继续，社会主义革命继承了民主事业。

以上问题，掺揉了自己的看法，有不妥之处，请指教。

（据林增平先生讲稿）

略论民族资产阶级上层与清末立宪派

1980 年

一、民族资产阶级上层形成于何时？

接近 30 年来我国学术界一致的看法，近代中国民族资产阶级上层在 19 世纪末年即已存在。多数研究者认为，著名的戊戌变法，就是这个上层发动的一次政治运动[1]。

我不同意这种看法。

就中国民族资本主义经济发展的规模来说，19 世纪末年还不具备产生民族资产阶级上层的条件。

从 19 世纪 70 年代在中国出现近代企业起，到 1914 年第一次世界大战前夕，中国资本主义的发展大体可分为两个段落：以 1894—1895 年中日甲午战争为界限，前此称兴起阶段，后此称初步发展阶段。如果认为民族资产阶级上层于 19 世纪末年即已存在，并发动过戊戌变法运动，那么，它的出现，决不应迟于 1895 年。因为，作为一次政治运动，戊戌变法并不是 1898 年那一年内发生的事变，其开端发轫，当以 1895 年的"公车上书"为标志。据此推论，民族资产阶级上层的产生，应是资本主义兴起阶段民族资本义经济发展所导致的结果。然而，就实际情况而论，那一阶段民族资本的规模和社会影响，还没有导向此种结果的可能。

第一，根据已整理的资料，就 1872 ~ 1894 年有资本额可查的 72 家近代企业进行考察，各类企业的比例如下[2]：

---

[1] 见翦伯赞主编：《中国史纲要》（四）第九章第七节《资产阶级维新运动——戊戌变法》，人民出版社，1964 年版，第 82 页；侯外庐主编：《中国近代哲学史》第四章《戊戌变法时期的社会思潮和哲学思想》，人民出版社，1978 年版，第 164 页；《中国近代史》编写组：《中国近代史》第四章《戊戌变法和义和团反帝爱国运动》，中华书局，1979 年版，第 270 页；张晋藩、曾宪义：《中国宪法史略》第二章第一节《改良主义宪政运动的发生》，人民出版社，1979 年版，第 14 页。

[2] 据严中平等编：《中国近代史统计资料选辑》，科学出版社，1955 年版，第 93 页统计表约计，剔除其中中外合办一家和纯属虚假的商办源昌机器五金厂一家。关于源昌机器五金厂纯属子虚的考证，见谢商：《关于祝大椿创办"源昌机器五金厂"的调查》（《学术月刊》1961 年 5 月号）。

1872 ～ 1894 近代企业结构组成

类别	厂矿数	资本额（千元）	占总资本额的 %
商办	53	4 704	22.4%
官督商办、官办	19	16 208	77.6%
合计	72	20 912	100%

这个统计虽不能说包括了那一阶段全部企业的资本额，但无疑能大致反映当时中国资本主义的发展状况。至于所谓官督商办、官办一类企业和商办企业，则基于所有权以及经营管理的不同而在性质上显有差别：前者一般属带买办性的资本主义，堪称是中国官僚资本的雏形；后者则已具备民族资本主义的属性。所以，上述统计数字表明，在中国资本主义兴起阶段，带买办性的资本主义占压倒的优势，而称得上民族资本的商办企业，则是极其微弱的。如此微弱的商办企业，事实上还不能使占有这些企业的投资者形成为具有独立社会地位的民族资产阶级集团，更不用说能导致他们当中出现上层和中下层的分化。

第二，中国资产阶级的前身，是一部分地主、官僚和商人（包括买办）。在资本主义兴起阶段，类此现象，尤为明显，几乎所有近代企业，投资者不是地主官僚，就是商人买办[1]。在殖民主义祸水正如潮涌入，封建势力仍顽梗不化，近代企业还属发端草创的情况下，那些向商办企业投资的人们，一般都不免抱着试探的心理，通常是不会很快就放弃原来的剥削方式的。一位编辑《中国近代工业史资料（1840 ～ 1895 年）》的研究者在书序里指出："民族资本的企业不仅资本少，而且独资经营的少，绝大部分都采取集股经营的方式。股份公司当然是一种较进步的企业组织形式，然而当时民族资本采用这种形式并不能表示经营方式的进步；实际上它却反映着民族资本资金的不足，同时反映他们向近代工业投资时惧怕困难、惧怕亏折失败，畏葸不前。"[2]他还向人们介绍：在这 20 余年间，在商办企业的投资者内，不仅还未出现创办或参与投资几个至十几个厂矿的较大的资本家，就是独资经营和占有一个企业的也是极少数。显然，不可能设想在如此浅薄的基础上会产生一个民族资产阶级的上层。而且，按现有资料，也很难在当时商办企业的投资者当中分

---

1 见本书编写组：《旧中国的资本主义生产关系》，人民出版社，1977 年版，第 23—24 页。

2 孙毓棠：《中国近代工业史资料·序》第 1 辑（1840—1894 年）上册，科学出版社，1957 年版，第 48 页。

辨出一个上层集团，并具体指出若干同中下层有差别的上层代表人物。

第三，既然中国的资产阶级是从地主、官僚和商人、买办中分化出来，那么，他们由原来的成份转变成资本家的成份，其间必定有一个转化的过程，即必须待到他资本主义性质的雇佣剥削的收入超过了原来收入的时候，才算得是基本摆脱了旧的身份而成了资本家。同时，也不是开始出现此种转化现象就产生出一个独立的资产阶级，必然要转化到一定阶段，表明那些投资商办企业的人们确已成为一个具有独立经济地位的集团，才能称为民族资产阶级的正式形成，也才能出现中下层和上层的分化。中国资本主义兴起阶段投资新式企业的人们情况如何呢？前述那位《中国近代工业史资料》编者在对资料进行考察分析后认为："这民族资本近代工业的发生时期是旧社会的商人、地主、官僚通过新式企业的经营开始逐渐蜕变转化为民族资产阶级的时代。……到了19世纪末叶，这转化过程还只开始不久，距离着它的完成还很远很远。""有些企业主已经完全是资本家了；但大部分企业主则是一方面拿出一部分财富投资于新式工业，另一方面仍握有大量的土地，经营着钱庄、典当、商号，并且同时还是在职的或候补的官僚。"[1]我同意这样的意见，即在中国资本主义兴起阶段，投资新式企业的人们正处于陆续地从母体里分化出来，大多数还不曾获得独立的经济地位，在这种情况下根本没有产生民族资产阶级上层的可能。

由此可见，所谓戊戌变法是民族资产阶级上层发动的说法，乃是对从事这次变法运动的人们表现的软弱政治态度及其局限进行分析所作出的推测，而不是对中国资本主义兴起阶段的民族资本进行仔细推敲所抽绎出来的论断。从1895年"公车上书"伊始的戊戌变法，虽然是中国资本主义兴起阶段民族资本微弱发展所导向的政治运动，但这个运动一开始展现在人们眼前的图象却是1300多会试举人的伏阙上书，这就清楚地反映了正向民族资本家转化的人们还不是一个独立的社会集团，还没有自己的知识分子队伍，还不能不借重一部分倾向进步的封建士大夫来充当代言人的处境。

然而，民族资产阶级上层究竟是什么时候形成的呢？就现有材料推论，应在20世纪的初年。主要依据有以下两端。

首先，试将从1895至1913年，即通常所谓中国资本主义初步发展阶段，历年设立的资本在一万元以上的厂矿的资本额加以比较，其情况

---

[1] 孙毓棠：《中国近代工业史资料·序》第1辑（1840—1894年）上册，第50页。

如下表[1]:

1895 ~ 1913 年 1 万元以上厂矿资本额比较

类别	厂矿数	资本额（千元）	占总资本额的 %
商办	463	90 792	76.3%
官督商办、官办	86	29 496	23.7%
合计	549	120 288	100%

可以看出，上述两种类别企业的资本额的比例，和兴起阶段相对照，恰好相互对换了位置：属于早期官僚资本的官督商办、官办企业的资本额，由占 77.6% 下降到占 23.7%；属于民族资本的商办企业的资本额，由占 22.4% 上升到 76.3%，而资本额增长数量接近 20 倍。在全部资本主义生产中，民族资本从劣势转到优势，在纺织、面粉等轻工业部门更居于遥遥领先的地位。这就为中国民族资产阶级形成为独立的社会阶级和分化为上层、中下层提供了必要的物质条件。

其次，随着商办企业的转成优势，也就相应地产生了由资本积累而走向资本集中的现象。于是，在民族资产阶级人们里，开始出现那么一部分人，能够凭借资本的积累而占有若干行业相同或不同的企业，成为拥资百万元至数百万元的大资本家。其中 1895 年以前设立的仅 4 家（分属 2 人），1895 ~ 1900 年设立的计 23 家，而 1900 年以后设立的计 109 家。

姓名	原来的身份或仍兼有的身份	官衔或实职创办和参加	投资的企业数
张謇	官僚	翰林院修撰，商部头等顾问官	27 家
祝大椿	买办	二品顶戴花翎道	8 家
朱志尧	买办		8 家
沈云沛	官僚	邮传部侍郎、署尚书	13 家
严信厚	官僚	道员	14 家
宋炜臣	商人	二品顶戴候补道	7 家
李厚佑		议员	8 家
许鼎霖	官僚	二品顶到候补道	10 家

---

1 据汪敬虞：《中国近代工业史资料》（第 2 辑）下册，科学出版社，1957 年版，第 869—919 页各表累计。

续表

姓名	原来的身份或仍兼有的身份	官衔或实职创办和参加	投资的企业数
周廷弼	商人	三品衔候补道	8 家
楼景晖	官僚	四品衔选州同	3 家
曾铸	商人	花翎候补道	3 家
朱畴	官僚	道员	7 家
张振勋	华侨	头品顶戴太仆寺卿	11 家
庞元济	官僚	四品京堂	6 家

数字表明，14 人当中的大多数从事投资和经营近代企业，是 1895 年以后开始的，而到 20 世纪初，他们才都成了占有若干企业的大资本家。毫无疑问，当时像张謇、祝大椿等那样的资本家，自然不只 14 人，但他们确有足够的代表性，标志着中国民族资产阶级里确已出现一个占有企业较多较大、社会地位较高的阶层。

总之，19 世纪末叶，由于民族资本主义经济本身还不可能为民族资产阶级的独立发展和分化为上层、中下层提供足够的条件。所以，认为戊戌变法是民族资产阶级上层所发动的一次事件，是缺乏史实根据的。只是到了 20 世纪初年，随着中国资本主义的初步发展和商办企业转成优势，民族资产阶级才明显地形成，并确有这样一批有姓名可稽，有事实为凭的上层人物，在社会生活各个领域里展开活动，且发生了较大的影响。这就是断定民族资产阶级上层形成于 20 世纪初年的依据。

二、清末立宪的阶级基础是什么？

民族资产阶级上层主要是依赖政治上、经济上的封建性联系而得到发展的。这就决定了他们不愿完全同封建势力分离，并维护清王朝的统治。然而，为了发展资本主义，他们同帝国主义和清王朝的专制主义又有矛盾，所以希望朝廷能及时革新内治，抵御外侮。这样，要求清王朝仿效英、德和日本，推行君主立宪制度，就成了他们共同的心愿。为此而积极活动的立宪派人，就是他们的政治代表。

有的同志不以为然，就此提出了两条问难：其一，立宪派的绝大多数，不是有功名的士人，就是有虚衔和候选候补或任过实缺的官僚，他们的身份，明显地是封建士绅，怎么能说是代表民族资产阶级上层呢？

其二，一些新式资本主义企业还很微弱的地方，如湖南、四川、直隶、贵州等省区，立宪派人显得很活跃，更有影响，这又作何解释？

执以问难的同志忽略了这样一个问题，即：在西方，"中世纪的城关市民等级和小农等级是现代资产阶级的前身"[1]。而中国的资产阶级，则是由一部分商人、买办、地主和官僚转化而来。这部分人在转化的过程里，一般都不同程度地要依赖某些封建性的关系，才能较顺利地增殖雇佣剥削的积累；而官僚，又显然是具有更多的凭借封建关系以扩大积累的便利条件。在这种情况下，那些由官僚转化的资本家固然要继续谋求自身官位和权势的升迁，而由商人、买办、华侨转化的，也多数要通过捐纳途径获得这样那样的虚衔或候补候选的职位，借以出入官场，依凭官势，以保障和扩大自身的经济利益。前文张謇等14人的统计表里，除买办朱志尧外，全都拥有官衔或实职，就是明证。在清末，除少数买办外，没有功名或官衔，是不可能跻身于民族资产阶级上层行列的。

即使在以市民等级为前身的西方资产阶级中，也有类似情况。恩格斯在《反杜林论》里有如下的论述："起初，市民等级是一个被压迫的等级，它不得不向统治的封建贵族缴纳贡税，它由各种各样的农奴和奴隶出身的人补充自己的队伍，它在反对贵族的不断斗争中占领了一个又一个的阵地，最后，在最发达的国家中取代了贵族的统治；在法国它直接推翻了贵族，在英国它逐步地使贵族资产阶级化，并把贵族同化，作为它自己装潢门面的上层。"[2]这段论述说明，在西方，当市民等级大体发展成近代资产阶级之后，它也能在某些国度促使封建贵族资产阶级化，形成为它的上层。人们不会因为英国的新贵族拥有某些封建性的爵衔而怀疑他们的资本家身份。因此，中国资产阶级既然主要是一部分的商人、地主和官僚转化而来，那么，它的上层保留和珍视自己原来的士绅名位，就更是可以理解的了。

执以问难的同志还忽略一个以往研究者不大注意的问题，即商办铁路、矿业的兴起对造成民族资产阶级上层的作用。尤其是在资本主义工业还很微弱的地区，它更成为一部分官绅向民族资产阶级上层转化的主要途径。

商办铁路、矿务公司是伴随保路、保矿等收回利权运动的扩大而兴盛起来的，而商办铁路，更是20世纪初年大多数省份"拒外债，保利权"

---

1 马克思、恩格斯：《共产党宣言》，《马克思恩格斯选集》第1卷，人民出版社，1972年版，第275页。

2 恩格斯：《反杜林论》，《马克思恩格斯选集》第3卷，第203—204页。

的主要内容。据统计，1903～1907 年 5 年间，即有 15 个省先后开设铁路公司 [1]，着手集股修路。尽管各省铁路公司一般是由地方当局和倡首官绅通过赋税附加等方式来集股筹款，但股份中也有不少是各种商业行会或社会团体的投资，并因为它具有同洋务买办官僚举借奴役性路债的卖国政策相对抗的意义，因而属于民族资本的性质。由于铁路的勘测、修筑对中国各阶层人们的政治、经济生活，对原有的风俗习惯都产生强烈的冲击，因此，保路运动在 1905 年以后越发成为广大人民反对帝国主义侵略和清王朝卖国行径的重大课题，显著地促进了铁路集股的成效。截至 1911 年时，集股成效较大的有四川川汉铁路公司（预筹股额 2099 万元，实收股额 1645 万元）、广东粤路公司（预筹股额 2000 万元，实收股额 1513 万元）、浙江铁路公司（预筹股额 600 万元，实收股额 925 万元）等。综合 12 个省铁路公司实收股额，共计 5987 万元 [2]，到 1911 年时，各省铁路公司自行修成的铁路总长度虽然只有 422 公里 [3]，成绩颇为不佳，但就这一部门筹集的资金数量来说，则是其他部门难于比拟的。如果把它和初步发展阶段商办工矿企业的资本额（9079 万元）相较，则更可以看出商办铁路在全部民族资本主义经济中所处的重要地位。

随着商办铁路公司的增多和集股的成效日显，很快导致了一批把持铁路事务，插手筹款集股而获得利益的地方官绅向资产阶级转化。由于铁路公司的股份主要是通过按租派股、随粮加捐、盐斤加价、商货增厘等等方式征集的，同封建地租、清王朝的捐税联系在一起；公司的总理、协理，则是由督抚据各该省士绅公举，咨请商部具疏奏派的，因此，这批新起的资产阶级人们，在政治上、经济上同清王朝存在密切的联系，很自然地要反对革命。另一方面，各省铁路公司的兴办，一般都是以"拒外债，保路权"为号召，集股筹款后，又很有可能被清王朝使用中央集权专制手段加以攘夺，因此，他们又具有一定程度上的反帝要求，并竭力要争取开议会、立宪法、实行地方自治，以防范自身已得到的权利遭到侵害。所以，这批新起的资产阶级人们，其社会地位、政治倾向和经济利益，同那些因开办近代工业得以扩大雇佣剥削积累的民族资产阶级上层人物，存在共同的利害关系和命运。可以认为，他们是形成伊始的民族资产阶级上层里的重要组成部分。

---

1 宓汝成编：《中国近代史资料》第 3 册，"各省铁路公司一览表"，中华书局，1963 年版，第 1147—1148 页。

2 宓汝成编：《中国近代史资料》第 3 册，"各省铁路公司集股情况表"，第 1149 页。

3 宓汝成编：《中国近代史资料》第 3 册，"各省铁路公司筑路情况表"，第 1150 页。

通过收回利权运动而兴起的一些省矿务公司，同铁路公司类似。控制那些矿务公司的人们，一般也转化成民族资产阶级上层分子。

既然各省路、矿公司集股筹款的份额在清末全部资本主义企业的资本额当中占到很大的比例，于是，由此而产生的民族资产阶级上层分子及其代表人物，在立宪派里也显得异常活跃；特别在资本主义工业还较微弱的省份，他们更是立宪派的主要支柱。像浙江铁路公司总理汤寿潜，江苏铁路公司总理王穆清、协理张謇，安徽铁路公司总理周学铭，云南铁路公司总办陈荣昌、分办丁彦，广西铁路公司协助理（代行总理职务）梁廷栋，倡首设立湖南股东共济会的谭延闿，湖北铁路协会首脑汤化龙、张国溶，四川保路同志会首脑蒲殿俊、邓孝可，山西保晋矿务公司倡办人和股东梁善济、渠本翘等，都是立宪派里声名显赫的人物。

不难看出，如果没有大部分省路、矿公司的兴起，民族资产阶级上层的力量就不可能很快地扩大，立宪运动也不可能迅速地形成全国规模的运动。

三、立宪派能评功过吗？

在极"左"路线影响下，自批判当代修正主义以来，清末立宪派就毫无理由地遭到株连，被当作修正主义的历史靶子而大加诛伐。于是，立宪运动成了禁区；而提到立宪派，则只闻一片骂倒之声，连半句公允的评论都没有了。

这种反历史主义的，不实事求是的做法，无疑是亟应摒弃的。

立宪派能不能评功过，不以人们的主观愿望而定，而要考察民族资产阶级上层及其政治代表在清末的历史地位和作用，才能作出判断。

在 20 世纪初年的中国，民族资本主义的每一步发展，都是有利于中国民族的独立和社会的进步的。因这种新的经济联系的民族资产阶级上层及其政治代表立宪派，是作为一种新的政治势力出现在社会上。既然如此，他们就不是腐朽了的、必须加以铲除的势力，而是有生气的、理应得到发展的势力，从而规定了他们所从事的活动，必然有一部分对民族、对社会产生积极的作用。而且，那些积极作用，主要不应当依据他们的言论去判断，而是应当从他们为了自身的利益所从事的社会实践的客观效果去加以检验。

顾名思义，既是资产阶级，首先就是要获得利润。民族资产阶级上层正是为了这个目的，需要不断地扩大企业规模和增殖雇佣剥削的积累，这就同帝国主义的侵略势力发生冲突，从而产生一定程度的反帝要求。主要由立宪派人领导的收回利权运动，都具有鲜明的反帝意义；其中保路运动，尤其突出地反映了这个上层在反帝斗争中的重大贡献。

保路运动在 20 世纪初年的中国是一场事关民族存亡的严重斗争。帝国主义劫夺中国铁路主权所带来的危机，当时已引起不少先进分子的极度焦虑。他们形象地描写这种危机说："夫外国人之恒言分割支那大陆而盘踞之，莫如夺其重要之铁路，则不必显居分割之名，而阴享分割之实。比年以来，各国势力范围之划定，实借攘夺铁路矿产为张本。"[1]"铁路所至，即其兵力与移民之所至，而附近之矿产，亦为彼所有。故分得土地之多少，即以所得路线之多少为比例。"[2] 所以，"亡人国之法，计无巧妙于铁路者"[3]。可是，尽管国势是如此的岌岌堪危，而清王朝的当政者却一味地倚赖举借奴役性的铁路贷款来解脱财政上的困境，甚至倡言"惟有实行借债造路，可为我国第一救亡政策"[4]。而像盛宣怀那伙买办资产阶级的权贵，更希冀在拍卖路矿的勾当中染指分肥。这样，围绕着路权问题，中国人民和帝国主义之间的冲突加速激化，各省地方势力和清廷专制集权的亲贵之间的嫌隙也急剧扩大。可以说，中国社会的主要矛盾和很大一部分次要的矛盾，都汇集到夺路和保路的斗争场合上来了。在这种情势下，立宪派人倡首保路，是顺乎时代潮流，应乎人民心理的爱国义举。武昌首义的成功，固然是革命党人多年积蓄力量，流血奋战所导向的结果，但如果没有川、鄂、湘、粤等省浩大的保路风潮，这股冲垮了清王朝的革命洪峰也是难于在武汉涌起的。尽管立宪派人曾经力图阻止这个"种豆得瓜"的后果，但他们倡首拒债，坚持争路的劳绩，运动客观后效所产生的作用，是不应当抹杀的。

同样，也是为了扩大企业和加速资本积累，民族资产阶级上层又希望能挣脱清朝专制主义的桎梏，并分沾一部分政权，以保障自身的经济利益。这样，要求开国会，立宪法，实行君主立宪的方案，就成了立宪派人的主要课题。无庸讳言，立宪派人发动立宪运动的目的是在于遏制迅速高涨的革命浪涛，但它毕竟同清王朝蹒跚拖沓，旨在搪塞行骗的假

1 《福建人士反抗法帝企图占筑福建铁路的传单（1904 年冬）》，《中国近代铁路史资料》第 3 册，第 983—984 页。

2 少陵：《中国国民立国之根本大计》，《云南杂志选辑》，科学出版社，1958 年版，第 199 页。

3 大悲：《呜呼滇粤铁路之命运》，《云南杂志选辑》，第 461 页。

4 《密陈筹借外债以俾财政而弱敌势折》，《锡良遗稿·奏稿二》卷 7，第 1204 页。

立宪有很大的区别。前者是要求用君主立宪的政体取代君主专制政体，后者则是"假立宪之名，以行专制之实"。为此，立宪派人就不能不大声疾呼，在一定的范围内宣传资产阶级的民主主义，并揭露清王朝"预备立宪"的矫饰虚伪；甚至公开宣称要"消灭政府假立宪之威焰"，"破除政府假立宪之狡猾"[1]。到后来，事件发展的结果，也同立宪派人的主观愿望相反；他们宣传一定范围内的民主主义，启发了人们的觉悟；揭露清政府假立宪的丑态，则使群众越发看穿了这个王朝确已达到无可救药的地步；革命浪潮也终于没能遏制，而立宪派人们同朝廷亲贵权臣之间的嫌隙则闹到不可收拾的地步，从而使那一小撮当政者被驱向极其孤立的境地。显然，即使是那旨在抵制革命的立宪运动，也不能说没有任何客观的积极因素。

为了扩大企业和加速资本积累，民族资产阶级上层又很需要与近代工业相联系的科学技术，并希望发展与资本主义经济相适应的文化事业。所以，立宪派人都很重视教育和出版等工作，致力于兴学育才，启迪民智。张謇经手创办和资助建立的各级各类学校达数十所，后来并出任中央教育会会长。不少立宪派重要人物，都是蜚声教育界的硕学名流。他们当中的学者、作家，还力图在语言文字、文学艺术、哲学史学等领域里，创立适合资产阶级需要的新学术、新流派，而且确曾作出一定的贡献。在这方面，由于某些客观原因，革命派人的成就还赶不上立宪派人。

至于立宪派人的罪过，就是众所周知的反对革命，破坏革命运动那桩公案。立宪派人所以持这种立场，同样是为了执行民族资产阶级上层所付托的使命，而不能用别的原因进行解释。他们猖狂地诽谤革命，采取各种手段破坏革命的罪责，是必须进行清算的。20世纪的初年，摆在中国人民面前的首要任务，是推翻腐朽的清王朝，建成资产阶级的共和国。而立宪派人恰恰对这个导致中国社会进步的前提条件抱顽固反抗的态度，那就是在一个最紧要、最重大的历史课题前铸成了大错。这样，即使把他们的全部功绩加在一起，也不能抵销这样一项严重的罪过。

四、武昌起义后立宪派人相率转向革命是好事还是坏事？

武昌起义后立宪派人相率转向革命是好事还是坏事？

答：既是好事，又是坏事。可是，由于立宪派人内部出现分化，各

---

1 《记载第三·中国时事汇录》，《东方杂志》1910年第8期，第206页。

种不同的势力因利害关系各异，情况不同，因而产生的好的和坏的作用也有差别。所以，要弄清这个问题，得从立宪派人的分化谈起。

立宪派人的明显分化，是从 1910 年冬第三次国会请愿碰壁之后逐渐发生的。从政治态度来看，他们大体可分为四种势力。

一种是由立宪派人真正转成了革命派。这可以上海总商会大多数领导人的转变为代表。1910 年冬，上海总商会举沈懋昭为代表，进京参加第三次国会请愿，并求见庆亲王奕劻，请从速召开国会，遭到拒绝后，"退而叹曰：'釜水将沸，而游鱼不知，天意难回，人事已尽，请自此辞。'乃束装返沪"[1]。次年，沈懋昭即与宋教仁、谭人凤、陈其美、章梓等革命派在上海组织"中国国民总会"，政治态度逐渐转变[2]。武昌起义爆发后，陈其美就因得到沈懋昭及上海总商会其他首脑李平书、王一亭、顾馨一等的支持，借助商团武装，取得占领上海的胜利[3]。在上海这个工商荟萃，中外杂处的大都市，如果没有总商会和商团的协助，革命党人是很难得到起义的胜利的。

类似的转变，甚至在满族士绅当中都能看到。吉林旗人松毓就是经历这个转变成为革命党人的。清廷宣布"预备仿行宪政"后，松毓在吉林设"自治会"，任会长，并刊印《公民报》，宣传立宪。1908 年秋间，松毓代表吉林族人，领衔请开国会，被朝廷加上"浮嚣无序"的罪名，查封其《公民报》[4]。后来，他一直遭到东三省总督和吉林巡抚的压制和疑忌[5]。武昌起义爆发后，松毓组织"吉林各界联合会"亟谋响应[6]，并致函孙中山，陈述时局称："袁贼再起，舞其爪牙，转瞬间北方大势竟入其手，三省督抚皆其走狗，助兵助饷，承旨以行。……三省之倡勤王邪说者又纷纷起，张作霖、冯麟阁辈，以胡匪之魁，妄言忠义，其结果必流为盗贼，扰害人民。……苟能以去张、冯二贼，则三省之即可为，

---

1 上海社会科学历史研究所编：《辛亥革命在上海史料选辑·沈缦云先生年谱》，上海人民出版社，1981 年版，第 982 页。

2 上海社会科学历史研究所编：《辛亥革命在上海史料选辑·沈缦云先生年谱》，第 983 页。据沈云荪辑《中国国民总会材料选辑》（《近代史资料》总号 25）号说明，中国国民总会实为同盟会外围组织。

3 中国史学会编：《中国近代史资料丛刊·辛亥革命》（七），上海人民出版社，1956 年版，第 87—90 页。章天觉《回忆辛亥》（手稿，藏中国社会科学院近代史研究所）也有较详的纪录，并称沈懋昭、李平书起义时是同盟会员。

4 《记载》，《东方杂志》1908 年第 10 期，第 95 页。

5 张穆安：《吉林旧闻回忆录》，《辛亥革命回忆录》（五），文史资料出版社，员 1963 版，第 576 页。

6 《各省安电》，《盛京时报》第 1569 号，442。

去袁则大局定矣。"[1]字里行间，显露了鲜明的民主革命立场，表明他真正实行了向革命派的转变。

从立宪派里分化出来转变为革命派的人，还是少数。他们的这种转变，对革命应是有利无害的。

一种可称作立宪派里的应变势力，多数是"宪友会"的骨干，主要人物有孙洪伊（直隶）、蒲殿俊（四川）、汤化龙（湖北）、谭延闿（湖南）、梁善济（山西）、林长民（福建）、窦以珏（安徽）等。他们是1910年冬第三次国会请愿被拒绝后开始作应变的准备。

正是那次请愿仅得到缩短预备立宪期限为5年的纸面诺言，而清廷却下令驱散请愿代表的那一天，据徐佛苏说，当晚即有一部分对此深表愤慨的请愿代表，在他主持的《国民公报》报馆中，"秘议'同人各返本省，向谘议局报告清廷政治绝望，吾辈公决密谋革命，并即以各谘议中之同志为革命之干部人员，若日后遇有可以发难之问题，则各省同志应即竭力响应援助起义独立'云云。此种秘议决定之后，翌日各省代表即分途出京，返省报告此事"[2]。另据参与过那次请愿活动、康有为保皇会代表伍宪子回忆："当请愿代表被勒令出都之日，曾经秘密会议，将以各省独立要求宪政。汤化龙、蒲殿俊等同为请愿代表参与秘议之人，其一触即发，并非偶然。"[3]依据这两个事件的参与者所记，可以断定一部分请愿代表于被驱散出京的时候，是有过密议的。但徐佛苏所谓"公决秘谋革命"，显然是后来记述此事时的矫饰之词。倒是伍宪子"将以各省独立要求宪政"的说法，比较接近事实。

转到1911年，清廷继设置中外腾笑的皇族内阁之后，又一意孤行，蛮横地压制湘、鄂、川、粤等省的保路运动，立宪派同清廷的嫌隙急剧扩大，其中一部分人更感到"秘谋革命"的必要。据有人回忆："宣统三年夏月，湘谘议局复推议员左学谦、周广询为代表，再往请愿。适遇四川请愿代表谘议局议长蒲殿俊等，因拒款请愿，被押解回籍。左搭车送之，蒲告以'国内政治，已无可为，政府已彰明昭著不要人民了，吾人欲救中国，舍革命无他法，我川人已有相当准备，望联络各省，共策进行。'周因留京而左返湘，以目击情形，详告同人。于是遂各各暗中增组机关，

---

1 《革命大乱綦报》，《盛京时报》第1567号，428。

2 《徐佛苏记梁任公先生逸事》，丁文江编：《梁任公先生年谱简编初稿》卷19，台北世界书局，1959年版，第314—315页。

3 伍宪子：《中国民主宪政党党史》，香港1952年版，第16页。

而谋进行革命愈力。"[1] 大约在此前后，一部分省的立宪派人，确曾分别设立一些应变的机构，暗中进行联系。这一种势力，在立宪派里是多数。

武昌起义爆发后，迄至 1911 年底，在已经脱离清廷"独立"的 14 个省当中，湖北、湖南、陕西、山西、浙江、安徽、贵州、广西、福建、四川等 10 个省的立宪派人，都曾利用谘议局，不同程度地协助了反清的"独立"运动。他们的活动，确实有助于起义在各省的胜利，发挥了瓦解清朝统治的作用。无庸讳言，尽管这一部分立宪派人采取的是应变的策略，总归是对革命有利的。如果他们死硬顽固地站在清王朝一边，那将要给革命人民增加多少困难，是可以想象得到的。

但是，这一部分立宪派人进入革命阵营后，其危害也很大。在各省起义军政府里，他们放肆地攘夺权力，甚至发动血腥的政变来实现篡权的野心（湖南、贵州）；他们使用各种手段，拥戴原来的巡抚、统制等旧官僚来排挤革命党人（湖北、山西、浙江、安徽、广西）；他们费尽心机，诱胁革命党人屈服于袁世凯的压力，对旧势力妥协。辛亥革命为什么不能获得最后的胜利，立宪派人的破坏和篡窃是其重要原因之一。

从上述情况看来，这一种立宪派势力在武昌首义后的作用，可以用八个字来概括，即：利害相等，功过参半。

又一种可称作立宪派里的稳健势力，这可以从江浙方面张謇为首的"预备立宪公会"的动向看出来。

当清廷宣布缩短立宪期限为 5 年时，"预备立宪公会"首领张謇并不像蒲殿俊、汤化龙、谭延闿那样感到愤激，而是表示愿意接受，不再继续请愿，静候清廷按年举办筹备立宪事宜。1911 年 5 月，皇族内阁成立，张謇虽极为不满，但仍然耐心地等待。此时，他到北京接受清廷赐给的中央教育会会长的职位，恰值各省立宪派主要人物在京组织"宪友会"，他竟全不涉足，尽量避免引起清廷的疑忌。而在进京的时候，绕道京汉铁路，在彰德下车往访罢官"养病"的袁世凯，表示支持袁出山辅佐朝廷，推行宪政。[2] 这说明张謇一直没有同清廷疏远的念头。

武昌起义爆发的那一晚，张謇离开武汉乘轮东下，抵南京时，曾游说南京将军铁良、两江总督张人骏，请他们速派兵上援武昌，镇压革命。至苏州，又代巡抚程德全拟"请速布宪法，开国会"的奏折[3]，仍然把遏

1 粟戡时：《湖南反正追记》，湖南人民出版社，1981 年版，第 4 页。
2 刘厚生：《张謇传记》，龙门联合书店，1958 年版，第 180—182 页。
3 《张季子九录》，《专录·年谱下》卷 7，中华书局，1932 年版，第 21 页。

止革命的希望寄托于清廷的真实推行宪政。只是到了 11 月中旬，"知一月之中，独立之省已有十四，人心惶惶，乱象日剧"，发现革命的潮流已无法阻挡，才被迫与汤寿潜、熊希龄等发表通电，"赞成共和"[1]。

这里，有一个值得探讨的问题是：为什么以兴办工业起家、较为典型的民族资产阶级上层及立宪派人物，其政治态度反而比那些资本主义企业微薄的内地省份的立宪派更为保守呢？这大概得从两者处境的不同去求得解答。如前所述，资本主义企业微薄的省份，立宪派大体都同各省商办铁路有关系。

1910 ~ 1911 年，国会请愿既一再碰壁，保路运动又迭遭压制，他们在政治上、经济上都大受挫折；特别是路权的丧失，更可说是已到达切肤之痛、燃眉之急的地步，因而不能不及早筹划，在必要时采取应变的方式以免坐毙。而与"预备立宪公会"有关的主要由经营工业起家的民族资产阶级上层人们，虽然对清廷假饰立宪的行径也很恼火，但本身的利益毕竟不像铁路那样很快就有被劫夺的危机；也就是说，当时的处境允许他们对清廷继续采取稍事等待的对策，而不急于冒一定的风险去同这个王朝分裂。

张謇为代表的这股势力，是在起义已在 10 余省取得胜利，清廷倾覆已是指顾可待的情况下才转到革命方面来的。他们的转向，对于扩大革命声势，瓦解清朝统治，作用都较小。可是，他们破坏革命所产生的危害，却是很大的。正是他们，利用帝国主义的要挟，在"南北和谈"中鼓捣拨弄，诱胁革命党人向袁世凯妥协。正是他们，采取离间革命势力的手段，促使了同盟会的分裂[2]。尤其在南京临时政府成立后，他们这一派里的首领程德全出长内务，张謇出长实业，汤寿潜出长交通，表现了革命派寻求与立宪派合作的意图，但程、张、汤都没有到职，而却遇事掣肘，搞拆台勾当，并加紧同袁世凯通声气；张謇甚至以南方势力代表的姿态，向袁世凯打包票，促袁放胆夺取临时大总统的席位[3]。仅举这些人们熟知的事实，就足以看出，辛亥革命的失败，同这班立宪派人的活动有多么大的联系。

1 《张季子九录》，《专录·年谱下》卷 7，第 22 页。

2 张謇致信黄兴称："总之军师非亟统一不可，而统一最要之前提，则章太炎所主张销去党名为第一，此须公与孙中山先生早计之。"（张孝若：《南通张季直先生传记》，中华书局，1930 年版，第 172 页。）

3 张謇致电袁世凯称"甲日满退，乙日拥公，……东南诸方，一切通过，……愿公奋其英略，且夕之间勘定大局。"（《南通张季直先生传记》，第 150 页。）

公允地说，这种立宪派里的稳健势力在武昌起义后对革命是害多利少，功难抵过。

还有一种势力，即海外康梁为首的原保皇会人们，可以看作是立宪派里的保守势力。

梁启超虽然不像康有为那样迂拙保守，也有过一些较激进的言论；特别是发表于《国风报》第二年各期上的一些文字，竟然有鼓动立宪派人同清廷决裂的含意，但他经济上仰赖康有为接济[1]，并受康有为女婿麦孟华、亲信弟子徐勤的挟制，因而在实践活动中不能不遵康的意旨行事。据梁启超写的一封信上说，1910～1911年武昌起义前，他们曾凭借辅佐光绪帝载湉搞戊戌变法那段前缘，贿通载洵、载涛弟兄，怂恿载涛"以全力抚循禁卫军，使成为心腹"，"惟务多布吾党人禁卫军，而外之复抚第六镇之统制吴禄贞为我用"。梁在信上称，为了进行这桩事，竟耗去了去年(1910年)全年从海外华侨中募集的款项。武昌起义爆发后，他们即计划利用禁卫军发动政变，驱逐奕劻、载泽等，拥载涛为内阁总理，杀盛宣怀以快天下之心，即日以资政院、谘议局全体议员充国会议员，对革命方面施行招安[2]。然而，这项计划完全是纸面文章，根本没有实现。

奕劻皇族内阁曾经遭到立宪派人（包括康梁一派）的激烈反对。论亲疏，载涛（宣统帝溥仪的亲叔父）是比奕劻更为嫡嫡亲亲的皇族，抵制革命，取得权势，就连自己历来倡导的君主立宪的基本原则都抛到脑后去了。这就是把他们称作保守势力的理由。

原来的维新先驱，怎么反落到继起者的后面了呢？概括起来有以下三个原因。

第一，在同盟会成立前后关于革命和改良的论战当中，康梁和革命派结怨最深，他们较国内立宪派人更易引起革命派的憎恨和警惕，所以不能也不愿效法那些应变势力，及早作出趋吉避凶的准备。

第二，他们在国内缺乏实力基础，既同杨度"宪政公会"一派有过冲突，又遭张謇"预备立宪公会"的排挤，并与袁世凯宿怨未消，因而不具备仿效稳健派的条件，更难于同张謇等并驾齐驱，不能不另走一条

---

1 丁文江、赵丰田编：《梁任公先生年谱长编初稿》卷16，第254页，《光绪三十二年十一月五日康南海与任弟书》提到："……尔与儒博岁用三千余金，吾当竭力筹拨。前此患无定数，反为难，今汝既云三千余，吾即曰给尔三百元，共三千六百元。汝澳中家用计四百可足，合共给你四千元，连仲策学费及它事约预算五千。为汝一身计，尔从此可安心，不必为生计矣。……"

2 丁文江、赵丰田编：《梁任公先生年谱长编初稿》卷20，第339—340页。

门径。

第三，康有为本来就对清廷拖沓的立宪步伐不甚计较，最怕的是革命。他曾经告诫弟子们说："立宪与不立宪，尚其次，而革与不革，乃真要事。"[1] 立宪运动中，康梁一再挽请国内立宪派人汤化龙、孙洪伊等发动"请开党禁"的请愿，希望清廷撤销戊戌政变的旧案，使他们得以回国参与活动，但遭到袁世凯、奕劻、载泽等权贵和张謇等人的阻难，未能如愿。因此，对他们来说，首先是要摆脱长期栖息海外，无法在国内抛头露面的困境；立宪预备期限的长短，真立宪还是假立宪，倒是次要的。正是为了达到首先争取回国、取得权势的目的，所以就不择手段，采取了前引梁启超透露了的那个政变计划。

没有任何史料足以证实载洵、载涛接受并愿意实行梁启超所提到的那个计划。1911 年 11 月上旬，梁启超至东北活动，"到（大）连后知吴禄贞已死，梁大失所望……适汤觉顿、罗瘿公由北京过奉来连，谓蓝天蔚等将不利于梁，促即返日本"[2]。这时，袁世凯已出任内阁总理大臣。于是，康梁又抛出所谓"和袁慰革"[3]、"虚君共和"[4] 的方针，企图同袁世凯和解，软化和收买革命党人，实行清帝仅存虚统，由汉人掌权的所谓英国式的"虚君共和"制度。然而，四出活动的结果，无非徒费唇舌，依然画饼。康梁除了获得回国的自由以外，别的什么也没捞到手。

从康梁一派的设想来说，如果得以实现，是对革命有害无利的。然而，由于它始终只是康梁一厢情愿的期望，因而对武昌起义后的局势，没有产生显著的影响。

把立宪派说得一无是处，只有反对革命，破坏革命的罪过，当然是不公允的。然而，也有些人却走到另一个极端，看到武昌起义后立宪派人纵横捭阖，活跃异常，好像局势的演变是操在他们的股掌之间似的，因而产生一种错觉，认为立宪派人在辛亥革命中的作用比革命派还要大，或者说是起了主导的作用。

持此种看法的研究者，是对以下两个问题缺乏正确的理解。

---

1 《光绪三十年九月二十九日康南海与任、勉、博三子书》，丁文江、赵丰田编：《梁任公先生年谱长编初稿》卷 16，第 251 页。

2 《杨维新记辛亥年任公先生回国事》，丁文江、赵丰田编：《梁任公先生年谱长编初稿》卷 20，第 345 页。

3 《宣统三年九月十三日与勉兄弟》，丁文江、赵丰田编：《梁任公先生年谱长编初稿》卷 20，第 342 页。

4 《新中国建设问题》，丁文江、赵丰田编：《梁任公先生年谱长编初稿》卷 20，第 348 页。

　　首先就得指出，按立宪派的宗旨和愿望，是要保存清王朝作为实行君主立宪的政治基础，只是由于以孙中山为首的革命党人坚持不懈地展开斗争，加上群众各种自发的反抗运动层见迭起，推动了革命风潮的迅猛上涨；而清王朝的亲贵们不仅用愈来愈虚假的立宪来搪塞，甚至还怀疑立宪派人"乃欲借立宪倾陷朝廷以阴行革命"，"阳美以万世一系，阴实使鼎祚潜移"[1]，对立宪派人越发不肯假以颜色，且悍然劫夺商办铁路，严重侵害民族资产阶级上层的经济利益。这样，少数立宪派人才愤而转向革命，多数的则被迫先后采取应变措施。所以，武昌起义的爆发和形成全国规模的革命运动，应该说是革命派和全国各族人民连年进行反帝反封建斗争导向的局势，立宪派无非是为适应此一局势而展开符合自身利益的各种活动。不论立宪派人显得如何的活跃，他们还是不能不打出"赞成共和"的旗号，而不敢也无法用他们的君主立宪的方案去指导历史的行程。很清楚，造成辛亥革命局势的主导力量，是资产阶级革命派；而把立宪派人抬上主导的地位，则显然是一种本末倒置，主从混淆的见识。

　　其次，就立宪派人在武昌起义后的表现而言，他们在推翻清廷这一事变中，是有功的；但这也是在革命派和全国各族人民奋起斗争，使清王朝已经开始倾覆的情况下，他们纷纷附从起义、赞助"独立"所产生的作用，他们并不是推倒清朝的主力。而正是凭借这份功劳和搞国会请愿赢得的民意代表的资历，他们钻到革命内部攫夺权力，离间革命党人，诱胁革命方面向袁世凯妥协，从而使辛亥革命最终失败。从这种意义上说，立宪派又成为阻挠当时中国社会变革的阻力。并且，在干这些罪过的时候，他们也是依凭了帝国主义和袁世凯集团的气焰和压力，仍然不曾充当主角。就辛亥革命的全过程来看，立宪派人都是因人成事，居间拨弄，论功，不在前列；科罪，也非首恶。所以，认为他们的作用比革命派还要大的看法，显然是皮相之谈，耳食之论。

　　历史地、公允地为清末立宪派人估量功过，权衡是非，才能如实地还原他们在辛亥革命中的地位，正确地评定他们的作用。

（原载《辛亥革命史丛刊》第 2 辑，中华书局出版）

1　刘廷琛：《奏为宪政败象渐彰新党心迹显著请亟变计以救危机折》，《清朝续文献通考·宪政八》卷 400，第 11510 页。

辛亥革命是一次伟大的民主革命

1981 年 9 月 24 日

随着我们国家在国际上的地位的提高，国外研究中国历史、特别是鸦片战争以来中国近代史的学者和学术机构，在 60 年代后迅速地增加，而有关辛亥革命史的研究，一度还俨然成了热门课题。无论是在欧美还是日本，部分学者对辛亥革命的全过程或某些方面，确曾做过较深入的探讨。但也有些人提出过若干与史实不符的看法。其中较流行的一种误解，即认为辛亥革命不是一次革命。在苏联，少数几个别有用心的所谓"东方学"专家，则借此兜售其霸权主义货色和从事反华宣传，据称清王朝的建立是中国被一个外来侵略者征服的过程，从而杜撰中国近代史就是中国人民为驱逐这一外来侵略者而奋起斗争的历史；辛亥年的斗争，将清王朝推倒，正标志着这一任务的完成。因此，辛亥革命不是反帝反封建的民主革命，而是一场反对外来征服者，即"反满"的运动。他们制造此种谬说的目的，就在于"论证"我国东北原不隶中国版图，为苏联霸权主义逞其领土野心伪造历史依据。

否认辛亥革命是一次民主革命，是错误的。对苏联霸权主义者的谬说，必须严正地予以驳斥。

一

辛亥革命是近代中国人民反帝反封建斗争的一个重要发展阶段，是中国资本主义经济初步发展在政治上的集中表现。

自 1840 年的鸦片战争起，中国人民为求得民族的解放和国家的富强，曾经前仆后继地进行过多次反帝反封建的斗争。每一次斗争，都曾吸取了前一次的经验教训，一次接一次的把中国革命推向前进。

1851 ~ 1864 年的战斗长达 14 年之久的太平天国农民起义，给清朝封建统治者和外国侵略势力以有力的打击。但是，由于它仍旧是一次单纯的农民战争，依然企图以创立新王朝取代旧王朝，以划一地平分土地和一切财富的小农经济取代封建制度的办法去改造社会，结果失败了。

太平天国起义失败后，一些或多或少接受了外国资本主义影响的进步人士，认为要使中国富强，必须效法欧美的社会制度，兴办和发展近代企业。但他们相信这可以通过清王朝自上而下地推行变法维新，变君主专制为君主立宪的改良途经来达到目的。结果是，1898 年戊戌变法的失败证明了这个道路无法走通。

戊戌变法的失败使中国的先进分子认识到，清王朝已是腐朽不堪，指望它实行任何有效的革新是不可能的。要使中国走上像欧美主要国家那样强盛的境地，就必须推翻清王朝，并用民主共和制度取代君主专制制度。孙中山是最早倡导并从事这种革命的先行者。到 20 世纪初，这种认识就成为了千千万万革命之士的共同信念。于是，反清武装斗争就在全国踵接迭起，至 1911 年（辛亥年）终于推翻了清王朝。这一斗争的全过程，都称之为辛亥革命。

然而，如果不是中国资本主义经济在 20 世纪初年取得了初步的发展，那么，辛亥革命只能是中国人民反帝反封建斗争的继续，而不可能成为与前此大有区别、具有比较完全意义的资产阶级民主革命。

中国资本主义近代企业出现于 19 世纪 70 年代，至 1894 年中日甲午战争前后，不同程度地具备民族资本主义性质的本国工、矿企业，累计约百余家，但规模都很小。从 19 世纪末到 20 世纪初，中国资本主义经济即进入初步发展阶段。据很不完全的统计，在 1895～1913 年间，历年设立的资本额在一万元以上的本国新式厂矿，共计有 550 家左右，其数量和资本总额，都约为前一阶段的 6 倍。由于这种发展，中国资产阶级就成为一个有独立社会地位的阶级。也就是说，在中国产生了一种新的政治力量。

但是，直接经营企业，从事雇佣剥削的资本家，除了个别的以外，一般是不敢也不愿搞革命的。起来闹革命的不是那些掌握近代企业的老板、董事和经理们，乃是随着资本主义经济发展而产生的一大批先进分子，主要是在国外留学和国内学堂出身的进步的知识分子。这是因为，资本家要创办和经营近代企业，就需要足够的技术人员、管理人员和相应的具有新的文化科学知识的科学家、政治家、思想家、文学家。原有的熟悉八股，热衷科举的封建士人是不符合要求的。因此，资本家多数都提倡办新式学堂，鼓励出国留学，热心举办新闻、出版等文化事业，并利用他们的社会联系和影响，请求清政府废八股，停科举，兴学堂，习西学。于是，20世纪初，中国就产生了一大批去国外留学和从国内新式学堂出身的知识分子，他们当中的先进部分，对祖国面临的瓜分危机，异常焦虑，对清统治者的专制昏暗和媚外卖国，深表厌恶，相率投身反抗清王朝的革命斗争。这些革命者，就是20世纪初中国的资产阶级革命派。

为什么称他们为资产阶级革命派呢？

第一，当时中国的革命志士虽然没有忽略从自己国家的历史中吸取反清的经验教训，但更主要是力图向欧美各先进国家所经历的变革过程去寻求借鉴。他们如饥似渴地研读西方资产阶级启蒙思想家的著作，宣称要"执卢梭诸大哲之宝幡，以招展于我神州土"。赞颂华盛顿、拿破仑，"此地球人种所推尊为大豪杰者也"。希望在中国"必须制造无量无名之华盛顿、拿破仑"，其目的是"欲求一革命之事，以比例乎英、法、美者"。那种对西方资产阶级革命顶礼膜拜的虔诚，到达无以复加的程度；期待步英、法、美等资产阶级革命后尘的希望，是他们的共同心愿。

第二，他们提出了在中国建立资产阶级国家和社会制度、发展资本主义经济的纲领。当然，他们自己也不承认（事实上也意识不到）是在为资本主义制度的确立而进行斗争，可是，旁观者清，当时即对中国革命异常关注的列宁就曾指明，以孙中山为代表的中国民主革命派提出的主张，是纯粹资本主义的纲领。而且，不论那时的革命派是以如何愤激的语言抨击欧美各国少数富人垄断、贫富悬殊的社会现象，期望中国革命后能够根绝这类弊害，使同胞得同享幸福。然而，就20世纪初叶中国的历史条件来说，他们所致力的革命进行得越顺利，资本主义制度就越发迅速顺利地在中国确立起来。这是历史的辩证法，也是当时中国的革命者被称作资产阶级革命派的根本原因。

所以，20世纪初在中国发生一次资产阶级民主革命，不是偶然的。它是鸦片战争以来中国人民反帝反封建斗争的继续，更重要的是，在中国社会里已具备了发生比较完全意义的资产阶级民主革命的经济原因和政治条件——中国资本主义经济的初步发展和资产阶级革命派的形成。

二

辛亥革命时期，革命派进行过相当广泛的宣传工作，并从理论上阐述了民主革命的正义性和必要性。

为什么要革命？第一个革命团体——兴中会在它的章程里写道："方今强邻环列，虎视鹰瞵，久垂涎于中华五金之富，物产之饶。蚕食鲸吞，已效尤于接踵；瓜分豆剖，实堪虑于目前。有心人不禁大声疾呼，亟拯斯民于水火，切扶大厦于将倾。用特集会众以兴中，协贤豪以共济，抒此时艰，奠我中夏。"这就清楚地告诉人们，革命，首先是为了挽救祖国遭到的蚕食鲸吞，瓜分豆剖的悲惨命运。进入 20 世纪，当众多的志士相率投袂而起，救亡的声浪已如响斯应的时候，那种对民族的屈辱，祖国的危亡怀着切肤之痛、燃眉之急的情感，可以说是充塞于当时革命书刊的字里行间。翻开《猛回头》《警世钟》《黄帝魂》《并吞中国策》《瓜分惨祸预言》等宣传品，阵阵因瓜分横祸迫近而忧心如焚，无比殷切地期待全民族奋起救亡的呼声，仿佛就在耳畔响着。湖南新化人、杰出的革命宣传家陈天华所写的《猛回头》《警世钟》两本小册子，影响尤为深远。在这两本小册子里，他沉痛地控诉了帝国主义蹂躏中国，分割中国的野蛮行径，并愤怒地指出，帝国主义所以如此狂暴嚣张，是与清王朝的卖国投降分不开的。他诉说道："俄罗斯，自北方，包我三面；英吉利，假通商，毒计中藏；法兰西，占广州，窥伺黔桂；德意志，领胶州，虎视东方；新日本，取台湾，再图福建；美利坚，也想要，割土分疆。这中国，哪一点，我还有分？这朝廷，原是个，名存实亡。替洋人，做一个，守土官长，压制我，众汉人，拱手降洋。"因此，他形象地把清王朝叫做"洋人的朝廷"，号召人们不要对清王朝存在任何指望，只应起来革命，推翻它的统治。这种清晰的民族觉醒，炽热的爱国精神，是何等的感人肺腑，扣人心弦啊！应该说，自觉的、比较完全意义的中国民族解放运动，是伴随着资产阶级革命派的跃登政治舞台而风起云涌于中国的大地上，它是鼓荡起辛亥革命浪涛的重要源泉。

另一个足以鼓荡革命浪涛的源泉，是革命派对封建专制主义的批判，宣传资产阶级民主主义的观念。热情奔放的青年革命家邹容的《革命军》为什么"不翼不胫而飞走海内"，成为辛亥革命时期销量最大的一本书，就是他敢以"竖独立之旗，撞自由之钟，呼天吁地，破颡裂喉"的雄毅气概，歌颂了"顺乎天而应乎人"的民主革命的正义性和必然性，给封建专制主义以当头棒喝，而且还以"口流涎而心痒痒"的倾慕心情，无比热烈的表达了对"自由平等"的向往。章太炎的《驳康有为论革命书》为什么那样脍炙人口，振奋人心？不仅是他怒目戟指地呵斥"载湉（光绪皇帝的名字）小丑，不辨菽麦"，甘冒族灭的危险向数千年视为天经地义的君权挑战，更重要的是他以雄辩犀利的词章，阐明了中国只可行民主革命而不应指望清王朝实施君主立宪的道理。为了褫夺封建专制主义"君权神授"的神圣外衣，革命者又对天命论、封建纲常展开了批判。他们勇敢地提出"革天"的口号，对封建统治者借以"阻人类之进步"，"馁尽无量英雄之气"的天命论加以揭露。他们提出"无圣主义"的口号，倡言"破专制之恶魔，必自无圣始"，"谋人类之独立，必自无圣始"，号召人们挣脱反动统治者的"圣人之言"的羁绊。"圣人"为何？革命者指出"君主无圣人，则其压制臣民较难，惟有圣人而君主乃得操纵自如，以济其奸"。因此，要把被圣人、君主们攘夺了去的"天赋之人权，应享之幸福"夺回来，只有起来革命。虽然，资产阶级革命派对封建专制主义的批判是不彻底的，很多方面也没有触及其本质问题，但两千年来神圣不可侵犯的、正统的封建君权，毕竟是受到了空前强烈的冲击，起了巨大的思想解放，摇撼封建统治秩序的作用。

对瓜分危机的深忧焦虑，对封建专制主义的口诛笔伐，表明帝国主义和中华民族的矛盾、封建主义和人民大众的矛盾，都在加速激化，导向革命的全面爆发。其显明征兆，尤集中地表现于同盟会所提出的革命纲领中。

同盟会成立于1905年，它是以孙中山创立的兴中会（1894年·檀香山）、黄兴创立的华兴会（1903年·长沙）为主，包括有湖北革命者建立的科学补习所（1904年·武昌）和蔡元培、章太炎等创立的光复会（1904年·上海）部分成员在内联合组成的。同盟会议决以孙中山提出的"驱除鞑虏，恢复中华，创立民国，平均地权"的主张作为自己的纲领。孙中山当时把这个纲领称作是实行他的三民主义。

"驱除鞑虏，恢复中华"是实行孙中山的民族主义，即推翻满族贵族爱新觉罗氏的清王朝，辛亥革命时期，人们称作"排满"。

这里，需要把"排满"的内容和意义略作说明。

满族是中国历史悠久的少数民族之一。商、周时，它称肃慎。东汉至明，称挹娄、勿吉、靺鞨、女真。满族的统治者也像其他少数民族一样，有时直属中央王朝管辖，有时是受封于中央王朝的地方统治者。1644年，满族统治者乘明王朝的衰微，进入中原，镇压明末农民起义，灭亡明朝。它就由地方统治者成为中央王朝的统治者。这本来同中国历史上多次的改朝换代一样，根本不存在中国被外来势力征服的问题，只是爱新觉罗氏以少数民族的统治者君临天下，被当时人们看作违背了"正统"而已。

因此，清朝的汉族地主阶级就依据这种观念，以"反清复明"为口号进行反清活动。这种从属于地主阶级争夺王朝正统的对抗，是没有革命意义的。到太平天国起义，洪秀全批判了"反清复明"的口号，以"奉天讨胡"为号召，使"反满"斗争从属于农民起义，这是一大进步。但就"奉天讨胡"来说，仍然是把反对清王朝的统治归之于遵奉"天父上帝"的意旨，没有摆脱宗教迷信的色彩。到孙中山，"反满"则又成为实现资产阶级民主革命的组成部分，并使之理论化，称为"民族主义"。就他当时对民族主义的解释来说，主要有以下三端。

第一，反满是推翻清王朝，夺取政权的手段，而不是搞民族复仇。孙中山说："民族革命是尽灭满洲民族，这话大错。民族革命的缘故，是不甘心满洲人灭我们的国，主我们的政，定要扑灭他的政府，光复我们民族的国家。……假如我们实行革命的时候，那满洲人不来阻害我们，决无寻仇之理。"章太炎也指出："排满者，排其皇室也，排其官吏也，排其士卒也。若夫列为编氓，相从耕牧，是满人者，则岂欲割刃其腹哉？……所欲排者为满人在汉之政府。"

第二，反满是推翻君主专制，建立共和国的前提。孙中山说："我们推倒满洲政府，从驱除满人那一方面说，是民族革命，从颠覆君主政体那一方面说，是政治革命，并不是把来分作两次去做。……就算汉人为君主，也不能不革命。"同时，反满又是和反对帝国主义侵略，求得民族解放相联系的。因为，这时的清政府已是一个"洋人的朝廷"，是列强瓜分中国的内应，只有推倒"满人秉政"，才可以"弥瓜分之祸"。虽然，资产阶级革命派没有、也不敢理直气壮地公开提出反对帝国主义的口号，但他们在宣称排满时，实际上是把它作为实现反帝反封建任务的先决条件来阐述的。

第三，反满并不是孙中山民族主义的全部内容，在他的民族主义中，还包含有弥足珍视的、一定程度的国内民族平等的思想。孙中山在《临时大总统就职宣言》中指出："国家之本，在于人民，合汉、满、蒙、回、藏诸族为一国，则合汉、满、蒙、回、藏诸族为一人，是曰民族之统一。"黄兴也曾强调："此次共和告成，是五大民族同心合力构造而成。"他发起设立"中华民族大同会"，"以联合汉满蒙回藏五大民族共同进化为目的"。尽管在资本主义制度下不可能实现民族间的真正平等，但他们强调的"五族共和"的主张，不能说对增强民族团结没有任何作用。

显而易见，辛亥革命时期，反满是从属于资产阶级民主革命的，是实行这种革命的前提或手段，是革命全过程中的一个环节。苏联霸权主义者曲解辛亥革命为"反满"运动，是完全不符合事实的谬论。

"创立民国"，是实行孙中山的民权主义。其主要内容是推翻君主专制制度，建立资产阶级共和国。孙中山说："中国数千年来，都是君主专制政体，这种政体，不是平等自由的国民所堪受的。"所以，在中国实行这样一椿政治革命，是不可须臾缓的。"敢有帝制自为者，天下共击之"！两千多年前，刘邦登上了皇帝的宝座后曾经宣布："其有不义背天子，擅起兵者，与天下共伐诛之！"从此起，汉高祖的这道"圣旨"，就成了谁也不能违抗的"古今之大法"。可见，孙中山提出上述那样一个斩钉截铁似的口号，需要多么果断坚毅的胆识啊！在当时，把皇帝宣布为"天下共击之"的对象，将是一项何等空前巨大的变革，是可以想象得到的。

"平均地权"，是当时孙中山民主主义的主要内容。虽然，资产阶级革命派也曾声明，平均地权、土地国有的主张，并不是要无地和少地的农民起来"夺富人之田为己有"。他们确也不曾提出切实可行的土地纲领。但毕竟表明当时的革命者具有改革封建土地制度，动员农民参加民主革命的愿望。这里，不打算对平均地权作更多的介绍，且引列宁的一段评论来帮助我们了解孙中山这一主张的意义。列宁说："孙中山纲领的每一行都渗透了战斗的、真诚的民主主义。它充分认识到'种族'革命的不足，丝毫没有对政治表示冷淡，甚至丝毫没有忽视政治自由或容许中国专制制度与中国'社会改革'、中国立宪改革等并存的思想。这是带有建立共和制度要求的完整的民主主义。它直接提出群众生活状况及群众斗争问题，热烈地同情被剥削劳动者，相信他们是正义的和有力量的。"

列宁赞许孙中山的纲领"是带有建立共和制度要求的完整的民主主义"，是鉴定辛亥革命性质的重要依据。

三

辛亥革命是成千上万革命志士前仆后继，不屈不挠地进行武装斗争的轰轰烈烈的革命运动。

资产阶级革命派是伴随着武装起义的屡仆屡起而壮大起来的。1894年孙中山建立第一个革命团体兴中会后不久，就全力从事筹划在广州举行反清武装起义。1895年秋，因事机泄漏，起义没有发动就遭到镇压。

1900 年，孙中山继续组织会党群众起义于广东惠州，仍然失败。但他志在挽救祖国，坚持反清立场的革命精神和正义事业，却得到越来越多的先进分子的支持。

1903 年，黄兴在成立革命团体华兴会时，就提出了在湖南举发反清起义的计划，并联络湖北志士亟起接应。起义虽遭到镇压，但两湖的革命力量却因此加速了成长的过程。

1905 年，同盟会在日本东京成立。正像孙中山说的："从此革命风潮一日千丈，其进步之速，有出人意表者矣。"武装起义的记录，在同盟会的史册上是最为耀眼夺目的事功。1906 年，有声势浩大的萍浏醴起义。1907 ～ 1908 年，在西南边境，孙中山亲自筹划的武装起义，联翩踵起，迤逦相属；黄冈起义、惠州七女湖之役、防城之役、镇南关之役、河口起义，义旗高举，万众云集；其间，还有徐锡麟、熊成基两度安庆起义，革命烽火频传，使清统治者陷入应接不暇的困境。1910 ～ 1911 年，同盟会又连续在广州举发两次起义。"全国久蛰之人心，乃大兴奋，怨愤所激，如怒涛排壑，不可遏抑"。革命派以叱咤神州风云，引导时代潮流的气概，鼓荡起全国革命高潮，赢得了人民群众的拥戴。

应当提到，在一连串的武装起义过程中，革命派勇往直前，壮烈捐躯的精神，是更足令人赞叹的。多数的革命者，几乎都是从确立了革命的信念起，就怀着以身许国，为民族的复兴和同胞的幸福而不谋私利，不惜牺牲的崇高志愿。他们或是亲冒锋镝，抱视死如归的壮志而效命疆场；或是不避斧钺，鼓凛然磅礴的正气而从容就义。每一次对敌斗争，都留下了革命者慷慨悲歌、英勇喋血的壮烈篇章。陆皓东、史坚如的宁死不屈；刘道一、魏宗铨的临危不惧；禹之谟备受酷刑而志不稍馁；杨卓林身陷囹圄犹掀案骂贼；徐锡麟就义前神态自若，赋"死亦无憾"以勖勉来者；熊成基赴刑场甘之如饴，殉难时仍笃信"继我而起者，大有人也。""虽死犹生，牺牲尽我责任"，女革命家秋瑾临难前吟诗明志，读到她那"秋风秋雨愁煞人"的绝命词，更使人对这位赍志以殁的"巾帼英雄"倍加敬仰。尤其是那"碧血横飞，浩气四塞"的黄花岗起义，战斗规模的激烈，死难之多，真说得上是惊天动地的空前壮举。方声洞给家人写绝笔书，豪迈地宣称："以强祖国，使同胞享幸福，虽战斗而死，亦大乐也。"林觉民致书妻子，自誓"当亦乐牺牲吾身与汝身之福利，为天下人谋永福也。"李德山临刑意气昂扬，高呼"大丈夫为国捐躯，分内事也"。喻云纪在敌人面前严正地宣告："学说是杀不了的，革命尤其杀不了！"其他殉难烈士的高风亮节，英烈情操，不胜缕诉。在辛亥革命以前，还没有任何一次伟大的反抗斗争出现过这样众多勇于牺牲、视死如归的英雄烈士。

1911 年夏秋间，清王朝让皇族内阁袍笏登场来粉饰立宪新政的卑劣行径，引起了人民普遍的厌恶。而这个皇族内阁居然又冒天下之大不韪，迎合帝国主义劫夺中国铁路的凶谋，举行路权大拍卖。于是，湘、鄂、粤、川四省群起抗争，保路运动迅即扩大。四川保路同志军大举起义，全川鼎沸，传出了革命高潮就要到来的潮讯。

10 月 10 日晚，湖北革命党人发动新军起义，占领武昌，宣告首义的胜利。湖南首先响应，22 日，焦达峰、陈作新为首的革命党人，率领会党群众、反正的新军在长沙起义，成立湖南军政府，给湖北以有力的支持。在武昌首义后的 50 天内，计有鄂、湘、陕、赣、晋、滇、黔、苏、浙、桂、闽、皖、粤、川等十四省和上海市宣告起义奏捷，成立了军政府。其他省（区），也都相继出现革命党人组织的武装起义活动和群众自发的暴动。清朝覆灭前夕，它赖以支撑其反动统治，借以镇压人民的武装力量，主要是从 19 世纪末年起连续编练的新军。在全国，新军综计练成 15 个镇（师）和 20 个协（旅）。随着十多省的宣布脱离清廷"独立"，发动和参与起义的新军约 7 个镇，10 个协；暂时没有卷入革命的也士无斗志，内部不稳。半数以上的省份的归附革命，一半左右新军的倒戈反正，举国人民的厌弃清廷，向往共和，就把清王朝驱入无法延续其反动统治的绝境；这是资产阶级革命派多年艰苦奋战，流血牺牲所获致的成效。孙中山说："自古成功，未有如此之速者。"这话没有错。当然，成功之速，首先是人民群众站到革命一边，是真正的"天"亡清朝，无可挽救。而论功行赏，革命派确实建立了彪炳史册的奇勋。

在革命形势飞速发展，清朝已是奄奄待毙的时候，革命党人举孙中山为临时大总统。1912 年 1 月 1 日，孙中山在南京宣誓就职，宣布中华民国成立，设立南京临时政府，结束了君主专制和清王朝在中国的统治。在临时政府北迁以前的 3 个月期间，孙中山为使自己所缔造的中华民国成为名符其实的、有效率的资产阶级共和国，做了不懈的努力。

四

遗憾的是，孙中山所做的努力落空了。

武昌起义发生后，帝国主义列强就觉察出，衰朽的清王朝已经失去供驱使的可能，它已无法逃脱覆灭命运，于是采取换坐骑的策略，抛弃清王朝，扶植袁世凯北洋军阀为主的反动势力去篡夺新成立的共和政权，把革命烈火扑灭。由于革命派不敢提出反对帝国主义的口号，也没有彻底的反封建的纲领，不能也不愿意广泛地发动群众，特别是没有动员广大农民起来革命。因此，当帝国主义支持袁世凯猖狂地反扑时，革命派人就不能坚持斗争，一再地妥协，以致孙中山也不禁扼腕叹息："起义的省份，尚且为袁世凯张目，人情如此，夫复何言！"只得被迫解除临时大总统职务，让位袁世凯，听任临时政府迁往北京，置于袁世凯为头子的封建军阀官僚控制之下。"无量金钱无量血，可怜购得假共和"。情况正如孙中山稍后几年说："现在的中华民国，只是一块假招牌。""比较满清的政治，没有两样。"

辛亥革命失败了。中国仍旧在帝国主义和封建主义的压迫之下，反帝反封建的革命任务没有完成。

辛亥革命具有伟大的历史意义。

第一，辛亥革命倾覆了清王朝，推翻了在中国延续两千多年的君主专制制度。

清统治者从 1644 年成为中央统治者起，在 19 世纪以前，对于祖国疆土的巩固，社会经济的发展，也起了积极的作用。1840 年鸦片战争后，它就加速地腐朽昏暴了。人民群众憎恶这个反动王朝，主要不是因为它以少数民族的统治君临天下，而是因为它对外卖国投降，对内凶横残暴。特别是戊戌变法之后，这个反动统治者不仅顽固地拒绝任何改革，而且公然恬不知耻地宣布它所奉行的"量中华之物力，结与国之欢心"的卖国政策。人民对清王朝恨之入骨，指控它是中国遭到分割的祸胎。所以，辛亥革命倾覆了清王朝，是遂了亿万人民的心愿，为人民平愤解恨。

然而，推倒一个旧王朝，在中国历史上是屡见不鲜的事，只是都以一个新王朝取代旧王朝作为事变的终结。辛亥革命破天荒地的功绩，就在于它没有重复几千年来改朝换代的旧例，宣布倾覆清王朝后，取代它的将是民主共和制，而且号令天下："敢有帝制自为者，天下共击之！"在此之前，这是人们做不到的，想都想不到的事。40 年前，林伯渠同志曾经说到："对于许多未经过帝王之治的青年，辛亥革命的政治意义是常被过低估计的，这并不足怪，因为他们没看到推翻几千年因袭下来的专制政体是多么不易的一件事。"认真体会一下这位老一辈革命家的话是有必要的。君主专制制度是和封建经济基础最相适应的政治上层建筑，是帝国主义乐于扶植、借以阻遏中国社会进步的反动政体。袁世凯为什么那样猴急地要当皇帝？张勋为什么那样鲁莽地把溥仪捧出来复辟？其原因就如上所述。他们那反动透顶的意图为什么转瞬间就成了泡影？就因为封建帝制既经辛亥革命推倒，予以否定，是任何人也不能再把它强加在人民头上的。辛亥革命打击、破坏帝国主义及其走狗在中国的反动统治的成效，是很明显的。

第二，辛亥革命促进了中国革命的向前发展。

辛亥革命虽然失败，但在中国人民中却留下了深刻的影响。那时的革命党人为民族复兴、国家富强和同胞的幸福而英勇奋斗、不惜牺牲的英雄气概和坚贞节操，鼓励和教育着后来者继续战斗。不少的革命者，宣传辛亥革命的精神，用来鼓舞人心，砥砺斗志。湖南的人民就是这样做的。1919年，五四运动后不久，驻长沙的日本领事池永给外相的《关于以武昌起义纪念日为湖南地方举行排斥日货运动情况的报告》里提到："当地省城各校，称本月二十二日为湖南地方纪念日，为将此日准照国庆节之格以示庆祝之意，乃决定：务须一律停业，举行游街大会，一以表彰先烈之伟绩；一以振奋国民之精神。然至当日，虽官宪方面已向各校长下达了禁阻学生整队游行之令，而各学校已在预定地小吴门烈士祠集合，故命令未执行，终至举行了游行大会。"在长沙，掀起了一次以抵制日货为主的抗日浪潮。到了1924年，历史已经进入了新民主主义革命时期，中国共产党也迈上了领导革命运动的前列。共产党人贺尔康在10月22日的日记里写道："今天是湖南起义的地方纪念日，学校放假。八点半，全校所有中学、师范、补习各部学生一起集会，召开纪念大会，曹老师、夏老师、周老师作了讲演。"通过这一纪念活动，开展了反帝反封建军阀的宣传。辛亥革命这一里程碑，持续地发挥着策励人民奋勇前进的作用。

第三，辛亥革命为中国人民的革命事业提供了丰富的经验教训。

辛亥革命失败后，中华民国只是一块假招牌，中国人民受帝国主义和国内反动势力压迫剥削的境况，没有任何的改善。一度出现过的时代的曙光，倏忽间就消失了，遗留在中国大地上的，依然是黑沉沉的难熬长夜。为什么这样一场规模浩大的运动还不能使中国改变面貌呢？为什么众多的革命志士高擎着"卢梭诸大哲之宝幡"，"以比例乎英、法、美"为目标所掀起的革命浪潮，却荡涤不了莽莽神州的污秽积垢呢？不少先进的人们苦心焦虑地思考着。亲身参加过辛亥革命的林伯渠同志回忆说："辛亥革命前觉得只要把帝制推翻便可以天下太平。革命以后，经过多少挫折，自己所追求的民主还是那么遥远，于是慢慢从痛苦的经验中，发现此路不通，终于走上了共产主义的道路。这不仅是一个人的经验，在革命队伍里是不缺少这样的人的。"曾被推举为同盟会评议员的吴玉章同志在回顾辛亥革命失败后的情景时也说："这样看来，从前的一套革命老办法非改变不可，我们要从头做起。"如果说，戊戌变法的挫折是为资产阶级革命派作了前车之鉴，那么，辛亥革命失败的经验教训，对中国共产党人来说，就是"殷鉴不远"了。

在中国共产党领导全国人民进行革命的各个阶段，辛亥革命的经验教训，也经常地被用来作为制订和推行党的方针政策的借鉴。比如，在国共合作的北伐战争阶段，毛泽东同志就在《湖南农民运动考察报告》里指出："一切革命同志须知：国民革命需要一个大的农村变动，辛亥革命没有这个变动，所以失败了。"阐述了发动和领导农民群众开展革命的重大意义。抗日战争期间，毛泽东又在《战争和战略问题》里提到："从孙中山组织革命的小团体起，他就进行了几次反清的武装起义。到了同盟会时期，更充满了武装起义的事迹，直至辛亥革命，武装推翻了清朝。"用辛亥革命推翻清朝的成功经验，阐明了在中国只有坚持革命战争的途经，才能获得反帝反封建民主革命的胜利。迄至全国解放后，毛泽东同志在一次讲话（《团结起来，划清敌我界限》）里说："孙中山先生是个好人，但他领导的辛亥革命为什么失败了？其原因：一、没有分土地；二、不晓得镇压反革命；三、反帝不尖锐。"以此为借鉴，告诫全国人民务必胜利地完成土地改革、镇压反革命、抗美援朝等历史任务。辛亥革命遗留的丰富的经验教训，在中国共产党领导的新民主主义革命的过程中所提供的借鉴作用，是不应低估的。辛亥革命是党领导的新民主主义革命的先驱。

（原载《湖南日报》1981 年 9 月 24 日）

辛亥革命史研究述评

1981 年

　　前些年，辛亥革命史研究中的偏向和瑕疵显然和林彪、"四人帮"蹂躏史坛有关。因为，在林彪、"四人帮"横行的日子里，研究资产阶级的历史是容易被罗织问罪的。而且，基于影射史学的为患，学术工作者在辛亥革命史的研究领域内，也会碰上更多的禁区，接触更多的禁令，以致不能不瞻前顾后，谨小慎微，无法按历史的真实情况和发展规律，实事求是地开展研究工作。由此遗留的弊害，无疑是亟待逐步消除。章开沅《辛亥革命史研究的几个问题》（《华中师院学报》1979 年第 1 期）就是为此而撰写的。

　　章开沅就几个主要问题提出了自己的看法。首先是对所谓"立足于批"等形而上学、非历史主义的说教予以驳斥，指出不区分上升时期和没落时期的资产阶级，不区分民主革命时期和社会主义革命时期的资产阶级，一概要立足于批，只能混淆是非。作者认为，要坚持马克思主义，辩证地、全面地评介上升时期的资产阶级及其代表人物，才能使辛亥革命史的研究循着正确的轨道得到发展。其次，作者指出，在人物评价问题上必须打破"四人帮"所强加的"路线斗争"框框，还历史以本来面目。他认为，应该澄清某些不妥当的传统观念：如以孙中山和兴中会作"正统"而产生的对黄兴、宋教仁等革命领导人的偏见；因批判当代修正主义而株连清末立宪派人士；不作分析地对与辛亥革命有关的所有外国人一概斥责和疑忌，等等。

　　章开沅阐述的观点，为拨乱反正，更有成效地研究辛亥革命史提供了一个讨论基础。

一

　　在辛亥革命史的研究中，孙中山是理所当然地最受研究者重视的人物。这一年来发表的有关孙中山的文章，一般都寓有为这位伟大的革命先行者恢复应有的历史地位的意图。金冲及《论孙中山走过的道路》(《复旦学报》1979年第1期)一文，就是按这种意图撰写的。而中山大学为庆祝建校55周年所刊行的《学报》(1979年第4期)，则是一本评论孙中山的专辑。发表在此期《学报》上的陈锡祺《孙中山和辛亥革命》，对孙中山领导辛亥革命的事业作了较全面的论证。作者肯定，孙中山是通过同盟会来领导革命的，而兴中会则和同盟会有血肉的联系，它的分支机构遍布海外各地华侨之中，它那经孙中山修订的十六字宗旨，也一字不改地移作同盟会的会纲。因此，所谓华兴会成员在同盟会里起了主导作用的说法，并不符合事实。同时，作者还认为，确认孙中山的领导地位与作用，也不是国外某些学者所说的"新孙中山观"或"新正统观"。此期《学报》专就辛亥革命论述孙中山的文章，还有林家有《孙中山的民族主义思想与辛亥革命》、陈胜粦《论孙中山创建南京临时政府时期的斗争》。

由于"四人帮"别有用心的"扬章抑孙"，因而使得评论章太炎仍然是"热门"课题。章氏一生思想、言行的迷离变幻，也确能引发人们反复推敲的兴趣。翻阅1979年发表的文章，对辛亥革命时期章太炎的阶级属性，依旧是两种看法：一是肯定他属于资产阶级革命派，见李润苍《章太炎是什么派？》(《历史研究》1979年第7期)、李时岳《论章炳麟和光复会》(《吉林大学学报》1979年第4期)等文；一是把他划作地主阶级反满派，见陈铁健《章太炎与〈杜氏高桥祠堂记〉》(《历史研究》1979年第2期)、黄德馨《试论章太炎政治思想的阶级属性》(《武汉师院学报》1979年第3期)等文。看来，这种分歧还要继续延展下去。给章太炎作出准确贴切的判断，既取决于对他本人的思想、言行进行更为抉微钩玄的剖析，也有待于辛亥革命时期地主阶级反满派存在与否的争论获得真正的解决。只要能如实地描绘出地主阶级反满派的言行形态，对照之下，章太炎的政治面貌是不难辨识的。

思想和政治态度较难捉摸的蔡锷，谢本书撰文(《论蔡锷》，《历史研究》1979年第11期)作了详细的介绍。作者认为，蔡锷不是一个思想家，而是一个实干家，"如果说，蔡锷在思想上倾向于资产阶级改良派的话，那么在政治上他更倾向于资产阶级革命派"。因此，对蔡锷应从他的政治实践去进行评论，他不愧是"近代中国历史上杰出的革命家、军事家"。作者就剖析蔡锷提出了一个很有启发性的评价历史人物的见解，可能会引起史学工作者的兴趣和讨论。

评介秋瑾的文章年来发表不少，有的是一般地介绍生平事迹，有的是为纪念秋瑾诞生一百周年（1879～1979 年）而撰写的。按理来说，对这位为民主革命英勇献身的鉴湖女侠的百年诞辰，是不宜如此菲薄冷落的。所以如此，部分地，可能和她的生年还是一桩没有核实的悬案有关。因为，认定她出生于 1875 或 1877 年的研究者，仍然是大有人在。

余外，湖南人民出版社出版了何汉文、杜迈之的《杨度传》），还有周学舜《焦达峰》（《湖南师院学报》1979 年第 3 期）、涂月僧《贵州辛亥革命和张百麟》（《贵阳师院学报》1979 年第 1 期）、沈雨梧《辛亥革命人物介绍——徐锡麟、陶成章》（《历史教学》1979 年第 9 期）等人物评价的文章问世。

辛亥革命时期的人物，需要介绍的还很多，有的更亟需重加评论。孙中山只有一本篇幅不大的传记（尚明轩《孙中山传》）是极不够的。黄兴、宋教仁、朱执信、章太炎等重要领导人的传记、年谱都应当加快编撰出版。有些人，像汪精卫、胡汉民等，因为后来变成了汉奸、国民党右派，于是，他们在同盟会时代所从事的活动，也被勾销了。这种不实事求是的偏差，是不应继续存在下去的。

二

对辛亥革命时期各革命团体的考察和研究，1979 年有了明显的进展。

光复会有什么特点？李时岳在《论章炳麟和光复会》一文里试图予以解答。他认为："一般说来，辛亥革命时期的革命团体，都可说是资产阶级、小资产阶级以及反满士绅（地主阶级开明分子）的联盟，而资产阶级小资产阶级知识分子则充当这个联盟的政治指导者，同盟会是这样，光复会也是这样。"但是，"以会党为主要活动地盘并有不少会党首领参加的光复会，较多地反映了一些农民的感情、农民的要求、农民的气派，夹杂着农民的激进、偏狭和保守，是可以理解的"。"光复会不是站在同盟会的左面，而是站在右面，因为它的激进主张大都流于空想而缺乏现实性，它的偏狭容易导致不顾大局，它的保守又有和封建主义相通的地方"。发表于 1979 年第 2 期《吉林师大学报》上的锡金《鲁迅与光复会》，力图论证光复会虽成立于 1904 年，而绸缪酝酿则始于 1903 年聚集在日本的浙江籍爱国志士，鲁迅、陶成章均参与了筹建活动。故鲁迅加入光复会的时间，不应是目前一般流行的 1908 年的说法。作者论证光复会发轫于 1903 年，是符合当时历史情况的。但问题仍有继续探索的必要。杨天石、王学庄先后发表《〈龙华会章程〉探微》（《历史研究》1979 年第 9 期）、《同盟会的分裂与光复会的重建》（《近代史研究》1979 年第 1 期）两文，给探讨光复会的始末和性质提出了很有启发性的见解。前一文，作者考证《龙华会章程》不是 1904 年制订的，而是 1908 年江浙皖赣闽五省革命协会的章程；《章程》倒填年月，是陶成章为便于独树一帜所使用的手法；其中提出土地公有的主张，来源于同盟会中的无政府主义派别。后一文对 1909 年重建的光复会所进行的分裂活动，作了较详的论述。光复会究竟是反映了一些农民的感情和要求呢？还是沾染了无政府主义的色彩？两种提法都需要进一步作更为周详的论证。

过去，无论是辛亥老人还是史学工作者，对共进会是颇多微词的，一般都指责它把"平均地权"改为"平均人权"是反映了地主阶级的愿望。石芳勤《略论共进会的性质和作用》（《河北大学学报》1979 年第 2 期）一文持不同看法。作者认为，共进会的"平均人权"的口号，同美、法等国资产阶级在革命中提出的自由、平等的口号一样，是资产阶级革命的口号，它在组织和动员会党反抗清朝的斗争中，起了一定的积极作用。"共进会是同盟会在长江流域的一支主力军、突击队，是同盟会革命纲领的积极实践者"。作者提出这种看法，值得重视。然而，作为"纯粹资本主义的、十足资本主义的土地纲领"（列宁：《中国的民主主义和民粹主义》，《列宁选集》第 2 卷，第 427 页）的"平均地权"既被修改为"平均人权"，而"平均人权"也是资产阶级革命口号，那么，这两个口号又孰是孰非呢？这能说共进会"是同盟会革命纲领的积极实践者"吗？这是需要给以回答的。

沈寂《辛亥革命时期的岳王会》（《历史研究》1979 年第 10 期）一文，引述较多尚未公开发表的传记、调查记录等材料，论证了 1905 年在安徽芜湖由陈仲甫（独秀）、柏文蔚等倡首设立的岳王会，是安徽最早的一个革命团体。这个革命团体组织了 1908 年以熊成基为总司令的安庆新军马炮营起义。以往，人们常把同盟会创建后在安徽设立的武毅会误为安徽最早的革命团体，又将熊成基马炮营起义误为光复会所筹划。作者用较多的资料加以订正，是有价值的。

同盟会成立前后众多的革命团体，记载常有歧异，各处团体各有什么特点，也缺乏研究。李泽厚《二十世纪初中国资产阶级革命派思想论纲》（《历史研究》1979年第6期）一文已开始涉及到这个问题。作者对兴中会、华兴会、光复会三个著名的革命团体进行比较，分析它们的共性和个性。如同作者自称，该文系一提纲，故论述不免稍嫌粗略。但这种研究的路子对头，则是毋庸置疑的。

三

辛亥革命时期思想史的研究，仍然是薄弱环节，1979年这方面的文章也不多。李泽厚在《二十世纪初中国资产阶级革命派思想论纲》一文里陈述了此一期间资产阶级革命派思想发展的脉络。作者认为，自立军运动不是改良主义的尾声，而应看作革命斗争的序幕。1903年拒俄运动，则是"由拒俄而反满，由爱国而革命"的契机；正是这个变难迭起的一年，革命派与改良派正式划分了思想政治界线，从而在思想上为同盟会的成立作了准备。作者肯定，以邹容、陈天华、章太炎、朱执信等人为代表的思想，是革命派的主流，而在它的左右两翼，则分化出无政府主义和国粹主义两个支流。比较起来，从左的一面分化同盟会的无政府主义，对当时及以后的中国，带来了更多的损害。最后，作者指出，资产阶级民主思想未在中国生根，辛亥革命又很快就失败了，而在中国有深厚基础的封建统治传统和小生产者的狭隘意识，继续成为阻碍中国前进的思想障碍，以致时至今日，还留下补社会主义民主的课和批判以各种形式出现的封建主义的严重任务。

在过去的研究中，对那曾经在舆论上反对过革命的改良派往往不能实事求是。事实上，改良派并不是一无是处。因为，他们是正在发展中的民族资产阶级上层的代言人；这个上层所从事的经济活动，即创办经营民族工矿交通企业的活动，是大大有助于民族独立和社会进步的。只是由于这个上层既在很大程度上依赖封建性的联系以增殖雇佣剥削的赢利，因而敌视革命，但又希望在政治和思想意识领域里冲破封建专制、顽固保守势力的桎梏，以利于自身的发展。所以，作为这个上层的政治家、思想家的改良派，既在舆论上猖狂地诽谤革命，又积极地从事西学、新学的传播。他们在民主主义启蒙宣传，以及文学、语言文字、史学、教育学、自然科学等方面所作出的贡献，是不能不予以承认的。李泽厚在《梁启超王国维简论》（《历史研究》1979年第7期）一文里对此作了客观的分析。作者指出，梁启超的主要业绩，不在戊戌年间，1898

年至 1903 年，才是他作为资产阶级启蒙宣传家的黄金时期。当时，梁启超不仅带头作了大量革命派所忽视的广泛思想启蒙工作，而且在文艺和史学方面推陈创新，影响深远。论述的最后，作者认为，"梁启超、王国维是中国近代资产阶级初兴时期在启蒙思想和学术领域中的主要代表人物"。载于 1979 年第 5 期《复旦学报》的李华兴、姜义华的《梁启超与清末民权运动》，也提出了类似的意见。作者认为，清末民权运动里，梁启超在戊戌变法后的四五年中所作的贡献，比前此四五年更多，影响也更大，他的言论和行动影响了整整一代人。

辛亥革命时期的思潮和流派的研究工作，需要加紧。欧美、日本形形色色的哲学、社会政治学说和社会改革运动对中国资产阶级两个派别各有何种师承关系和影响，更应探本溯源，理出头绪。我们相信，在这些方面今后将会出现更多新的成果。

四

赵矢元《论南京临时政府的性质》（《吉林师大学报》1979 年第 2 期）、陈胜粦《论孙中山在创建南京临时政府时期的斗争》（《中山大学学报》1979 年第 4 期）两文对长期被忽视的南京临时政府作了研究。前一篇文章，就南京临时政府各部总长、次长席位的分配和实际情况，临时参议院议席的分配，以及这个政府所发布和施行的政策、法令、措施等方面作了剖析，肯定南京临时政府是革命的资产阶级政权，不同意它是"革命派、立宪派、旧官僚三种势力的联合政府"的看法。后一篇文章认为，孙中山在创建南京临时政府的过程中是有过妥协的，然而，"孙中山这段历史，就其本质和主流来说，不是妥协退让史，而是革命斗争史"。

其他史事的论述，散见于各种刊物者有：傅尚文《清末山西编练新军及辛亥革命时期阎锡山充任晋省都督纪实》（《河北大学学报》1979年第 1 期）引用了较多的清廷存档奏疏，但全文旨在纪实，故议论不多。清末新军的研究，多年来处于停滞状态。乔志强《辛亥革命前 10 年间农民斗争的几个问题》（《山西大学学报》1979 年第 3 期），就这一期间农民斗争的特点及其与资产阶级领导的民主革命的关系，提出了自己的看法。韦庆远、高放、刘文源《论谘议局》（《近代研究》1979 年第 2 期）介绍了清末立宪中谘议局的始末，既阐明了谘议局的反动的一面，也指出它起了一点民主主义的启蒙作用。但作者在叙述武昌起义后谘议局的活动时，仅仅强调它成为立宪派破坏革命和窃夺革命果实的阵地，是否稍欠全面，则似有商榷余地。章开沅在《民元"争都"浅释》（《北方论丛》1979年第1期）一文对围绕建都问题，在封建买办性的军阀官僚集团、资产阶级上层人物和立宪派、资产阶级小资产阶级革命派三种政治势力之间出现的错综复杂的斗争，作了具体的描写。

1961年为纪念辛亥革命50周年所产生的一批论文，标志着我国学术工作者在辛亥革命史研究领域里获得重大的进展。尔后几年，由于林彪、"四人帮"的肆虐，这一方面的研究也停滞下来，唯有梁效辈信口雌黄，谬种流传，作祟贻害。现在，一个安定团结，迈向四化，学术繁荣的新时期已经到来，1981年又届临辛亥革命70周年纪念，能不能取得比1961年更为丰硕的研究成果呢？就得看1961年学术工作者将作出哪些成绩了。

（原载1979年《中国历史学年鉴》，人民出版社1981年版）

"拼将十万头颅血,须把乾坤力挽回"[1]

——赞辛亥革命时期的革命派

1981 年

最近,长沙市人民政府决定恢复在"文化大革命"中被废掉的黄兴路和蔡锷路两条街道的名称,这是很得人心的一件事情,也表达了湖南人民纪念辛亥革命 70 周年,缅怀革命先驱者的感情。"拼将十万头颅血,须把乾坤力挽回"。辛亥革命时期革命派那种献身为人民的精神,将永远留在人民的记忆中,人民是不会忘怀他们的。

一

左倾思潮泛滥的时候,有的同志把资产阶级革命派同资本家剥削成性的性格联在一起,这种看法,显然背离了历史主义,是非常错误的。

马克思主义告诉我们,一个阶级的政治代表,在出身、教养、理想、志趣等方面,和他们所代表的阶级的一般成员是有很大差异的。马克思曾经指出:"不应该认为,所有的民主派代表人物都是小店主或小店主的崇拜人。按照他们所受的教育和个人的地位来说,他们可能和小店主相隔天壤。使他们成为小资产阶级代表人物的是下面这样一种情况:他们的思想不能越出小资产者的生活所越不出的界限,因此他们在理论上得出的任务和作出的决定,也是他们的物质利益和社会地位在实际生活上引导他们得出的任务和作出的决定。一般来说,一个阶级的政治代表和著作方面的代表人物同他们所代表的阶级间的关系,都是这样。"[2]就资产阶级革命时期的政党和它所代表的阶级之间的关系来说,则正如马克思所描写的"小资产者干着通常应该由工业资产者去干的事情"[3]。辛亥革命期间中国革命派的情况恰是如此。1905 年由孙中山倡导成立

---

1 郭延礼:《秋瑾诗文选》,人民文学出版社,1982 年版,第 84 页。

2 马克思、恩格斯:《马克思恩格斯全集》第 8 卷,人民出版社,1976 年版,第 152 页。

3 马克思、恩格斯:《马克思恩格斯全集》第 7 卷,人民出版社,1976 年版,第 92 页。

的同盟会，无疑是一个资产阶级的政党，而从1905、1907年加入同盟会，可以查出本人成份的300余人中，93%是留学生和国内的学生。孙中山后来也说到："本党从前在日本组织同盟会所得的会员，不过一万多学生。"既然是这样，那么，又为什么要给他们加上"资产阶级"的称呼呢？这是因为：

首先，20世纪初中国革命志士虽然没有忽略从自己国家的历史吸取斗争经验，但更主要的是力图向欧美各先进国家所经历的变革过程中去寻找救国良方。他们如饥似渴地研读西方资产阶级启蒙思想家的著作，宣称要"执卢梭诸大哲之宝幡，以招展于我神州土"。他们赞誉华盛顿、拿破仑为英雄豪杰，希望在中国也能出现像华盛顿、拿破仑式的人物，他们的目的是"欲求一革命之事，以比例乎英、法、美者"[1]。那种对西方资产阶级革命顶礼膜拜的虔诚，到达了无以复加的程度；期待步英、法、美等资产阶级革命后尘的愿望，更是溢于言表。

其次，从兴中会确定"驱除鞑虏，恢复中国，创立合众政府"的誓言，到同盟会揭橥"驱除鞑虏，恢复中华，创立民国，平均地权"的宗旨，是中国革命派由朦胧地仿效西方到明确地要求在中国实现资产阶级民主革命任务的过程。孙中山之所以成为当时革命者公认的领袖，除了他始终不渝地坚持反清斗争外，还由于他提出了被列宁称作"带有建立共和制度要求的完整的民主主义"[2]，即被同盟会接受为它的革命理论的三民主义。同盟会的主张既具有完整的民主主义的内涵，则它的成员的资产阶级革命派属性，就是无庸置疑的了。

再次，尽管当时的革命者并不承认，也确没有意识到是为了在中国建立一个资本主义社会。像孙中山那样，一直是满腔热情地要使中国既能在物质文明方面赶上和超过西方强国，又能避免在欧美已经为害的少数富人垄断、贫富悬殊的弊病，建成一个"家给人足，四海之内无一夫不获其所"的"社会的国家"。众多的革命志士，也正因为悲叹自己民族的不幸，忧怀祖国的危亡而不遗余力的奔走呼号，立志为祖国的强盛，为同胞的幸福而以身许国，效命前驱。"黄帝子孙"是他们引以自豪的称号。可是，他们的言行，却使人感到同西方资产阶级革命者的所作所为竟如出一辙。正像马克思描述法国资产阶级革命派召唤古罗马的亡灵护持时所写的："在罗马共和国高度严格的传统中，资产阶级社会的斗

---

1 周永林：《邹容文集》，重庆出版社，1983年版，第42页。

2 列宁：《列宁全集》第21卷，人民出版社，1900年版，第427页。

士们找到了为了不让自己看见自己的斗争的资产阶级狭隘内容，为了要把自己的热情保持在伟大历史悲剧的高度上所必需的理想、艺术形式和幻想。"[1] 所以，不论中国的革命者是如何不让"自己看见自己的斗争的资产阶级狭隘内容"，设想革命后的中国将是一个美好的社会，但历史的辩证法告诉我们，成千上万的志士英豪为之壮烈捐躯所创造的胜利前景，在当时只能是资本主义制度的确立。而这些志士英豪也只能与他们所景仰的前辈华盛顿、拿破仑那样，被供奉在资产阶级革命家的庙堂里。

所以，辛亥革命时期的革命派，他们从事革命并不像资本家那样为了追逐利润。决定他们阶级属性的因素，是当时中国的社会性质和革命性质。从他们的教养、思想、志向来说，他们是当时中国思想最敏锐，最有觉悟，掌握了最进步的革命理论，站在时代前列领导人民前进的一大批先进分子。如果他们是为了追逐利润的卑下的目的而革命，那么，怎能有那么多慷慨悲歌、勇猛壮烈的英雄行为出现呢？

二

正确地、历史地看待辛亥革命时期的革命派，对他们在中国近代史上的地位和贡献，就不难作出恰如其分的评价。

对民族的屈辱，祖国的危亡怀着切肤之痛，可以说是辛亥革命时期革命派的一种共有的革命情感。翻开《猛回头》《警世钟》《黄帝魂》等革命作品，那种因瓜分横祸迫切而忧心如焚，殷切期待全民族奋起救亡的呼声，是何等的感人肺腑！真是"一腔无限同舟痛，献与同胞侧耳听"。人们从上述的著作里，感触到了清晰的民族觉醒的脉搏，炙手的爱国主义热忱。在中国近代史上，广大农民曾经为摆脱帝国主义奴役和封建势力的压迫而进行过多次的英勇奋斗，但无论是波澜壮阔的太平天国起义，还是狂飙乍起的义和团运动，都没有摆脱借助宗教信念去动员群众的旧的斗争方式。只是到了资产阶级革命派登上政治舞台后，才用具体的、真正能启迪人们觉醒的民族意识和爱国精神去唤起民众，使之投身于民主革命的行列。

比起宣传民族解放影响更大的，尤推革命派在冲击封建反动营垒方面所进行的斗争。邹容的《革命军》为什么"不翼不胫而飞走海内"，成为辛亥革命时期销量最大的一本书？就是他敢以"竖独立之旗，撞自

---

1 马克思、恩格斯：《马克思恩格斯全集》第8卷，人民出版社，1976年版，第122页。

由之钟，呼天吁地，破颡裂喉"的雄毅气概，歌颂了"顺乎天而应乎人"
的民主革命的正义性和必然性，给封建专制主义以当头棒喝。章太炎的
《驳康有为论革命书》为什么那样脍炙人口，振奋人心？不仅是他怒目
戟指地呵叱"载湉（光绪皇帝名字——引者）小丑，不辨菽麦"，甘冒
灭族的危险向数千年视为天经地义的君权挑战；更重要的是他以雄辩犀
利的词章，阐明了中国只可行民主革命而不应指望清王朝实施君主立宪
的道理。至于伟大的革命先行者孙中山首倡推翻君主专制制度，创立共
和民国的功绩，则更是举世共仰，有口皆碑。"敢有帝制自为者，天下
共击之"！两千多年前，刘邦登上了皇帝的宝座后曾经宣布："其有不
义背天下，擅起兵者，与天下共伐诛之！"从此起，汉高祖的这道"圣
旨"，就成了谁也不能违背的"古今之大法"。可见，孙中山提出上述
那样一个斩钉截铁似的口号，需要多么果断坚毅的胆识啊！摒弃这两千
多年来似乎已成为天经地义的政治上层建筑，在当时中国所产生的巨大
影响，是可以想象得到的。

　　还应当提到，辛亥革命时期革命派为真理而英勇捐躯的精神更是令
人赞叹。许多革命者都是怀着以身许国的崇高心愿，为民族的复兴和同
胞的幸福不惜牺牲自己的一切。他们或是亲冒锋镝，抱视死如归的壮志
而效命疆场；或是不避斧钺，故凛然正气而从容就义。自孙中山于1895
年在广州筹划第一次反清起义起，每一次斗争都留下了革命者慷慨悲歌、
英勇喋血的壮烈篇章。陆皓东、史坚如的宁死不屈；刘道一、魏宗铨的
临危不惧；禹之谟备受酷刑而志不稍馁；杨卓林身陷囹圄犹掀案骂贼；
徐锡麟就义前神态自若，赋"死亦无憾"以勖勉来者；熊成基赴刑场甘
之如饴，殉难时仍笃信"继我而起者，大有人也"，"虽死尤生，牺牲
尽我责任"；女革命家秋瑾临难前吟诗明志，读到她那"秋风秋雨愁煞人"
的绝命词，更令人对这位赍志以殁的"巾帼英雄"倍加敬仰。尤其是那
"碧血横飞，浩气四塞"的黄花岗起义，真说得上是惊天动地的空前壮
举。方声洞给家人写绝笔书，豪迈的宣称："以强祖国，使同胞享幸福，
虽战斗而死，亦大乐也。"林觉民致书妻子，自誓"当亦乐牺牲吾身与
汝身之福利，为天下人谋永福也"。李德山临刑意气昂扬，高呼"大丈
夫为国捐躯，分内事也"。喻云纪在敌人面前严正地宣布："学说是杀
不了的，革命尤其杀不了！"表彰辛亥革命时期众多殉难烈士的高风亮
节，英烈情操，至今还有着重要的教育意义。

三

辛亥革命时期革命派的民族觉醒，爱国主义、民主主义和献身精神，充分体现在他们前仆后继、不屈不挠的革命斗争实践中。

大家知道，民主革命的全面高涨，是以同盟会的成立为标志的。同盟会成立后，革命派就以叱咤神州风云、引领时代潮流的气概，举发了一连串的武装起义。1906 年，有声势浩大的萍浏醴起义。1907～1908 年，在西南边境，孙中山亲自筹划的武装起义，联翩踵起，迤逦相属：黄冈起义、惠州七女湖之役、防城之役、镇南关之役、河口起义等，义旗高举，万众云集。其间，还有徐锡麟、熊成基两度安庆起义，使清统治者陷入顾此失彼的困境。1910～1911 年，同盟会又连续在广州举发两次起义。革命潮流，如怒涛排壑，终于推涌起全国革命的高潮。

革命高潮来临，湖北革命党人于 1911 年 10 月 10 日发动起义，首传捷报，给了清王朝以致命的一击。各处革命派纷起响应，领导新军、会党、群众举发城市起义，使清朝的统治迅速崩溃。孙中山被举为临时大总统，于 1912 年元旦在南京组成临时政府，宣告了中华民国的诞生和清朝的灭亡。

在革命派开展反清斗争的同时，代表民族资产阶级上层利益的立宪派则致力于吁请清王朝实行宪政的立宪运动，并企图借以抵制革命。但到武昌首义前后，他们鉴于革命潮流已无法阻遏，清王朝已濒于倾覆，这才相率背离清廷，附从革命，咸与维新。他们的转向，使清朝越发孤立，也对革命浪潮在全国的扩展起了推波助澜的作用。可是，在国外部分研究中国近代史的学者中，却流传着另一种见解，即不恰当地渲染立宪派的活动，认为立宪派在辛亥起义中的作用比革命派更大，甚至认为 1911 年的全国起义主要是在立宪派的指导下进行的。这种看法是不能苟同的。

倾覆清朝的力量主要是什么？是立宪派一再地发动恳求清王朝实行宪政的立宪运动，还是革命派领导新军、会党、民军所举发的持续不断的武装起义？显然是后者而不是前者。没有革命派反复地从事民族解放、爱国主义和民主主义的宣传，20 世纪初年的中国就不会产生反清民主革命的形势；没有革命派的献身精神，连续地举发反清武装起义，就不可能推动革命形势的迅速高涨，没有爱国志士在湖北新军中进行艰苦的组织工作和革命化新军的英勇奋斗，就没有武昌起义；没有武汉革命军奋起抗击清军反扑，浴血奋战，就不可能巩固首义的胜利，从而推动全国反清运动的普遍延展和起义在十多个省的联翩告捷；没有这一系列急剧发生的事变，立宪派也不敢同清廷决裂，或迟或早地附和革命。半数以上省份的归附革命；一半左右新军倒戈反正；举国人民的厌弃清廷，向往共和，才把清王朝驱入无法延续其反动统治的绝境。这一切，都主要是革命派的功绩。立宪派只能说是在清朝倾覆的时候，助了一臂之力。认为他们的作用比革命派更大，起了主导作用，是明显地与史实不符。

当然，资产阶级革命派，由于时代的局限，也存在着这样或那样的错误。比如，他们没有鲜明地提出反对帝国主义的口号，也没有彻底的反封建的纲领，他们不愿意广泛地发动群众，特别是没有动员广大农民起来革命。因此，当帝国主义支持以袁世凯集团为主的反动势力进行反扑时，他们就被迫妥协，致使革命胜利果实落到袁世凯手里。辛亥革命的失败证明资产阶级革命派不可能领导中国人民完成反帝反封建民主革命的任务。对待革命派的这些缺点和错误，我们应该用历史唯物主义的观点，正确地作出历史的分析，不能离开当时的历史实际。正如毛泽东同志在《纪念孙中山先生》一文中所说的："这是要从历史条件加以说明，使人理解，不可以苛求于前人的。"

辛亥革命时期以孙中山为首的革命派领导人民推翻帝制，建立共和国的丰功伟绩将铭刻在中国人民的革命纪念碑上。

（原载《新湘评论》1981 年第 10 期）

评辛亥革命时期的立宪派

1981 年

清末立宪派是民族资产阶级上层的政治代表。它和代表民族资产阶级中下层的革命派虽同属一个阶级，但由于彼此经济利益的不同，和封建势力的联系有亲疏之别，因而政治态度显有差异[1]。从 1905 年同盟会成立起，到 1913 年"二次革命"止，两派经历了一个"对立－联合－分裂"的过程。现分述如下。

一、从对立趋向接近

民族资产阶级上层主要是依赖政治上、经济上的封建性联系而得以扩大资本积累，获得比中下层较大较快的发展。他们一方面对清王朝的封建专制主义制度和政策很有抵触，一方面则竭力要让这个王朝得以存在，使自己所借以增值资本的封建权力不致消失。所以，他们在政治上支持清王朝，希望它切实推行有利于资本主义发展的立宪新政，反对以推翻清王朝为主旨的民主革命。为此，立宪派人掀起了全国规模的立宪运动；其中，轮番举行的国会请愿是这一运动的主要形式。但所有活动都没能使清廷改变其"假立宪之名以行集权专制之实"的宗旨。立宪派人的努力是无效的。

应当如何评价立宪派以国会请愿为主要形式的立宪运动？无庸讳言，这个运动的目的之一，是抵制民主革命。但却不能把它同无产阶级革命兴起后资产阶级旨在反对社会主义革命的改良主义运动一例看待。理由是：1. 革命派和立宪派并非两个敌对阶级的派别，而是同一个阶级内部不同阶层的政治代表；2. 两派的终极目标，都是要在中国以资本主义制度取代封建制度，创立资产阶级专政的政权，只是采取的手段、方略和预拟在变革后建立的政体形式有很大的不同；3. 无论是按革命派的

---

1 林增平：《略论民族资产阶级上层与清末立宪派》，《辛亥革命史丛刊》第 2 辑，中华书局，1980 年版，第 51 页。

要求建立民主共和国还是按立宪派的愿望实行君主立宪，都无损于民族资产阶级的整体利益，只是前者更有利于中下层的发展，而后者则使上层获益较多。所以，将革命派和立宪派之间的争执看作两个敌对阶级之间的冲突是不妥当的；但这并不意味着两派之间不存在是非功过的区别。

就对中国社会的影响来说，立宪派搞立宪运动是错误的，是有罪过的。因为，倡立宪是在同盟会已经建立，革命形势正加速发展，革命派也以实际行动表明有能力指导全国规模运动的情况下发生的。这时，反清革命已是大势所趋，人心所向，是所谓顺乎天而应乎人的时代潮流。而清王朝，则不管立宪派人如何"匍匐都门，积诚罄哀"地反复请愿，却始终以其冥顽颟顸的姿态舞弄着立宪的幌子，一而再，再而三地搪塞行骗，压根儿就没有半点立宪诚意。辛亥武昌首义的爆发和清王朝的倾覆，证明了革命派是正确的，反对革命的立宪派犯了历史性的错误。况且，立宪运动虽不曾产生阻遏革命的后果，但也应看到，立宪派人确曾以他们的社会地位和"积诚罄哀"的态度，引诱了一部分忧心时事、倾向改革的人士和他们一起对清王朝抱着不切实际的指望，从而削弱了革命派可能发动和联系的力量。所以，对立宪运动是不宜加以肯定的。

当然，搞立宪运动只是立宪派人全部活动的主要内容。与此同时，他们还从事过其他一些活动。像倡导收回利权，反抗帝国主义掠夺中国资源的斗争，就是应当称道的。特别是由他们掀起来的保路运动，更具有明显的反帝爱国性质和重大意义。在推广科学技术、兴办教育和出版等文化事业方面，立宪派人作出的成就也是不能忽视的。即使那旨在抵制革命的立宪运动，也由于立宪派人广泛集会请愿和舆论宣传，从而揭露了清统治者假饰立宪的面目，传播了一定程度的民主主义观念。总起来说，立宪派除了在搞立宪请愿等以抵制革命的活动中铸成大错外，其他方面是不宜加以非议的。

由于立宪和革命只是民族资产阶级内部两个派别的争执，因此，到一定时候，当立宪的道路走不通，而民族资产阶级上层的利益受到严重损害时，立宪派就有转向附从革命的可能。这种可能发生于1910年第三次国会请愿被拒，到次年夏皇族内阁出场和颁发"铁道干路国有"政策的前后。促使立宪派转向的原因，主要有以下两项：

（一）立宪派要求真立宪和清廷坚持假立宪之间的矛盾逐渐激化，最终到达破裂的程度。

当1905年秋清廷派五大臣出洋考察政治，表现了将要实行宪政的迹象时，立宪派的喉舌《时报》著文称："今以考求政治之故，特命重臣出洋。朝命甫下，固未卜其后效之何如也，而人人意中，皆若有大希望之在前，以为年月之间，必将有大改革以随其后，人心思奋，则气象一新。"[1]对清廷的宪政显得颇具信心。但是，刚过一年，立宪派人就在清廷颁发的"仿行宪政"的谕旨里看到了宪政前途的阴影。仍然是《时报》在它一篇"恭读上谕"的文章里抱怨说："恭读谕训，一则曰规制未备，民智未开，再则曰俟数年后，规模初具，查看情形。迟回审顾，一若不得已而先慰民望，不许人以满足之观念者。"[2]立宪派和清廷当权集团之间开始有些嫌隙了。又过了一年，清廷按"廓清积弊，明定责成，必从官制入手"的步骤进行所谓官制改革，就暴露了它不仅缺乏立宪诚意，而且旨在借此以加强专制集权的卑劣意图。"改革"后的中央官制，军机处照旧不动，政府权柄，明显地集中于皇帝贵族手里。立宪派于是又发出怨言，指责这样的"官制改革"，无非"法令所定，诏敕所颁，一仍专制政体之例，有其绝对之效力，窃恐日言预备，而立宪之基础，终无由立"[3]。他们的信心有些动摇了。

接着，立宪派连续地发动国会请愿，屡屡遭清廷峻拒。1910年6月，预备立宪第二次国会请愿被拒后，立宪派人就按捺不住心头的怒气了，居然公开号召要"假立宪之威焰"，"破除假立宪之狡猾"[4]。他们和清廷权贵之间的关系，开始显得紧张起来。待到10至11月第三次请愿被拒，清廷严令请愿代表"即日散归"，不许在京城逗留；随后又有东三省请愿代表被逐，天津学界请愿同志会会长温世霖遣戍新疆等事件。立宪派和清廷之间就到了破裂的边缘。可是，他们还没有最后绝望，被谕令"即日散归"的请愿代表于行前仍表示，不放弃继续请愿的打算[5]。

这时，急剧高涨的革命风潮使得清廷当权集团极为忧惧，越发想把政权、军权、财权集中到自己手中，深恐大权旁落，一旦有事就无法自保。立宪派人执着地轮番请愿，愈是"积诚馨哀"，愈加增添亲贵们的疑惑情绪。一些守旧大臣纷纷上疏，奏请清廷对立宪派的危害予以足够的注意。他们或说："立宪之法，以威于君、以权授内阁。君不负责任，责

---

1 《读十四日上谕书后》，《时报》光绪三十一年六月十六日。

2 《恭读十三日上谕赘言》，《时报》光绪三十二年七月十六日。

3 《编改外省官制办法及各疆臣之意见》，《宪政初纲·立宪纲要》。

4 《中国时事汇录·记载三》，《东方杂志》第7期，第206页。

5 胡思敬：《密陈立宪隐患折》，《皇朝续文献通考·宪政七》，第11497页。

任内阁大臣。……总理大臣而贤，牵掣多而一事无成，将有席不暇暖之势；不贤则沟通政党，且潜生睥睨神器之思。其谋甚拙，其势甚险！"言下之意，要求立宪，无异于阴图篡位。或者说：立宪派"乃欲借立宪倾陷朝廷以阴行革命也。……昔之倡革命排满者，潜伏于海外，今公行于朝右矣。……其处心积虑，无非夺君主之权，解王刚之纽，阳美以万世一系，阴实使鼎祚潜移"[1]。在他们眼里，立宪派比革命派的危险性还要大些。

从清朝建立起，朝廷亲贵对汉族大臣本来就防范很严。而眼下，搞立宪请愿的又多系汉族绅商。因此，那个"王刚解纽，鼎祚潜移"的阴影，愈加黝黑地投射到紫禁城的太和殿上。于是，就有1911年5月皇族内阁的登场。

皇族内阁暴露了清廷立宪的彻底虚假。立宪派人气愤异常，没想到历年奔走呼号，磕头请愿，最后竟请出这样一个集权皇族，极端专制的"立宪"内阁来了。他们群起责难，并召开谘议局联合会第二次会议，向都察院呈递请愿书，要求撤换皇族内阁。然而，仍然碰壁而返。

立宪派拥戴清廷是以它真正实行立宪为前提的。谁料清廷连拖带骗，所谓宪政愈来愈虚假透顶，愈来愈专制集权，与立宪的距离日益遥远。因此，是否支持这个王朝的问题，就被立宪派人提上了议事日程。

（二）在路矿主权得失及其经济利益的争执上，导致了立宪派和清廷之间关系的恶化。

自19世纪末帝国主义竞相掠夺我国铁路、矿山等权益起，先进的中国人就逐渐看出了它的危害，把它称作帝国主义的"灭国新法"。他们形象地描写道："夫外国人之恒言分割支那大陆而盘据之，莫如夺其重要之铁路，则不必显居分割之名，而阴享分割之实。比年以来，各国势力范围之划定，实借攘夺铁路矿产为张本。"[2]"是故铁道者，通商之后援，而灭国之先导也"[3]。因此，反抗帝国主义掠夺中国路矿等权利，开展收回利权的斗争，在当时就被中国人看作事关民族兴衰、国家存亡的大事。

创设商办铁路、矿业公司，是收回利权运动的一项重要措施和斗争成果。而商办铁路，更是20世纪初年大多数省份"拒外债，保利权"的主要内容。据统计，1903～1907年5年间，即有15个省先后开设铁

1 刘廷琛：《为宪政败象渐彰以救危机折》，《皇朝续文献通考·宪政八》，第11510页。
2 宓汝成：《中国近代铁路史资料》第3册，中华书局，1963年版，第983页。
3 中国科学院历史研究所第三所编：《云南杂志选辑》，科学出版社，1958年版，第480页。

路公司 [1]，着手集股修路。尽管各省铁路公司一般是由地方当局和倡首官绅通过赋税附加等方式集股筹款，但股份中也有不少是各种商业行会或社会团体的投资，并因为它具有同买办官僚举借奴役性路债的卖国政策相对抗的意义，因而属于民族资本的性质。由于铁路的勘测、修筑对中国各阶层人们的政治、经济生活，对原来的风俗习惯都产生强烈的冲击，因此，保路运动在1905年以后越发成为广大人民反对帝国主义侵略和清王朝卖国行径的重大课题，显著地促进了铁路集股的成效。截至1911年，集股成效较大的有四川川汉铁路公司（欲筹股额2099万元，实收1645万元）、广东粤路公司（欲筹股额2000万元，实收1513万元）、浙江铁路公司（欲筹股额600万元，实收925万元）等。综合12个省铁路公司实收股额，共计达5987万元 [2]。到1911年时，各省铁路公司自行修成的铁路总长虽然只有422公里 [3]，成绩颇为不佳，但就这一部门筹集的资金数量来说，则是其他部门难于比拟的。如果把它和1895～1913年间商办工矿企业的资本额（9079万元 [4]）相比较，则更可以看出商办铁路在全部民族资本主义经济中所处的重要地位。

随着商办铁路公司的增多和集股成效的日显，就很快导致了一批把持铁路事务，插手筹款集股而获得利益的地方官绅向资产阶级转化。由于铁路公司的股份主要是通过按租派股，随粮加捐盐斤加价，商货增厘等等方式征集的，同封建地租、清王朝的捐税联系在一起；公司的总理、协理，则是由督抚据各省士绅公举，咨请商部具疏奏派的。因此，这批新起的资产阶级人们，在政治上、经济上同清王朝存在密切的联系。另一方面，各省铁路公司的兴办，一般都是以"拒外债，保路权"为号召，集股筹款后，又很有可能被清王朝使用中央集权专制手段加以攘夺，因此他们又具有一定程度的反帝请求，并竭力要争取开议会，立宪法，实行地方自治，以防范自身已得到的权利遭到侵害。所以，这批新起的资产阶级人们，其社会地位、政治倾向和经济利益，同那些因开办近代工业得以扩大雇佣剥削积累的民族资产阶级上层人物，存在共同的利害关系和命运。他们是形成伊始的民族资产阶级上层的重要组成部分。

通过收回利权运动而兴起的一些省的矿务公司，同铁路公司类似。

1 宓汝成：《中国近代铁路史资料》第3册，中华书局，1963年版，第1147页、1148页。

2 宓汝成：《中国近代铁路史资料》第3册，中华书局，1963年版，第1148页。

3 宓汝成：《中国近代铁路史资料》第3册，中华书局，1963年版，第1150页。

4 据汪敬虞：《中国近代工业史资料》第2辑下册，中华书局，1962年版，第864—919页各表累计。

控制那些矿务公司的人们，一般也转化成民族资产阶级上层分子。

在清末全部资本主义企业的资本额中，各省路、矿公司集股筹款的份额既占到很大的比例，于是，由此而产生的民族资产阶级上层分子及其代表人物，在立宪派里也显得异常活跃；特别在资本主义工业还较微弱的省份，他们更是立宪的主要支柱。像江苏铁路公司总理王清穆、协理张謇，浙江铁路公司总理汤寿潜，安徽铁路公司总理周学铭，云南铁路公司总办陈荣昌、会办丁彦，广西铁路公司协理（代行总理职务）梁廷栋，倡首设立湖南铁路股东共济会的谭延闿，湖北铁路协会首脑汤化龙、张国溶，四川保路同志会首脑蒲殿俊、邓孝可，山西保晋公司倡办人和股东梁善济、渠本翘等，都是立宪派里声名显赫的人物，多数在保路、保矿运动中崭露新角。

如同立宪请愿运动一再被清廷拒绝一样，保路、保矿运动也无不遭到清廷的压制。在清王朝覆亡前夕，奴役性的高利贷外债和"赔款"，在它的支出中占到很大的比例；编练新军，筹办各项"新政"需要大量钱财；官僚机构重叠，官场贪污糜费的风气更形炽盛。而海关、厘金、盐税，已陆续地成了外债、"赔款"的抵押；虽广泛增设苛捐杂税，也很难填补急剧扩大的亏空。这时的清王朝，既被沉重的外债压得窘乏不堪，又陷入搜括殆尽、罗掘已穷的困境，于是就只好专以铁路、矿山的主权作为乞贷的抵押品。一些贵族大臣居然把"借债造路"称作"第一救亡政策"[1]，其卑劣意图，无非是藉拍卖主权来加固自己和帝国主义之间奴主关系纽带，以便凭借这条纽带来挽救自身的覆亡。所以，对待各省保路斗争，清廷一律加以压制、取缔，甚至捏称那时"阳借争路为名，实则阴怀叵测"[2]，为暴力镇压安排伏笔。1910 年，又发出谕旨，申斥浙江铁路公司总理汤寿潜"狂悖以极"，"着即革职"[3]，恶狠狠地威胁各省倡首保路的人士。

清廷对保路运动的压制，激起了群众的愤恨。立宪派人在《申报》撰文指控清廷"宁令国人死，毋触外人怒"[4]。苏路股东赵铨年致信公司，斥责"政府甘弃我江、浙，我江、浙人民何忍听政府之行为"[5]。人民爱

1　《密陈筹借外债以裨财政而弱敌势折》，《锡良遗稿·奏稿》第2册，中华书局，1959 年版，第 1204 页、1206 页。
2　《清德宗实录》第 581 卷，第 7 页。
3　《宣统政纪》第 39 卷，第 8 页。
4　《论沪杭甬铁路事》，《申报》光绪三十三年九月初二日。
5　《申报》光绪三十三年十月初一日。

国保路同清廷卖国卖路的矛盾，迅速地激化。

　　到1911年5月，清廷那个举国唾弃的皇族内阁竟敢冒天下之大不韪，抛出一道所谓"铁道干路国有"政策，宣布所有各省商办干路一律收归"国有"。其实是把已准各省自办铁路的利权一笔勾销，以"国有"为名逐一将路权卖给帝国主义。如同当时人所指出，这是"夺之所亲而予其敌"，"务国有之虚名，坐引狼入室之实祸"[1]，全国为之惊骇不安。首先被清廷借"国有"为名拍卖出去的是川汉、粤汉两条干路。湘、鄂、粤、川等省保路风潮油然勃发，掀起了一场人民同帝国主义及其走狗清王朝之间的大搏斗。

　　立宪派人"积诚馨哀"地搞国会请愿，被清廷贵族大臣指为"阳美以万世一系，阴实使鼎祚潜移"，最后还让皇族内阁袍笏登场，似乎是蓄意要对立宪派人嘲弄一番。立宪派倡导保路运动，又被指为"阳借争路之名，实则阴怀叵测"，最后抛出"铁道干路国有"政策，引狼入室，堵塞民族资本流注的渠道。立宪派希冀清廷切实加速立宪，到头来毫无指望，借以增值资本的商办铁路，又遭劫夺，经济上受到了重大打击。这样他们同清王朝的关系就不可能继续维持下去，向革命方面靠拢的迹象，日益明显。

　　在第三次国会请愿碰壁，清廷下谕驱散请愿代表的那一天，当事者徐佛苏说，当晚即有一部分对此深表愤慨的请愿代表，在他主持的《国民公报》报馆中，"秘议'同人各返本省，向谘议局报告清廷政治绝望，吾辈公决密谋革命，并即以各谘议中之同志为革命之干部人员，若日后遇有可以发难之问题，则各省同志应即竭力响应援助起义独立'，云云。此种秘议决定之后，翌日各省代表即分途出京，返省报告此事"[2]。另据参与过那次请愿的康有为保皇会代表伍宪子回忆："当请愿代表被勒令出都之日，曾经秘密会议，将以各省独立要求宪政。汤化龙、蒲殿俊等同志"为请愿代表参与秘议之人，其一触即发，并非偶然"[3]。依据这两位当事人所记，可以断定一部分请愿代表于被逐离京时，是确曾有过密议。但徐佛苏所谓"公决秘谋革命"，显然是后来记述此事时有所溢美。倒是伍宪子"以各省独立要求宪政"的说法，比较接近事实。

　　转到1911年夏，当直省谘议局联合会在京召开第二次会议，商议

1　《四川谘议局呈川督文》，《蜀报》第12期。

2　《徐佛苏记梁任公先生逸事》，《梁任公先生年谱长编初稿》，台北世界书局，第314—315页。

3　伍宪子：《中国民主宪政党党史》，香港1952年版，第16页。

请求撤换皇族内阁，着手建立宪友会时，气氛就和前一年很不相同。汤化龙在会上发言强调："大家要知，我们提倡此种舆论是极健全而不可抗之舆论。果能布告国民，使国民确知现政府之不可恃，生出种种恶感，将来政府一定能推倒，此是却有把握的。"[1]《时报》刊登《中国政党小史》，谓宪友会"对于时势有一种紧迫自卫之意"。又称："此次谘议局联合会有一最可注意之事实，即其态度与去年大变，决不重视谘议局、资政院之议案之准备也。盖经历次失败，民党以深知谘议局、资政院之不足恃，故咸趋重于自卫之一途。其所拟提出之议案，有所谓商量国民军办法及民立炮兵工厂云云。"[2]立宪派的转向，已经不是蛛丝马迹，而是颇有点鸣鼓树帜的势态了。这时，保路风潮大起，湖南谘议局续推议员左学谦、周广询为代表再往请愿。"适遇四川请愿代表谘议局长蒲殿俊等，因拒款请愿被押解回藉，左搭车送之，蒲告以国内政治已无可为，政府已彰明昭著不要人民了，吾人欲救中国，舍革命无他法。我川人已有相当准备，望联络各省，共策进行。周因留而左返湘，以目击情形详告同人。于是遂各各暗中增组机关，而谋进行革命愈力"[3]立宪派人为转向革命，在部分省不同程度地作了组织上的准备。

二、附从革命，联合反清

1911年武昌首义的胜利，给了清王朝以致命的一击，促使了大部分立宪派人先后作出了舍弃清王朝、附从革命的决策，同革命派由对立转为联合的关系。

在联翩反清起义的事变中，各省立宪由于力量、处境的不同，所起作用的大小也很不一致。

武昌首义的胜利，当然是革命化的新军彻夜苦战所建立的功勋。11日上午，在湖北谘议局集议推举都督，筹建鄂军政府时，以汤化龙为首的立宪派人虽怀有攮夺权力的意图，但他们在会上公开宣布赞成革命，作出"无不尽力帮忙"的诺言，对于军政府的组成，武汉局势的稳定，

1　《直省谘议局议员联合会报告书》，第66页。

2　《时报》宣统三年十月十六日。

3　粟勘时：《湖南反正追记》，湖南文献委员会编：《湖南文献汇编》第2辑，1948年版，第373页。

都起了一定的作用[1]。先是汤化龙曾倡头由湖北谘议局、湖北自治筹备处、湖北教育会、汉口总商会、汉口商团联合会5个团体组成宪政同志会，被推为会长。汤既公开表示赞成革命，上述各资产阶级团体就站到了军政府一边。都督黎元洪刚刚举定，谘议局司会计的胡瑞霖"乃奔告商会垫借五万金分配作临时食费"[2]，暂时解决了起义军的粮饷问题。接着，汉口新军起义，商会会长蔡辅卿、副会长李紫云即到军政分府表示支持，犒劳革命军，并送10万元以济军需。"从十月十一日起，迄汉口新军陷落，分府一切用度，未动武昌官库分文"[3]。19日，革命军击败敌军于刘家庙，"商会即购买馒头罐头酒肉等项，送到战线犒赏。又备红彩布多件，送予各部队兵士，以祝战胜纪念"[4]。武昌首义的胜利，起义者的坚持抗拒清军反扑，与民族资产阶级上层各团体及其代表人物的赞助不无联系。

　　首先响应武昌首义的是湖南，当1911年夏立宪派与清廷分裂，秘议转向革命时，湖南立宪派人已与革命党人建立联系。首义胜利消息传来，焦达峰、陈作新等即与立宪派黄瑛、左学谦、黄翼球等几次秘密商议发难[5]，"握手共生死"[6]。10月12日，长沙新军起义，黄瑛等在城内举火响应。当晚，焦达峰、陈作新被举为正副都督。"各商民人等，欢迎义师，异常鼓舞，致送猪马牛羊者，不下数十起，绅学各界人等前往投效者，络绎不绝。"[7]10月31日，立宪派利用兵变和焦、陈二督的被杀，拥谭延闿为都督，攫取了军政府的主要权力，革命、立宪两派的关系有破裂的可能。但由于当时形势还不容许双方分手，继续联合对两派都有利。因此，革命派也就忍隐退让，只求立宪派"莫扯龙旗归顺清朝"[8]；立宪派也尽可能收敛对革命者的残害和排挤，并继续派军北援武汉。于是，起义方面局势没有受到大的影响。

1　举黎元洪为都督，主要出自革命党人的拥戴，并非立宪派人倡首引荐。首义伊始，举黎为都督，对于稳定局势，推进各省响应，都有一定的作用。参阅拙著：《黎元洪与武昌首义》，载《江汉论坛》1981年第4期，第56页。

2　李西屏：《武昌首义纪事》，《辛亥首义回忆录》第4辑，湖北人民出版社，1981年版，第30页。

3　闻楚珩：《辛亥革命实践记》，《辛亥首义回忆录》第1辑，湖北人民出版社，1979年版，第55页。

4　杨玉如：《辛亥革命先著记》，科学出版社，1958年版，第126页。

5　粟勘时：《湖南反正追记》，《湖南文献汇编》第2辑，第381页。

6　子虚子：《湘事记·军事篇一》。

7　郭孝成：《中国革命记事本末》第2篇《湖南光复纪事》，商务印书馆，1912年版。

8　《邹永成革命回忆录》，《近代史资料》1956年第3期，第82页。参阅周震鳞：《谭延闿统治湖南始末》，《湖南文史资料》第1辑。

接着，山西于10月29日日宣告"独立"，阎锡山被举为都督。以军饷短绌，起义者迫大资本家渠本翘捐款50万。谘议局议长梁善济、副议长杜上化参与了军政府的谋议。在政治上倾向立宪派的蔡锷，于10月31日领导新军发动重九起义，占领昆明，出任云南军政府都督。谘议局议长张惟聪、副议长段宇清、张世勋蝉联充省议会正、副会长。10月29日，江西谘议局及各团体开大会，议独立，巡抚冯汝骙出面劝阻。过两日，新军起义，宣告江西反正。这三省的立宪派附从革命虽采取消极从权的态度，但也起到了配合作用。

上海的反正，立宪派人作出的贡献较大。原因之一是上海民族资产阶级上层和立宪派中代表人物较早地与清廷离异，也较早地同革命派接近。1910年冬第三次国会请愿时，上海总商会举沈懋昭为代表参与其事，并求见庆亲王奕劻，请从速召开国会。遭到拒绝后，沈"退而叹曰：'釜水将沸，而游鱼不知，天意难回，请从此辞。'乃束装返沪"[1]。次年春，沈在沪活动南北商团公会成立全国商团联合会，由沈出任会长，宋教仁、陈其美、谭人凤等一大批同盟会员均是国民总会重要成员。7月底，中部同盟会在沪成立。在此前后，沈懋昭、李平书和商会、商团重要负责人王震（一亭）、顾馨一、叶惠钧等，均相继参加同盟会。革命派和立宪派建立了较为密切的关系。11月3日，革命党人发动起义，李平书等控制的商团武装积极参战，通力合作，继占领上海县署之后，又获得攻克江南制造局的胜利。6日，成立沪军政府，李平书出任民政部长，沈懋昭出任财政部长，王震出任交通部长，虞洽卿为顾问官。上海是中国工业、商业、金融、外贸的中心，没有商会和商团武装的合作，是难以取得起义胜利的。他的宣告"独立"，对清廷又是一个致命的打击。

紧接着，贵州于11月4日宣布反正。发动起义的主要武装力量是倾向革命的陆军小学学生和新军官兵，而由立宪转向过来的自治学社起了很大的作用。自治学社虽在1911年春夏已与革命派联系，作了应变的准备。但最后摒弃立宪主张，是在武昌起义之后。据参与其役的人记载："武昌义举，风潮益激，而劣绅、权豪为仇视自治党，故遂欲乘机兴大狱，以消灭政敌，指自治党为革命，为鄂乱有关，向官厅告密，调刘显世防营省剿捕。自治党人张百麟等外审机势，内逼刑戮，遂决然弃去君宪主张，与革命党共同谋划。贵阳之各校学生及会党、营军，各有怀

---

1 《沈缦云先生年谱》，《辛亥革命在上海史料选辑》，上海人民出版社，1981年版，第981页。

抱，声气早通，一见事机成熟，不崇朝而大联合，热情奋发，咸愿以发纵指示之权奉之自治党。清廷官吏见革命党集结日众，而湖南、云南相继告警，仓皇失措。革命党遂以疾雷不及掩耳之手段，挟少数之武力，于少数时间据贵阳而宣布独立。"[1] 所以，自治学社虽然近于因人成事，但毕竟不能否认它领导贵州反正的地位[2]。

上海民军起义后，"苏绅潘祖谦、尤先甲、孔昭晋、江衡等先后说（江苏巡抚程）德全自保免祸，德全允之"[3]，10 月 5 日，程德全受江苏都督印，宣布"独立"。月中，张謇坚辞清廷农工商大臣、东南宣慰使的任命，到苏州出席省议会，蝉联议长。与江苏独立同时，浙江新军起义。发难前数日，参加了同盟会的谘议局议员褚辅成即与新军方面的革命党人商定，举汤寿潜为都督。10 月 3 日，谘议局副议长沈钧儒"至抚院，请拆卸满人营墙，尽编汉籍，宣告独立，以免惨杀。增抚（浙抚增韫）不允"[4]5 日晨，新军攻毁抚署，俘获增韫。至下午，旗营仍顽抗，于是"由汤寿潜作书劝降，旁晚将军（德济）派代表到谘议局见汤，接受投降"[5]。浙江起义宣告胜利。江、浙两省的"独立"都留了下了革命、立宪两派合作的痕迹。

11 月 7 日，广西宣告反正，推巡抚沈秉坤为都督，"谘议局多数赞成"[6]。8 日，福建新军起义，谘议局议长高登鲤、副议长陈之麟分任民政、财政部长。同日，安徽谘议局议长窦以珏、绅士童挹芬等，于谘议局集议宣告"独立"，举巡抚朱家宝为都督。9 日，广东七十二行商会、九善堂集议于谘议局，宣布"共和独立"，举胡汉民为都督。"张鸣歧在粤反革命时，使七十二行商会、九善堂通电诬抵革命，畅所欲言，指此为广东舆论之代表。及反正以后，而七十二行商会、九善堂又通电颂扬革命，唯恐不及"[7]。这反映了民族资产阶级上层态度的转变。

11 月 27 日，成都成立大汉四川军政府，举蒲殿俊为都督。四川立宪派人倡首保路，推动了全川保路同志军的起义，成为辛亥革命反清运

1 凌霄：《贵阳革命记》，《贵州革命史》第二章（一）。
2 关于贵州自治学社的性质及其在辛亥革命中的作用，参阅王天奖：《试论贵州自治学社的性质》，载《辛亥革命史丛刊》第 2 辑，中华书局，1980 年版，第 74—83 页。
3 尚秉和：《江苏篇》，《辛壬春秋》。
4 《浙江光复记》，《中国革命纪事本末》第 2 篇，商务印书馆，1912 年版。
5 褚辅成：《光复杭州之经过》，《浙江辛亥革命纪实》。
6 《广西光复记》，《中国革命纪事本末》第 2 篇，商务印书馆，1912 年版。
7 《胡汉民传·广东之光复与出任都督》，《光复粤垣记》（二），民国铅印本。

效率的资产阶级民主共和国，而让袁世凯仅拥有总统的名分，随处要受
民主体制的约束。立宪派则与此相反。他们知道，人民向往民主共和的
潮流是不可阻挡的，但基于自身同封建势力联系密切的缘故，所以希望
民主共和之名，而让袁世凯行封建军阀官僚统治之实。

这种分歧，在南京临时政府的议事日程上反映很明显。

还在临时政府成立之前，革命派就已有过"如袁世凯倾覆清廷，即
举为大总统"的诺言。所以，孙中山就任临时大总统后不得不向袁世凯
表示："暂时承乏，虚位以待。"但在让位的问题上，除了以清帝退位
为条件外，又提出两项足以钳制袁世凯的重要措施，嘱议和代表伍廷芳
转达袁方，即：（1）"临时政府地点，须在南京"；（2）"孙总统须
俟列国承认临时政府，国内改革成就，和平确立方行解职，袁世凯在孙
总统解职以前，不得干与临时政府一切之事" [1]。这两项措施，显然是
希望使民主共和国的体制在中国已经稳固，在国际上获得公认的情况下，
才允许袁世凯到南京来就任临时大总统的。

袁世凯集团和一切反动势力当然不愿按革命党人的意图行事。原立
宪派人这时已经和袁世凯站在一边。他们相互呼应，迫使孙中山为首的
革命党人放弃自己的奢望，而只以清帝退位作为袁世凯取代孙中山的唯
一条件。张謇拍给袁世凯的一件电报就透露了上述内情，电文称："甲
日满退，乙日拥公，东南诸方，一切通过。……愿公奋其英略，旦夕之间，
勘定大局。……" [2]虽然，孙中山的被迫退让，来自各方，包括一些变节、
转向、动摇的同盟会人在内部施加的压力，但从张謇电文里所称"东南
诸方一切通过"的口气来看，立宪派人的活动无疑在各方压力中起到了
杠杆的作用。

嗣后，以孙中山为首的革命派还是想尽最大的努力来防范自己缔造
的共和国遭到破坏，他们设法说服临时参议院的议员改变原已通过的临
时政府迁设北京的议案，重新复议，通过了临时政府仍设在南京的决议。
其用意是力图使袁世凯离开盘踞已久的老巢，受到在南京已初具规模的
民主共和体制的约束。立宪派人除了动员他们的舆论机器对革命派肆行
抨击外，又替袁世凯出谋划策。当南京方面派出迎袁南下的专使北行时，
张謇密函袁世凯称："目前第一难题，即要公南来。解此题者只有二法：
一从在京外交团着手，一从北数省人民着手。飞钳掉阖，在少川（唐绍

1　张国淦：《辛亥革命史料》，龙门联合书局，1958 年版，第 311 页。
2　《劝告袁内阁速决大计电》，《张季子九录·政闻录》卷 4，1932 年版。

仪字——引者）心知其意而妙用之，若不着一毫痕迹，使不欲南之意不出于公，当可有效。"[1] 专使团抵京，袁世凯隆重欢迎，并表白自己极愿南下，暗中却指使曹锟等发动兵变，制造北方紧张局势。张謇于是密电唐绍仪称："为今计，惟有利用外交团以非正式公文劝告南北双方，并声称不能听项城南下，致生变故。……请密速图之。"事实证明，张謇的计谋是奏效的。南京方面应允袁世凯在北京宣誓受大总统职，临时政府迁往北京，主要的压力，就是来自外交团的"劝告"。

革命派又败了一局。但以宋教仁为代表的一部人仍笃信民主共和制可以通过议会竞选的方式来实现，因而又致力于组织政党，扩充实力，为夺取国会多数议席而奔走策划。他们的意图是以《临时约法》为依据，以国会多数议席为基础，进而组织政党内阁，借这套资产阶级的国家机器去钳制袁世凯，逐步实现真正的资产阶级民主制度。而旧立宪派人对国会竞选同样异常热衷。他们的意图是想控制国会，为袁世凯竖起一架掩饰其军阀独裁统治的屏风。这种意图在梁启超 1912 年 2 月 23 日写给袁世凯的信里透露得很清楚。梁在信里写道："善为政者，必暗中为舆论之主，而表面自居舆论之仆，夫是以能有成。今后之中国，非参用开明专制之意，不足以奏整齐严肃之治。夫开明专制与服从舆论，为道若大相反，然在共和国非居服从舆论之名，不能举开明专制之实。以公之明，于此中消息当已参之极熟，无俟启超词费也。"[2] 话说得很明白，"居服从舆论之名，举开明专制之实"就是新的共和国呱呱坠地时立宪派人的政治主张。

围绕着竞选，各个政党之间产生了极为错综复杂的离合聚散的现象。一时党派纷起，官僚政客，趋之若鹜。同盟会为此大举改组，联合统一共和党、国民公党、国民共进会等党派，于 1912 年 8 月组成国民党。这个党虽然广事招徕，拉进了不少旧官僚和旧立宪派人士，以致泥沙俱下，成份庞杂，但领导权仍掌握在同盟会人手里，就其主要倾向而言，仍不失为一个资产阶级革命派的政党。

国民党声势大振，使旧立宪派大为气馁。他们纷纷写信给梁启超，促梁回国"竖新旗帜，造成一种新势力"[3]，以与国民党开展角逐。1912 年 10 月，梁回到国内，据他自己描述，抵达北京时，竟至"举国

1 《为时局致袁总统函》，《张季子九录·政闻录》卷 4，1932 年版。

2 《梁任公先生年谱长编初稿》，第 381—382 页。

3 《梁任公先生年谱长编初稿》，第 404 页。

若狂"，"如众星之拱北辰"，"其尤为快意者，即旧日之立宪党也。旧立宪党皆以自己主张失败，嗒然气尽，吾在报界欢迎会演说一次，各人勇气百倍，旬日以来，反对党屏息，而共和、民主两党人人有哀鸣思战斗之意矣。国民党经此刺激，手忙脚乱，……狼狈之态尽露"[1]。字里行间，当然包含了很多自我吹嘘的成份，但也说明梁的回国对于"嗒然气尽"的旧立宪派确曾给以极大的鼓舞，也显示了革命、立宪两派对立情绪在急剧地上升。

事实上，国民党并没有因梁的回国而"狼狈之态尽露"。这个主要由同盟会繁衍而来的政党，毕竟因为领导了辛亥革命的功绩而得到社会的支持。因此，尽管由旧立宪派人为主组成的共和党、民主党有袁世凯作后台，但终究难以同国民党比肩并驾。1913 年 2 月，第一届国会选举揭晓，在参、众两院合计 870 个议席中，国民党获得 392 席，占压倒多数。国民党代理理事长宋教仁行将出任内阁总理，已呈探囊取物之势。国民党连连获胜，袁世凯异常震惊。因此，他指使心腹党羽收买亡命痞徒，于 1913 年 3 月在上海将宋教仁暗杀。

竞选的失败，使梁启超深感沮丧。他在一封信里提到："我党败矣！（原注：敌人以暴力及金钱胜我耳）吾心力俱瘁，无如此社会何，（原注：党人多丧气，我虽为壮语解之，亦复不能自振）吾甚悔吾归也。……"[2]他的懊恼情态，当然瞒不过人。所以，当时传闻他有刺宋嫌疑，也是事出有因。

立宪派人因懊恼而越发勾起与革命派的夙怨。他们深感有联合同类党派以与国民党抗衡的必要。在袁世凯的指使和扶植下，主要由旧立宪派人组成的共和党、民主党就同统一党（由搞分裂而从同盟会游离出去的一部分人和江浙立宪派人结合组成）合并，组成进步党。1913 年 5 月 29 日，进步党开成立大会，举黎元洪为理事长，梁启超、张謇、伍廷芳、孙武、那彦图、汤化龙、王庚、蒲殿俊、王印川为理事，又举冯国璋、熊希龄、蔡锷等 20 余人为名誉理事。前此不久，梁启超在共和党的一次宴会上发表演说，把原革命党称作"暴乱社会"，把那时当政者称作"腐败社会"。他说："吾党一面既须与腐败社会为敌，一面又须与暴乱社会为敌，彼两大敌者，各皆有莫大之势力蟠亘国中，而我党以极微之力与之奋斗，欲同时战胜两敌，实为我力之所不能逮，于是不得不急其所

---

1 《梁任公先生年谱长编初稿》，第 410 页。

2 《梁任公先生年谱长编初稿》，第 418 页。

急，而先战其一。……故吾党认祸国最烈之派为第一敌，先注全力以与抗，而于第二敌转不得不暂时稍为假借。"[1] 曾记得，1906～1907 年间，当梁启超注全力以与同盟会论战时即曾提出："今者我党与政府死战，犹是第二义；与革命死战，乃是第一义。"[2] 对比之下，梁启超于进步党成立前所提出来的战略方针，不是和政闻社成立前同出一辙吗？这说明立宪派和革命派之间的对立，又回到了政闻社前后双方死战的状态。

1913 年 7 月 12 日，李烈钧在江西湖口起兵讨袁，二次革命爆发，江苏、广东、安徽、福建、湖南相继宣告反袁独立。进步党宣布与国民党公开敌对。众议院议长、进步党理事汤化龙发表谈话，指控"这是叛反国家，应从速扑灭"[3]。在国会、进步党议员提出"征讨案"，赞助袁世凯镇压二次革命。正当北洋军大举向江西、江苏进犯时，进步党名誉理事熊希龄受命出任国务总理，组成了有梁启超、汪大燮、张謇等著名立宪派人在内的所谓"第一流人才内阁"。梁在入阁就任司法总长的 3 个月内，3 次上书袁世凯，献"挟国会以号召天下"之策，"名正言顺"[4]地藉共和之名而行君临天下之实。待到二次革命被镇压下去，袁世凯果然按梁启超的谋略，"暗中为舆论之主"，挟国会登上正式大总统的宝座。可是，这个独裁成性的军阀头子毕竟瞧着国会不顺眼，于 1914 年初下令解散国会。熊希龄内阁居然副署了解散国会的命令。进步党完全成了袁世凯蹂躏共和，推行军阀独裁统治的帮闲。

讨袁战事发动后，南方起义者曾对坐镇滇、黔的蔡锷寄以很大期望。湖南的国民党人拟派代表前往昆明，动以乡谊，请蔡出兵讨袁。邵阳籍的军界、政界人士联名电蔡，呼吁蔡"电联黔桂，同声挞伐，救民水火，还我共和，保全桑梓"[5]。蔡在政治上本倾向于立宪派，尤听命于梁启超，且新膺进步党名誉理事，因而对国民党人不予理睬，致电袁世凯称："知赣事已决裂，积年痛毒，趁此一决，未始非福。……惟恳分饬皖、宁，严防分窜，一面添重兵驰赴战地，分头截剿，早日扑灭，以免星火燎原。"[6]讨袁军没有得到滇黔方面的臂助，越发不能抵御北洋军的攻势。

---

1 梁启超：《共和党之地位与其态度》，《饮冰室合集·文集之三十》，中华书局，1936 年版，第 20 页。

2 《梁任公先生年谱长编初稿》，第 218 页。

3 《时报》1913 年 7 月 24 日。

4 《梁任公先生年谱长编初稿》，第 424 页。

5 湖南都督府：《三次电请通缉各犯罪状告书》（稿本）。

6 《蔡锷致北京政府筱电》，《近代史资料》1962 年第 1 期，第 121 页。

当然，国民党人的失败有几方面的原因，即：袁世凯有帝国主义的支持，采取了先发制人的手段；国民党内部陷入严重的分裂，如同孙中山事后说的："所以失败者，非袁氏兵力之强，实同党人心之涣散"[1]，等等。但旧立宪派人乘机倾陷，落井下石，也是重要的原因。

应当提出，立宪派和革命派之间，无论是联合还是对抗，都不能从双方的心理状态或偶然机会去探索其动因，而应当对民族资产阶级上层政治态度的变化加以考察，才能获得正确的解答。如果说，民族资产阶级上层和清王朝的离异导致了立宪派和革命派的联合，那么，南京临时政府建立后两派的重新分裂，就不能不是民族资产阶级上层拥戴袁世凯军阀统治所产生的反应。

原来，民族资产阶级上层是在政治、经济利益遭到重大损害，同清王朝的关系无法继续维持下去的时候，才被迫暂时抛弃历来服膺的改良主张，转而附从革命的。待到清廷倾覆，具有民主共和国形式的中华民国建立，就使他们对发展近代企业抱有很大希望，咸认为"所谓产业革命，今也其时矣"[2]。一时，各种实业协会、工业建设会、农牧实验场、渔业股份公司等团体和企业，络绎兴起，为了尽快地增值利润，民族资产阶级上层的人们就无不急于要求革命尽早结束，好让袁世凯的统治迅速地稳定下来，使他们期待的"产业革命"得以实现。立宪派人所以竭全力诱胁革命派对袁世凯屈服，就是为达到上述目的而采取的对策。正当进步党受到袁世凯的倚重，资本主义暂时地呈现较好前景的时候，国民党发动了反袁运动，频频传来二次革命的潮汛。民族资产阶级上层又完全恢复了抵制和憎恶革命的情绪。因此，湖口反袁起义爆发，几乎所有民族资产阶级的团体和与之有联系的人们，都站在对立的一面，支持袁世凯对起义讨袁的国民党势力进行镇压。

二次革命中，各起义省份民族资产阶级上层组织的商会、商团等，都对起义的国民党人采取抵制态度。这从黎元洪《致政府国会请褒嘉商会》一函中可以看出，函称："窃惟此次变乱，酝酿经年，牵掣至六七省，耗损几数千万，乃时未两月，以次敉平。……至于抵拒邪谋，主持正论，则尤以各处商会察舆情从违之准的。查该党倡乱，亦何尝不以拥护共和为徽帜。……各省商团，预烛其奸，动色相戒。沪粤两埠，通海最早，程度较优，故抗拒残暴亦最力。赣浔宁皖，商力较薄，曲不从甘，显拒

---

1 《致黄兴书》，《孙中山选集》，人民出版社，1956 年版，第 96 页。

2 《民生日报》1912 年 2 月 28 日。

不纳，卒因默示反对，使该党筹款无着，失其后盾。至如湘谋独立，亦因不获商会之赞同，故宣布最迟，取消亦最速。是知戡乱之师，所至克捷，滔天之祸，转瞬清夷，则我商民之大有造于民国也。因念前年鄂军起义，武汉商会，首表欢迎，此次厉阶潜生，各属商团，全体反对。在该党冀援昔日以例今，乃商民忽转向而为背，足见顺逆之理，辨之甚明。……"[1]袁世凯得报，立即发出《通令查明各省商会拒乱有功人员呈请奖励文》，称赞"各商界烛其奸邪，绝其资助，遂使逆谋无由大逞，乱事得以速平。曲突徙薪，功匪鲜浅。……各省商会，同心拒逆，实多深明大义之人，应由各该都督民政长确切查明，分别呈请奖给勋章匾额，以为爱国保民者劝"[2]。全国商会联合会京师事务所还曾密电各埠总商会"严防乱党东窜"，声称将"以中华全国商会名义电达东京、横滨、神户、京都、大阪五处商会会议所"，劝告日本政府及民间人士，将流亡日本的国民党人"悉予驱逐"[3]。曾几何时，发檄讨袁的依然是前两年的反清起义者，而曾经赞助过革命的商会、商团，却翻脸无情，采取抵拒仇视的行动。民族资产阶级上层政治态度的转变，于此可见。

辛亥革命时期，立宪派同革命派之间"对立—联合—分裂"的过程，就是民族资产阶级上层对革命的态度由抵制转到附从又转而抗拒的过程。弄清民族资产阶级上层政治态度变化的规律，立宪派人对革命的向背，就易于理解，他们的历史功过，也就不难作出公允的的评价。

（原载《湖南师院学报》1981年第4期）

1 《黎大总统文牍类编》，上海会文堂，1923年版，第150—151页。
2 《袁大总统书牍汇编》卷2，广益书局，1914年版，第70页。
3 介北逸叟：《癸丑祸乱纪略》，上海有益斋，1914年版。

黎元洪与武昌首义

1981 年

1911 年 10 月 10 日晚，武昌革命化的新军鸣枪起事，以彻夜苦战、攻占督署的战绩，宣告了首义的胜利。

翌日下午，武昌城厢内外就贴出"中华民国军政府鄂军都督黎"的布告。

第二十一混成协的协统黎元洪当了革命军政府的都督？他也是革命党吗？人们都不禁为之惊诧不已，认为那是"革命党群龙无首，黎元洪因缘时会"，纯属偶然的机遇。

及至革命已经失败，不少参与起义的人士于痛定思痛之余，又不禁喟然叹息道："革命中最大错误之一，就是以黎元洪为都督。与虎谋皮，未有不失败的。"[1] 不少研究者从汲取历史经验教训出发，也是这样看的[2]。

不。黎元洪被推举为革命军都督，既不是偶然的机遇，也不是革命党人犯了错误。这一事件，完全可以从历史本身的内在联系、当时阶级斗争的形势和革命党人的思想认识等方面去探寻它的必然性和合理性。

一、起义前湖北革命党人本有过推举黎元洪的策划

按同盟会所订《军政府与各国民军之条件》第一条："各处国民军，每军立一都督，以起义之首领任之。"[3] 依照这项规定，湖北革命党人在起义前对于革命军的都督人选，是进行过酝酿的。

不少记载都提到，共进会原有过推举刘公为都督、刘英为副都督的

---

[1] 《座谈辛亥首义》，中国人民政治协商会议湖北省委员会编：《辛亥首义回忆录》（以下简称《首义回忆录》）第 1 辑，湖北人民出版社，1979 年版，第 1 页。

[2] 如刊于《近代史研究》1980 年第 1 期王来棣的《辛亥革命时期湖北军政府剖析》称："这个时期，革命党人的错误是把以黎元洪、汤化龙为首的封建官员和立宪派人推到军政府的领导岗位上来，为他们提供了篡权的条件。"

[3] 中国史学会主编：《中国近代史资料丛刊·辛亥革命》（二），上海人民出版社，1981 年版，第 16 页。

拟议。1911 年春，孙武、居正、邓玉麟等回鄂，鉴于会党不可恃，于是把着重点转到新军方面[1]；夏间，共进会和文学社实现联合，于是，原先议及推举刘公为都督一事，也就作罢[2]。但谁又可出膺都督之选呢？两个团体的首领就有些相持不下了。在一次商谈联合的会上，共进会的杨玉如提议文学社改推孙武为领袖，就含有使两个团体都服膺孙武，以便于确定都督人选的意图。另一次，蒋翊武当着孙武的面对邓玉麟说："世间无论何事，应以少数人服从多数。"意思就在于使共进会听从文学社的调遣。这两次都因刘复基的从中排解而没有妨碍双方的联合[3]。惟都督一席，仍旧空悬。正是为了解决这个难题，于是有居正、杨玉如上海之行，前往邀请黄兴、宋教仁、谭人凤来鄂主持"大计"，其用意显然是准备举黄兴为都督[4]。

9 月 24 日，文学社、共进会开联席会，商决首义动员计划。会上，孙武提议举蒋翊武为临时总司令，自愿任参谋长。同时，又经孙武和刘复基协商，确定了临时组织的建制和人选等事项[5]。政治筹备处（亦称总理部）总理为刘公，其他军务、参议、内务、外交、理财、调查、交通等部正长、副长的人选，均经派定。李春萱在《辛亥首义纪事本末》里，曾直截了当地把上述安排称作"军政府组织人员"，并引会议主席孙武的话说："我们大家所通过的军政府组成人员，是要在占领武昌、成立军政府之后才就职的。……"[6] 至于军政府组成人员职权的分配，则考虑到刘公、孙武、蒋翊武 3 人之间的矛盾。"蒋翊武为军事总指挥，

1 胡祖舜：《武昌开国实录》（以下简称《开国实录》），武昌久华印书馆，1948 年版，第 18 页；张国淦：《辛亥革命史料》（以下简称《辛亥史料》），龙门联合书店，1958 年版，第 45 页。

2 李廉方：《辛亥武昌首义记》（以下简称《首义记》）卷上，湖北通志馆，1947 年版，第 72 页。

3 《首义记》卷上，第 71 页；章裕昆称，提议文学社取消，共戴孙武为首领，是杨时杰（见《首义回忆录》第一辑，第 8 页）；居正：《梅川日记》（即《辛亥札记》），乙酉大东书局印，第 32 页；李西屏：《武昌首义纪事》，《首义回忆录》第 4 辑，第 21 页。

4 李春萱：《辛亥首义纪事本末》（以下简称《纪事本末》），《首义回忆录》第 2 辑，第 160 页；杨玉如：《辛亥革命先著记》（以下简称《先著记》），科学出版社，1958 年版，第 71 页。

5 关于确定临时组织的日期，记载不一。《先著记》（第 51 页）、《纪事本末》（第 128—129 页）、蔡寄鸥：《鄂州血史》（龙门联合书店，1958 年，第 59—60 页）等书称八月初三日（9 月 24 日）；《开国实录》（第 24 页）、《梅川日记》（第 23 页）称在南湖炮队暴动之后；《首义记》（第 72 页）、《辛亥史料》（第 60 页）、张难先：《湖北革命知之录》（以下简称《知之录》，商务印书馆，1946 年版，第 238 页）等书称 7 月间。

6 《纪事本末》，《首义回忆录》第 2 辑，第 141 页。

专管军事；孙武为军务部长，专管军事行政；刘公任总理，专管民政。总理职权小于都督，因为都督综理军民两政。刘公如推为都督，位置在孙、蒋之上，恐孙、蒋2人不愿意，所以推为总理，专管民政，表示与都督职权有别。军政大权，指定由孙、蒋2人分担，关于全体重大事件，由三人集合大家共同商决处理"[1]。按照这种安排，都督这把交椅，显然还是留待黄兴来坐。

可见，起义前革命党人对于军政府的领导人是有过具体规划的。从他们的主观愿望来说，当然是期望自己的领袖人物出掌军政大权。

然而，对于都督人选的另一种拟议，也是不容忽视的。不少当事人都提到："革命军在秘密时代，曾推举刘仲文为都督，刘英副之。亦有议及黎元洪者。"[2]至于议及黎元洪的具体情况，参与其事的万鸿喈有过较详细的记述。1911年4月，蒋翊武、孙武曾邀集一些标、营代表到洪山宝通寺开会，商讨举黎元洪为临时都督。会上，刘九穗解释说："所以要把黎元洪拉出来，其利有三：一、黎乃当时名将，用他可以慑伏清廷，号召天下，增加革命军的声威；二、黎乃鄂军将领，素得士心，可以号召部属附和革命；三、黎素来爱护当兵文人，而这些文人全是革命党人，容易和他合作。所以拉黎出来，革命必易成功。……"[3]与会者听后无异议。事后，"蒋曾举以告邓玉麟胡祖舜等，但无决定"[4]。对此谈得最肯定的是章太炎，他在《大总统黎公碑》中说，由于湖北各团体"力均不能相听下，谋帅无适任者，以公（指黎元洪——引者）善拊御，皆属意公。……议定三月矣，阴为文告署检，称大都督黎，未以告也"[5]。章的这一说法虽缺乏确凿的证据，但就万鸿喈提供的情况来看，也没有理由排除它的参考价值。

显然，在起义以前，关于都督人选问题，本来就存在着两种可能：一是由革命党里较孚众望的领导者充任；一是把黎元洪推上台。所以，黎元洪出任都督的因素，实际上是早已蕴蓄在历史进程的内在联系之中。

1　《纪事本末》，《首义回忆录》第2辑，第138页。

2　《辛亥史料》，第82页；《梅川日记》，第40页；《武昌首义纪事》，《首义回忆录》第4辑，第33页。

3　万鸿喈：《辛亥革命酝酿时期的回忆》，《首义回忆录》第1辑，第126页；"万迪麻与曾省三书"，《辛亥史料》，第86—87页。

4　《开国实录》，第44页。

5　章太炎：《大总统黎公碑》，汤志钧编：《章太炎政论选集》，中华书局，1977年版，第845页。

二、推举黎元洪为都督出自革命党人主动，而不是立宪派人首倡

起义因孙武配制炸药不慎失事，彭（楚藩）、刘（复基）、杨（宏胜）三烈士的惨死，新军内的革命者人人自危，对反动派的仇愤情绪激化而于 10 月 10 日晚间爆发。尽管指挥发难的主要领导人或死（彭、刘），或伤（孙武），或避匿（蒋翊武走新沟，刘公匿汉口租界），但由于起义时机已经成熟，原来部署的动员计划已为步、炮各标，工程营、队和测绘学堂等各处革命党人所熟悉，因此，一经工程八营鸣枪起事，塘角辎重队举火为号，参与起义的新军就基本上进退有序、互相配合，通过英勇奋战，传出了首义的捷报。

群龙无首，没有妨碍革命者夺取起义的胜利，然而，这种情况，却使他们不能有效地建立起完全由自己掌握的政权：黄兴、宋教仁未到；蒋翊武、孙武、刘公不在场；10 日晚间举为临时总司令的吴兆麟，职位只是个队官，既非革命党人，且又资望不高；分别率领各标、营、队起事的蔡济民、邓玉麟、李春萱、李西屏、熊秉坤等，在预拟的军政府组成人员中，一般是部长、副部长一级的人物，在政治、军事上都还缺乏领袖群伦的资历；等等。这种情景，使得由革命党领袖出任都督的可能性大大减少，而推举黎元洪的可能性，则迅速地增大起来。

还没有在谘议局集议推举都督之前，一些起义者就因为探听到黎元洪还在城里而进行搜寻。大多数记述此事的都提到，约莫在 11 日黎明时分，起义者马荣、汤启发等就在武昌黄土坡的一个住宅里找到了黎元洪，明白无误地表达了请黎出任都督的意图[1]。与此同时，蔡济民、李春萱、李西屏、熊秉坤、吴兆麟等则集议于谘议局，一面等候谘议局"议绅"们到来，一面酝酿都督人选问题。当场即因多数人的赞同而决定推举黎元洪[2]。及至黎被挟至楚望台，吴兆麟、熊秉坤等又一再敦劝，马荣甚至拔刀相向，迫黎接受推戴[3]。中午，黎由吴兆麟等簇拥着来到谘议局，"甫入门，即有人高呼曰：'都督到了！'黎竟默然"[4]。推举都督的会

---

1 《开国实录》，第 44 页；《知之录》，第 266 页；熊秉坤：《武昌起义谈》，《中国近代史资料丛刊·辛亥革命》（五），第 92 页；《辛亥首义工程营发难概述》，《首义回忆录》第 1 辑，第 45 页。各书均称黎匿于黄土坡协参谋刘文吉家，惟张国淦称，黎曾亲自对他谈到，当日先避匿刘文吉家，随即转至四十一标第三营管带谢国超家（《辛亥革命史料》，第 86 页）。

2 蔡寄鸥：《鄂州血史》，第 89—90 页。

3 曹亚伯：《武昌革命真史》正编，中华书局，1927 年版，第 35 页。其他记载只言一炮兵，未载姓名。

4 《先著记》，第 14 页；《首义记》，第 104 页；《知之录》，第 266 页，有类似记述。

议还没进行，黎元洪就似乎有了众望所归的声势。

一些有关记述也提到，当 11 日上午起义者集于谘议局商讨推举都督事项时，"仓卒不得人选，省议员刘赓藻曰：'统领黎元洪现在城内，若合选，当导觅之。'众赞成，蔡济民率少数同志，偕刘往"[1]。有些研究者就据以立论，把黎元洪的上台归之于立宪派人的举荐，而不认为首先出自革命党人的主动[2]。这和事实是有出入的。

按情理判断，刘赓藻是会代表立宪派人说出他们举荐黎元洪的心愿的，但却并不是首倡者。如上所述，起义以前，革命党人就有过推举黎元洪的拟议；起义者还没有聚集谘议局时，马荣、汤启发等即已彰明昭著地有了拥戴黎元洪的言论的行动。而记载刘赓藻举荐一事的《湖北革命知之录》《辛亥首义纪事本末》《梅川日记》等，也都承认马荣、汤启发等寻觅在先。可以说，没有刘赓藻的举荐，起义者也会拥戴黎元洪为都督。甚至可以推测，即使蒋翊武、孙武、刘公当时在场，黎元洪也可能获得推选；只有黄兴领导了 10 日夜间的首义战斗，他才可能取代黎元洪的地位。

正式推举都督是在 11 日午后，会议由汤化龙任主席。汤开始发言称，"革命事业，鄙人素表赞同"。随后说："兄弟非军人，不识用兵。关于军事，请诸位筹划，兄弟无不尽力帮忙"[3]云云。吴兆麟接上发言，陈述了革命可操胜算的形势，末了说，"但首义后军民两政实繁，兄弟拟请在座诸位同志先生公举黎元洪统领为湖北都督，汤化龙先生为湖北民政总长。两公系湖北人望。如出来主持大计，号召天下，则各省必易响应"云云。"众皆赞成，拍掌之声洋溢满座"[4]。

事实表明，推举黎元洪为都督，是出自起义者的主动和自愿，而并非听从立宪派人的举荐。

三、黎元洪任都督，"实为当日时势最适当之人选"[5]

为什么一提出黎元洪任都督的议案立刻就在起义者当中引起"拍掌

1 《知之录》，第 226 页；《纪事本末》，《首义回忆录》第 2 辑，第 172 页；《梅川日记》，第 40—41 页。

2 中国史学会主编：《中国近代史资料丛刊·辛亥革命》，上海人民出版社，1972 年第 1 版，第 78 页；《中国近代史》，中华书局，1979 年第 2 版，第 435 页；林增平：《辛亥革命》，中华书局，1962 年版，第 81 页。

3 《纪事本末》，《首义回忆录》第 2 辑，第 180 页。

4 《先著记》，第 74—75 页；《辛亥史料》，第 83 页；《革命真史》正编，第 36—37 页。

5 李廉方：《首义记》，第 102 页。

之声洋溢满座"的反响呢？这不能不从当时的情势，革命党人的认识水平和心理状态等方面去加以剖析，以求得确切的解答。

首先，从起义者当时的处境来说，推举黎元洪为都督是可以理解的。一位当事人有如下描写："当元洪未到谘议局前，群龙无首，其时阳夏未定，瑞、张退汉口，收拾溃军，据刘家庙，四出请援；省垣残余旗兵，尚未肃清。同志集谘议局者，经半日之久，一筹莫展，各标营纷纷探问，消息沉闷，固由于汤、黎商洽，辗转需时，不得不尔。然躁急者失望，胆怯者恐惶，至有忿忿作归计者，其情事紧张，较18、19两日更为难堪。午后则武昌城内外，遍贴布告，往观者途为之塞，欢声雷动，至有艰于步履之白发老翁，倩人扶持，拥至布告前，必欲亲睹为快。旅汉外籍人士，闻之亦为震动，皆曰'想不到黎协统也是革命党'。残敌更心惊胆裂，易装潜逃者，不可胜算。"[1] 这说明当时起义胜利伊始，顽敌近在咫尺的形势下，的确需要一个能够统驭全局，足资号召，具有稳定军心，指挥退敌的声望和才干的人出任都督。在革命党内，除了黄兴外，无论是蒋翊武还是孙武，都不能胜任，更不用说次于蒋、孙的蔡济民、李春萱、熊秉坤等一流人物了。这样，仓猝之间，把黎元洪推举上台，迫使转向革命，自然会被起义者共同认定为一着好棋。无怪乎黎未出之前，群情惶惑，而布告一贴，就竟至观者塞途，欢声雷动。如同熊秉坤形容的："于是革命军大振，具以领袖得人。"[2]

其次，黎的上台，同革命党人对"排满"的理解不当也有联系。原来，提倡"排满"是革命派用来动员民众，借以实现资产阶级民主革命任务的手段。但由于宣传上的渲染过甚，而民主主义的启蒙工作又相对地薄弱，以致不少人通常地把实行共和仅仅理解为政体方面的更易，而不认识那是政治上层建筑领域内新的统治阶级取代旧的统治阶级的过程。如同参与起义的杨玉如说的："当时党人惟以满人为革命对象，汉人中即属官僚或不革命者，概不敌视。黎元洪虽无革命思想，然党人以彼同属汉族，终必表同情于革命。"[3] 所以，尽管起义者知道黎元洪于10日晚间还坐镇四十一标第三营制止士兵响应，并惨杀两个革命党人，但一经吴兆麟加以辩解，说什么"彼一时，此一时，他做满清的协统，自然要忠于满清，现在要做革命军的都督，也自然忠于革命"[4]，大家也就没有

1 李廉方：《首义记》，第105页。
2 《武昌起义谈》，《中国近代史资料丛刊·辛亥革命》（五），第92页。
3 杨玉如：《先著记》，第72页。
4 蔡寄鸥：《鄂州血史》，第90页。

异议。为什么黎元洪被起义者普遍地认为是最合适的都督人选？就是由于他们当时只能有这样的认识。如果以我们现在所达到的思想水平为准则去衡量，那他们确实会招致犯了错误的责难。

再次，正由于广大的起义士兵对建立政权缺乏应有的思想准备；且当革命酝酿阶段，一般是从事秘密活动，无论是文学社还是共进会的干部，其学识才只可能为少数人所称道，而难于使众多的一般成员所了解。所以，当武装斗争刚刚获得胜利，推举都督的课题迫近眉睫时，在10日晚间率领各标、营起义的指挥者当中，竟无法发现一个合适的人选。于是，不少人反而"以为旧日官僚、政客、进士、举人都富有经验学问，而自觉能力薄弱，资望不够"。又有一些革命者，"平日自命清高，轻视政权，鄙弃官禄"[1]，怀着"不竞权位之心理"[2]。以至"参加谘议局会议桌上之官僚政客，其声价反比多年革命老同志为高"[3]。这种思想状态，也是导致黎元洪成为起义者众所瞩目的都督人选的原因之一。

最后，还应当提到，因革命党人内部仍然存在着分歧，在都督人选的问题上需有所缓冲，也使黎元洪的上台被认为是适宜的措施。当时，文学社和共进会虽实现了联合，但两个团体之间并没有完全清除芥蒂。不仅蒋翊武和孙武在都督席位上可能产生争执，就是孙武和刘公之间也存在矛盾。湖北党人派居正、杨玉如赴沪邀请黄兴、宋教仁来鄂，也就寓有避免蒋、孙、刘发生冲突的意思。起义胜利后，黄、宋未到，蒋、孙、刘三人虽不在场，但举出其中任何一人都不免出现纠葛，因而使当时人觉得推举黎元洪倒较为恰当。这种结果，如同李春萱说的："正所谓鹬蚌相争，渔人得利。"[4]

种种原因，使得黎元洪出任都督一度成为大得人心，颇孚众望的事件。这从当时武汉革命党人和广大群众对这个事件的反映可以看出。当黎元洪还固执地拒绝推戴时，不仅有马荣、李西屏先后以刀枪相逼，且有"朱树烈并举刀自杀，血溅满座以感之"[5]。及至都督推定，"此事传至军中，士兵有鼓掌欢呼的"[6]。告示贴出，"往观者途为之塞，白发老

1　温楚珩：《辛亥革命实践记》，《首义回忆录》第1辑，第62—63页。

2　李廉方：《首义记》，第102页。

3　温楚珩：《辛亥革命实践记》，《首义回忆录》第1辑，第63页。

4　《纪事本末》，《首义回忆录》第2辑，第171页。

5　张难先：《知之录》，第266页。

6　张文鼎：《炮八标起义经过与汉口战役》，《首义回忆录》第1辑，第138页。

翁亦以先睹为快"[1]。初时，黎元洪消极抵制，拒不任事，不少起义者深为忧虑。蒋翊武自新沟归来，不禁失声痛哭，对张难先说："都督如此情形，将奈之何？"[2]10月13日下午，都督府召开军事会议，黎元洪任主席，当众宣布："不计成败利钝，与诸君共生死。"会场内"掌声如雷，与会者群欣喜若狂"[3]。不少当事人后来评论道："故元洪任都督，实为当日时势最适当之人选。"[4]"足征我党人当年预定计划之不谬"[5]。数十年后，有人曾"访问首义士兵多人，都说非黎协统出来不行，可见当时一般心理"[6]。

四、历史地、辩证地看待黎元洪出任都督的问题

如果说，当革命党人聚集于谘议局推举都督时，在武昌存在着比黎元洪更为适宜的人选而没有获得推举，或黎的上台不符合群众的心理，那么，这就叫做革命党人犯了错误；也可以说是黎碰上了某种偶然的机缘。既然不存在上述情况，则黎出任都督这一事件，就不应作为当时起义者的过失来看待，并从这一角度去汲取经验教训；同时，也需要肯定事件的合理性，历史地考察它对当时革命所产生的积极作用。

无庸讳言，在起义迅速胜利，群龙无首，而政权亟待建立的紧迫时刻，黎元洪的出任都督，就使得革命派之间为都督一席所可能出现的争执，得以避免；也使政权的建立不致因都督的难产而搁浅；且有利于争取汉族官绅采取背离清廷的立场，减少了抗拒革命发展的阻力；而敌人也因此深感自身的孤立。如同章太炎撰写《大总统黎公碑》时所描写的："瑞澂始谓小寇蜂起易定，故走江上兵舰待其变。闻公（指黎元洪——引者）出，乃去。"这虽然有所夸张，但也不能视为无稽之谈。从这方面说，武昌首义胜利的迅速扩展，革命内部获得一定的稳定，原因之一，是黎元洪的出任军政府都督。

武昌首义后各省响应，当然是由于革命在全国发动的时机已经成熟，是起义在一个政治、经济、军事重镇得到胜利所引起的共震。但黎元洪

---

1 胡赓：《辛亥史话》，《首义回忆录》第1辑，第217页；《先著记》，第75页。

2 张难先：《知之录》，第274页。

3 张难先：《知之录》，第80页。

4 李廉方：《首义记》，第102页。

5 张国淦：《辛亥史料》，第87页。

6 中国人民政治协商会议湖北省委员会编：《首义回忆录》第1辑，第155页。

的出任都督，与此也多少有关联。起义各省有些巡抚、统制、协统一类的官僚，或立宪派人士的附从革命，各有其内在原因，但黎元洪的上台，不能不说是某种程度上为他们做了榜样。一位首义的参与者事后也认为："平心而论，各省闻风响应，黎之被迫参加革命也有一点推动作用。"[1]

诚如当时人的回忆：革命党人"最后决举（黎）元洪，岂非以其资历名望，是以消反侧而号召各省响应哉"[2]，这可以看作是推举黎元洪所获致的成效的如实评述。因此，把黎元洪一开始就作为篡窃首义政权，蛀蚀革命果实的角色来进行描绘，是有欠公允的。

然而，在历史上是合理的事件，并不是只有积极作用而没有消极作用。肯定黎元洪的上台产生了有利革命的效果，并不意味着这就否定了他破坏革命所带来的危害。应当说，他在这方面是劣迹昭彰的：诸如攘夺首义政权，离间和残害革命势力，裹胁"独立"各省向袁世凯妥协，破坏孙中山为首的南京临时政府等罪行，是必须加以揭露和谴责的。

确切地说，黎元洪出任都督这一事件的本身就包含着对革命的"利""害"两个方面。"祸为福倚，福为祸伏"，中国古代思想家如此表述事物内在的辩证关系，也存在于这个事件的演变过程中。黎元洪的上台，既有利于起义者及时顺利地建立政权，稳定局势，但同时就倚伏着使起义者丧失政权的危机；黎为其他省的汉族官绅做了附从革命的楷模，起到孤立清廷的作用，但同时也造成了所谓"咸与维新"的局势，倚伏着导致革命失败的隐患，所以，武昌首义的胜利及其对全国的影响，同黎元洪出任都督有联系，而辛亥革命的失败，也于此显露端倪。

总之，革命党人推举黎元洪是没有过错的，他们无非按当日情势做了应当做的事。黎元洪的罪过，不是他当了都督，而是像一位当事者后来说的是他"重违拥戴初意"[3]，背离了革命党人推举他的意愿。革命党人的失策，在于没能使黎元洪改变封建地主官僚的立场，不曾有效地制裁黎的坏活动。如果要汲取历史的经验教训，就应当就这个方面进行探讨，才能获得借鉴。

（原载《江汉论坛》1981 年第 4 期）

---

1 中国人民政治协商会议湖北省委员会编：《辛亥革命实践记》，《首义回忆录》第 1 辑，第 62 页。

2 李廉方：《首义记》，第 102 页。

3 李廉方：《首义记》，第 102 页。

会党与辛亥革命

1984 年

近代民间秘密团体，借开堂拜盟以结社的称会党，因传授符箓咒语而聚众的称教门。会党的起源，相传始于清康熙年间成立的天地会（据较可靠的档案资料考察，实始于乾隆中叶），会众也自称洪门。天地会后来山堂分立，流传于两广的多属三合会，滋蔓于长江流域的多属哥老会；还有洪江会、江湖会、洪帮、青帮等名目，莫不是天地会的支脉余绪。辛亥革命时期层见迭起的反清武装起义，无一不记录着会党分子云涌风从，喋血战斗的业绩。因此，在辛亥革命史的研究中，探讨会党的成份、性质及其作用，不能不是一个引人注目的课题。

一

会党是农民的结社还是游民的团体？至今在学术界还聚讼纷坛，莫衷一是。究其原因，主要是已经发现的各种史料里，既有农民构成会党主要成份的记载，也不乏游民充斥于会党的篇章。持"农民说"者，不难连缀大量资料以为佐证；持"游民说"者，也可征引足够史事加以阐明。双方质疑酬答，难分高下。看来，要从这样一种内涵去判断会党的阶级属性，既不可能，也欠确切。一则是，迄今还难于对不同时期全国会党成员的社会成份作出准确的统计，做到信而有征地证实会党的主体是农民还是游民；再则是，一个党派或社团的性质，主要是取决于它的成员以何者为主体，还要剖析它的纲领、主张和所要实现的理想，或所表现的思想倾向代表哪一阶级或阶层的利益。

会党不是一个政党，只能说是原始形式的民间秘密结社，它没有明确的纲领或方略一类的文献以备考察，但是，就会党的誓词、会规和会众的习尚及共同的愿望来推敲，它的阶级属性仍然表露得很明显。从两本记述天地会的专书——平山周《中国秘密社会史》和施列格《天地会研究》所载三十六誓和二十一则来看，尽管词句顺序有差别，但内容却一致地大量胪列洪门兄弟相互扶持周济的条文。在平山周一书里，属这方面的有二十七誓和十则，在施列格一书里，有二十誓和十四则。所有的誓词、会规内，没有发现与封建制度下小农经济有关的，诸如耕田力作、安土重迁等一类词汇，也没有体现农民与地主阶级矛盾，反映农民渴求土地的条文。这说明会党不是农民生活的产物。在封建势力统治下的农村，农民是受宗法制约束的，彼此间的交住，无非是守乡约，遵族规，用不着托足会党来互相周济。只有那些五方杂处，邂逅江湖，生活无保障，经常遭受官府和地方豪强欺凌的游民群，才需要借助于拜盟结义，以抗御强暴，免于饥寒。孙中山曾经一语破的地指出：会党"固结团体，则以博爱施之，使彼此手足相顾，患难相扶，此最合夫江湖旅客、无家游子之需要也"[1]。所以，会党分子往来的隐语和暗号，也多数带有江湖习气。他们会晤问答，常用"茶碗阵"，就意味着一般往来多在茶楼酒馆，很少农村风味。它如山堂也称码头，开山堂称站码头，初来拜谒称拜码头，川陕一带称各码头首领为舵把子，等等，足资旁证。

更足以说明会党属游民结社的事例，是共进会将同盟会的平均地权"纲领改为"平均人权"。如所周知，部分革命党人从同盟会里分裂出来另组共进会，主旨就在于加强同会党的联系。共进会的领导骨干也多系长江中游哥老会首脑。但无论是当事者还是后人的记述，一般都说是因为"平均地权"意义高深，不易为会党群众接受，所以改为"平均人权"。这种解释没有触及问题的实质。尽管当时同盟会对"平均地权"的阐述还较为模糊，但这个口号一望便知是为了解决土地问题而提出来的。明末李自成起义，即曾揭櫫"均田免赋"的旗帜。洪秀全领导太平天国起义，颁布了《天朝田亩制度》，召唤人们为实现"有田同耕""共享太平"的理想而斗争。这都说明均分土地的要求是广大农民在起义时自己能提出来的，为什么辛亥革命时期的会党反而不能接受呢？其奥秘就在于，会党不是农民的结社而是游民的团体。游民的大多数虽然来自农村，但和农村的关系已日渐疏远，他们所关切的已不是土地，而是要争取摆脱社会地位低下、不齿于编氓的卑贱处境。这一点，也许共进会的首领们有亲身感受，因而将"平均地权"改为"平均人权"，去迎合会党企求实现人与人平等的愿望。只是他们把会党不接受"平均地权"归咎于"意义高深"，则是一种误解。

1　孙中山：《孙中山选集》，人民出版社，1981年版，第195页。

　　显然，从会党的誓词、会规和生活习尚等方面来考察，还体现了日益扩增的游民——转徙于城镇和水陆交通线上衣食不周的劳动者和小商小贩，浪荡江湖的品类不齐的下层群众，以及被裁汰的散兵流勇各色人等的要求和利益，并不反映农民的生活习尚和意愿；即使某些地区的会党里农民和破产农民占多数，也不能使它改变游民结社的性质。

二

　　资产阶级革命派是否以会党作纽带，同农民形成了一种特殊形式的联合？也是还在打笔墨官司的问题。持"农民说"者的答复是肯定的，主要理由有二：一是会党素以"反清复明"为宗旨，同革命派力倡"排满"基本一致，或强调这是二者联盟的政治基础；二是因会党乃农民的结社，联合会党，就能够借以同农民建立类似同盟的关系。持"游民说"者有的也没有否定上述联系，即认为游民也是受压迫的下层群众，同农民有一致的利益。我对此一直持怀疑态度。

　　会党是游民借以相互扶持、彼此周济的帮派性结社，并不是政治性党派。它有时揭竿而起冲击官府或豪强势力，是一种自发性的反抗。有的同志依据清代档案，考证天地会系创立于清乾隆（1735～1796年）中叶，宗旨为"一人有难，大家相帮"，没有发现"反清复明"的口号或誓词。终乾隆之世，由天地会发动的多次起事，没有一次提出了"反清复明"的口号。这个口号在天地会"盟书"或"会簿"里出现，是嘉庆以后的事。然而，会众却看不到"盟书""会簿"。开山堂时，会首也从不向入会者宣示这一誓词[1]。而依据清代档案的有关案例统计，嘉庆、道光年间（1796～1850年）天地会首领及其骨干分子供出他们结合目的者共96起，其中为了"遇事得有帮助，免人欺凌"者26起，因穷困而"敛钱分用"者15起，为抢劫富户而"得财分用"者39起，借攻掠城镇以"竖旗起事"者11起，为拒捕或防备械斗者5起；至于以"反清复明"宗旨而聚众发难者，一起也没有[2]。

　　嘉庆以后，"反清复明"既已载入天地会的"盟书""证"里，是否会众就恪守这一誓言而展开斗争呢？不少史料也证实，他们并没有这样做。太平天国起义后，东王杨秀清曾发布诏谕责备应清廷招募前来与

1　刘美珍、秦宝琦《关于天地会历史上的若干问题》，《明清史国际学术讨论会论文集》，天津人民出版社，1982年版，第1023—1039页。

2　秦宝琦：《天地会档案史料概述》，《历史档案》1981年第1期，第116页。

序，革命党人无法控驭。封建官绅拼凑的"耆老会"乘机怂恿，又从中离间革命党人同新军的关系。这样，反动势力于1912年制造二·二政变，挑唆部分巡防营兵弁哗变，杀害统领黄泽霖，自治学社领导人张百麟逃离贵州，军政府就被反动势力篡夺了。

辛亥起义后，江西全省会党的破坏性大举发作，烧杀抢劫，四出骚扰，城乡人民深受其害；会党头目并受反动官绅、原立宪派人笼络指挥，打着"再行光复"的旗号，猖狂地进行颠覆新生革命政权的活动。1913年3月，李烈钧接任江西都督，到任后即采取果断措施，区分首从，将作恶为害的会党镇压下去，挫败了反动派利用会党以图复辟的阴谋[1]。之后，李烈钧设法周济贫困农民，整饬吏治，加强军备，使江西成为革命势力较强的省份，为二次革命的发难准备了一定的条件。

持"农民说"者错误地确定会党属农民的结社，认为革命党人镇压会党就是资产阶级背叛了与之结盟的农民，从而把这作为辛亥革命的失败原因之一，甚至加以引申，宣称1913年二次革命的失败，也与革命派得不到会党的支持有关。这种论述方法大可商榷。当然，起义后的革命派在某些地区确曾镇压农民的反封建斗争，部分会党的被镇压也可能是革命派的过错。然而，笼而统之地把革命派镇压会党说成资产阶级背叛与农民联盟的罪证，则很不妥当，这将会导致在一定范围内颠倒功过，混淆是非的失误。

（原载《文史知识》1984 年第 9 期）

---

1 参阅杜德凤：《怎样看待李烈钧镇压江西会党》，《江西社会科学》1982 年第 2 期。

杰出的民主革命宣传家陈天华

1984 年

清朝末年，浙江金华一个叫曹阿狗的农民，因当众演唱《猛回头》，被清政府惨杀。金华知府为此"广出告示，严禁逆书《猛回头》，阅者杀不赦，以曹阿狗为例。然此告示一出，而索观此逆书之人转多，于是革命之风潮乃又加紧一度矣"[1]。

《猛回头》作者姓陈，名天华，湖南新化县人。

陈天华（1875～1905 年），原名显宿，字星台、过庭，号思黄。父陈善，是一个贫寒的乡村塾师。天华 5 岁随父读书，嗣以家贫，被迫"废学营小卖自给以求学"[2]。喜读历史书籍和传奇小说，尤其爱好民间传唱的话本弹词。稍长，清朝官场暴戾贪墨的景象，广大劳动人民啼饥号寒的境况，经常激起天华的愤慨，从而使他对洪秀全、杨秀清领导的太平天国起义深为景仰，故"少时即以光复汉族为念，遇乡人之称颂胡、曾、左、彭功业者，辄唾弃不顾，而有愧色"[3]。据此，则相传天华曾在路亭书写"莫谓草庐无俊杰，须知山泽起英雄"[4]的联语以述志，是可信的。

大约 20 岁（1895 年）前后，天华随父徙居新华县城，仍以营小贩糊口，后得族人周济，入资江书院求学。他深感读书机会难得，越发勤奋努力，把"书院里的一部二十四史，整日整夜，细心研读"[5]。1897 年，维新变法运动急剧高涨，湖南因谭嗣同、唐才常等人的倡导，更称一时之盛。新华县提倡新学最力的邹沅帆、邹价人等仿照省城办时务学堂的规制，在县城设实学堂，聘请的教习也都倾向维新。天华考入实学堂肄业。第一次作文，教习出了个《述志》的题目，他不假思索，提笔写道：

---

1 陶成章：《浙案纪略》第 1 章第 4 节《猛回头案》，中国史学会主编：《中国近代史资料丛刊·辛亥革命》（三），上海人民出版社，1981 年版，第 13 页。

2 杨源浚：《陈君天华行状》，新华自治会，1907 年。

3 冯自由《猛回头作者陈天华》，《革命逸史》第 2 集，中华书局，1981 年版，第 119 页。

4 杨源浚：《陈君天华行状》。

5 罗元鲲：《陈天华的少青年时期》，《湖南历史资料》1959 年第 1 期。

　　大丈夫立功绝域，决胜疆场，如班定远、岳忠武之流，吾闻其语，未见其人。至若运筹帷幄，赞划庙堂，定变法之权衡，操时政之损益。自谓差有一日之长。不幸而布衣终老，名山著述，亦所愿也。至若徇时俗之所好，返素真之所行，与老学究争胜负于盈尺地，有死而已，不能为也！ [1]

　　教习罗仪陆阅后，不禁高声叫绝，在课卷上写个批语："狭巷短兵相接处，杀人如草不闻声"，称许天华不同凡响的志气。

　　1900年春，天华到长沙入岳麓书院就读。盛夏时，因父丧返乡，忧伤过甚，又染痢疾，仅免于死。次年，"入省中求实书院，以文章名"。莅湘某令，欲妻之，君毅然却之曰："天下方多故，安能再以儿女情累我乎！国不安，吾不娶"[2]。1903年初，获调入省城师范馆，3月得资送赴日本留学，月杪抵东京，入弘文学院师范科学习。

　　陈天华到日本后不满一个月，声讨沙皇俄国妄图霸占我东北领土的拒俄运动大举爆发。天华立刻投身其中，积极出席留日爱国学生召开的拒俄大会，参加"拒俄义勇队"（嗣改称学生军），加紧操练，决心开赴东北前线，把沙俄侵略者赶出国境。同时，他怀着极度悲愤的心情，书写《敬告湖南人》的公开信，号召群起抗俄救亡。5月中旬，学生军又改为军国民教育会，以"养成尚武精神，实行爱国主义"为宗旨。陈天华自认充"运动员"，自备资斧返湖南筹措经费，开展活动，旋因故未成行。

　　拒俄运动遭到清政府的野蛮镇压，天华越发愤懑焦急，寝食不安，从当年初夏至仲秋，挥毫撰写《猛回头》《警世钟》，以冀唤醒国人，奋起反抗侵略，"排满革命"。10月，沙俄大量增调军队侵入我东北，国难日亟。天华闻讯，"如痴如狂，如孤儿弱女之新丧考妣，奔走彷徨于故旧间，相见无一语，惟紧握友人手，潸潸然涕泪交横而已"[3]。悲愤至极时，乃啮指作血书，备述亡国惨祸，寄回国内，"读者无不堕泪"[4]。

　　军国民教育会另一个湘籍"运动员"黄兴，于1903年夏返抵长沙，11月初，偕刘揆一、章士钊、宋教仁等发起组织革命团体华兴会。陈天华1903年秋回到湖南，即襄助黄兴等开展活动。"日与下等社会谈论种

1　罗元鲲：《陈天华的少青年时期》。

2　杨源浚：《陈君天华行状》。

3　杨源浚：《陈君天华行状》。

4　《陈天华之血书》，《俄事警闻》第23号。

国大事，虽目不识丁者，闻之皆泣下。所著《猛回头》及《现世政见之评决》，风行于世，湘、赣间尤甚，三户之市，稍识字者，即朗读《猛回头》。至有小学校之苩角少年，募资广刷，其感化力之深类是"[1]。据一个在湖南的候补道向朝廷呈报"逆书"的书目表所载，1904 年时，《猛回头》《警世钟》《现世政见之评决》和《革命军》等"逆书"40 多种，在长沙的书店里，"罗列满布者，触手皆是"[2]。同时，陈天华还有一些文字，散见于《俚语报》中，因此，湘中反动官绅借端罗织，查封《俚语报》，准备迫害陈天华。由于好友的催促，天华于 1904 年春末再次东渡日本，入东京法政大学。夏间，终因爱国情炽，深感瓜分豆剖的横祸已迫近眉睫，因而又不辞跋涉，回到祖国。

时华兴会已联合洪江会首领马福益，确定乘 11 月间慈禧太后 70"万寿"，长沙文武官员聚于皇殿行礼时一举炸毙，发动起义；马福益率会党分五路响应。陈天华返湘，即由黄兴派往江西，游说防营统领廖名缙届时发难。随后，经江西吉安转到醴陵，会同刘揆一等前往浏阳普迹市，藉开牛马交易集市的机会，举行授予马福益少将仪式，发给枪械、马匹。孰料十月中旬计谋泄露，黄兴、刘揆一等先后脱险逃出湖南。天华却正襟危坐待捕，沉痛地说："事不成，国灭种亡，等死耳，何用生为？"[3]。次日，经友人力劝，勉以留身待时，天华才从容束装就道，再一次去日本。

再至日本后，陈天华因图谋反清屡遭挫折，心情抑郁。经原华兴会会员徐佛苏、罗杰介绍，与梁启超有所往来。因此，他一度受梁的影响，于 1905 年初，在留学界散发《救亡意见书》，建议由留学生选派代表归国，向清廷请愿，要求立即颁行立宪，以救危亡。当他正准备返国上书时，事为宋教仁所悉，宋于是约同黄兴，恳切劝告陈天华摆脱保皇派的诱惑，对清政府勿存幻想[4]。

1905 年夏，孙中山又一次来到日本，在留学生当中积极展开建立联合革命团体的活动。7 月 28 日，经程家柽介绍，宋教仁、陈天华等在《二十世纪之支那》杂志社同孙中山会面。陈天华回顾了华兴会起事的大略情况。

---

1 杨源浚：《陈君天华行状》。

2 《沈祖燕、赵尔巽书信中所述清末湘籍留东学生之革命活动》，《湖南历史资料》1959 年第 1 期。

3 杨源浚：《陈君天华行状》。

4 湖南省哲学社会科学研究所、古代近代史研究室校注：《宋教仁日记》（1905 年 1 月 28 日至 2 月 2 日），湖南人民出版社，1980 年版，第 31～34 页。

孙中山则详尽地阐明了各省革命团体、革命志士联合一致的必要性。次日，华兴会的领导聚谈于黄兴寓所，商决是否加入孙中山所倡议的联合团体问题。陈天华主张华兴会作为一个团体加入。黄兴主张形式上加入，精神上仍保留华兴会。刘揆一则主张不加入。由于意见不一致，最后是以"个人自由"作结[1]。30 日，陈天华出席了同盟会的筹备会，被推举偕同黄兴、马君武等 8 人起草会章。9 月，同盟会接收了《二十世纪之支那》，改名《民报》作为机关报。陈天华积极撰稿，在《民报》创刊号上发表《中国革命史论》《论中国宜改创民主政体》《今日岂分省界之日耶？》《怪哉，上海各学堂各报馆之慰问出洋五大臣》等论文和时评。同盟会成立伊始，陈天华就以踔励奋发的姿态，出现在宣传阵地的前沿。

先是，7、8 月间日本报纸就披露过日本政府行将颁布"清韩学生取缔规则"的消息。中国留日学生群情愤激，认为日本政府把中国置于它的保护国之列，实属不堪忍受，要求清廷驻日公使杨枢向日本外务省提出质问。外务省答称并无其事。这是杨枢和日本外务省官员扮演的彼此心照不宣的一个骗局。实际上，清政府此时正指令杨枢乞求日本政府采取措施，取缔中国留学生的革命活动。所以，到 11 月间，就由日本文部省颁布一项"关于准许清国人入学之公私立学校之规程"（即"清国留学生取缔规则"），对中国留学生的集会结社、言论通信等横加限制、取缔。留学生不胜其辱，奔走呼号，相约举行罢课，以示抗议。日本各报竟肆意嘲讪，讥为"乌合之众"，《朝日新闻》更公然丑诋为"放纵卑劣"。留学生万分恼恨，酝酿全体罢学回国[2]。

事件初起时，陈天华虽异常悲愤，但又怕留学界不能团结一致，所以对罢课抗议尚有些犹豫。及至见八千余留学生竟能同心协力地实行罢课，而日本报章却肆意诽谤，他不禁又惊又怕：惊的是留学生果真能团结一致，齐心抗争；怕的是罢课难于持久不懈，以致证实了日本报章上的谰言蜚语。为此，他忧心如焚，愤恚难消，遂于 1905 年 12 月 7 日写一份《绝命辞》，用蹈海一死来激励留学界，坚持一心，贯彻始终，做到"坚忍奉公，力学爱国"，使日本报章的种种诬陷伎俩不能得逞。在《绝命辞》里，陈天华还告诫国人，决不要相信改良派的说教，"欲使中国不亡，唯有一刀两断，代满洲执政柄而卵育之"。他又谆谆规劝人们不

---

1 《宋教仁日记》（1950 年 7 月 28、29 日），第 90—91 页。

2 参阅独立苍茫子：《东京学界公愤始末告乡人父老兴学书》，《中国近代史资料丛刊·辛亥革命》（二），第 217—234 页。

要听从那些亲日的主张，"彼以日本为可亲，则请观朝鲜"！写完《绝命辞》，陈天华于 8 日在大森町投海自尽。噩耗传出，留学界同声哀悼，罢学返国者络绎不绝。《绝命辞》在中国留学生会馆宣读时，"听者数千百人，皆泣下不能仰"[1]。翌年初夏，陈天华的灵柩和在上海投江的姚洪业的灵柩一同运回湖南。革命党人禹之谟、陈家鼎、宁调元等首倡将陈、姚二柩公葬于长沙岳麓山，遭官方阻挠，于是发动各学堂学生群起力争。出葬之日，长沙全城学生出动，首尾绵延十多里，哀歌动地，鞭炮震天，分从朱张渡、小西门两处渡江。适值夏日，学生皆着白色制服，自长沙城中观之，全山为之缟素[2]。公葬姚、陈的事件，成为一次外争国权、内争民主的爱国运动，推动了湖南形势的向前发展。

蕴蓄在陈天华著作里最为激情洋溢、悲壮感人的内容，首推强烈的反帝爱国主张。听听他的《猛回头》里一段怵目惊心的唱词吧：

俄罗斯，自北方，包我三面；

英吉利，假通商，毒计中藏；

法兰西，占广州，窥伺黔桂；

德意志，胶州领，虎视东方；

新日本，取台湾，再图福建；

美利坚，也想要，割土分疆。

这中国，哪一点，我还有分？

这朝廷，原是个，名存实亡。

替洋人，做一个，守土官长，

压制我，众汉人，拱手降洋。

面对这种危如累卵的处境，陈天华并不气馁，而是豪迈沉毅地号召人们奋起抵抗。他在《警世钟》里写道：

洋兵不来便罢，洋兵若来，奉劝各人把胆子放大，全不要怕他。读书的放了笔，耕田的放了犁耙，做生意的放了职事，做手艺的放了器具，齐把刀子磨快，子药上足，同饮一杯血酒，呼的呼，喊的喊，万众直前，杀那洋鬼于，杀投降那洋鬼子的二毛子。满人若帮助洋人杀我们，便先把满人杀尽；那些贼官若是帮助洋人杀我们，便先把贼官杀尽。手执钢刀九十九，杀尽仇人方罢手。我所最亲爱的同胞，我所最亲爱的同

---

1 《陈星台先生绝命书》（附跋），《民报》第 2 号（1906 年 5 月），科学出版社影印本，1957 年版，第 9 页。

2 曾杰：《乙戊集》，《黄花岗与中国同盟会》。

胞，向前去，杀！向前去，杀！杀！杀！杀我累世的国仇，杀我新来的大敌，杀我媚外的汉奸。杀！杀！杀！

在中华民族存亡绝续的危急之秋，这种豪言壮语，是何等的扣人心弦，令人血涌肺张啊！

在陈天华的著作里，资产阶级民主主义思想也是很惊世醒目的。他把清王朝恰当地称作"洋人的朝廷"，而且严肃地指出："须知各国就是瓜分了中国之后，必定仍旧留着满洲政府压制汉人。列位，你道今日中国还是满洲政府的吗？早已是各国的了。那些财政权、铁道权、用人权，一概拱手送与洋人。洋人全不要费力，要怎么样，只要下一个号令，满洲政府就立刻奉行。……故我们要想拒洋人，只有讲革命独立，不能讲勤王。因他不要你勤王，你从何处勤哩？"他也如同章太炎、邹容一样，把民主革命看作顺天应人，符合历史进化规律的运动，认为"质而言之，革命者，救人救世之圣药也。终古无革命，则终古成长夜矣"！因此，在他的著作里，也充满着讴歌民主，赞颂共和，期待步武泰西革命的文词，宣称"泰西革命之所以成功者，在有中等社会主持其事；中国革命之所不成功者，在无中等社会主持其事"。所以，在《绝命辞》里，陈天华又谆谆相嘱："故今日惟有使中等社命皆知革命主义，渐普及下等社会。斯时也，一夫发难，万众响应，其于事何难焉？"

由于陈天华"所著咸用白话文或通俗文，务使舆夫走卒皆能读之了解，故其文字小册散播于长江沿岸各省，最为盛行，较之章太炎《驳康有为政见书》及邹容《革命军》，有过之无不及。……就中以《猛回头》《警世钟》二种为效力至伟"[1]。尤其在湖北新军里，流传最广。"各兵士每每读《猛回头》《警世钟》诸书，即奉为至宝，秘藏不露，思想言论，渐渐改良。有时退伍，散至民间，则用为歌本，遍行歌唱。其效力之大，不可言喻。而文学堂之青年，亦时以偷看《猛回头》为乐"[2]。

在中国资产阶级民主革命的准备阶段，陈天华宣传反帝爱国、反清革命所产生的功效，是无法估量的。

（原载湖南史学会编：《辛亥革命在湖南》，湖南人民出版社

1984 年版）

---

1 冯自由《猛回头作者陈天华》，《革命逸史》第 2 集，第 120 页。

2 曹亚伯：《武昌革命真史》前编第 7 章《武昌日知会之破案》，上海书店，1982 年版，130 页。

宋教仁：为民主宪政献身的杰出革命家

1985 年

直到今天，宋教仁先生诞辰 103 周年，逝世 72 年之后，我们才第一次隆重地纪念这位伟大的革命家，似乎是稍微晚了一点。按理来说，我们早些年就应隆重地纪念他，宣传他的功勋。这次由于桃源县党政领导的重视，经桃源县政协发起举行纪念会，我觉得是非常必要的，也多少减少了一点过去没有正确评价这位革命家的遗憾。

关于这一位杰出革命家的研究工作，按理来说，也应当做得比现在更好一些。但是，就目前情况来看，恐怕还是国外研究得多一点，而我们国内研究得少一点；省外研究得多一点，而省内研究得少一点。很明显的就是去年美国加利福尼亚大学戴维斯分校的一个历史学教授，叫做普莱斯的到了桃源。他，一个外国人，远涉重洋，专程来访问宋教仁先生的家乡，了解他的生平事迹。相对而言，我们在省里，坐汽车也只有 5 个小时，却很少来，我个人还是第一次到桃源，作为湖南省历史学会的负责人之一，也感到自己在这方面有所失误。

这些年来，我们对宋教仁的研究也不是没有。但是，30 多年来，对于宋教仁的评价，有时候未免指责过多，甚至应该肯定的也没有给予肯定。因此，从国内史学界来说，对这个问题也应适当地进行反省。当然，不是我们史学界所能完全承担这个责任的，也不仅是宋教仁家乡的人们所能做到的。这是由于众所周知的原因，即较为长期的"左"的指导思想的影响。这种"左"的思想影响着各个方面，也影响到史学的研究。由于在较长时候被这种明显的、违背了马克思主义的指导思想所困扰、所束缚，以致史学界对于这样一位革命家研究不够，在评价方面，明显的偏颇苛求。

首先谈谈 30 多年来关于宋教仁评价的分歧。这个分歧主要集中在辛亥革命以后他改组同盟会为国民党，谋求实现议会政治的问题上。50 年代起，较多研究者就过多指责他对袁世凯妥协。认为他抛弃了同盟会的革命主张，幻想用议会斗争来实现资产阶级的共和制度。60 年代起，开展批判修正主义的运动，批判"议会道路"，就使得宋教仁更蒙受一些屈辱，即把他当作"修正主义的历史靶子"，很不恰当地被戴上了"议会迷"帽子。到了"文化革命"当中，不用说，他的"遭遇"更不行了。直到 1981 年，可以说是"文革"遗风还未消失，宋教仁还被作为患了"议会迷的典型病症"来对待。

但是，与上述不同的一种评价，在"文革"前也还是有的，就是认为宋教仁作为当时的一个资产阶级政治家、一个资产阶级革命家来说，他想通过议会斗争，通过国会选举，来实行共和民国，这是他应有的一种抱负。这种态度是正常的，是理所当然的。不过也同时认为他过于软弱，对袁世凯屈从妥协。然而，总的来说仍认为他做了应当做的事，而不应当指责为犯了"议会迷"的错误。

"文革"以后，对宋教仁的评价逐渐有所提高。从发表的文章来看，一般认为宋教仁提出一整套共和制度方案，是把在中国建成一个独立富强的资产阶级民主共和国，作为自己的职责。可惜辛亥革命没有取得胜利。所以没有给他以实现自己理想的条件，他的壮志未酬，他的被袁世凯所杀害，也不完全是他个人的悲剧，而是整个资产阶级民主革命的历史命运所决定了的。所以有的史学界的同志，也用孙中山的悼词"为宪法流血，公真第一人"作为对宋教仁的盖棺论定。目前来说，持这种看法的人已是多数。

在国外，日本、美国研究宋教仁的学者有相当数量，特别是日本研究的更多。国外评价宋教仁，也同样存在着两种意见，这大概是国外也不能不受到我们的一些影响。持肯定意见的，可以把美国加州大学戴维斯分校的普莱斯教授作代表。他认为宋教仁的议会斗争，是他一贯形成的一种政治策略，是他一贯形成的一种信念，他笃信这样一种策略可以挽救中国。这位教授侧重于研究宋教仁的思想，他认为宋教仁从到日本以后，就长期做这方面的工作，终至为了实现这种理想而不惜献出了自己的生命。持较多指责的一种看法，在日本史学界就有所反映。有位学者认为宋教仁为达到其目的，放弃了同盟会重要进步性的目标，改而寻求不可靠的政治分子的支持，因而导致同盟会的解散。但就目前国内国外动态来说，分歧似在缩小。国内，显然是由于十一届三中全会以后，思想路线实现了拨乱反正，因而我们开展史学研究也逐渐摆脱了"左"的偏见，评价历史人物、历史事件，能够力求遵循马克思主义的原则，做到实事求是。也许，由此而影响国外，使国外研究者也在消泯他们之间的分歧。

一、宋教仁是革命先行者之一

我们知道，毛主席对孙中山的评价是"伟大的革命先行者"。这个先行者应该说不止孙中山一个。宋教仁也就是和孙中山一样的，革命先行者之一。

根据我所见到的一些材料，宋教仁产生反对清朝统治的革命思想，大约是在戊戌变法后一年。1899年，他到漳江书院读书的时候，受到当时山长黄彝寿及其他一些老师的影响，开始产生对清朝统治的不满，萌发了反清的意识。

1903年，宋教仁到武昌文普通学堂读书。这一年，是一个不平凡的年代，现在史学界把它作为革命思想逐渐地代替改良思想的一个年代。这一年，产生了一些遍及全国的很重大的爱国运动。反对沙俄侵略中国的拒俄运动，就是一个全国性的，包括在日本的中国留学生、以及海外华侨的大规模的爱国运动。随后，在上海出现了震动全国的《苏报》案。当时《苏报》的主笔就是湖南长沙人章士钊。他在《苏报》上连续刊登介绍邹容《革命军》的文章，摘登了章太炎批判康有为的一封公开信，还有其他的革命文字。因此，清政府封闭了《苏报》，串通租界当局将章太炎和邹容捕去，当时形成了一个谴责清朝统治、谴责帝国主义轰动全国的运动。1903年，也是革命思想蓬勃发展的时候，革命的书刊很多。就在这一年，宋教仁来到武昌文普通学堂读书。当时，黄兴因为闹拒俄运动，从日本回国。到了武昌，在武昌两湖书院宣传"排满革命"，宋教仁"非常悦服"，和黄兴认识了。看来正是这个时候，宋教仁确立了他的革命思想，确立了从事反清革命斗争的宗旨。

这年冬天，宋教仁到长沙，和黄兴等一起筹办华兴会。然后，他又到武昌，与湖北的一些革命青年一起组织了科学补习所。科学补习所，是挂补习科学的牌子，进行革命活动的一个革命团体。这年11月，华兴会准备起义，宋教仁负责常德这一路的发动。当起义遭到清政府破坏的时候，他还不知道。他到长沙去准备配合起义，才得知事机泄露。清政府湖南巡抚下了一道命令到桃源来抓他，把宋教仁误写为宋敏仁。他的老师回答说，没有这个人，掩护了一下。这样，他也随即到日本去了。到了日本以后，宋教仁就义无反顾地投身到民主革命的洪流当中。他首先创办了《二十世纪之支那》杂志，宣传反清革命，宣传民主主义。

1905年他和黄兴、陈天华一起，襄助孙中山成立了同盟会，他作为同盟会的创始人之一，担负了重要的工作。

在这个时候，搞革命是很不容易的。因为在19世纪末至20世纪初年，康有为、梁启超他们宣传改良思想，主张拥护清政府来实行变法。这种思想，在社会上影响很大，从某个方面来说，在同盟会成立以前，维新变法的宣传，还更多的影响着中国的思想界。梁启超当时就被称为"舆论界之骄子"，他的一支笔简直可以使人倾倒，所以那时的先进人物回忆自己的经历时都谈到，梁启超之宣传西学新学、宣传维新，其魅力简直无可阻挡。在这样的情况之下，宋教仁在戊戌变法之后刚刚一年，就开始产生了革命思想。到1905年，他与黄兴一起襄助孙中山创立同盟会，就成了革命派当中崭露头角的人物。应该说，他确是站在当时时代的最前列的，称他为一个革命先行者，这样的称号是当之无愧的。也可以说，他是当时中国新式知识分子当中，最先觉悟的一批人之一。

对于宋教仁参加革命活动这一点，怀疑的不多，怀疑的是他对革命的理解和他的坚定性的方面。有一种看法，说孙中山是三民主义者；宋教仁是二民主义者，他不主张民生主义；章太炎是一民主义者，既不主张民生主义，又不主张民权主义，只讲反清。对这样一个流传很广的说法，应当加以澄清。章太炎不是一民主义者，宋教仁也不是二民主义，都是三民主义，只是他们在宣传革命的时候，有时有所侧重。

事实上，宋教仁是主张民生主义的。他并不是一个二民主义者。武昌起义以前，宋教仁在《民立报》上发表《二百年来之俄患篇》，文章明确写道："吾尝谓我国将来之土地政策，宜乑师社会主义之意，禁豪强兼并，设增价税，以保护多数国民之利益，使一国经济平均发达。"很明显，在这篇文章里，他认为中国的土地政策，要学社会主义那种精神。他对"增价税"的解释和孙中山辛亥革命前谈到的民生主义基本上是一致的。他所说"增价税"，即以土地价格为标准之单税论，谓土地不由自己之勤劳，仅以社会经济上的变化而自然增加价格者，则依其价格加税。孙中山认为，文明发达了，生产发展了，地价就会猛增。地价猛增这是整个社会文明的发达，生产的发展所导致的，是整个社会的功劳，地主没有一丝一毫的贡献。所以，对地主要收这个税，以禁止豪强的兼并。宋教仁也是这个意思。他说，土地的价格不是由自己，不是由地主的勤劳，而是随着社会经济的变化而增长的，因此，这个地价就要增税。

辛亥革命前，孙中山关于民生主义也只是谈到这一些，他并没有很详细地阐明平均地权的内容，他后来作三民主义演讲，关于民生主义的解释，那是在辛亥革命以后。所以从宋教仁的思想来说，从他自己写的文章来说，他丝毫也没有说不赞成民生主义。而且他对平均地权这种思想，当时和孙中山基本上是一致的。所以，对"宋教仁是二民主义"这样一种长期流行的说法，要加以澄清。他是三民主义者。他的革命思想，他的关于中国革命的理论，他对三民主义的理解，同样达到了孙中山的水平。应当说，他是完全同意，或者是支持孙中山的旧三民主义的。所以，从宋教仁的革命觉悟，从他的思想认识水平，从他对于革命理论策略的认识，他都无愧于一个革命先行者，决不是所谓的"二民主义者"。

二、宋教仁是爱国的政治家

在当时同盟会里面关于用什么国体和政体来代替清朝的封建专制统治？也就是用一种什么样的政治组织形式，用一种什么制度来取代长达两千年的封建专制主义制度的问题，宋教仁可以说是最为关切，对此最有研究的佼佼者。他完全可以称之为革命的政治家。

据说他到日本的时候，原认为要推翻清朝统治，得靠军事斗争。所以，他开始想进军事学校学陆军。后来，才改学政法。他是为什么改变的呢？他认为清朝统治已经不是强大的了，帝国主义已经把他打得差不多了，还是容易把它破坏掉的。但是，如要把清朝统治推翻了，到了治理国家，使我们国家能够强盛起来，要寻出一种治理国家的理论，这一点倒是比较难的；要结合中国的国情，用一种新的政治制度来代替专制主义制度，他认为当时的革命者里面，好像还没有几个人注意到这一点，认真研究这一点。所以，他认为"吾党不得辞其责"。深感作为革命党人，不应当推卸责任，而是应当研究出一种办法，来取代封建专制主义制度。所以，他较早地注意钻研政治、法律，为推翻清朝统治以后建立一个共和国，以谋求得到国家的富强。他不是不注意军事斗争，但认为这个更重要，所以"专心研究政法、经济诸学科，为将来建设时代之需"。

在日本的那些年，可以说他是日以继夜地在研究各个国家的政治、法律、官制、财政。他翻译了日本的、英国的、奥地利的、匈牙利的、美国的、普鲁士的以及后来德国的宪法、官制、财政等。研究这些，以建设一个新式的国家。据说在留学生当中，当时也讨论这些问题。"每有辩论，独钝初能本末悉举，众感悦怿"。这是说每每讨论这些政治问题，只有宋教仁各方面都讲得清清楚楚，有条有理，有根有据，有本有末，大家听了都信服他。当时，可以说他就已是革命党里大家所推崇的一个思想家、政治家。

这里，我还要着重讲一讲宋教仁与间岛问题。这是我们过去还比较忽略的，但却是宋教仁做的对祖国有重大贡献的一件大事。

所谓间岛，并不是一个岛，并没有一个间岛存在。这名称也不是固有的，而是朝鲜人起的一个名称。后来，日本帝国主义借故想要侵占中国领土，制造所谓"中日间岛争端"。间岛在什么地方呢？就是现在我国吉林省图门江上游以北那一大片土地。在较长一个时候，那地方地广人稀。因此，很多朝鲜人就越过图门江，到江北这块地方来垦荒、垦种，有的就定居下来。所以，那个名称是朝鲜人过图门江，在那里开垦、垦荒，他们把它叫做垦土（英文 Keutv, 开垦的土地），故朝鲜话一翻译就叫做："间岛"。以致很多人误会是岛，其实不是岛。朝鲜人过江垦种，很多人定居下来，故清政府曾多次和朝鲜交涉。但是，一直没有成效，交涉一阵就算了，到1888年，也就是清光绪十四年，又有一次谈判。谈判之后，就确定图门江是中国和朝鲜的边界，在图门江沿岸立了界标，每个界标上刻有十个字，叫做"华夏金汤固，河山带砺长"。这样，中国和朝鲜的分界线实际上是很分明的。光绪二十年，发生了甲午中日战争；光绪二十一年签订了《马关条约》。之后，日本帝国主义就实际占领了朝鲜，设立了统监府，把朝鲜政府置于他的保护之下。日本因为占有了朝鲜，就更野心勃勃，利用朝鲜人过图门江垦种，把那个叫做"间岛"的那一大片土地宣称是朝鲜的土地。实际上是妄图将那一大片中国领土变成它的殖民地。当时到中国来活动的在日本叫做大陆浪人。由大陆浪人和一部分日本军国主义分子操纵的阴谋团体"一进会"以及另一个称"长白山会"的就策动大量的朝鲜人过图门江，在间岛扩大垦种、定居。

到1907年，即光绪三十三年，日本在朝鲜的统临府，专设一个"间岛派出所"。这个专以侵占中国领土的派出所设在什么地方呢？设在当时叫做六道沟，也叫龙井的地方，就是现在延边朝鲜族自治州的廷吉县县城。意思很明显，在那里设派出所，它就可以对清政府施加压力，宣传间岛是朝鲜的土地，从而达到占领，然后进一步囊括吉林省的目的。很明显，过了早已确认为中朝分界的图门江，就没有界限了。日本帝国主义就可以随时把中国东北的土地任意划一个界，一步一步圈了去。所以，这时候就存在一个很大的危机。清政府也感到需要正视这个问题，所以，就派人与日本进行交涉，但是一直不得要领。

宋教仁写《间岛问题》的动机是怎么引起的呢？是他听到在"间岛"那个地方，有一支势力，当时叫做"马贼"，东北的"马贼"，实际上有一部分是反抗清朝统治的穷苦群众。其中有一个叫韩登举的首领，很有势力。这个韩登举实际上也是反对清朝统治的。为此，宋教仁就和黄兴商量了一下，说要到那个地方去，如果把韩登举这股力量争取过来，就可以割据那一片土地，从那里展开革命。所以他就和另一个革命者叫白逾桓的，一起到东北找韩登举，策动韩登举归附革命。到了那里，宋教仁从韩登举处知道了日本人的阴谋，并且晓得日本人也想利用韩登举，认为把韩登举拉过去，"吉林一省唾手可得"。宋教仁就感到这是一个危机。所以，在东北进行实地考察后，回到日本又专门收集了资料，写成了《间岛问题》这本书。

他写成这本书，主要的有两方面的材料。一是他扮作日本人，化名贞村，打进了"长白山会"这个日本阴谋团体，把"长白山会"所制造的，变"间岛"为朝鲜土地的假证据都掌握了，据说是拍了照带走的。这是一个重要的材料。另外就是他在日本东京上野图书馆里面，发现一个名叫古山子的朝鲜人，于康熙五十五年出版的一本地图，叫做《大东舆地图》，里面详细地载明了康熙五十五年中国和朝鲜划界的图。这个图清清楚楚标明了中国与朝鲜界线图门江。这个图是朝鲜人画的，不是中国人画的；这是一段历史事实，产生于康熙五十五年（1716 年），而不是当时人画的，因此，这是非常有力的证据。宋教仁的《间岛问题》被认为是最有力的资料，它论证了"间岛"纯属中国土地，根本不属朝鲜。

当时，清政府正在和日本人谈判边界。日本人一口咬定那个地方是朝鲜的，清政府就辩驳，得到宋教仁的《间岛问题》后，就更理直气壮，日本方面就不能不承认事实。但是，由于清政府仍屈服于日本帝国主义的压力，被迫在通商、通航等其他权益方面作了一些让步。但划界地坚持了以图门江为界。最后，就在 1909 年，也就是宣统元年 9 月间，中国和日本签订了一个条约，叫做《图门江中韩界务条款》，"第一款，中日两国政府彼此声明，以图门江为中韩两国国界"。如果当时这界线不划定，不是以图门江作界，吉林这片土地就完了。对这一重大问题，我们过去在研究宋教仁时提到，但是，没有予以足够的重视。当然，我们不能说谈判的结果完全靠宋教仁的《间岛问题》一书，但是，无论怎么样，它是起了很大作用的。

　　宋教仁为什么写《间岛问题》？这是出于他的满腔的爱国热情。他认为，如果不解决间岛问题，边境就丢掉了，日本就过图门江了。宋教仁了解到它的严重意义，所以，他认为即使是边境之地，即使是一寸领土，也不能割让。宋教仁的爱国，还在于他对于日本帝国主义对中国的危害，有高度的警惕。他认为"陷中国于危机存亡"这样一个境地的，就是企图独霸亚洲的日本帝国主义。如果不予抵制，中国就完了。同时，他以满腔的爱国热情来研究这个问题，决不是为了自己想赚几个钱，而是为了国家的利益。而且，更难能可贵的是，这个时候，他们正要推翻清朝统治，却帮助清朝统治者来争这个土地。这说明为了爱国，推翻清朝统治是另外一回事；而对于国家土地，是不能让一点步的。

　　还应该提到，宋教仁当时是住在日本写这本书（《间岛问题》），他丝毫也不考虑到会触怒日本侵略分子，日本政府会把他赶出去。还有一点，日本有个阴谋家叫做内田良平，是"一进会"的顾问，恰好和宋教仁、孙中山都是好朋友，表示支持中国革命。但宋教仁丝毫也不怕得罪这位日本"朋友"，丝毫也不怕触怒日本政府。他坚持写《间岛问题》，伸张正义，找到确实的证据，来维护祖国的土地。对这一点，一向在国内研究还比较薄弱，几乎还没有人专门为这个事情写篇有分量的文章来表彰宋教仁的功绩。我们不能说维护了图门江为界，订立了1909年中国和日本确立以图门江为界的条约，就是由于宋教仁的这本书，但是，他写的这本书的本身就表明了他非常崇高的爱国主义精神，这是毋庸争辩的。

三、宋教仁是反清武装斗争的英勇战士

　　宋教仁从参与华兴会的组织起，到推翻清朝统治，都是在从事斗争的年月里度过的。他在1903年就和黄兴一起组织华兴会，之后，他在武昌成立了科学补习所。是他沟通华兴会和科学补习所之间的联系，沟通湖南、湖北两省革命者之间的关系。为了发动华兴会预定在1904年的起义，他奔走在湖南、湖北两省之间，在常德做了很多联络和筹划工作。华兴会的起义虽然失败了，但他为这次起义所做的功绩是应当给以肯定的。后来他到日本襄助孙中山、黄兴组成了中国同盟会这样一个全国规模的统一的革命政党。之后，他经常参与同盟会所组织的各种起义。特别是1907年，他到东北去，发动东北当时的所谓"马贼"这支势力，作为革命力量，想在东北建立一个根据地。为此，他做了艰苦、细致、不

避险阻的巨大努力。1911 年春在孙中山的倡导下，由黄兴直接领导的黄花岗起义宋教仁也参加了。他赶到了香港，代替陈炯明担任了当时指挥起义的统筹部编制课课长，可说是组织这次起义的重要负责人之一。当他从香港赶到广州的时候，那次起义由于各方面没有很好配合而失败了。他对这一次悲壮的、激烈的、影响很大的起义，也做了很大的贡献。所以，从华兴会起义到黄花岗起义，这中间重要地起义活动，他大体上都或者是直接参加了，或者是进行了筹划和准备工作。

黄花岗起义失败之后，1911 年 7 月，他和谭人凤成立了中部同盟会，为谋发动长江流域的起义。后来，很快就爆发了 1911 年 10 月 10 日的武昌起义，并取得了胜利。武昌起义可说是对清朝统治者的最后一击，从而把这个反动王朝推翻了。宋教仁和谭人凤组织的中部同盟会，起了很大的作用。如果没有中部同盟会组织筹划长江流域的起义，那么，武昌首义之后，各省响应就不会那样迅速，长江流域方面就不会那样快归入革命阵营；其中，就包括宋教仁的功绩。

不过，这些年对于中部同盟会的作用也还是有争论。就是对中部同盟会究竟主要起了好作用呢，还是起了分裂的作用？在史学界，对于中部同盟会的看法基本是两种：一种看法是，中部同盟会是同盟会分裂过程的产物，把它作为一个分裂活动，大体上有三个理由：一是认为同盟会在 1907 年以后就陷入了分裂的局面。首先是光复会分裂了，然后是有一部分革命党人组成了共进会，共进会也有某些分裂的因素。建立中部同盟会，实际就是同盟会趋向分裂的持续。二是认为中部同盟会在战略上，与同盟会的本部有不一致的地方。因为中部同盟会的主张是在长江流域发动起义。而同盟会的本部按孙中山的意图，还是想在东南沿海一带发动起义。在那里"东山再起"。所以，在战略上有不一致的地方。三是中部同盟会发表了一个章程，对同盟会本部作了很多的责难，俨然有独树一帜倾向，据此，持此种意见的就指责中部同盟会多一点，也就是说指责宋教仁、谭人凤没有必要建立一个中部同盟会。

另外一种意见，就是基本上肯定中部同盟会。持这种态度的研究者认为，中部同盟会虽然含有一定的分裂因素，但它的成立是在同盟会本部已经处于涣散无力的情况之下，就是由于黄花岗起义的失败，同盟会的领导人，包括黄兴在内都陷入了一种沮丧的状态。因为筹划黄花岗起义的两位主要领导人，一个是黄兴，感到很消极、悲观；一个是赵声，为此而气愤死了。所以，在这种情况下成立中部同盟会，就恰好把长江流域的革命力量适当地集结起来，并为武昌起义、长江流域起义的胜利做了准备。同时，认为中部同盟会所发表的宣言，虽然有些批评同盟会本部的意思，对同盟会过去的某些失误有所指责，但是，却并没有对抗总部的意思。因为同盟会成立的时候，它本来就要建立五个分部，其中，就有中部总会，即中部同盟会这样一个机构。所以，同盟会中部总会实际上是按照原来同盟会的章程建立起来的，没有对抗本部的意思。事实上武昌起义的胜利，以及长江流域各省陆续响应，形成了对清朝统治一个最大的威胁和致命的打击。一切都与中部同盟会有关。回顾同盟会所组织的起义，除了1906年萍浏醴起义外，从1907年起，大部分都在东南沿海，有广东潮州、惠州、钦州、廉州的起义，有镇南关起义，有防城起义，河口起义。从东面一直到云南的河口，都没有取得胜利。而1910年的广州起义也失败了。1911年广州再次起义，所谓黄花岗之役还是失败了。而最后导致直接推翻清朝统治的战役是武昌首义和整个长江流域革命的发动，这些都是建立中部同盟会的实际效果。

另外，使中部同盟会受到指责的就是它的宣言里面没有提到土地问题，没有提平均地权，因而认为中部同盟会是后退了。对这一点，有的研究者也进行了辩解，认为中部同盟会这个宣言不提平均地权，在当时是鉴于主要在发动起义，而不是宣布自己的政纲。因为它的整个政治纲领同盟会总部1905年成立的时候，已经发布了。孙中山在《民报》发刊词里面也宣布了同盟会的纲领是三民主义。而中部同盟会是总部的一个分部，它没有必要再来全部重申同盟会的纲领；它的宣言的主要宗旨就是要求改变同盟会总部原在东南起义的那种策略，号召长江流域起义。而且，宋教仁并不是不赞成平均地权，这个我们前面已经讲了。中部同盟会成立在1911年7月，而宋教仁在此之前，从他在《民立报》发表的文章看，他还很鲜明地宣传了孙中山的平均地权。再说，起义之后也并不一定马上就要实行平均地权，孙中山也不是说马上就要实行的。首先，是实行民族革命，推翻清朝统治，然后，实行民权革命，以民主共和国代替专制主义。所以，中部同盟会没有提到土地问题，不提平均地权，不能成为指责它后退和分裂的口实。

从目前来看，对中部同盟会，大家的看法还是倾向于肯定的多。过去指责的多一些，是由于是"左"的思想的影响。即认为宋教仁搞路线斗争右倾，按这样一个框框去套，自然会认为宋教仁在中部同盟会的问题上搞了分裂。

总之，从宋教仁确立革命思想，参与一系列的革命斗争的实际活动一直到组织中部同盟会，在一定程度上集结长江流域的革命力量，发动武昌首义，他都作出了很大的贡献。所以，他的整个一生，他的革命实践活动，就他为反对清朝统治而从事的武装起义来看，他不愧为一个反清武斗争的英勇战士。

四、宋教仁为创建共和制度而捐躯报国

如同我前面讲到的，这是对于宋教仁的评价问题分歧最大的一点。宋教仁在辛亥革命以后，改组同盟会，建立国民党，从事议会斗争。在这个方面，当然也不是说没有某些缺点。对袁世凯的某些地方也有所妥协。但总的来说，在辛亥革命、武昌起义取得胜利以后，当时，摆在革命党面前的，是不是应当为建立一个民主制度而斗争呢？应当说这是摆在当时革命者面前的一个重要的课题。清朝统治者已经在 1912 年 2 月宣布了他的退位，中华民国临时政府也于 1912 年元旦在南京建立起来了，但是由于当时袁世凯在帝国主义支持下，对革命方面施加压力和反扑，使得孙中山不能不表示让位，辞了临时大总统的职位，让位给袁世凯，而临时政府也就迁到北京去了。这个过程里面就表现了当时孙中山为首的革命派的软弱。在这样的情况下，迫切的任务是：怎样在中国建立一套民主共和制度，来防止袁世凯的独裁，防止那封建专制主义的复辟，最后完全取代袁世凯的军阀独裁统治。

从当时情况来说，包括孙中山、宋教仁，对袁世凯是有所认识的，并不是完全被袁世凯所蒙骗，是知道这个人不可靠的。袁世凯是一个奸雄，他不是真心诚意恪守共和主义。恪守他所宣布的誓言，他肯定会要破坏这个共和制度的。所以，当时任务是怎样把袁世凯那种可以预料到的、破坏共和制度的种种手段加以限制，加以抵制，最后钳制他，使他不可能破坏民主制度。显然，从事这一斗争，可以说是当时革命党人的主要课题。

所以，宋教仁当时最大的目标就是组成一个大党。为了组成这个大党，即国民党，他收罗了些不可靠的人，这也是事实，但这只是说他在做的过程里面有所失误，有些缺点。而就他为了圆满解答这样一个课题，实现以民主共和取代专制独裁的历史任务来看，他没有错。他是想掌握国会，成立政党内阁，钳制袁世凯，实行民主制度。所以，他在 1912 年 8 月份，组成了国民党。随之参加了当时国会的竞选。竞选结果是国民党

在众议院、参议院都取得了压倒的优势。在这样情况之下，只待国会议员举手，肯定是国民党来组织政府，由宋教仁出任国务总理。于是，利用国民党这样一个大党，利用它在众议院、参议院压倒的优势，就不难把袁世凯置于仅仅是一个元首的地位，没有实权，从而逐步实现民主制度。如果说这样做得不对，说他没有什么实效，那就可以反问一句：为什么袁世凯敢于冒天下之大不韪，把宋教仁暗杀掉呢？为什么袁世凯那么害怕宋教仁呢？袁世凯首先是收买，派人笼络宋教仁，又送了一大笔存款，而宋教仁并没有接受，后来送的人就把它放在宋教仁那里走了。宋教仁知道袁世凯这一手很毒辣。所以，只在袁世凯所给的存折上支取几块钱，表示领情，剩下的全部退还。袁世凯知道宋教仁是收买不到的，最后，就下毒手，布置阴谋把他暗杀了。所以，如果说宋教仁进行的这个活动，对袁世凯没威胁，袁世凯就不会下毒手。这一点表明，宋教仁的活动，是卓有成效的。宋教仁值得指责的是他的某些妥协倾向，他拉进了一些不可靠的人，把官僚、遗老、政客拉进了国民党。这个政治活动，如果不是他的被暗杀，不是继之以袁世凯发动的内战，那么真正组成了国民党的国会，真正能够实行政党内阁的话，对于袁世凯来说，也是一个致命的威胁。而从宋教仁活动的性质来说，它不同于资本主义国家里政党之间为夺取执政地位的斗争，也不是搞议会去为封建军阀装点门面，而是一心一意要运用议会民主和政党内阁来限制和取代封建军阀的独裁统治。所以，他的性质是以民主共和制度取代专制制度的一场严重的搏斗，一种极其尖锐的搏斗。如果否定这个性质，那的确就会使宋教仁蒙受着"幻想"呀，"议会迷"呀，"想当国务总理"呀，这样一些指责。总之，从当时形势来说，首先要肯定这场斗争的性质，是一种革命和反革命，是以民主共和制度取代封建专制主义制度的一场严重的斗争。

　　指责宋教仁搞议会斗争，理由大概是这样的：一是认为在当时情况下，根本不能实现议会民主；是不顾历史条件，作一种没有实现可能的无效努力。"你根本不该做嘛，在当时条件下，怎么能够实现民主共和制度呢？毛主席不是讲了嘛，资产阶级共和国的方案在中国破了产嘛！实现不了，你怎么霸蛮要去做呢？"这实际是苛求前人，为什么最后资产阶级共和国方案不能够在中国实现呢？就是宋教仁以及后来者为此流血牺牲，用鲜血换来的一个历史结论嘛！毛主席讲资产阶级制度在中国破产，正是宋教仁的血以及其他革命者的一系列的斗争，还有后来孙中山的护法斗争的屡次失败，然后到新民主主义革命的时候，才作出了这样一个结论。

没有实践的斗争，没有血的教训，毛主席也不能作出这样的结论。

其次，就是说他不应该放弃武装斗争。在当时条件下，当然应当对袁世凯警惕，但是，当时最紧迫的问题是用怎样一种制度去代替专制主义并为此努力奋斗。不能认为，袁世凯一窃取临时大总统的宝座，人们就立刻能够作出判断：在袁世凯的把持下，任何想实现议会民主的人都是徒劳，都是幻想，只能立即开展武装反袁，把他推倒，才能实行议会民主。事实也是如此。因为袁世凯不择手段地破坏民主制度，并冒天下之大不韪凶残地杀害宋教仁，革命党人才能有所醒悟，孙中山才号召"二次革命"。

所以，不能够脱离当时的历史条件，用现在我们的想法，去指责前人，或者是教条主义地用毛主席的话去苛求前人。至于说宋教仁是"议会迷"，那更是由于"反修"所引起的一种错误的指责。作为资产阶级革命，那时候还是要完成资产阶级民主革命嘛。为此而奋斗，是他的本分。所以对宋教仁为民主共和而斗争的偏颇意见，都应当加以澄清。

目前对宋教仁的评价，似日益趋向妥善合理。在谈论到他为实现议会政治，为实现资产阶级共和制度的时候，有的同志认为，尽管他身上还存在这样或那样的缺点和阶级局限，但从其一生的主要革命实践，特别是民国初年的反袁战争看，他不愧是一个坚强的民主共和战士，他以饱满的政治热情和对于阶级事业的耿耿忠心，是民国初年最引人注目的一个革命领袖，他之所以被暗杀，他的悲剧也就是中国资产阶级历史命运的表现。

我们今天纪念宋教仁先生103周年的诞辰，也可以告慰宋教仁先生，我们现在史学界也在进行自我反省，对他的评价，现在来说，已是比较恰如分寸的了。他应当是值得我们永远纪念的一个伟大的民主革命战士，一个伟大的爱国者。

（这是林增平先生在"宋教仁诞辰103周年纪念会"上所作的学术报告，桃源县政协文史资料研究委员会根据记录整理，原载于《宋教仁纪念专辑》。收入本书时做了一些删节——编者注）

革命派、改良派的离合与清末民初政局

1986 年

20 世纪初，中国民族资产阶级逐次形成，开始作为独立的社会力量跃登政治舞台。基于同封建统治者联系的亲疏有别，经济实力的大小不同，资产阶级又相应地区分为上层和中下层，并拥有各自的政治派别——改良派和革命派。清末民初时势的演变，政潮的起伏都不难从资产阶级两个阶层及其政治派别的离合消长探寻到其内在联系。追索这两派的离合轨迹，可以表述为："对立—联合—分裂—再联合—再分裂。"

一

中国民族资产阶级是否有上层和中下层的区分？在学术界是颇有争议的。对此持怀疑和否定态度的学者认为，把资产阶级分为上层和中下层，缺乏足够的依据；即使存在这种差别，也与他们各自的政治态度没有必然的联系，上层支持革命者颇不乏人，中下层反对革命者更非罕见。也就是说，"立宪派未必是上层的政治代表，革命派未必仅代表中下层的利益"[1]。

上述问题，敬答于下。

有一个在我国学术界已没有分歧的看法是，中国近代资本主义企业的创办者和经营者，绝大部分不是资本主义前史时期的手工工场主或商人包买主，乃是封建制度下的主要剥削者官僚、地主和商人，而其中买办更占有相当大的数量[2]。多数企业的盈亏成败，除了受外国殖民者对华商品输出和资本输出的影响外，很大程度上取决于官府的扶持和摧抑的程度。如同郑观应说的"第商务之战，既应藉官力为护持，而工艺之兴，尤必藉官权为振作……用官权以助商力所不逮，而后战本固，战力纾也"[3]。

---

1 杨立强、沈渭滨：《"近代中国资产阶级研究"讨论会综述》，《历史研究》1983 年第 6 期，第 152 页。

2 汪敬虞：《试论中国资产阶级的产生》，《中国社会科学》第 1981 年第 5 期。

3 夏东元编：《商战上》，《郑观应集》上册，上海人民出版社，1982 年版，第 352 页。

就清末民初各类资本主义企业的发展状况来看，确属如此。大多数企业的赢绌，都能从它与封建官府之间关系的亲疏探询到因果始末。这样，与各种资本主义企业相联系的资产者，各人资财的多少，社会地位的高低，也就不能不因此而大见悬殊，从而在中国资产阶级里渐次分化为不同的阶层。转入 20 世纪初，随着中国资产阶级的形成，上层和中下层的畛域就颇为明显了。

应当指出，20 世纪初民族资产阶级的形成和阶层的划分，除了国内市场有所扩大，爱国运动的勃兴等因素外，清王朝推行变法新政确是不应忽视的重要条件。

清末新政名目繁多，包括调整对外关系，增删官僚机构，兴办学堂，编练新军等，而其中很重要并确有一定成效的措施，是开始摒弃一些"官不能护商，而反能病商"的积习，强调要"使商与官息息相通"，"讲求保商之政"，制订了不少"通商惠工，奖赏实业"的政策。"从而使得大部分民族资本主义企业藉助于官力绅势，得到较显著的发展"[1]；"在一定范围内还出现了资本集中的趋势。在长江下游，就有一部分因经营缫丝、棉纺织、面粉及其他轻工业而较快扩大其雇佣剥削的积累，占有或控制几个以至十多个企业，获得一定官衔和顶戴的资本家"[2]，在形成伊始的民族资产阶级里据有显赫的地位。他们当中有些人就因集股数额的等差，或被赏给从商部四等顾问，四品顶戴到头等顾问，头品顶戴的殊荣；或被赏给商部五等议员，七品顶戴到头等议员，五品衔的职衔，成为清末所谓"通官商之邮"的头面人物。"随着商会的兴办，他们当中不少人相率成为通都大邑商务总会的会董、总理、协理，周旋官商之间，开展联络工商和振兴实业的活动"[3]。"在内地，则随着收回利权运动的蓬勃发展，各省官办、商办铁路公司、矿务公司接踵兴起。充当这些企业总理、协理、坐办、提调、董事等职务的人们，一般凭藉自身世家巨绅的权势，通过筹款集股等方式，把持路、矿事务，逐渐增殖雇佣剥削的积累，或控制着兴办路、矿的垫付资本（如投向矿业的官款、铁路的租股等）"[4]也在各省集结成一股新兴的社会势力。"在这种情势下，

1 邓亦兵：《论清末新政的历史作用》，《史学月刊》1982 年第 6 期。

2 林增平：《中国民族资产阶级形成于何时？》，《湖南师院学报》1980 第 1 期。

3 徐鼎新：《论中国商会溯源》，《中国社会经济史研究》1983 年第 1 期。

4 鲜于浩：《试论川路租股》，《历史研究》1982 年第 2 期；傅志明：《辛亥革命时期湖南的资产阶级立宪派》，《纪念辛亥革命七十周年青年学术讨论会论文选》，中华书局出版；《清末湖南资本主义的发展和辛亥革命》，《辛亥革命在湖南》，湖南人民出版社出版。

几千年来"视工商为末务"的封建主义传统观念也开始消逝，崇尚实业，赞誉商务的风气渐次开展"[1]。故两位被尊崇为"天子门生"的状元——陆润庠、张謇，也毫不踌躇地于1896年分别领衔创办苏州苏纶纱厂和苏经纱厂、南通大生纱厂。其他企业创办人和各省铁路、矿务的倡首者，也多有现任或在籍的达官显宦。也就是说，到20世纪初，在中国社会里，无论是沿海通商口岸还是内地省份，一批翎顶辉煌，家资巨万，孜孜于设厂制造、开矿筑路事业的人们，已是彰明昭著，随处可见的社会现象。就拥有的资财和社会地位来看，他们同数量众多的醵资合股创办和经营中小企业的股东，经营手工工厂的企业主以及那些已同资本主义相联系的中小商人等比较，无疑是有明显的差别。如果不是对中国民族资产阶级分为上层和中下层的名称持异议，那么，这个新兴阶级至迟在20世纪初即分为上层和中下层两个部分，是有充分依据的；这种区别，是客观存在的历史事实。

既然民族资产阶级上层的出现以及他们雇佣剥削的积累主要来自同封建官府的联系，而尤其是有赖于清政府革除病商的弊政，推行保商的新政。因此，上层这一社会集团的利益，是以清王朝的存在为前提的；他们的利益能否持续扩大，则系于清王朝能否持续地革除弊政，推行新政。尤其是当反清革命的危机迅速消弭革命。因此，清末立宪派的主张和开展的活动，是同上层休戚相关的。这就是把立宪派看作民族资产阶级上层的政治代表的主要依据。

诚然，在清末，确有一些资产阶级上层人士支持反清革命，而且为此做过不少工作。但这并不能据以否定立宪派是资产阶级上层的政治派别。因为，社会生活是复杂的。由于某些原因或特定的社会关系的影响，一定阶级或阶层中的若干成员的好恶和政治态度，同他所属阶级或阶层的动态和向背很不一致，甚至大相径庭，是屡见不鲜的。我们肯定清末资产阶级上层的政治代表是立宪派，是指立宪派的主张、纲领或是章程、宣言之类，以及他们所进行的活动，确属体现了整个资产阶级上层的利益、意愿、要求和它所要实现的任务；而不是以若干上层人士对立宪所持的态度作为依据。

如果把若干上层人士支持革命的史实，作为否定立宪派是资产阶级上层政治派别的推理方法用于辨别革命派的阶级属性，那么，否定革命派是资产阶级中下层的政治派别，就更属是名正言顺了。因为，以下三

---

1 林增平：《中国民族资产阶级形成于何时？》，《湖南师院学报》1980 第1期。

点是确凿有据的事实。

1. 从事反清革命是要冒丧失性命、籍没财产的风险的。当革命没有确保取得胜利之前，资产阶级中的人们，绝大部分不会也确属没有投身革命或对革命表示支持。"从辛亥首义的武汉来看，在四十多个民族资本家当中，没有一人参加了革命活动；在六七千户商人中，也只有一二人参加"[1]。马克思曾经风趣地嘲讽法国资产阶级说："它因偏爱自己的钱袋而反对自己的政治家和作家。"[2] 在这方面，中国和外国的资产阶级是决无二致的。

2. 孙中山为首创建的同盟会，是领导全国反清革命的革命党。"据考察，1905～1907 三年内加入同盟会，可以查出本人成份的 379 人，留学生和学生 354 人，占 93% 以上；官僚、有功名的知识分子 10 人，教师、医生 8 人，各占 2% 多一些；资本家、商人，占 1% 多些。领导武昌起义的秘密革命团体文学社、共进会也类似。文学社社员 3000 多人，现在知道的 97 人中，新军士兵 80 人，占 81.6%，新军排长、中学生各 4 人，新闻工作者 5 人，陆军学生 2 人，留学生、农民各 1 人；共进会会员 2000 多人，现在知道的 169 人中，新军士兵 87 人，占 51.4%，新军排长 4 人，陆军学堂学生 27 人，中学生 22 人，留学生 8 人，新闻工作者 2 人，中、小学教师 3 人，商人 5 人，资本家 3 人，会党 5 人，家庭妇女 2 人，铁路稽查 1 人"[3]。从这三个革命团体不很齐全的统计来看，投身辛亥革命的人们中，留学生、国内各新式学堂的学生、新军士兵占绝大多数，商人、资本家是极少数。

3. 当时的革命者，也确没有任何人认为自己所从事的革命是为民族资产阶级的利益而竭智效力。有的还公开宣称要反对西方资本主义国家那样的社会弊害。孙中山就曾一再宣称，在实行民族主义、民权主义的同时，还得实行民生主义，其目的就在于防止在中国出现像西方那样"富者日富，贫者日贫"，"善果被富人享尽，贫民反食恶果"的现象，使"少数富者把持垄断的弊窦的自然永绝"[4]，"肇造社会的国家，俾家给人足，四海之内无一夫不得其所"[5]。

---

1 武群文：《辛亥革命前武汉的民族资本主义工商业》，《江汉学报》1961 年第 4 期。

2 马克思、恩格斯：《路易·波拿巴的雾月十八日》，《马克思恩格斯选集》第 1 卷，人民出版社，1972 年版，第 689 页。

3 刘大年：《赤门谈史录》，人民出版社，1981 年版，第 33—34 页。

4 孙中山：《在东京〈民报〉创刊周年庆祝大会的演说》，《孙中山选集》，人民出版社，1981 年版，第 86 页。

5 孙中山：《军政府宣言》，《孙中山选集》，人民出版社，1981 年版，第 78 页。

既然资产阶级人们绝大多数不支持不参加反清革命；投身革命的人们具有资本家成份或与资产阶级有联系的也是极少数；几乎所有的革命者不认为搞革命是为资产阶级的利益而冒险犯难，那么，凭什么说革命派是资产阶级中下层的政治代表呢？

不错，上述三点确属无庸置疑的事实，也是正常的现象。但认定革命派是民族资产阶级中下层的政治代表，是以如下三方面为依据的。

第一，清末革命者一般都是或多或少地接受了西方影响的新式知识分子中的先进人士。从他们的言论中可以看出，大都表现了对欧、美资产阶级革命和资产阶级革命家、政治家、思想家的倾心仰慕，认为中国革命必当步欧、美的后尘。如同邹容在《革命军》里所倡说的："欲求一革命之事，以比例乎英、法、美者。"这种虔诚的祈求，在同时代革命者的言论中是所在多有的。

第二，那时中国革命者在酝酿，提出自己的主张、纲领、章程、宣言的过程中，无一不是从欧、美资产阶级革命时代的各种著述中汲取理论知识和思想资料，并将其中主要的著述奉为圭臬，视同瑰宝，宣称要"执卢梭诸大哲之宝幡，以招展于我神州土"[1]。那种对西方资产阶级革命思想、理论和学说顶礼膜拜的心情，可谓跃然纸上，溢于言表。

第三，不管当时的革命者是如何表明他们从事的革命是为了防止在中国出现少数富人垄断，富者日富，贫者日贫的社会弊害，但他们提出的主张和纲领，明显地是要求在中国建立像西方那样的资本主义社会制度和资产阶级政治制度。即使孙中山极力把自己提出的"平均地权"敷陈为旨在中国实现"社会的国家"的方案，但实际上，它无非是一种主观设想在中国预防社会主义革命的土地纲领。故列宁说它是"纯粹资本主义的、十足资本主义的土地纲领"[2]。

由此可见，尽管绝大多数资产阶级人们不支持反清革命，但按照革命派所提出的主张、纲领和为革命胜利后所设计的社会制度以及国家模式来说，是符合民族资产阶级，首先是它的中下层的利益的。这就是把革命派确认为民族资产阶级中下层政治派别的依据。

有位外国学者曾著文申论，觉得中国的历史学家用马克思主义解释辛亥革命，"按照资产阶级上层和下层的划分……来区分资产阶级中的

---

1 邹容：《革命军》，《中国近代史资料丛刊·辛亥革命》第1册，第334—335页。
2 列宁：《中国的民主主义和民粹主义》，《列宁选集》第2卷，人民出版社，1972年版，第427页。

改良主义者和革命分子，但是这似乎是一个太机械的做法”[1]。在另一篇文章里，这位学者觉得，中国的历史学者宣称："资产阶级不但领导了这场革命，同时也是革命的主要受益人。其实，事实并非这样。"理由是她考察了当时中国的若干史事，发觉中国的"资产阶级并没有在起义时采取主动"，"这个资产阶级在辛亥革命中只起到了次要的作用。"而在上海，恰恰是被划作立宪派的社会基础的资产阶级上层人士在起义之前和之后都支持了革命。故结论是："辛亥革命不是资产阶级的革命。"[2]

应当承认，这位外国学者所考察的史事确属事实。但我们认为，决定辛亥革命是否具有资产阶级性质，并不以资产阶级是否支持与参与革命为准绳。可以说，除极少数人因特定原因外，资产阶级人们不支持、不参加革命，是资产阶级革命史上的通例。如同马克思指出的："小资产者干着通常应该由工业资产者去干的事情。"[3]肯定辛亥革命属于资产阶级性质，是以组织、发动这次革命的党派、团体所提出来的顺应历史发展趋向的主张、纲领和所要实现的任务为依据。同样，若干资产阶级上层人士由于某些特定的条件和个人的处境，支持或参加了反清革命，也不能成为否定立宪派作为资产阶级上层政治派别的口实。这些，我已缕陈于前，不再赘述。至于中国资产阶级在辛亥革命后得益不多，乃是由于这次革命虽获致推翻清王朝的成果，但没有得到反帝反封建的彻底胜利，并非这次革命不具备资产阶级的性质。

如果我的上述意见能为国外同行学者所理解，从而消释了"太机械的做法"的误会，并重新考虑中国辛亥革命的性质问题，那么，我将会感到不胜荣幸之至。

二

清末革命派和立宪派的公开对立，势同水火，肇始于 1903 年。其明显标志，是章太炎《驳康有为书》的发表，邹容《革命军》的问世，陈天华《猛回头》《警世钟》的流传，以及《檀山新报》披露孙中山的《敬告同乡书》和《驳保皇报书》。从此，两派经历了好些年在政治上的拼

---

1 丁日初：《辛亥革命前的上海资本家阶级》，《纪念辛亥革命七十周年学术讨论会论文集》上，中华书局，1983 年版第 321 页。

2 ［法］白吉尔：《资产阶级与辛亥革命》，《纪念辛亥革命七十周年学术讨论会论文集》下，中华书局，1983 年版第 2331—2345 页。

3 马克思、恩格斯：《1848 年至 1950 年的法兰西阶级斗争》，《马克思恩格斯选集》第 1 卷，人民出版社，1972 年版，第 468 页。

死抵牾，在思想战线上的激烈论争，确有势不两立的态势。这些具体史实，为学术界所熟稔，无庸赘述。

1905 年清王朝派五大臣出洋考察宪政，给立宪派人以很大的鼓舞。嗣后，经立宪派人士陆续地分头上书请愿，清王朝的所谓"立宪新政"，终于蹒跚瞻顾地开展起来。对此，立宪派人虽深表不学，甚至怨怼丛起，但却没有失去信心。因为立宪派和他们所联系的民族资产阶级上层，是受惠于清王朝的维新新政而发迹致富的。在他们看来，既然朝廷前此能颇著成效地维新，则做到了日具规模的立宪，当不是没有指望的。然而，他们不曾料到，1908 年 8 月《钦定宪法大纲》颁发后，朝廷上的政局即开始产生对他们更为不利的变化。

朝政的变化以光绪、慈禧的踵接去世，宣统的继位为转折点。原来，清政府颁行变法新政，继而又下诏仿行宪政，令各省筹办谘议局，发布《钦定宪法大纲》等，某种程度上是迫于时势和企图自救，但也与朝廷内外亲贵大臣之间的权势角逐有关联。1901 年发端变法新政，刘坤一、张之洞、袁世凯等确曾发挥了进言效力的作用。嗣后，在推动预备立宪的过程中，张、袁及端方、锡良等满汉大臣，态度最为积极。如袁世凯就曾竭力撺掇庆亲王奕劻站到立宪一边，藉以擢任内阁总理大臣，俾可提携他充当协理大臣。其他人也不免各有所图。但不论他们是真立宪还是假立宪，或真假掺半的立宪，总能多少给立宪派以某些臂助。及宣统继位，皇室亲贵善耆、载洵、载涛、毓朗等，迅即集结于摄政王载沣周围，形成一个少壮亲贵集团。这帮"少不更事"的"天潢贵胄"，面对日益汹涌的反清浪潮，深感忧危。"首先就罢黜袁世凯，收兵权，旋即逐步集权于皇室亲贵"[1]。"罢黜袁世凯后，载沣即借口遵循《钦定宪法大纲》所列君上统率陆海军的条文，代溥仪任全国陆海军元帅。1909 年，筹设海军部，命他弟弟载洵为筹办海军大臣，又仿日本参谋本部例，设军咨处，派宗室贝勒毓朗和他另一个弟弟载涛为管理军咨处事务大臣。与此同时，朝廷十二个部的尚书加上外务部另置总理大臣、会办大臣在内的 14 人中，满族贵族占 9 人，蒙古贵族 1 人，其中皇族达 7 人之多"[2]。亲贵集权的政象，较清代任何时候有过之而无不及。

立宪派人士也多少看到了载沣集团务在集权专制的种种行迹，又鉴

---

[1] 李侃：《对宣统政局的若干考察》，《明清史国际学术讨论会论文集》，天津人民出版社出版，1982 年版；迟云飞：《预备立宪与清末政潮》，《北方丛论》1985 年第 5 期。
[2] 钱实甫：·《清季新设职官年表》，《筹办海军大臣年表》《军咨大臣年表》；《清季重要职官年表》，《部院大臣年表》，均为中华书局出版。

于预备立宪愈加迟缓虚假，而革命风潮却迅猛上升，因而积极聚集力量，在1910年从春徂冬连续发动三次要求速开国会的大请愿。此时，一方面是继袁世凯放逐之后，先是张之洞逝世，接着是端方被载沣借故革去直隶总督，朝廷上支持立宪的势力急剧减弱；另一方面是立宪派请愿愈殷，愈益招致亲贵集团不满和疑忌。一些善于逢迎希旨的朝官御史，则相继上奏，指控立宪派"乃欲借立宪倾险朝廷以阴行革命也……昔之倡革命排满者，潜伏于海外，今公行于朝右矣。……其处心积虑，无非夺君主之权，解王纲之纽，阳美以万世一系，阴实使鼎祚潜移"。[1] 把立宪派说得比革命派还要险恶。在这种情势下，尽管立宪派竭诚馨哀地一而再、再而三地伏阙上书，都不能不带着愤懑失望的情绪而散去；他们同亲贵大臣的嫌隙就迅速地扩大起来。

据参与请愿的徐佛苏事后说，在第三次请愿碰壁，清廷下谕驱散请愿代表的当天晚间，即有一部分代表聚集在"国会请愿同志会"机关刊物《国民公报》馆，"秘议同人各返本省，向谘议局报告清廷政治绝望，吾辈公决秘谋革命，并即以各谘议中之同志为革命之干部人员，若日后遇有可以发难之问题，则各省同志应即竭力响应援助起义独立云云。此种秘议决定之后，翌日各省代表即分途出京，返省报告此事"[2]。征诸当时和稍后发生的史事，徐佛苏的说法显有夸张失实之处。但参照有关文献和其他当事人的回忆，却不难看出，皇室亲贵集团顽梗乖张，拒谏饰非的举措，确已激起立宪派人普遍地产生厌弃清廷的离心倾向。

1911年5月，"皇族内阁"出场。立宪派人气愤异常，没想到历年奔走呼号，伏阙哀恳，最后却请出了这样一个集权皇室、极端专制的"立宪"内阁来了。这个内阁成立伊始，即颁发所谓"铁道国有"政策，并由邮传部大臣盛宣怀出面与英、美、法、德四国财团订立"粤汉川汉铁路借款合同"，将粤汉、川汉两条干线的路权出卖。各省商办铁路面临被劫夺的厄运，粤汉、川汉首当其冲。民族资产阶级上层所期待的立宪新政，化为泡影；与他们利害攸关的商办铁路，横遭劫夺。他们对清王朝的指望终于幻灭，遂导致了立宪派舍弃清廷，转而采取与革命派弃怨合作的对策。

辛亥武昌首义给了清王朝以致命的一击，不旋踵而大部分省区相继响应，掀起了全国革命高潮。这当然是革命党人发动新军、会党及其他

1　刘廷琛：《为宪政败象渐彰以救危机折》，《皇朝续文献通考·宪政八》。
2　丁文江、赵丰田：《梁启超年谱长编》，上海人民出版社，1983年版，第514页。

反清群众，与清朝反动势力进行英勇斗争所获致的成果。然而，也不能忽视各省立宪派人、多数城市商会和商界人士的作用。"他们或在起义之前即与当地革命党人达成反清的协议，共同发动起义；或在武昌首义引发全国革命高潮的形势下，相机改制易帜，宣布独立，成立军政府；或是在革命派起义后，迅即输诚捐献，使清朝统治加速瓦解"[1]。固然，立宪派人的相率转向，也给革命带来了不利因素，如有的省立宪派排斥革命派，攫取了军政府的实权；有的省立宪派发动攘夺政权的讧争，使政局杌陧不安；以及立宪派的加入，增大了革命方面的妥协气氛；等等。但总的说来，辛亥革命取得推翻清朝，肇造民国的胜利，是以孙中山为首的革命派为领导，与立宪派形成了联合的局面，使清统治者陷入极度孤立的形势下取得的。可以设想，如果立宪派一成不变，一如既往地同革命派拼死抵牾，那么，武昌起义的烽火，只怕很难演成燎原之势。

三

革命、立宪两派弃怨修好，获得了辛亥革命推翻清朝的胜利。但是，两者并没有因此泯灭了彼此的嫌隙。袁世凯篡夺了临时大总统的权位后，两派又重起龃龉，再度水火，开展了又一场角逐。

临时政府北迁后，相当多的革命党人，包括孙中山、黄兴，都对袁世凯存在或多或少不切实的幻想。但他们却不曾放弃实现民主共和政体的主张，力图建立和完善议会制度，订立宪法，使内阁确能行使治国施政的权力。为此，同盟会于1912年8月改组为国民党，在全国范围扩大组织，倾全力夺取国会多数议席，藉此由国民党出组内阁，执掌政权，并恃以钳制袁世凯。1913年2月，第一届国会选举揭晓，在参、众两院合计870个议席中，国民党获392席，占压倒多数。代理国民党理事长宋教仁将出任内阁总理，俨然是顺理成章的事了。

大多数立宪派人既与清廷决裂，当武昌首义、全国反清高潮出现后，他们也鉴于清王朝行将覆灭，再倡君主立宪已失去依据，因而相率转向赞成共和。唯有少数人胶执旧见，如康有为撰《救亡论》《共和政体论》以示弟子，长篇大套地论证"共和政体不能行于中国"[2]。但却遭到多数弟子的抵制，有的甚至指斥乃师"偏僻迂谬，不切时势"，表示"万无

1　耿志云：《清末资产阶级立宪派与谘议局》，王来棣《立宪派的"和平独立"与辛亥革命》，林增平：《辛亥革命时期的资产阶级立宪派》；以上文章均载于《纪念辛亥革命七十周年学术讨论会论文集》。

2　汤志钧编：《康有为政论集》下册，中华书局，1981年版，第652—694页。

附从之理"[1]。1912 年 2 月，康有为仿长歌当哭的体例，写了一篇《辛亥腊游箱根与梁人甫书》，悲叹"神州陆沉，宗社忽焉"，称赞"梁生才薄贾谊，志希伊尹"，期望他"联镳骖靳，同拯堕日于虞渊；比翼齐飞，同事救民于涂炭"[2]。梁启超立即复函，反劝乃师转向改辙，拥戴共和，"藉连鸡之势，或享失马之福，则竭才报国，岂患无途"[3]。在此前后，不少立宪派名流相率公开表明赞成共和的立场。1911 年 12 月 26 日，熊希龄以湖南共和协会正会长名义，率同副会长张学济以次 150 余人致电内阁总理大臣袁世凯，声称"人心所趋，大势所在，万不能再有君主立宪之理"[4]敦促袁世凯速促清帝下诏退位。1912 年 1 月初，汤化龙、林长民、孙洪伊、黄可权、向瑞琨、张嘉森等原立宪派名流在上海发起成立"共和建设讨论会"。尚滞留日本的梁启超应邀入会。这表明向持君主立宪的改良派人，在新形势下，大都转而主张民主共和了。

然而，原立宪派人虽赞成共和，但不愿与孙中山为首的同盟会携手并进。他们对民国伊始的政治力量的看法，反映在张嘉森给梁启超的一封信内："今后中分天下者，袁、孙二党而已，吾党处此时代，所以待之者有二：超然独立，另标政纲与天下共见，一也；与两党之一提携，以行吾辈所怀抱，二也。"权衡利弊，他认为，"此二者比较的适于建设之业者，实在北方，故森以为下手之方，在联袁而已"[5]。

联袁就必须制孙，故梁启超在袁世凯就任临时大总统后向袁建言，组织一"健全之大党"，由"旧立宪党与旧革命党中之有政治思想者"组成。"利用健全之大党，使为公正之党争"，去制服孙中山为首的革命派，使之"自归于劣败"[6]。可是，梁启超所设想的"健全之大党"——共和党在第一届国会竞选中失利了。在参、众两院计 870 个议席中，国民党占 392 席，共和党只 175 席。梁为此颇有点懊丧。

国民党竞选获胜，使袁世凯大为惊恐。于是指使党徒在 1913 年 3 月将宋教仁谋害。4 月 14 日，共和党理事长黎元洪公宴参、众两院议员，梁启超作长达 3 小时的题为《共和党之地位与其态度》的演说。他指孙中山一派为"乱暴派"，是"祸国最烈之派"；袁世凯一派是"腐败派"，

1 丁文江、赵丰田：《梁启超年谱长编》，上海人民出版社，1983 年版，第 598 页。
2 汤志钧编：《康有为政论集》下册，中华书局，1981 年版，第 695—697 页。
3 《腊不尽十日致康有为函》，见张朋园：《梁启超与民国政治》附录。
4 《申报》1912 年 1 月 25 日。
5 丁文江、赵丰田：《梁启超年谱长编》，上海人民出版社，1983 年版，第 600 页。
6 丁文江、赵丰田：《梁启超年谱长编》，第 617 页。

宣欲"故吾党认为祸国最烈之派为第一敌,先注全力以与抗,而于第二敌转不得不暂时稍为假借"。曾记否? 辛亥革命前梁启超注全力与同盟会论战时即曾提出:"今者我党与政府死战,犹是第二义;与革党死战,乃是第一义。"[1] 对比之下,所谓"第一敌""第二敌",不正是"第一义""第二义"的同义词吗? 这说明改良派和革命派之间的关系,又回到辛亥前双方论战时的那种对立状态。5月29日,共和党、同一党、民主党合并,成立进步党,推黎元洪为理事长,梁启超等9人为理事。梁启超在成立大会上演说,重申"先注全力以与抗""乱暴派",对"腐败派""暂时稍为假借"的策略。

果然,梁启超所指的"乱暴派"真的"乱暴"起来了。1913年7月12日,李烈钧据江西湖口宣布"独立",起义讨袁。"二次革命"爆发。次日,进步党本部即发出"戡乱通电","促令政府迅速戡乱"[2]。进步党理事、众议院议长汤化龙发表谈话,指控"这是叛反国家,应从速扑灭"[3]。8月,进步党名誉理事熊希龄就任国务总理,梁启超、张謇、汪大燮等原立宪派名流相率入阁。梁启超所谓"先注全力以与抗""第一敌","暂时稍为假借""第二敌"的策略付诸实行。

"二次革命"很快失败了。如果说,民族资产阶级上层与清王朝的离异导致了立宪派和革命派捐弃前嫌,走向联合,那么,清王朝倾覆后两派的再行分裂,也能从民族资产阶级的动向找到原因。

原来,清朝的倾覆和民国的成立,使得资产阶级人们对发展近代企业抱有很大希望,咸认为"所谓产业革命,今也其时矣"![4] 为了尽快地增殖利润,他们无不急于要求革命尽早结束,让袁世凯的统治迅速稳定,使他们期待的"产业革命"得以实现。故"二次革命"一起,资产阶级人们无不表示厌恶,各起义省份商会、商团,相率抵制。黎元洪在《致政府国会请褒嘉商会》一函内,历数各省武汉商会时说:"前年鄂军起义,武汉商会首表欢迎。此次厉阶潜生,各属商团,全体反对。在该党冀援昔以例今,乃商民忽转向而为背。"[5] 袁世凯得报,立即发出《通令查明各省商会拒乱有功人员呈请奖励文》,称赞"各商界烛其奸邪,绝其资助,

1 丁文江、赵丰田:《梁启超年谱长编》,第373页。

2 《时报》1913年7月13日。

3 《时报》1913年7月24日。

4 《民声日报》1912年2月28日。

5 《黎大总统文牍类编》,上海会文堂1930年印,第151页。

遂使逆谋无由大逞，乱事得以速平。曲突徙薪，功匪鲜浅"[1]。

资产阶级人们政治态度的转变，牵曳着原立宪派和革命派重修旧怨，再度分裂。

四

进步党人"暂时稍为假借""腐败派"，把"乱暴派"一度打得七零八落。下一步措施，就是梁启超在进步党成立大会上提出的策略，即对"腐败派""徐图改造"，置"一大政党监督其旁，日谋所以将顺其美，匡救其恶者"[2]，使之确立资产阶级的民主制度。可是，他们的主观愿望落空了。

为了"稍为假借"袁世凯，进步党不得不多次隐忍曲从。首先是阿附袁世凯先举总统后订宪法的谬见，在宪法会议上先行议决"大总统选举法"。袁遂依此"法"，部署亲信包围国会会场，于1913年10月6日"当选"为"中华民国首任大总统"。接踵是熊希龄以国务总理名义，违心地在袁世凯解散国民党，追缴该党议员证书的乱命上副署。1914年1月10日，熊希龄又被迫副署了袁世凯解散国会的乱命，一个月后，袁世凯连熊希龄这样一再屈从的内阁都感到很不遂心，于是使亲信讽劝熊辞职。5月，袁依据其御用"约法会议"议决的"中华民国约法"，于总统府下设政事堂，取代了国务院。进步党人没能"假借"腐败派，倒是腐败派"假借"了进步党，使进步党人充当了搞垮国会和内阁的帮手。他们原打算"监督"袁世凯，"日谋所以将顺其美，匡救其恶者"也完全落空。袁世凯越来越腐败不堪，在他卵翼下，"不知共和政体为何物者，今皆柄握政权"[3]。民国政府又仿佛前清官场景象。

在政治上失意的同时，进步党所制订的整顿财政，振兴实业，发展资本主义的计划，也迭遭袁世凯所倚恃的北洋系官僚资本的阻挠。以梁士诒为首的交通系开始膨胀，成了袁的"财神"。他们"把持款项，超然于国库之外"，"国家的大宗入款供少数私人之增殖"[4]。熊希龄组阁时自兼财政总长，曾力图夺取交通部和交通银行，亦未能得手。

政治、经济各方面的挫折，引起了进步党人的反省。他们自讼道："吾辈一年来拥护国家统一之结果如此。""试问吾辈若事事与国民党一致

---

1 《袁大总统书牍汇编》卷2，广益书局1914年版，第70页。

2 《梁任公对于进步党成立大会上之演说》，《说报》第3期。

3 彭热忱：《论中国今日人才之消乏》，《说报》第12期。

4 牟琳：《评交通银行则例》，《中华杂志》第1卷第2号。

行动，则今日之域中，是谁家之天下？"¹张东荪在进步党机关刊物《中华杂志》一卷七号上发表为《自忏》的文章，对自己原来发表的言论深自懊悔，并批评梁启超倡说的排除乱暴派的主张。梁启超也不禁喟然叹息："今日之政治与吾侪之理想的政治甚相远。"²在另一方，原国民党人也在试探着与进步党言归于好的可能，中华革命党在东京刊行的《民国》杂志发表一篇题为《革命与暴政》的文章，声称："改良也，革命也，皆政治上救济手段之一种，目的既无所殊，结果或亦相似。特革命为急进之改良，改良为平和之革命，措施之间，形式乃觉稍异。"³这不啻是向进步党伸出了和解的手。

袁世凯复辟帝制的反动政变，加速了革命派（原国民党人）同改良派（进步党人）弃嫌修好，再度联合的进程。面对严酷的现实，进步党有识之士作了进一步的反省，声称"吾人抚今追昔，转不得不叹赏曩时国民党浮气青年者流反贤于吾辈也"。⁴回顾与革命派论争的往事，甚至感到"无颜足以相见"⁵。故发表于《中华杂志》上的《现时势对于进步党之要求》就直率地承认，"与国民党分子以释怨媾和之机会，相期于平和改革之目的"，确属"时势之要求"⁶。以致反袁护国战争兴起，进步党人更明确地承认，"袁氏之卖国奴民，自为帝制"，"非革命之罪"；"革命之外，无法可施"⁷。这种言论，表明进步党不仅公开宣布要同国民党释怨媾和，而且在反袁的战略方针上——"革命之外，无法可施"——有了共同语言。

反袁护国战争的胜利，是原国民党和进步党在政治、军事上实现了联合的基础上获得的。前此已有文章作了较详的论述⁸，不再赘陈。事实上，躬亲斯役的孙中山早已作过结论："民国五年已变为洪宪元年矣！所幸

1 《申报》1913年12月22日。
2 梁启超：《发刊辞》，《大中华》第1卷第1期。
3 玄中：《革命与暴政》，《民国》第1年第3号。
4 《申报》1915年11月8日。
5 《时事新报》1915年12月1日。
6 丁佛言：《现时势对于进步党之要求》，《中华杂志》第1卷第9号。
7 《时事新报》1916年2月29日。
8 谢本书、高光汉：《护国战争中资产阶级革命派与改良派的联合》，《纪念辛亥革命七十周年学术讨论会论文集》上；谢本书、冯祖贻、顾大全、孙代兴、高光汉：《护国运动史》，贵州人民出版社；李育民：《民初国民党与进步党离合关系新探》，《湖南师大学报》1985年第6期。

革命之元气未消，新旧两派皆争相反对帝制自为者，而民国乃得中兴。"[1] 梁启超也承认："急进派反诸平实，稳健派力去弛惰，两派合作，是当时成功的主因。"[2]

如同革命派和改良派前此一度联合（辛亥武昌首义前后）和重新分裂（二次革命前后）都同资产阶级的向背有联系一样，两者在护国运动中再次释怨言和，也与资产阶级的动态息息相关。

二次革命中，资产阶级之所以支持袁世凯，乃是希望袁世凯统一全国，使他们能实现"产业革命，今也其时"的愿望。可是，袁世凯镇压二次革命后，迅即解散国会，撤消内阁，露骨地推行封建军阀专制统治，不旋踵又觊图复辟帝制，遂引起全国范围内的蜩螗俶扰。在推行复辟逆谋的过程中，袁世凯更大肆增征苛捐杂税，故一时流传"文官加秩，武官加爵，商民加税"的民谣。且袁世凯又把各地商民存入交通银行的"爱国储金"挪充帝制糜费，致"商民群起反对"[3]，特别是袁世凯一意仰赖日本帝国主义的扶持，处处对日妥协，导致了日本商货进口的激增。尤有甚者，是袁世凯不惜卖国求荣，接受了日本提出的"二十一条"，使中国陷入覆亡的陷境，给民族资本带来被日本殖民者囊括吞噬的厄运。这样，就出现了马克思所描绘的那种情景：资产阶级"因偏爱自己的钱袋而反对自己的政治家和作家"。以致二次革命失败了，反袁的革命党人纷纷流窜海外。"结果是它的政治家和作家被排除了，但是它的钱袋也在它的口被封死和笔被折断后被抢劫了"[4]。资产阶级很快转到了反袁的一方。进步党人既不自觉，又似乎是自觉地代表资产阶级说出了他们的心愿："四年以前之袁氏，唯恐其去；今日此日之袁氏，乃不得不求其速去。"[5] 对袁世凯及其党徒来说，他们恰好陷入了与革命派在二次革命时相同的处境，那就是黎元洪形容当年革命派的一句话："在该党冀援昔以例今，乃商民忽转向而为背。"资产阶级人民的转向为背，是反袁护国运动赖以胜利的重要原因之一。俗话说："旁观者清。"一位外国人的观感，正可作为本文论点的佐证，他记叙道："商人厌于满清失德，当辛亥之变，力助革党，其结果遂推翻朝廷。及癸丑之役，商民望治心殷，

1 孙中山：《民权初步序》，《孙中山选集》，人民出版社，1981年版，第383页。

2 《松坡军中遗墨》，松坡学会1926年重印本，第1页，梁启超在蔡锷来函上的签注。

3 李宗一：《袁世凯传》，中华书局版，1980年版，第342页。

4 马克思、恩格斯：《路易·波拿巴的雾月十八日》，《马克思恩格斯选集》第1卷，人民出版社，1972年版，第689页。

5 《时事新报》1916年2月29日。

一次具有资产阶级民主革命性质的大起义

——评介《萍浏醴起义资料汇编》

1986 年

胡耀邦同志题写书名的《萍浏醴起义资料汇编》，在隆重纪念萍浏醴起义八十周年的日子里，即将由湖南人民出版社出版，这是一件值得庆贺的事！

辛亥革命是中国人民反帝反封建的伟大革命运动，是近代中华民族的第一次腾飞，其历史意义和深远影响是早有定论的。

1906 年发生的萍浏醴起义，是辛亥革命全过程的重要组成部分，是孙中山创立中国同盟会之后的第一次大规模的武装起义。这次起义爆发后，流寓日本的孙中山即发表谈话称："自去年秋江西萍乡之乱发生，风云忽急，全国震荡。湖南、曾州、江阴、东阿、辽河以西等地接踵响应，到处箪食壶浆，以迎革命赤旗。蚩蚩之民，今已发出雷霆之威，义愤的火焰大有烧尽爱新觉罗残骸之势。如不乘此时机起事，我党又何时能如陈、吴之救国！不惜牺牲，我志已决。即将传檄十八省会党，联络声势，立刻举事！"[1]1907 年 3 月，就因为萍浏醴起义系同盟会绸缪定策，发纵指示，日本政府询清致府的请求，将孙中山驱逐出境。孙中山离开日本后，往来于香港、河内、西贡、新加坡等地，亲自策动潮、惠、钦、廉起义、镇南关起义，河口起义。此期间，光复会徐锡麟、秋瑾分别在皖、浙两省策划起义；岳王会熊成基举义于安庆。嗣后，同盟会又发动了广州新军之役（1910 年）、广州黄花岗之役（1911 年）。黄花岗起义虽失败，但如同孙中山所指出："是役也，碧血横飞，浩气四塞，草木为之含悲，风云因之变色。全国久蛰之人心，乃大兴奋。怨愤所积，如怒涛排壑，不可遏抑。不半载而武昌大革命以成。"[2] 由此可知，以率先揭橥"中华国民军"旗号的萍浏醴起义开其端，以武昌首义竟其功的历次起义，构成

---

1 《与池亨吉的谈话》，《孙中山全集》第一卷，第 332 页。
2 《〈黄花岗烈士事略〉序》，《孙中山全集》第六卷，第 50 页。

了同盟会领导的推翻清朝，创立民国的辛亥资产阶级民主革命的全过程。故萍浏醴起义滥觞发轫的功绩，是无庸争辩的。

涉及萍浏醴起义的文献资料及始末纪述，在中国史学会主编的《中国近代史资料丛刊·辛亥革命》第二册（上海人民出版社出版）内，曾列有"萍浏醴起义"专题，刊录资料五种。嗣后，台湾出版大型辛亥革命史料汇编《开国文献》，汇录萍浏醴起义资料较《丛刊》增多，但仍很不完备；调查访问的纪录，仍旧阙如。辛亥革命以后，曾经参与此役的当事人，史学界的人士，对这次起义的纪述，仍多有疏漏，或语焉不祥，或显有歧异；多数起义领导人的家世经历，渺茫莫辨；个别研究者对这次起义是否具有资产阶级民主革命性质，还提出过疑义。因此，继续搜集有关萍浏醴起义的文献资料，特别是访求尚留存于起义地区父老乡亲中的口碑，是刻不容缓的工作。

1986年是萍浏醴起义八十周年。萍乡、浏阳、醴陵三市县政协常委和文史资料研究委员会的负责同志，咸感到有必要进一步开展对此次起义的调查和研究，藉以更有效地进行革命传统教育和爱国主义教育，激励人民为实现四个现代化而奋发努力的意愿和信心。为此，1985年元月，萍、浏、醴三市县政协文史资料研究委员会的部分同志，经过商议，组成征集萍浏醴起义资料协作小组，即时开展调查、访问、搜集、整理的工作。历时近一年，计收集资料草稿近三十万字。嗣又由协作小组委托湖南师大历史系饶怀民同志汇集文献资料，复核口碑资料，删其繁复，酌作文字加工，并编定全书目次。1986年7月，经协作小组审阅，这本资料汇编得以完稿。

全部资料分两大类：一类是调查访问的资料，一类是文献资料。

调查访问得来的资料，大部分是当时亲身参加或闻见起义情景的父老回忆口述；部分是起义者的后裔或亲属从先辈那里听来的往事，由采访者记录成文。其中多属局部或片断的起义经过、战斗概况及反动统治者屠戮群众的情景，还有起义领导者的传记。这些资料，都给起义的始末补充了逼真的、具体的情节和梗概，或更正了以往某些记载的讹误。比如，关于第三路码头官李金奇的身世及其被追捕坠白兔潭死难一事，就在有关两篇采访记录里写得详细具体。萍乡蕉园会上决定起义军设八路码头官，其各路码头官的姓名，以往记载都没有逐一列出，且多有误记，而只要浏览本书的资料，就一可以窥其全貌。尤其是调查整理的起义者的身世和事迹，多属填空补揭的传记，且订正了以往不少传闻之误。如《姜守旦传》《沈益古传》《胡友棠传》等，即依据各人族谱、乡邻口述写成，做到了情真事确。这类资料，谓为第一次面世、第一手资料，未尝不可。

还应当提到，经采访得来的《三荒记》《煤炭歌》，以粗放俚俗的民间说唱形式，生动地描述了萍浏醴一带人民群众和安源煤矿窿工的穷困苦难生活，用当时通常称呼起义的语言，直率地咏唱了洪江全、安源窿工的战斗情景。这类资料，更可说是朴实地反映萍浏醴起义的现场写真。

汇编的文献资料，其中一部分虽然是已经发表过的，但都重新进行了审校，或有所增益。比如，清方有关档案和当时报刊披露的讯息，辑录就较为全面。这些资料，对于了解清朝统治集团内部倾轧，清廷镇压起义的兵力部署，萍浏醴各处义军同清军两方态势的变化和战斗状况，都有重要的参考价值。依据这些资料里关于起义军旗帜、装束、告示和首领人员的谍报，完全可以坐实，萍浏醴起义确属同盟会策动，有同盟会员直接筹划，以"排满革命"为宗旨，具备资产阶级民主革命性质的起义。

另一些文献资料，系第一次公开问世的文稿。如辑录的王闿运、皮锡瑞、刘人熙、凌盛仪等人日记中的有关记载，刊载于当时支持中国革命的日本友人编印的《革命评论》上评介萍浏醴起义的文字，虽在日本已公开发行，但翻译成汉文收录于本书，也不啻首次发表；有些资料过去虽曾出版，但年久岁远，已属罕见庋藏，如摘录朱德裳所撰《刘揆一》、沈祖燕所辑《忧盛编》里的若干篇幅，也为研究者提供了便利。

此外，为使读者阅读本书时尽可能熟悉萍浏醴起义的全貌，因而又由少数同志参考已有文献和近年调查访问的记载，撰写了一篇《丙午萍浏醴大起义始末记》和《马福益》《刘道一》《蔡绍南》《龚春台》等主要领导人的传记，以免读者还有补阙勾沉的遗憾。

应当说明，在汇编这本资料集的过程中，仍发现少量具体事件的纪述颇多歧异，但又难于评定孰是孰非。因此，只好不加删改，留待日后订正。比如，马福益究竟何处被捕？刘揆一撰《黄兴传记》里称湖南湘乡，湖南巡抚端方则奏称在萍乡车站，而寻访得来的口碑，又言之凿凿，称系醴陵阳三石。在汇编时，就概仍其旧，不予变动。其他类似情况，不再赘陈。

当然，这本资料汇编还不能说把所有关于萍浏醴起义记载搜罗已尽。已知的重要文献——蔡绍南的《丙午日记》，几经搜寻，均归徒劳。负责发动安源矿工起义的肖克昌，其身世经历，几无从查考。

可见，萍浏醴起义的史料，还有待继续发掘；这本资料汇编也将要增益补充；对这次起义的研究，也应继续深入进行。

（原载《湖南师大社会科学学报》1986 年第 5 期）

孙中山早期思想研究述评

1986 年

孙中山早期思想为何？迄今仍聚讼纷纭。本文系就涉猎所及，妄加评述。为叙述方便计，以 1894 年兴中会成立为界限，将孙中山早期言行思想划为前后两个阶段。

一、前一阶段　（1894 年前）思想研究试评

对这一阶段孙中山思想的研究，人们的视线主要是落在他的革命思想形成的问题上。意见的参商，大致为：孙中山的革命思想是在兴中会成立前确立的，还是在成立后确定的。绝大多数研究者都认为孙中山的早期思想是革命和改良的混合体，既含排满谋反的成份，又寓维新变法的因素。争论的焦点则集中于如何看待这两种成份在这个矛盾体中的位置，即：改良思想占主导地位，还是革命思想占主导地位。

持革命思想占主导地位的论者，所依据的主要有孙中山的回溯，别人追忆孙中山在西医书院时"四大寇"高谈造反和他在其他场合的革命言论，以及翠亨村老人所说的试验炸弹之事。他们肯定孙在 1885 年受中法战争的刺激，开始萌发了反清的意念，1886 年在广州博济医校时便开始和同志公开谈革命，到 1894 年建立兴中会之前，已基本上确立了反清革命主张。

认为孙中山在前期革命思想已占主导地位，就必须回答一个不能回避的问题，即怎样看待孙中山思想中的改良成份？孙的改良思想主要表露在《致郑藻如书》《农功》《上李傅相书》这三篇文章里。对上述文章，存在几种解释。一种是对他思想中的改良成份估计较低，认为这里表露的不是孙中山的真实思想，而是由于清廷一贯推行高压政策，公开鼓吹革命并非易事，出于策略考虑，就得隐匿自己的真情。这种策略反映了他革命的胆识、谋略和经验日益丰富和成熟。有的论者并把《上李傅相

书》看作窥探清廷虚实的一种手段，有的则说是利用满汉矛盾的一种做法。另一种意见则认为，由于对民主革命的了解极为有限，因此孙中山所能发表的政治见解，就不能不夹杂着一些尚在流行的改良主张；他的思想中，还有求诸当道的愿望。从而断定，在甲午战争前，孙中山虽然主观上下定了革命的决心，作了造反的精神准备，然毕竟还有改良成份，还在徘徊观望，思想上还有一些摇摆。上述论者中，也有人认为上书不是偶然的、突如其来的事情，它是经长时间酝酿的；孙中山后来的回忆也提到他对此次上书抱有希望。这说明上书有着深刻的思想基础。正因为如此，不少的研究者对此说法持否定态度。

另外一种解释则对前期孙中山的改良思想不加隐讳，认为由于孙中山周围有着不少的维新人士常给他以影响，因此，他主要方面是竭力鼓吹革命，也开始着手从事革命。但另一方面，思想上仍动摇不定，还想尝试一下是否可以通过清政府实行自上而下的改革。《上李傅相书》就是在这样的矛盾心情中产生的。这种解释承认孙中山接受了相当多的改良思潮的影响，但仍低估了孙上书李鸿章这一行为的改良性质程度，仅把它看作一次尝试，而没有看到这是孙中山重要的政治实践。

也有的论者否认《上李傅相书》的主旨是改良，认为上书中提出的"人尽其才，地尽其利，物尽其用，货畅其流"四大纲，旨在发展资本主义，从根本上说具有革命意义。不容置疑，改良派和革命派所进行的斗争都是为了变革封建制度，从某种意义说都具有革命意义，只不过是改良派企图通过和平的方式，而革命派则相信只有通过暴力手段才能达到变革的目的。在近代中国的特定历史条件下，区分革命和改良的意义也正在此。认为孙中山的主导思想是改良的研究者，正是就孙当时没有放弃和平方式而言，而不是否定他斗争的实际内容具有变封建制为资本主义制度的意义。因此，力图藉阐发《上李傅相书》的革命意义来否定孙中山前期具有改良思想的看法，不能不受到持另一种意见的论者的诘难。

持上述观点的少数论者还认为，在前期，孙中山还没有进行实际活动，其思想可以供后人研究的素材是言谈，以此作为孙中山的革命思想是一贯的证据；并认为在评论思想时，没必要以行动作为主要依据。但这种看法仍被持异议者指为似有割裂思想与实践的辩证关系之嫌。也有的论者倡言孙中山在1892年于西医书院毕业以后即开始了革命活动，理由是试验炸弹和与同志商讨组织团体，派郑士良联络会党和防营。这几件事，根据有的论者辨析，是不很确凿的，当然也不应完全排除它们的可能性。但即使如此，是否可以据此确定孙中山的基本思想倾向呢？一般地说，准备做某件事，并不等于做了这件事。故探寻孙中山的思想主流，似乎应以他实际上做了什么事为依据。

反映孙中山思想中革命与改良的两方面史料都是客观存在的，认为改良思想占主导地位的论者，从另外的角度作出了分析。他们首先指出，任何一种革命思想和革命运动的发生，都必须在实际生活中具备相当的因素，即以一定的社会经济要求为其背景，不可能存在什么超阶级超时代的理论和主张。如同马克思说的："一定时代的革命思想的存在是以革命阶级的存在为前提的。"[1] 也就是说，评论人们的思想，不能不顾及产生思想的阶级和条件。孙中山作为中国民族资产阶级的思想家和政治家，他的言行自然要受到中国民族资本主义发展水平和民族资产阶级政治倾向的制约。因此，孙中山思想中革命和改良的矛盾，正是当时客观历史进程合乎规律的反映。

如何看待这种经济条件和阶级条件，持此一说法的论者意见又有所分歧，这里主要牵涉到资产阶级形成问题。有一种看法认为，甲午前民族资产阶级已经形成，孙中山的思想大体代表了这个阶级的中下层的利益。由于资本主义发展水平的低下，中小资产阶级还极为软弱，因而不能独立地提出自己的政治主张。这样就导致孙中山思想中革命与改良并存，而改良占主导地位的情况。有的论者以广东的资本主义发展为依据，把孙中山的思想解释为广东中小资产阶级，特别是丝业资产阶级对现状不满的反映，从而认为国内中小资产阶级和华侨资产阶级共同构成孙中山思想的阶级基础。

但是，甲午以前的中国社会里有没有这样一个独立的资产阶级存在？若干研究者表示存疑，因而又出现另一种解释，即根据兴中会主要以华侨为基础的事实，认为孙中山的思想主要是反映了华侨资产阶级的愿望。这种看法没有估计孙中山所依据的国内经济和阶级状况，忽略了它所表达的整个中国社会的发展趋势，因而也还有推敲余地。

20 世纪 70 年代末，近代中国资产阶级的研究有了一定的进展。若干研究者通过对 19 世纪 70 年代以来中国近代资本主义的规模和发展水平的宏观考察，就阶级的产生及其形成过程加以分析，提出了在甲午战争前中国并不存在一个独立的民族资产阶级的看法，从而推论孙中山的思想是形成中的资产阶级政治要求和愿望的反映。他们指出，中法战争有的研究者注意到，人们多次援引的这条兴中会誓词，并没有足够史料证明它在兴中会一成立就已提出，而恰恰相反，《兴中会章程》里却充塞着与此截然不同的倾向维新变法的主张。因此，在 20 世纪 60 年代初，国外就有研究者对此提出疑问，认为这条誓词可能是在兴中会发展过程中提出来的，而人们却误认为一开始就已问世。近来国内研究者也对这条誓词的可靠性质疑，根据是陈少白、谢缵泰、冯自由等记载兴中会史事的著作里都未涉及，就是孙中山本人在以后的忆述中，也只字未提。誓词只是在事隔 35 年之后，才见于载诸《檀山华侨》邓想的一篇回忆录里。显然，我们在未得到确证以前，是应该考虑上述疑点的。

即使是排除了这些疑点，完全认可誓词的真实性，研究者对它的含义也莫衷一是。"合众政府"究竟表示何种意义，是否明确表达了资产阶级民主共和国的概念？肯定者认为"合众政府"就是当时美国的民主共和政府，并以梁廷枏、魏源等人的著作中对美国的介绍，以及当时清廷外交文件中的称谓为证，认为这一概念对当时的中国人来说，已是耳熟能详，无容置疑了。否定者认为"合众政府"这个概念含混不清，上述看法夸大了它的意义。吴玉章同志表示过类似的意见，他认为当时没有提出中国迫切需要的民主主义的政治概念，而是提出合众政府，说明兴中会时代的革命思想是不明确的。揆度两说，笔者更倾向于否定说。

从实际情况来看，当时的中国人可能对"合众政府"这一名词耳熟能详，但并不一定对民主共和国的概念那么清晰明了。在谢缵泰的《中华民国秘史》一书中，我们可以一目了然地看到这种含混。书中提到，他认为"共和国政体"的政府形式对中国和中国人是先进了，因此他计划在起义后成立联邦政府。这里，谢缵泰就未弄清联邦政府是共和国的一种形式。

正因为仅仅只有上述一条孤证，也正因为这一概念的含混不清，几乎所有的研究者在评述这条誓词时，都采取了谨慎的态度，把它看作是孙中山民权思想的萌芽。有的论者认为，孙中山在广州起义后流亡欧美时才产生了民主革命的概念，兴中会的政治纲领没有超越反满复汉的范围。这种看法比较符合情理，孙中山身临民主国家之境，实地考察了它们的两种政体，产生较为明确的民主革命概念是必然的。当然，这并不等于他已树立了坚定的共和信念。

1897 年孙中山从欧洲重到日本，对宫崎寅藏等说过"于政治之精神，执共和主义"。有的论者据此断言，孙中山明确宣布了他的目标是要建立资产阶级共和国。仔细推敲，这种看法似仍须斟酌。无庸否认，即使是在兴中会时，孙中山对未来政府的设想还是模糊的，那么，在从欧美回来后，对于要建立的新政府有了一个大致的轮廓，是可以理解的。但是，他是否能将这个目标贯彻实际行动中去，这就必须依据所赖以进行这种实践的客观力量。此外还必须看到，孙中山提出"执共和主义"，并不是宣布他的最近目标是建立共和国。人们可能忽略了该篇谈话中的这句话："……况羁勒于异种之下，而并不止经过君民相争之一阶级者乎。"[1]这句话表明他当时并没有产生将民族革命和政治革命熔为一炉的想法。在他的革命计划中，"排满"的民族革命与建立共和的政治革命，被安排为两个不同的阶段。因此，"执共和主义"似乎不能说明他当时已是一个坚定的共和主义者。正如梁启超认为最终要建立民主共和政体，但要经过君主立宪阶段一样，他当时似乎也感到需要一个过渡阶段。不同的是，孙中山是诉诸推翻清政府的暴力，而梁则是乞求于温和的方式来实现这种过渡。

　　显然，对这个问题的研究还有必要深入一步，不能停留在兴中会誓词和一篇谈话上面。有的研究者注意到，兴中会誓词表明孙中山的反满斗争已带上资产阶级民主革命色彩，但是他仍没有在思想中解决究竟是建立君主立宪政体，还是建立共和政体。他的革命目标，在相当程度上还没有脱离反满的狭隘范围。他的思想还在这两者之间动摇，这种动摇一直持续到1900年的惠州起义。证实这一点的史料有孙中山在1900年10月给刘学询的信，信中表示愿奉刘为主政，是称皇帝还是称总统，由刘决之。这一引证遭到不同意见的反驳。反驳者在解释这封信时，转述冯自由的说法，认为这只是孙中山为了利用刘学询而采取的策略。策略说可否商榷呢？上述论者引述的其他史料对此作了补充，如据陈少白的回忆，孙中山同杨衢云争论，他于共和制度尚有出入，而杨衢云则非要造成民国不可，两人争辩竟至动武。此外还有刘成禺与此相类似的一段回忆。将这些材料综合起来看，笔者似可认为，虽不能完全排除孙中山有策略思想，但这一策略只是在满足刘的野心，而不是在政体的选择上。

　　持此说的论者还把上述两件史事归之于孙中山"究系失辞"。为什么会"失辞"？有的研究者在探讨革命派与农民的关系时，为解答这个问题提供了线索。这位研究者认为，1900年的惠州起义只是旧式的农民战争向正规的资产阶级革命的过渡，而兴中会只是这种过渡的开始。

---

1 广东社科院等编：《孙中山全集》第1卷，中华书局，1981年版，第172页。

思想是与此相契合的，他反击改良派的宣言，他的民主共和思想较为明确的十六字纲领，都出现于这个时候，不是偶然的。

有的论者指出，孙中山不是神，而是人，他的思想和活动不能不受社会条件的制约。故笔者感到，似可沿着这条逻辑线路探索他的思想发展。既然他的思想受客观条件阶级力量的制约，那么 20 世纪初几年的社会变化，则提供了这种条件。从东京青山军事学较"驱逐鞑虏，恢复中华，创立民国，平均地权"的誓词，到 1905 年同盟会公开揭橥三民主义，则是这条克服思想动摇，明确共和目标的思想轨迹。正如孙中山自己所说，同盟会成立时，他"始信革命大业可及身而成矣。于是乃敢定立'中华民国'之名称而公布于党员，使之各回本省，鼓吹革命主义，而传布中华民国之思想焉"。[1] 广大群众的革命化，坚定了他的信心，民主共和国的大旗终于义无反顾地举了起来。建立民国的愿望，资产阶级民主革命的纲领于此时才最后确立，正式形成。

附：有关孙中山早期思想主要论著目录

郑鹤声：《试论孙中山思想的发展道路》，《文史哲》1954 年第 4 期。

王忍之：《孙中山的政治思想》，《教学与研究》1956 年第 12 期。

陈锡祺：《同盟会成立前孙中山的革命思想与革命活动》，《中山大学学报》1957 年第 1 期。

胡绳武：《孙中山初期政治思想发展及其特点》，《复旦学报》1957 年第 1 期。

金冲及、胡绳武：《论孙中山革命思想的形成和兴中会的成立》，《历史研究》1960 年第 65 期。

邵循正：《辛亥革命时期资产阶级革命派和农民的关系问题》，《北京大学学报》1961 年第 6 期。

秦如藩：《二十世纪前孙中山政治思想的发展》，《中山大学学报》1962 年第 3 期。

段云章：《孙中山早期革命思想的阶级基础初探》，《中山大学学报》1962 年第 3 期。

黄彦：《孙中山早期思想的评价问题》，《学术研究》（广东）

---

1 《孙中山选集》，人民出版社，1981 年版，第 201 页。

1978 年第 2 期。

萧致治：《论孙中山早期思想的基本倾向——兼与黄彦同志等商榷》，《武汉大学学报》1979 年第 6 期。

陈锡祺：《孙中山为创建共和国而斗争的伟大功勋》，《中山大学学报》1981 年第 3 期。

饶珍芳：《略论孙中山革命思想的形成》，《华南师院学报》1981 年第 3 期。

王汝丰：《孙中山早期思想及〈上李鸿章书〉》，《学习与研究》1981 年第 4 期。

钱远镕：《孙中山早期思想发展道路别议》，《武汉师院学报》1982 第 2 期。

郑钊顺：《孙中山与改良派》，《学术月刊》1982 年第 7 期。

郭汉民：《试论资产阶级革命派的形成》，《湖南师院学报》1983 年第 1 期。

《中山大学学报论丛·孙中山研究论丛》，1983 年第 1 集、1984 年第 2 集。

石峻等：《中国近代思想史讲授提纲》，人民出版社 1955 年版。

章开沅、林增平：《辛亥革命史》上册，人民出版社 1980 年 3 月版。

金冲及、胡绳武：《辛亥革命史稿》第 1 卷，上海人民出版社 1980 年 7 月版。

李新：《中华民国史》第一编上册，中华书局 1981 年 9 月版。

尚明轩：《孙中山传》，北京出版社 1981 年版。

李时岳、赵矢元：《孙中山与中国民主革命》，辽宁人民出版社 1981 年 9 月版。

[美] 薛君度著、杨慎之译：《黄兴与中国革命》，湖南人民出版社 1980 年 1 月版。

[美] 史扶邻著、丘权政等译：《孙中山与中国革命的起源》，中国社会科学出版社 1981 年 6 月版。

（与李育民合作，原载《回顾与展望》，中华书局 1986 年版）

孙中山民主革命思想的形成

1987 年

　　孙中山在《建国方略》第八章《有志竟成》里提到："予自乙酉中法战败之年，始决倾覆清廷、创建民国之志。"论者或据此断言，1885 年中法战争的时候，孙中山即已确立革命思想。此说实可商酌。依据此后发生的史事，这个时候，孙中山只是对清廷的腐败无能感到愤慨，偶尔萌发了反抗的思绪。至于坚定其推翻清朝，确认中国必须以民主共和取代君主制的信念，则是经过十多年的反清斗争实践，遍历欧美各国，体察资本主义社会的善政和弊害，逐渐地同改良思想划清界限，到 1903 ～ 1905 年间，才可说是具备了明确的、坚决的、基本构成体系的民主革命思想。

一

　　从开始进行政治活动到 1894 年 11 月创立檀香山兴中会，孙中山是一位服膺维新学说的改良派人士，而不是革命家，檀香山兴中会还不是革命团体。

　　在此期间，尽管有过孙中山与陈少白、尤列、杨鹤龄等被称作"四大寇"[1]；孙又曾与陆皓东、郑士良等八人聚会于广州南园抗风轩，商议创设兴中会，以"驱除鞑虏，恢复华夏"为宗旨[2]等记载，但都出自后来的追述，记忆容有误差，仅可供参考，不能作为坐实孙中山当时即具备革命思想的确凿证据。而另外两篇见诸载籍的文章：一是经郑观应略加修改，辑入《盛世危言》中的《农功》篇；一是连载于《万国公报》第

1　广东社会科学院历史研究室等编：《孙中山全集》第 6 卷，中华书局，1981 年版，第 229 页。
2　广东省哲学社会科学研究所历史研究室等编：《孙中山年谱》，中华书局，1980 年版，第 26 页。

六十九、七十册的《上李傅相书》[1]，则无庸争辩是衡量那一阶段思想主流的可靠资料。

无疑，《农功》一文如果不是同郑观应的主张翕然契合，郑就不会收入他的集子。而《上李傅相书》，则是经郑观应、王韬增删润色，并为加推毂的篇章。其中不仅关于教育、农事、实业、商务各方面利弊兴革的阐述，与同时改良派人士的见解并无二致，且其中提出的四条纲目："人能尽其才，地能尽其利，物能尽其用，货能畅其流。"也明显地出自1892年刊印的《盛世危言自序》（使人尽其才，使地尽其利，使物畅其流）[2]，唯增加一条。而在维新理论上，似也与郑观应有所师承。如《上李傅相书》叙述："……自古教养道，莫备于中华；惜日久废驰，亦仅存其名而已。泰西诸邦崛起近世，深得三代之遗风，庠序学校遍布国中，人无贵贱皆奋于学。……"

上述观点，与郑观应《盛世危言》中《道器》篇的看法，如出一辙。《道器》中称："《大学》亡《格致》一篇，《周礼》阙《冬官》一册，古人名物象数之学，流徙而入于泰西，其工艺之精，遂远非中国所及。……"

又《盛世危言》《学校》篇称："今泰西各国犹有古风，'礼失而求诸野'，其信然欤！……"[3]

故从《上李傅相书》上开行文立论来看，若非孙中山因服膺郑说而直接征引，则是郑观应于修改时捉刀代庖。所以，无论从思想渊源还是就其具体内容而论，《上李傅相书》是孙中山为当时中国设计的一份变法改良的"富强之大经，治国之大本"。

终19世纪之世，鼓吹变法改良是一种进步运动，从王韬、郑观应到康有为、梁启超、谭嗣同，都可说是站在时代前沿的先进志士。而且，就当时中国社会发展的程度而论，也还不能为造就一代民主革命家提供最起码的条件。因此，认为孙中山从19世纪80年代至檀香山兴中会成立期间是一位改良派人士，并不曾有损于这位伟大人物的令名，反而可以说，正是这样如实估量，更能顺理成章地探讨孙中山思想发展的脉络以及他与时俱进的气质，比起把他说成为一开始就是革命者更近乎情理。

将上书李鸿章看作孙中山志在维新改良的政治实践，在学术界还不会引起过多的异议，而若否定檀香山兴中会的革命性质，就可能遭到多

1 广东社会科学院历史研究室等编：《孙中山全集》第1卷，第8—18页。
2 夏东元编：《郑观应集》上册，上海人民出版社，1982年版，第234页。
3 夏东元编：《郑观应集》上册，上海人民出版社，1982年版，第242、246页。

数研究者的非议。因为，据传在檀香山创立兴中会时即已提出了入会者必须矢忠矢信地遵守的誓词："驱除鞑虏、恢复中国、创立合众政府。"对这一誓词，一般均表示确信不疑。

然而，从这一誓词的可靠程度，孙中山当时的思想意境，参与兴中会成立的人员的认识水平等方面来考察，誓词是颇难使人置信的。

据传在檀香山成立兴中会时提出来的上述誓词，最先载于1929年出版的《檀山华侨》中邓想所写的《中国国民党茂宜支部史略》。而在此之前，孙中山在1898年所著《伦敦被难记》和随后的各类著述及谈话里，均不曾提到；参与1895年乙未广州之役被捕的陆皓东等在"供词"里，也都没有透露有任何誓词存在；宫崎寅藏在1902年发表的《三十三年之梦》里，谢缵泰在1924年发表的《中华民国革命秘史》里，陈少白在1929年发表的《兴中会革命史要》里，也没涉及誓词片言只字；冯自由在1928年刊行的《中华民国开国前革命史》、1939年和1946年出版的《革命逸史》初集和四集里，叙及兴中会事，此一誓词也概属阙如。只是冯自由1946年出版《华侨革命开国史》《中华民国开国前革命史续编》和1948年出版的《中国革命运动二十六年组织史》里，才将此一誓词补入。而尤其费解的是，参与檀香山兴中会创立的当事人里，除孙中山外，还有宋居仁、郑照、钟工宇第三人曾撰写或口述由别人记录成文，叙到立会情况，均丝毫未提及宣誓和誓词的事；稍后参加檀香山兴中会的陆灿写过两篇文章，谈到入会时宣誓的作法，至于誓词的内容，则只字未提[1]。这就不能不启人疑窦，为什么在邓想发表《茂宜支部史略》之前，参与创立檀香山兴中会的孙中山、宋居仁著文，没有谈到誓词一事；之后，郑照、钟工宇对此也毫未涉及？为什么参与筹建香港兴中会的当事人谢缵泰、陈少白、陆皓东等都不曾在自己亲身经历的记述里提到誓词？为什么曾任民元临时稽勋局局长的冯自由在1946年以前的记述没有涉及誓词，之后才补入？按邓想并非檀香山兴中会首创时的入会者，事隔30多年，道听耳食，于回忆时难免将后来产生的事情误推到前面，所以，仅凭邓想一篇记述，就确认兴中会成立伊始即提出了"驱除鞑虏、

---

1 见黄大汉编：《兴中会各同志革命工作史略》之"四、宋居仁"，吴耕云笔记，广东南洋华侨真相剧社，1929年版；郑照述：《孙中山先生逸事》，载《逸经》第4期，上海1936年4月；钟工宇：《我的老友孙逸仙先生》（据英文 Dr.Sun Yat-Sen My Schoolmate and Friend 译），载《国父九十诞辰纪念论文集》（一），台北中华文化出版事业委员会，1955年版；陆灿：《孙公中山在檀事略》，《檀山华侨》部分，第13页，1929年版；陆灿：《孙中山公事略》，《孙中山研究》第1辑，广东人民出版社，1986年版，第338页（以上均黄彦同志供稿）。

恢复中国、创立合众政府"的誓词，实难使人笃信不疑。

另一个值得斟酌的问题，是孙中山到天津上书是 1894 年 6 月，未被接受，遂于 10 月束装出国。抵檀香山约莫一个月，即于 11 月 24 日建立兴中会。从上书被拒到兴中会创立，相距不过 5 个月，其中除了因上书被拒和甲午战争清廷海陆军败绩而产生的刺激外，没有其他遭遇或启示足以使孙中山的思想产生由维新改良到民主革命的飞跃。檀香山华侨一般思想较激进吗？孙中山在自述里这样写的：那里"风气未开，人心锢塞，在檀鼓吹数月，应者寥寥"[1]。如果把檀香山兴中会公开露布的《章程》同 5 个月前的《上李傅相书》相比照，两者所表述的思想、主张和愿望，就显得基调相同，脉络相通。而将《上李书》同《誓词》比照，那就确实难于理解：在短短 5 个月之内，是什么原因使得孙中山由一个维新改良人士，一蹴而就地成了民主革命家呢？

如果把参加檀香山兴中会成立会议各人员的思想和认识水平加以推敲，也令人不能不提出疑问：在那样一个"风气未开，人心锢塞"的华侨社会里，只凭孙中山的一番开导，就都在会上填写并举手盟誓信守这样一份破天荒地提出推翻清朝统治，建立像美国一样的民主共和制度的誓词，有可能吗？据记载，1894 年 11 月 24 日到卑涉银行华经理何宽宅第出席成立会并即行加入兴中会的除孙中山外计 22 人。他们各人入会前的政治信仰如何，难于查考，但从加入兴中会后的活动情况推测，也大致可以窥其崖略。这 22 人里，邓荫南、陈南、夏百子、宋居仁 4 人于入会后返国参加乙未（1895 年）或庚子（1990 年）的起义。共余 18 人，何宽、刘祥、程蔚南、钟宇（工宇）、刘卓、黄亮、钟木贤、李禄、黄华恢、李多马、刘寿、曹采等为商人，郑金、郑照、李昌、卓海、许直臣、林鉴泉等操公务员一类职业，他们除少数间或以金钱支援起义外，均无任何行动。何宽、程蔚南醵资办《隆记报》，许直臣充主笔，林鉴泉任编辑；这份报"毫无宗旨"，即没有表现任何政治倾向。成立时被推为主席的刘祥，随后竟"无所表现"[2]。按照这 18 人入会后的精神状态和言行，可以推断，那份"驱除鞑虏、恢复中国、建立合众政府"，牵涉到身家性命的反清民主革命誓词，怎能在会上获得同意呢？更不用说还要举手盟誓以表信守不渝。再说，在当时历史条件下，这份誓词不啻是最先进的、具有鲜明的民主革命意义的纲领，如果它确曾在会上提

---

1 广东社会科学院历史研究室等编：《孙中山全集》第 6 卷，第 229—230 页。

2 据冯自由：《革命逸史》第 3 集《兴中会初期孙总理之友好及同志》，第 4 集《兴中会组织史》，中华书局，1981 年版。

出并获得通过,那么,与会的人员中,必多意气奋发、慷慨悲歌的爱国志士,为什么当日应孙中山之邀到会的 22 人中,除二三人略略知名外,其余均碌碌无闻呢?这又是使人大惑不解者。故可以断言,在兴中会成立的会上,压根儿缺乏提出和通过这份誓词的思想基础。

有一件事足以佐证上述论断是可以成立的。1899 年夏秋间起,梁启超同孙中山在日本曾往返磋商两派联合改组新党等事宜,渐有进展。恰逢康有为命梁启超前往檀香山发展保皇会,行前,梁请求孙中山具函介绍他同孙眉及其他兴中会成员联系。梁抵檀香山,会见李昌、黄亮、邓金、卓海、何宽、李禄等。经梁启超游说,用"名为保皇,实则革命"为词,竟使得檀香山的兴中会大多数变为保皇会员,该地兴中会几乎完全消沉了[1]。这就说明,如果兴中会成立时确曾严肃郑重地通过了"驱除鞑虏、恢复中国、创立合众政府"的誓愿,那么,李昌等首创该会的骨干会员怎么连兴中会、保皇会的界线都分不清呢?梁启超怎能凭"名为保皇,实则革命"的一面之词就使檀香山兴中会迅即瓦解,转为保皇会呢?这就足以说明,檀香山兴中会成立时,只有那公开的《章程》作为会员遵循的章则,而没有"驱除鞑虏"那份誓词。

再从兴中会策动的 1895 年广州起义来看,也不曾发现起义者把自己的誓词原原本本或以意义相同的文字予以露布。关于这点,以下还将具体叙述。

然而,孙中山没有胶执于变法改良的路线。由于条件的变化和获得某些机缘,他很快就迈出了反清革命的第一步。

二

1895 年初,孙中山返抵香港。2 月,他约聚杨衢云、谢缵泰、黄咏商、陈少白、郑士良等组成香港兴中会。3 月 13 日,兴中会即决定乘机发动广州起义。

距檀香山兴中会成立不到 4 个月,是什么原因促使孙中山开始摒弃变法改良的主张,采取反清革命的手段呢?

首先值得注意的是,香港兴中会乃是孙中山偕其挚友郑士良、陈少白等,与杨衢云为首的辅仁文社部分社员结合组成的。辅仁文社成立于1892 年,据该社创始者之一谢缵泰记述,它开始创设,公开的宗旨以

---

1 冯自由《檀香山兴中会》,《革命逸史》初集,中华书局,1981 年版,第 15—16 页。

开通民智为务，而暗中经常谈论反清革命[1]。历来竭力维护兴中会革命正宗地位的冯自由也透露，辅仁文社初创时，"以其时风气闭塞，未敢公言造反抗清，仅与少数友好秘密商谈而已"[2]。近年已有研究者论及此事，认为"辅仁文社是中国近代史上第一个含有反清革命因素的资产阶级先进政治团体，比檀香山兴中会早出世至少两年多"[3]。它的作用所以长期被忽略，是有原因的。乙未广州起义失败后，孙中山即被清廷列为"首逆"，行文海内外缉捕。孙逃亡日本，乍一登岸即在日本报端赫然出现"支那革命党领袖"的称呼。嗣因伦敦被难，又使孙中山在国际上崭露头角；而杨衢云则漫游南洋，至南非建立兴中会，地属边隅，故鲜为人知。1901 年初，杨被清廷遣人暗杀于香港；稍后，谢缵泰又公开与孙中山闹分裂。随着孙中山在中国革命运动中威望的日益提高，革命的源头自然归之于檀香山兴中会。杨衢云及其创立的辅仁文社先著祖鞭的地位和作用，就浸假而湮没不彰了。当然，孙中山是因其早就蓄志拯救祖国，具恢廓雄豪、领袖群伦的气质，且才识非凡，胆略超群，并能一往无前地坚持斗争而成为伟大的革命领袖的，既非因缘时会，更不是因为杨衢云的早逝。但过去某些国民党人士确略欠气度，叙及早期中国民主革命历史，总是扬孙抑杨，使杨衢云长期以一个才识平庸、争夺兴中会会长的形象出现在人们的心目中。

事实上，辅仁文社多数成员的较为激进，是由于他们同檀香山参加兴中会的人们的身世和处境有些差别。檀香山入会的人们，生活在"风气未开，人心锢塞"的半封闭性的华侨社会里，多数是"闻革命而生畏者"。而辅仁文社成员则多数是香港皇仁书院、圣保罗书院或圣若瑟书院受过资本主义教育的知识分子，在洋行或香港政府机关供职，对清王朝的腐败无能和国家的危殆处境，有更多的紧迫感；他们又自称是"一班贯通中英的学者"[4]，故较易于同旧传统、旧的社会体制决裂。但这并不意味孙中山是受辅仁文社的激进态度的推动而迈向反清起义，而是说孙由于结交了和自己经历相似、志趣相同的朋友，因而开始越出了维新改良的藩篱。

---

1 谢缵泰：《中华民国革命秘史》，载《孙中山与辛亥革命史料专辑》，广东人民出版社，1981 年版，第 292 页。

2 冯自由：《革命逸史》第 2 集，第 22 页。

3 袁鸿林：《兴中会时期的孙杨两派关系》，《纪念辛亥革命七十周年青年学术讨论会论文选》上册，中华书局，1983 年版，第 5 页。

4 谢缵泰：《中华民国革命秘史》，第 291 页。

　　应当提出，孙中山等同辅仁文社部分成员结合所产生的明显效应，是香港兴中会所拟订的《章程》，与檀香山的《章程》比较，有了根本的变化。

　　檀香山《章程》指责清朝统治者"乃以庸奴误国，涂 [荼] 毒苍生，一蹶不兴，如斯之极"。香港《章程》改为："乃以政治不修，纲维败坏，朝廷则鬻爵卖官，公行贿赂，官府则剥民刮地，暴过虎狼。盗贼横行，饥馑交集，哀鸿遍野，民不聊生。呜呼惨哉！……"在该《章程》第二项内，又重复指出"今日政治日非，纲维日坏……"[1]。前者只指责"庸奴误国"，而后者则申斥清廷"政治不修，纲维败坏"，矛头直指整个朝廷和官府，明显地表露了反叛朝廷的意向。前者行文措词，还酷似忠臣义士犯颜直谏、冒死陈言；后者则颇有点发檄讨伐的气势了。

　　其次，作为"三合会头目之一"[2]的郑士良以及丘四、朱贵全等会党首领的参加，也是促使兴中会态度的转向激进和迅即决定发动起义的一个因素。香港兴中会成立时，恰值清海陆军溃败，清廷决定屈膝议和之际，政府信誉狂跌，社会杌陧，人心浮动；因对日作战而招募的兵勇面临遣散的忧虑；三合会众萌生不轨之心。郑士良等当然会将这些动态带入会内，成为诱发孙中山、杨衢云等乘机起义的因素。

　　还有一个不容忽视的助推力量，即以何启为代表的若干香港上层人士的支持。何启这位具有在港华人领袖地位的香港议政局议员为什么充当兴中会起义的幕后策划者，其原委尚待探寻，而他为起义运筹帷幄的事实，则确凿有据。他不仅替兴中会撰写起事《宣言》及疏通香港政界人士和报界主笔，甚至在 1895 年 8 月 29 日兴中会开会议决行动计划的会上，转到前台，充任会议主席，议定起义有关事项和厘订临时政府政策大纲。同时，曾任香港议政局议员黄胜的儿子黄咏商、女婿韦玉（1896 ～ 1914 年间任议政局议员）等头面人物，也为兴中会的起义输财献策。由于他们的赞助，遂获得香港《中国邮报》即《德臣西报》编辑黎德(T.Reid)和《香港电讯报》又称《士蔑西报》)编辑邓勤(C.Duncan)、助理编辑高文（T.Cowen）等给以舆论支持。这几个编辑陆续在他们的报纸上刊发消息和评论，透露中国的改革党人将在广东发动事变，示意事变获致成功将使清政府一贯执行的排外方针随之废除，西方对中国的贸易将得到发展。故而呼吁列强支持革新党人的举动。关于革新者对政

1　广东社会科学院历史研究室等编：《孙中山全集》第 1 卷，第 19、21—22 页。

2　《与宫崎寅藏的谈话》，《孙中山全集》第 1 卷，第 584 页。

权机构的主张，1895年3月18日《德臣西报》的陈述是："就国家而言，没有提出要建立一个共和国。正如改革党提出的那样，中央政府应包括皇帝和三位主要的国务大臣。皇帝应出自哪一个古老的家庭，显然是以后考虑的事情。"[1]这些评论和消息，旨在争取列强、特别是英国对兴中会起义的了解和同情，预防重演当年英、法、美等帮助清朝倾覆太平天国的故事。

还值得提出的一个曾秘密参与兴中会起义策划的人物，即那个进士出身，因包揽"闱姓"而暴富，机诈叵测，一心想当皇帝的刘学询。孙中山倡设农学会，刘曾厕身于发起人之列。与孙中山交往，不时流露觊觎非分之心，且自比于朱元璋、洪秀全。当他获悉兴中会行将起义，便向孙中山建言，趁广东官方收解"闱姓"饷银的时机，加以劫夺以充军用。据陆皓东被捕后供词可知，兴中会是计划采用这个措施的。

上述情况表明，香港兴中会成立伊始就决计发动起义，是孙中山同辅仁文社的部分成员结识，鉴于因甲午战争败绩而导致的人心浮动和社会杌陧的情势，已为起义提供了可乘之机而仓促作出的决策。为筹划起义，招雇散兵汰勇和会党分子以及购置军火等，则需要大量钱财；疏通社会各阶层的联系以利于开展活动，又不能不仰仗有地位、有影响的头面人物。因此，以何启为代表的香港上层人士，以刘学询为代表的广东地方绅衿，很自然地成了孙中山所不能不倚重的力量。于是，起义的进程和所要实现的任务，也就难免不以何启等人的意愿为转移，并受到刘学询一定的制约。这就表现在《德臣西报》和《士蔑西报》对行将出现的广州起义的报导和评论里，也只是提到起义获胜后将要以一个有效率的，与列强友好相处的新王朝以取代清王朝，而不曾提出要建立共和国。所以，确切地说，1895年乙未广州之役，还只能说是一次反满运动，基本上不具备民主革命的性质。

然而，也不能认为孙中山内心完全同意何启的主张，在一定场合，他仍然吐露了要在中国建立共和国的愿望。据日本驻香港领事中村恒次郎致外务省通商局局长原敬的信函，从1895年3月1日起，孙中山曾多次到日本驻香港领事馆，向领事中村恒次郎申述兴中会起义事项，请求日本给以武器援助。在交谈中，孙中山申述了他的使两广独立为共和国之说；还提到"他们的组织称为'兴中会'……统领乃广东省海南岛

---

1 转引自［美］史扶邻著；丘权政，符至兴译：《孙中山与中国革命的起源》，中国社会科学出版社，1981年版，第64页。

人（原文如此——译者）康祖诒（儒者，他的著作被禁止印行）、原任驻神户领事吴某（逸名，号汉涛）、曾纪泽之子、某等四人。小生问成功之后谁为总统，则告以尚未考虑及此"[1]。这说明孙中山在当时确有建立共和国的设想。但他为什么又容忍黎德等报刊编辑遵循何启的意图，在报上宣传起义后将建立由皇帝和三位主要的国务大臣组成中央政府的最高权力机构呢？这看来有以下两方面的原因：

（1）乙未广州起义含有很大程度的冒险性和侥幸一搏的因素。此时孙中山的脑际虽然有了共和国观念，但对于建立共和国需要实行什么样的国家政权体制和相应的社会改革，并没有完整、系统的蓝图；而准备起义，又必须倚仗何启等人的支撑和筹划，因而他不能不对何启的意旨持容忍的态度。

（2）与孙中山提出建立共和国愿望的同时，他把康有为、吴汉涛和曾纪泽的儿子与他同列为兴中会的四大统领。尽管这与事实有出入，但却表明，在他的脑海内，主张维新改良的人士和清朝的世家官宦，都可以同他协作共事，一道执掌共和国的国政。显然，此时孙中山虽然开始憧憬着在中国建立共和国，但却与倡维新改良的人们、封建世家官宦似乎没有政治上的界线。究其原因，是因为他仅仅开始产生了共和国的意念，而没有形成初具体系的民主革命思想。

即便如此，孙中山开始萌发在中国以共和国取代封建王朝的意念，是弥足珍视的。确切地说，乙未广州起义还不具备民主革命的性质，但就孙中山已经准备揭橥共和国旗号这一难能可贵的举措来看，这次起义是理当视作中国近代资产阶级民主革命的滥觞。

乙未败后，孙中山没有气馁，而是更为执着地寻求实现共和国的途径。1895年10月杪，他偕郑士良、陈少白到达日本，开始了长期流寓海外的逋逃客的生涯。旋又断发改装，重至檀香山，继登美国大陆，自西徂东，横渡大西洋，于1896年9月至英国。10月，经历了12天的"伦敦被难"，孙中山开始以一个勇于为祖国的更新和富强而献身的革命家形象，出现于国际政坛上；他本人也因此而增强了反清革命的信心。后来，他追述当时情况称："伦敦脱险后，则暂留欧洲，以实行考察其政治风俗，并结交其朝野贤豪。两年之中，所见所闻，殊多心得。始知徒致国家于富强、民权发达如欧洲列强者，犹未能登斯民于极乐之乡也；是以欧洲志士，犹有社会革命之运动也。予欲为一劳永逸之计，乃采取民生

<hr>

[1] 《原敬关系文书》第2卷《书翰篇二》，日本放送出版协会刊印，狭间直树教授供稿。

主义，以与民族、民权问题同时解决。此三民主义之主张所由完成也。"[1]
这段记述，有可信者，有不可信者。可信者，是他被难后，逗留英国，
大部分时间往大英博物院等处，认真研读西方有关政治、经济、法律、
外交、军事以及工、矿、农牧等各方面的书籍，间或参观、考察英国社
会状况，故"所见所闻，殊多心得"。不可信者，是那次他只在英国盘
桓约7个月，而不是两年，也没有到过欧洲诸国。大约是他在撰写那份
《有志竟成》的自述时，信手把辛亥武昌首义以前又有三度旅行欧、美
的见闻心得，全都挂到伦敦被难后那次经历上去了。所以，史扶邻在他
的著作里写道："我怀疑，三民主义在这时并不像二十多年后他（指孙
中山——引者）所回忆的那样已明确地形成。"[2]据实而论，辛亥前孙中
山的三民主义学说，至1903～1905年间才可说基本形成。

　　1897年8月，孙中山重抵日本，结识宫崎寅藏、平山周等。在交谈中，
他声称："余以人群自治为政治之极则，故于政治之精神，执共和主义。"
又说："且夫共和政治不仅为政体之极则，而适合于支那国民之故，而又
有革命上之便利者也。"[3]表现了孙中山对创立共和国的前景抱乐观态度。

　　然而，在19世纪末，无论是在国内还是海外的华侨里，闻革命与
共和而不掩耳骇走者，确属凤毛麟角。孙中山在《有志竟成》里写道："日
本有华侨万余人，然其风气之锢塞、闻革命而生畏者，则与他处华侨无
异也。吾党同人有往返于横滨、神户之间鼓吹革命主义者，数年之中而
慕义来归者，不过百数十人而已。以日本华侨之数较之，不及百分之一
也。向海外华侨之传播革命主义也，其难固已如此，而欲向内地以传布，
其难更可知矣。内地之人，其闻革命排满之言而不以为怪者，只有会党
中人耳。然彼众皆知识薄弱，团体散漫，凭借全无，只能望之为响应，
而不能用为原动力也。由乙未初败以至于庚子，此五年间，实为革命进
行最艰难困苦之时代也。"所以，他深有感触地感叹："当此之时，革
命前途，黑暗无似，希望几绝。"[4]在这艰困时代，孙中山不能不继续同
何启和刘学询为代表的两种势力保持联系，又致力于争取康有为一派的
合作。这样，当1900年因义和团反帝斗争和八国联军侵华所引起的动
荡局势出现时，孙中山又以时机已至，组织了一次格局与乙未之役基本

1 广东社会科学院历史研究室等编：《孙中山全集》第6卷，第232页。
2 史扶邻：《孙中山与中国革命的起源》，第120—121页。
3 广东社会科学院历史研究室等编：《孙中山全集》第1卷，第172、173页。
4 广东社会科学院历史研究室等编：《孙中山全集》第6卷，第233页。

相同的反清起义。

1900 年庚子起义的幕后策划者又是何启。起义部署是：由当时任香港议政局议员的何启偕韦玉向香港总督卜力（H.Blake）建言，利用当时局势，劝说两广总督李鸿章与孙中山合作，实行两广独立。李鸿章一方，由刘学询负责疏通；并由刘发涵通知在日本的孙中山，"请速来粤协同进行"[1]。同时，又经何启授意，推陈少白起草一份由孙中山领衔，杨衢云、陈少白、谢缵泰、郑士良、邓荫南、李纪堂、史坚如等署名的《致港督卜力书》[2]，提出《平治章程》六则，作为起义的纲领，希望得到英国及其他国家的同情和支持。

《平治章程》提到："于都内立一中央政府，以总其成；于各省立一自治政府，以资分理。"但不曾点出这个中央政府是共和制还是皇帝制。然而，在阐述各省自治政府的职能时指出，自治政府"惟于年中所入之款，按额拨解中央政府，以为清洋债、供军饷及宫中府中费用"。明眼人一看便晓，这无非是仿诸葛亮《出师表》的用词，示意所谓"宫中"乃皇帝所居的宫殿；所谓"府中"乃丞相或掌权的国务大臣的府第。它实际上向人们透露，起义后建立的国家，不是共和国，而是君主立宪国。谁来当皇帝呢？还是文献不足征。惟事后孙中山致刘学询函内提到："又主政一节，初欲托足下央李相为之。"[3]另一有关著作也曾作过这样的陈述：拟议由卜力撮合孙中山与李鸿章合作发动两广独立的方案，由于李决意遵旨北上而未成事实。但当李假途香港会见卜力时，"他还暗示，如果列强决定用一个汉族统治者来代替满族统治者，他本人是愿意的"[4]。迨李鸿章由粤至沪继续北上，而刘学询留沪未曾偕往时，孙中山还不惜降格以求，派平山周持函前往上海面见刘学询，告知郑士良已率众在惠州举义，他本人即将率大队袭取广州，希望刘接济巨款。信函内称："今特遣深信人周君平山来见足下，面托足下主持内局，先立一暂时政府，以权理政务。政府之格式，先以五人足矣，主政一人，或称总统，或称帝王，弟决奉足下当之，故称谓由足下裁决。"[5]由此可知，孙中山筹划庚子起义时，他不曾坚持要建立共和国，而是仍然迁就何启、

1 冯自由：《刘学询与革命党之关系》，《革命逸史》初集，第 77 页。

2 广东社会科学院历史研究室等编：《孙中山全集》第 1 卷，第 191—194 页。

3 《致刘学询函》，《孙中山全集》第 1 卷，第 203 页。

4 史扶邻：《孙中山与中国革命的起源》，第 178 页。

5 《致刘学询函》，《孙中山全集》第 1 卷，第 202 页。

刘学询等人的意向，可以容许在起义胜利后以一个汉族人取代清朝皇帝的帝位。

是什么原因使得孙中山由一再宣称"执共和主义"的信念退到仍然接受皇帝制度的方案呢？主要原因还是前面已叙及的，在当时的中国，闻革命排满能不掩耳疾走者，实属罕见，"然所谓士林中人，为数尤寥寥焉"。他所能招雇或鼓动起来参与发难的人群，也限于"知识薄弱，团体散漫，凭借全无"的会党分子。在如此历史条件下，孙中山满怀拯救祖国、振兴华夏的紧迫心情，对腐朽祸国的清王朝抱着务求其速去的焦急愿望，举目国内外，感到足以倚为臂助的是以何启、韦玉、黄咏商等为代表的香港高层华人社会；暂可缔为盟友的是康有为为首的维新派人士；权且假借的是刘学询那种觊觎非分的世家巨绅。从乙未到庚子的6年间，孙中山除了在日本、欧、美客居或考察外，就一直周旋于这些人之间，因而不能不推行某些权变措施，采用一定的冒险主义方式，屈从于何启、刘学询等人的意愿。同时，由于历史条件的局限，孙中山的民主革命思想还不能认为已形成体系，也不能说执共和主义已达到坚信不移的程度。

三

历史进入 20 世纪的初叶，中国开始发生重大的变化。随着中国资本主义的初步发展，民族资本家集团开始形成为了一个独立的社会阶级。与此相联系，新式学堂在京师、各通商口岸、华北、华中、东南各省像雨后春笋似地兴办起来；出国留学（绝大多数留学日本）成一时风尚。因此，接受资产阶级新式教育、具有新的文化素养的知识分子队伍迅速扩大，作为一支新兴的政治力量出现在社会上。而甫经八国联军侵华浩劫，帝国主义抢掠中国的灾难有增无已。莽莽神州瓜分陆沉之祸，更迫近眉睫，越来越使人寝馈难安。有志之士，焦心竭虑，纷纷起而探求救亡之策，富强之谋。其中不少先进分子，则将戊戌变法的失败视同殷鉴，争相介绍和研究西方资产阶级革命的学说和获致成功的途径。西方社会政治学说，如卢梭《民约论》、约翰弥勒《自由原论》、孟德斯鸠《万法精意》等纷出杂陈；英、法、美等国革命史，相继面世。华盛顿、拿破仑被尊称为"华、拿二圣"，"中华共和国万岁"的口号，煌煌然出现在《革命军》上。这一切，标志着一种新型的革命运动，已经伴随着20 世纪的届临而进入中国的政治生活中。

　　孙中山敏锐地体察到这一巨大变化。他在《有志竟成》里写过自己当时的感受："庚子失败之后，则鲜闻一般人之恶声相加，而有识之士且多为吾人扼腕叹惜，恨其事之不成矣。前后相较，差若天渊。吾人睹此情形，心中快慰，不可言状，知国人之迷梦已有渐醒之兆。加以八国联军之破北京，清后、帝之出走，议和之赔款九万万两而后，则清廷之威信已扫地无余，而人民之生计从此日蹙。国势危急，岌岌不可终日。有志之士，多起救国之思，而革命风潮自此萌芽矣。"[1]

　　随着上述变化，孙中山的形象，在人们的心目中也改观了。1902 年，宫崎寅藏著《三十三年之梦》面世，章士钊予以节译，标书名为《孙逸仙》，用黄中黄的笔名发表，刊有章太炎、秦力山的序言和译者自序[2]。

　　《秦（力山）序》称："四年前，吾人意中之孙文，不过广州湾之一海贼也，而岂知有如宫崎之所云云者。……孙君乃于吾国腐败尚未暴露之甲午乙未以前，不惜其头颅性命，而虎啸于东南重立之都会广州府，在当时莫不以为狂。而自今思之，举国熙熙暤暤，醉生梦死，彼独以一人图祖国之光复，担人种之竞争，且欲发现人权公理于东洋专制世界，得非天诱其衷天锡之勇者乎！"

　　章太炎则以诗作序："索虏昌狂泯禹绩，有赤帝子断其嗌，揽迹郑、洪为民辟，四百兆人视兹册。"

　　章士钊的《自序》称："孙逸仙者，近今谈革命者之初祖，实行革命者之北辰，此为耳目者所同认。……孙逸仙者，非一氏之私号，乃新中国新发现之名词也。有孙逸仙，而中国始可为，则孙逸仙者，实中国过渡虚悬无薄之隐针。"

　　斗转星移，世风丕变，使孙中山不能不由衷地感到，在他的周围，志同道合的人们多起来了。今后从事革命，再也用不着去攀附何启，去同康有为、梁启超周旋，去向刘学询求助了。庚子起义受挫后，他就开始对以往的奋斗历程进行反省，感到兴中会的《章程》和乙未、庚子两度起义露布的宗旨，已经不合时宜；总会、分会和会员之间，组织涣散，人心不一。不少会员浑浑噩噩，不分清兴中会同保皇会的区别，作为兴中会发祥地的檀香山分会，孙中山在日本活动据点的横滨分会，戊戌以后经康门弟子梁启超、徐勤一番游说，多数会员竟转入保皇会[3]。且兴中

1 广东社会科学院历史研究室等编：《孙中山全集》第 6 卷，第 235 页。

2 中国史学会主编：《孙逸仙》，《中国近代史资料丛刊·辛亥革命》第 1 册，上海人民出版社，1981 年版，第 90—91 页。

3 冯自由：《兴中会组织史》，《革命逸史》第 4 集，第 14—16 页。

会和会员的分布，就地域言，偏于广东、香港和海外华侨中，绝大部分是广东省籍，其中籍隶香山县的又占半数以上[1]。作为会员间联系的纽带，与其说是基于共同的信仰，毋宁说多赖乡情里谊。就会员社会成份而言，绝大多数是商人、工农小生产者，还有不少会党分子；知识分子所占比重很小。孙中山有鉴于此，故产生舍弃兴中会，改组新的革命组织的念头。据冯自由称："孙总理于癸卯秋尝为余言：'兴中会至惠州一役失败后，极少收揽党员。……'故总理于庚子九月至乙巳秋，结识留学界志士及各热心华侨无数，多未使之加入兴中会。如癸卯（1903年）冬所设之东京革命军事学校学生，及乙巳春夏间所组织之留欧革命团体会员，其誓章皆未列入兴中会三字，即其明证也。"[2]1903年10月，孙中山又一次到檀香山，开展反保皇派斗争，重建革命团体。在希炉（Hilo），他开始舍弃兴中会名称，建立中华革命军。其不称"党"而名"军"，乃在于"所以记邹容之功也"。并开始在盟书里写上"驱除鞑虏，恢复中华，创立民国，平均地权"的誓词[3]。嗣后，中华革命军在檀香山略有发展。

1903年，反满革命言论爆炸似地扩散，大击保皇毒焰的声势磅礴激荡，"拒法""拒俄"和"苏报案"等一连串爱国运动云起风靡，把越来越多的爱国志士推向民主革命的前沿。1904年春，华兴会、科学补习所在湘、鄂先后成立，并于当年策划了两湖反清起义。嗣又有苏浙皖一带志士相继组织起光复会和岳王会。由于清政府加紧对革命者的搜捕和杀戮，各省志士赓续地避往日本。一时，日本汇集了不少中国革命民主派的知名人物，相互砥砺，酝酿建立一个大的革命党。

环顾当时在日本的中国革命者，黄兴虽以沉毅果敢允孚人望，但于革命理论则稍嫌不足；其他如宋教仁、陈天华、汪精卫、朱执信等，或以耽于民主学说见长，或以善于文词著称，其品望似均不能尽惬人意。这样，业已被先进的人们仰为北斗，颂作民辟的孙中山，自然成为众人期待的领袖。据宋教仁著《程家柽革命大事略》称："黄兴、宋教仁以马福益之军起义湖南，军败出走，田桐、白逾桓、但焘亦游学之东，以同志日渐加多，意欲设立会党，以为革命之中坚，以谋诸君（按：指程——引者）。君力阻之，谓革命者阴谋也，事务其实，弗惟其名，近得孙文

---

1 据《兴中会时期之革命同志》《兴中会会员人名事迹考》《檀香山老兴中会员及其遗族》，《革命逸史》第3、4、6集。

2 冯自由：《兴中会时期之革命同志》，《革命逸史》第3集，第31页。

3 《复某友人函》，《孙中山全集》第1卷，第228页。

自美洲来书，不久将游日本，孙文于革命名已大震，脚迹不能履中国一步，盍缓时以俟其来，以设会之名奉之孙文，而吾辈得以归国，相机起义，事在必成。"[1]但孙中山却在美、欧逗留，不曾了解革命党人在日本期待他的心情。

孙中山于 1903 年 9 月离开日本前往檀香山。由于好几年没有同避祸该地的母亲和妻儿团聚，故在那里逗留 6 个多月。虽然，他在檀香山组织了中华革命军，开展对保皇派的斗争，但由于去国弯远，毕竟对祖国和在日本的中国留学生中间发生的巨大革命风潮了解不够，因而仍把目光投向会党。1904 年初，他在檀香山加入天地会（当地和美洲概称致公堂）。3 月，前往美国，争取美洲致公堂脱离保皇党的蛊惑，转向革命。在旧金山，他为致公堂重订章程，规定："本堂以驱除鞑虏、恢复中华、创立民国、平均地权为宗旨。"[2]在美国盘桓半年多，于年末前往英国，他的行踪为早就怀着"乘机寻觅孙逸仙"的在欧洲的留学生朱和中等所知悉，并了解孙在伦敦"囊空如洗，将有绝粮之虞"。于是将留学费用节省下来，汇至伦敦，请孙中山前来欧洲大陆。

1905 年春，孙中山渡英伦海峡抵布鲁塞尔，与留欧学生朱和中、贺子才、胡秉柯等会晤。朱和中"以更换新军脑筋，开通士子知识为言。总理不以为然，谓秀才不能造反，军队不能革命。……终以借会党暴动为可靠。……至第三日，总理似有所决定，为言今后将发展革命势力于留学界；留学生之献身革命者，分途作领导人"。朱和中回忆说："我辈乃大悦，皆曰：此吾辈倾心于先生之切愿也。"于是，大众所然在"驱除鞑虏，恢复中华，创立民国，平均地权"的盟书上签署，计 30 余人。嗣后，在柏林、巴黎的留学生签署盟书者又有 30 余人。但不久即发生王发科、王相楚、汤芗铭、向国华等割破孙中山皮箧，窃取盟书向清政府驻法公使馆出首一事。孙中山甚为恼火，愤愤地说："我早知读书人不能革命，不敢会党。"[3]刚刚萌生的欲在知识分子中发展革命力量的想法，又动摇了。

6 月，孙中山从法国马赛乘船东返，途经新加坡，与当地华侨陈楚楠、张永福会晤，叙谈很投机。因此，船过西贡，即致书陈楚楠称："弟今

---

1 陈旭麓主编：《宋教仁集》下册，中华书局，1981 年版，第 436 页。

2 《致公堂重订新章要义》，《孙中山全集》第 1 卷，第 262 页。

3 朱和中：《欧洲同盟会纪实》，《辛亥革命回忆录》，第 6 册，文史资料出版社，1963 年版，第 12 页。

不停西贡，直往日本，先查探东方机局，以定方针。方针一定，再来南地以招集同志，合成大团，以图早日发动。"[1] 可见，孙中山对汇聚于日本的中国留学界和革命遁逃客们还不很放心，怀着"查探东方机局"的念头，似乎缺乏到日本组织革命团体的打算，而有"再来南地以招集同志，合成大团"的设想。可是，事态的进展出乎他的意料。到达日本匝月之间，中国同盟会——中国近代民主革命史上的丰碑，就拔地而起，矗立在世界的东方。

流寓于日本的中国革命者，早就在探听孙中山抵达日本的船期。故孙中山一到，立刻置身于那些期望一瞻风采、共图大举的革命者之中。他经宫崎寅藏介绍，得识黄兴，即有一见如故之感。早就倡说"俟其来，以设会之名奉之孙文"的程家柽，立刻替孙中山张罗同留学生往来的场合，曾邀约陈天华、黄兴、宋教仁、白逾桓、田桐、张继、但焘、吴旸谷等与孙中山在他的北辰社寓庐集人，力促孙中山出面组织大的革命团体[2]。孙中山遂约集旅日各省留日学生和华侨 70 余人，于 7 月 30 日集会，商讨筹备革命团体等事项。到会者人数不等地分属于 17 个省。当日即议决新成立的团体名中国同盟会，获绝大多数人赞同，以孙中山提出的"驱除鞑虏，恢复中华，创立民国，平均地权"为宗旨；并举行宣誓加盟仪式。8 月 13 日，东京中国留学生在富士见楼举行欢迎孙中山大会，到会 1300 余人。宫崎滔天在会上称：

> "昔年孙君来此，表同情者仅余等数辈耳；中国人士，则避之如恐不速。今见诸君寄同情于孙君如此，实堪为中国庆慰！"[3] 正是在这种情况下，中国同盟会在东京正式成立。

同盟会是在事先没有计划，没有相互联系的情况下成立的。因此，它不是冯自由所谓属"兴中会改组同盟会"[4] 的产物；且冯所开列参加筹备会的 5 人里，黎勇锡、胡毅生是 1903 年秋入东京革命军事学校的学生，孙中山并未使之列名兴中会（此系冯在《兴中会时期之革命同志》一文里提到的），故兴中会到会者仅 3 人。与会者里，属光复会者仅蒋尊簋 1 人；属华兴会者有黄兴、宋教仁、陈天华、刘道一、胡瑛、张继

1 《致陈楚楠函》，《孙中山全集》第 1 卷，第 275 页。
2 陈旭麓主编：《宋教仁集》下册，第 436—437 页。
3 刘晴波、彭国兴编：《陈天华集》，湖南人民出版社，1982 年版，第 177 页。
4 冯自由：《兴中会改组同盟会》，《革命逸史》第 4 集，第 22—23 页。

6 人，是前一日议定以"个人自由"[1]参加的，并非华兴会推派的代表；且原属兴中会、华兴会、光复会者共计只 10 人，占到会人数仅 1/7 弱。故同盟会也不是所谓由兴中会、华兴会、光复会三会联合组成。确切地说：同盟会是汇聚于日本的意气奋发的中国革命志士因志同道合而集结成的民主革命团体[2]。孙中山后来在《有志竟成》里描述当时自己满怀希望的欢快心情："及乙巳之秋，集合全国之英俊而成立革命同盟会于东京之日，吾始信革命大业可及身而成矣。于是乃敢定立'中华民国'之名称而公布于党员，使之各回本省，鼓吹革命主义，而传布中华民国之思想焉。不期年而加盟者已逾万人，支部则亦先后成立于各省。从此革命风潮一日千丈，其进步之速，有出人意表者矣！"[3]

虽然，同盟会看来是由偶然的机缘而成立的，但实质上，这个偶然性乃是中国民主革命发展过程中的必然性所导向的表象。即当时的中国已经为组成一个领导全国规模运动的革命团体提供了必备的条件，即已产生一位久经历练、为革命者仰之如北辰、颂之为民辟的领袖；在民主革命的先锋队——新式知识分子的先进行列中，已涌现一批才略超群、出类拔萃的中坚力量。所以，同盟会的成立，实是当时中国先进志士、民族精英、风云际会、乘时奋飞的历史壮举。

此后，中国广大的民主革命志士就在同盟会的领导和号召下，前赴后继，英勇奋斗，终于在 1911 年举发辛亥全国起义，获得了推翻腐朽的清朝政府，创建中华民国的历史性胜利。这也是孙中山的丰功伟绩。

（原载《历史研究》1987 年第 1 期）

---

1 陈旭麓主编：《我之历史》，《宋教仁集》下册，第 546 页。
2 郭汉民：《同盟会非团体联合史实考》，《湖北社会科学》1987 年第 1 期。
3 广东社会科学院历史研究室等编：《孙中山全集》第 6 卷，第 237 页。

邹容简论

1987 年

邹容，原名桂文，又称蔚丹、威丹、绍陶，邹容是留学日本时改名，四川巴县人，父名子璠，是一个拥资巨万的大商人，期望儿子通过科举博取功名，在仕途上平步青云。然而，邹容没有使他的父亲称心惬意。

光绪十七年（1891 年），邹容随大哥蕴丹入私塾发蒙。由于自幼聪慧好学，所以，大约十一二岁的时候，邹容就已熟读了"四书""五经"，诸如《史记》《汉书》等名著，也能成诵。但是，邹容对这些传统的说教，却日益感到厌倦。他的视线，渐次移向了随着维新风气而流传的、以推介"新学""西学"为主的书刊。他于是开始接受另一种启蒙教育，并因此而在一定程度上萌发了敝屣封建文化、科举制度的感性认识，觉察到清朝统治的腐败和暗弱，也了解到中国所面临的遭受帝国主义分割的危机。这样，他的思想和志向，就完全不符合父亲的要求，新旧冲突，终于在父子之间爆发。

满 13 岁那年（光绪二十四年），邹容奉父命偕大哥应巴县童子试，刚进头场，他就对那以"四书""五经"经义命题的考试方法极为反感，于是罢考离去。为此，他遭到了父亲的责打。但邹容并不服气，倔强地向父亲申辩说："臭八股儿不愿学，满场儿不爱人，衰世科名，得之又有何用？"[1] 事后，邹子璠虽迫使儿子进入重庆经学书院继续接受儒学经典的教育，但邹容仍不就范，在书院"指天画地，非尧舜，薄周孔，无所避"[2]。"攻击程朱及清儒学说，尤体无完肤"[3]。因此，书院山长吕翼文将邹容开除。

在此前后，戊戌维新遭到扼杀，谭嗣同等六君子伏尸都门的讯息传

1　邹鲁：《中国国民党史稿·列传·邹容略传》，商务印书馆，1947 年版，第 1241 页。

2　章太炎：《赠大将军邹君墓表》，《中国近代史资料丛刊·辛亥革命》（一），上海人民出版社，1981 年版，第 365 页。

3　冯自由《革命军作者邹容》，《革命逸史》第 2 集，中华书局，1981 年版，第 46 页。

到四川，邹容不胜愤慨，赋诗悼念谭嗣同："赫赫谭君故，湖湘士气衰，惟冀后来者，继起志勿灰。"[1]表明邹容的思想和政治态度，是同维新变法息息相通的。这时，按惯例也还算不了成年人。

邹子璠感到无法使儿子留恋在科举的道路上，于是允诺他去应官费留日的考试。其目的在于另辟蹊径，让他留学回来获得朝廷赐予举人、进士的功名，仍然跻入官场。因为清王朝业经下诏"变法"，盛传已有授于留学生功名官职的措施。光绪二十七年（1901 年）六月，邹容冒盛暑从重庆步行到成都参加留学考试，但由于被认为"品行不端谨"而没有录取。渴望摆脱传统桎梏，探索新知的心情，促使邹容在父亲面前犯颜力争，得以实现自费留日的愿望。当年深秋，他乘船发自重庆，穿过三峡，顺流东下，到达上海。不久，进入江南制造局附设的广方言馆补习日语。次年春夏之交，东渡日本，入东京同文书院。

这时，在日本的中国留学生约五六百人，思想远较国内活跃，其中已有一部分显露了革命的倾向，并开始向改良派的保皇论调予以抨击。邹容到了日本，感到大大地松了一口气，就将在国内还被压抑的情感，尽情地抒发出来。"凡遇留学生开会，容必争先演说，犀利悲壮，鲜与伦比"[2]。倡言对待清王朝，"不变法当革，变法亦当革"[3]。他那敏锐的政治嗅觉，激进的反清立场，充沛的爱国热忱，经常见于形色，溢于言表。当时，他已是大家熟悉的革命分子。

居日本一年，邹容如饥似渴地探求西方资产阶级民主主义的知识，对清王朝的封建专制主义统治更为憎厌。光绪二十九年（1903 年）春，邹容将他的革命激情和爱国赤诚凝聚到笔端，全神贯注地撰写《革命军》一书。二月间，清政府派到日本管束留学生的学监姚文甫因奸情事被揭露，悄悄收拾行装欲遁回国内。此人多方钳制言论，屡屡迫害学生，为留学界所痛恨。邹容于是乘机发难，约集几个留学生，直入姚的寓所，历数其罪恶，将姚的辫子剪断，悬挂到中国留学生会馆的正梁上示众。清政府驻日公使蔡钧闻讯，立即照会日本外务省，要求到同文书院索取邹容。为暂时避祸计，邹容遵友人规劝，离日回国。

春风吹绿江南的时节，邹容返抵小别经年的上海，就读于爱国学社。当时，学问文章已负时誉的章太炎在学社任教，他同邹容来往几次，就

1　邹鲁：《中国国民党史稿·列传·邹容略传》，第 1242 页。

2　邹鲁：《中国国民党史稿·列传·邹容略传》，第 1242 页。

3　《苏报鼓吹革命清方档案》，《中国近代史资料丛刊·辛亥革命》（一），第 466 页。

发现邹容才思敏锐，胆识超群，于是结为忘年交，并邀约张继、章士钊四人结盟，以"排满"革命相勖勉。

在此前后，随着中国资本主义的发展，新式学堂的兴办和留学运动的兴起，新兴的民族资产阶级要求摆脱封建专制主义的羁绊，抵制帝国主义侵略的愿望，在上海表现得日益明显；偕同这一新的经济和政治力量迅速增多的新式知识分子，也纷纷汇聚上海。于是，新旧交锋，新兴力量反抗封建桎梏的斗争，就往往以"学界风潮"的形式滋生踵起。爱国学社就是光绪二十八年（1902年）冬南洋公学退学风潮的产物，因此，学社里的政治空气异常活跃，师生们经常在上海著名的张园集会，演讲时事，倡言革命。这类引人瞩目的社会动态，也推动了一些报刊的政治态度的转变。上海一份创刊于光绪二十二年（1896年）名为《苏报》的日报，就反映了这种现象。它首先增辟《学界风潮》专栏，销路大为改观。爱国学社成立后，《苏报》主持人陈范与学社订约，由蔡元培、章太炎等轮流撰稿，销售日益增长。

适因盛传广西巡抚王之春将以桂省铁路、矿山诸利权相让，乞求法国从越南派兵进入广西助剿会党起事。中国教育会和爱国学社遂于三月二十八日（4月25日）发起在张园举行拒法大会。接着，沙俄拒不遵约撤兵，蓄谋吞并我东北的消息又宣传于国内外，四月初一日，上海绅、学、商各界又集于张园，开拒俄大会。嗣又与东京留学生相呼应，爱国学社师生也倡议组织义勇队（旋改为军国民教育会）。反帝爱国运动在沪上急剧高涨。邹容积极参加各项活动，在这炽热气氛感染下，他越加意气奋发，豪情横溢，写完了《革命军》一书，以"革命军中马前卒"署名，特请章太炎修改。章看过后，击节赞赏，认为正是这样直率豪放、通俗生动的文字，能够发挥广泛宣传的作用，因而不作任何修饰，提笔书写一篇《序言》，称许《革命军》为"义师先声"。随即由柳亚子等筹集印刷经费，交大同书局承印，于当年五月初出版发行。

正当《革命军》问世之际，《苏报》因章士钊接充主笔，于五月初六日（6月1日）宣布"大改良"，言论更趋向激进，"排满""仇满"的文词，连篇迭出，而且直言放论，无所忌惮。五月十四日，刊登《读〈革命军〉》，誉为"诚今日国民教育之第一教科书也"；又在"新书介绍"栏中评论道：《革命军》"其宗旨专在驱除满族，光复中国，笔极犀利，文极沉痛。……若能以此书普及四万万人之脑海，中国当兴也勃焉。"闰五月初五，以《康有为与觉罗君之关系》为题摘登章太炎《驳康有为书》，呵斥"载湉小丑，未辨菽麦"。《苏报》迅即成为举国瞩目，独步一时的革命报纸。

先是，五月初清政府即因张园集会事，照会上海租界工部局，指名捕捉蔡元培、章太炎、吴敬恒、黄宗仰、陈范等。工部局捕房曾几次按名传讯。及至《革命军》出版，《苏报》连日刊登"排满"文字，清政府即电令两江总督魏光焘、江苏巡抚恩寿查禁爱国学社的活动和《苏报》，饬令"严密查拿，随时惩办"。魏、恩奉旨，即派侯补道俞明震到上海，会同上海道袁树勋向领事团交涉，签署拘票，交由捕房抓人，闰五月初五、初六，《苏报》馆账房程吉甫等4人和章太炎被捕；初七，邹容自投捕房，以与章太炎共患难。

按清政府意图，是要求租界当局将所捕诸人引渡出界，以便惩办。租界当局虽有意协助清廷镇压革命，但又得维护租界所攫得的殖民主义权益，因而同意了封闭《苏报》，由会审公廨审讯在押各人。经过几次会审，程吉甫等人被判具结释放，嗣又拖延到光绪三十年（1904年）四月，才宣判章太炎监禁3年，邹容监禁2年，罚做苦工。

自被捕入狱起，章太炎、邹容就抱定为革命牺牲的决心。他们赋诗明志，互相砥砺。章吟哦《狱中赠邹容》称：

邹容吾小弟，被发下瀛州。

快剪刀消辫，干牛肉作糇。

英雄一入狱，天地亦悲秋。

临命须掺手，乾坤只两头。

邹容即赋《狱中答西狩》相唱和：

我兄章枚叔，忧国心如焚。

并世无知己，吾生苦不文。

一朝沦地狱，何日扫妖氛。

昨夜梦和尔，同兴革命军。

充分表现了革命者临危不惧，勇于献身，对革命前途充满信心的高尚情操和英雄气概。

在公堂上，邹容自承"因愤满人专制，故有《革命军》之作。"他同章太炎一道，异常自豪地以"汉种四万万人之代表"的身份，同清王朝的官员和雇请的洋律师公庭对簿，义正词严地驳斥清政府的起诉，为革命申辩，使作为"原告"的清王朝贻羞出丑。从这方面说，章太炎、邹容是强者，是代表正义一方，是他们反客为主，通过这桩"《苏报》

案"，向社会控告了清王朝丧权辱国、残害了人民的罪行。

不幸的是，邹容离"刑"满出狱只有两个多月，因被折磨致病，于光绪三十一年二月二十九日（1905年4月3日）在狱中逝世，年仅20岁。噩耗传出，中国教育会立即为他开追悼会。遗骸由革命志士刘三冒毁家杀身的危险运出，安葬于上海华泾乡。南京临时政府成立后，孙中山批准，邹容"照陆军大将军阵亡例赐恤"[1]。

邹容以短暂的年华，为中华民族的解放和人民的自由幸福，建立了不朽的功勋。他的勋业主要有两大端：一是撰写了《革命军》一书，自誓以"竖独立之旗，撞自由之钟，呼天吁地，破颡裂喉"的决心，"宣布革命之旨于天下"。事实表明他是如愿以偿的。《革命军》不胫而走，风行国内和海外华侨中，销售达100万册，对鼓动清末革命高潮产生了极大的作用。其二，是他和章太炎一道，在清政府制造的"《苏报》案"里，以凛然不可侵犯的气概，沉毅果敢的胆略，挫败了清政府妄图遏抑革命潮流的预谋。形势的发展同清朝统治者的愿望正相反，经过"《苏报》案"，清王朝愈益遭到人民的憎恶，革命浪涛更形澎湃高涨。

"少年壮志扫胡尘，叱咤风云《革命军》；号角一声惊睡梦，英雄四起挽沉沦"[2]。这首挽诗，公允地评价了邹容和他的《革命军》的历史功勋。

（原载廖伯康等著：《论邹容》，西南师大出版社1987年版）

1　《南京临时政府公报》第51号，《近代史资料》总25号。

2　吴玉章：《纪念邹容烈士诗》，《辛亥革命》插页，人民出版社，1978年版。

邹容和陈天华

—— 中国近代两位卓越的民主革命宣传家

1987 年

20 世纪初，资产阶级民主革命的浪潮，如怒涛排壑，撼天震地。成千上万的先进志士，投身于时代洪流，弄潮鼓浪，造就为一代革命英雄。在呼唤反帝爱国，反清革命，歌颂民主共和的舆论阵地上，邹容、陈天华均以词锋犀利，先声夺人的气势而彪炳史册。旁观者清，光绪三十四年四月二十日（1908 年 5 月 19 日）《神州日报》转引外国报刊的评论称，在宣传方面"最有功于革命者为四川邹容，湖南之陈天华两人"。

一

邹容（1885～1905），谱名桂文，曾改名绍陶，字蔚丹，或书为威丹，四川巴县人；留学日本时改名邹容。父邹子璠，经商致富，期望儿子通过科举博取功名，在仕途上平步青云。然而，邹容没有使他的父亲称心惬意。

光绪十七年（1891），邹容随大哥蕴丹入私塾发蒙。由于自幼聪慧好学，所以，十一二岁的时候，他就已熟读了《四书》《五经》，诸如《史记》《汉书》等名著，也能成诵，但是，邹容对这些历代统治者规定的功课，却日益感到厌倦。他的视线，渐次地移向了随着维新风气而流传的，以推介"新学""西学"为主的书刊。他于是开始接受另一种启蒙教育，并因此在一定程度上萌发了敝屣封建文化、科举制度的感性认识，觉察到清朝统治的腐败和暗弱，对中国面临的遭受帝国主义瓜分的险境也深感忧危。这样，邹容的思想和志趣，就完全和父亲的期待相左，新旧冲突，很快就在父子之间爆发。

满 12 岁那年（1897），邹容奉父命偕大哥应巴县童子试。刚进头场，就因为试题很生僻，他当即同主考官顶撞起来[1]，于是愤而罢考离去。

---

1 邹传参：《先祖邹容及其家书》，周永林编《邹容文集》第 133 页。

回到家里，他遭到了父亲的责打，但邹容并不服气，倔强地向父亲申辩："臭八股儿不愿学，满场儿不愿入。衰世功名，得之又有何用。"[1]事后，邹子璠虽迫令儿子进入重庆经学书院继续接受儒学经典的教育，但邹容仍不就范，在书院"指天画地，非尧舜，薄周孔，无所避。"[2]"攻击程朱及清儒学说，尤体无完肤。"[3]因此，邹容被书院山长吕翼文开除出院。

次年，戊戌维新运动遭到扼杀。谭嗣同等"六君子"伏尸都门的讯息传到四川。邹容不胜愤慨，在谭嗣同的遗像上题诗以表悼唁："赫赫谭君故，湖湘士气衰。惟冀后来者，继起志勿灰。"[4]表明邹容的思想和政治态度，是同维新变法息息相通的。这时，按惯例他还算不了成年人。

光绪二十七年（1901），四川省首次选派学生赴日留学，在成都举办考试。邹容要求前往应考。邹子璠感到无法使儿子流连在科举的道路上，于是允诺他去一试，其目的在于另辟畦径，让他留学回来获得朝廷赐予举人、进士的功名，仍然跻入官场。因为，清王朝业已下诏"变法"，盛传已有授予留学生功名官职的措施。是年六月，邹容冒盛暑从重庆步行到成都参加考试。试后获录取，由主持此次考试的候补知府李立元领着晋见川督奎俊。奎俊"勉励数语，旋命归渝治行装，于八月中旬同往日本。"[5]可是，大约是某些顽固分子的恶意攻讦，就在濒行之时，邹容被诬为"聪颖而不端谨"，予以除名[6]。但邹容毫不气馁，怀着渴望摆脱传统桎梏，探索新知的心情，在父亲面前犯颜力争，要求自费留日。当年深秋，他从亲戚处借得路费，乘船发自重庆，穿过三峡，顺流东下，到达上海。不久，进入江南制造局附设的广方言馆补习日语。邹子璠旋经亲戚劝说，答应支付留日费用。邹容遂于光绪二十八年（1902）八月到达日本[7]，入东京同文书院。

此时，在日本的中国留学生已有五百余人[8]。思想远较国内活跃，其中已有一部分显露了革命的倾向，并开始对改良派的保皇论调加以抨击。

1 邹鲁：《中国国民党史稿》第四篇"列传"，《邹容传略》。

2 章太炎：《赠大将军邹君墓表》，《太炎文录续编》第五卷。

3 《〈革命军〉作者邹容》，冯自由《革命逸史》第二集。

4 邹鲁：《中国国民党史稿》第四篇"列传"，《邹容传略》。

5 《家书二》，《邹容文集》第 34 页。

6 《关于邹容书信的几个问题》，《邹容文集》第 129~130 页。

7 据《清国留学生会馆第二次报告》、四川学务处《四川游学诸生调查表》，均在邹容名下到东京年月一栏填写"二十八年八月"，参阅何一民：《邹容留学日本时间考》。

8 载振：《英轺日记》，上海文明书局光绪二十九年版第十二卷。

择优录送；当年壬寅科乡试落榜者，可调卷评阅，以定是否录送；各县、府、道也可保送少量名额。陈天华由长宝道以新化监生名义保送，经考核，调入省城师范馆。旋以留学生尚有余额，因而陈天华、肖仲祁、袁宗翰、成凤韶等得补为官费游学师范生[1]。翌年初，湖南省官费、自费留学生50人领咨启行，二月二十二日由上海乘日轮博爱九号东涉，二十九日抵达东京。陈天华入弘文学院师范科学习。

这时，"拒俄"运动大起。邹容刚返上海，陈天华乍到东京，都积极投身于这个炽热的反帝爱国运动中，崭露头角，建立殊勋。

二

邹容于光绪二十九年三月中旬返抵上海，就读于爱国学社。当时，学问文章已负时誉的章太炎（1869～1936）在学社任教，他同邹容交往几次，就发现这个年近弱冠的青年才思敏锐，胆识超群，于是结为忘年交，并邀约章士钊（1881～1973）、张继（1882～1947）四人结盟，以"排满"革命相勖勉。

20世纪初，随着中国资本主义的初步发展，以及新式学堂的兴办和留学风气的大盛，新兴的民族资产阶级要求摆脱封建专制主义的羁绊，抵制帝国主义侵略的愿望，在上海表现得日益明显：偕同这一新的经济和新的政治力量迅速增多的新式知识分子，也纷纷汇聚上海。于是，新旧冲突，新兴力量反抗封建桎梏的斗争，就渐次以"学界风潮"的形式滋生踵接。爱国学社就是二十八年十月南洋公学退学风潮的产物。因此，学社里的政治空气异常活跃，师生们经常在上海著名的张园集合，演讲时事。这类引人瞩目的社会动态，也推动了一些报刊的政治态度的转变。上海一份创刊于光绪二十二年名为《苏报》的日报，就反映了这种现象。二十八年冬，它增辟"学界风潮"专栏，销路大为改观。翌年初，《苏报》主持人陈范与爱国学社订约，由章太炎、蔡元培（1868～1940）等轮流撰稿，销售量更有所增长。

二十九年（1903）三月，传闻广西巡抚王之春将借法兵平定该省会党起事，东京留日学生即致电爱国学社及中国教育会，盼相互响应，亟起抵制。二十八日（4月25日），上海爱国人士即在张园开"拒法"大会。不旋踵，又传来沙俄违约不履行第二期撤兵协议，反妄图独占东三省权

---

[1] 《湖南官报》第204、211、261、325号。

利的消息。上海人士又于四月初一日（4月27日）会于张园，通电"拒俄"。初三日，东京留日学生五百余人会于锦辉馆，抗议沙俄侵略暴行，议决组织"拒俄义勇队"。初四日，上海千余人又在张园集会，蔡元培当场宣读东京留学生电文，群情益愤。爱国学社师生旋即仿东京留学生的作法，组织义勇队（嗣亦改称军国民教育会），计96人，分8个小队，朝夕操练。安徽、湖北、江西等省会学堂的学生相继仿效。"拒俄"运动迅猛发展。

在狂飙乍起的"拒俄"运动中，邹容越加意气奋发，积极参与张园集会和义勇队的操练。四月二十八日，中国教育会在张园开四月月会，邹容作《论改革中国现时大势》的演说，爱国热望，意切情深。同时，他还提出组织《中国学生同盟会》的倡议，号召全国学生结成大团体。表明邹容迫切地期望新兴的、最有觉悟的知识分子，乘时振作，肩负起反清民主革命的历史任务。正是在这种迫不及待的爱国激情驱使下，邹容写完了《革命军》一书，署名"革命军中马前卒邹容"，持请章太炎修改。章看过后，击节赞赏，认为正是这样直率豪放，通俗生动的文字，能够发挥广泛的宣传作用，因而不作任何修饰，投笔书写一篇序文，称许《革命军》是"义师先声"。随即由柳亚子等筹集印刷费用，交大同书局排印，于五月初出版发行。

正当《革命军》问世之际，《苏报》因章士钊接充主笔，于五月初六日宣布"大改良"，言论更趋向激进，"排满""仇满"的文词，连篇迭出，而且直言放论，无所顾忌。初六日刊登《康有为》一文，痛斥康有为力倡保皇、抵拒革命的反动言行。十四日，刊登《读〈革命军〉》，将该书誉为"试今日国民教育之第一教科书也"，又在"新书介绍"栏评论说，《革命军》"其宗旨专在驱除满族，光复中国，笔极犀利，文极沉痛。……若能以此书普及四万万人之脑海，中国当兴也勃焉。"闰五月初五以《康有为与觉罗君之关系》为题摘登章太炎《驳康有为书》，指斥"载湉小丑，未辨菽麦"，对康有为的保皇谬论痛加批驳。《苏报》迅即成为举国瞩目，独步一时的革命报刊。

五月初，江苏巡抚恩寿即据商约大臣吕海寰的咨文，着上海道向租界当局交涉，捕拿张园集会的倡首诸人，计有蔡元培、章太炎、黄宗仰（1865~1921）、吴稚晖（1865~1953）等。租界捕房曾几次按名传讯。及《革命军》和《驳康有为书》相继问世；《苏报》连日刊登"排满"文字，清廷即电令两江总督魏光焘、苏抚恩寿查禁爱国学社的活动及《苏报》，饬令"严密查拿，随时惩办"。魏、恩奉旨，即派候补道俞明震到上海，会同上海道袁树勋向各国驻上海领事团交涉，请为首领事在拘票上副署，持票捉人，交会审公廨审理；如应科罪，也在租界内执行。闰五月初五日、初六日，《苏报》馆帐房程吉甫和章太炎以及陈范的儿子陈仲彝，办事员钱宝仁等被捕。初七月邹容自投捕房，以与章太炎共患难。蔡元培事前离沪赴青岛，陈范、黄宗仰、吴稚晖等避匿，旋出国远走。随后，领事团徇上海道的请求，于十三日（7月7日）将《苏报》封闭。

闰五月二十一日（7月15日），会审公廨开始审讯。清政府雇请的两名外国律师和章、邹偕雇请的两名外国律师，在会审公廨当堂对簿。二十七日续审。嗣又在会审公廨开"额外公堂"，继续审讯。清政府首先是企图使租界当局应允将章，邹二人引渡到华界，按清律处以极刑，未果；于是退而要求公廨判以永远监禁之罪。租界当局并不是对章、邹等有所袒护，而是坚持租界内享有"治外法权"，拒绝按清律判决。故这一案件迁延近一年，至光绪三十年四月初七日（1904年5月21日）才得以结案，判章太炎监禁三年，邹容监禁两年，罚作苦工。程吉甫等前此已具保释放。这就是轰动清末的所谓"苏报案"。

清政府本拟藉"苏报案"以兴大狱，杀害章太炎、邹容等一干革命人士，使参与爱国学社、张园集会、拒法拒俄等活动的人们畏葸后退，并遏制《革命军》《驳康有为书》《苏报》等反清书刊的流行。因此，它不惜放弃历来矜持的天朝体统，雇请律师，作为原告一方，在上海租界与章、邹公堂对簿。这已是失去体面，为当时中外人士所讪笑。而孰料事与愿违，"苏报案"荏苒经年，本身就成了一次持久的反清革命宣传，《驳康有为书》《革命军》及其他革命书刊，流行更广。

邹容自入狱起，即抱定为革命牺牲的决心，他同章太炎在狱中赋诗明志，互相砥砺。闰五月二十八日，章吟哦《狱中赠邹容》一首：

邹容吾小弟，被发下瀛洲，
快剪刀除辫，干牛肉作糇。
英雄一入狱，天地亦悲秋。
临命宜掺手，乾坤只两头。

邹容即赋《狱中答西狩》相唱和：

我兄章枚叔，忧国心如焚。
并世无知己，普生苦不文。

一期沦地狱，何日扫妖氛，

昨夜梦和尔，同兴革命军。

充分表现了革命者临危不惧，勇于献身，对前途充满信心的高尚情操和英雄气概。

不幸的是，邹容距"刑"满出狱只有两个多月，即被折磨致病，于光绪三十一年二月二十九日（1905年4月3日）在狱中逝世，年仅二十岁。噩耗传出，中国教育会立即为他开追悼会。遗骸由革命志士刘三（季平）冒险运出，安葬于上海华泾乡。南京临时政府后，经临时大总统孙中山批示：邹容"照陆军大将军阵亡例赐邺。"[1]

邹容以短暂的年华，为中华民族的解放和人民的自由幸福，建立了不朽的勋绩。一是撰写了《革命军》一书，自誓以"沿万里长城，登昆仑，游扬子江上下，溯黄河，竖独立之旗，撞自由之钟，呼天吁地，破颡裂喉"的决心，"以宣布革命之旨于天下"。事实表明他是如愿以偿的。《革命军》真可说不胫而走，风行国内和海外华侨中，销售达110万册，对鼓动清末革命高潮产生了难以估量的作用。

孙中山看到《革命军》后，赞赏不已，认为"此书感动皆捷，其功效真不可胜量。"他对邹容和章太炎身陷牢狱，异常关切。二十九年初冬，他又到檀香山，改组兴中会，建立"中华革命军"。确定"今后同志当自称为军，所以纪邹容之功也。"[2]迄1917～1919年期间，孙中山著《建国方略》，还言之谆谆：《革命军》一书，为排满最激烈之言论，华侨极为欢迎，其开导华侨风气，为力甚大。"[3]其二是他和章太炎一道，在清政府制造的"苏报案"里，以凛然不可侵犯的气概，沉毅果敢的胆略，挫败了清政府妄图遏抑革命潮流的企图。形势的发展同清统治者的愿望正好相反，经过"苏报案"，清王朝愈益被人民所憎厌，革命浪潮更形澎湃高涨。

《革命军》计七章二万余言。它开宗明义就以火热的激情，锋利的笔调，谱成了革命的颂歌："革命者，天演之公例也；革命者，世界之公理也；革命者，争存争亡过渡时代之要义也；革命者，顺乎天而应乎人者也，革命者，去腐败而存良善者也；革命者，由野蛮而进文明者也；革命者，除奴隶而为主义者也！""磋乎！磋乎！革命！革命！得之则生，

---

1 《南京临时政府公报》第51号。

2 《复某人函》，《孙中山全集》第一卷，中华书局版第228页。

3 《建国方略》第八章《有志竟成》，《孙中山全集》第六卷第236页。

不得则死。毋退步，毋中立，毋徘徊，此其时也，此其时也！"接着，邹容用许多事例，历数清朝统治者对内暴戾恣睢，荼毒人民，对外卖国求荣，引狼入室的苛政罪行，阐明中国已处于"内受满洲之压制，外受列强之驱迫"的危殆处境，稍有延俄，中国就会落入"十年灭国，百年灭种"的万劫不复的深渊。而当务之急，在于"欲御外侮，先清内患"。这样，人们读了《革命军》，就能获得中国革命的正义性，必然性，紧迫性的结论。那么，中国所要进行的是什么样的革命呢？邹容介绍了西方资产阶级民主主义学说，明确地答覆："则吾请执卢梭诸大哲之宝蟠，以招展于我神州土。""欲求一革命之事，以比例乎英、法、美者。"而对于美国资产阶级民主政体，尤为倾慕，所以，他着重"模拟美国革命独立之义"，制订了在中国建立独立自由的。中华共和国"的二十五条纲领，号召人民奋起，"与尔之公敌爱新觉罗氏，相驰于枪林弹雨中，然后再扫荡干涉尔主权外来之恶魔。"最后，邹容在《革命军》以激昂慷慨的口号表述他对祖国，对人民的诚挚热切的祝愿："中华共和国万岁！""中华共和国四万万同胞的自由万岁！"

<h2 style="text-align:center">三</h2>

　　东京留学界的"拒俄"运动以光绪二十九年四月初三日（1903年4月29日）开会于锦辉馆伊始。当日到会五百余人，一致议决组织"拒俄义勇队"，开赴疆场，与沙俄侵略者决一死战。陈天华到日本刚满一个月，立即投身义勇队，加强操练。同时，怀着极度愤慨的心情，书写《敬告湖南人》的公开信，号召群起拒俄救亡。义勇队旋改称学生军，又改组为"军国民教育会"。以"养成尚武精神，实行爱国主义"为宗旨。陈天华自认充"运动员"，愿自备费用返湖南筹措经费，开展活动，嗣因故未成行。

　　拒俄运动遭到清政府的暴力压制，天华越发愤懑焦急，寝食不安。从当年初夏至仲秋，挥毫撰《猛回头》《现世政见之评决》，以冀唤醒国人，奋起反抗侵略，"排满"革命。是年冬，沙俄大量增调军队侵入我东北，国难日亟。天华闻讯，"如痴如狂，如孤儿弱女之新丧考妣，一奔走仿徨于故旧间，相见无一语，惟紧握友人之手，潸潸然涕泪交横而已。"[1]悲愤至极时，乃啮指作血书，备述亡国惨祸，寄回国内。"革

---

1 杨源浚：《陈君天华行状》，新化县自治会编。

党之名，遂震照一世。"[1]

先是，黄兴于军国民教育会成立后不久，亦自认为运动员，于五月间返国。初秋，回到长沙，着手筹组革命团体。陈天华应邀回国，于11月间到达长沙参加华兴会的成立会，他"日与下等社会谈论种种国大事，虽目不识丁者，闻之皆泣下。所著《猛回头》及《现世政见之评决》风行于世，湘赣间尤甚。三户之市，稍识字者，即朗读《猛回头》。至有小学校之卯角少年，募资广刷，其感化力之深类此。……此时所著，多散见于《俚语报》中。"[2]因此，湘中反动官绅借端罗织，查封《俚语报》，准备陷害陈天华。经好友催促，天华于三十年暮春再次东渡，入东京政法大学，文著《警世钟》一书。六、七月间，终因爱国情炽，深虑瓜分豆剖的横祸已迫近眉睫，因而又不辞跋涉，回到祖国。

时华兴会已联络洪江会首领马福益，确定乘十月间慈禧太后七十"万寿"，长沙文武官员聚于皇殿行礼时，一举炸毙，发动起义，马福益率洪江会众分五路响应。陈天华返湘，即由黄兴派住江西，游说防营统领廖名缙届时发难。随后由江西吉安转到醴陵，会同刘揆一等前往浏阳普迹市，藉开牛马交易集市的机会，举行授予马福益少将仪式，发给枪械、马匹。九月中旬，计谋泄露，黄兴、刘揆一等先后脱险逃出湖南。天华"独正襟危坐待捕，曰：'事不成，国灭种亡，等死耳，何用生为？'逾日，友人劝以他往，留身有待，始从容束装，"[3]间道逃江宁，得冯烛寰等资助，再一次去日本。适在日本的葛谦、仇亮、刘道一、张秀钟等组织新华会，以'推倒恶劣政府，建设共和民国"为宗旨。因钦仰陈天华的为人，遂邀约入会[4]。

陈天华因苦心策划反清革命遭受挫折，一度心情抑郁。经原华兴会会员徐佛苏、罗杰介绍，与梁启超有所往来，颇受梁的影响。光绪三十一年初，天华在留学界散发一份《救亡意见书》，建议由留学生选派代表归国，向清政府请愿，立即颁行立宪，以救危亡。当他正准备返国上书时，事为宋教仁所知。宋于是约同黄兴，恳切劝告陈天华摆脱保皇派的诱惑，对清政府勿存幻想。[5]天华这才消释了请愿的念头，同梁启

---

1 《陈天华事略》，万沅编纂：《新华会虚无党史》。

2 杨源浚：《陈君天华行状》，新化县自治会编。

3 杨源浚：《陈君天华行状》，新化县自治会编。

4 《陈天华事略》，万沅编纂：《新华会虚无党史》。

5 参阅《宋教仁日记》第二卷，1905年1月28日至2月2日。

超等改良派人士疏远起来。

三十一年夏，孙中山又一次来到日本，在留学生当中展开建立联合的革命团体的活动。六月二十六日（7月28日），经程家柽介绍，宋教仁、陈天华等在《二十世纪之支那》杂志社同孙中山会面。陈天华谈到去年华兴会起事的大略情况。孙中山则详尽地阐明了各省革命团体、革命同志结成大团体的必要性。次日，华兴会领导人聚谈于黄兴寓所，商决加入孙中山所倡议的联合团体问题。陈天华主张华兴会作为一个团体加入。黄兴建议形式上加入，精神上仍保留华兴会。刘撰一则认为可不加入。由于意见不一致，最后是以"个人自由"作结。[1]二十八日（7月30日），陈天华出席了孙中山召集的同盟会筹备会，被推举偕同黄兴、宋教仁、马君武等八人起草会章。七月十三日（8月13日），由黄兴、宋教仁等发起的欢迎孙中山大会，在东京富士见楼举行，到会千三百余人，户槛为穿，盛况空前。陈天华撰写一篇《纪东京留学生欢迎孙君逸仙事》（刊于《民报》第一号），对孙中山的远大理想、恢宏抱负、爱国赤诚和革命业绩备加推崇，断言孙中山"是吾四万万人之代表也，是中国英雄中之英雄也"。在《民报》第一号上，陈天华还发表了《论中国宜改制民主政体》《中国革命史论》两篇政论文，《怪哉上海各报馆之慰问出洋五大臣》《丑哉金邦平》《今日岂分省界之日耶》等三篇时评，还有一篇《周君辛铄事略》。同盟会成立伊始，陈天华就以踔励奋发的姿态，出现在宣传阵地的前沿。他的文章清新流畅，激情洋溢、感人至深，被誉为"革命党之文豪"[2]。

该年夏秋间，日本报刊披露日本政府行将颁布"清韩学生取缔规则"的消息。中国留日学生群情愤激，认为日本政府将中国置于它的保护国同列，实属不堪忍受，要求清廷驻日公使杨枢向日本外务省提出质询。外务省答称并无其事。实际上，这是日本政府正在策划的一个侵略阴谋，事过两个月，它就暴露出来了。

原来，清政府鉴于留学生中革命分子急剧增多，曾强烈要求日本方面实行取缔办法。夏秋间日本报刊披露的消息，就具有试探意味，并向清政府示意，日本将会应允它的要求。适日俄战争结束，订立《日俄朴茨茅斯条约》，日本获取了沙俄在我国东北长春以南的各项侵略权益。接着，日本政府派外务大臣小村寿太郎前来北京谈判，迫使清政府承诺

---

1 参阅《宋教仁日记》第二卷，1905年7月28、29日。

2 曹亚伯《武昌革命真史》前编，第四章《陈天华投海》，上海书店印行上册第25页。

日俄之间上述侵略权益的转让为有效。就在小村寿太郎来华之际，日本政府文部省于 1905 年 11 月 2 日（光绪三十一年十月初六日）发布《关于准许清国人入学之公私立学校之规程》，即所谓《清国留学生取缔规则》，对中国留学生的集会、结社、言论、通信等横加限制、取缔。其用意显然就是允诺清政府的请求，以利于小村寿太郎在谈判桌上施加压力。[1] 故《取缔规则》中主旨尤在于阻禁和迫害中国留学生的革命宣传和活动。这一点，文部省次官木场在谈到《取缔规则》时就直言不讳地承认："留学生之中，属于革命派者甚多，这次文部省颁布的规则，将使他们蒙受一大打击，殆无疑义。"[2] 所以，《取缔规则》的发布，并不是一般地取缔留学生的"性行不良"，而是旨在打击中国留学生的反清革命活动。尤其值得注意的是，日本政府是藉此作为一个条件，以诱胁清政府在即将举行的"会议东三省事宜"中作出更多的让步。

多数中国留学生当然也看出了文部省发布《取缔规则》的意图，对日本和清朝双方政府这桩卑鄙的交易深表愤慨，于是群起奔走呼号，掀起了大规模的反对《取缔规则》的运动。日本各报竟肆意讥嘲，指为"乌合之众"，1905 年 12 月 7 日《朝日新闻》发表一篇报导称：

"东京市内各校之清国留学生八千六百余人集体停课，……此盖由于清国留日学生对文部省命令之解释过于偏狭而生不满，以及清国人特有之放纵卑劣性情所促成，惟其因团结之力则颇为落弱。……"

事件初起时，陈天华虽常愤慨，但又怕留学界不能团结一致，所以对罢课抗议尚心存犹豫。及至见八千余留学生竟能同心协力地实行罢课，面日本报章却肆行诽谤，他不禁又惊又惧：惊的是留学生果真能团结一致；惧的是罢课难于持久不懈，以致证实了日本报章的澜言蜚语。为此，他忧心如焚，愤差难消。及至 12 月 7 日（十一月十一日）读到《朝日新闻》的恶意攻讦，就更感到无法忍受，痛不欲生，遂于晚间伏案疾书，写下了一份悲壮凄怆的《绝命辞》，情深意切地激励留学界坚持一心，贯彻始终，做到"坚忍奉公，力学爱国"，使日本报章的种种诬陷伎俩不能得逞。在《绝命辞》里，陈天华还告诫国人，决不能相信改良派的说教，"欲使中国不亡，惟有一刀两段，代满洲执政柄而卵育之"。他又谆谆规劝人们不要听从那些亲日派的主张，彼以日本为可亲，则请观朝鲜！

1 永井算已：《所谓清国留学生取缔规则事件可性格》，永井算已著《中国近代政治史论丛》，东京汲古书店 1983 年版第 164~166 页。
2 永井算已著《中国近代政治史论丛》第 142 页。

次日晨，他将《绝命辞》"一人宣读之，听者数千百人，皆泣下不能仰。"[1]
留学界同声哀悼，罢学返国者，络绎不绝。

陈天华在《绝命辞》劝告人们："慎毋误会其意，谓鄙人为取缔规
则问题而死。"他声明，主要是对日本报章侮为"放纵卑劣"极为愤慨，
"心痛此言，欲我同胞时时勿忘此语，力除此四字，而做此四字之反面：
'坚忍奉公，力学爱国'。恐同胞之不见听而或忘之，故以身投东海，
为诸君之纪念。"又称："中国去亡之期，极少须有十年，与其死于十
年之后，曷若于今丕兴国家，则中国或可以不亡。"因此，陈天华投海，
不能认为是意志薄弱，灰心丧志，而是以一死来警醒同胞，"力求振作
之方，雪日本报章所言，举行救国之实。"[2]无疑，誉为蹈海英雄，陈天
华是当之无愧的。

光绪三十二年闰四月初一日（1906 年 5 月 23 日），陈天华的灵柩
运返长沙，革命党人禹之谟、陈家鼎、宁调元等首倡将陈柩与在上海投
江的姚宏业的灵柩一同葬于长沙岳麓山，遭到官方阻挠，于是发动各学
堂学生群起抗争。初七日（29 日），长沙全域学生出动，护送陈、姚两柩，
首尾绵延十多里，哀歌动地，鞭炮震天，分从朱张渡、小西门两处渡江。
"适值夏日，学生皆着白色制服，自长沙城中观之，全山为之缟素。"[3]"公
葬陈姚"的事件，成了一次震惊全国的反帝爱国运动。

陈天华的著作，大部分通俗易懂，激情洋溢，悲壮感人，而蕴蓄在
他的著作里最为昂扬生动的内容，又首推强烈的反帝爱国主张。听听他
在《猛回头》里一段休目惊心的唱词吧：

俄罗斯，自北方，包我三面；
英吉利，假通商，毒计中藏；
法兰西，占广州，窥伺黔桂，
德意志，胶州领，虎视东方，
新日本，取台湾，再图福建；
美利坚，也想要，割土分疆。
这中国，哪一点，我还有分？
这朝廷，原是个，名存实亡。
替洋人，做一个，守土官长，

1 《陈星台先生（绝命书）跋》，《民报》第二号。

2 《绝命辞》，刘晴波，彭国兴编校《陈天华集》，湖南人民出版社 1982 年版。

3 曾杰：《乙戊集》，《黄花岗与中国同盟会》。

压制我，众汉人，拱手降洋。

面对如此危如累卵的处境，陈天华并不感到气馁，而是豪迈沉毅地号召人们奋起抵抗。他在《警世钟》里写道：

"洋兵不来便罢，洋兵若来，奉劝各人把胆子放大，全不要怕他。读书的放了笔，耕田的放了犁耙，做生意的放了执事，做手艺的解了器具，齐把刀子磨快，子药上足，同饮一杯血酒，呼的呼，喊的喊，万众直前，杀那洋鬼子，杀投降那洋鬼子的二毛子。满人若是帮助洋人杀我们，便先把满人杀尽，那些赃官若是帮助洋人杀我们，便先把赃官杀尽。'手执钢刀九十九，杀尽仇人方罢手！'我所最亲爱的同胞，我所最亲爱的同胞，向前去，杀！向前去，杀！向前去，杀！杀！杀！杀我累世的国仇，杀我新来的大敌，杀我媚外的汉奸，杀！杀！杀！

在中华民族存亡绝续的危急之秋，这种豪言壮语，是何等的扣人心弦，令人血涌肺张啊！

在陈天华的著作里，资产阶级民主主义思想也是很警世醒目的。他把清王朝恰当地称作"洋人的朝廷"，而且严肃地指出："须知各国就是瓜分了中国之后，必定仍旧留着满洲政府压制汉人。列位，你道今日中国还是满洲政府的吗？早已是各国的了！那些财政权、铁道权、用人权，一概拱手送与洋人。洋人全不要费力，要怎么样，只要下一个号令，满洲政府就立刻奉行。……故我们要想拒洋人，只有讲革命独立，不能讲勤王。因他不要你勤王，你从何处勤哩？"（《警世钟》）他也如同孙中山、章太炎、邹容一样，把民主革命看作顺天应人，符合历史进化规律的运动，认为"质而言之，革命者，救人世之圣药也。终古无革命，则终古成长夜矣已"。因此，在他的著述里，也充满着讴歌民主，盛赞共和，期待步武泰西革命的文词，宣称"泰西革命之所以成功者，在有中等社会主持其事；中国革命之所不成功者，在无中等社会主持其事。"（《中国革命史论》）所以，他在《绝命辞》里又谆谆相嘱："故今日惟有使中等社会皆知革命主义，渐普及下等社会。斯时也，一夫发难，万众响应，其于事何难焉！"

由于陈天华"所著咸用白话文或通俗文，务使舆夫走卒皆能读之了解，故其文字小册散播于长江沿岸各省，最为盛行，较之章太炎《驳康有为政见书》及邹容《革命军》，有过之无不及。……就中以《猛回头》《警世钟》二种为效力至伟。"[1] 尤其在湖北新军里，流传最广，"各兵

---

1 冯自由，《〈猛回头〉作者陈天华》，《革命逸史》第二集。

士每每读《猛回头》《警世钟》诸书，即奉为至宝，秘藏不露，思想言论，渐渐改良。有时退伍，散至民间，则用为歌本，遍行歌唱。其效力之大，不可言喻。而文学堂之青年，亦时以偷看《猛回头》为乐。"[1] 清政府也早有察觉，故广张文网，严行查禁，但却事与愿违。光绪三十二年（1906）夏，浙江金华龙华会员曹阿狗公开演唱《猛回头》，被劣绅告发，金华知府嵩连将曹惨杀，"广出告示，严禁逆书《猛回头》，阅者杀不赦，以曹阿狗为例。然此告示一出，而索观此逆书之人转多，于是革命之风潮乃又加紧一度矣。"[2]

　　辛亥革命时期两个卓越的革命宣传家邹容和陈天华，虽然因尽瘁革命大业，备受折磨而过早地舍生成仁，没有亲身参与推翻清廷，创立共和国的决战。但辛亥决战的伟大胜利，是和他们屹立于宣传阵地的前沿，不怕牺牲，百折不挠地唤起民众，激励民众投身于这次决战的劳绩分不开的。他们前驱先路、号角警钟的殊勋，永远铭刻在中国人民革命胜利的丰碑上。

（原载《史林》1987 年第 2 期）

1　曹亚伯：《武昌革命真史》前编第七章《武昌日知会之破案》上册第 130 页。

2　陶成章《浙案纪略》上卷第一章第四节《猛回头案》。

辛亥革命的历史意义和刘道一烈士的历史地位

1988 年

刘道一是辛亥革命时期为祖国的振兴，为同胞的幸福而英勇牺牲的革命烈士。不正确阐明辛亥革命的历史意义，就不能如实地准确地评价刘道一烈士的历史功绩。

一、辛亥革命的历史意义

辛亥革命是近代中国在比较完全的意义上开展的资产阶级民主革命。在一般人的心目中，提起资产阶级民主革命，就好像不很光彩似的。其实，称辛亥革命是一次资产阶级民主革命，是就革命的性质而言，指的是革命的终极目的是要以资本主义制度取代已经腐朽的封建制度。那时，中国已沦为帝国主义列强压迫和掠夺的半殖民地，清王朝已成了"洋人的朝廷"。故辛亥革命还同时要以争取民族独立，建立主权国家为目的。所以，辛亥革命的历史使命，是要推翻那"洋人的朝廷"，使中国摆脱半殖民地半封建的处境，建立独立的资本主义国家。这是顺应时代潮流，实现当时历史所赋予的任务的革命，也可以说是走历史必由之路。

由于辛亥革命被称作资产阶级民主革命，因此，在一般人的心目中，似乎参加这次革命的人们，都是资产阶级或资产阶级知识分子，因而对那些英勇投身于这次革命，甚至壮烈殉身的众多仁人志士，也不愿或不敢给以应有的评价。这是缺乏历史主义的看法，也是误解。

众所周知，当年从事反清革命是要冒丧失性命，诛连亲族，籍没财产的风险的。当革命没有确保取得胜利之前，资产阶级的人们，甚至薄有资财的中、小商人，绝大部分不会也确属没有投身革命或对革命表示支持。从辛亥首义的武汉来看，在 40 多个民族资本家当中，没有一人参加了革命活动；在六七千户商人中，也只有一二人参加。马克思曾经风趣地嘲讽法国的资产阶级说："它因偏爱自己的钱袋而反对自己的政治家和作家。"应当说，这是世界任何地方资产阶级人们的通例。

孙中山创建的同盟会无疑是领导辛亥革命的政党。据考查，1905～1907年3年内加入同盟会的会员，可以查出本人成份的379人中，留学生和国内学堂的学生有354人，占93%以上；官僚、有功名的知识分子10人，教师、医生8人，各占2%多些；资本家、商人6人，占1%多些。领导武昌起义的秘密革命团体文学社、共进会也类似。文学社社员3000多人，现有姓名、简况可查的97人中，新军士兵80人，占81.6%，新军排长、中学生各4人，新闻工作者5人，陆军学生2人，留学生、农民各1人；共进会会员2000多人，现知的169人中，新军士兵87人，占51.4%，新军排长4人，陆军学堂学生27人，中学生22人，留学生8人，新闻工作者2人，中、小学教师3人，商人5人，资本家3人，会党5人，家庭妇女2人，铁路稽查1人。从这三个革命团体不很齐全的统计来看，投身辛亥革命的人们中，留学生、国内各新式学堂的学生、新军士兵占绝大多数，商人、资本家是极少数。

辛亥革命时期的革命者，也确没有任何人认为自己所从事的革命是为民族资产阶级的利益服务，是为建立资本主义剥削制度而竭智效力。有的还公开宣称要反对西方资本主义国家那样的社会弊害。孙中山就曾一再宣称，在实行民族主义、民权主义的同时，还得实行民生主义，其目的就在于防止在中国出现像西方那样"富者日富，贫者日贫"，"善果被富人享尽，贫民反食恶果"的现象，使"少数富人把持垄断的弊窦永绝"，"肇造社会的国家，俾家给人足，四海之内无一夫不得其所"。

我们认定辛亥革命是一次资产阶级民主革命，通常也把参与这次革命的人们称作资产阶级民主革命家，是依据马克思主义的历史唯物论对革命性质作出的客观分析和论断，并不是认为发动和领导这次革命的是资产阶级分子和资产阶级知识分子。而恰恰相反，如同前面谈到，参加辛亥革命的资产阶级人们是极少数，绝大多数是当时出国的留学生和国内新式学堂毕业或肄业的学生，以及从业的教师、医生、新军士兵、下级官佐等，他们绝大部分不是资本家家庭出身，是那一阶段伴随中国资本主义初步发展而出现的、接受了资本主义教育和思想的新式知识分子中的先进部分。他们对祖国的贫弱和屡受帝国主义的蹂躏而痛心疾首，对清王朝的腐朽统治和媚外祸国满怀仇恨，对同胞的苦难处境倍感忧虑；而对西方资本主义各国的民主政治和发达的经济表示欣羡，景仰西方资产阶级思想家、革命家卢梭、孟德斯鸠、华盛顿和拿破仑的主张和业绩，力倡效法英、法、美的资产阶级革命，使中国能步武西方强国，屹立于世界民族之林，同胞得解脱封建专制主义统治的桎梏和帝国主义的凌辱，走向幸福富裕的境地。孙中山是他们仰之如北辰的革命领袖，黄兴、宋教仁、章太炎、陈天华、朱执信、秋瑾等，是革命党内的佼佼者；其中也包括刘道一烈士。总之，辛亥革命时期的革命者，大多数是当时中国的先进志士、社会精英、民族脊梁。如果因为他们为之献身的辛亥革命属于资产阶级民主革命的性质，就将他们与资产阶级划等号，以此为基准来对他们评价，是欠妥的，是只见表象不查实质的皮相之谈，是机械论而不是历史唯物论。

辛亥革命虽然没有取得反帝反封建的真正胜利，但仍具有伟大的历史意义。这次革命，推翻了清王朝，以中华民国的成立为标志，宣告了延续两千余年的封建君主制度的终结。这就启发了人民，使得民主共和的观念深入人心，为中国民主革命的事业开辟了更广阔的途径。

辛亥革命同时大大唤醒了中国人民的民族意识，掀起了炽盛的爱国热潮。许多革命志士都曾沉痛地诉说中华民族遭受帝国主义侵凌的痛苦，发出驱逐外国侵略者和推翻"洋人的朝廷"的号召。更多的革命志士以为祖国、同胞而牺牲为乐事。戊戌变法失败之际，维新志士谭嗣同怀着"不有死者，无以报圣主"的信念而慷慨殉难。而到辛亥革命时就不同了。方声洞于赴义前《别父书》中写道："以强祖国，使同胞享幸福，虽战斗而死，亦大乐也！"林觉民于投身黄花岗起义前写信给妻子，内称："当亦乐牺牲吾身与汝身之福利，为天下人谋永福也。"李德山就义前大呼："大丈夫为国捐躯，分内事也！"这些炽热的爱国主义情怀，表明中国人民的觉醒，标志着中国近代爱国主义思潮的大高涨。

辛亥革命也促进了中国社会意识和社会生活的近代化。如大力提倡办近代企业，把办实业称作"身系国家安危"的事业；提倡兴办新式文教事业；实行剪辫，易服饰，禁缠足，提倡废跪拜，禁迷信……等等，这都大大促进了新文化、新思想的传播。

不消除对献身辛亥革命的先进志士的误解，不如实正确地评价辛亥革命的历史意义，就不能正确评价包括刘道一在内的众多辛亥革命的烈士。

二、刘道一烈士的历史地位

1. 刘道一是同盟会成立后第一次大起义——萍浏醴起义的主要领导人之一

1906 年（清光绪三十二年），刘道一偕蔡绍南、彭邦栋、覃振、成邦杰等按当时同盟会实际主持人黄兴的指示返回湖南，"运动湘军，重振会党"，伺机发动革命起义。返湘后，刘即约集同志在长沙水陆洲秘密聚会。会上，刘道一传达了黄兴的指示；部署了在湘赣边境发难，直扑省城长沙的计划和分头联络发动的步骤。会后，刘留驻长沙，主持工作，并负责与同盟会本部及各方面的联络。这次会议，基本上确定萍浏醴起义的总体部署。刘道一是策划这次起义、并统筹全局的领导人。

2. 刘道一壮烈就义、为革命者树立了光辉的榜样

刘道一被捕后，对敌人的严刑酷法采取了凛然不可侵犯的态度。当清吏以酷刑逼供时，他大声说："士可杀，不可辱，死则死耳！"在狱中，他致书友人称："道一必不忍以父母所授之躯，为毒刑所坏。彼若刑讯，吾则自承为刘揆一，以死代兄。吾志决矣！"在这危难困顿之际，刘道一仍力尽孝道，眷恋兄弟手足之谊。这种高风亮节，令人钦敬。所以，著名的革命家和大学者章太炎也赞叹说："余见世之言革命者多矣，各偷薄寡孝友之谊，或有言当践蹷二亲者，闻道一之风，可愧耳！"刘道一就义的讯息传到东京，引起了同盟会本部人员及众多先进志士的震悼。孙中山、黄兴特地作诗哀挽，对刘道一舍身成仁作了高度的评价。他的高尚节操，为当时革命者所景仰的光辉典范。

3. 刘道一的英勇牺牲，给后来者以很大的鼓舞和教育

刘道一为了推翻祸国虐民的清王朝——"洋人的朝廷"，为祖国的独立和富强而英勇献身，给后来的革命者和爱国者以很大的激励和启示，相率奋发振作，前仆后继地为民族的崛起、国家的独立、中华的腾飞而坚决奋斗。直到今天，我们缅怀先烈，仍然从刘道一的革命英雄主义，爱国主义精神获得鼓励，从而勖勉自己全心全意、一往无前地为社会主义现代化经济建设，为加强社会主义精神文明建设作出应有的贡献。

（原载《刘道一烈士——纪念刘道一烈士牺牲八十周年》，
湖南大学出版社 1988 年版）

清末留日中国学生反"取缔规则"斗争

1991 年

清末，随着中国资本主义的初步发展和八股文、科举制的先后废除，东渡日本留学的中国学生急剧增多。至 1905 年，迅增至 8000 人左右[1]。留学界的政治活动也相应地开展起来。发生于 1905 年 12 月的留日中国学生反"取缔规则"的斗争，是一次很有影响的爱国运动。

一

1905 年（清光绪三十一年），正是以孙中山为首的革命民主派在日本扩大活动，反清民主革命的宣传和组织迅速发展的时候。宋教仁等创办的《二十世纪之支那》杂志在东京创刊，孙中山 7 月在横滨登岸，旋至东京，经宫崎寅藏介绍，与黄兴会晤。随即约集兴中会、华兴会、光复会以及留日学生中其他团体的部分成员集会，成立中国同盟会，确定"驱除鞑虏，恢复中华，创立民国，平均地权"的誓词。又恰值日俄战争结束，双方于 8 月间在美国朴茨茅斯议和，订立以重新分割中国东北的领土、铁路、矿藏和势力范围为内容的和约。随后，日本即向清政府施加压力，迫使清政府于 11 月中旬起在北京举行谈判。为了诱胁清政府按日俄所订和约将沙俄割占的土地、铁路、矿藏等从速转让，因而日本政府遂以颁布"取缔规则"表示顺应清政府约束留日学生革命活动的愿望，这就是日本政府颁布"取缔规则"的历史背景。

所谓"取缔规则"，全称是《关于许清国人入学之公私立学校之规程》。由日本政府文部省拟订，咨请外务省征求意见。计 15 条[2]：

第一条 公立或私立学校，在许可清国人入学之时，于其入学申请书中必须附上外务省在外使馆或清国驻本邦公使馆之介绍信。

---

1 刘望龄《二十世纪初年中国留日学生人补正》，"孙中山与辛亥革命史学术讨论会论文"。实藤惠秀：《中国人留学日本史》，北京三联书店，1983 年版，第 451 页；小岛淑男：《留日学生与辛亥革命》，青木书店，第 13 页。

2 日本外务省外交史料馆存档，"发普第 248 号"。

第二条 公立或私立学校，得依清国学生本人志愿，于该校所定学科中，阙修一科或数科。

第三条 准许清国人入学之公立或私立学校，须备有关教职员名簿。清国学生学籍部、考勤部，以及来住书信文件登记册。

前述之学籍簿，须记载学生之姓名、原籍、年龄、住址、入学前之经历、介绍入学之官厅名称、官费或自费、赏罚、入学转学退学之年月日及其学年、毕业之年月日、转学及退学之事由等。

第四条 公立或私立学校，如欲许可清国学生转学或退学时，其申请书必须附上外务省在外使馆或清国驻本邦公使馆之承认书。

第五条 准许清国人入学之公立或私立学校，须于每年一月至七月份两次将其前六个月期间许可清国学生入学之人数，呈报文部大臣。

清国学生之转学、退学以及毕业人数，亦依上述规定呈报。

第六条 公立或私立学校，遇有清国学生毕业或饬令退学时，须于一个月内，将其姓名及饬令退学之事由，报告介绍其入学之外务省在外使馆或清国公使馆。

第七条 准许清国人入学之公立或私立学校，经文部大臣认为适当后，将特选定之，并通告清国政府。

第八条 公立或私立学校，欲得前条所述之选定时，其管理者或设立者，须具下列事项，向文部大臣申请。但依特别规定，既已申请或经认可之事项，得省略之。

一、该校教育清国人之沿革。

二、校规中关于教育清国人之规定。

三、校长或学校代表者之经历。

四、教员之姓名、资格、学业经历及担任学科科目。

五、清国学生名额及学年学级现在人数。

六、清国学生在校外之监督方法。

七、清国人毕业人数及毕业后之情况。

八、供清国学生使用之校舍及宿舍之蓝图。

九、经费及维持方法。

十、教科书、教具、器械及标本之目录。

前述第二项及第八项须变更，须经文部大臣之许可。

第九条 受选定之公立或私立学校，其供清国学生宿泊之宿舍或由学校监管之公寓，须受校外之取缔。

第十条 受选定之公立或私立学校，不得招收为他校以性行不良而被饬令退学之学生。

第十一条 文部大臣如认为必要，得派员临视受选定之公立或私立学校之考试，或查阅考试问题及答案。

该员如认为考试问题或方法不适，当命其变更。

考试问题、答案及成绩最少须保存五年。

第十二条 受选定之公立或私立学校，于每学年结束后一个月内，须将清国学生教育之概况，呈报文部大臣。

第十三条 受选定之公立或私立学校，如违背此"规则"或其成绩不良者，文部大臣得取消其选定资格。

第十四条 依本"规则"呈报文部大臣之各种文件，须经由地方长官呈报。

第十五条 本令之各项规定，亦适用于小学及与小学同类之各种学校。

附则：本令自明治三十八年十月一日起开始施行。

日本政府外务省收到文部省关于"取缔规则"的咨文后，经过研究，基本同意，只对第一、四、六、九等条建议略作修改或删节。

关于第一条，删除"外务省在外使馆"字样。

关于第四条，删除字样与第一条相同。

关于第六条，删除字样同上。

关于第九条，属文字的修改。

经与外务省会商，文部省遂于 1905 年（日本明治三十八年）11 月 2 日以省令第十九号公布，宣告自次年 1 月 1 日起施行。

二

"取缔规则"于 1905 年 11 月 2 日公布于官报后，即引起了留日学生的不安和反感，尤其是对"取缔规则"中的第九条和第十条更持反对态度，第九条是："受选定之公立或私立学校，其供清国学生宿泊之宿舍或由学校监管之公寓，须受校外之取缔。"留学生认为，按照这条规定，则经济负担加重，对求学无裨益，反多不便。第十条是："受选定之公立或私立学校，不得招收为他校以性行不良而被饬令退学之学生。"留学生认为："规则第十条性行不良一语，不知以何者为不良之标准，广义狭义之解释，界说漠然。万一我辈持有革命主义为北京政府所忌者，可以授意日本，竟诬指为性行不良，绝我入学之路，其设计之狠毒，不可思议。"[1]

为了做更有效的抵制，留日学生总会的干事遂求见驻日公使杨枢。详陈第九、第十两条将会产生的弊害。杨枢记下学生所持反对理由，应允向日本文部省交涉。干事们旋又约集各省同乡会的负责人连续举行评议会议，归纳所提出的意见，写成《学生公禀》，递交给杨枢，请即行向日本政府申述对"取缔规则"的意见。上书主要内容如下：[2]

生等于明治三十八年十一月二日官报中见所载文部省令第十九号关于清国人入学之公私立学校之规程十五条，自三十九年一月一日施行。绎其文意，无非为吾国学生谋学课之改良，期教育之完善，以使异邦来学者得善良之结果，以归饷其本国。其用意至为美矣。凡见此者，莫不感慰。惟其中第九第十两条所规定范围极广，界限不明，将来施行之际，吾国学生必有因此而受不利之影响者，群情汹汹，或惧因此约束遂有难于久留之势。学生等揣文部之意，原为吾国学生谋利益起见。然一方为利益，一方实为不利者，文部省于吾国学生实在情状与其困苦之处，容或未知而未顾及，亦事理之宜然，兹特将学生实状与此二条施行时之利害略一陈述，祈监察之。

第九条云：受选定之公立或私立学校，其供清国学生宿泊之宿舍或由学校监管之公寓，须受校外之取缔。

《公禀》指出，实行此条，学生将有如下之损害或不便，一、于经济有损害。吾国来此留学者现已至数千人，其中官费少而私费多，私费之中余裕者少而贫困者多。以贫困之人勉留于此，其衣服、居住、饮食等事自不能不以价格低廉者为便利，使得自居于下宿屋或数人赁屋合居，则可按己意以节省，若必使居于学校之寄宿舍或其监督之下之下宿等，则食宿料即有一定之价格，凡同校者必皆一律而无等差，虽欲择别以为去留，势必有所不能。学生因书籍之不足以供研究，衣服冠履等之不足以阅寒暑而被风雨也，求其改良，彼殊不问，无可如何，仍须自出此费别自备办，甚至于洗濯衣服等事，每月亦限以次数，若欲求多，则亦当自出此。故凡在彼校者其书籍衣服冠履等之代金已每月照缴于学校，而究竟仍需自备。凡官费之不得已而居其寄宿舍者，已无不因其种种计算而甚苦之。若将来自费生亦依文部省之规程而迫以不得不入居，则试计算，平日可以支三月之费用者势必仅以供二月之费用而犹嫌不足。学校

---

1 梁启超：《记东京学界公愤事件述余之意见》一文所录《学界大多数对于此规则之批评》之七，载《新民丛报》第3年第22号《特别论说》栏，第11页。
2 日本外务省外交史料馆存档，"发普第275号"。

得此文部省之规则,愈可以迫挟各学生使尽入其范围以遂其营利之目的,将无以异乎专制之下宿屋。而学生则以经济损伤,虽欲不弃其求学之目的以失志而归国,亦势所不能矣。二、于学问无补益。东京所设各学校,其学问上之设备不尽完全,如前论教科书应发不发等事,即其一端也,此外各学校管理若能严肃整齐,亦可使学生养成善良之习惯,然如数月前某省官派学生数十人入居某学校外塾。诸学生见其管理太无秩序,要求改良,彼仍不顾。其后诸生仍自拟自治规则以自约束,求学校之承认,且为监督施行,其校长仍不得已而许之。如此等之寄宿舍,则不惟学问无补益,且足以养成不良之习惯,学生即入居之,亦何益也。三、于卫生有妨碍。各国之习惯亦自有其原来之差别,骤强同之,转有生害者,如吾国人饮食自哺乳时与日本殊。吾国人之不卧地,自然千年而已然。何者为良,何者为恶,亦不必论,但习惯既久,其关系遂有影响于生理者。如吾国学生以饮食不宜而成胃病,以卧地潮湿而患脚气等者,时时有之,若尽强令居于寄宿舍及学校监督下之下宿屋等,惟一依学校之布置而学生又耻为格外之要求,即要求之学校亦可不应,则疾病必较加多,是可逆睹者也。四、于兼学不便利。吾国学生不皆人人肄业于一校也,其以一人兼赴二三学校听讲者,亦常有之。其居住必择二三学校之间适中之地乃能便于奔走。若各校学生皆必居寄宿舍及其监督下之下宿屋等,则居于甲校者或以距乙校远而不能兼学,或以乙校因其不居校舍,有违文部省规程而不令退学,则学生必以专习一校为限而兼学之道路以断。

第十条云:受选定之公立或私立学校,不得招收为他校以性行不良而被饬令退学之学生。

《公禀》指出,性行不良四字,范围太广,各学校办事之人若非实心为吾代谋教育,则不难利用此规定而以爱憎行乎其间。从前各学校或有因学课不良,教习不善,管理不得其宜等事,学生要求改良而犯学校之怒,斥令退学,且欲通知他校不得收入者。夫学生果真性行不良,则本无求学之资格,斥退乃其应受者,亦何能以咎学校。若其关于学问上之要求,则或者以知识之不足未能知教育者之用意,乃有之耳,若谓之为性行不良而绝其求学之路,则其人以急于求学之原因而得不能求学之结果,亦可冤矣。且性行不良之人非不可改悔者,若斥革退学之后而性行遂已改良犹不能复入他校,则是以一次之过失而绝其求学之路也。

以上所列乃举文部省规程中第九条第十两条,对于吾国学生可生不利之影响者,特为述其利害与其苦情以达钧览,可否拟邀大力照会日本外务省转咨文部省请其将规程第九条及第十条允予取消。光绪三十一年十一月初一日，具禀留学生总会干事长杨度，副干事长范源廉，学务干事陈幌、蒋方震、陈福颐、李宣威、刑之襄、周家彦、籍忠寅、顾琅，书记干事林长民、傅疆、徐志铎、方枢、钱良骏、陈应龙、刘思复，调查干事谭学夔、刘颂虞、蒯寿枢、吴永珊、邓家彦，庶务干事张继、骞念益、姚芳荣，收支干事梁志宸、曾鲲化，招待干事周珍、匡一。

　　各省份会职员长：陕西康宝忠、云南张耀曾、广东朱葆勤、福建王兆枬、湖北王镇南、安徽王赓、江苏高朔、山东王丕煦、直隶胡茂如、山西邵修文、浙江金宝康、河南曾昭乂、湖南章士钊、广西谭鋆翰、四川杨湘、贵州韩汝庚、江西徐敬熙。

暨全体留学生谨呈

　　至 12 月 8 日，文部省见中国留学生反"取缔规则"运动日益激烈，遂发布复《学生公禀》的《说明书》，将第九、第十两条如下说明：[1]

　　一、第九条所定，系令学校为留学生校外之约束，以免受不良之辈所引诱，于其品行、经济、卫生等项各有裨益，并为邻邦留学诸生谋教育功效起见。如与以上各项无碍，或居亲友端人之家，由此通学；或自行赁屋居住，自成一户，固非本条之所禁止。

　　二、第十条所定，专指性行不良，如紊品行，害秩序，罹刑律等类。如果学生心平气静，陈述其翼望之处，并不在性行不良之列。

　　留日学生开始所欲抵制的，只在第九、第十两条，随后，言论日渐激烈，提出取消全部《观则》。12 月初，路矿学堂的留日学生发出传单，宣称《取缔规则》有辱国体，当力争尽行废除。宏文学院中国学生继起，并相继到其他有中国留学生的学校，动员群起罢课，对不欲罢课者，则予威胁。如仍不为所动，则群至其课堂及集会场所进行喧扰，使之不能上课。随即，各校成立联合会，推举总代表胡瑛、韩汝庚等威胁总会执行部干事，提出取消"取缔规则"全部 15 条，不限于第九、第十两条。

　　到 12 月 3 日，宏文学院、经纬学院、早稻田大学清国留学生部、大成学校、成城学校、振武学校、东斌学堂、东亚实业学校的代表在留学生会馆商议对策。5 日，约有 300 名学生在"富士见楼"聚会，有倡言采和平解决方式者。当时肆业于实践女校的秋瑾甚为愤激，痛哭流泪，

1　《文部省说明省令旨越书》甲号译文。

指责"中国人办事总是虎头蛇尾，从此后，不和留学生共事了"[1]！

在这次会议上，决议坚决反对"取缔规则"，各学校之留学生联合罢课，并拟订《东京留学生对文部省取缔规则之驳议》，指出"取缔规则""殆非对平等国人所宜有也，且妨害我法律上之自由权"。"日本为立宪之国，不宜用专制政府之法以取缔留学生。故愿文部省以文明之举动取消之，既无损法律上之名誉，且增进东亚和平之幸福"。

6日起，各学校门前均有持短刀或手枪之纠察员，阻止学生上课。7日，在京都的中国留学生群起响应。前往东京汇合，扩大反"取缔规则"的斗争，从而形成几乎包括全部中国留日学生的宏大学潮，有的更倡言立即返国。

8日，陈天华愤极投海，进一步将反"取缔规则"的斗争推向高潮。

陈天华（1875～1905年），原名显宿，宇星台，亦字过庭，别号思黄，湖南新化人。"少时即光复汉族为念，遇乡人之称颂胡曾、左、彭功业者，辄鄙弃不顾，而有愧色"[2]。1897年，考入本县所设"实学堂"肄业。1901年，入长沙求实学院，适湖南举办咨送出洋留学，得补为官费游学师范生，翌年春，束装东渡入宏文学院师范科学习。到日本后，陈天华积极参与爱国政治活动，曾投身"拒俄义勇队"，次年返湘，协助黄兴发起和筹组华兴会，密谋反清起义，事泄仍往日本。在此前后，撰成《猛回头》，以通俗说唱文词，宣传反帝反封建革命。反"取缔规则"事件，陈天华异常关注。嗣见当时留日学生总会领导人颇不得力，留学生之间也有所参商，陈天华忧时感事，愤慨不能自解，遂于12月8日在大森湾投海自尽，投海前一日，曾书写《绝命辞》，沉痛地陈述祖国岌岌甚危的处境，申述自己并非徒为"取缔规则"而死，乃是对日本报纸肆意对留日学生侮为"放纵卑劣"极为愤慨，"心痛此言，欲我同胞时时勿忘此语，为除此四字，而做此四字之反面：'坚忍奉公，力学爱国。'恐同胞之不见听而忽忘之，故以身投东海，为诸君之纪念"[3]。

当宋教仁等人闻噩耗后赶到留学生会馆，见"一人宣读之，听者数千百人，皆泣下不能仰"[4]。众多留日学生于是决定集体回国，旋又发表《对待日本取缔中国留学生意见书》，最后两小段为：

1　景梅九：《罪案》，《中国近代史资料丛刊·辛亥革命》，上海人民出版社，1957年版，第243页。

2　冯自由《革命逸史》第2集，中华书局，1981年版，第119页。

3　刘晴波、彭国兴编校：《陈天华集》，湖南人民出版社，1982年版，第235页。

4　《陈星台先生〈绝命书〉跋》，《陈天华集》，湖南人民出版社，1982年版，第241页。

君不见东（日本）十一月二日之新闻所登之日本取缔中国留学生规则一十五条……

呜呼！留学界之自由死，四万万同胞之自由亦将死，我等留学生其何以自处。愚等不揣梼昧，谨坚握束装归国，还我自由，为反对不达之最后办法。[1]

留学生会馆干事程家柽则在《朝日新闻》上发表《反对"清国留学生取缔规则"之理由》，宣称："若不能贯彻吾人之意，则吾人唯甘去日本而已。己能归来，爰不能自去？天地悠悠，世界各处，任无人之翱翔，既恶本国之专制而志欲摧之，又何必郁郁以受异国之专政耶？"

12月11日起，东京留学生即有前往横滨候船返国者。13日"安徽"号启航，船上归国留学生近300人。16日，也约有300人乘船离日。20日，已离日和已订船票回国者已超过2000人。

至此，原先对反"取缔规则"持较激进态度的留学生，多数已束装返国。而另一部分以求学为前提的留学生，则倾向于忍辱负重，认为不宜轻言回国。同时，同盟会在东京成立，入盟的朱执信、胡汉民、程家柽、汪兆铭等也深恐留学生悉数归国，则已入盟的革命分子可能遭到清政府的迫害，因而也感到不宜回国。于是相约组织"维持留学界同志会"，于12月24日发布会章，声称"此次文部省规则，既经解释，于本会原章之目的已达，应即劝告各校同学，一体上课"。这样，留日学生就分为两派。主张罢课回国者成立"联合会"，举胡瑛为会长，宋教仁为外交长，孙武为纠察长，坚持要求取消"取缔规则"，否则就罢课返国。两派彼此争论，互相辩驳。每日两派各聚集留学生约数百名在留学生会馆展开舌战。

1905年底至1906年初，由于日本各学校当局相继劝谕学生返校复课，又传闻清廷将派学部侍郎严修赴日调查事件真相并进行调解。于是，维持会渐占优势。东京留学生遂于1906年1月11日集会协商，以多数通过，议定于13日起照常上课。各校约有1/3的学生复课。

关于日本文部省发布"取缔规则"的起因和实质，有署名独立苍茫子所撰《东京学界公愤始末告乡人父老兴学书》，作了扼要的叙述：

姑且勿言取缔规则之内容，请先言取缔规则之名义。《日本法学士上野氏之法律辞典》考之，取缔规则云者，对于安宁秩序以预防排除危害为目的而制定之，谓之警察法规。例如石油取缔规则，铳炮火取缔规

---

1 《劝导留学日记》，第24—28号。

则等类是。以学生去桑梓、别家庭、朝上课、暮止宿，于日本社会之安宁，不知有何妨害，何至与石油铳炮火药并等，而需用此取缔规则为？况六、七月间，日本报章揭载文部省将宣布清韩学生取缔规则者，屡见不鲜。此安知非日人指鹿为马之心，内以不情之条件要挟我政府；外以特别之规程，尝试我学界，使堂堂祖国，下而与彼保护国伍，以觇我人心之向背何如而后出此者，及全体学生要求公使向外部质问，外部答以无之。至十一月二日，仍有关于许清国留学生入学之公私立学校规程之发布。学界公论，以为朝三暮四，仅去其名，而存其实。盖其条件中，明明有取缔字样，不无蛛丝马迹之可寻也。全体同胞，由闷损而激昂，仍相率而出于停课退学之一途，以为力争取消地步。

至于反"取缔规则"之成效，景梅九所撰《罪案》提到："这取缔规则，经大家反对了一场，算没有施行。"

反"取缔规则"的历史意义，日本历史学家永井算已认为是"留日学生对日本逐渐地走上帝国主义的道路，提高了警戒，并试图与之对抗，而且也果敢地同急于勾结日本帝国主义，以图自保的西太后政府决战。这是留日学生反帝反封建的态度的萌芽"[1]。

说明：本文引用的日本外务省外交史料馆存档，系日本立命馆大学松本英纪先生复印寄赠，由本校科研处张广信同志译为中文。

（原载《湖南师范大学学报》1991 年第 1 期）

---

1 永井算已著:《所谓清国留学生取缔规则四性格》,《中国近代政治史论丛》, 汲古书院, 1983 年版。

辛亥革命在湖南

1991 年

　　1911 年发生的以推翻清朝腐朽统治的革命，按中国旧历纪年是辛亥年，所以通常称为辛亥革命。

　　起义首先是在武昌发难，那是 1911 年 10 月 10 日由据守在武昌的新军（清朝原有的军队是八旗，指入关以前的军队。入关后，汉人的军队，称绿营。19 世纪末，按西方资本主义国家的军制，即用当时新式枪炮，称为新军）发动的。

　　武昌起义后，各省革命党人纷起响应，湖南是首先响应的，接着是江西、陕西、山西、上海、江苏、安徽、浙江、广东、广西、福建、云南、贵州、四川等省相继起义，成立脱离清朝的军政府或都督府。年末，经各起义省的代表会议，举孙中山为临时政府的临时大总统。1912 年元旦，孙中山为首的中华民国成立。2 月 12 日，清朝末代皇帝溥仪被迫宣布退位，结束了清王朝的统治。但由于中国资产阶级的软弱性、妥协性，没有也不敢充分发动群众，因此，在帝国主义和封建势力的压力下，1912 年 4 月，孙中山被迫让位，代表地主、买办阶级利益的袁世凯篡夺了民国的政权，辛亥革命的果实，拱手让人。然而，辛亥革命推翻了清王朝，结束了在中国延续两千多年的封建专制主义君主的统治，使民主共和国的观念深入人心，对中国历史的发展具有深远的影响。只是由于没有推翻帝国主义和封建主义在中国的统治，改变中国半封建半殖民地社会的性质，从根本上说来，这次革命是失败了。

　　1911 年 10 月 10 日发生的武昌起义，不是偶然的事件，而是经过较长时间的酝酿，并在中国资本主义经济有了初步的发展，中国民族资产阶级开始形成的历史条件下产生的。当时，如同 20 世纪初年全国多数省份一样，湖南的资本主义也有一定的发展，并相应地产生了为数不多的资本家，随着这种发展，湖南也具备产生资产阶级政治运动的阶级基础。

1. 华兴会的成立和长沙起义

湖南籍的革命志士，据冯自由所著《革命逸史》第 6 集上的《中国同盟会最初三年会员人名册》记载，以湖南省的人最多，计 156 人；其次为四川，计 127 人；再次是广东，计 109 人；最少的是陕西省，4 人，这就从一个方面说明辛亥革命在湖南的反应是强烈的。

湖南的反对清朝统治的革命，最早是什么团体和哪一些领头人物，学术界看法不一致。有的认为，开端是 1900 年秋自立军发动的起义，即是说，它可以认为反清的革命在湖南是从 1900 年秋开始的。看法是：①自立军起义在中国的民族危机空前紧迫的时候；②自立会是由正气会改名的，正气会成立时，在《序文》里说到"非我族类，其心必异"；③自立会组织了自立军，曾于 1900 年 8 月在安徽大通起义，遭镇压失败。其主要倾向是革命的，故不是戊戌维新的尾声，而是辛亥革命的序幕。

确切地说，没有争议的是 1904 年 2 月黄兴在长沙约集有反清倾向的人士，在明德学堂校董龙璋的住宅"西园"开华兴会成立大会，即提出"驱除鞑虏，复兴中华"的宗旨，明确提出推翻清朝政府，而"复兴中华"，则从参与或支持华兴会的人们言论来看，如陈天华在《绝命辞》中提到"满洲民族，许为同等之国民，以现世之文明，断无有仇杀之事"。同时，虽未明确提出民主革命的意思，但参与者们则倡"国民革命"，他们的言论里，充满着赞美西方资产阶级国家的文明和强盛的言词。所以，华兴会可以说是一个资产阶级的革命政党。华兴会成立会上，黄兴提出了"雄据一省，与各省纷起之法"。他认为湖南革命条件已经成熟，可以先在长沙发动，取湖南为根据地，引发长江上下游各省先后响应，然后出师北伐，"直捣幽燕"，将清朝推翻。

为了发动起义，华兴会开展了联络省内军队，发动他们起义反清，又联络有反清传统的"会党"。为此，黄兴和刘揆一道，在湘潭的一个岩洞里，与哥老会首领马福益会晤，一起商量长沙起义的计划，决议趁当年西太后 70 寿辰全省文武官员在皇殿行礼时，预置炸弹，一举将之炸死，即宣布起义。

因要购买枪支弹药，黄兴变卖了家里的田产近 300 石，刘揆一等也变卖了家产，并借贷所得，共筹到近 5 万元，在上海买到长枪 500，手枪 200，又印发了大量革命宣传品，如邹容的《革命军》，陈天华的《猛回头》《警世钟》等。

为了实行"雄据一省，与各省纷起"的起义方略，华兴会开展了对外联络，章士钊因与江南陆军学堂赵声曾经同学，被派往担任长江一带的联络。柳扬谷派往担任各地秘密机关的联系，刘揆一受聘为醴陵渌江学校监督，利用这些职衔作掩护，负责调度会党和湖南、江西军队的联合。其他如陈天华、姚宏业、杨笃生都安排了起义的准备事项。

可是，由于华兴会领导人缺乏经验，各种起义的准备工作缺乏较为周密的保密措施，以致官方早就加以注意。当时《湖南官报》上还登载所谓"会匪"起事的消息，于是，湖南官方得以事先派出兵勇、差役进行搜捕，华兴会起义失败。

华兴会长沙起义失败后，黄兴及骨干分子相继逃往日本。1905年夏，孙中山又到日本，他在黄兴等的支持下，约集在日本的兴中会、华兴会和江浙一带革命志士组成的光复会，实行联合，组成同盟会，确定以孙中山提出的"驱除鞑虏，恢复中华，创立民国，平均地权"为誓辞，共推孙中山为总理，黄兴为庶务总干事协助总理，总理不在，由庶务代行其职权。加入同盟会的湖南籍人士，前面提到，计156人，人数最多。他们陆续回到湖南，于是湖南反清革命进一步开展起来。

2. 萍浏醴起义

1906年春，留日学生刘道一（湘潭人，在同盟会曾被推为书记、干事等职）、蔡绍南（江西萍乡人）受命回国，在湘、赣边境"运动军队，重整会党"，准备起义。

回国后，在水陆洲约集38个革命分子集会，刘说："奉黄公克强面嘱，革命军发动，以军队会党同时并举为上策，宜集合会党于省城附近之萍、浏、醴各县，与运动成熟之军队联合，方可举事。"据此，刘道一留驻长沙，与同盟会本部及各方面联络，蔡绍南回萍乡上栗市老家，在萍、浏、醴边境，发动和组织会党。6月假冒学生，前往桐木市、上栗市一带登堂演说，得到群众的信服。这一年春夏间，长江中游各省发生严重水灾，萍、浏、醴一带饥民纷纷加入洪江会。7月，龚春台、蔡绍南召集各路首领在萍乡县属大岭下慧历寺商讨起义事项，决定以慧历寺为洪江会总机关，由于会众往来频繁，因而引起官方注意。10月7日，萍、浏、醴三县官方派兵勇突袭麻石，洪江会第三路码头官李金其被清军追捕，追到醴陵白兔潭，投水死难。蔡绍南、魏宗铨在上海得知麻石事件，立刻偕同宁调元返回湖南，决定于年底（旧历）清吏封印过年时期发难。12月3日，洪江会头领廖叔宝在萍乡麻石集众二三千人，高举"汉"字旗号，首先起义。龚春台、蔡绍南等不得不改变原议，通知各码头官立即率众起义。萍浏醴起义于1906年12月4日爆发，起义后，义军纪律严明，清两江总督端方惊慌失措，急派兵前往镇压，被起义军击败，但后来因官兵装备、武器占优势，起义军奋战至12月下旬，各路起义军失败，不少革命者如刘道一、杨卓林、禹之谟等被杀害。

萍浏醴起义失败后，由于清王朝继续加紧推行其对内镇压和对外投靠帝国主义的反动统治，因而人民的反抗和斗争也继续出现。1910年4月，长沙米价腾贵，南门外一个贫民，挑水卖营生，一日所得，竟买不到一升米，以致全家跳湘江自尽。消息传出，人们无比愤恨，因而群起聚众发动抢米风潮，清朝统治者不得不将几个官员和豪绅加以惩处。接着，因长沙的影响，全省不少州、县发生抢米风潮，给清朝的统治以一次有力的冲击。

3. 湖南保路运动

在湖南还曾发生了具有反帝反封建意义的保路运动。

19世纪末年，清政府着手修筑铁路，但因财力不足，于是举借外债，各帝国主义就争夺这项借款。湖广总督张之洞奏请修筑由汉口到广州的粤汉路，美国的美华合兴公司经过竞争，获得了这项贷款。根据借款续约，合兴公司应在5年内将全路修通，但实际上是一再拖延，到1904年，仅修筑了广州至佛山的一段全长32英里的支线，而且暗中出售股份，这就引发了湘、鄂、粤三省群众要求"废约自办"的斗争。1905年（光绪三十一年）发生声讨美帝国主义虐杀旅美华工，抗议美国政府拒绝改订苛待阻禁华工的条约，中国人民掀起广泛的反美运动，经过一年多的努力，终于得以收回路权。

保路运动，使湖南人民进一步看到了清廷的腐朽和卖国行径，这样，就积累起人民反对清王朝和帝国主义的仇恨。

经历了20世纪初期的反帝反封建斗争，湖南人民鼓舞了斗争的勇气和信心。所以，当年辛亥革命在武昌发生，湖南人民就首先响应，并取得胜利的功绩。

1911年10月10日武昌首义发生后，湖南人民首先响应，为首的是焦达峰和陈作新。

焦达峰是浏阳人，早年受到谭嗣同、唐才常的影响，产生了反对清朝腐败国家积弱的思想，1902年（光绪二十八年）毕业于南台高小，经姜守旦介绍加入洪福会，1903年到长沙入华兴会办的东文讲习所，并入同仇会。翌年（1904年）东渡日本，次年（1905年）加入同盟会，

1906年萍、浏、醴起义，焦奉黄兴"重整会党，联络新军"的意旨回国，参加萍浏醴起义，亡命日本，1909年回到长沙。

陈作新，浏阳人，1905年加入同盟会，1909年任新军49标教官。

1911年，同盟会策划在广州起义，焦达峰、陈作新等人在天心阁召集新军标、营代表共72人开会，商议加紧起义准备。

1911年5月，保路风潮开展得很快，焦达峰认为时机成熟，就把发动新军的任务委托陈作新，焦就担任联络会党的工作。

武昌起义的消息传达长沙后，10月14日，陈作新出面，召集各界代表人士，策划响应，22日早晨，焦、陈在协操坪召集新军，带领新军起义，杀死巡防营统领黄忠浩，大小官员纷纷逃命。长沙起义取得胜利。接着，岳州、常德、衡阳、宜章、宝庆相继宣告脱离清王朝，宣告归附革命。

然而，辛亥革命中主张呼吁清王朝实行立宪新政的立宪派，一直反对采取革命手段推翻清朝。湖南立宪派的首脑是谭延闿，他们极力丑化焦达峰和陈作新，诬蔑焦是"匪首"，陈作新是"酒疯子"，他们指使新军的反动军官梅馨，部署杀焦、陈的阴谋。10月31日，他们制造事端，散布谣言，将焦、陈谋杀，谭延闿夺了都督席位。

概括起来，湖南辛亥革命有四个特点：其一，人数最多，居全国首位；其二，是革命派起义，武装夺取政权的；其三，最早响应武昌起义，并派兵援助武昌起义；其四，立宪派在起义胜利后发动叛乱，杀害革命者，或用其他方式夺取政权。这就具体反映了湖南辛亥革命和整个辛亥革命的过程基本一致。

从湖南辛亥革命来看，充分反映了整个辛亥革命的面貌，即全国多数省，革命派或不曾掌握政权，由原来的巡抚、旧官员变为都督；或被杀害，被迫交出政权。如江西：起义后，举巡抚冯汝骙为都督，冯不从，吞大量鸦片自杀，于是新军军官吴介璋为都督。陕西：举张凤翔为大统领；山西：举阎锡山（86标标统；是投机分子）为都督；江苏：举原巡抚程德全为都督；浙江：汤寿潜（原谘议局议长）；安徽：宋家宝（原巡抚）；广西：沈秉堃（原巡抚）；福建：孙道仁（原新军统制）；贵州：杨荩诚（原陆军小学总办、教练官）；四川：尹昌衡（原陆军小学总办）；山东：孙宝琦（原巡抚，与袁世凯、奕劻姻亲）。

从以上各方面看来，辛亥革命虽然推翻了清王朝，但却没有结束在帝国主义支持下的半殖民地半封建的政权，因而也没有改变中国半殖民地半封建社会性质。所以，包括湖南在内的辛亥革命确乎是失败了。

（原载《文史拾遗》1991年第3期）

简述辛亥革命期间的湖南

1991 年

就辛亥革命的全过程来说,湖南人可以说参与了其中的大部分事件。本文对此作了简明阐述。

一

按是否具有资产阶级民主革命性质的活动而言,1903 年 11 月 4 日(清光绪二十九年九月十六日)由黄兴倡首建立的华兴会,可说是湖南先进志士反清革命的开端。

参与上述会议的有黄兴、刘揆一、宋教仁、陈天华、吴禄贞等百余人。会上,黄兴被推为会长,宋教仁、刘揆一为副会长。由于没有留下文字记载,只知在成立会上,相约以"驱除鞑虏,恢复中华"作为宗旨。然而,当时参与会议的人们,对于"驱除鞑虏"的理解,已不是以往那种狭隘的种族复仇的意思,其目的在于推翻清朝的反动统治,而"恢复中华",也不是恢复汉族的国家,依据黄兴、陈天华等人的理解,则是建立仿效西方资产阶级民主制的国家。所以,从实质上看,华兴会是一个以进行资产阶级民主革命为职志的政党。

华兴会在长沙设立它的总机关,对外称"华兴公司",以兴办矿业为名,凡会内重要人员,都给以股东名义,以便参与秘密会议。经过一段期间的发展,仅两湖地区即有四、五百人入会。远至浙江、福建、安徽、四川、直隶、广东等省,均有华兴会的会员。

二

华兴会成立后,即着手策划反清武装起义,并确定借助会党的力量。因此,又设立"同仇会",作为联络会党的机关。

1904 年春,黄兴、刘揆一在湘潭茶园铺矿山岩洞内,与洪江会首领马福益会晤，商榷起义事项。决定当年 11 月 10 日（清光绪三十年十月十日西太后七十生辰）全省官员在皇殿行礼时，预埋炸药于其下，将官员们炸毙，乘机起义。议定后，黄兴即指派宋教仁、胡瑛设支部于武昌，结纳同志，运动武昌、汉阳、夏口（汉口）新军；又指使会党刘月升、韩飞等数百人，陆续加入湖南、湖北和江西三省军队，做策反工作。由于联络广泛，以致国内其他地区，远在日本倾向反清的留学生，也主动联系，并陆续来湘，参与谋议。

当年秋，浏阳普迹市沿旧习举行牛、马交易，往来客商及各色人等熙熙攘攘，纷至沓来。马福益乘此召集会党，开堂拜盟。黄兴事先也命刘揆一、陈天华等均到普迹市集会，利用这种场合举行仪式，授马福益少将，并拨给枪械，议定待上海所购军械运到，即行起义。然而，由于没有注意保密，各种活动均在公开的情况下进行，兼有败类告密。这样，种种迹象即被官方得知，迅即派出兵丁、差役分头搜捕。黄兴乔装乘轿逃出长沙，刘揆一也随即乘间远走，马福益逃至广西。次年，马返湘图再举，于 1905 年秋在株（洲）萍（乡）铁路的萍乡车站被捕，解至长沙，就义于浏阳门外。

三

1905 年 7 月 30 日，孙中山约集他所创立的兴中会，黄兴创立的华兴会，江浙革命志士蔡元培、陶成章等几个革命团体在日本的成员，以及有革命倾向的留日中国学生，组成同盟会。随即，陆续派遣成员回国活动。湖南留日学生刘道一、蔡绍南被派返长沙"运动军队，重整会党"，作起义准备。他们的策略，仍在组织会党起义，发动军队策应。

恰值当年春夏间萍乡、浏阳、醴陵地区水灾严重，人心浮动。哥老会首领龚春台、留日归国学生蔡绍南等多数人认为"军械不足，主稍缓以待外援"；各码头官（哥老会各地区首领）则认为应"乘清军尚无准备之时，急速发动"。两方各坚持己见，议而不决。12 月 3 日晚，洪江会激进分子廖叔保遂独自集合二千余人，在麻石高举"汉"字旗号，于 4 日临晨发动起义。龚春台、蔡绍南等见事已至此，即行宣布起义。龚自称中华国民军南军革命先锋队都督，以蔡绍南为左卫都统，魏宗铨为右卫都统。据说"其营制，六百人为一营，三千人为一军。补号白地饰黑字，园式，有'革命先锋'，'后军汉勇'、'革命左军汉勇'、

'革命右军汉勇'数种"。[1]

起义的第一日，义军占领了浏阳高家头，随后于12月6日进驻上栗市。12月5日，浏阳文家市的起义军发难。6日，起义者分头搜寻武器，作好夺取浏阳县城的准备。醴陵起义军分三股，西路据福神港，李香阁为总统，下辖左、右两陆军和水军。水陆合计九千人左右。

萍乡安源路矿工人近万人，加入洪江会的甚多，首领肖克昌。由于路、矿与农村不同，它的得失与清王朝的安危较大。因此，清廷立刻从湖南、湖北调兵前往镇压，并将矿工首领肖克昌逮捕杀害，又分派军警搜寻骨干分子，不少工人被迫辞工离矿。

在帝国主义直接插手、清政府责令湘、赣文武官员会同镇压的情况下，蔡绍南、刘道一等起义首领遭杀害。萍浏醴起义遂遭到镇压。

萍浏醴起义前后，在湖南还发生了从1904年至1911年长达八年的反对清政府将粤汉铁路的主权出卖给美国"美华合兴公司"的保路运动。1910年4月又曾爆发为反对土豪劣绅囤积粮食，哄抬米价的抢米风潮。这两项虽没有明确的反清革命的性质和意义，但也在一定程度上摇撼着湖南封建统治的基础，加剧了人民同帝国主义和封建势力之间的矛盾。

四

在辛亥革命期间，湖南发生的具有资产阶级民主革命性质的萍浏醴起义和人民反对帝国主义掠夺中国铁路主权的保路运动，以及自发性质的抢米风潮等等，不断地摇撼着清王朝的统治，也打击了帝国主义的侵略活动，从而不断地加剧了人民同封建统治者和帝国主义侵略者的矛盾，并导致这对矛盾的迅速激化。于是，当1911年10月武昌首义的讯息传来，湖南革命志士就首先响应。

领导长沙起义的是同盟会员焦达峰和陈作新。1911年春夏间，随着保路运动而加速并扩大的帝国主义、封建主义和人民大众的矛盾，使湖南人民对帝国主义、封建主义的仇恨急剧加深，焦、陈就加紧了反清起义的准备。武昌首义后的第十二天（10月22日）清晨，他们就在长沙协操坪领导新军反戈起义，迅即占领长沙，斩杀巡防营统领黄忠浩。众起义者即推举焦达峰为都督，陈作新为副都督，成立都督府。随后，岳州、常德、衡阳、宜章、宝庆等地相继宣告脱离清王朝，成立各地的军政府。焦、

---

1 见汪文溥《醴陵平匪日记》载，《近代史资料》1956年第4期。

陈并认为"湘鄂一家，安危与共"，积极部署出兵援鄂，并拟东向援赣。

　　然而，当时湖南的反动势力曾预谋在长沙起义后取得政权，因而加紧作发动政变的准备。他们散布流言蜚语，诬称焦达峰是"匪首"，姜守旦、陈作新是"酒疯"，起义的会党群众是"土匪"等等；并制造"舆论"，倡言应推举谭延闿为都督。31日，焦达峰召集全省各界人士在原谘议局开会，宣布都督府通过的撤销参议院和军政、民政两部的提案。这时，久已蓄谋颠覆革命政权的反动分子和立宪派人，就部署政变阴谋，煽动兵变，将焦、陈二督杀害，举谭延闿为都督。[1]于是，湖南人民举发起义所获得的胜利果实，落入了立宪派和反动势力的手中。革命迅速地失败了。

（原载《益阳师专学报》1991年第4期）

1　有些记述曾提到，杀害焦陈是谭延闿"发纵指示"。1985年第六期《历史研究》刊登《焦达峰、陈作新被杀一案析疑》一文（傅志明、戌晓军撰写），认为立宪派人预谋发动政变一事，证据不足，难以成立。

孙黄交谊与辛亥革命

1992 年

一、成立同盟会

1905 年（清光绪三十一年）7 月下旬，经日本友人宫崎寅藏介绍，黄兴在日本东京与孙中山初次见面。双方交谈，甚为投合[1]。嗣后，黄兴又与宋教仁、陈天华等会晤，研讨是否与孙中山合组革命团体事项。因意见不一，遂以"个人自由"一语了结[2]。

7 月 30 日（六月二十八日）黄兴、陈天华出席孙中山召集的会议。到会计 70 余人。经讨论，议决定名为中国同盟会，以"驱除鞑虏，恢复中华，创立民国，平均地权"为宗旨。当即举孙中山为总理；旋由总理指定黄兴为执行部庶务，实为协理。是年冬，离日赴香港，随后化名潜入桂林郭人漳营中，策动起事。因郭与陆军小学监督蔡锷不睦，黄屡劝二人合作，均无效，遂怏怏仍往香港。

次年（光绪三十二年）秋冬间，黄兴与章太炎辅佐孙中山在东京编制《革命方略》，计有《军政府宣言》《对外宣言》《招降满洲将士布告》等 15 文件。

二、前仆后继的反清起义

同盟会成立后，革命党人就相继在各地发动反清的武装起义。

1906 年 12 月 4 日（光绪三十二年十月十九日）在湘赣边境的萍乡、浏阳、醴陵爆发了由同盟会策动和领导的，以会党为基础的，旨在推翻帝制，实现资产阶级民主共和国理想的大起义。

萍浏醴地区是哥老会非常活跃的地方。在 19 世纪末 20 世纪初，这

---

1 《清国革命军谈》，《宫崎滔天全集》第 1 卷，平凡社昭和 46 年版，第 282—283 页。
2 陈旭麓主编：《宋教仁集》下册，中华书局，1981 年版，第 546 页。

里的社会经济条件发生了很大的变化。由于萍乡煤矿的大规模开采，形成了一支拥有数千人的煤矿工人队伍。同时，为运煤而修建的株（洲）—萍（乡）铁路的竣工通车（1905年12月），更使这里的交通迅速发展起来，从而加强了与外界的联系。

1904年华兴会长沙起义失败后，洪江会首领马福益于次年被清政府杀害。他的牺牲，大大地加深了会党对清政府的仇恨。会党群众"誓复仇，益倾向革命，继图大举"[1]。1906年夏初，在长沙的同盟会分会负责人禹之谟和另一由日本返湘的同盟会员宁调元等，发动全城学生公葬为国捐躯的民主革命志士陈天华、姚宏业，使"当道及乡绅咸为惊异"[2]。

正当会党图谋再举，民主思想和爱国热情广泛传播的时候，1906年春夏间，同盟会员刘道一、蔡绍南奉东京同盟会本部之命回国返湘，积极参与组织和发动武装反清的工作。据称，在临行前，黄兴就采用什么方式发难以及在什么地方发难这两个重要问题，曾向刘道一作过指示[3]。

刘道一回长沙不久，便约蒋翊武、龚春台、刘重、刘崧衡等30多位革命志士，在长沙水陆洲附近的一条船上秘密聚会，讨论起义的策略方针，发动起义的步骤，并就联络会党、运动军队等事项作了具体分工，议定于阴历12月底清朝官署封印时举事。

当时，会党各派山堂分立，互不统属，不能形成统一的革命力量。为了把各派力量联合起来，纳入同盟会的领导之下，蔡绍南与龚春台、魏宗铨商量，邀约萍浏醴一带的会党首领共百多人，在萍乡蕉园集会。举行开山堂大典，以原来就活跃于湘、鄂、赣、闽各地的洪江会为基础，将哥老会其他支派和武教师会等并入，歃血为盟，统称"六龙山洪江会"，推举龚春台为"大哥"，以"忠孝仁义堂"为最高机关。下设文案、钱库、总管、训练、执法、交通、武库、巡查，称"内八堂"，又设一、二、三、四、五、六、七、八路码头官，称"外八堂"。统一后的会党革命组织，"称奉孙中山先生命，组织机关，以备驱策"。其誓词云："誓遵中华民国宗旨，服从大哥命令，同心同德，灭满兴汉。如渝此盟，人神共殛。"

1906年7月，蔡绍南、龚春台等召集各路码头官在萍乡慧历寺商议武装起义的具体问题，决定分头筹集资金，购买军械火药。派人联络哥老会另一大头目冯乃古和洪福会首领姜守旦，邀请他们共同起义。蔡绍

---

1 《醴陵县志》第8卷，《人物志五》，1948年印，第67页。

2 姚湘渔：《禹之谟传》，《湖南文献汇编》第1辑，湖南文献委员会1948年印，第169页。

3 中国史学会主编《中国近代史资料丛刊·辛亥革命》（四），上海人民出版社，1981年版，第285页。

南、魏宗铨去上海、广州、香港联络各处革命党人响应，并赴日本向孙中山报告工作，要求接济军械，请示举义日期。

萍浏醴地区会党群众反清活动，引起了地主豪绅的警觉与恐慌，他们相率请求官府派兵镇压。10月7日，萍浏醴三县官厅调派兵勇突袭麻石，第三路码头官李金奇被官兵追至醴陵白兔潭，泅渡，遭官兵枪击，溺水牺牲。

反动派的屠杀政策，大大地激怒了会党群众。萍乡的矿工，浏阳、醴陵的会党纷纷要求提前举义，给清统治者以迎头痛击。为此，龚春台、蔡绍南召集各路会党首领在萍乡高家台举行紧急会议，商讨发难日期及其办法。会上，蔡绍南、龚春台、魏宗铨等人"以军械不足，主稍缓以待后援"。而各路码头官则出于义愤，主张"乘清兵尚无准备之时，急速发动"[1]。双方久久争持不下。洪江会头目廖叔保不耐再拖延下去，于次日独自在麻石集众二三千人，高举"大汉"白旗，率先发难。事已至此，蔡、龚、魏等人只好改变原议，通知各路码头官立即率众起义，并以同盟会名义檄知姜守旦和冯乃古等其他会党首领起兵响应。

起义军很快占领了麻石、高家台、金刚头等处。12月6日，集结在麻石的义军，头裹白巾，持土枪、土炮、鸟枪或木杆、竹尖、菜刀及赤手空拳者共两万多人，向上栗市进发。驻守清军望风而逃，上栗市居民则"多燃爆竹相迎"。起义军进据上栗市后着手整编，定名为"中华国民军南军革命先锋队"，由龚春台任都督。

蔡绍南为左卫都统领兼文案司，魏宗铨为右卫都统领兼钱库督粮司，廖叔保为前营统带，沈益古为后营统带。随即发布了《中华国民军起义檄文》。《檄文》列举了清政府的"十大罪状"，宣称要破除数千年之专制政体，建立共和民国，"与四万万同胞享平等之利益，获自由之幸福"，"使地权与民平均，不致富者愈富，成不平等之社会"[2]。这是一份比较完全意义上的资产阶级民主革命的纲领，第一次以起义檄文的形式在中国大地上公布了。由此可见，这次起义与旧式农民战争或会党暴动有了显著的区别。

起义军义旗一举，四方群众纷纷响应。著名会党首领马福益的家乡醴陵，三支起义军相继起事。作为预定根据地的安源，由于首领肖克昌

1　杨思义笔记，邹永成口述：《邹永成回忆录》，《近代史资料》1956年第3期，科学出版社，第89页。

2　邹鲁：《中国国民党史稿》第3册《革命》（甲），商务印书馆，1947年版，第692—693页。

被清吏诱杀，难以聚众响应，故在麻石发难后，会众纷纷赶往上栗市，奔赴义旗之下。洪福会的首领姜守旦也宣布起义，进攻浏阳县城。但他打出的旗则是"新中华大帝国南部起义恢复军"，并表示只要汉族中有人能推翻清政府，就可以拥戴他为万世一系的"中华大皇帝"[1]。

起义军的浩大声势，震动了长江中游各省，严重地威胁着清朝的反动统治。湘赣两省地方官乱作一团，兵勇倾巢而出。清廷急令两江总督、湖广总督、湖南巡抚和江西巡抚，速派精锐军队，"飞驰会剿"。相继派遣湖北、湖南、江西、江苏四省军队，加上地方驻军及"团勇"总共不下 5 万人，狼奔豕突，集于萍浏醴一带围攻起义军。

起义军面对优势的敌军，进行了英勇不屈的战斗。但在清军的夹击下，起义军的有生力量逐渐消耗。12 月 8 日和 11 日，龚春台部两次进攻浏阳县城，均未得胜。10 日，清军攻上栗，留守的起义军与敌人鏖战半日，终因力量不敌，上栗市失陷。12 日，清军猛攻浏阳境内的起义军。龚春台、蔡绍南战败后，往投普迹市冯乃古处。中途蔡被捕，旋遇害。龚在普迹得知冯乃古已被杀害，只好潜往长沙。14 日后，姜守旦的洪福会起义军与清军交战数次，均失利，姜逃往江西义守县境。12 月下旬，刘道一在长沙被捕，31 日英勇就义。1907 年 3 月 7 日，魏宗拴也遭杀害。

当起义消息到日本，在东京的同盟会员纷纷向本部请命，要求身临前敌，孙中山、黄兴先后派宁调元、胡瑛、朱子龙等八九人回国，分赴湘、鄂、赣、苏、皖等省策应。只是革命党人热忱有余，而谋略不足，以致各处响应均无成效，不少党人身陷牢狱，有些且陆续遭杀害。

嗣后，孙中山继续经营两广，力图在那里有所突破。1906 年 6 月，他至新加坡，筹划在黄冈起义。次年 5 月，黄冈起义爆发，一度占领黄冈城，成立军政府，推陈涌波为临时司令。

黄冈革命军起义后，两广总督周馥急命总兵黄金福率兵"相机进剿"。水师提督李准也带兵 2000 人前来镇压。由于革命军仓促起事，内部又意见纷纭，未能集中兵力迎击来犯之敌。终因伤亡过重，枪械皆缺，被迫于 27 日宣布解散。

1907 年 4 月，钦州三那墟（那黎、那彭、那思）人民因要求减免糖捐，推派代表向官府请愿。清朝官吏不但不体恤民瘼，反而将请愿代表 10 人关押。于是，乡民奋起反抗。他们组织"万人会"推豪富刘思裕为首，

---

1 冯自由：《中华民国开国前革命史》（上编），上海书店，1990 年版，第 254 页。

入城抢出代表。群众的抗捐斗争由请愿发展成了武装暴动。两广总督周馥立即派统领郭人漳、标统赵声率兵驰往镇压。

孙中山决定联合抗捐群众，大举起义。鉴于赵声是同盟会员，郭人漳与黄兴有旧谊，因而计议一面争取郭、赵率新军倒戈，一面联络抗捐群众，共同举义。刘思裕等"欣然赞成"，接受同盟会领导。郭人漳则佯示应允，背地里却派兵袭击刘思裕为首的抗捐民团。群众猝不及防，伤亡惨重，刘思裕也死于乱枪之下。清军占领三那地区，血洗村庄。同时，清军进犯革命党人的部队，鏖战多日。革命军因缺乏弹药，退入山中。

随后黄兴、王和顺潜入钦州，黄亲自赴郭人漳营中游说。郭"假为周旋。兴性素来坦率，不疑有诈，竟尽将所谋告人漳，人漳便时刻防犯，阴图破坏"[1]。王和顺到达三那后，集合原来的民军约千人，刘思裕之侄刘显明也率领数百人来会合。王本想在赵声的"相机暗助下，攻取南宁，嗣因运动南宁清军反正没有成效，王率兵盘桓于三那地区，犹豫不决，引起刘显明不满，解散所部而去。后来，王得知驻防城清军有反正之意，决计袭占防城，并派人向孙中山请示。孙中山认为防城是钦州要地，又便于从海上接济饷械，遂同意了王和顺的计划。

1907年9月3日，王和顺率领起义军袭击防城，在驻防城清军的响应下，一举于5日将该城占领，擒斩防城知县宋渐元，发布《告粤省同胞文》《告海外同胞书》和《招降满州将士布告》，重申建立民主共和国的目的。

在攻克防城的当天，王和顺率部500人进攻钦州。这时，虽然黄兴已亲自潜入钦州，策动清军倒戈内应，但郭人漳"奸计在胸"，伴同钦廉道王瑚扼险相拒。王和顺因未得内应，不敢贸然进攻。黄兴曾设法打开城门迎接起义军，因清军已加紧防守，致无从下手。王和顺只得改攻灵山。黄兴乔装由钦州出走。

9月8日，起义军开始进攻灵山城。因攻城器械缺乏，战至次日，城不能下，清军乘势出城反扑，革命军只得且战且退。当起义军进攻灵山时，郭人漳一面派兵跟踪，一面攻占防城，使革命军背腹受敌。9月中旬，王和顺只得解散国民军，退往越南。防城起义失败。

几次反清起义失败后，孙中山、黄兴和不少革命党人仍不气馁，他们相率继续发动反清斗争，计有镇南关起义（1907年12月）、钦州马笃山起义（1908年3月）、河口起义（1908年4月）等。这些起义仍

---

1 《革命失烈传记》，《赵声传》。

然失败，不少革命党人遭杀害。

多次反清起义失败后，孙中山、黄兴和不少革命党人仍不气馁，继续筹划乘时发动武装斗争，倾覆清朝反动统治。计有安庆马炮营起义（1908年11月）、广州新军起义（1910年2月）。两次起义也先后失败。

广州新军起义失败后，同盟会的许多骨干产生了严重的气馁情绪。孙中山有鉴于此，在1910年3月向黄兴提出了在广州再次发动起义的意见，并针对革命党内因败而馁的错误思想指出："今日吾辈虽穷，而革命之风潮已盛，华侨之思想已开，从今而后，只虑吾人之无计划、无勇气耳！"[1]

1910年11月13日，孙中山在槟榔屿召集黄兴、赵声、胡汉民等同盟会重要骨干及南洋和国内东南各省的代表秘密会议，讨论继续发动起义的有关问题，会议决定，筹集巨款，以新军为骨干，同时联络防营与会党，再次在广州发难。占领广州后，由黄兴率一军出湖南趋湖北；由赵声率一军出江西趋南京；长江流域各省由谭人凤、焦达峰等率军响应，会师南京，即行北伐。同盟会鉴于过去多次起义因事前无充分准备，每省临渴掘井的教训，决定加强广州起义的准备工作。

1911年4月8日，统筹部在香港开会，预定4月13日在广州起义，分兵十路袭取广州城，由黄兴、赵声担任革命军正副总司令。

4月23日，黄兴潜入广州建立起义指挥部。因内奸告密，清政府在全城大肆搜捕革命党人。同盟会起义部署被打乱，参加起义的人数锐减，黄兴只好将原定十路进攻的计划改为四路。4月27日下午，以黄兴为首的选锋120余人，臂缠白巾，手执机械炸弹，吹响海螺，勇猛进攻督署。督署卫兵进行顽抗，革命军枪弹齐发，击毙卫队管带，冲入督署。总督张鸣歧闻讯逃往水师提督衙门。黄兴等放火焚烧督署后，又冲杀出来，与李准卫队发生遭遇战。革命党人林时爽饮弹阵亡，黄兴伤右手，断两指，坚持指挥，直到最后剩下一个人才避入一家小店改装出城。

与革命党人武装起义此伏彼起的同时，全国各地群众自发的反帝反封建斗争更加呈现出急剧高涨的趋势。计有广大农民抗粮抗租的斗争和抗捐抗税的斗争；有城乡群众的反洋教斗争；有少数民族人民的反抗斗争。正是这些东起西应、迤逦相属的自发反抗和革命派的武装起义，交错产生，从而就将反清革命的斗争推向高潮。

1 广东社会科学院历史研究室等编：《孙中山全集》第6卷，第242页。

三、武昌起义前后

早在 1904 年，湖北革命党人就成立了科学补习所，与华兴会一起准备发动起义。嗣因湖南方面事泄，遭到清朝镇压而未果，科学补习所也受到破坏。1906 年 2 月，革命党人又组织起日知会，在新军和学生中开展革命工作。

日知会主要领导人被捕后，湖北党人的组织活动和革命活动，被迫停顿了一年多。但在全国各地群众反抗斗争迅趋高涨和同盟会在南方接连发动起义情势的鼓舞下，湖北革命党人又振作起来，重新组织力量。鉴于日知会的教训，以及同盟会起事"屡起屡蹶，不关清廷要害"的缺点，湖北革命党人决心在长江腹地积蓄厚实严密的反清队伍。1908 年 7 月，经过半年多的酝酿和准备，湖北军队同盟会在武昌洪山罗公祠召开成立大会，成员多为新军中的革命分子。在此基础上又成立了群治学社，黄申芗、杨王鹏、章裕昆等为主要领导人。由于形势的变化，杨、章等人随后又将日知会更名为群治学社，振武学社。嗣又改名文学社，以研究文学为掩护；举蒋翊武为社长。

另一个在湖北活动的革命团体为共进会。共进会原以联络会党为主。后来发现会党素性散漫，不易统一指挥，也决定将工作重点转移到军队。

文学社和共进会既抱有同一目的，因而均感到联合的必要。1911 年 9 月 14 日，双方举行联席会议，讨论并决定各自捐弃原有团体名称，建立统一领导、统一指挥、统一计划、统一行动的联合机构。军事方面，由蒋翊武任总指挥，王宪章（文学社副社长）任副指挥，孙武任参谋长。

1911 年 10 月 10 日（清宣统三年八月十九日），武昌起义爆发，获得胜利。11 日上午，组建湖北军政府，举黎元洪为都督。清王朝调集军队，前来镇压。

12 日，军政府电促黄兴、宋教仁等从速回国，来武汉赞襄戎机，并请转电孙中山，返国主持大计。

黄兴于 10 月 28 日抵武昌，随即就任全军总司令，指挥革命军与南下清军作战，坚守汉阳，对峙一月，各省革命党人遂得乘机大举，先后响应。

孙中山是在美国从报上读到武昌首义的消息，他欣喜之余，立即启程回国。1911 年 12 月抵达上海。不甘妥协的革命党人聚集在孙中山周围，在孙中山的领导下坚持革命统一全国和创建中央革命政权的活动。

　　1911 年 12 月 29 日，各省代表在南京举行选举临时大总统会议，孙中山当选。1912 年元旦，他从上海到南京，举行大总统受任典礼。3 日，他提出主持中央各部的国务员名单，黄兴被任命为陆军总长。

　　但由于中国资产阶级的软弱性和妥协性，没有充分发动广大人民群众，并屈服于帝国主义和国内封建主义的压力，孙中山被迫解职。黄兴也解除陆军总长职务。由袁世凯掌握的中华民国，仍然是帝国主义豢养下的半殖民地半封建反动政权。

（原载《湖南师范大学学报》1992 年第 3 期）

中国资产阶级研究

中国民族资产阶级的软弱性是从娘肚子里带来的

——读中国近代史札记

1965 年

　　从一般规律来说，旧中国的民族资产阶级和十七八世纪西方的资产阶级没有本质的不同："大敌当前，他们要联合工农反对敌人；工农觉悟，他们又联合敌人反对工农。"[1] 但是，这种两面性在中国民族资产阶级的身上表现得更为突出，原因在于他们是半殖民地的资产阶级。毛泽东同志指出，半殖民地的政治和经济的主要特点之一，就是民族资产阶级的软弱性。这个软弱性，还是他们从娘肚子里带来的老毛病。

　　如果把西方资产阶级同中国资产阶级的产生过程比较一下，那么，中国民族资产阶级怎样从娘肚子里带来了软弱性，是不难理解的。

　　马克思、恩格斯在不少著作里论到西方资产阶级的发生和发展时都曾指出，从中世纪的农奴中产生了初期城市的城关市民；在这个市民等级中，许多的行会小老板和独立小手工业者，由于雇佣劳动剥削的扩大而转化为早期的资本家。从 15 世纪末叶起，大批的西方商人、高利贷者、冒险家远涉重洋，到处屠戮殖民地的居民，抢劫财物，从事海盗性的商业战争，积累起大量的充满血腥气息的财富。与此同时，基于市场迅速扩大的需求，产业革命陆续在西方各国兴起，机器工业逐步地代替了手工工场。这样，经历了一个长时期的发展，近代资产阶级逐渐形成。在这个形成的过程内，"资产阶级的这种发展的每一个阶段，都有相应的政治上的成就伴随着。它在封建领主统治下是被压迫的等级，在公社里是武装的和自治的团体，在一些地方组成独立的城市共和国，在另一些地方组成君主国中的纳税的第三等级；后来，在工场手工业时期，它是等级制君主国或专制君主国中同贵族抗衡的势力，甚至是大君主国的主要基础；最后，从大工业和世界

---

1 毛泽东：《新民主主义论》，人民出版社，1991 年版，第 677 页。

市场建立的时候起，它在现代的代议制国家里夺得了独占的政治统治"[1]。

据此，关于西方资产阶级的发生和发展，概言之有如下两点：（一）中世纪的市民等级是近代资产阶级的前身；（二）在中世纪时期，资产阶级随着自身的发展，就在反对封建贵族的斗争中逐步扩大了政治势力，取得了作为一个特权等级的地位。

中国资产阶级发生发展的过程却与此不同。虽然伴随着中国封建社会后期资本主义萌芽的孕育，在明清之际的某些城市居民中也产生了少许萌芽状态的资产阶级分子；可是，正在中国的资本主义萌芽沿着一般的规律缓慢发展之际，西方资本主义国家19世纪40年代起侵入了中国，并同中国的封建统治者结合起来，使中国一步一步地变成了一个半殖民地半封建社会，从而把上述中国资本主义独立发展的道路截断了。在外国资本主义的打击和摧残下，中国原有那些或多或少地带有资本主义因素的手工业，除了少数独特的或属于工艺性质的如陶瓷、丝绸等获得发展，以及如制茶、缫丝等因出口激增而有所扩大以外，大量的同人民群众生活密切相关的手工业，如棉纺织业、冶铁业、染料业等，就先后陷入废弃零落的境地。这样，从封建社会后期城市居民中孕育起来的萌芽状态的资产阶级分子，绝大部分没有繁衍滋长而形成近代中国的资产阶级。

然而，一方面是中国原有的资本主义萌芽的备遭摧折，另一方面，在外国资本主义侵略的刺激下，随着中国自然经济结构的逐步分解和城乡商品经济的发展，在19世纪下半期，中国资本主义的兴起又获得了某些客观的条件和可能。这时，谁能够出来投资于资本主义的新式企业呢？过去那些萌芽状态的资产阶级分子已经分化消逝。于是，一部分同外国资本主义多少有所联系的商人（主要是买办），少数接受了某些西方影响的地主和官僚就取而代之，成了中国近代资产阶级的前身。例如，"根据对1895～1910年中国民族资本创办的19家棉纺织厂的创办人进行考查，其中买办富商约4人，官僚富绅约13人，身份不明者3人"[2]。这个统计虽未必精确，而且大多数既是买办商人，又是官僚地主，即所谓亦官亦商，官商身份并无截然界限，但举一反三，未尝不可以从这里看出近代中国资产阶级的基本来历。

近代中国资产阶级既然是在中国已经沦为半殖民地的历史条件下由买办商人、地主、官僚当中分化出来的，那么自从他们呱呱坠地到逐渐成长，

1 马克思、恩格斯：《共产党宣言》，人民出版社，1964年版，第26—27页。
2 汪敬虞编：《中国近代工业史资料》第2辑下册，科学出版社，1957年版，第924页。

就始终不能摆脱同帝国主义和封建主义在经济上和政治上的相互联系。特别是在中国资本主义兴起不久的那段时期，由于本身基础的薄弱，民族资产阶级甚至还不能不主要仰赖这种联系去求得发展。19 世纪 70～90 年代间，中国民族资本的很大一部分托足于官办和官督商办、官商合办的企业，其原因就在于此，而这也造成了中国民族工业发展的艰困和缓慢。

因此，从发生发展的过程来说，中国民族资产阶级同西方资产阶级之间有如下显著差别：（一）中国资产阶级不像西方那样从市民等级里发育繁衍起来，而是从一部分商人、地主和官僚当中分化出来的。（二）他们不像西方资产阶级那样，早在中世纪时期就作为封建势力的对立物而存在，并日益取得了独立的特权地位。从诞生之时起，他们就始终保持着同帝国主义和封建主义千丝万缕的联系。他们虽然在一定程度上也要求反抗帝国主义和封建主义的压迫和束缚，但也一直或多或少地依赖于同它们的联系。

正是这样两点差别，造成了中国民族资产阶级突出的软弱性。正如毛泽东同志形象地指出的：中国民族资产阶级的软弱性是从他们娘肚子里带来了的老毛病。

前几年，有的同志在论述明清之际的"市民运动"时，曾经把西方资产阶级发生发展的过程作为公式来套用，因而不恰当地夸大了中国封建社会后期的所谓"市民运动"，为中国资产阶级杜撰了一部阀阅显赫的宗谱。持这种论调的同志宣称，由于明清之际资本主义萌芽的孕育，市民这个等级就不仅在中国的政治、经济生活里起着很大的作用，就是在思想意识领域里也明显地盖上了自身的钤记。至迟，从这个等级里发育起来的近代资产阶级，到清代雍正年间（1723～1735 年）就形成了。正因为这样，这个市民等级就不仅领导和影响了明末农民起义以来一直到太平天国革命的一系列斗争，而且在思想领域里掀起了民主主义的启蒙运动，从而直接导向了 19 世纪下半期至 20 世纪中国资产阶级领导的反帝反封建运动。按照这种说法，中国资产阶级就不是在 19 世纪后期、在半殖民地的社会历史条件下，从一部分商人、地主和官僚当中分化出来的，而是像西方那样，上承中世纪的市民等级，有着长达三个世纪同封建势力作斗争的光荣历史的阶级。这不但会使我们无法理解中国民族资产阶级的软弱性是从娘肚子里带来的，而且会引出在中国革命问题上的一连串谬误看法。

（《人民日报》1965 年 8 月 20 日）

论中国民族资产阶级的软弱性

——近代中国资产阶级刍论之一
1979 年

中国民族资产阶级的软弱性，一是由于民族资本主义经济力量的弱小，二是因为同它的前身（一部分的商人、地主和官僚）存在一定的血缘联系。

一

中国民族资本主义经济的微弱，是一种先天性的缺陷。因此，首先就得考察，19 世纪 70 年代在中国兴起的资本主义，是不是鸦片战争以前就已孕育着的资本主义萌芽的延续？

回答是否定的。

中国封建社会内部孕育着的资本主义的萌芽，是从明朝后期的嘉靖、隆庆、万历年间，即 16 世纪中叶至 17 世纪初起就在手工业、商业和农业等方面产生的。然而，直到鸦片战争前夕，荏苒三个世纪，这个资本主义经济成份，却始终没有脱离萌芽的状态。他不曾茁壮成长，形成为足以破坏封建社会制度，创立资本主义社会的物质力量。

封建社会内部孕育着的资本主义萌芽，要在什么样的条件下才能迅速地茁壮成长呢？在《资本论》第一卷里，马克思对西欧资本主义崛起的里程作过详细的论述。马克思指出："西欧的资本主义生产的最初萌芽，是在 14 世纪和 15 世纪出现的。"[1] 但是，如果不是 15 世纪末各种大发现所造成的新的世界市场的贸易需求，资本主义生产就不可能摆脱萌芽状态那种"蜗牛爬行的进度"[2]，导致取代封建主义的胜利。所以，马克思写道："美洲金银产地的发现，土著居民的被剿灭、被奴役和被埋葬于矿井，对东印度开始进行的征服和掠夺，非洲变成商业性地猎获

---

1 马克思：《资本论》第 1 卷，人民出版社，1975 年版，第 784 页。

2 马克思：《资本论》第 1 卷，第 818 页。

黑人的场所：这一切标志着资本主义生产时代的曙光。"[1] 正是基于这种新的世界市场的贸易需求，西欧各资本主义国家就都先后开展凭借暴力来进行的资本的原始积累——征服殖民地，对殖民地居民施行残暴的劫掠和屠杀；从事争夺海上霸权的商业战争；利用国家权力，在各自的国度里剥夺农民的土地，推行国债制度、重税制度和保护关税制度等等，大大促进资本主义生产方式取代封建生产方式的过程。经过如此一系列"用血和火的文字载入人类编年史"[2] 的资本原始积累，以资本家占有近代机器工业为基础的资本主义制度，就在西欧各国建立起来。

值得探讨的是，15 世纪末各种大发现所造成的新的世界市场，并不只是给西欧各国提供的，为什么已在中国存在的资本主义萌芽没有像西方各国一样，利用这种条件摆脱那"蜗牛爬行的进度"呢？原因当然是多方面的，但无论如何，清王朝因其专制愚昧、盲目保守而一直推行的闭关政策，显然是最主要的原因。

虽然清朝封建统治者竭力要使中国同日益扩大的世界市场尽可能保持着隔绝的状态，可是，已经从事好几个殖民活动的欧美各资本主义国家，却越来越凶悍地撞击着中国的门户，力图把这个地大物博的国家卷进它们殖民主义市场的漩涡。于是，1840 年的鸦片战争爆发了。中国资本主义的萌芽等待到的不是一个促进自身迅速成长的条件，而是遭遇着一场狂暴的、毁灭性的空前浩劫。

鸦片战争以后，在中国一步一步地向半殖民地半封建社会转变的过程里，手工业堪称是首先遭到外国侵略势力的冲击和排挤的受难者。随着手工棉纺织业、各种日用手工业以及旧式交通运输等业的急剧衰落，在这些行业里孕育着的资本主义的萌芽，也就陷入了枯萎凋谢的境地。稀疏破土的幼芽，大多数没有长成枝叶繁茂的树木；中国近代资本主义工业，主要不是从原有的手工业的基础上建立起来的。

然而，出于侵略的需要，西方殖民主义者既破坏了中国城镇的手工业和农民的家庭手工业，也破坏了中国自己自足的自然经济的基础，因此，就在中国原有的资本主义萌芽大多数横遭摧折的同时，由于封建经济的逐渐分解，一个资本原始积累的过程，却在中国社会经济领域里蔓延开来。可是，此时的中国毕竟不是像西方国家那样，以一种独立自主的姿态参与国际事务，而是在外国侵略者所施加的暴力的胁迫下，以屈

1 马克思：《资本论》第 1 卷，第 819 页。

2 马克思：《资本论》第 1 卷，第 783 页。

辱的半殖民地的地位被卷进了世界市场。于是，在中国出现的资本的原始积累，就不能不带有极为明显的半殖民地的烙印。

列宁曾经指出："'原始积累'在一极造成'自由的'无产者，在另一极造成货币所有者即资本家。"[1]这就是说，所谓资本的原始积累，不外乎是造成这样一种两极分化的过程：即一方面使广大的直接生产者和生产资料分离，在此一极积累起贫困；一方面是少数人通过对直接生产者的剥夺，在彼一极积累起用以转化为资本的财富。中国的原始积累既然主要是在外国侵略者的暴力作用之下，伴随着向半殖民地转化的灾难而进行的，那么，在这过程里能够积累起财富的那种人，就显然首先、而且主要是依凭了暴力的外国殖民主义者。他们把掠夺到的财富的一部分运回去，以增殖本国的资本，一部分则用来在中国开设洋行、航运、工矿、银行，创立起庞大的、逐渐地操纵着中国国计民生的外资在华企业。这样，鸦片战争后中国自然经济的分解和小生产者的破产失业，就主要是给外国殖民主义者提供了积累资本的条件；而给本国资本主义兴起和发展所准备的财富的积累，只是殖民主义者贪婪吸吮后的余沥残羹。从而就产生如此一种明显的社会现象：即在中国原始积累的过程里，广大劳动人民这一极积累的贫困是绰绰有余，而另一极积累的财富，则严重不足。这种一极有余，一极不足的畸形景象，是半殖民地社会里原始积累的特征。

在外国侵略势力的摧残下，鸦片战争前中国社会内部已经孕育着的资本主义萌芽，大多数凋谢枯萎，以致中国近代资本主义的兴起缺乏自身的基础。而在为资本主义兴起作历史准备的原始积累过程中，又存在着一极积累贫困绰绰有余，一极积累财富严重不足的畸形现象，给中国近代工业的创办造成资金异常匮乏的困难。况且，一部中国近代史也就是帝国主义反对中国独立，反对中国发展资本主义的历史。种种内因和外因的作用，使得中国资本主义企业自兴办起就多数存在基础贫乏、筹款困难、资金短绌的问题，始终无法摆脱资金少、规模小，设备简陋、难于扩大资本积累的处境。中国资本主义的这种缺陷，是民族资产阶级无法克服它的软弱性的经济原因。

二

中国民族资产阶级的软弱性，也是由于它是从一部分的商人、地主

---

1 列宁：《卡尔·马克思》，《列宁选集》第2卷，人民出版社，1972年版，第593页。

和官僚转化而来，同它的前身有着血缘的联系所致。

以下一份统计材料，可以了解中国资本主义兴起和初步发展阶段一些企业的创办人及主要投资人的社会身份：

据不完全统计，1872～1913年，中国资本开办的25家纱厂，在41个创办人或主要投资人中，有地主和官僚26人，商人5人，还有10人是买办。

面粉工业，1895～1913年，中国资本开办的28家面粉厂，在43个创办人或主要投资人中，有地主和官僚11人，商人15人，买办15人。另有华侨2人。

轮船航运业也是历史比较长的行业。1872～1913年，中国资本开办的12家轮船公司，在15个创办人中，有地主和官僚9人，商人2人，买办4人。

另外，毛纺、缫丝、榨油、卷烟、水电、水泥、煤矿7个行业，1872～1913年开办的80家近代企业，在103个创办人中，有地主和官僚67人，占65.1%；商人15人，占14.5%；买办21人，占20.4%。[1]

上述材料中所列的买办，同一般商人有区别，但就他们借以牟利的主要手段来说，也可并入商人之内。情况正符合毛泽东同志所曾指出的："一部分的商人、地主和官僚是中国资产阶级的前身"[2]。

中国资产阶级大部分出身于商人、地主和官僚，或由替侵略者效劳的买办转化，显然同西方资产阶级的来源有很大的不同。如果就两者加以比照，就更能明了，为什么中国资产阶级的软弱性比西方资产阶级更显得突出。

马克思、恩格斯在《共产党宣言》里提到：

从中世纪的农奴中产生了初期城市的城关市民；从这个市民等级中发展出最初的资产阶级分子。

中世纪的城关市民等级和小农等级是现代资产阶级的前身。

中国封建社会里没有产生过市民等级吗？不。随着明代后期资本主义萌芽的孕育，市民等级也逐渐出现了。按照社会发展的一般规律，如果没有外国资本主义的侵入，中国将缓慢地发展到资本主义社会；而市民等级，也将同西方的一样，发展为近代中国的资产阶级。它之所以没

---

1 《旧中国的资本主义生产关系》编写组编：《旧中国的资本主义生产关系》，人民出版社，1977年版，第23—24页。

2 毛泽东：《中国革命和中国共产党》，《毛泽东选集》第2卷，人民出版社，1991年版，第590页。

能得到这种应有的前程，是由于中国原有的资产阶级萌芽的横遭摧折，使得和这个萌芽相联系的初期资产阶级分子大部分衰落下去，失去了继续发展的可能。而当中国社会出现了资本的原始积累的时候，一些同外国侵略者联系密切、能从侵略者掠夺中国的过程里分沾余润的买办和商人，一部分凭借封建权势乘机搜刮聚敛的官僚和地主，就取而代之，直接转化为近代资产阶级。所以，在中国，资产阶级不以市民等级为前身，而从一部分的商人、地主和官僚脱胎而来，乃是中国资本主义萌芽的枯萎和畸形的原始积累所导致的结果。[1]

有一种意见认为，在英、德等国的历史里，明显地存在着地主、贵族向资产阶级转化的事例；而作为中国资产阶级前身之一的商人，也可说是市民等级里的成员。由此看来，中国的和西方的资产阶级的来源，并没有很大的不同，只是略有差异。因此，不可能从出身的不同去探寻它和中国资产阶级的软弱性的联系。

不错，西方资产阶级队伍里从地主贵族转化而来的，确也颇不乏人，但他们和中国的那一部分地主和官僚变成资产阶级的过程及作用，有着明显的区别。恩格斯在《反杜林论》里有如下一段论述，对于澄清这个问题具有指导性的意义，他写道：

> 起初，市民等级是一个被压迫的等级，它不得不向统治的封建贵族缴纳贡税，它由各种各样的农奴和奴隶出身的人补充自己的队伍，它在反对贵族的不断斗争中占领一个又一个的阵地，最后，在最发达的国家中取代了贵族的统治；在法国它直接推翻了贵族，在英国它逐步地使贵族资产阶级化，并把贵族同化，作为它自己装潢门面的上层[2]。

恩格斯的这段论述说得很明白，英国的地主贵族转化到资产阶级里来，乃是在市民等级已经发展近代资产阶级，并且有取代封建贵族统治地位的力量时所发生的被同化的现象。这种现象，是市民等级已完成了向资产阶级发展的过程所派生出来的，它只是给资产阶级增添了一个装潢门面的上层，而不是决定资产阶级产生的因素。而中国的一部分地主和官僚，则是在市民等级已经衰微的情况下，取代了这个等级的地位而转化为资产阶级的，他们对中国资产阶级的产生及其性格的形成所起的作用，是英国（或德国）资产阶级化的地主贵族所不能比拟的。

1 马克思、恩格斯：《共产党宣言》，《马克思恩格斯选集》第1卷，人民出版社，1972年版，第252页、275页。
2 恩格斯：《反杜林论》，《马克思恩格斯选集》第3卷，人民出版社，1972年版，第203—204页。

至于商人，同市民等级毕竟不是一码事。因为，从奴隶社会以来，就存在商人这一社会集团，而市民等级，则是封建社会后期随着资本主义萌芽产生之后逐步发展起来的特定历史阶段的一个等级。虽然，在这个特定历史阶段里的商人，是可以说属于市民等级之内的，但近代中国转化为资产阶级的那一部分商人是否是市民等级里商人的继续呢？这是需要具体考察的问题。

从前面所引材料可以看出，在投资近代企业的商人里，买办占到了半数以上。而买办，则是外国资本主义侵入中国后，受外资企业雇佣，得以染指殖民主义掠夺的余沥的一种商人，他们同中国封建社会里的商人，没有必然的联系。

"除了买办之外，其余那些投资近代企业的商人的情况又如何呢？就具体史实来看，大致可分为两类：一类是封建社会里商人的延续，如开设钱庄、票号、典当的商业高利贷者，享有封建专利特权的盐商、茶商，以及其他一些贱买贵卖，批发营运的商人等。但这类是少数。较多数的是另一类，即鸦片战争后随着中国社会的半殖民地化而兴盛起来的新式商人。他们多半开设经营鸦片、洋纱、棉布、呢绒、颜料、西药等进口货的商号，或是从事收购丝、茶出口的贸易"[1]。显然，这类商人不是封建社会末期市民等级里商人的延续，而恰恰相反，正是中国资本主义萌芽横遭摧折，市民等级随之衰落之后，因外国资本主义迅速扩大对中国的掠夺性贸易而兴起的一种新式商人。

所以，只要进行具体的考察，就不难了解，在那一部分转化为近代资产阶级的商人里，大多数不是原来在封建社会里存在的商人的延续，而是随着外国侵略者对中国的殖民主义贸易的扩大而产生的买办和新式商人；即使是旧式商人转化的，也多半来自钱庄、典当等商业高利贷者或享有封建特权的盐商、茶商，其社会地位本与地主和官僚相同。因此，不应当笼统地在商人和市民等级之间划一个等号；而认为近代中国转化为资产阶级的那一部分商人即是市民等级的继续，则是从这种笼统的观念出发，对商人未加具体考察所产生的一种错觉。

显而易见，西方资产阶级是从市民等级发展而来，中国资产阶级则以一部分商人、地主和官僚为前身，是在不同历史条件下资产阶级发展的两种不同类型。在本质上，中国的和西方的资产阶级不可能有任何区

---

1 《旧中国的资本主义生产关系》编写组编：《商人变成工业资本家》，《买办变成工业资本家》，《旧中国的资本主义生产关系》，人民出版社，1977年版，第34—42页。

别，但中国资产阶级同封建统治者和买办势力的血缘联系，却使它比西方资产阶级具有更为突出的软弱性。这个阶级，不仅要依靠一部分的商人、地主和官僚的陆续转化来补充和扩大自己的队伍，而且，与它受到帝国主义压迫和封建势力残害的同时，又或多或少地要倚赖同封建势力（由买办转化的则倚赖帝国主义）沾亲带故的瓜葛，来谋求自己的发展；而在农村继续占有土地，集资本剥削和地租剥削于一身，更是在民族资产阶级人们当中常见的现象。有如此一些联系，怎么能期望民族资产阶级克服它那软弱性呢？

毛泽东同志指出：民族资产阶级的软弱性，"是他们从娘肚子里带出来的老毛病"[1]。这是极其精确的、形象的概括。

近代中国民族资产阶级正因为从娘肚子里带来了软弱性这一痼疾，于是，在政治上，它缺乏领导中国人民取得民主革命胜利的才力；在文化上，它没有同封建旧观念、旧传统、旧习惯势力坚决斗争的胆识。以致在无产阶级及其政党——中国共产党领导人民夺取了民主革命的伟大胜利以后，封建主义的幽灵仍然在暗中徘徊徜徉，终于幻化为林彪、"四人帮"这样一伙穷凶极恶的狐群狗党，把好端端的社会主义破坏到濒临崩溃的边缘。所以，对中国资产阶级作进一步的研究，仍然是有助于探讨近代以来中国革命的经验教训，以利于促进我国社会主义现代化的重要课题。

（《湖南师院学报》1979 年第一期）

1 毛泽东：《论反对日本帝国主义的策略》，《毛泽东选集》第 1 卷，人民出版社，1991 年版，第 133 页。

洋务派——早期官僚资产阶级

——近代中国资产阶级刍论之二

1979 年

中国资产阶级在其发生、发展的过程里，一开始就区分为带买办性的官僚资产阶级和民族资产阶级两个不同的部分。在近代（1840—1919年）政治舞台上，早期官僚资产阶级演出的是洋务运动，民族资产阶级则先是搞维新变法，接着就扮演领导民主革命的角色，发动了全国规模的辛亥革命运动。

一

洋务派——早期官僚资产阶级，是中国半殖民地社会经济一定发展阶段上的产物。

在《刍论》（一）中已经谈到，由于中国资本主义萌芽的横遭摧折，造成了原有的市民等级的衰落；而畸形的资本原始积累，虽然存在财富积累严重不足的缺陷，但终究为中国资本主义的兴起提供了微薄的历史准备。于是，一部分的商人、地主和官僚，就取市民等级而代之，成了近代中国资产阶级的前身。

然而，在这一部分商人、地主和官僚当中，哪一些人有可能积累起较多的财富，具有较便利的条件来创办新式企业呢？这显然是取决于同外国侵略者关系的亲疏和本身权势的大小。因此，能够从外国侵略者掠夺中国的过程里分沾余利的买办商人，通过镇压太平天国、捻军起义而权势暴长的军阀官僚，无疑是要占先一着了。但买办商人积攒的财富较多[1]，而缺少的是权势，暴起的军阀官僚纵然炙手可热，而财力则还嫌不

---

[1] 买办商人通过其职业活动，分润帝国主义剥削奴役中国人民所得的血腥利润，积累起大量财富。据一篇专论买办的文章作者估算，1840～1894 年间，按进出口贸易佣金，推销鸦片佣金，工厂买办收入，外债经手回扣，银行买办间盈利；轮船保险，房地产买办收入和军火买卖等收入诸项目，从低估算约有 4 亿两（见黄逸峰《关于旧中国买办阶级的研究》，《历史研究》1964 年第 3 期）。

足。于是，两者结合起来，就导致了中国最早一批官僚资产阶级的产生。

就洋务运动的内容来说，它包括设立总理衙门，处理同各资本主义国家之间的外交关系，创办新式军事工厂[1]，编练新式陆军、海军等等措施在内，而究其对中国社会的影响，则应首推兴办一系列官办、官督商办的民用性企业。这类企业，是洋务运动的轴心，是洋务派赖以扩张自身权势的经济基础。李鸿章所以远远凌驾曾国藩、左宗棠之上，成为19世纪后期左右清廷的权臣，虽和他得到外国侵略者较多的支持有关，然更主要的还是他控制了轮、矿、电（报）、纺等几大企业的原故。近30年来，学术界对洋务运动的性质及其功过的估计，为什么迄今还聚讼纷纭，症结也在于那些官办、官督商办民用性企业仍不曾获得一致的评价。

事实上，官办、官督商办企业的始作俑者，还是上海的买办商人。19世纪60年代，就有过一些洋行买办和与外国资本有一定联系的大商人，聚议设立轮船航运企业和棉纺织厂，并拟定了招股、创办、经营管理的章程，向官府呈递说帖，请求准予创设[2]。但遭到拒绝——在那个时候不得清朝官方的允许，要创办新式企业是很困难的。可是，进入70年代后，由于太平天国、捻军起义的接踵失败，清王朝获得了暂时的稳定；自然经济的解体已为资本主义的产生提供了稍多的条件和可能；而洋务派军阀官僚也开始意识到"求富"与"求强"的连带关系，对新式企业这注新的财源也亟思染指。于是，早就在图谋依托封建势力去追逐雇佣剥削盈利的买办商人，同洋务派军阀官僚建立起合股经营的关系。

最早一批轮、矿、电、纺洋务企业，就是在这种合股经营的关系上筹办起来的。1872年开始创设的轮船招商局，初创时，除李鸿章本人入股5万两，拨借直隶练饷12.5万两外，一般商股招徕不多，资金严重不足。到次年，由于大买办唐景星、徐润入伙，出任总办和会办，这才招齐近百万两金额的股份，初步解决了置办船、栈、码头的费用。1876年开办开平矿务局，资金是怎样筹措的呢？据熟悉内情的人说，也是由唐景星、徐润等"因友及友，辗转邀集"[3]起来的。1878年由候补道彭汝琮得李鸿章允准筹办的机器织布局，也和上述情况类似。彭汝琮可能是个买办，

---

1 洋务派从19世纪60年代起创办的新式军事工厂，除了使用机器这一新特点外，从经营管理到产品分配，都同清朝以往军需生产部门一样，属于封建国家机器的一部分。所以，它和洋务民用性企业的性质不同，不是推动洋务派向官僚资产阶级转化的物质基础。

2 见张国辉《关于轮船招商局的产生与初期发展的几个问题》，《经济研究》1965年第10期；又汪敬虞《从上海机器织布局看洋务运动和资本主义发展关系问题》，《新建设》1963年第8期。

3 经元善：《居易初集》卷2。

就他向李鸿章举荐的会办郑观应，帮办唐汝霖、卓培芳、长康等4人的身份来看，除长康一人底细不明外，余3人都是众所皆知的洋行买办[1]。可以概见，经他们罗致的买办的股份，定然不少。至于1880年创始的电报局，起初主要是官款，但到1882年添招股份时，主其事者是郑观应和在上海商业界颇有声名的经元善。虽然，到90年代前后，这些企业的股份有所变化，但买办势力和洋务派军阀官僚相结合，给洋务企业打下了一个稍具规模的基础，则是不容否认的事实。

从生产资料所有制、剥削形式、生产目的到产品的分配来说，官办、官督商办民用性企业是在中国兴起的资本主义经济的一个组成部分。可是，由于这类企业不仅是封建军阀官僚和大买办势力相结合的产物，并且推行封建官僚机构的方式和制度来管理生产和进行产品的分配；同时，它还经常凭借封建政治的强制手段，在一定范围内制造人为的垄断；甚至，有些官办、官督商办企业还伙同外国侵略者来排挤本国商办企业[2]。所以，洋务企业具有很明显的封建性、买办性和垄断性，它的存在，不是中国民族资本主义的表征，而是半殖民地的资本主义的一种形态。换句话说，它是中国早期的官僚资本。因为，它所具有的封建性、买办性和垄断性，已完全显露了后来的官僚资本那样的属性，只是还远远没有达到四大家族官僚资本那种臃肿膨胀的规模而已。

所以，只要全面地考察洋务派官办、官督商办民用性企业产生的社会背景和历史条件，研究它的创设过程和特性，就能够对这类企业的性质作出肯定的回答：它是中国早期的官僚资本；占有或控制这类企业的人们，则成为早期的官僚资产阶级。

二

洋务派的民用性企业，是以所谓"必先富而后能强"为指针，高喊"求富"的口号陆续创办的。在当时历史条件下，在工矿交通各个部门设置新式企业，无疑是导致中国社会进步、民族独立的物质力量。无奈洋务派一则由于他们把持的大多数企业都很凝滞腐败，缺乏成效，对中国社会经济的发展没有产生应有的促进作用；一则是始终推行从鸦片战争以

---

1 郑观应：《盛世危言后编》，《再附录北洋通商大臣李委会办上海机器织布局札文》。
2 招商局于1887年、1883年和1893年几度同英商太古、怡和洋行订立所谓"齐价合同"，阻扰和打击了中国商办航运的兴起和发展。

来就已确立的"攘外必先安内"[1]的反动政策,陆海军备也疲弱虚乏;加上整个清朝统治者已经沉湎于宴安酖乐的气氛里,压根儿没有了奋发振作的信念。因此,荏苒30余年,耗费亿万银两,所谓洋务新政不但没能致国家于富强之域,反而招来中法战争和甲午中日战争失败的奇耻大辱,使整个民族被帝国主义抛进了凶险的瓜分狂澜之中。所以,创办新式企业,不是洋务派的过错。洋务派军阀官僚所以要押上历史的审判台,主要的是他们对内残暴镇压,对外屈辱投降所造成的祸国殃民的罪行。

引进西方先进的设备和技术,也不是洋务派的过错。试问:在一个生产力水平还很低下,长期闭关锁国,百业停滞的国度内,引进国外已有的先进成果,借以改变穷困落后的面貌,不是一件大好事吗?难道向顽固派那样摆出一副敝帚自珍、夜郎自大的愚蠢姿态,把学习西方诬指为"用夷变夏""非圣无法"倒是值得赞赏的?确切地说,洋务派军阀官僚应当给以谴责的不是他们引进了外国的技艺,而是他们糟踏了这种无可非议的引进工作。他们完全不按客观经济规律办事,而是因循封建官府的制度来管理企业,用封建官场流行的贪污中饱的习俗去侵渔企业的资金和盈利,以致多数企业都是塞满着袖手坐食的官吏,生产效率极低,连年亏折,毫无起色。真所谓"二十年来,到处创办,到处无成"[2]。官办、官督商办企业的缺乏成效,同时又和洋务派的鄙陋无知、专横武断有关。张之洞筹办钢铁厂的经过,是颇有代表性的。筹办伊始,张之洞在两广总督任上,"盖其时张虽有创办钢厂之伟画,而煤在何处?铁在何处?固未遑计及也"。而当承造炼钢炉的英国厂商要求将铁矿、焦煤等寄去化验以便配制时,他却盲目地答复说:"以中国之大,何所不有,岂必先觅煤铁而后购机炉?但照英国所用者购办一分可耳。"不久,张之洞调任湖广总督,铁厂相随迁到汉阳。正因为这样胡乱轻率地从事建设,以致从1890年到1896年,"自始至终,实未曾炼得合用生铁一吨,而钢轨更茫无畔岸矣"!"厂中所用洋员四十余人,华员数倍之,无煤可用,无铁可炼,终日酣嬉,所糜费者,又不知凡几"![3]类似这种虚耗财力、旷时废日、了无实效的洋务奇闻,当时是屡见不鲜的。这究竟是罪在引进,还是因为主其事者的愚陋无能而责有攸归呢?显然,是后者不是前者。

洋务派搞官办、官督商办,本来就是为了控制新式企业,使之从属

---

1 道光22年2月28日上谕,《筹办夷务始末》(道光朝),中华书局标点本,第1704页。
2 俞赞:《恤商论》,《皇朝经世文三编》卷31。
3 叶景葵:《卷盦书跋》,《附汉冶萍史》。

于封建主义的统治秩序。因此，大凡某一官办或官督商办企业的创设，总是伴随着一定程度上的封建性的垄断和专利，阻遏着具有民族资本性质的商办企业的兴起。招商局开办后7年，据一份报纸透露："中国商人已经发觉，在高喊着抵制洋人声中设立的招商局，其实际结果只是阻碍了他们自己的发展……这些商人们还发觉，这个机构根本不是属于他们的，所谓'招商'者也，倒成为他们从事沿海贸易与航运的最大障碍。"[1] 有些商人曾拟议设立一个广运轮船局，但李鸿章批了"不准另树一帜"[2] 几个字，就使商人们的愿望成了泡影。上海机器织布局还在筹办时，1882年李鸿章就为它奏准了"十年以内，只准华商附股搭办，不许另行设局"[3] 的专利权。其结果是，"沪上兴办已十余年，今年招股分，明年添资本，屡易其人，无不亏空，而未尝织成一布一事"。洋务官僚的贪墨成性，鄙陋无能，加上专制主义的垄断，使中国棉纺织工业至少延误了10年的时光。

洋务企业的迁延时日，缺乏成效，有些是和背上奴役性的外债有很大关系。上面提到的那个汉阳铁厂，就完全是在外国债台的压榨下奄奄待毙的。原来，当汉阳铁厂在1896年已经耗去了560多万两银子而还不曾炼出一吨合用的铁时，张之洞为推卸包袱计，就将铁厂改为"官督商办"，交盛宣怀接手办理。盛从接办起，到1908年成立冶萍公司后，又是如何经营和把持这个钢铁企业呢？主要就是借外债。据统计，1902～1911年间，这个企业向日本财团借款即达12次，累计1400多万两[4]。大部分借款，规定以汉、冶、萍等处财产为抵押，和以日本收买大冶矿砂以及专销、代销汉阳铁厂的产品为条件。而经手借债的盛宣怀，却上下其手，舞弊中饱，在汉冶萍公司的股份递增至400万元，占公司全部股份的30%[5]。父子两代掌握公司大权垂30年。于是，中国最早的钢铁企业，除了为帝国主义和官僚资产阶级提供了利润，给日本供应了炼钢铁的原料外，基本上不曾为本国生产钢铁。至于洋务派大量出卖海关、航运、铁路、矿山、森林等等主权去乞求奴役性的外债，以苟延清王朝反动统治的卖国罪行，则更是罄竹难书了。

1　《北华报》1874年4月15日。

2　《交通史航政篇》第1册，第222页。

3　《李文忠公全书·奏稿》卷43，第44页。

4　徐义生《中国近代外债史统计资料》，中华书局，1962年版，第36—52页。

5　《东方杂志》第9卷第3号《内外时报》。

　　毫无疑义，洋务派借外债以媚外投靠所带来的祸患，是必须清算的。可是，能不能据此就把利用外国资金斥为"洋奴哲学"而一概骂倒呢？显然，这是一种不分清红皂白的糊涂官断案的做法。须知，洋务派借外债，是为了投靠帝国主义，借以稳定清朝的反动统治，并乘机营私中饱，因而只要债款到手，就置国家民族的安危于脑后。在当时国势积弱，清廷腐朽，列强环伺，操刀窝割的险恶环境里，洋务派更番迭次地举借奴役性外债，自然是迎合了帝国主义对中国敲骨吸髓、蚕食鲸吞的凶谋的。可是，如果一个国家坚持独立自主、自力更生的原则，拒绝任何奴役性的条件，在确保无损于国家主权的情况下，合理地利用外国资金，是有利于国家的经济建设的。这在苏联第一个五年计划期间，已有过成功的经验足资借鉴。第二次世界大战之后，日本利用外资使自己经济迅速发展的成效，更是举世公认的事实。所以，充分揭露洋务派借奴役性外债祸国殃民的罪行，垂为厉禁，是必要的。然而，如不作具体分析，一提到利用外资就谈虎色变，望而却步，那就未免有些"刻舟求剑"的见识了。

　　总之，洋务派之所以要受到人民的指控和贬斥，并不是因为引进了外国的先进技求和设备，创办了新式企业，而恰恰相反，是他们竭力把引进来的技艺纳入到封建主义的窠臼，使大多数的企业无非蹉跎岁月，不见成效，并严重地阻碍了民族资本主义的发展。以致30余年间，徒然浪费了财力，虚掷了光阴，使国家民族在还有可能赶上西方列强的时候，却继续沉沦于半殖民地深渊而不能自拔，延缓了中国社会的进步，耽误了民族的前程，是洋务派军阀官僚无法推卸的历史罪责。

　　洋务派既创办了中国最早一批近代新式企业，但又禁锢它，戕害它，是和他们向早期官僚资产阶级转化的过程一致的。随着中国社会半殖民地化程度的加深，这个阶级的社会基础也逐渐扩大，终于繁衍孳长为四大家族官僚资本。而这，也就标志着中国的反动统治者到达了覆亡的阶段。

（《湖南师院学报》1979年第2期）

中国民族资产阶级形成于何时?

——近代中国资产阶级刍论之三

1980 年

中国民族资产阶级有没有形成为一个独立的阶级的过程? 它形成于何时? 形成的标志是什么? 这些问题, 在我国学术界还存在较大的分歧。有一种意见认为, 这个阶级形成于 19 世纪末叶至 20 世纪初年, 即近代中国资本主义初步发展阶段。但除了提出此一阶段"商办工业数量较多"这条根据外[1], 不曾作过更多的论证。另一种意见, 则散见于中国近代通史和专史的著作里, 即认为戊戌变法是民族资产阶级上层所发动的[2], 即有上层和中下层的区别; 而戊戌变法作为一次政治运动, 一般都认为它应肇端于 1895 年的"公车上书", 则按此推论, 是承认民族资产阶级在 1895 年以前, 即资本主义兴起阶段(或称发生时期, 19 世纪 70 年代至中日甲午战争)就已形成了一个独立的阶级。持这种看法并作过论述的有 1903 年《学术月刊》第 9 期上的一篇文章[3], 作者主要依据列宁在《青年团的任务》那个演说里提到的: "如果社会上一部分人拥有工厂, 拥有股票和资本, 而另一部分人却在这些工厂做工, 那就有资本家阶级和无产阶级。"[4] 而对中国资产阶级发生发展过程的特殊性和复杂性没有进行具体探讨。就近代中国社会的特殊规律和资本主义、资产阶级的兴起

---

1 见范文澜:《中国近代的分期问题》(《中国近代史分期问题讨论集》, 三联书店, 1957 年版, 第 76 页), 其中提到: "到了商办工业数量较多的时候, 民族资产阶级也就形成了"; 湖北大学政治经济学教研室编:《中国国民经济史讲义》, 第 291 页。

2 见翦伯赞主编:《中国史纲要》第 4 册第 9 章第 7 节"资产阶级维新运动——戊戌变法"(人民出版社 1964 年, 第 82 页); 候外庐主编:《中国近代哲学史》第 4 章"戊戌变法时期的社会思潮和哲学思想"(人民出版社 1978 年第 1 版, 第 164 页);《中国近代史》编写组编:《中国近代史》第四章"戊戌变法和义和团反帝爱国运动"(中华书局, 1979 年第 2 版, 第 270 页); 张晋藩、曾宪植著:《中国宪法史略》第 2 章第 1 节"改良主义宪政运动的发生"(人民出版社, 1979 年第 1 版, 第 14 页)。

3 张万全、高景明、林剑鸣:《中国民族资产阶级究竟何时形成的》,《学术月刊》1963 年第 9 期, 第 52—55 页。

4 列宁:《青年团的任务》,《列宁选集》第 4 卷, 第 353 页。

和演变来考察，前一种意见是正确的，后一种看法则缺乏确凿的史料为依据，是与史实不符的。

一

1895 年以前，即中国资本主义的兴起阶段，中国民族资产阶级是否形成为一个独立的社会阶级，首先就得考察，那个时候中国民族资本主义经济的发展规模是否为它的形成提供了应有的条件和可能。

回答是否定的。

如同《刍论》（二）所曾提到，由于中国原有的市民等级的衰落，从而使一部分的商人、地主和官僚得以取而代之，成了中国资产阶级的前身；其中，尤以同外国侵略势力已有联系的洋务派官僚和买办更最先具有向资本家转化的便利条件。因此，在兴起阶段的 20 多年里，较大的企业就主要由洋务派官僚和买办势力合伙，采取官僚商办（少数官办）的形式创办起来。这类企业，就是中国早期的官僚资本。而与此同时产生、属于民族资本性质的商办企业，其规模和资金则远逊于官督商办一类。如果就 1872～1894 年间有资本额可查的 72 家本国近代企业进行考察，上述两类企业的比例如下：[1]

1872～1894 年近代企业资本额比较

类别	厂矿数	资本额（千元）	占资本额的百分比 %
商办	53	4 704	22.4%
官督商办、官办	19	16 208	77.6%
合计	72	20 902	100%

这个统计表显示出，在中国资本主义兴起阶段，早期官僚资本可以说是占到了压倒的优势，而称得上民族资本的商办企业，则是极其微弱的。而且，如果把同时外国资本在华近代企业的状况拿来对照，则民族资本的微弱情景，就更是显而易见。1894 年时，外国资本在中国的近代工业的资本额总计是 19 724 千元[2]。上面那个统计表里所列本国厂矿

---

1 据严中平编：《中国近代经济史统计资料选辑》，科学出版社，1955 年版，第 93 页统计表约计，剔除其中中外合办一家和纯属虚假的商办源昌机器五金厂一家（关于源昌机器五金厂纯属虚假的考证，见谢商：《关于祝大椿造办"源昌机器五金厂"的调查》，《学术月刊》1961 年 5 月号）。

2 孙毓棠：《中国近代工业史资料》第 1 辑上册，科学出版社 1957 年，第 247 页。

资本额的总数计 20 907 千元，是 1872～1894 年历年累计的数字，其间有些厂矿已在 1894 年前就因亏折而停歇，故到 1894 年时，实际资本额应低于那个累计的数字。但即使用那个累计数字来比较，外国资本经营的企业也同本国资本的企业处于平分秋色的地位。这样，在整个中外企业的资本额里，属于中国民族资本的企业就只占到 11% 左右的比例。民族资本如此微不足道的境况，它怎么能为民族资产阶级获得独立的社会地位提供必要的物资准备呢？

既然一部分的商人、地主和官僚是中国资产阶级的前身，那么，这一部分人由原来的成份转变成资本家的成份，当然不可能是一蹴而就，其间必定有一个转化的过程。对每一个从事这种转化的人来说，当他开始向新式企业投资的时候，多少都抱有试探的心理，通常是不会很快放弃原来的剥削方式的。在资本主义兴起阶段，类似现象尤为明显，一位编辑《中国近代工业史资料》的研究者曾经指出："民族资本的企业不仅资本少，而且独资经营的少，绝大部分都采取集股经营的方式。股份公司当然是一种较进步的企业组织形式，然而当时民族资本采用这种形式并不能表示经营方式的进步；实际上它却反映着民族资本资金的不足，同时反映他们向近代工业投资时惧怕困难、惧怕亏折失败，畏葸不前。"[1] 这种情况，正说明当时向商办企业大量投资的人是很少的，多数的投资者大抵还采取的是尝试的态度，一般都不曾改变原来的成份。同时，也不是开始出现这种转化现象就立刻产生一个独立的资产阶级，必然要达到一定阶段，表明这些转化出来的人们确已成为一个具有独立的经济地位的集团，才可作为民族资产阶级形成的标志。19 世纪末叶向资本家转化的那一部分人的情况大体如何呢？上述《中国近代工业史资料》的编者有过如此的估计："有些企业主已完全是工业资本家了；但大部分企业主则是一方面拿出一部分财富投资于新式工业，另方面仍握有大量的土地，经营着钱庄、典当、商号，并且同时还是在职的或候补的官僚。这民族资本近代工业发生时期是旧社会的商人、地主、官僚通过新式企业的经营开始逐渐蜕变转化为民族资产阶级的时代。这蜕变转化的过程是复杂、曲折而缓慢的。到了 19 世纪末叶，这转化过程还只开始不久，距离着它的完成还很远很远。"[2] 这位编者的估计是符合实际的。情况表明，在中国资本主义兴起阶段，民族资本既那样微末，而说得上成了资

1　孙毓棠：《中国近代工业史资料》第 1 辑上册《序》，第 48 页。

2　孙毓棠：中国近代工业史资料第 1 辑上册《序》，第 50 页。

本家的也只少数，大部分还主要同旧的剥削形式仍然联系在一起，那就意味着向商办近代企业投资的人们大多数正处于陆续地从母体里分化出来，还不曾获得独立的经济地位的状态，这种状态正说明民族资产阶级还不能形成为一个独立的阶级。

还有一个方面可以作为民族资产阶级没有形成为独立的阶级的佐证，即当近代企业兴起阶段，在中国社会里，几乎还完全没有与民族资本经济相适应的文化教育事业，也基本上没有资产阶级的知识分子。要求发展商办的资本主义企业，改革封建专制制度，提倡新学、西学的呼声，是通过地主官僚中的革新人士——改良主义者撰文著述、游说上书的方式发出来的。由著名的改良主义者康有为、梁启超、严复、谭嗣同等发起的戊戌变法政治运动，一开始展现在人们眼前的图象是 1300 多会试举人的伏阙上书，就恰当地反映了那时民族资产阶级还没有独立的政治地位，还没有自己的知识分子，还不能不借重封建士大夫来充当代言人的依人篱下的处境。

总之，从民族资本经济的微末情状，向商办企业投资的人们大多数还基本上同旧的剥削形式保持联系，发展资本主义经济的要求还完全由地主官僚的革新派借箸代筹等几方面来考察，在中国近代企业兴起阶段，民族资产阶级还不能说已经形成为一个阶级，更不用说会产生上层和中下层的分化。

确切地说，戊戌变法是适应行将形成的民族资产阶级的要求，由正在向资产阶级知识分子转化的地主官僚革新派人士倡导的一个政治运动，而不是民族资产阶级上层发动的。迄至目前，几乎还没有任何确凿可信的史实足以证明，在戊戌变法以前就存在一个民族资产阶级的上层，把戊戌变法看作民族资产阶级上层的一个运动，乃是就参与那次变法的人们表现的软弱态度及其局限性加以分析所作的推测，而不是通过对中国资本主义兴起阶段的民族资本进行仔细的考察所抽绎出来的论断。

二

从 1895 年到第一次世界大战前，是中国资本主义的初步发展阶段。由于这种发展，民族资产阶级开始形成了一个独立的社会阶级。这个看法，是根据以下史实得出来的。

第一，在中国资本主义初步发展阶段，民族资本经济得到了比前一阶段较大的增长。1895 ~ 1913 年历年设立的资本在一万元以上，商办

和官督商办（包括官办）两类厂矿的资本额的比较表，大体能反映当时的实际情况：[1]

1985～1913年两类厂矿资本额比较

类别	厂矿数	资本额（千元）	占总资本额的%
商办	463	90 793	76.3%
官督商办、官办	86	29 496	23.7%
合计	549	120 289	100%

统计表显示出，两种类别的企业的资本额的比例，就兴起阶段和初步发展阶段相对照，恰好互相对换了位置：属于早期官僚资本的官督商办、官办企业的资本额，由占77.6%下降到占23.7%；属于民族资本的商办企业的资本额，由占22.4%上升到占76.3%，增长数量接近20倍。在全部本国资本主义企业中，民族资本从劣势转到优势；在纺织、面粉等轻工业部门，更居于遥遥领先的地位。尽管民族资本的这种发展还是较为缓慢，在资金、技术和规模上，都还不能同外国在华企业匹敌，但它的境况终究远胜于兴起阶段，毕竟是为民族资产阶级的成长提供了应有的物质基础。

第二，随着民族资本的发展，社会上资本家的数量也相应地增加，并有迹象表明，这个新兴的集团在社会政治、经济生活中已作为一种独立的力量存在着。

在初步发展阶段，虽然一部分的商人、地主和官僚向资本家转化的过程并不曾终结，资产阶级队伍始终是主要靠它的这种前身不断地补充。但经历了兴起阶段，确有多数人已经通过雇佣剥削的积累，使经营企业所得利润成为主要的经济来源，基本上已改变了原有的成份，跻入资本家的行列。一个资本家独资创办几个企业，已是较常见的事。同时，随着通商口岸的延展而增多的新式商人和其他剥削者，如经营鸦片、洋纱布、煤油、卷烟等商号的老板，从事房地产买实和金融业的投机商等，因走私漏税，屯积居奇，买空卖空，投机取巧而暴富的人们，也有一些因投资于新式工矿业而成为工业资本家。还有一些小业主和小生产者，通过逐步扩大雇佣剥削的积累而上升为资本家的。此外，又有不少华侨富商相率向国内投资兴办企业。这些从新式商人到华侨等形形色色的人们，本来就是商品经济关系中的剥削者或谋生者，他们占有工矿企业后，很快就成了近代资产阶级中的成员 [1]。民族资产阶级数量的增加已成为社会上引人注目的现象。

与民族资本经济增长的同时，有一部分从官僚、买办转化的资本家，由于依凭着自身兼有的封建性的政治地位和社会联系，或因借助了外国殖民主义者的某些特权，从而得到一定期间或一定程度上的积集资本的便利条件，通过扩大经营和兼并的方式，逐渐占有若干行业不同的企业，形成拥资百万元至数百万元的大资本家。下面开列 14 个大资本家创办或参加投资的企业数量的统计表，很有助于说明上述现象 [2]：

14 个大资本家投资企业统计表

姓名	原来的身份或仍兼有的身份	官衔或实职创办和参加	投资的企业数
张謇	官僚	翰林院修撰，商部头等顾问官	27 家
祝大椿	买办	二品顶戴花翎道	8 家
朱志尧	买办		8 家
沈云沛	官僚	邮传部侍郎、署尚书	13 家
严信厚	官僚	道员	14 家
宋炜臣	商人	二品顶戴候补道	7 家
李厚佑		议员	8 家
许鼎霖	官僚	二品顶到候补道	10 家
周廷弼	商人	三品衔候补道	8 家
楼景晖	官僚	四品衔选州同	3 家
曾铸	商人	花翎候补道	3 家
朱畴	官僚	道员	7 家
张振勋	华侨	头品顶戴太仆寺卿	11 家
庞元济	官僚	四品京堂	6 家

表里所列 14 人，共占有企业 136 家，其中，1895 年以前设立的 4 家(分属 2 人)，1895～1900 年设立的计 23 家，而 1900 年以后设立的计 109 家。

1　参见《旧中国的资本主义生产关系》第 2 章第 2 节、第 4 节，人民出版社 1977 年第 42—53、67—76 页。

2　据汪敬虞：《中国近代工业史资料》第 2 辑下册第 1069 页，第 1091—1096 页各表统计，祝大椿名下已减去虚假的"源昌机器五金厂"一家。

数字表明，14 人当中的大多数从事投资和经营近代企业，是 1895 年以后开始的，而到了 20 世纪初，他们才都成了占有若干企业的大资本家。毫无疑问，当时像张謇、祝大椿等那样的资本家，自然不止 14 人，但他们确有足够的代表性。这说明，当时中国的资产阶级不但在社会上已很有影响，而且还起了分化，已经有那么一个占有企业较多较大、社会地位较高的上层在 20 世纪初期明显地形成起来。

第三，适应资产阶级成长的需要，从 19 世纪末年起，所谓新学、西学就以更广泛的规模传播起来，新式学堂陆续兴办，留学日本和欧美，蔚然成风。到 20 世纪初，一批批的资产阶级知识分子涌现出来，民族资产阶级开始有了自己的政治家、军事家、思想家、文学家。在这批知识分子中，继续沿袭改良主义道路的人们，有的本身已兼有资产阶级分子的身份（如康有为、梁启超等保皇派人）[1]，有的虽然还以举人、进士的头衔来炫耀身世，但多数实际上已是留学国外的资产阶级知识分子里的上层和头面人物；所宣传的改良主义，也不像 19 世纪他们的先辈那样，侧重于要求清王朝推行扶植和发展资本主义经济的政策，而是把召开国会，厘订宪法，建立责任内阁的君主立宪的方案，作为议事日程上的首要课题，表明民族资产阶级中的一部分日益增长了同封建贵族平分政权的愿望。至于宣传民主革命的人们，就更加多数是同科举很少或毫无沾连的新式知识分子。他们孜孜以求的是实现资产阶级共和国方案，而且越来越以政治指导者的姿态在爱国和革命的运动中崭露头角。他们反映了民族资产阶级中的一部分要求推翻清王朝，夺取独占的统治地位的倾向。同时，无论是热衷于君主立宪方案的民族资产阶级上层，还是拥护民主革命的中下层，都没有再借助封建时代的组织形式，而是建立新的资产阶级的团体甚至政党来展开各种活动。立宪派人组织的"预备立宪公会""政闻社"，是有明显的资产阶级性质的政治团体，稍后的"宪友会"，毫无疑义是一个资产阶级上层的政党。至于孙中山领导的同盟会，就更是人们公认的民族资产阶级的革命政党。所有这些，都说明民

---

1 戊戌政变后，康有为、梁启超等逃亡海外，康和他的些弟子于 1899 年创设保皇会，在华侨中募集钱财，经营银行、航运、电车等企业和贩卖古董文物等投机商业，并从事地皮买卖等。通过雇佣剥削，不断地扩大积累，资产达数百万元之巨。康有为以保皇会会长资格，实际控制着这些企业（据《光绪三十四年二月七日康南海与任弟书》约略估计，见丁文江编：《梁任公先生年谱长编初稿》卷 17，台北世界书局，1959 年 4 月初版，第 266—268 页）。梁启超在日本寄寓，每年由康有为拨寄 5000 元（见《光绪二十二年十一月五日康南海与任弟书》，《梁谱》卷 16，第 254 页）。戊戌政变前，康梁等都可说是封建士大夫，以此身份充当尚未形成的民族资产阶级的代言人。之后，就成了实实在在的民族资产阶级上层的成员和政治代表了。

族资产阶级已基本上脱离了它的前身，作为一种新兴势力跃上了政治的舞台，为取代封建地主阶级的统治而展开斗争。

第四，民族资产阶级既已跃上政治舞台，于是又通过他们的报刊宣传自己是最有发展前途的社会中坚，宣传自己指导社会前进的职责。1904年《商务报》的一篇文章称："上古之强在牧业，中古之强在农业，至近世则强在商业。商业之盈虚消长，国家之安危系之，……商兴则民富，民富则国强；富强之基础，我商人宜肩其责[1]。"封建时代，士大夫每每以"治国平天下"为己任，而现在，资产阶级却以奠定国家富强的职责挪到了自己的肩上。著名的改良主义思想家严复在上海对商部高等实业学校作的一次演说提到："盖言禹之功，不过能平水土，俾民奠居而已。言稷之功，不过教民稼穑，免其阻饥而已。实业之事，将以转生货为熟货，以民为财源，被之以工巧，塞一国之漏卮，使人人得温饱也。言其功效，比隆禹、稷，岂过也哉！"禹和稷历来被封建统治者尊为圣人，而从事商业工艺，则被叫做末业，斥为市侩。严复公开摒弃旧说，对实业倍加尊崇，称它"比隆禹、稷"，不能不说是充分透露了资产阶级以取代封建圣人自许的意念。所以，严复勉励那些学实业的人要知道自己的事业"实生人最贵之业，更无所慕于为官作史，钟鸣鼎食，大纛高轩"[2]。至于宣扬"实业为万事根本"[3]，"商战以实业为最重，国家之所以强盛，人民之所以乐利，胥赖乎此"[4]；"业实之盛衰，为国民生计之舒惨所系，即国命延促之所系"[5]等观点，在20世纪初年中国的报刊上，几乎触手即是。这都是民族资产阶级对自身所要肩负的使命的自觉表露。而当时革命派人，则显然已有了民族资产阶级应当承担革命领导者的任务的认识，只是还不很明确而已。如著名的革命家陈天华在《中国革命史》里说："泰西革命之所以成功者，在有中等社会主持其事；中国革命之所不成功者，在无中等社会主持其事。"[6]这位革命家的言论，反映了民族资产阶级不仅已经有了独立的地位，而且还以身系革命成败的气概迈向了时代的前列。

中国资本主义初步发展阶段所出现的种种迹象，都是前一阶段不可

---

1 《兴商为富强之本说》，光绪二十年《商务报》第8期。

2 《实业教育》，《侯官严复在上海商部高等实业学校演说》，光绪三十二年五月十一日《中外日报》。

3 《论实业之效大于法政》，《东方杂志》第1年第12期《实业》，第183页。

4 《论振兴实业之三要策》，《南方报》光绪三十三年九月十五日。

5 胜因：《实业救国之悬谈》，《东方杂志》第7年第6《论说》，第194页。

6 《陈天华集》，湖南人民出版社，1958年版，第2页。

能产生的。资本主义兴起阶段民族资本的微末和民族资产阶级的尚未形成，规定了戊戌变法运动的软弱和规模的狭窄；而初步发展阶段民族资本的转成优势和民族资产阶级的形成及其分化为上层、中下层，则导致了上层的立宪运动和中下层的革命斗争都演成全国规模的浩大局势。所以，对中国近代资本主义和民族资产阶级在前后两个发展阶段上的不同情况进行考察，是理解近代中国民族资产阶级两大运动——戊戌变法和辛亥革命的必要前提。

（原载《湖南师院学报》1980 年第 1 期）

近代中国资产阶级略论

1981 年

一、中国社会没有产生过像西欧那样的市民等级。一部分地主、官僚和商人作为近代中国资产阶级的前身有其历史渊源

西欧近代资产阶级的前身是市民等级。马克思、恩格斯在《共产党宣言》里指出："从中世纪的农奴中产生了初期城市的城关市民；从这个市民等级中发展出最初的资产阶级分子。""中世纪的城关市民等级和小农等级是现代资产阶级的前身。"[1]

中国近代资产阶级则是从一部分地主、官僚和商人（包括买办）分化而来。"《旧中国的资本主义生产关系》一书有这一方面的统计资料可以证实"[2]"张国辉著《洋务运动与中国近代企业》对此作过具体论述"[3]毛泽东在《中国革命和中国共产党》一书里提到："一部分的商人、地主和官僚是中国资产阶级的前身"[4]。这是与史实相符的。

为什么会出现这种区别？是由于中国缺乏像欧洲那样的产生市民等级的历史条件，遂使地主、官僚和商人得以取而代之，从其中卵育出中国的近代资产阶级。西欧产生市民等级的历史条件是：

（一）古代罗马帝国崩溃后，西欧的城市大部分毁灭了，得以幸存的，也都或是残破萧索，或是作为封建国王、诸侯行政建置、设防的据点，或作为教会的中心而稀疏地分布着。自然经济占绝对优势。由骑士护卫着的封建王、侯和大小领主，分别住在城堡里。这是中世纪初期（5—

1 马克思、恩格斯：《马克思恩格斯选集》第1卷，人民出版社，1972年版，第252—253、275页。

2 《旧中国的资本主义生产关系》编写组编：《旧中国的资本主义生产关系》，人民出版社，1977年版，第23—24页。

3 张国辉：《洋务运动与中国近代企业》，中国社会科学院出版社，1979年版，第339—371页。

4 毛泽东：《毛泽东选集》第2卷，人民出版社，1952年版，第597页。

11 世纪）的一般情况。嗣后随着社会生产力的缓慢发展，手工业和农业的分工，商业的渐次繁盛，从 11 世纪开始，以手工业和商业活动为主的城市就在西欧迤逦兴起。所以，在西欧，城市经历过一个毁灭和重建的过程。从某种意义上说，西欧城市是中世纪中期的产物。

（二）在所有新兴城市的居民里，各种行业的手工业者是主要的成份，他们的大多数原是农奴，其中有些是从封建庄园逃跑出来的，有些则是以向封建主交纳代役租为条件而进入城市的。农奴进入城市后，有的就逐渐成为商人、作坊主或富裕的师傅，能够对贫穷的帮工、徒弟和后来的农奴进行雇佣剥削。如同马克思指出的："在中世纪城市的幼年时期，逃跑的农奴中谁成为主人，谁成为仆人的问题，多半取决于他们逃出来的日期先后"[1]。富裕的商人、高利贷者和城市土地所有者，属于城市的上层。

（三）城市兴起初期，一般都受封建领主管辖。封建主对城市征取高额地租，竭力搜刮城市居民的财富。于是，在封建主与城市之间，普遍产生了冲突，使得城市不得不通过赎买、反抗等方式，谋求摆脱封建主的管辖，获得自治甚至独立的权利。不少城市由于逐步解除了封建主义的羁绊而使手工业和商业相应地得到发展，迅速地增长了资本主义的因素，孕育着近代资产阶级的胚胎。

和上述欧洲城市变化相联系的城市居民，构成了市民等级。从这个市民等级中，产生了最初的资产阶级分子。从最初的资产阶级演变成近代资产阶级，经历了一个长期发展过程。马克思、恩格斯在《共产党宣言》里写道："资产阶级在这种发展的每一个阶段，都有相应的政治上的成就伴随着。它在封建领主统治下是被压迫的等级，在公社里是武装的和自治的团体，在一些地方组成独立的城市共和国，在另一些地方组成君主国中纳税的第三等级；后来，在工场手工业时期，它是等级君主国或专制君主国中同贵族抗衡的势力，甚至是大君主国的主要基础，最后，从大工业和世界城市建立的时候起，它是现代的代议制国家里夺得了独占的政治统治。"[2]在欧洲，从市民等级变成近代资产阶级，是通过长期斗争，并在每一个阶段获得了相应的政治成就而实现的。

反观中国，城市发展的沿革同西欧就有显著的不同：

（一）在中国奴隶社会到封建社会的漫长年代里，每个城市虽各有

---

1 马克思、恩格斯：《资本论》，《马克思恩格斯全集》，人民出版社，1972 年版，第 818 页。

2 马克思、恩格斯：《马克思恩格斯选集》第 1 卷，人民出版社，1972 年版，第 253—254 页。

不同的盛衰荣枯的历史，但却没有像西欧那样在奴隶社会和封建社会之交城市同时毁灭，而到中世纪中期又普遍地络绎兴起的陈迹。查查我国从奴隶社会起就遐迩闻名的一些大城市的沿革，就大略可以看出，尽管多数的城址有所变迁，也各自都历经沧桑，但一般还能保有与古代约略近似的地位和景况。

（二）在中国的大中城市里，固然也有一部分是因手工业和商业的发展而兴盛起来，但更多的，则是同它在政治上的地位紧密联系。也就是说，多数城市的盛衰，首先取决于它的行政建置规模的大小。在城市的居民里，阀阅贵族，官宦世家，绅衿门第，富商大贾及依附这些豪富藉以谋生的人们，占到很大的比例。他们历来是城市居民的基本成份和主要来源。《儒林外史》描绘范进中举后，马上迁到城里，搬进了张乡绅送给他的一所宅第的情节，就是明清时代城市风貌的写照。农民当然也有流入城市的，但不像西欧那样占城市的主要成份是由逃离庄园的农奴组成。

（三）从秦汉以来，中国所有城市都一直在中央集权专制王朝的有效统治下，不曾发生统治权的变化。城市也没有通过赎买或反抗的方式获致某种程度的自治甚至独立。中国历朝皇帝，也不曾出卖或被迫授予某些城市以自治的特许凭证。虽然，从明代中叶以降，也断续地出现过工匠叫歇、罢市和城市居民抗捐抢粮等事件，但那只是和农民自发地反抗暴政和苛敛相类似，而不同于欧洲城市发生的为摆脱封建羁绊，力争自治，进而使城市与封建势力分庭抗礼的市民运动。

（四）特别要提到的是，中国封建时代城市内的商业和手工业，很大一部分是封建王朝控制之下，与封建剥削形式相辅并引而存在和发展的。就资本主义萌芽已在中国出现的明中叶到清代鸦片战争以前来说，上述现象仍然很明显，像与人们日常生活极为关切的食盐；其制作是由世袭官府匠籍的灶丁进行的，贩卖是由获得朝廷特许的盐商经营的。"驰名中外的江南丝织业，主要被置于朝廷钦放的"织造"的管理之下。精良的绸缎，大多数属于上解的贡品，而不是一般的商品生产。景德镇瓷器素享盛名，大抵良于巧匠，精细技艺，都集中于御窑，属商品生产的民窑，产品多简易粗俗"[1]。清嘉庆年间有人记载："今上（指嘉庆帝——

---

[1] 潘群撰：《关于清代前期景德镇瓷业资本主义萌芽的考察》（《中国史研究》1979年第2期）认为："清朝前期景德镇瓷业'官窑'仍占主要地位，还没有摆脱劳役经济的束缚，而受劳役经济学支配。"王欣撰《清代前期景德镇瓷业中官窑地位的考察》（《中国史研究》1980年第3期）持不同看法。就实际情况来说，景德镇瓷业一直是在封建官府制约下发展的。

引者）御极以来，诏从节俭，每年陶器需用无多，而陶工益裕矣。"[1] 这透露了封建王朝只要稍稍放松一点苛敛，手工业就能得到发展。对外贸易，在清代一直被那亦官亦商的十三行行商所垄断，旁人无从染指。至于开矿，历来就被封建统治者以所谓砂不"易聚难散，徒滋匪患"为理由，垂为厉禁；即使开采的矿山，也由统治者严加管辖，列入地方有司的政务之内。出资开采者，也必须依凭封建政治的、宗法的权势，才有利可图。

"这与16世纪德国国王、诸侯将领地内的矿山典给大贸易高利贷商行，再由商行将矿山转交企业主开采的作法"[2]，表现了截然不同的发展趋势。富商大贾，历来以充当官商为荣。"在清代的官商中，以内务府的皇商最为著名，其资本之雄厚，经营业务之广，与封建王朝的经济、政治联系之深，都超过以前历代的官商。皇商在清代的整个商人阶层中，占有重要的地位"[3]。他们的亏盈荣枯，很大程度上取决于与皇帝及亲贵内臣之间关系的亲疏好坏。在各帮商人中，徽（州）帮历来颇具声势，他们起家发迹的奥秘，就在于利用了封建主义的种种联系：在本籍，徽商几乎都拥有数量不等的土地；贸易营运，多数场合是利用封建性的佃仆制来弋取盈利；其子弟亲族，或以科第跻身官场，或因捐纳而顶戴辉煌，累世拥有坚实的封建政治势力以为后盾。徽帮的显赫，完全根植于封建宗法制的基础之上[4]。山西票号，可以说已具有储蓄、借贷和汇兑的职能。然而，它的兴盛，主要还不是因为手工业和商业的繁荣，而是同清王朝卖官鬻爵，贪污成风的政治相表里，实际上仍未脱离封建高利贷的窠臼。一位研究清史的学者有如下论述："中国的商品经济为满族贵族、官僚、地主腐化生活的需要，生产或交易的商品经济多为奢侈品、享乐用品，是封建经济的补充。而且商人、地主、官僚又往往是三位一体的，都投资于土地，都是地主。因为这种商品经济带有浓厚的封建性，它和封建经济不是对立的，而是为地主阶级服务的，是从属于封建经济的，对自然经济的分解力量较弱"[5]。这种论述是符合实际的。

总之，从明代中叶起，在中国封建社会内，手工业和商业确已有了缓慢的发展。但无庸置疑的是，其中仅有一部分具有雇用剥削和商品经济的性质，可以作为资本主义萌芽的标志；而另一部分，甚至可以说是

---

1 蓝浦：《国朝御厂恭纪》，《景德镇陶录》卷2，第2页。
2 前苏联科学院编：《世界通史》第4卷上册，生活·读书·新知三联书店，第193页。
3 韦庆远、吴奇衍：《清代著名皇商范氏的兴衰》。
4 显恩：《试论徽州商人资本的形成与发展》，《中国史研究》，1980年第8期。
5 吴量恺：《鸦片战争前清代的封建经济关系和农业中资本主义萌芽的缓慢发展》。

较大一部分，则并未越出封建劳役和封建经济的范畴，它的兴盛，主要是依赖各种封建性的联系而获得的，不像西欧中世纪后期城市的手工业和商业那样靠摆脱封建桎梏来推进自身的发展。所以，到明清时代，随着土地在更大范围内可以自由买卖，"地主、商人和高利贷者紧密结合，三位一体"的现象，益形普遍，"使商业资本和高利贷资本在颇大程度上从属于地主经济，加强地主经济，导致了地主经济的稳定和延续"[1]。而足以冲击地主经济的资本主义的萌芽，倒是相形见绌。

把西欧和中国城市的社会沿革作一对比，就不难理解，西欧城市是中世纪中期兴起的；它的发展，取决于手工业和商业的繁荣与否；经过与封建主的斗争，不少城市获得不同程度的自治甚至独立自主。与这种城市发展沿革相关连的居民，形成为市民等级。

中国封建社会里的城市没有上述沿革，更不曾出现任何一个获得自治，摆脱了封建羁绊的城市。因此，中国没有也不可能产生像欧洲一样的市民等级。不能认为，凡居住在城市里的人们，都具有市民等级的经历和特性。

然而，有了资本主义的萌芽，产生了市民等级，也不能经由自发的经济力量导向近代资本主义，形成近代资产阶级的。比如，意大利北部诸城市共和国威尼斯、热那亚、佛罗伦萨等，12 至 14 世纪，工商业已很繁荣，14 世纪至 15 世纪，那里首先稀疏地出现了资本主义的萌芽。可是，到 15 世纪末叶后，由于没有形成统一的国内市场等原因，它们的工商业却显著地萧条下去。城市大批的企业主、商人、银行家，纷纷转而兼并土地，变为地主；手工业工人相率离开城市，到农村去谋生。资本主义萌芽，夭折了，市民等级中的富裕阶层，不曾发展成为近代资本家阶级[2]步意大利北部诸城邦之后的，是称盛一时的德国北部诸城邦的汉萨同盟在 16 世纪的衰落。这表明，不是任何地方的市民等级在没有其他客观条件的配合下，单靠本身自发的经济力量就能够孕育出近代资产阶级。

封建社会内部孕育着的资本主义萌芽，要获得什么样的条件才能迅速地茁壮成长呢？在《资本论》第一卷里，马克思对西欧资本主义崛起的里程作过详细的论述。马克思指出："西欧的资本主义生产的最初萌芽，是在 14 世纪和 15 世纪出现的"[3]。但是，如果不是 15 世纪末各种大发现所造成的新的世界市场的贸易需求，资本主义就不可能摆脱萌芽状态那种"蜗牛爬行的进度"[1]，导致取代封建主义的胜利。所以，马克思写道："美洲金银产地的发现，土著居民的被剿灭、被奴役和被埋葬于矿井，对东印度开始进行的征服和掠夺，非洲变成商业性地猎获黑人的场所：这一切标志着资本主义生产时代的曙光"[2]。这种新的世界市场的贸易需求，大大诱发了欧洲一些国家经济、政治和社会意识的急剧演变。首先是英国，随后是法国及西欧、北欧各国，次第开始了资本原始积累的过程：征服殖民地，对殖民地居民施行残暴的劫掠和屠杀；从事争夺海上霸权的商业战争；利用国家权力，在各自的国度里剥夺农民的土地，推行国债制度、重税制度和保护关税制度等，大为促进资本主义生产方式取代封建生产方式的过程。经过如此一系列"用血和火的文字载入人类编年史"[3]的资本原始积累，以资本家占有近代机器工业为基础的资本主义制度，就在欧洲各国建立起来。

中国从16世纪中叶起，已经出现了资本主义的萌芽。然而，荏苒三个世纪，这个萌芽为什么不能借助那世界市场的贸易需求而得以茁壮成长呢？推究起来，原因大约是：

首先，没有享有自治权的城市，和与此相联系的市民等级。诚然，有了市民等级，并不一定会导致近代资产阶级的诞生。然而，没有它，却显然要妨碍资本主义萌芽滋长为近代资本主义。因为，没有市民等级，就缺乏与封建统治者分庭抗礼，推动资本主义因素发展的社会基础和政治力量；也就不易产生适应市民等级心理状态和物质利益的社会意识和文化生活，去为资本主义制度的确立开风气，造舆论；并缺乏一批批敢冒风险，富于进取心，贪利忘义，不择手段的冒险分子，去从事原始积累的活动为近代资本主义做历史的准备。

其次，中国封建社会工商业的很大的一部分不属于商品经济，手工业和商业从属于封建统治秩序，官商一体的成规习俗长期延即；即使是属于商品经济的工商业，也多少带有一定的封建性。从而使中国资本主义萌芽的成长既极为缓慢，且极为微弱，缺少足够力量冲破自然经济的覆盖，去取得发育壮大的阳光和养料。

再次，中国封建专制主义，源远流长，体质完备，一直顽强有力地

1 马克思、恩格斯：《马克思恩格斯全集》第23卷，第818页。

2 马克思、恩格斯：《马克思恩格斯全集》第23卷，第819页。

3 马克思、恩格斯：《马克思恩格斯全集》第23卷，第783页。

维护着封建经济基础，桎梏商品经济的发展。尤其是 17 世纪中叶后清王朝推行的限制对外贸易的"闭关政策"，更使得中国的资本主义萌芽处于与外界基本上隔绝的境地，不能同新的世界市场的贸易需求相接触，以致没有得到导致自身摆脱那种"蜗牛爬行的进度"所必备的条件。

中国封建统治者紧闭的大门，竭尽全力维护的自然经济的樊篱，从 1840 年发生鸦片战起，就很快被西方殖民主义者冲破了。

西方殖民主义侵入后，中国的自然经济加速了分解的过程，原有的手工业和商业首当其冲，大部分遭到程度不同的打击。随着侵略者的逐步深入，洋纱洋布排挤土纱土布，洋铁取代土铁，洋糖压倒土糖。轮船驱逐旧式木船，一个行业一个行业相继停滞、萧条，甚至一蹶不振。于是，曾经在部分手工业和商业里孕育着的资本主义萌芽，就接踵枯萎凋谢，得以幸存的为数不多。

中国自给自足的自然经济迅速分解，商品经济就加速锲入。这固然使外国侵略者获得日益扩大的倾销商品，掠夺农产品和原料的场所，也不能不为资本主义在中国的兴起提供某些有限的条件。这样，鸦片战争后不久，一个资本原始积累的过程，就在中国社会经济领域里依稀地显露出来。然而，中国的原始积累，是与社会向半殖民地半封建转化的灾难相辅并行的，同西欧各国有很大的差别。概括起来，其特点和弱点如下：

第一，中国已开始向没有独立的半殖民地社会转化，不仅不能对外进行殖民活动，而且自身已沦为欧美殖民者从原始积累和资本积累的对象。殖民者通过鸦片走私、战争、外交讹诈以及其他明劫暗盗等方式，抢掠中国的财富，囊括鲸吞，捆载而去。于是，中国的原始积累，就只能在极其有限、极其狭窄的范围内进行，致使为资本主义产生所作的历史准备，异常不足，异常贫乏。

第二，由于外国侵略者的掠夺，鸦片战前已伴随手工业发展而出现的中国资本主义萌芽，大多数横遭摧折。于是，在原始积累的过程中，就缺乏原来的手工工场作为发展的基础。中国新兴的近代企业，绝大部分是从无到有，把西方已有的企业成套地移植过来的。从而造成近代中国工业在技术、设备甚至原材料等方面对外国资本主义的依赖性，基本上缺乏自主的条件。

第三，如同列宁指出的："原始积累就是强使劳动者同生产资料分离，把农民从土地上赶走，霸占村社土地，实行殖民制度、国债制度、保护关税制度，等等。'原始积累'在一极造成'自由的'无产者，在另一极造成货币所有者即资本家。"[1]无疑，在鸦片战争后，由于外国资本主义的狂暴侵略和封建统治者的加重剥削，确曾加速了中国劳动者同生产资料分离的过程：一批批的手工业者破产失业，许多农民无以为生，被迫离乡背井。然而，这种情景，事实上在鸦片战前就已经延续了很长一段时期。一则是中国封建社会后期大部分土地可以自由买卖，农民虽基本上被束缚在土地上，但即使是佃农也拥有某种限度的退佃迁徙的自由；再则是从18世纪中叶到19世纪中叶，中国人口有一个大的增长。"据统计，乾隆十八年（1753年）人口计183 678 259口，到道光二年（1822年）即增至372 457 539口，增长两倍多，而上述两个年份的垦田数则仅由7 352 218顷增至7 562 102顷，增长不到百分之三"[2]。这种人口和耕地增长极不协调的状况，久已酿成农村人多田少，粮食生产供不应求的问题，从而使得鸦片战争以前就存在着游民流徙于道路，徒手求食于市廛，和大量穷人出洋谋生的现象。可以说，作为发展资本主义的前提条件之一劳动力市场，在中国，并不像欧洲那样，必须通过原始积累的过程，凭借经济的、政治的暴力，强使劳动者与其生产资料分离才能出现。只是当中国发生了原始积累之后，加快地驱使更多的农民和手工业工人加入"自由的"无产者的行列，使得原已存在的劳动力市场像洪水泛滥似急剧地扩大着；在这个市场里，劳动就业竞争很激烈，工价异常低廉。因此，在中国创办的外国的、本国的近代企业，有极为充足、极为低廉的劳动力供其雇佣。以致中国近代工人的工资属于世界最低水平之内，遭受着较欧美各国工人更为沉重的压迫。

第四，中国封建社会没有产生过市民等级，而地主、商人和高利贷者三位一体的传统，沿袭不便。因此，当中国资本原始积累出现后，在这个过程里造成的另一极，即积累了财富的人们，就主要是一部分的地主、官僚和包括买办在内的商人。也就是说，中国的资产阶级主要是从封建阶层中分化出来的。这种情况，给中国资本主义的发展和资产阶级的性格都遗留很大的影响：

其一，由于中国资本原始积累是在极为狭窄有限的范围内进行的，为兴办近代企业所积累的资金已是异常贫乏。而地主、官僚和商人（买办）于兴办企业时，一般地是在继续保持原有的剥削关系的前提下来投资认股的，这就愈加造成了中国社会资本主义企业兴办和发展中筹集资

1 列宁：《卡尔·马克思》，《列宁选集》第2卷，人民出版社，1972年版，第593页。
2 孙毓棠、张寄谦：《清代的垦田与丁口的纪录》，《清史论丛》第1辑，中华书局，1979年版。

金的迟缓和困难。同时，在半殖民地半封建的近代中国，地租和商业高利贷的收入，对剥削者仍具有很大的诱惑力；当买办，更被认为是发家致富的捷径。所以，地主、官僚和商人在已经向资本家转化之后，他们还是经常会留恋着地租和高利贷剥削；买办，则对于到外国侵华企业去"附股搭办"表现出更大的兴趣。甚至，企业通过雇佣剥削所获得的赢利，也常常被他们重又注入封建剥削的关系中去。因此，中国近代资本主义从 19 世纪 70 年代产生起，就一直无法摆脱资金少，规模小，经济为量薄弱的处境。

其二，既然中国资产阶级是由一部分的地主、官僚和商人（买办）转化而来；在一批批相继转化的过程中，他们又一般地完全或部分地保留先前的剥削关系，仍然兼有原来的社会身份。因此，中国近代资产阶级的各个阶层，就都不同程度地一直保留着同封建势力之间的血缘关系；当买办转化的，则多数不能改变依附外国侵略者的习性，这类血缘联系的亲疏，是中国资产阶级划分不同阶层的主要标志。民族资产阶级政治上的软弱性，及对帝国主义、封建主义的妥协性，也显然能从这类血缘联系探索到历史渊源和经济原因。

中国的资本原始积累是在一级积累贫困绰绰有余，一级积累财富严重不足的畸形情况下进行的。由于没有市民等级，因而一部分的地主、官僚和商人，沿袭中国封建社会官商一体的传统，充当了近代资产阶级的前身。这对中国近代资本主义发生发展的全过程，资产阶级的性格和政治态度，都给以极为密切的影响。

二、早期官僚资产阶级与洋务运动

19 世纪 60 年代，中国开始出现本国的近代机器工业。它是洋务运动发端的标志之一。

洋务运动是什么性质的运动？它对中国历史的进程产生什么样的影响？洋务派的阶级属性为何？这些是迄今还聚讼纷纭的问题。

不少研究者认为，洋务运动是清王朝投靠资本主义列强，并与之结合，以谋求稳定其反动统治的产物。倡导和推行这一运动的洋务派，使封建统治集团中接受外国侵略者扶植的当权派别。运动的进程和后果，除了起到配合外国侵略者加快加深中国社会的半殖民地化的作用外，并无其他积极意义。

我原来基本同意上述看法。但近年联系中国资产阶级的发生和发展进行考察，就渐次持不同见解。因为，洋务运动虽包括设立总理衙门，处理同各资本主义国家之间的外交关系，编练新式陆、海军等措施，而究其对中国社会的影响，则应首推兴办一系列官办、官督商办的军用企业和民用性企业。而官办、官督商办民用性企业，在学术界也有较一致的意见，即认为它基本上是近代资本主义企业，至19世纪末，这批企业一直占主要地位，多少为中国的机器工业奠定了薄弱的基础。既然这样，它能不影响到洋务运动的性质吗？把持这些企业的洋务派，其社会属性不会因此产生变化吗？显然，把洋务运动和资本主义经济的发展联系起来研究，应是探讨洋务运动起因、性质和后果的主要根据。

如同前面谈到的，由于中国封建社会没有产生像欧洲那样的市民等级，从而使一部分的地主、官僚和商人充当了近代中国资产阶级的前身。然而，在这一部分人当中，很有可能较早地积累起稍多的财富，并首先产生创办新式企业的意识呢？这无疑要取决于同外国侵略者关系的亲疏和本身权势的大小。据此，则因镇压太平天国起义而发迹的军阀官僚，在各通商口岸暴富的买办势力，具有比一般的地主、官僚、商人更为优越的条件。事实也确是如此。19世纪60年代，即先后有曾在宝顺洋行当过买办的候补通知容闳、沙船商人赵立城、道员许道身、与外国势力有联系的"吴南记"等好几批兼具官、绅、商（买办）身份的"商人"，向两江总督曾国藩禀请设立轮船公司；同时，洋行买办和买办化商人雇、买洋船在各通商口岸住来营利的现象，也很普遍"[1]。而仿设棉纺织厂的拟议，则更早一些，大约50年代末就已初显端倪。"到1865年，顷就传闻有买办商人和外国资本家聚议招股设厂纺织，并自制颜料以备染布"[2]。这说明，在中国兴办资本主义近代企业的契机，已经在一些买办、官僚的动向中显露出来。

但所有禀请设厂的说帖，都没有得到批准，主要的原因，是由于以曾国藩为首的洋务派正集中力量镇压太平天国余部、捻军和各少数民族的起义，多方聚敛的若干款项，还不够几处新办的军事工业的支销，事实上顾不到，也还没有考虑民用工业的筹建问题。当时，设了新式企业是惊世骇俗的事情，没有官方的准许是无法建立起来的。

然而，转入19世纪70年代，情况就发生了变化。一则是以太平天国为主、绵延近20年的各族人民起义基本上都被镇压下去，清王朝幸

1 张国辉《洋务运动与中国近代企业》，中国社会科学出版社，1979年版，第131—138页。
2 经元善：《居易初集》，转引自《从上海机器织布局看洋务运动和资本主义发展关系问题》。

而逃脱倾覆的危机，赢得了号称"同治中兴"的暂时稳定局面；洋务派集团稍得喘息，已有余力来兼顾民用企业的兴建问题。再则是，正在中国社会经济领域中逐渐浸润的畸形的原始积累，已略有进展：劳动力价格极为低廉的市场，加速在扩大；商品经济在部分地区正逐步取代自然经济；"少数人，主要是买办和通商口岸与外国势力有联系的新式商人，已积攒起一定的货币财富"[1]，兴办新式企业的前提条件初步具备。还有，曾国藩、左宗棠、李鸿章等洋务派首脑从1861年起就着手兴办近代军用工业，较大的几处为江南制造局、金陵制造局、福建船政局、天津机器局等，都已陆续开工修造船械弹药。尽管这些军事工厂并不属商品生产，而多数还实行着封建性的劳役制，但毕竟采用了近代资本主义的机器和技术，不能不因此带入了某些资本主义的新因素。更重要的是，随着军用工业的筹办，资金、原材料、燃料，以及相应的新式交通运输，就一一成为亟待解决的事项。从而促使洋务派感到有必要创办民用性工业和交通运输事业，既藉以积累资金，又可适应军事工业的需要。于是，最早一批洋务派的民用企业就相继产生。

洋务派有权势，但聚敛的货币财富仍不足。买办势力则早就有依托清朝权贵以取得某些特权和优惠条件来兴办企业牟取利润的愿望。这样，当资本主义企业产生的条件具备的时候，两者就结合起来了。19世纪70年代先后着手举办的几个较大的官督商办企业，从筹款到开工生产，都清楚地显露了这种结合的痕迹。

"1872年开始筹设的轮船招商局，初创时，除李鸿章入股5万两，拨借直隶练饷（扣除预付利息及其他）折银约12.3万余两外，一般商股招徕不多，资金严重不足。到次年，由于大买办唐廷枢、徐润的入伙，并分别出任总办会办，才很快招齐了第一期的股本100万两，徐润名下的达24万两。在招商局初期商董中，买办和买办化商人占多数"[2]。1876年李鸿章派唐廷枢创办的开平煤矿，资金是怎样筹措的呢？据熟悉内情的人透露："溯招商局、开平股份，皆唐、徐诸公因友及友，辗转邀集。"[3]，足见开平煤矿的投资者当中，属买办阶层的为数少。至于棉纺织厂，则从19世纪60年代起即不断有外国洋行伙同中国买办势力

---

1 据《洋务运动与中国近代企业》第123页，从1840年鸦片战争后，20年中积累在买办阶层的资金积累当达2000万到3000万元左右。

2 张国辉《洋务运动与中国近代企业》，中国社会科学院出版社，1979年版，第148—149页。

3 经元善：《居易出集》，转引自《从上海机器织布局刊看洋务运动和资本主义发展关系问题》。

合谋购置机器运输入口，设厂纺纱织布的活动。1878年，经李鸿章批准筹办上海机器织布局的彭汝琮，与买办势力有密切关系，他向李鸿章提请札委的会办郑观应、唐汝霖、卓培芳和长康4人中，前3人都具有买办的身份。次年，彭汝琮离去，主持布局的几度易手，官僚—买办—官僚赓相嬗替。还有1880年创始的电报局，起初主要是官款，1882促改为官督商办，由郑观应和买办化的官僚盛宣怀主持其事，郑、盛也是主要的投资人。虽然，到90年代前后这些企业的股份有所变化，但买办势力与洋务派官僚结合，给洋务企业打下一个稍具规模的基础，则是不能否认的事实。

在中国资本主义兴起阶段（1872～1894年），官办、官督商办一类民用企业，在全部近代企业中占绝对优势。如果将这一阶段有资本额可查的72家近代企业加以考察，则情况如下表[1]：

1872～1894年企业资本额

类别	厂矿数	资本额（千元）	占总资本额的%
商办	463	90 792	76.3%
官督商办、官办	86	2 949	23.7%
合计	594	120 288	100%

从上表可以看出，洋务企业厂矿数不多，而资本额则是商办企业的4倍，成为当时中国近代民用企业的主要成份。

应当指出，洋务派兴办民用企业，除了积累资金，牟取利润，为维持和扩大军用工业筹措经费外，还着重考虑到政治、军事上的需要。开办轮船招商局原来就计议"分运漕米，兼揽客货"。"无事时可运官粮客货，有事时装载援兵军火"[2]。创设开平矿务局，是希冀"从此中国兵、商轮船及机器制造各局用煤，不致远购于外洋"[3]。而架设电报，则"实为防务必须之物"[4]。尽管洋务民用企业一般成效不高，也没能使清王朝与漕运、军工、防务等方面产生显著的变化，但就洋务派的设想来看，它是被摆在极为重要的位置之上的：军事工厂赖以经常接济；新式海陆军赖以得到燃料、装备和通讯联络；皇室贵族、内外百官、旗绿将士所

1 严中平等编：《中国近代经济史统计资料选辑》，科学出版社，1955年版，第93页统计表计。
2 《李文忠公全书·奏稿》卷25，第4、5页。
3 《李文忠公全书·奏稿》卷40，第42页。
4 《李文忠公全书·奏稿》卷38，第16页。

仰给的漕运得以畅通；其他洋务新政赖以配合进行。通过以富求强，达到寓强于富，使得颠顶积弱，窘乏腐朽的清王朝由此而强盛起来。显然，官督商办一类民用企业实为洋务派所依存的经济基础之一（另一基础是封建地租和高利贷剥削），是被作为洋务新政的杠杆而致力经营的。李鸿章所以远远凌驾于曾国藩左宗棠之上，成为19世纪后期左右朝政的权臣，虽有多方面的原因，然更主要的还是他控制了轮、矿、电（报）、纺几大企业有以致之。张之洞所以在甲午战后声势值赫，无疑是和他在湖北创办了钢铁、纺织、枪炮等若干企业相联系。当然，无论是李鸿章还是张之洞，都不是自觉地朝着资本主义的道路迈步，但他们的所作所为，实际上是在领着一部分地主、官僚和商人（买办）开始实行向资产阶级转化的历史任务。

既然官办、官督商办民用企业在中国资本主义兴起阶段占主要成份，又是洋务运动的杠杆和基础，那么，把洋务运动作为中国资本主义发生发展全过程中的一个阶段来考察，应该说是符合历史实际的。然而，就官督商办一类民用企业的特点，洋务派的政治地位等方面来看，洋务运动并不意味着民族资本主义的兴起和成长，而是以中国早期官僚资本主义的产生和初具规模为其内容的。把持这类企业的洋务派，则堪称早期官僚资产阶级的政治代表。

把洋务企业定为早期官僚资本，在我国学术界大体没有异议，分歧在于如何看待它对中国社会所发生的作用：是进步的，还是反动的？如果两者都有，则何者是主要的？要做出答案，得从下述几个方面进行剖析。

（一）前面已经提到，当中国社会开始粗略地具备了产生资本主义的历史条件的时候，因镇压太平天国而崛起的军阀官僚和在通商口岸暴富的买办势力，比一般地主、官僚和商人占有更为便利的地位和宽裕的货币财富来兴办新式企业。而在当时境况下，如同郑观应谈到开矿时说的："全恃官力则居费难筹，兼集商货赀则众擎亦举。然全归商办则土棍或至阻挠，兼倚官威则吏役又多需索。必官督商办，各有责成。商招股以兴工，不得有心隐漏；官稽查以徵税，亦不得分外诛求，则上下相维，二弊俱去。与《会典》'有司治之，召商开采'之言，亦正相符合也。"[1]事实上，创办工厂航运等企业，也和开矿类似。这反映了在封建政治、经济、文化思想和风俗习惯等均以腐旧的中国社会里，亟待兴起的资本主义企业如果不依托一定的封建联系，就很难建立起来。可以说，官督

---

1 郑观应：《盛世危言》卷4《开矿上》，上海人民出版社，1982年版。

商办是19世纪70年代有助于新式企业在中国兴办的一种经营管理形式，它给积累于一部分地主、官僚和商人（买办）手头的货币财富提供了转化为资本的场所；若干规模较大的企业也正是借助这种形式建立起来的。否则，资本主义在中国的发生也许要更迟缓和更加微弱。但是，由于封建统治者不能改变其专制贪婪的本性，洋务派集团没有真正恪守"官为护持，商以承办"的原则，而是把企业当作封建官僚机构的一个新的组成部分，使之成为委官放缺、贪污行贿的官僚衙门，按封建官场的惯例搜刮朘削；清王朝并经常摊派捐款，责令报效。以致多数企业经营不善，连年亏折，成效微小。新的生产力被衰朽的封建制度所禁锢，投入其中的商股遭到侵渔。从这方面说，官督商办又不啻是抑制和损害资本主义的牢笼。不过，权衡利弊，前者是主要的，后者是次要的。

（二）不能认为，洋务派创办军用和民用工业都是专门为了镇压和防范人民起义，徒然产生配合外国侵略者变中国为半殖民地的效验。就军用工业而言，江南制造局和福建船政局是较大的两处局厂，两处历年制造的兵船，曾分别编入广东、福建、南洋、北洋四支水师，并担负修理南北洋水师舰船的任务。即使这些兵船械劣行缓，不堪任战，也总归是为了建设海防。况且，北洋水师并不是没有战斗力的。而左宗棠设置的兰州机器局制造的械弹，毕竟是专供收复新疆的需用。待到新疆军事结束，这个机器局也就于1882年撤销。大的军事工厂，如江南制造局、福建船政局，还设局译西书，设学堂传习西学，多少具有传播新式科学技术的作用。显然，笼统地把洋务军事工业一概视为对外屈服、对内镇压的事物，是不妥当的。至于洋务民用企业，虽经营不善，成效不著，但也不能否认，大部分也都对外国侵华活动有所抵制。轮船招商局于1872年开办后，到1881年，"长江生意，华商已占十分之六，南北洋亦居其半，……统计九年以来，华商运货水脚，少入洋人之手者，约二三千万两"[1]。"开平煤矿经营较好，从19世纪80年代起，产量迅增，显著地抵制了天津市场上的洋煤入口，在1889年后的数年间，洋煤几乎在天津绝迹"[2] 上海机器织布局于1892年全部投产后，产品运销各口岸，利润优厚，足见它还是具有同外洋人口纱、布竞争的能力。只是，一来是帝国主义列强正竭力扩大对中国的商品输出，洋货像潮水似的涌入，

---

1 中国科学院近代史研究所史料编辑室编《洋务运动》第6册，上海人民出版社，1961年版，第59—60页。

2 孙毓棠编：《中国近代工业史资料》第1辑下册，人民出版社，1957年版，第608页表17。

充斥于中国市场，竭全力排挤中国产品；二来是官督商办一类企业发展迟滞，产品少，质量偏低，显得无力与洋货匹敌，不能在"商战"中克敌制胜。而且，在另一方面，洋务军事工业确有不少是基于镇压人民的需要而设置的，它和官僚商办民用企业，都或多或少存在对外国侵略者的依赖关系，表现了程度不同的买办性。但是，比较起来，前者是第一位的，后者是第二位的；尤其是 19 世纪 70 年代以后的洋务工业，更应当这样评判。

（三）人们习惯于用洋务派酷于对内，怯于御外，向侵略者屡次妥协投降的事实来评价洋务运动，据以认为它是一个反动的、配合侵略者变中国为半殖民地的运动，这是需要分析的。应当认为，洋务派推行洋务新政是没有过错的。如同前面所述，他们无非是顺着资本主义在中国产生的动向而作了符合自身利益的措施。在一个生产力水平低下，长期闭关锁国，百业停滞的国度内，引进外国先进的机械技艺，设置新式企业，是大好事；顽固派胶执于祖宗之法，念叨着夷夏之辩，拒绝任何应有的、可能的改革，是不值得赞赏的。在一个武备松弛、军队腐朽的国度里，借资西洋利器，设局仿造，筹办海防，是理所当然的；顽固派那种"以忠信为甲胄，礼义为干橹"[1]的主张不可能御侮图强。所以，洋务派应当受到谴责的，不是推行了洋务新政，而是他们推行不力，玩忽职守。以致所谓"制器练兵"缺乏实效，不能胜任御侮图强的责任。甚至自己也承认，各级器局厂所造械弹"以剿内寇，尚属可用，以御外侮，实未敢信"[2]。而创办民用性企业，也迁延拖沓，连原来设想"略分洋商之利"的目的都没能达到。尤为甚者，是他们同顽固派一样，由于本身的腐朽，且怀着不顾民族安危，只图一时苟安的卑劣意图，在多次抗御侵略的战争和外交谈判中，畏葸怯懦，屈膝求和，更应当加以诛伐。然而，这都不能归咎于搞了洋务。确切地说，讲究洋务在当时是一种进步事业，而对外妥协投降，招致了民族的灾难，则是因为包括洋务派在内的整个封建统治者的腐朽无能，和从鸦片战争起就一直奉行"攘外必先安内"[3]的反动政策。

因此，19 世纪 60 年代至 90 年代的洋务运动的性质和作用，归结起

---

1 中国科学院近代史研究所史料编辑室编：《洋务运动》第 2 册，上海人民出版社，1961 年版，第 33 页。

2 《李文忠公全书》卷 24，第 13 页。

3 （清）贾桢等编辑：《道光二十二年二月二十八日上谕》，《筹办夷务始末》（道光朝），中华书局标点本，1979 年版，第 1704 页。

来，可以大致认为，洋务运动是一部分军阀官僚和买办势力相结合，把自身的经济、政治利益同正待兴起的资本主义生产方式联系起来的一段历史过程。创办官办、官督商办军用工业和民用企业，是这个运动的杠杆。其目的是企图使封建统治转到官僚资本的经济基础之上，导致国家的富强。这个早期官僚资本不同于19世纪末年起那种依赖奴役性外债，以出卖国家主权去攫取利益的浸透了买办性的官僚资本。中国近代工业也毕竟通过这个途径而初具端倪。所以，早期官僚资本虽一开始就具有反动本质，但也包含着若干进步性因素。然而，由于洋务派运用封建体制和官场惯例来经营管理近代企业，企图借封建专制主义去羁縻资本主义，以稳定清朝的统治；从朝廷到地方官吏，又对这种新的经济肆意侵渔，多方朘削。以致洋务企业多数进展迟钝，不著成效，所谓制器练兵，筹办海防，也虚浮不实。在帝国主义列强频繁狂暴的侵略下，倡洋务以求富强的方案，终于宣告破产。

洋务企业的基建资金，除买办势力认股投资外，主要是来自关税、厘金、练饷、藩库等官方拨借的款项；开工生产后，则由于经营不善和官吏的侵害中饱，不少企业无法通过本身的资本积累来维持和扩大生产，仍要仰赖官款周济。因此，洋务派的政治身份既是十足的封建军阀官僚，在经济上也主要依靠封建关系推行他们的新政。所以，洋务派只是开始显示了向官僚资产阶级转化的趋势，而不能说他们已变成了一个官僚资产阶级集团。

洋务运动的彻底破产，是以中日甲午战争中清政府海陆军的溃败和屈膝议和为标志。事也凑巧，在这次侵略战争中获胜、气焰嚣张的日本，也是19世纪60年代开始推行明治维新，逐步实现资本主义化的。日本明治维新为什么有成效？中国洋务运动为什么成了画饼？是饶有兴味、耐人寻味的课题。

当然，一些具体条件的不同，是导致中日两国改革后果不同的原因。如明治维新前，日本国内资本主义因素在社会经济领域内所占的比例，较中国高，西方侵略势为对日本政治、经济操纵的程度，比中国小，而在改革过程中遭受的外来侵犯和干扰，中国又远比日本多；等等。然而，究其决定成败的主要差别，还在于明治维新是一次不彻底的资产阶级革命，洋务运动，则是中国最早一批地主、官僚、商人（买办）向官僚资产阶级转化过程中在社会生活各个方面的反映。因此，两者表现了以下实质性的差异。

第一，明治维新是以日益失去封建性权益的中下级武士为骨干推动起来的。洋务运动是由因镇压农民起义而封建权势暴长的军阀官僚推行的。

在日本，为数约 40 万的中下级武士，加上他们的家属和与之有联系的人们，是一个对社会生活极有影响的集团。这个集团由于原有封建性政治、经济地位的急剧低落，已逐渐地降尊纡贵去投靠商人和高利贷者，或经营小商、小手工业以营生，或改业当教师、医生以及从事城市其他自由职业。他们的身家，已同资本主义的发展日益休戚相关。因此，他们在商人、高利贷者和手工业企业主等的支持下，积极要求和推进资本主义的维新，并为排除阻碍维新的各种顽固守旧势力而斗争。这是使明治维新得以顺利开展和获致成效的主要社会基础。中国的洋务派，是依靠迅增暴长的封建权势，借助了一定的买办财富来创办和经营近代企业的。他们最多只能尽力减少顽固势力的制肘，而不敢也不愿扫除封建主义的羁绊，也不愿摆脱对外国资本主义的依赖。这个集团的社会基础很狭小。他们实际上是按照自身的利益，本能地向着既把持近代企业，又借封建性的垄断去排斥民族资本的官僚资产阶级转化。这就决定了他们的转化是极其缓慢的，是不可能使中国富强起来的。

第二，明治维新借助了农民的起义和城市居民的骚动对封建统治的冲击。洋务运动是在镇压了农民起义，封建王朝暂时稳定的情况下开展的。

在明治维新前后，日本连续爆发了农民起义和城市居民的暴动，对幕府政权和封建势力给以不断的打击和削弱，为中下级武士发动的倒幕运动创造了有利的形势。在推行维新后，明治政府也在农民不断反抗的压力下，施行一些对农民稍稍有利，也有助于资本主义发展的措施。而中国搞洋务运动的军阀官僚，原就是镇压农民起义而起家发迹的。在推行洋务新政期间，也不曾发生较具规模，足以冲击封建统治秩序的农民和城市居民的暴动。因此，洋务企业只能在重重封建束缚下挣扎图存，缺乏强劲有力的人民群众的斗争去冲决那封建网罗，使新的生产力得到解放。洋务派企图自我蜕化，而又作茧自毙。

第三，明治维新经过倒幕战争，实现了政权的易手。洋务运动是在旧政权基本上原封未动的情况下开展的。明治维新是在以中下级武士为骨干，联合各种资本主义前驱势力，利用天皇的权威，通过几度内战，推倒了幕府，恢复了天皇对全国的统治之后推行起来的。开始，明治政府尽管也是一个封建政权，但终究经过了权力的更易，并大体改变了原先的封建割据局面，因而更具备向资本主义转化的条件。而洋务运动，则是在清王朝内部权力没有重大改组，封建统治秩序没有根本变化的情况下开展的。因此，这个王朝不可能革除沿袭已久的因循守旧、颓预泄沓的积习，收到除旧布新的实效。

第四，明治维新是天皇政府主动自愿，从上到下贯彻施行的。洋务派推行新政，从朝廷得到的支持极有限，而遭到的阻挠则较多。

在日本，天皇政府是倒幕运动的受惠者。掌握天皇政府和萨摩、长州等强藩政权的公卿和武士，既策动倒幕，也倾向改革。因此，明治维新是在天皇政府和诸强藩当政者较为一致的场合下产生的，故能顺利进行，易见成效。在中国，热衷洋务的主要是一部分有实力的总督、巡抚。朝廷上，他们只有恭亲王奕䜣集团的支持，而为顽固的亲贵大臣所反对。实际具有皇帝权力的慈禧太后，一贯操纵于顽固、洋务两派之间，以巩固自己的权位，又把洋务派企业视作新的财源利薮，向各企业勒索"报效"，更挪去海军经费修建颐和园。且倡导洋务的多属汉族军阀官僚，故遭到满族亲贵的忌刻也是可以想象得到的。所以，洋务运动远不如明治维新那样能顺利进行，它的缺乏成效，弊窦丛生，与清朝同、光间统治集团内部的倾轧不无关系。

应当指出，由于封建生产关系还在日本农村占主要地位，天皇制度也保留着相当多的封建成份，资产阶级经济、政治力量都较微弱，因而明治维新只能算一次不彻底的资产阶级民主革命。但尽管如此，它的成效仍是中国的洋务运动所不能比拟的。以一部分军阀、官僚、买办开始向官僚资产阶级转化为主要内容的洋务运动，是决不可能振衰起敝，把中国从贫弱导向富强之境的。

三、还没有独立社会地位的民族资产阶级和戊戌变法

"戊戌变法是代表什么阶级利益的政治运动？按我国近 30 年来学术界较一致的看法，它反映了民族资产阶级上层的利益和愿望"[1]。

这种看法与史实有出入。因为，作为一次政治运动，戊戌变法并不是 1898 年那一年内发生的事变，其肇端发轫，最迟也要溯至 1895 年的"公车上书"。据此推算，民族资产阶级上层在此之前就应当存在。既有上层，自然有中下层的差别。这就意味着民族资产阶级已经形成为一

---

[1] 翦伯赞主编：《中国史纲要》第 9 章第 7 节"资产阶级维新运动——戊戌变法"，人民出版社，1964 年版，第 82 页；侯外庐主编：《中国近代哲学史》第 4 章"戊戌变法时期的社会思潮和哲学思想"，人民出版社，1978 年版，第 164 页；《中国近代史》第 4 章"戊戌变法和义和团反帝爱国运动"，中华书局，1979 年第 2 版，第 270 页；等等。

个独立的社会阶级。然而，就实际情况而论，那一阶段民族资本的规模和社会影响，还没有产生此种结果的可能。

19世纪70年代，与洋务官督商办一类民用企业兴起的同时，另一类用商办名义经营的企业，也稀疏地陆续出现。商办企业以1872年广东南海的继昌隆缫丝厂为嚆矢，到1894年，即一般称作中国资本主义兴起阶段，在缫丝、火柴、面粉、轧花、造纸、制茶、玻璃、碾米和挖煤、采矿等行业中，逐渐产生。按性质来说，商办企业一般属于民族资本，投资的地主、官僚和商人（包括买办）等，则因此开始了向民族资本家转化的过程。

商办企业是同官督商办一类企业同时产生、并行共存的一类企业，标志着中国资本主义已开始就循由两种方式、两个途径成长着。前者繁衍为民族资本，后者则逐步具备官僚资本的雏形。在中国资本主义兴起阶段，早期官僚资本占压倒优势。"前节所示1872年至1894年间72家本国企业资本额的统计表，大体反映了这种情况。在总资本额中，官督商办一类占到77.6%，而商办企业仅占22.4%。商办企业数量虽较多，但其全部资本额的总和，还远逊于轮船招商局一家最高年份的资本（1882～1883年资本计530余万两），平均下来，每家只有8.8万多元。官督办企业数量较少，但平均每家资本为85.3万余元。相形之下，商办企业充分显露了资金少，规模小，根底薄弱的景象。而且，如果把同时期外国资本在华企业的状况拿来比较，则民族资本的微弱，就更明显。1894年时，外国资本在华近代工业的资本额总计19 724千元"[1]。前节所列统计表内合计本国厂矿资本额的总数计20 902千元，是1872至1894年历年累计的数字，其间有些厂矿已在1894年前就因亏折而停闭，故到1894年时，实际资本额应低于上开累计数字。按实际情况，外国资本在华企业同本国企业大体处于平分秋色的地位。这样，在整个中外企业的资本额里，属于中国民族资本的份额就大约只占到11%左右的比例。民族资本如此微不足道的境况，怎么能为民族资产阶级获得独立的社会地位提供必要的物质准备呢？

既然一部分的地主、官僚和商人是中国资产阶级的前身，那么，这一部分人由原来的成份转变成资本家的成份，当然不可能是一蹴而就，其间必有一个转化的过程。对每一个从事这种转化的人来说，当他开始向新式企业投资的时候，多少都抱有试探的心理，通常是不会很快放弃

---

1 孙毓棠编：《中国近代工业史资料》第1辑上册，科学出版社，1957年版，第247页。

原来的剥削方式的。在资本主义兴起阶段，类似现象尤为明显。一位编辑《中国近代工业史资料》的研究者指出："民族资本的企业不仅资本少，而且独资经营的少，绝大部分都采取集股经营的方式。股份公司当然是一种较进步的企业组织形式，然而当时民族资本采用这种形式并不能表示经营方式的进步；实际上它却反映着民族资本资金的不足，同时反映他们向近代工业投资时惧怕困难，惧怕亏折失败，畏葸不前。"[1] 这种情况，正说明当时向商办企业大量投资的人是很少的，多数的投资者大抵还采取尝试的态度，一般都没有舍弃原来的剥削和营利手段。同时，也不是开始出现这种转化现象就立刻产生一个独立的资产阶级，必然要达到一定阶段，表明这些转化出来的人们确已具有独立的经济地位的集团，才可作为民族资产阶级形成的标志。资本主义兴起阶段向资本家转化的那一部分人的情况大体如何呢？上述《中国近代工业史资料》的编者有过如此估计："有些企业主已完全是工业资本家了；但大部分企业主则是一方面拿出一部分财富投资于新式工业，另方面仍握有大量的土地，经营着钱庄、典当、商号，并且同时还是在补的或候补的官僚。这民族资本近代工业发生时期是旧社会的商人、地主、官僚通过新式企业的经营开始逐渐蜕变转化为民族资产阶级的时代。这蜕变转化的过程是复杂的、曲折而缓慢的。到了 19 世纪末叶，这转化过程还只开始不久，距离它的完成还很远很远。"[2] 这位编者的估计是符合实际的。情况表明，在中国资本主义兴起阶段，民族资本既那样微末，而说得上成了资本家的也只少数，大部分还主要同旧的剥削形式仍然联系在一起。这就意味着向商办近代企业投资的人们大多数正处于陆续地从母体里分化出来，还不曾获得独立的经济地位的状态，从而说明民族资产阶级还不能形成为一个独立的阶级。

还需要提到，在资本主义兴起阶段，中国还几乎完全没有与民族资本经济相适应的文化教育事业，也基本上没有资产阶级的知识分子。要求发展商办企业、改革封建专制制度，实行君主立宪，提倡新学、西学的呼声，是通过地主官僚中的革新人士撰文著述，游说上书的方式发出来的。由著名的维新思想家、活动家康有为、梁启超、严复、谭嗣同等发起的变法政治运动，是以 1300 多会试举人的伏阙上书为序幕的。这就恰当地反映那时民族资本阶级还没有独立的政治地位，还没有自己的

---

1 孙毓棠编：《中国近代工业史资料》第 1 辑《序》，科学出版社，1957 年版。

2 孙毓棠编：《中国近代工业史资料》第 1 辑《序》。

知识分子,还不能不借重封建士大夫来充当代言人的依人篱下的处境。

确切地说,戊戌变法时适应性将形成的民族资产阶级的要求,由正向资产阶级知识分子转化的地主官僚革新派人士倡导的一个政治运动,而不是民族资产阶级上层发动的。迄至目前,几乎还没有任何确凿可信的史实足以证明,在戊戌变法以前就存在着一个民族资产阶级上层。

戊戌维新的历史意义为何?近30年来,对它的评述是愈来愈偏低的。一般既肯定它的爱国和进步意义,但又指责它本质是反动的。作出这种论断,看来是因为戊戌变法被定性为资产阶级的改良主义政治运动。

能把戊戌变法称作改良主义政治运动吗?这首先就得辨明改良主义的涵义和作用。确切地说,改良主义是随着无产阶级社会主义运动逐渐上升而产生的一种反动的社会思潮和理论,是资产阶级用来抵制无产阶级革命的政治逆流。它宣传无产阶级只需等待进行不触动资产阶级剥削制度根基的逐步改良,而用不着开展推翻资本主义的革命斗争。它的社会基础是被资本家收买的资产阶级化了的工人贵族。很明显,不是任何社会、任何阶级或阶层的人们提出维新变法或社会改良的主张,都可以谥之为改良主义。就戊戌变法来说,就不宜赋予改良主义运动政治运动的称号,因为:

(一)戊戌变法不是统治阶级借以欺骗人民、抵制革命的措施,而是反映了被统治的还没有独立社会地位的民族资产阶级利益的政治运动。

(二)它要求革除若干封建弊政和落后的文化习俗,发展资本主义,具有变封建制度为资本主义制度的意义,只是方式较为温和,主张通过自上而下的改革,而不赞成暴力革命;并不像改良主义那样,旨在维护和稳定现存的资本主义制度。

(三)它提出了某些制止外来侵略的主张,希望中国能摆脱半殖民地、殖民地的厄运,步入民族独立、国家富强的境地。

所以,将戊戌变法和改良主义等同起来,是忽略了时间、地点和历史条件的差别所产生的一种误解。应当明确,戊戌变法时正在上升、向资产阶级转化的人们要求革除旧制,发展新的生产力的运动;改良主义是没落的资产阶级阻遏社会革命,维护日就衰朽的生产关系的政治潮流。两者之间,泾渭分明,是不能划上等号的。

过去,批评戊戌维新本质上是反动的,一般都相沿引用列宁的一段议论,作为理论根据,即列宁在《几个争论问题》中指出的:"一般说来,改良主义就在于,人们只限于提倡一种不必消除旧有统治阶级的主要基础的变更，即是同保存这些基础相容的变更。"[1]证据就是那时的维新派没有接触到废除封建土地所有制问题。

其实，这种指责是过头的，维新派固然不曾接触到封建土地制度的改革，但他们准备推行的除旧布新的措施，诸如废八股，改革科举制度，设立学堂，传习西学，奖励农工商业和发明创造，办报刊，兴邮政，修铁路等，都是资本主义制度下的事物，都可看作同旧有统治阶级的主要基础不相容的变更。他们甚至还曾两度上奏，请求"立行宪法，大开国会"，仿行君主立宪，以期实现封建主义制度向资本主义制度的转变。维新派没有触及封建土地制度的改革，当然可以批评，但这只应从当时还没有独立的民族资产阶级的处境及其特性去寻找原因，而不宜据此说他们是改良主义者。

无疑，指责戊戌变法本质是反动的，是由于把它错划为资产阶级改良主义政治运动。所以如此，大约又同错误地、形而上学地理解"历史为无产阶级政治服务"的方针有关。

正是由于上述原因，所以在早些年的若干有关论著中，于总结历史经验教训时，总不免颇有语重心长地意味写道："戊戌变法的失败，证明了改良主义的道路在中国走不通。"这种结论是与史实不符的。

为什么得出这种违背史实的结论？除了错把戊戌变法当作改良主义的原因以外，还有以下两点不无关系。

（一）多年来，由于"左"的思潮对史学界的影响，对历史上阶级斗争的理解产生很大偏向，主要表现为：其一，只承认阶级斗争的最高形式，唯暴力行动是历史发展的动力；其二，只承认劳动人民的起义和革命对社会发展有促进作用，资产阶级从事的运动，那怕是名正言顺的革命，也是软弱无力的。因此，戊戌变法一不是革命，二不是劳动人民的运动，能承认它可以获得成效吗？

（二）是在改良和改良主义之间划上等号。改良主义道路是走不通的，搞维新变法的人们难道不是迈进了死胡同吗？

历史上却也不乏通过变法、改良而程度不同地实现了社会制度变革的事例。中国古代商鞅变法，不是使秦国实现了从奴隶制到封建制的过渡吗？俄国 1861 年由沙皇亚历山大二世签署颁发的废除农奴制的特别宣言，其成效也曾为人们所公认：它是俄国历史上从封建生产方式过渡

---

1 中共中央马克思恩格斯列宁斯大林著作编译局编：《列宁选集》第 2 卷，人民出版社，1972 年版，第 479 页。

到资本主义生产方式的转折点。所以，只要不把戊戌变法当作改良主义看待，那么，就不会得出"走不通"的结论。

19世纪末叶，中国民族资产阶级还没有形成为一个独立的社会阶级，它也还不可能拥有自己的革命党派，民主革命的时机还不曾届临。在这种情况下，一部分向民族资产阶级转化的人们，倡导改革封建弊政，发展资本主义的变法维新，是完全进步的举动，没有带上任何的反动性。它不仅没有抵制革命，相反，是为民主革命做了思想、舆论上的准备。戊戌变法运动对封建专制主义的冲击，推涌起的资产阶级民主思潮，是辛亥革命将要出现的先兆。

四、民族资产阶级形成和辛亥革命

中国民族资产阶级是什么时候形成的？从种种迹象来看，应是 20 世纪的初期，是中国资本主义初步发展阶段（1895～1913 年）的产物。

与资本主义兴起阶段相比，初步发展阶段民族资本经济有了显著的增长。以下 1895～1913 年历年设立的资本在 1 万元以上，商办和官督商办（包括官办）两类厂矿的资本额的比较表，大体能反映当时的实际情况。

统计表显示出，两种类别的企业的资本额的比例，就兴起阶段和初步发展阶段相对照，恰好互相对换了位置：属于早期官僚资本的官督商办、官办企业的资本额，由占 77.6% 下降到占 23.7%；属于民族资本的商办企业的资本额，由占 22.4% 升到 76.3%，其资本额增长数量约相当于前一阶段的 20 倍。在全部本国资本主义企业中，民族资本从劣势转到优势；在纺织、面粉等轻工业部门，更居于遥遥领先的地位。尽管民族资本的这种发展还是较为缓慢，在资金、技术和规模上，都还不能同外国在华企业匹敌，但它的境况终究远胜于兴起阶段，毕竟是为民族资产阶级的成长提供了应有的物质基础。

正是由于具备了应有的物质基础，社会上资本家的数量就相当地明显增长，并有迹象表明，这个新兴的集团在社会政治、经济生活中已作为一种独立的力量存在着。

在初步发展阶段，虽然一部分的商人、地主、官僚向资本家转化的过程并不曾终结，资产阶级队伍始终是主要靠它的这种前身不断地补充，但经历兴起阶段，确有多数人已通过雇佣剥削的积累，使经营企业所得利润成为主要的经济来源，基本上已改变了原有的成份，跻入资本家的行列。一个资本家独资创办几个企业，已是较常见的事。同时，随着通商口岸的延展而增多的新式商人和其他剥削者，如经营鸦片、洋纱布、煤独、卷烟等商号的老板，从事房地产买卖和金融业的投机商等，因走私漏税，屯积居奇，买空卖空，投机取巧而暴富的人们，也有一些应投资者新式工矿而成为工业资本家。还有一些小业主和小生产者，通过逐步扩大雇佣剥削的积累而上升为资本家。此外，又有不少华侨等形形色色的人们，本来就是商品经济关系中的剥削者和谋生者，他们占有工矿企业后，很快就成了近代资产阶级中的成员[1]。民族资产阶级队伍的扩大已成为社会上引人注目的现象。

与民族资本经济增长的同时，有一部分从官僚、买办转化的资本家，由于凭借自身兼有的封建性的政治地位和社会联系，或因借取了外国殖民主义者的某些特权，从而得到一定期间或一定程度上积累资本的便利条件，通过扩大经营和兼并的方式，逐渐占有若干行业不同的企业，形成拥资百万元至数百万元的大资本家。以下开列 14 个大资本家创办或参加投资的企业数量的统计表，有助于说明上述现象[2]：

<h2 style="text-align:center">14 个资本家投资企业统计表</h2>

姓名	原来的身份或仍兼有的身份	官衔或世职	创办或参加投资的企业数
张謇	官僚	翰林院修撰、商办头顾等顾问官	27 家
祝大椿	买办	二品顶戴花翎道	8 家
朱志尧	买办		8 家
沈云沛	官僚	邮传部侍郎、署尚书	13 家
严信厚	官僚	道员	14 家
宋炜臣	商人	二品顶戴花翎道	7 家
李厚佑		议员	8 家
许鼎霖	官僚	二品顶戴候补道	10 家
周廷弼	商人	三品候补道	8 家

1 《旧中国的资本主义生产关系》编写组编：《旧中国的资本主义生产关系》，人民出版社，第 2 章，第 2、4 节。

2 据汪敬虞：《中国近代工业史资料》第 2 辑下册第 1069 页，第 1091—1096 页各表统计，祝大椿名下已减去虚假的"源昌机器五金厂"一家。

续表

姓名	原来的身份或仍兼有的身份	官衔或世职	创办或参加投资的企业数
楼景晖	官僚	四品衔选州同	3 家
曾铸	商人	花翎候补道	3 家
朱畴	官僚	道员	7 家
张振勋	华侨	头品顶带太仆寺即	11 家
庞元济	官僚	四品京堂	6 家

表列 14 人，共占有企业 136 家，其中，1895 年以前设立的四家（分属 2 人），1895～1900 年设立的计 23 家，而 1900 年以后设立的计 109 家。数字表明，14 人当中的大多数从事投资和经营近代企业，是 1895 年以后开始的，到了 20 世纪初，他们才都成了占有若干企业的大资本家。毫无疑问，当时像张容、祝大椿等那样的资本家，自然不止 14 人，但他们确有足够的代表性。这说明，当时中国的资产阶级不但在社会上已很有影响，而且还起了分化，已经有那么一个占有企业较多较大、社会地位较高的上层在 20 世纪初期明显地形成起来。

伴随着资产阶级的成长，在文化思想方面就相应地出现一番崭新的现象。从 19 世纪末年起，所谓新学、西学就以更广泛的规模传播起来，新式学堂陆续兴办，留学日本和欧美，蔚然成风。到 20 世纪初，一批批的资产阶级知识分子涌现出来，民族资产阶级开始有了自己的政治家、军事家、思想家、文学家。在这批知识分子中，继续沿袭维新变法道路的人们，有的本身已兼有资产阶级分子的身份（如康有为、梁启超等人[1]），有的虽然还以举人、进士的头衔来炫耀身世，但多数实际上已是留学国外的资产阶级知识分子里的上层人物；他们所宣传的维新改良主张，也不像 19 世纪他们的前辈那样，侧重于要求清王朝推行扶植和发展资本主义经济的政策，而是把召开国会，厘订宪法，建立责任内阁

---

1 戊戌政变后，康有为、梁启超等逃亡海外。康和他的一些弟子于 1899 年创设保皇会，在华侨中募集资金，经营银行、航运电车等企业和贩卖古董文物等商业，并从事地皮买卖等，通过雇佣剥削，不断地扩大积累，资产达数百万元之巨。康有为以保皇会会长资格，实际控制着这些企业（《据光绪三十四年二月七日康南海与仁弟书》约略估算，见丁文江编《梁任公先生年谱长编初稿》卷 17，台北世界书局，1959 年版，第 260—268 页）。梁启超在日本寄寓，每年由康拨寄 5 千元。其他弟子，康也按期拨寄，只数额少一些。（见《光绪三十二年十一月五日康南海与仁弟书》，《梁谱》卷 16，第 254 页）戊戌变法前，康、梁等都可说是封建士大夫，至此，则实际上已成为资产阶级上层的成员了。

的君主立宪方案，作为议事日程上的首要课题，表明民族资产阶级中的一部分日益增长了同封建贵族平分政权的愿望。至于宣传民主革命的人们，就更加多数是同科举很少或毫无沾联的新式知识分子。他们孜孜以求的是实现资产阶级共和国方案，而且越来越以政治指导者的姿态在爱国和革命运动中崭露头角。他们反映了民族资产阶级中的一部分要求推翻清王朝，夺取独占的统治地位的倾向。同时，无论是热衷于君主立宪方案的民族资产阶级上层，还是拥有民主革命的中下层，都没有再借助封建时代的组织形式，而是建立新的资产阶级的团体或政党来开展各种活动。立宪派人组织的"预备立宪公会""政闻社"始有明显的资产阶级性质的团体，稍后的"宪友会"，毫无疑问是一个资产阶级上层的政党。至于孙中山领导的同盟会，就更是人们公认的民族资产阶级的革命政党。所有这些，都说明民族资产阶级已基本上脱离它的前身，作为一种新兴力量跃上了政治舞台，为取代封建地主阶级的统治而展开斗争。

民族资产阶级既已跃上政治舞台，于是又通过他们的报刊宣传自己是最有发展前途的社会中坚，宣传自己指导社会前进的职责。1904年《商务报》的一篇文章称："上古之强在牧业，中古之强在农业，至近世则强在商业。商业之盈虚消长，国家之安危系之，……商兴则民富，民富则国强；富强之基础，我商人宜肩其责。"[1]封建时代，士大夫每每以"治国平天下"为己任，而现在，资产阶级却以奠定富强的职责挪到了自己的肩上。著名的维新思想家严复在上海对商部高等实业学校学生作的一次演说提到："盖言禹之功，不过能平水土，俾民奠居而已。言稷之功，不过教民稼穑，免其沮饥而已。实业之事，将以转生货位熟货，以民力为财源，披之以工巧，塞一国之漏卮，使人人得温饱也。言其功效，比隆禹、稷，岂过也哉！"广禹和稷历来被封建统治者尊为圣人，而从事商业工艺，则被视作末业，斥为市侩。严复公开摒弃旧说，对实业倍加尊崇，称它"比隆禹、稷"，不能不说是充分透露了资产阶级以取代封建圣人自许的意念。所以，严复勉励那些学实业的人要知道自己的事业"实生人最贵之业，更无所慕于为官作吏，钟鸣鼎食，大纛高轩"[2]。至于宣扬"实业为万事根本"[3]，"实业之盛衰，为国民生计之舒惨所系，

1 《兴商为富强之本说》，《商务报》光绪三十一年第8期。
2 《实业教育》，《侯官严复在上海商部高等实业学校演说》，《中外日报》光绪三十二年五月十一日。
3 《论实业之效大于法政》，《东方杂志》第一年第12期"实业"，第183页。

即国命延促之所系"[1]，等观点，在 20 世纪初年中国的报刊上，几乎触手即是。这都是民族资产阶级对自身所要肩负的使命的自觉表露。而当时革命派人，则显然已经有了民族资产阶级应当承担革命领导者的任务的认识，只是还不很明确而已。如著名的革命家陈天华在《中国革命史论》里说："奉西革命之所以成功者，在有中等社会主持其事；中国革命之所以不成功者，在无中等社会主持其事。"[2]这位革命家的言论，反映了民族资产阶级不仅已经有了独立的地位，而且还以身系革命成败的气概迈向时代的前列。

上述中国资本主义初步发展阶段所出现的种种迹象，标志民族资产阶级业已具备在政治、经济、文化各方面的独立地位。20 世纪头十年，为什么以推翻清朝、建立共和国为宗旨的革命浪潮和要求清廷改革专制政体，屡兴国会请愿的立宪运动，都迅猛演成全国规模的浩大声势，其根本原因，就是民族资产阶级已经形成，并具有指导全国性政治斗争的能量。反清民主革命，反映了民族资产阶级中下层的愿望；立宪运动，则以民族资产阶级上层为社会基础。

资产阶级革命派代表民族资产阶级中下层利益吗？有人表示怀疑：查查革命派的成员有几个是资本家成份或资产阶级家庭出身的？看看当时资产阶级人们的动态，有几个对革命表示支持或参与其事的？又有人则把辛亥革命时期的革命派同资本家剥削成性、唯利是图的性格联系在一起，因而抱有反感，表示蔑视，所以对辛亥革命要"立足于批"。其实，这都是误解。

的确，革命派成员的绝大部分，一般都是地主、官僚或其他小康之家出身的、接受了新式教育的知识分子，只有很少量的本人具资本家身份或与资产阶级有政治、经济上的直接联系。参加革命的资本家，确也寥寥可数。"从辛亥首义的武汉来看，在四十多家民族资本家当中，没有一人参加了革命活动；在六七千户商人中，也只有一二人参加"[3]，但这并不妨碍我们确定孙中山为首的革命派的阶级属性。复杂的社会历史现象，也不能用简单直观的方式可以探明它的实情。

马克思早就指出过："不应该认为，所有的民主派代表人物都是小店主或小店主的崇拜者。按照他们所受的教育和个人的地位来说，他们

---

1 胜因：《实业救国之悬谈》，《东方杂志》第七年第 6 期"论说"，第 194 页。

2 陈天华：《陈天华集》，湖南人民出版社，1958 年版，第 2 页。

3 武群文：《亥革命前武汉的民族资本主义工商业》，《江汉学报》1961 年第 4 期。

可能和小店主相隔天壤。使他们成为小资产阶级代表人物的是下面这样一种情况：他们的思想不能越出小资产者的生活所越不出的界限，因此他们在理论上得出的任务和所做出的决定，也就是他们的物质利益和社会地位在实际生活上引导他们得出的任务和做出的决定。一般说来，一个阶级的政治代表和著作方面的代表人物同他们所代表的阶级间的关系，都是这样。"[1]考察辛亥革命时期革命派的阶级属性，就应该持此种观点。他们不是资本家或小资本家的崇拜者，可是，由于他们都是留学生，或在国内接受新式教育的知识分子，就有两点同民族资本主义的发展和资产阶级的利益一致：其一，他们不同程度地接受的是资产阶级的教育，因而从生活情趣、思想修养到社会地位和物质利益，就都同资本主义社会制度相适应，而与封建制度日益显得格格不入。他们自身的利益，个人的前途，和在中国建立资本主义社会联系在一起。其二，通过耳闻目睹，他们一般倾慕欧美资本主义社会制度，期望中国也都像欧美一样，进入富强境地。因而他们对英国、美国、法国的革命无比欣羡，"欲求一革命之事，以比例乎英、法、美者"；对为资产阶级民主革命作前驱开路的卢梭、孟德斯鸠、弥勒约翰等极表钦敬，宣称要"执卢梭诸大哲之宝幡，以招展于我神州土"[2]那种对西方资产阶级革命顶礼膜拜之诚，几乎到了无以复加的程度。

可是，上述两点，还只是说明当时革命派的阶级属性，其最能促进革命派为了民主革命而前仆后继、英勇献身的动力，还在于他们受到资产阶级哲学、社会学说的濡染，开始有了清晰的民族觉醒和充沛的爱国主义思想。他们悲叹中华民族的屈辱。忧怀祖国的危亡，奔走呼号，不遗余力。翻开《革命军》《猛回头》一类革命书刊，那种愿为民族肝脑涂地的昂扬气概，甘为祖国效命疆场的爱国激情，真能感人肺腑；渴望解脱封建束缚，实现民主共和的心愿，跃然纸上。听听辛亥革命时期众多的革命志士就义前的慷慨悲歌，勇毅陈词，更是令人肃然起敬。秋瑾、方声洞、林觉民等那种临危不惧，表白自己强祖国，为同胞谋永福的恢宏襟怀，喻培伦就义前写下"学说史杀不了，革命尤其杀不了"的豪迈气质，至今还具有很大的教育意义。他们的志趣情操和资产阶级人们的意境和性格，真有天壤之别。如果他们自认是为了资本家的利润这一卑下目的革命，那么，怎能有那么许多勇往直前，从容赴义的英烈士出现

1 马克思：《路易·波拿巴的雾月十八日，《马克思恩格斯选集》第1卷，人民出版社，1972年版，第632页。

2 邹容：《革命军》，《中国近代史资料丛刊·辛亥革命》第1册，第334—335页。

呢？但是，尽管他们主观上没有意识到，而历史的辩证法就在于，让成千上万的革命英豪为之壮烈捐躯所创造的前景，只能是资本主义的社会。这就是给他们命名为资产阶级革命派的基础依据。

民族资产阶级上层在很大程度上依靠封建主义的联系来扩大雇佣博学的积累，所以主张保存清王朝。但他们同封建势力是有区别的。因为，在20世纪初年的中国，民族资本主义的每一步发展，都有利于中国民族的独立和社会的进步。而民族资产阶级上层所占的企业，在民族资本中，是基础较好，规模较大的，因而他们所从事的政治、经济活动，对社会的影响也较大。依据本身的利益，民族资产阶级上层及其政治代表立宪派人在以下各方面是有贡献的。

首先，民族资产阶级上层为了不断地扩大企业规模和增殖雇佣剥削的积累，就同帝国主义侵略势力发生冲突，从而产生一定程度的反帝要求。主要由立宪派人领导的收回利权运动，都具有鲜明的反帝意义；其中保路运动，尤其是规模浩大，卓具成效的事件，不但起到动员群众，激发群众爱国热情的作用，而且由保路转到武装斗争，竟成为触发辛亥全国起义的契机。武昌首义的成功，固然是革命党人多年积蓄力量，流血奋战所获致的结果，但如果没有川、鄂、湘、粤等省鼓荡起伏的保路风潮，也不易在武汉积累起如此一股冲决了清王朝反动堤防的革命洪峰。当然，立宪派人曾经力图阻止产生这种后果，但运动的发展，毕竟是导源于他们首倡据债，坚持争路，这是不能否认的。

其次，民族资产阶级上层既依赖封建性的联系而得到发展，但又希望能挣脱封建主义的桎梏，并分沾一部分政权，来确保自身的经济利益。这样，要求速开国会，立宪法，实行君主立宪的方案，就成了立宪派人的主要课题。虽然，立宪派人要求立宪，也含有抵制革命的意图，但毕竟同清王朝旨在搪塞行骗的假立宪不是一码事。他们为了得到真正的君主立宪，因而不能不大声疾呼，在一定范围内宣传资产阶级的民主主义，并揭露清王朝"预备立宪"的矫饰虚伪，甚至公开宣称要"消灭政府假立宪之威焰"，"破除政府假立宪之狡猾"[1]。到后来，事件发展的结果，也同立宪派人的主观愿望相反：他们宣传一定范围内的民主主义，启发了人们的觉悟；揭露清政府假立宪的丑态，则使群众越发看穿了这个王朝确已到达无可救药的地步；革命浪潮也终于没能遏制，而立宪派人同朝廷亲贵权臣之间的嫌隙则闹到不可收拾的地步，从而使那一小撮的当

---

[1] 《东方杂志》第七年第8期，《中国时事汇录·记载》第3卷，第206页。

政者被驱向极其孤立的境地。显然，即使是那含有抵制革命意图的立宪运动，也不能说没有任何客观的积极因素。

还有，为了扩大企业和加速资本积累，民族资产阶级上层又很需要与近代工业相联系的科学技术，并希望发展与资本主义经济相适应的文化事业。所以，立宪派人都很重视教育和出版等工作，致力于兴学育才，启迪民智。张謇经手创办和资助建立的各级各类学校达数十所，后来并出任中央教育会会长。不少立宪派重要人物，都是蜚声教育界的硕学名流。他们当中的学者、作家，还力图在语言文字、文学艺术、哲学史学等领域里，创立适合资产阶级需要的新学术、新流派，而且确曾做出了一定的贡献。

立宪派虽然对当时中国社会的进步、民族的发展有积极作用，但由于他们在很长一段时期内，主要是致力于防止和抵制革命，因而他们又必须需要承担阻遏和破坏革命的罪责；而且，这还应当作为衡量他们功罪的主要方面。

如果说，革命派从事的反清斗争以 1905 年同盟会成立作为高涨的起点，那么，立宪派的行动，也可以说是这一年加速了步伐。从此起，到 1911 年 5 月皇族内阁成立前，立宪派是偏向清王朝一边的。他们以梁启超为舆论主将，在思想阵地上同革命派展开范围广泛的"死战"，务在阻遏革命思想的传播。在国内拥张謇为实际领袖，一而再再而三地发动"积诚馨哀"的国会请愿运动，务在抵制革命运动的延展。这期间，立宪派人对清王朝抱有期望，对革命派持敌视态度。但到 1911 年皇族内阁成立前后，他们的政治态度就产生很大的变化，即对清王朝失去信心，而以缓急不同的步调，转到了革命的一边。导致立宪派人与清王朝分裂，转向了革命一边的原因，主要有下列三端：

一是皇族内阁的成立，彻底揭穿了清王朝"名为立宪，实则专制"的真情实意，以奕劻为总理大臣的内阁，总理、协理和各部大臣共 13 人，满族占 9 人，其中皇族达 7 人之多。在朝廷历史上，还没有像皇族内阁这样露骨地集权于皇室亲贵的先例。表明清廷压根儿就没有立宪的诚意，而是变本加厉地推行封建专制。这使立宪派人感到异常气愤，最终认识到，向这样一个腐朽冥顽的王朝请求立宪，是根本办不到的事。

二是皇族内阁一上台，即颁布一道冒天下之大不韪的"铁道干路国有"政策；跟着就借国有为名，收回已准归商办的铁路，拍卖给帝国主义。民族资产阶级上层的利益，特别在内地省份，因铁路的被劫收而受到严重的损害。首遭损害的川、鄂、湘、粤等省，派代表进京请愿，要求清廷收回成命，凡被申斥，加以驱逐。于是，群情大愤。立宪派人既因皇族内阁的建立而极为不满，又因路权的丧失而感到无法忍受，不能不作改弦更张之计。据当时人回忆："宣统三年夏月，湘谘议局复推议员左学谦、周广询为代表，再往请愿。适遇四川请愿代表谘议局长蒲殿俊等，因据款请愿被押解回籍，左搭车送之。蒲告以国内政治已无可为，政府已彰明昭著不要人民了，吾人欲救中国，舍革命无他法。我川人已有相当准备，望联络各省，共策进行。周因留而左返湘，以目击情形洋告同人。于是遂各各暗中增组机关，而谋进革命愈力。"[1]这里反映的清廷假国有为名，行卖路之实所招致的后果，大体上符合实际。

三是立宪派的连续请愿速开国会，日益引起清廷守旧顽固势力的疑忌。立宪派请愿愈勤，顽固势力疑忌愈深，愈要把权力紧紧攥在手里，惟恐大权旁落，无可收拾。有些守旧大臣，竟把立宪看作瓦解自身统治的因素，纷纷上奏，提请朝廷对立宪和立宪派的危害予以足够的注意。甚至认为，立宪派"其处心积虑，无非夺君主之权，解王纲之纽，阳美以万世一系，阴实使鼎祚潜移"[2]比革命党人还要可怕。守旧大臣对立宪派人的疑忌、排斥，加深了两者之间的嫌隙，实际上起了把日益离心的立宪派人赶到革命一边去的作用。

1911年夏秋间，立宪派人就陆续抵转到革命方面。武昌起义后，革命形势迅猛发展，清廷倾覆已指顾可待，更多的立宪派人参与了起义的活动。从武昌首义开始，到11月底，不出50天，在已经脱离清廷宣告"独立"的14个省当中，湖北、湖南、陕西、山西、浙江、安徽、贵州、广西、福建、四川等10个省的立宪派人，都曾利用谘议局，不同程度地协助了反清的独立运动。他们的活动，确实有助于起义在各省的胜利，发挥了瓦解清朝统治的作用。毋庸讳言，不少立宪派人的转向，是采取应变之计，而不是真正地拥护革命，但总归是对革命有利的。如果他们死硬顽固地站在清王朝一边，那将要给革命人民增加多少困难，是可以想象得到的。

由于立宪派人在辛亥全国起义的运动中确实起了作用，在多数"独立"省份，他们一般都出头露面，活跃异常，好像局势的演变是操在他们的股掌之上似的，因而有些人又产生一种错觉，认为立宪派在辛亥革

1　粟戡时《湖南反正追记》，《湖南文献汇编》第2辑，第373—374页。
2　刘廷琛：《奏为宪政败象渐彰新党心迹显著请亟图变计以救危机折》，《清朝续文献通考》卷400《宪政八》，第11510页。

命中的作用比革命派还要大，或者说是起了主导作用。

　　这种认识违背了事实。革命派发动和领导辛亥全国起义的作用和功绩是无可争辩的。

　　不能把武昌起义看作一次偶发的事件，而应当确认，它是中国资产阶级民主革命逐步高涨、渐次延展所导向的结果。从 1894 年孙中山建立革命团体兴中会起，反清的武装起义，各种形式的爱国的、民主的群众运动，就绵延迤逦，推动着革命形势的发展。及至 1905 年同盟会成立，以推翻清朝，建立共和国为宗旨的武装斗争，屡扑屡起；抨击封建主义专政主义，呼唤民主自由的声浪，如响斯应。表明 20 世纪的头十年，中国一切进步的人们，都围绕着同盟会为主的资产阶级革命派周围，为了推翻清王朝的统治作力量的积蓄，组织的准备，舆论的酝酿。武昌起义，实为这些方面的积蓄、准备、酝酿已经基本上就绪所必然采取的行动，完全不是偶然的事件。

　　武昌起义的胜利也不是侥幸得来的。直接准备、部署这次起义的是文学社和共进会。文学社是以 1904 年成立的科学补习所为滥觞，经过改组，几度变换名称，由日知会而军队同盟会，而群治学社，振武学社，至 1911 年春组成文学社。日知会时，全体成员加入了同盟会。共进会则是同盟会里一部分与会党联系较密、主张长江流域发难的革命者组成的。两个团体都可说是同盟会的分支机构。两个团体的联合，同盟会中部总会有撮合之劳。布置起义，曾经得到黄兴的赞成。临发难前不久，又专派居正、杨玉如赴上海邀请黄兴、宋教仁克期来鄂，以便大举。起义后不久，黄兴赶到，出任战时总司令。武昌首义，经长期的积蓄力量，始终同同盟会有联系，起义的计划相当周密。这一切都是革命党人作了长期艰苦的努力得来的。没有如此坚实的工作基础，就不可能在这个政治、军事重镇得到起义的胜利，从而给清王朝以致命的一击。

　　因武昌首义成功而联翩出现的各省"独立"运动，同样与革命派人在各省新军、会党中进行的活动分不开。从武昌首义到全国响应，主要以新军相率反正而实现的。迄至 1911 年，清王朝计练成新军约 15 个镇、20 个协。武昌起义后 50 天内，先后有 14 个省宣告"独立"，新军反正有 7 个镇、10 个协。也就是说，作为清王朝主要支柱的武装力量，一半以上转到革命方面。革命党人策动新军反正，联合会党，以城市起义的方式造成了全国规模的革命，获得了卓越的成效。这是倾覆清王朝，结束君主专制制度，肇造共和民国的雄厚的基础。当然，立宪派人的附从革命，也应当记上一功，但那只是加快了事便的进展，而不是造成辛亥全国革命的主导力量。

辛亥革命是中国资本主义初步发展阶段的产物。它的规模和取得的成果，反映了民族资产阶级的形成及其具有全国性运动的能量。代表民族资产阶级中下层利益的革命派，领导了这次革命，建立了推翻清王朝、结束封建君主专制统治、肇造共和民国的丰功伟绩。代表民族资产阶级上层利益的立宪派，图谋抵制革命，希望清王朝实行君主立宪。但他们倡导收回利权，发动国会请愿，从事教育、出版、学术等工作，实际上有利于宣传民义，暴露封建专制主义，起到孤立清王朝的作用。武昌起义后，立宪派人多数先后不同地附从革命，加快了全国反清起义的进程。但是，立宪派人毕竟是被迫附从革命，大多数并没有转变立场，因而进人革命阵营后，立即从事篡夺权为，诱胁革命党人向袁世凯妥协等破坏勾当。辛亥革命所以终于失败，立宪派人的破坏和篡窃是其主要原因之一。当然，最主要的原因，是民族资产阶级的软弱妥协，其中下层缺乏领导民主革命获得真正胜利的才干和力量。

中国近代史（1840～1919年）上发生过两次大规模的农民起义（太平天国、义和团运动），有力地打击了帝国主义侵略势为和本国封建统治，挫败过帝国主义变中国为殖民地的凶险企图。但使社会渐次变化，从而发生新的经济成份、新的政治力量、新的文化潮流，则是随着中国资本主义的兴起和初步发展而产生和形成的资产阶级所从事的运动。从洋务运动，到戊戌维新，到辛亥革命，都是中国资产阶级在不同历史条件下为国家的独立和富强而做出的努力，但都失败了。于是，领导中国人民解脱帝国主义压迫和封建束缚，走上富强的境地，从1919年五四运动后，就由无产阶级及其政党——中国共产党承担起来。

（原载《中华学术论文集》，1981 年 11 月版）

近代中国资本主义和资产阶级

1992 年

一、近代中国资本主义

中国资本主义的萌芽，产生于明朝嘉靖、万历年间（16～17世纪）。它首先是在若干手工业中有着一定的发展，有些手工业部门渐次出现了实行分工的手工工场。比如，中国丝织业是很早就闻名于世的，在江南一带，明朝时候就已产生所谓"机户出资，机工出力，相依为命"[1]的丝织业手工工场。到清中叶后，江南丝织业有很大的发展，仅南京一地，"乾、嘉间（织）机以三万余计"[2]。道光（1820～1850年）时，"缎机以三万计，纱、绸、绒、绫不在此数"[3]。这些数以万计的织机，虽然不完全属于手工业资本家，但从手工工场的规模来看，如经营丝织业的手工业资本家，"至道光间遂有开五六百张机者"[4]。可见其中必有相当大的数量是受资本家直接或间接控制的。除了资本家雇用工人在自己开设的机房中生产外，丝织业中还出现了"散放丝经，给予机户，按绸匹计工资"[5]，即商人定期将原料散发给机户，再付以计件工资向机户收回产品的包买主式的经营方式。所以，就鸦片战争前丝织业生产的情况看来，资本主义生产发生的两种方式，即小商品生产者分化产生了资本主义企业主和商业资本直接控制了生产，从明代起就可说是逐渐地具备了的。又如：在棉纺织业中，虽然绝大部分还属于农村副业生产，但在江南一带确已普遍出现包买主式的资本主义生产因素。像松江所产标布，驰名全国，所属各地的布庄，"秦晋布商，皆主于家，门下客常数

---

1 《明神宗万历实录》卷361。

2 《同治江宁上元两县志》卷7《食货考》。

3 《光绪续纂江宁府志》卷65《拾补》。

4 《同治江宁上元两县志》卷7《食货考》。

5 《清稗类钞·农商考·镇江江绸业》。

十人"[1]。无锡盛产棉布，"坐贾收之，捆载而贸于淮、杨、高、宝等处"[2]。至于棉纺织业的手工工场则在广东的佛山镇颇为普遍，1833年时有人记载佛山状况称："织造各种布匠的工人共约五万人，工作需要紧急时，工人就大量增加。他们大约在二千五百家织布工场中工作，平均每一工场有工人二十名。"[3]再如，江西景德镇的陶瓷业；江西、广西、陕西等省的造纸业；台湾、广东、四川等省的制糖业；云南、四川等省的铜矿业；广东、陕西、四川、江西等省的冶铁业均很发达，各行业中均聚集了相当数量的雇佣工人。

与手工业发展的同时是商业城市的兴盛，国内市场的扩大和对外贸易的增长。例如：据记载，广东佛山镇"万瓦齐鳞，千衔错绣，棋布星罗，栉比辐辏，炊烟乱昏，灯火连昼"[4]。"四方商贾萃于斯，四方之贫民亦萃于斯。挟资而贾者什一，徒手而求食者则什九"[5]。说明它是一个很繁华的工商业城市。在佛山的手工业中，冶铁业最为驰名，所产铁锅行销全国，有"佛山之冶遍天下"之称。又如江苏的苏州，自明代以来就成为"五方杂处、百货聚汇，为商贾通贩要津"[6]的大城市，被称为"贸易之盛，甲于天下"[7]的商业重地。处在长江中游的汉口，也发展为"商贾毕聚，帆樯满江"[8]的商货集散中心。再如，南京是江南丝织业最发达的城市，所产丝绸，"北趋京师，东北并高句骊、辽、沈，西北走晋、绛，逾大河，上秦、雍、甘凉；西抵巴、蜀；西南之滇黔；南越五岭、湖湘、豫章、两浙、七闽；沂淮、泗、道汝、洛"[9]，销场遍及全国各地。他如广州、杭州、天津等地也都是"商贾辐辏，百货云集"的繁华城市。至于对外贸易，虽然一贯地受到清朝政府闭关政策的阻梗，但从18世纪以来仍呈增长的趋势。明代时，中国即有相当数量的帆船行驶于东南亚各国从事航运和贸易，到18世纪中叶后，尽管遭到西方殖民者在海上的竞争和抢劫，中国帆船往来于东南亚的仍很频繁。据有人估计，1820

1 褚华：《木棉谱》，载《艺海珠尘》匏集。
2 黄卬：《锡金识小录》卷1《备考》上。
3 严中平：《中国棉纺织史稿》，科学出版社，1955年版，第45页。
4 《道光佛山忠义乡志》卷11《艺文》下。
5 《道光佛山忠义乡志》卷5《乡俗》。
6 《李卫奏折》五，《雍正朱批谕旨》第38页。
7 顾禄：《清嘉录》卷5。
8 钱泳：《履园丛话》卷14。
9 《同治江宁上元两县志》卷7《食货考》。

年前后行驶于东南亚的中国帆船总数为 295 艘，共计 8500 多吨，约较同一时期英国来华贸易的船只多 4 倍以上[1]。不过，中国海洋航运究因清朝封建专制主义的桎梏而趋于停滞。而随着西方资本主义的兴起，来华外国商船则日趋增多。1789 年来到广州的外国商船计 86 艘（其中英国 61，美国 15，葡萄牙 3，荷兰 5，法国 1，丹麦 1），到 1833 ~ 1834 年间，就增至 212 艘（英 101，美 70，葡 23，法 6，荷 6，丹 5，瑞典 1）。外国船只到中国后，不仅大量地收购丝、茶等特产，而且贩运中国的棉布出口。在 19 世纪 20 年代以前，美国商船是中国棉布的最大主顾，它不但把棉布运回本国销售，还大量地运到中南美洲和欧洲去。除美国外，英国商船从中国运出的棉布也不少。根据英国东印度公司档案所能查出的英、美、丹麦、荷兰、瑞典、法国和西班牙等国在 19 世纪初期 30 多年间从广州运出的土布，最多的一年（1819 年）曾经达到 30 多万匹，价值 100 多万元[2]。这种国外市场的发展，不能不在一定程度上促进中国资本主义因素的成长。

伴随着手工业的发展和商业的兴盛，农业中也渗入了资本主义的生产因素。由于丝织业和棉纺织业的发达，在江南一带，许多稻田转到植桑种棉。例如，"湖州产丝最盛，因而产生官者田连阡陌，桑麻万顷"[3]的景象；松江的棉布，广销各地，所以它的所属各县"种花者多，而种稻者少，每年口食全赖客商贩运"[4]。再如：河南宜于植棉，但纺织业不发达，所以"棉花产自豫省，而商贾贩于江南"[5]。这种情况，说明了部分地区农业生产已或多或少地脱离了自然经济的形态，走上了商品化的道路。和农产品的商品化同时，出现了经营地主的经济，并推动了实物地租向货帛地租的过渡。

不过，上述中国封建社会内部资本主义因素的萌芽，仍只在一定的范围内对封建经济起一些分解作用。而中国是一个地广人众的大国，经济发展，很不平衡。就整个社会来说，封建经济还是处于支配的地位，封建社会制度还严重地阻碍资本主义因素的成长。首先，地主阶级依靠封建土地所有制对农民进行残酷的剥削和奴役，使小农业与家庭手工业

---

1 田汝康：《十七世纪至十九世纪中国帆船在东南亚洲航运和商业上的地位》，《历史研究》1956 年第 8 期。

2 严中平：《中国棉纺织史稿》，科学出版社，1955 年版，第 32 页。

3 《湖州府志》卷 29。

4 高晋：《奏请海疆、禾棉兼种疏》，《皇清奏议》卷 61。

5 李鸿章等纂修：《畿辅通志》（六），商务印书馆 1934 年影印，第 8133 页。

牢固地结合，阻碍了手工业的独立发展；其次，中国封建社会里土地可以自由买卖，鸦片战争前土地兼并之风甚炽，一般官僚富商甚至许多作坊主或手工工场主积累了一定的财富后就去购买土地，以致资本不易积累起来；再次，在各手工业部门中，还受到不同程度的行会制度的支配，阻碍了自由雇佣劳动力市场的扩大和技术进步。同时，建立在封建经济基础上的清王朝力求稳定自身的统治，也对萌芽的资本主义因素施加各种残害。它为了巩固自己所依存的基础，避免资本主义萌芽对封建经济的破坏（这当然不是自觉的），因而根据"农为本务，工贾皆其末"的观点，持续地采取"重农抑末"的政策，阻挠工商业的发展。例如：对江南的丝织业则加重征税，限制丝织业手工工场的扩大，造成丝织品流通和销售困难；对各地开矿则百般摧残，认为矿工都是无业游民，怕矿厂一开就"易聚难散"，所以往往"封闭矿同，垂为厉禁"，对海外贸易则一贯阻难。清初厉行海禁，片帆支板不许下海。康熙后期稍开海禁，但却规定出洋海船只许用双桅，梁头不得过一丈八尺，并设立公行管制进出口贸易。

由于封建主义在各方面阻挠资本主义的萌芽的成长，所以一直到鸦片战争（1840 年）前夕，这个萌芽不曾发展为破坏封建制度，建立资本主义制度的独立力量。

二、中国资本主义的产生

1. 洋务派举办民用性新式企业

1840 ～ 1842 年，英国发动侵略中国的第一次鸦片战争，迫使清政府签订了第一个不平等条约——《南京条约》，除迫使清政府割让香港，开放广州、厦门、福州、宁波、上海 5 口通商外，还勒索了鸦片和水陆军费等大量赔款，以及协定关税、领事裁判权和片面最惠国待遇等掠夺中国的特权。随后，美国和法国相继沿例，胁迫清政府订立"中美望厦条约"和"中法黄浦条约"，除未索取赔款和割让土地外，举凡"南京条约"所载各不平等条款，均列入中美、中法两个约章中。从此，外国资本主义的工业消耗品和鸦片就源源输入中国。19 世纪 70 年代起，英、美、法等国还恃强在中国设置船舶修造和制茶、缫丝等加工厂。

随着西方资本主义对华掠夺性贸易的扩展，日益引起了若干中国人的注意，图谋起而仿效。这就是少数与外国资本主义有过交往的官吏和商人，以及受洋商雇佣，经手进出口贸易的买办。其时，又以编练湘军、淮军镇压太平天国起义的两大军事集团对此最为热衷。他们倡首举办"洋务"，向英、美等国购买大批枪械和船舰；并仿英制枪械、船舰，又筹资开办煤矿和铜、铁等金属矿。嗣后又兴起航运，由李鸿章奏准，购置轮船，陆续开辟长江和沿海航运。1880年，李鸿章还着手开办天津至上海的电报；并开始修筑铁路。

就洋务派民用性新式企业来看，一方面起了积极作用，即扩大了资本主义近代工业在中国社会经济中的影响；另一方面也产生了消极作用，即同时又对正在兴起来的民族资本主义起了压抑和阻碍的作用。

2. 民族资本主义工业相继创办

中国民族资本近代企业出现于19世纪70年代，最早的要推机器缫丝业。缫丝业原是中国农村副业生产的重要部分之一。鸦片战争后，中国丝在国际市场上的销路扩大，而旧式手工缫丝的产品条纹不匀，不适宜于机器织绸。所以，一方面产生了外国资本所经营的缫丝厂，一方面也促使中国地主、官僚、富商、买办投资创办新式缫丝工业。1872年，陈启沅在广东南海首创第一家民族资本的缫丝厂。此后陆续增加，到90年代初，广东境内自办的缫丝厂达五六十家，大厂每厂雇佣工人达七八百人。上海从1882年以后也设立了几家缫丝厂，但在外商丝厂的倾轧下，境况不及广东各厂。

由于中国旧式手工棉织业的逐渐解体，广大农民的家庭手纺手织遭废弃，手工棉纺织业工人的失业，洋布洋纱遂拥有越来越广泛的市场。因此，又引起了中国地主、官僚、富商创办新式棉纺织业的企图。1878年，上海几个绅士曾上书给李鸿章，呈请开办新式棉纺织工厂。李鸿章即根据这个建议，奏准设立上海机器织布局。因为李鸿章一开始就企图将这一项新式工业置于洋务派军阀官僚的控制之下，拟定了所谓"十年之内，只准华商附股搭办，不许另行设局"的禁令，以致一度压抑了民族资本向棉纺织业部门的流向。到90年代初，才在上海出现了两个新的纺纱厂，即华新纺织新局和裕源纱厂。1894年，宁波通久源纱厂开始筹建，至1896年正式开工。此外，在福州、重庆、天津、镇江、广州等地都曾有本地绅商酝酿兴办纺纱厂，但在甲午战前均未实现。甲午战后，中国新式棉纺织业发展较快，成为民族资本近代工业最为发达的部门。

除上述外，面粉、火柴、造纸、印刷等业的经营也相当早。1878～1891年间，天津、上海、福州、北京等地均设立了规模不大的机器面粉厂。19世纪80年代以降，火柴业颇为兴盛，上海、天津、重庆、广州、福州、慈溪、太原等地都先后建立了火柴厂；其中上海的燮昌火柴公司，天津的自来火公司（后改为中外合办），重庆的森昌泰、森昌正火柴厂规模较大，雇佣工人各约数百人，所制硫磺火柴销行于内地各省，价格比进口的火柴便宜。机器制造业在甲午战争前有两家，一在广州，一在上海，经营都不著成效。至于印刷业，上海、广州、杭州、北京各地曾创办了十几家新式印刷厂，较大的推上海同文书局，雇佣工人达 500 人。

此外，1879 年汕头商人曾购入机器制造豆饼。1875 年在福州同时出现了三个当地绅商开办的砖茶制造厂。余如玻璃、制冰、制药、辗米等厂均在上海兴办，但规模均较小。

在城市公用事业方面，民族资本经营较早的为华侨数人于 1890 年兴办的广州电灯公司。但因资金缺乏，勉强维持了 10 年而宣告停业。

甲午战前，民族资本也在上海、广州、汉口经营了几家船舶修造厂。设于上海的均昌船厂和发昌机器船厂两家规模较大，能修造小型汽船。

80 年代后，上海出现了几家民族资本经营的机器厂，但规模均很小，只能从事修理和配制零件。

围绕着新式工业的需要，民族资本也向采矿方面逐渐发展。采煤业是其中办得较早的行业。如安徽池洲煤矿和贵池煤矿、湖北荆门煤矿、山东峄县枣庄煤矿、广西富川贺县煤矿、直隶临城煤矿等，均是 1880 年前后开办的。其中小的煤矿只有资本 2 万两，使用很少的机器；大的资本达二三十万两，机器设备较好。

民族资本在各种金属矿业中投资较煤矿稍晚，80 年代后，各地开办过一些金、银、铜、铅等矿，但经营不善者居多。

由于中国旧式航运业的逐渐解体和外国轮船航运的影响，民族资本自办的轮船公司也在 19 世纪 90 年代之初发展起来。1890 年，上海有鸿安轮船公司设立（可能有外国股份）。同年，汕头小轮公司和汕潮揭轮公司分别在汕头开办。1892 年，杭州有戴生昌轮船公司，置轮往来于苏、沪、杭之间（一说是日人经营）。1893 年，汕头又有南记行号和伯昌轮船公司设立。但这些轮船公司规模都不大。

自 19 世纪 70 年代初至 1894 年中日甲午战前，民族资本前后一共创设了一百多个大小不等的企业。大抵 70 年代设立的企业较少，80 年代逐渐增多，但绝大部分是小型企业。规模较大的企业一般是甲午战前不久才陆续出现。

3. 中国资本主义的初步发展

1894～1895 年中日甲午战争后，中国民族资本主义进入初步发展的阶段。

民族资本的初步发展，一方面是由于中日甲午战争洋务派宣告破产，所谓"官办""官督商办"的企业又多窳败不堪，为人诟病；而清政府的财政也在战后极为匮乏，罗掘已穷，不得不对民族资本稍示让步，以图增加自己的财政收入。另一方面，是由于帝国主义加速扩大在华工矿企业，垄断之势渐成。正在积极活动的维新派人士目击利权的丧失和国家的危机，咸认为不急筹抵制，前途更不堪设想。在维新派人士的推动下，各地逐渐兴起了抵制洋商洋厂的呼声，形成一片有力的舆论。这样，也促使了较多的资金转入近代工业。

此外，帝国主义在华设工矿企业，固然极其严重地阻塞了中国民族资本的出路，但却同时产生和帝国主义愿望相反的客观效果，即它不能不对中国资本主义的发展起着一些刺激作用。这表现在：因帝国主义在华工矿的增加和商品输入的继续上升，从而使中国自然经济加速解体，发展资本主义近代工业所需要的商品市场和劳动市场又有一定程度的扩大；其次，帝国主义在华各项企业以极低廉的价格购买我国原料，又对我国工人进行奴隶式的剥削和压榨，故一般利润极其优厚（外国资本在华企业每年所获利润一般均相当于资本的 10%～20%，有的超过30%。如上海大英来火房在 1894 年时资本为 20 万两，该年获"纯利"49 456 两，等于资本的 24.7%。英商祥生船厂在 1895～1900 年间平均赢利率达到 22.3%），也都吸引着一部分掌握在地主、官僚手里的货币资金向近代工业流注。

甲午战后，中国民族资本近代工业突出发展的首推棉纺织业。兹将从上海织布局开办以来至 1898 年中国自办棉纺织厂的沿革列表如下[1]：

中国自办棉纺织厂沿革列表

开工年份	厂名	纱锭（枚）	附注
1890	上海机器织布厂	35 000	1893 年毁于大火
1891	上海新华纺织新局	7 008	官商合办
1892	湖北织布官局	30 440	官办

1 严中平等编：《中国近代经济史统计资料选辑》，北京出版社，1986 年版，第 98 页。

续表

开工年份	厂名	纱锭（枚）	附注
1894	上海裕原纱厂	25 000	
1894	上海华盛纺织总局	64 556	由上海织布局重建
1895	上海裕晋纱厂	15 000	1897 年被英商兼并
1895	上海大纯纱厂	20 392	1905 年被日商并
1896	宁波通久源纱厂	11 048	
1897	无锡业勤纱厂	10 192	
1897	杭州通益公纱厂	15 000	
1897	苏州苏纶纱厂	18 200	
1898	武昌纺纱官局	50 046	由官商合办改官办
1898	上海裕通纱厂	18 200	
1899	南通大生纱厂	20 300	
1899	肖山通惠公纱厂	10 192	

总计 1899 年中国自办纱厂的纱锭总数为 336 722 枚，比起 1895 年的 174 564 来说，5 年间增加将近一倍。

除棉纺织外，其他部门也陆续出现了一些民族资本的近代工厂。比较有名的为 1895 年华侨资本家张振勋创办烟台张裕酿酒公司；1897 年芜湖开设益新面粉厂，上海商务印书馆创立，长沙官绅王先谦等开办和丰火柴厂，汉口设立燮昌火柴厂；1899 年宜昌开设茂大卷叶烟制造所，天津创办织呢厂；1900 年上海设立阜丰面粉公司等。

在采矿工业方面，属于民族资本（商办）经营的矿场也逐渐在各地开设。如商办煤矿有湖北阳新炭山湾煤矿（1896 年）、福建邵武煤矿，南太武山煤矿（1897 年），广东北海煤矿，安徽贵池礼和公司煤矿等。商办金属采冶业有长沙湘裕公司（1895 年）和大成公司（1897 年）冶炼锑矿，广西贵县设有三岔银矿（1896 年）等。规模较大的如江西萍乡安源煤矿（1897 年）等。发展较快的，则为湖南各有色金属矿，先后开办有益阳中路久通矿务公司（西村锑矿、1896 年）、芷江罗田坪锑矿、新化锡矿山锑矿、安化木李坪锑矿、平江黄金洞金矿（1897 年）沅陵银矿坨锑矿（1898 年）等，均系官办。

至于民族资本发展的一般情况，则把 1895～1900 年期间的情况与在此之前的 20 余年（1872～1894 年）的情况加以比较，即可窥见一般。据统计，1872～1894 年间商办厂矿共 54 家，总资本为 4 805 370 元，平均每家资本额约为 88 900 元。官办或官商合办厂矿共 19 家，总资本额为 167 003 098 元，平均每家资本额为 852 794 元。而 1895～1900 年间，商办厂矿共 68 家，总资本为 16 422 998 元，平均每家资本额约为 241 500 元，官办或官商合办的厂矿则仅 8 家，总资本为 4 395 174 元，平均每家资本额为 549 000 元。总计商办和官商合办，1872～1894 年投资总额为 21 008 498 元 1895～1900 年投资总数为 20 817 272 元。依据这个统计数字可以看出，1895 年后的 6 年期间，我国资本主义工业的发展相当于在此之前 23 年期间的数量，而商办工业的数量则尤其显得增加更快，规模也一般不过二三倍。至于官办工业，则显然不居于优势地位了。

4. 中国资本主义的持续发展

20 世纪初期，在民族资本近代工业中，仍以棉纺织业和缫丝业较称发达。19 世纪末年，中国自办新式棉纺织工厂即有 10 余家。1900～1904 年间，一度停顿，没有开设一个新式纱厂。但自 1905 年起，又复卷起设厂的热潮。1905～1910 年间。新办纱厂达 9 家之多，仍然称一时之盛。缫丝业则一直在各种工业中是厂数最多的部门。综计 1895～1912 年间，全国华商缫丝厂总计达 97 家，仅上海一地，1912 年即有 49 家，占全国丝厂之半。次于纺织业的是面粉、卷烟、制糖等食品工业。他为造纸、玻璃、皂烛、火柴等日用品工业也在陆续扩大。据统计，自 1895～1913 年间全国各类属于制造、加工的轻工业工厂（包括少量属于重工业部门的建筑材料工业和化学工业在内）的情况如后 [1]：

1895～1913 轻工业工厂情况

类别	家数	资本额（千元）	类别	家数	资本额（千元）
缫丝	97	11 584	卷烟	20	1 378
丝纱	19	10 454	织染	27	1 261

1 汪敬虞：《中国近代工业史资料》第 2 辑，人民出版社，1957 年版，第 884—919 页。

续表

类别	家数	资本额（千元）	类别	家数	资本额（千元）
面粉	53	6 622	印刷	6	1 160
呢绒	14	5 215	杂项	12	1 009
榨油	7	4 752	织麻	4	1 000
胶革	28	4 608	烛皂	18	805
火柴	11	3 444	陶瓷	7	772
玻璃	26	3 429	其他纺织品	6	732
其他纺织品	10	3 111	砖瓦	12	651
水泥	15	2 630	轧花	3	280

20 世纪初期，民族资本也开始向城市公用事业方面发展，在不少中等以上的城市中兴起自办的电灯厂和自来水厂等类企业。据统计，1900 ~ 1913 年间各地自办水电厂共计 46 家，绝大部分系商办，少数由官办或官商合办，总资本额为 21 600 000 元，较大的如汉口既济水电厂（1906 年设）和北京京师自来水厂（1908 年设），资本均为 3 000 000 元。湖南长沙和湘潭的电灯厂均在 1909 年间设立，但规模较小。

至于重工业，除了采矿工业较有发展外，钢铁工业、机器制造工业是极为微弱的。

采矿工业的发展，是和当时广泛掀起的收回利权运动分不开的，故其发展以 1905 ~ 1909 年间较为显著。据统计，在 1895 ~ 1913 年的 19 年间，本国矿冶工业总资本为 22 073 000 元，而 1906 ~ 1909 年的 4 年中，投入矿冶部门的资本达到 13 381 000 元，即占到总资本额的 60%[1]。

在采矿工业中，以煤矿工业居主要地位。1895 ~ 1912 年间，各地自办煤矿共计 42 处，资本总额为 14 508 000 元（包括油矿一处在内）。较大的如热河朝阳南票煤矿（1896 年开，但开采三四年即停）直隶滦州官矿有限公司（1906 年开）山东峄县中兴煤矿公司（1908 年改商办），山西保晋公司（1908 年开）等，资本均在百万元以上。同一期间，各种金属矿共计 39 处，资本总额为 7 565 000 元。规模一般不如煤矿，较大的数家资本亦均在 50 万元上下。湖南常宁水口山铅锌矿长沙久通炼锑公司（1907 年设），长沙保利炼锑公司华昌炼锑公司（1908 年设）

1 孙毓棠编：《中国近代工业史资料》第 2 辑，人民出版社，1957 年版，第 657 页。

长沙黑铅炼厂（1909年设）等均在此期间先后设立。

至于钢铁工业，因为它一开始就需要大量的投资，又不像轻工业那样很快地就可赚得利润。所以，数十年来除了清政府为军用工业而创办了几个官办的钢铁厂外，一直没有商办的出现。在清政府所设的军用工业中，江南制造局和天津机器局有小型的炼钢厂，只能供该两局自用。具有一定规模的钢铁工业仅有张之洞所办的汉阳铁厂。然而，该厂因经营不善，亏欠太甚，不得不于1896年改为"招商承办"，由盛宣怀接手经营。盛宣怀将大冶铁矿、萍乡煤矿和铁厂联合，称汉冶萍公司。他为了把持这个企业，借口说"华商之股，未易立时召集"转而和日本财阀勾结，于1902年以大冶矿砂为抵押，先后向日本财阀借款。于是，汉冶萍公司就长期落入日本控制之下。这样，汉阳铁厂一直没有起色。20世纪初期，该厂铁的年产量最高只达11万吨，钢的年产量最高没有超过5万吨。

再以对国民经济进行技术改造的主导力量——机器制造来说，其情况更是微不足道。据统计，从1895～1913年间，各地大大小小机器制造、处理、装配零件的工厂共计24家，资本总共不过150万元，仅及纺纱工业总资本的1/7。而在这24家中，资本在一万元以下的就有17家，实际上只能修理、装配一些简单的零件[1]。能够称得上机器厂的只有上海求新机器轮船制造厂和汉口扬子机器厂两家，但规模均很小。这样微弱的机器制造工业，可以说根本无力供应自己工业发展的需要，更无法推动工业技术的改造。

以上是关于民族资本近代工业的情况。其次，叙述关于民族资本在新式交通运输部门的发展趋势。

在轮船航运方面，20世纪初期出现了较多的商办船利公司经营沿海和内河的客货运输事业。据统计，在此期间中国自办轮船公司先后开业的有20多家，拥有资本最多的也达到500万两[2]。

在铁路方面，自19世纪末年帝国主义掀起抢夺中国铁路之权斗争后，也促使中国官绅资本家的效尤。20世纪初，首先呈请自办铁路的是南洋华侨张煜南，他于1903年得清政府商部允许修筑潮汕铁路（潮州—汕头，全长39公里），到1905年竣工通车。接着，四川绅商呈请筹办川汉铁路，于1904年设立川汉铁路总公司。1909年动工兴筑（路

---

1 孙毓棠：《中国近代工业史资料》第2辑，第926页。

2 严中平等编《中国近代经济史统计资料选辑》，北京出版社，1986年版，第223—224页。

未成而辛亥革命爆发，此后迄未续修）。继川汉铁路后，各省纷纷仿效，分设铁路公司，准备自办本省铁路。但多数只筹议计划，没有实际从事修筑工作。其中已动工修筑者如福建铁路公司修建的漳厦铁路（嵩屿至江东桥，长 28 公里），到 1910 年竣工通车；广东绅商陈宜禧集资修筑新宁铁路（斗山至北街，全长 110 公里），于 1913 年竣工通车。江西铁路公司从 1907 年起兴修南浔路（南昌至九江，全长 128 公里），嗣因筹款不足，屡向日本借款，故到 1916 年全线通车时，即落入日本帝国主义控制之下。综计 20 世纪初期中国自办铁路全长不过 200 余公里，虽为数甚微，成效不大，但也表明民族资本向这一方面发展的倾向。

随着中国资本主义工业和交通运输业的发展，中国自办新式银行也相继出现。1898 年，盛宣怀首先在上海开设中国通商银行。1905 年，清政府设立大清户部银行，并招商股，至 1908 年各地有分行 18 处（辛亥革命后改为中国银行）。1907 年，清政府又设交通银行，定为官商合办，股本总额为 1000 万两，主要是经办路、电、邮、航四种交通运输的投资。此后，各地相继创设商办、省办银行，如 1906～1908 年间就有四海银行、浙江兴业银行、四明银行等先后开业。这里，表现了中国民族资本向新式金融事业方面流注的趋势。

上述各类中国资本主义企业的一般情况，明显地反映出 20 世纪初期民族工业的发展大大超过了 19 世纪末叶的规模。这种发展规模，就是中国资产阶级民主革命赖以兴起的物质基础。在 20 世纪初期中，尤以 1905 年之后的几年发展更为迅速，这就是为什么资产阶级民主革命在 1905 年之后走向高涨的物质前提。

应当提到的是，中国民族资本虽有所发展，却是在中国已经沦为半殖民地封建社会的时候，欧、美和日本帝国主义已凭借鸦片战争以来多次迫使清王朝签订不平等条约，获得在中国倾销其各种机制轻工业和掠购原材料，并恃势吞噬中国的工矿企业。而封建统治者不仅对本国企业课以苛捐杂税，且依仗权势，对中、小资本家多方刁难，借以索取或侵蚀资本家的利益，或凭借封建垄断制度，限制民族资本的自由发展；甚至勾结外来侵略势力，窃卖矿山主权，阻塞民族资本的流注。因此，民族资本主义企业的发展，一方面与帝国主义和本国封建统治者有联系，一方面又遭受这两者的压迫和损害。

中国民族资本受到帝国主义的压迫和封建势力的损害，产生了民族资产阶级在一定程度上具有反帝反封建的革命性的一面；而民族资本同帝国主义和封建主义在各方面的依存关系，又产生了民族资产阶级具有向帝国主义和封建主义妥协的一面，"一方面——参加革命的可能性，又一方面——对革命敌人的妥协性，这就是中国资产阶级'一身而二任焉'的两面性"[1]。

三、近代中国资产阶级

1. 近代中国资产阶级的来源

西欧近代资产阶级的前身是市民等级。马克思、恩格斯在《共产党宣言》里指出："从中世纪的农奴中产生了初期城市的城关市民；从这个市民等级中发展出最初的资产阶级分子"。"中世纪的城关市民等级和小农等级是现代资产阶级的前身。"[2]

中国近代资产阶级则是从一部分地主、官僚和商人（包括买办）分化而来。《旧中国资本主义生产关系》[3]一书有这一方面的统计资料可以证实。张国辉著《洋务运动与中国近代企业》[4]对此作过具体论述。毛泽东在《中国革命和中国共产党》一书里提到："一部分的商人、地主和官僚是中国资产阶级的前身。"这是与史实相符的。

为什么出现这种区别？是由于中国缺乏像欧洲那样的产生市民等级的历史条件，遂使地主、官僚和商人得以取而代之，从其中卵育出中国的近代资产阶级。

西欧产生市民等级的历史条件是：

（1）古代罗马帝国崩溃后，西欧的城市大部分毁灭了，得以幸存的，也都或是残破萧索，或者作为封建国王、诸侯行政建置、设防的据点，或作为教会的中心而稀疏地分布着。自然经济占绝对优势。有骑士护卫着的封建王侯和大小领主，分别住在城堡里。这是中世纪初期（5～11世纪）的一般情况。嗣后，随着社会生产力的发展，手工业和农业的分工，商业的渐次繁盛，从11世纪开始，以手工业和商业活动为主的城市就在西欧迤逦兴起。所以，在西欧城市经历过一个毁灭和重建的过程。

1 毛泽东：《毛泽东选集》第2卷，人民出版社，1991年版，第645页。
2 马克思、恩格斯：《马克思恩格斯选集》第1卷，人民出版社，1972年版，第252—253页。
3 《旧中国的资本主义生产关系》编写组编：《旧中国的资本主义生产关系》，人民出版社，1977年版，第23—24页。
4 张国辉《洋务运动与中国近代企业》，中国社会科学出版社，1979年版，第339—371页。

从某种意义上说，西欧城市是中世纪中期的产物。

（2）在所有新兴城市的居民里，各种行业的手工业者是主要的成份，他们的大多数原是农奴，其中有些是从封建庄园逃跑出来的，有些则是以向封建主交纳代役租为条件而进入城市的。农奴进入城市后，有的就逐渐成为商人、作坊主或富裕的师傅，能够对贫穷的帮工、徒弟和后来的农奴进行雇佣剥削。如同马克思指出的："在中世纪城市的幼年时期，逃跑的农奴中谁成为主人，谁成为仆人的问题，多半取决于他们逃出来的日期先后。"[1] 富裕的商人、高利贷者和城市土地所有者，属于城市的上层。

（3）城市兴起初期，一般都受封建领主管辖。封建主对城市征收高额地租，竭力搜刮城市居民的财富。于是，在封建主与城市之间，普遍产生了冲突，使得城市不得不通过赎买、反抗等方式，谋求摆脱封建主的管辖，获得自治甚至独立的权利。不少城市由于逐步解除了封建主义的羁绊而使手工业和商业相应地得到发展，迅速地增长了资本主义的因素，孕育着近代资产阶级的胚胎。

和上述欧洲城市变化相联系的城市居民，构成了市民等级。从这个市民等级中，产生了最初的资产阶级分子。从最初的资产阶级演变成近代资产阶级，经历了一个长期发展过程。马克思、恩格斯在《共产党宣言》里写道[2]：

资产阶级在这种发展的每一个阶段，都有相应的政治上的成就伴随着。它在封建领主统治下是被压迫的等级，在公社里是武装的和自治的团体，在一些地方组成独立的城市共和国，在另一些地方组成君主国中的纳税的第三等级；后来，在工场手工业时期，它是等级君主国或专制君主国中同贵族抗衡的势力，是大君主国统治的主要基础，最后，从大工业和世界城市建立的时候起，它是现代的代议制国家里夺得了独占的政治统治。

在欧洲，从市民等级变成近代资产阶级，是通过长期斗争，并在每一个阶段获得了相应的政治成就而实现的。

反观中国，城市发展的沿革同西欧就有显著的不同：

（1）在中国奴隶社会到封建社会的漫长年代里，每个城市各有不同的盛衰荣枯的历史，但却没有像西欧那样在奴隶社会和封建社会之交

1 马克思、恩格斯：《资本论》，《马克思恩格斯全集》，人民出版社，1972年版，第818页。
2 马克思、恩格斯：《马克思恩格斯选集》第1卷，人民出版社，1972年版，第253—254页。

城市同时毁灭，而到中世纪中期又普遍地络绎兴起的陈迹。查查我国从奴隶社会起就遐迩闻名的一些大城市的沿革，就大略可以看出，尽管多数的城址有所变迁，也各自都历经沧桑，但一般还能保持与古代约略相似的地位和景况。

（2）在中国的大中城市里，固然也有一部分是因手工业和商业的发展而兴盛起来，但更多的，则是同它在政治上的地位紧密联系。也就是说，多数城市的盛衰，首先取决于它的行政建置规模的大小。在城市的居民里，阀阅世家，绅衿门第，富商大贾及依附这些豪富藉以谋生的人们，占到很大的比例。他们历来是城市居民的基本成份和主要来源。《儒林外史》描绘范进中举后，马上迁到城里，搬进了张乡绅送给他的一所宅第的情节，就是明清时代城市风貌的写照。农民当然也有流入城市的，但不像西欧那样占城市居民的主要成份是由逃离庄园的农奴来组成。

（3）从秦汉以来，中国所有城市都一直在中央集权专制王朝的有效统治下，不曾发生统治权的变化。城市也没有通过赎买或反抗的方式获致某种程度的自治甚至独立。中国历朝皇帝，也不曾出卖或被迫授予某些城市以自治的特许凭证。虽然，从明代中叶以降，也断续地出现过工匠叫歇、罢市和城市居民抗捐抢粮等事件，但那只是和农民自发地反抗暴政和苛敛相类似，而不同于欧洲城市发生的为摆脱封建羁绊，力争自治，进而使城市与封建势力分庭抗礼的市民运动。

（4）特别要提到的是，中国封建时代城市里的商业和手工业，很大一部分是在封建王朝控制之下，与封建剥削形式相辅并行而存在和发展的。就资本主义萌芽已在中国出现的明中叶到清代鸦片战争以前来说，上述现象仍然很明显，像和人们日常生活极为关切的食盐，其制作是由世隶匠籍的灶丁进行的，贩卖是由获得朝廷特许的盐商经营的。驰名海外的江南丝织，主要被置于朝廷钦放的"织造"的管理之下。精良的绸缎，大多数属于上解的贡品，而不是一般的商品生产。景德镇瓷器素享盛名，大抵良工巧匠，精湛技艺，都集中于御窑，属商品生产的窑，产品多简易粗俗[1]。清嘉庆年间有人记载："今上御极以来，诏从节俭，每年陶器需用无多，而陶工益裕矣。"[2]这透露了封建王朝只稍稍放松一点苛敛，

---

[1] 潘群强：《关于清代前期景德镇瓷业资本主义萌芽的考察》（《中国史研究》1979 年第 2 期），认为："清代前期景德镇瓷业'官窑'仍占主要地位，还设有摆脱劳役经济的束缚，而受劳役经济学支配。"王欣撰《清代前期景德镇瓷业中官窑地位的考察》（《中国史研究》1980 年第 3 期）持不同看法。就实际情况来说，景德镇瓷业一直是在封建官府制约下发展的。

[2] 蓝浦：《国朝御厂恭纪》，《景德镇陶录》卷 2，第 2 页。

手工业就能得到发展。对外贸易，在清代一直被那亦官亦商的十三行行商所垄断，旁人无从染指。至于开矿，历来就被封建统治者以所谓砂丁"易聚难散，徒滋匪患"为理由，垂为厉禁；即使开采的矿山，也由统治者严加管辖，列入地方有司的政务之内。出资开采者，也必须依凭封建政治的、宗法的权势，才有利可图。这与 16 世纪德国国王、诸侯将领地内的矿山典给大贸易高利贷商行，再由商行将矿山转交企业主开采的做法[1]，表现了截然不同的发展趋势。富商大贾，历来以充当官商为荣。"在清代的官商中，以内务府的皇商最为著名，其资本之雄厚，经营业务之广，与封建王朝的经济、政治联系之深，最超过以前历代的官商。皇商在清代的整个商人阶层中，占有重要的地位"[2]。他们的盈亏荣枯，很大程度上取决于与皇帝及亲贵内臣之间关系的亲疏好坏。在各帮商人中，徽（州）帮历来颇具声势，他们起家发迹的奥秘，就在于利用了封建主义的种种联系：在本籍，徽商几乎都拥有数量不等的土地；贸易营运，多数场合是利用封建式的佃仆制来弋取盈利；有子孙亲贵，或以科第跻身官场，或因捐纳而顶戴辉煌，累世拥有坚实的封建政治势力以为后盾。徽帮的显赫，完全根植于封建宗法制的基础之上[3]。山西票号，可以说已具有储蓄、借贷和汇兑的职能。然而，它的兴盛，主要还不是因为手工业和商业的繁荣，而是同清王朝卖官鬻爵，贪污成风的政治相表里，实际上仍未脱离封建高利贷的窠臼。一位研究清史的学者有如下论述："中国的商品经济为满族贵族、官僚、地主变化生活的需要，生产或交易的商品多为奢侈品、享乐用品，是封建经济的补充。而且商人、地主、官僚又往往是三位一体的，都投资于土地，都是地主。因为这种商品经济带有浓厚的封建性，它和封建经济不是对立的，而是为地主阶级服务的，是从属于封建经济的，对自然经济分解的力量较弱。"[4]这种论述是符合实际的。

　　总之，从明代中叶起，在中国封建社会内，手工业和商业确已有了缓慢的发展。但毋庸置疑的是，其中仅有一部分具有雇用剥削和商品经济的性质，可以作为资本主义萌芽的标志；而另一部分，甚至可以说是较大一部分，则并未越出封建劳役和封建经济的范畴，它的兴盛，主要是依赖各种封建性的联系而获得的，不像西欧中世纪后期城市的手工业

1 苏联科学院编：《世界通史》第 4 卷上册，生活读书新知三联书店，第 193 页。

2 韦庆远、吴奇衍：《清代著名皇商范氏的兴衰》。

3 参阅显恩：《试论徽州商人资本的形成与发展》，《中国史研究》1980 年第 8 期。

4 吴量恺：《鸦片战争前清代的封建经济关系和农业中资本主义萌芽的缓慢发展》。

和商业那样靠摆脱封建桎梏来推进自身的发展。所以，到明清时代，随着土地在更大范围内可以自由买卖，"地主、商人和高利贷者紧密结合，三位一体"的现象，益形普遍，"使商业资本和高利贷资本在颇大程度上从属于地主经济，加强地主经济，导致了地主经济的稳定和延续"[1]。而足以冲击地主经济的资本主义的萌芽，倒是相形见绌。

把西欧和中国城市的发展沿革作一对比，就不难理解，西欧城市是中世纪中期兴起的；它的发展，取决于手工业和商业的繁荣与否；经过与封建主的斗争，不少城市获得不同程度的自治甚至独立自主。与这种城市发展沿革相关连的居民，形成为市民等级。

中国封建社会里的城市没有上述沿革，更不曾出现任何一个获得自治，摆脱了封建羁绊的城市。因此，中国没有也不可能产生像欧洲一样的市民等级。不能认为，凡居住在城市里的人们，都具有市民等级的经历和特性。这样，好几批兼具官、绅、商身份的"商人"，向两江总督曾国藩禀请设立轮船公司；同时，洋行买办和买办化商人雇、买船在各通商口岸往来赢利的现象，也很普遍。[2]而仿设棉纺织厂的拟议，则更早一些，大约19世纪50年代末就已初显端倪。到1865年，就传闻有买办商人和外国资本家聚议招股设厂纺织，并自制颜料以备染布。这说明，在中国兴办资本主义近代企业的契机，已经在一些买办、官僚的动向中显露出来。

转入19世纪70年代，一则是以太平天国为主绵延近20年的各族人民起义基本上都被镇压下去，清政府幸而逃脱倾覆的危机，得到号称"同治中兴"的暂时稳定局面；洋务派集团稍得喘息，已有余力来兼顾民用企业的兴建事项。再则是，正在中国社会经济领域中逐渐浸润的畸形的原始积累，已略有进展；劳动力价格极为低廉的市场，加速在扩大；商品经济在部分地区正逐步取代自然经济；少数人，主要是买办和通商口岸与外国势力有联系的新式商人，已积攒起一定的货币财富[3]，兴办新式企业的前提条件初步具备。还有，曾国藩、左宗棠、李鸿章等洋务派首脑从1861年起就着手兴办近代军用工业，较大的几处为江南制造局、金陵制造局、福建船政局、天津机器局等，均已陆续开工修造船械弹药。尽管这些军事工厂并不属商品生产，而多数还实行着封建性的劳役制，但毕竟采用了近代资本主义的机器和技术，不能不因此带入了某

1　方行：《试论清代前期地主、商人和高利贷者的三位一体》，《经济研究》1980年第8期。
2　张国辉：《洋务运动和中国近代企业》，中国社会科学出版社，1977年版，第131—138页。
3　张国辉：《洋务运动和中国近代企业》，第148—149页。

些资本主义的新因素。更重要的是，随着军用工业的筹办，资金、原材料、燃料以及相应的新式交通运输，就无一不成为亟待解决的事项。从而促使洋务派感到有必要创办民用性工业和交通运输事业，既藉以积累资金，又可适军事工业的需要。于是，最早一批洋务派的民用企业就相继产生。

洋务派有权有势，但聚敛的货币财富仍不足。买办势力则早就有依托清朝权贵以取得某些特权和优惠条件来兴办企业牟取利润的愿望。这样，当资本主义企业产生的条件具备的时候，两者就结合起来了。19世纪70年代先后着手举办的几个较大的官督商办企业，从筹款到开工生产，都清楚地显露了这种结合的痕迹。

1872年开始筹设的轮船招商局，初创时，除李鸿章入股5万两，拨借直隶练饷（扣除预付利息及其他）折银约12.3万余两外，一般商股招徕不多，资金严重不足。到次年，由于大买办唐廷枢、徐润的入伙，并分别出任总办会办，才很快招齐了第一期的股本100万两，徐润名下的达24万两。在招商局初期商董中，买办和买办化商人占多数[1]。1876年李鸿章派唐廷枢创办的开平煤矿，资金是怎样筹措的呢？据熟悉内情的人透露："溯招商局、开平股份，皆唐、徐诸公因友及友，辗转邀集。"[2]足见开平煤矿的投资者当中，属买办阶层的为数少。至于棉纺织厂，则从19世纪60年代起即不断有外国洋行伙同中国买办势力合谋购置机器运输入口，设厂纺纱织布的活动。1878年，经李鸿章批准筹办上海机器织布局的彭汝琮，与买办势力有密切关系，他向李鸿章提请札委的会办郑观应、唐汝霖、卓培芳和长康4人中，前3人都具有买办的身份。次年，彭汝琮离去，主持布局的几度易手，官僚—买办—官僚赓相嬗替。还有1880年创始的电报局，起初主要是官款，1882促改为官督商办，由郑观应和买办化的官僚盛宣怀主持其事，郑、盛也是主要的投资人。虽然，到90年代前后这些企业的股份有所变化，但买办势力与洋务派官僚结合，给洋务企业打下一个稍具规模的基础，则是不能否认的事实。

在中国资本主义兴起阶段（1872～1894年），官办、官督商办一类民用企业，在全部近代企业中占绝对优势。如果将这一阶段有资本可查的72家近代企业加以考察，则情况如下表：[3]

1 张国辉：《洋务运动与中国近代企业》，第148—149页。

2 经元善：《居易出集》，转引自《从上海机器织布局刊洋务运动和资本主义发展关系问题》。

3 严中平等编：《中国近代经济史统计资料选辑》，科学出版社，1995）年版，第93页统计表计。

1872 ～ 1894 年近代企业结构组成

类别	厂矿数	资本额（千元）	占总资本额的百分比
官办、官督商办	19	16 208	77.6
商办	53	4 704	22.4
合计	72	20 912	100

从上表可以看出，洋务企业厂矿数不多，而资本额则是商办企业的 4 倍，成为当时中国近代民用企业的主要成份。

应当指出，洋务派兴办民用企业，除了积累资金，牟取利润，为维持和扩大军用工业筹措经费外，还着重考虑过政治、军事上的需要。开办轮船招商局原来就计议"分运漕米，兼揽客货"。"无事时可运官粮客货，有事时装载援兵军火"[1]，创设开平矿务局，是希冀"从此中国兵、商轮船机器制造各局用煤，不致远购于外洋"[2]。而架设电报，则"实为防务必须之物"[3]。尽管洋务民用企业一般成效不高，也没能使清王朝与漕运、军工、防务等方面产生显著的变化，但就洋务派的设想来看，它是被摆在极为重要的位置之上的：军事工厂赖以经常接济；新式海陆军赖以得到燃料、装备和通讯联络；皇室贵族、内外百官、旗绿将士所仰给的漕运得以畅通；其他洋务新政赖以配合进行。通过以富求强，达到寓强于富，使得颠顶积弱，窘乏腐朽的清王朝由此而强盛起来。显然，官督商办一类民用企业实为洋务派所依存的经济基础之一（另一基础是封建地租和高利贷剥削），是被作为洋务新政的杠杆而致力经营的。李鸿章所以远远凌驾于曾国藩之上，成为 19 世纪后期左右朝政的权臣，虽有多方面的原因，然更主要的还是他控制了轮、矿、电（报）、纺几大企业有以致之。张之洞所以在甲午战后声势煊赫，无疑是和他在湖北创办了钢铁、纺织、枪炮等若干企业相联系。当然，无论是李鸿章还是张之洞，都不是自觉地朝着资本主义的道路迈步，但他们所作所为，实际上是领着一部分地主、官僚和商人（买办）开始实行向资产阶级转化的历史任务。

既然官办、官督商办民用企业在中国资本主义兴起阶段占主要成份，

---

1 《李文忠公全书》，《奏稿》卷 25，第 4、5 页。

2 《李文忠公全书》，《奏稿》卷 40，第 42 页。

3 《李文忠公全书》，《奏稿》卷 38，第 16 页。

又是洋务运动的杠杆和基础，那么，把洋务运动作为中国资本主义发展全过程中的一个阶段来考察，应该说是符合历史实际的。然而，就官督商办一类民用性企业的特点，洋务派的政治地位等方面来看，洋务运动并不意味着民族资本主义的兴起和成长，而是从中国早期官僚资本主义的产生和初具规模为其内容的。把持这类企业的洋务派，则堪称早期官僚资产阶级的政治代表。

2. 民族资产阶级的产生

19世纪70年代，与洋务官督商办一类民用企业兴起的同时，另一类用商办名义经营的企业，也稀疏地陆续出现。商办企业以1872年广东南海的继昌隆缫丝厂嚆矢，到1894年，即一般称作中国资本主义兴起阶段，在缫丝、火柴、轧花、造纸、制茶、玻璃、碾米和挖煤、采矿等行业中，逐渐产生。按性质来说，商办企业一般属于民族资本，投资釀股的地主、官僚和商人（包括买办）等，则因此开始了向民族资产阶级的转化的过程。

在中国资本主义兴起阶段，早期官僚资本占压倒优势。前面所列1872～1894年间72家本国企业资本额的统计表，大体反映了这种情况。在总资本额中，官督商办一类占到77.6%，而商办企业仅占22.4%。商办企业数量虽较多，但其全部资本额的总和，还远逊于轮船招商局一家最高年份的资本（1882～1883年资本计530余万两），平均下来，每家只有88 000多元。官督商办企业数量较少，但平均每家资本为853 00多万。相形之下，商办企业充分显露了资金少，规模小，根底浅薄的景象。

再则，既然一部分的地主，官僚和商人是中国资产阶级的前身，那么，这一部分人由原来的成份转变成资本家成份，当然不可能是一蹴而就，其间必有一个转化的过程。对每一个从事这种转化的人来说，当他开始向新式企业投资的时候，多少都抱有试探的心理，通常是不会很快放弃原来的剥削方式的。在资本主义兴起阶段，类似现象尤其明显。一位编辑《中国近代工业史资料》的研究者指出："民族资本的企业不仅资本少、而且独资经营的少，绝大部分都采取集股经营方式。股份公司当然是一种较进步的企业组织形式，然而当时民族资本采用这种形式并不能表示经营方式的进步，实际上它却反映着民族资本资金不足，同时反映他们向近代工业投资时惧怕亏折失败，畏葸不前。"[1]这种情况，正说明当时向商办企业大量投资的人是很少的，多数的投资者大抵还采取尝试的态度，一般都没有舍弃原来的剥削和盈利手段。同时，也不是开始出现这

---

1 孙毓棠编：《中国近代工业史资料》第1辑《序》，人民出版社，1957年版。

种转化现象就立刻产生了一个独立的资产阶级，必然是要达到一定阶段，表明这些转化出来的人们确已具有独立的经济地位的集团，才可作为民族资产阶级形成的标志。资产阶级兴起阶段向资本家转化的那一部分人的情况大体如何呢？上述《中国近代工业史资料》的编者有过如此估计："有些企业主已完全是工业资本家了；但大部分企业主则是一方面拿出一部分财富投资于新式工业，另一方面仍握有大量的土地，经营着钱庄、典当、商号，并且同时还是在补的或候补的官僚。这民族资本近代工业发生时期是旧社会的商人、地主、官僚通过新式企业的经营开始逐渐蜕变转化为民族资产阶级的时代。这蜕变转化的过程是复杂、曲折而缓慢的。到了 19 世纪末叶，这转化过程还只开始，距离它的完成还很远很远。"[1] 这位编者的估计是符合实际的。情况表明，在中国资本主义兴起阶段，民族资本既那样微薄，而说得上成了资本家的也只少数，大部分还主要同旧的剥削形式仍然联系在一起。这就意味着商办近代企业投资的人们大多数正处于陆续地从母体内分化出来，还不曾获得独立的经济地位的状态，从而说明民族资产阶级还不能形成为一个独立的阶级。

3. 民族资产阶级的形成

中国民族资产阶级是什么时候形成的？从种种迹象来看，应是 20 世纪的初期，是中国资本主义初步发展和持续发展阶段（1895 ~ 1913 年）的产物。

与资产阶级兴起阶级相比，初步发展和持续发展阶段民族资本经济有了显著的增长。以下 1895 到 1913 年历年设立的资本在 1 万元以上、商办和官督商办（包括官办）两类厂矿的资本额的比较表，大体能反映当时的实际情况[2]：

1895 ~ 1913 年 1 万元以下厂矿资本额比较

类别	厂矿数	资本额（千元）	占总资本额的百分比
商办	463	90 792	76.3
官督商办、官办	86	29 496	23.7
合计	549	120 288	100

统计表显示出，两种类别的企业的资本额的比例，就兴起阶级和初

---

1 孙毓棠编：《中国近代工业史资》第 1 辑《序》。

2 汪敬虞：《中国近代工业史资料》第 2 辑下册，科学出版社，1957 年版，第 1069 页、第 109—196 页各表统约计。

步发展阶段相对照，恰好相互对换了位置：属于早期官僚资本的官督商办、官办企业的资本额，由占 77.6% 下降到 23.7%；属于民族资本商办企业的资本额，由占 22.4% 上升到占 76.3%，其资本额增长数量约相当于前一阶段的 20 倍。在全部本国资本主义企业中，民族资本从劣势转化成优势；在纺织、面粉等轻工业部门，更居于遥遥领先的地位。尽管民族资本的这种发展还是较为缓慢，在资金、技术和规模上，都还不能同外国在华企业匹敌，但它的境况终究远胜于兴起阶段，毕竟是为民族资产阶级的成长提供了应有的物质基础。

正是由于具备了应有的物质基础，社会上资本家的数量就相应地明显增加，并有迹象表明，这个新兴的集团在社会政治、经济生活中已作为一种独立的力量存在着。

在兴起阶段，虽然一部分的商人、地主和官僚资本家转化的过程并不曾终结，资产阶级队伍始终是主要靠它的这种前身不断地补充，但经历了兴起阶段，确有多数人通过雇佣剥削的积累，使经营企业所得利润成为主要的经济来源，基本上已改变了原有的成份，跻身资本家的行列。一个资本家独资创办几个企业，已是较常见的事。同时，随着通商口岸的延展而增多的新式商人和其他剥削者如经营鸦片、洋纱布、煤油、卷烟等商号的老板，从事房地产买卖和金融业的投资商等，因走私漏税、屯积居奇，买空卖空，投机取巧而暴富的人们，也有一些应投资者新式工矿业而成为工业资本家。还有一些小业主和小生产者，通过逐步扩大雇佣剥削的积累而上升为资本家。此外，又有不少华侨等形形色色的人们，本来就是商品经济关系中的剥削者和谋生者，他们占有工矿企业后，很快就成了近代资产阶级中的成员[1]。民族资产阶级队伍的扩大已成为社会上引人注目的现象。

与民族资本经济增长的同时，有一部分从官僚、买办转化的资本家，由于凭借自身兼有的封建性的政治地位和社会联系，或因借取外国殖民主义者的某些特权，从而得到一定期间或一定程度上积累资本的便利条件，通过扩大经营和兼并的方式，逐渐占有若干行业不同的企业，形成拥资百万元至数万元的大资本家。以下开列 14 个大资本家创办或参加投资的企业数量的统计表，有助于说明上述现象[2]。

1 《旧中国的资本主义生产关系》编写组编：《旧中国的资本主义生产关系》，人民出版社，1977 年版，第 2 章第 2 节、第 4 节。

2 汪敬虞《中国近代工业史资料》，科学出版社，1957 年版，第 1069 页，第 1091—1092 页各表约计，祝大椿名下减去虚假的"源昌机器五金厂"一家。

14 个大资本家投资企业统计表

姓名	原来的身份或仍兼有的身份	官衔或世职	创办或参加投资的企业数
张謇	官僚	翰林院修撰、商办头顾等顾问官	27 家
祝大椿	买办	二品顶戴花翎道	8 家
朱志尧	买办		8 家
沈云沛	官僚	邮传部侍郎、署尚书	13 家
严信厚	官僚	道员	14 家
宋炜臣	商人	二品顶戴花翎道	7 家
李厚佑		议员	8 家
许鼎霖	官僚	二品顶戴候补道	10 家
周廷弼	商人	三品候补道	8 家
楼景晖	官僚	四品衔选州同	3 家
曾铸	商人	花翎候补道	3 家
朱畴	官僚	道员	7 家
张振勋	华侨	头品顶带太仆寺即	11 家
庞元济	官僚	四品京堂	6 家

上表说明，当时中国的资产阶级不但在社会上已很有影响，而且还起了分化，已经有那么一个占有企业较多较大，社会地位较高的上层在20世纪初期明显地形成起来。

4. 民族资产阶级登上政治舞台

伴随着民族资产阶级的成长，在文化思想方面就相应地出现一番崭新的现象。从19世纪末年起，所谓新学、西学就以更广泛的规模传播起来，新式学堂陆续兴办，留学日本和欧美，蔚然成风。到20世纪初，一批批的资产阶级知识分子涌现出来，民族资产阶级开始有了自己的政治家、军事家、思想家、文学家。在这批知识分子中，继续沿袭维新变法道路的人们，有的本身已兼有资产阶级分子的身份，（如康有为、梁启超等），有的虽还以举人、进士头衔来炫耀身世，但多数已是留学国外的资产阶级知识分子里的上层人物；他们所宣传的维新改良主张，也不像 19 世纪他们的前辈那样，侧重于要求清王朝推行扶植和发展资本主义经济的政策，而是把召开国会，厘订宪法，建立内阁责任的君主立宪方案，作为议事日程上的首要课题，表明民族资产阶级中的一部分日益增长了同封建贵族平分政权的愿望。至于宣传民主革命的人们，就更加多数是同科举很少或毫无联系的新式知识分子。他们孜孜以求的是实现资产阶级共和国方案，而且越来越以政治指导者的姿态在爱国和革命运动中崭露头角。他们反映了民族资产阶级中的一部分要求推翻清王朝，夺取独占的统治地位的倾向。同时，无论是热衷于君主立宪方案的民族资产阶级上层，还是拥有民主革命的中下层，都没有再借助封建时代的组建形式，而是建立新的资产阶级的团体或政党来开展各种活动。立宪派人组织的"预备立宪公会""政闻社"始有明显的资产阶级性质的团体，稍后的"宪友会"，毫无疑问是一个资产阶级上层的政党。至于孙中山领导的同盟会，就更是人们公认的民族资产阶级的革命政党。所有这些，都说明民族资产阶级已基本上脱离它的前身，作为一种新兴力量跃上了政治舞台，为取代封建地主阶级的统治而展开斗争。

（原载《麓山文史论丛》，《中国文学研究》杂志社 1992 年出版）

湖湘文化及人物研究

坚持马克思主义，正确评价左宗棠

1983 年

左宗棠（1812～1885年）一生主要做了三件大事：镇压太平天国、捻军和陕西回民起义；办洋务；出兵新疆征伐阿古柏。解放30多年来，由于洋务运动和阿古柏问题存在不同意见或某些讹谬的看法，因而左宗棠也就没有得到正确的评价。

大约1955年以前，我国史学界关于阿古柏的记述和评论，多数是照搬40年代至50年代初苏联学者们的错误观点。那时，苏联研究中亚史的学者一般还残留着或多或少的"大俄罗斯主义"的影响，认为中亚国家的任何事件，只要是倾向于归并俄国，或反对清王朝，就不管其性质如何，概作为进步的民族运动对待。阿古柏即因属于后一情况而获得肯定（注）；这种评价也在我国的出版物上反映出来。比如，1952年出版的一本《维吾尔史略》里，就用"阿古柏领导的十年革命运动"作为一节标题，对阿古柏的入侵和僭立"哲德莎尔"伪政权也予以赞许，并斥责"左宗棠发动的不义战争。"正因为如此，那个死心塌地为阿古柏帮凶助虐，卖身投靠于沙俄的民族败类白彦虎，也竟作为回族英雄来颂扬，以《歌唱英雄白彦虎》为题登载于1955年的刊物上。与些同时，在史学界，洋务运动仍然是众口一词地称作反动事件。这样，左宗棠被全盘否定，目为反动人物是无庸争辩的；有人还给他戴上了"汉奸刽子手"的帽子。

之后，我国史学界摒弃了论述阿古柏问题上的错误观点，明确阿古柏是英、俄两个帝国主义争相喂养，用来吞噬我西部领土的走狗，他所僭立的"哲德莎尔"国家，是一个奴役压榨我新疆各族人民的外来入侵者的反动政权。于是，左宗棠收复新疆的正义性和必要性，才获得承认。然而，人们还似乎不愿给左宗棠本人记下应得的功勋，在论述这事时，总是强调，出兵恢复新疆，是左宗棠旨在扩大湘系集团的权势，以与淮系李鸿章竞争，他未必出自反侵略和爱国的动机。

60年代起，学术界对洋务运动的估价开始产生歧异。一种意见是：对清王朝部分贵族官僚搞的洋务事业，要一分为二地看待，从经济的角度来考察，它具有抵御外侮和促进中国资本主义发展的一面。但从讨论的趋势来看，反对这种意见的论述，似乎还占多数。对左宗棠办洋务，也还没有给以任何好评。只是关于收复新疆一事，有了更为实事求是的估计，称许左宗棠为国家、为民族作出了巨大的贡献。于是，左干的三件大事，就由全部否定变为肯定其一，否定其二。

动乱的"文革"过去了，随着学术研究领域里的拨乱反正和双百方针的贯彻，我国学术界对洋务运动的研究有了可喜的新进展。就发表的论著来看，多数人赞同应侧重于经济方面去探讨洋务运动的性质和影响，并不同程度地肯定了它的积极作用。若干论者还着重以福建船政局等企业为例，论证左宗棠所筹办的洋务近代企业，具有更明显的抵御外侮和发展资本主义的内涵和意义。有的同志又著文论述左宗棠办洋务和收复新疆，是与他具有民族意识和爱国思想相联系的。当然，对洋务运动持基本否定态度的同志是不同意上述看法的。

到目前，就左宗棠干的三件大事来看，他镇压太平天国和陕甘回民起义的罪行，是没有人为他开脱的；收复新疆的功绩，也没有不同意见；只是办洋务，由于对洋务运动本身的估价还存在很大的分歧，因而左宗棠在这一事件上是功是罪，还不曾作出定评。但是，我也并不认为，把左宗棠干的三件大事按肯定、否定的数量，像计算球赛比分一样列出来，就可给左宗棠盖棺论定，判决功罪。人们完全可以用自己的见解，把左宗棠镇压农民起义的罪过作为一个最重的砝码加在天平上，从而否定左宗棠。也完全可以把左宗棠收复新疆的功绩作为最重的砝码，从而衡量出他是一个功大于过的历史人物。也完全可以不就这三件大事衡量功过，而是通观左宗棠一生的思想言行，对他作出全面的鉴定。

回顾左宗棠评价的讨论，可以看出，问题不是史料的短缺，而在于如何继续清除"左"的思想在学术研究领域内的影响，准确地运用马克思列宁主义、毛泽东思想为指导来开展研究和讨论。我体会，《湖南师院学报》编辑部设置《笔谈左宗棠》专栏，其目的不仅是希望通过讨论，给左宗棠以恰如其分的评价，更重要的是，为学术界提供一片场地，借助这一课题，把马克思主义的学风更卓具成效地倡导起来[1]。

（原载《湖南师大学报》1983 年第 2 期）

---

1 20 世纪 50 年代初，前苏联学术界批判了在中亚史研究方面的这类错误观点，但到 60 年代后，由于前苏联当局执行霸权主义政策，因而前苏联学术界的若干人士，又在中亚史某些问题上拾掇起他们曾经批判过的错误论调。

试论熊希龄

1985 年 5 月

湖南凤凰县虽属边陬，却出了个熊希龄。熊希龄以民国二三年间出任国务院总理而名闻遐迩，却又因此而迭招物议，一直成为盛名之累。故迄今尚没有一篇足资征信的传记和恰如其分的评价。笔者有鉴于此，爰搜集资料，整理校订，试作评论，藉供引玉。

一

熊希龄（1870 年，清同治九年～1937 年，民国二十六年），字秉三。原籍江西丰城县，先世屡官湖南湘西州县，遂入籍凤凰直隶厅（今凤凰县），故人称熊凤凰。父兆祥，承袭云骑尉，历任守备、副将，官至澄湘水师营统带。

甫 12 岁（1882 年，清光绪八年），熊希龄应试中秀才。1888 年，江苏宝山朱其懿任沅州知府，对熊希龄异常器重，命入沅水校经堂就读；熊从此师事朱其懿。又 3 年，转入长沙湘水校经堂，学识大进，秋间应乡试，以第十九名中式，成举人（1891 年）。湖南学政张亨嘉特加赏识，称许他"年甫及冠，拔起边陬，谈兵如何去非，说地如顾景范。他日当为有用之才，不仅以文学显也"[1]。中举后，与廖氏订婚。1892 年（光绪十八年）入京会试，中试贡士。按清代典制，会试放榜后 1 月，举行殿试，由皇帝亲自点定一、二、三名，区分一、二、三甲等第。殿试对策，理应按内容评骘高下，但实则积习相沿，专重书法。时张亨嘉在京，鉴于熊希龄书法尚不合殿试格局，恐致罣误，嘱他"暂告终养"，把字练好再去应殿试。他便住在北京一个庙内，悉心模仿殿试考卷及书法。其间返湘与廖氏完姻。1894 年（光绪二十年），补应殿试，成进士，朝考后授庶吉士。次年，廖氏暴病逝世。又次年，朱其懿将同父异母幼

---

1 叶景葵：《凤凰熊君秉三家传》，《叶景葵杂著》，上海古籍出版社，1986 年版。

妹朱其慧许配给熊希龄。这期间，熊在武昌湖广营务处任职。

此际，维新思潮大盛；而日本帝国主义发动的甲午侵华战争，则又将中国推入了空前严重的民族危机的深渊。1897 年，熊希龄返抵长沙。恰值湖南巡抚陈宝箴颇为开明，署按察使黄遵宪、学政江标等赞助变法，湘中维新人士谭嗣同、唐才常积极在长沙等地开展各种活动。怀抱经国济世大志，亟待脱颖而出的熊希龄，迅即跨入维新运动的行列。他多方筹议设立学堂，创办报纸，组建传播新学、倡说变法的社团。旋由陈宝箴任命为时务学堂总理，主持校务。熊于是聘请梁启超来学堂充中文总教习。1898 年 2 月，"南学会"成立，熊偕谭嗣同、唐才常等任议事会友，负责议定会中事务，制订章则。3 月，《湘报》创刊，谭、唐、熊等 8 人为董事。其他如"湖南不缠足会""延年会"等维新会社，熊均参与筹划。湖南维新运动的独步一时，熊希龄倡导力行之功不可泯。

1898 年（光绪二十四年）8 月，清廷电召江标、熊希龄晋京。熊因父亲在衡阳编练水师，在北上之前衡阳省亲。紧接着因饮食失慎，大病一场，故未能及时成行。9 月，戊戌政变发作，谭嗣同等六君子难。熊希龄竟得幸免，唯仍然奉"旨"："熊希龄革职，永不叙用，并交地方官严加管束。"熊于是在衡阳闭户读书。嗣退居沅州，继又回到芷江旧居息影韬晦。从 1898 年秋至 1902 年夏，他被迫蛰伏 4 年。

1902 年（光绪二十八年），朱其懿调任常德知府，召熊希龄前往。先是创办西路师范讲习所，后来即成立为西路师范学堂。次年初，赵尔巽来湘任巡抚，访知熊希龄在常德办学堂，于是奏称："熊希龄自获谴以后，闭门思过，德性与学问并进，废弃可惜。恳恩免于严加管束，拟令助理学务，以观后效。"奉"旨"照准[1]，着熊充任西路师范学堂监督。熊希龄获得重新公开参与政治活动的地位和机遇。

二

赵尔巽在湖南推行"新政"，诸如废除书院制度，创办各级学堂，派遣学生赴日本分习师范、陆军及各种工业，设立全省矿务总公司，裁撤绿营，编练新军等举措，遇事都向熊希龄咨询。为此，熊又遭到守旧势力的集中攻讦。1904 年夏，熊到日本考察教育和实业，返湘后，更

---

1 叶景葵：《凤凰熊君秉三家传》，《叶景葵杂著》，上海古籍出版社，1986 年版。

多建白。故次年擢升盛京将军的赵尔巽，甫经奉命即奏称："庶吉士熊希龄请加恩免其永不叙用，发往奉天差遣委用。"[1] 但随即由奉命进京的湖南巡抚端方保荐，奏调充出洋考查政治的五大臣的随员。

革命党人误抛的炸弹，使五大臣出洋之行推延了 3 个月。1905 年 12 月 11 日（光绪三十一年十一月十五日），熊希龄偕同僚 33 人，随钦差大臣户部侍郎戴鸿慈、湖南巡抚端方由秦皇岛登轮启行，游历日、美、英、法、德、俄及欧洲其他诸国，于次年 7 月返抵上海。稍后，经戴鸿慈、端方奏保以道员分省补用。旋即由赵尔巽奏调到奉天。9 月，到任后委为农工商务局总办。熊希龄锐意革新，迭次拟订振兴实业，整理财政，开浚河道，兴办学堂等意见和办法，很有一番弃旧图新的气概。

在奉天约莫一年，因赵尔巽于春间调任四川总督，而署江苏巡抚陈启泰又奏调熊希龄到苏，委充农工商局总办。熊于初冬到差，旋又得两江总督端方札委督署文案、谘议局筹办处会办、南洋印刷官厂监督等差缺。兼差之多，为同时候补候缺官员所艳羡。此期间，他又与曹典初等筹办"宝应长湖垦殖股分有限公司"，返湘创醴陵瓷业学堂，设瓷业公司；1907 年底，公司招股份达 10 万元。据熊希龄的内侄朱经农回忆，那时，熊"一年四季碌碌道途，很少回家居住。但每次回来，总带着许多新计划，创办种种事业，讲给我们听，总是津津有味"[2]。他的那种兴利除弊，振作创新的抱负，勇于任事，通权达变的才干，为同时人所折服，故当时任安徽学政的沈曾植与梁启超谈论当世人物时，"推秉三并时无两"[3]。

1909 年春，度支部尚书载泽奏请赏给熊希龄四品卿衔，派充东三省清理财政正监理官。6 月底，熊到奉天履任。次年，湖广总督瑞澂奏保熊简任湖北交涉使，未赴任。9 月，经督办盐务大臣载泽奏请，奉"旨"："奉天盐运使员缺，着熊希龄调补，钦此。"10 月，全国农务联合会成立于上海，熊被推为主席。又次年（1911 年）4 月，熊抵奉天任盐运使，仍兼财政正监理官。稍后，赵尔巽由川督调任东三省总督，又奏调熊任东三省屯垦局会办，旋兼奉天造币厂总办。时有理财能手之称。内外大吏的竞相延揽，交口保荐，表明熊希龄在清末官场中享有令人妒忌的声望。

然而，自熊希龄得解脱"严加管束"的困境，重新驰骋于南北政坛

1 叶景葵：《凤凰熊君秉三家传》，《叶景葵杂著》，上海古籍出版社，1986 年版。
2 朱经农：《在我记忆中的熊秉三先生》，《东方杂志》第 44 卷第 1 号，第 32 页。
3 丁文江、赵丰田编：《梁启超年谱长编》，上海人民出版社，1983 年版，第 376 页。

期间，他对于当时中国的影响，首要的还不是兴实业，倡垦殖，理财政，办盐运，而是他在立宪运动中捭阖周旋的事迹。

1904 年起，熊希龄便几次到日本考察教育、实业等事项，同流寓日本的梁启超及湘籍人士杨度、徐佛苏过从密切。五大臣出洋考察宪政，就是由于他从中疏通，使戴鸿慈、端方与梁启超之间产生秘而不宣的关系。戴、端出洋考察后呈请立宪的奏疏，相当一部分是梁启超捉刀的。戴鸿慈任法部尚书，曾就法部与大理院之间的关系向梁请教。1906 年，徐佛苏曾与熊希龄商议，在北京办一份报，推梁启超当主笔。熊为此致函征询梁的意见[1]。嗣因他事未果。11 月，熊藉到日本调查浚河工程之便，至神户同梁启超熟商三昼夜，讨论组建立宪党的问题。事后，梁有一长函向康有为禀告，其要点为[2]：

一、康有为已宣布保皇会改称国民立宪会，熊希龄认为宜改称帝国立宪会，梁启超表示同意。而在国内则称宪政会。

二、宪政会由梁启超、杨度、蒋智由、徐佛苏等署名发起，暂不设会长，虚席以待康有为。先在东京成立，然后本部迁设上海，举干事长主持，拟推杨度担任。熊希龄不出名，以便进行活动。

三、张謇、郑孝胥、汤寿潜三人本极重要之人物，亟应联合，彼此应同利害共进退。

四、已由熊希龄疏通，袁世凯、端方、赵尔巽允作暗中赞助人。拟拥戴醇亲王载沣为总裁，载泽为副总裁，由熊即晋京运动。

五、筹款，熊希龄允筹 15 万两，以 5 万办《北京报》，以 10 万为会中基本金。其款大抵袁、端、赵所出达半数。熊希龄、杨度责成梁筹 5 万，梁感到无力筹措。

这封信透露，在国内设立宪政会，其决策和筹款的核心人物，是熊希龄。次年，这个会成立，但名称改为政闻社。

1907 年 4 月，梁启超一派创设的上海《时报》馆遭火焚，有无法印行之势。熊希龄特由北京致电梁启超，嘱梁转告《时报》主笔狄葆贤，如有困难，他可接济款项[3]。为便于熊开展活动，梁启超写信给康有为称："政闻社事，万乞勿牵合秉公，否则令彼一步不可行，至为可虑。"[4] 熊

---

1 丁文江、赵丰田编：《梁启超年谱长编》，第 363 页。
2 丁文江、赵丰田编：《梁启超年谱长编》，第 370 页。
3 丁文江、赵丰田编：《梁启超年谱长编》，第 373 页。
4 丁文江、赵丰田编：《梁启超年谱长编》，第 383 页。

为此化名文福兴与梁启超通信。

梁启超认为"武汉为天下之中……故欲以全力置基础于武汉"[1]。拟在该地办一日报，名《江汉公报》，设一法政大学，名"江汉公学"，欲请熊出任总理，因为梁认为"秉三近年所入甚丰"[2]，又与袁、端、赵关系密切，筹款和处理人事关系均较便利。他却忘怀，正是他叮嘱别人"万乞勿牵合秉公"，而现在却公开把熊希龄"牵合"到了台面上。嗣因杨度另立宪政公会，与政闻社竞争；在武汉争夺舆论阵地，万为激烈。熊希龄与杨度交谊素厚，自不愿卷入这两派嫌隙之中。因此，办《江汉日报》和"江汉公学"之事，以困难甚多而未能实现。

辛亥武昌首义（1911年10月10日）爆发后，梁启超于11月6日由日本乘轮返国，打算推行他拟定的"和袁慰革，逼满服汉"的方针，于9日到达大连。熊希龄派专人到大连迎接。因电讯之误，当梁启超乘车赶到奉天，而熊恰好南下大连，致未晤面。在大连几次电促梁迅速南来。梁至，闻吴禄贞已被杀害，蓝天蔚将不利于己，于是匆匆重往日本。

12月1日，熊希龄返抵上海。有人问他为何离开奉天，他答称："吾尝以策干赵尔巽，赵不从，则是居与不居等也，故辞归耳。"[3]在上海，熊会见了黄兴、宋教仁等革命党人，政治态度开始转变，渐次表示拥护共和。12月26日，他以湖南共和协会正会长名义领衔，率同副会长张学济以次150人，致电袁世凯称，"现南北人民，既主共和，公独为满室而战，为君主而战"，实有悖民意。"满室已失人民之信用，实无再为君主之资格，必须迅速避让，免致涂炭生灵……时不可待，望公毅然速请明诏退位。勿误大局，天下幸甚"[4]！

1912年（民国元年）元旦，孙中山在南京宣誓就任临时大总统，宣告中华民国成立。黄兴曾推荐熊希龄出任财政总长，未成。

前此，熊希龄加入章太炎等倡首组建的中华民国联合会。1912年3月2日，中华民国联合会在上海召开全体会议，议决更名统一党，举章太炎、程德全、张謇、熊希龄、宋教仁为理事。在民国初年的政治舞台上，熊希龄占据显著的位置。

清末立宪派人发动的请开国会，订宪法，实行君主立宪制度的运动，

1 丁文江、赵丰田编：《梁启超年谱长编》，第435页。
2 丁文江、赵丰田编：《梁启超年谱长编》，第382页。
3 丁文江、赵丰田编：《梁启超年谱长编》，第573页。
4 上海《大共和日报》1912年1月16日。

也在一定程度上宣传了资产阶级民主思想。与此同时，他们倡导兴西学，办学堂，发展实业，也有利于中国社会的进步。但是，他们搞立宪运动的主旨，则在于藉以抵制革命。就清末国情而论，被称为"洋人的朝廷"的清王朝，业已透顶腐朽；戊戌变法运动的遭到镇压，说明它既不可能，也完全拒绝通过任何改革来谋求国家的独立和富强。人民只应用革命的手段将它推倒，才能挽救国家的危亡。所以，立宪派人促请和期待清廷立宪，是不负民望，不合国情，不顺时势的行径。熊希龄与梁启超等致力于立宪运动，是不足取的。然而，他在武昌起义后，毅然离开两度为他解脱政治桎梏、破格擢用的赵尔巽，舍弃清廷，转向拥戴共和，毕竟是识时务，顺民心，全大节的爱国义举。

三

袁世凯握取临时大总统的权位后，即任命唐绍仪为国务总理。唐邀熊希龄入阁，熊力辞不获，1912年3月30日，国务院组成，熊希龄任理财总长。熊再辞，不允，遂于4月9日在上海任职，暂留南方就地筹措军饷问题。28日，始乘轮北上，至青岛登岸，换乘火车，于5月3日抵京。9日，统一党、民社、民国公会、国民共进会、国民协进会、国民党等六团体联合，组成共和党。熊转为共和党成员。

到京后，熊希龄集中精力谋求解脱财经匮乏的困境，不得不多方与六国银行团磋商贷款，以济燃眉。5月14日，与银行团议定第一批贷款，以接受银行团与财政部各派一人为核算员稽核贷款用途为条件。一时舆论哗然，群起反对。19日，黄兴亦来电切责。熊于是向唐绍仪提请辞职。随后各方继续抵制措款，黄兴倡议募集国民捐，拒借外债。熊于是又引咎求退。至6月中，唐绍仪因袁世凯发布任命王芝祥为南京军宣抚使的命令未经内阁副署，愤而离京赴天津。熊因尚未允准辞职，又有共和党派代表劝勉继续任事，于是仍与银行团磋商借款各事，以条件太苛，停议。到7月14日，袁世凯准熊希龄辞职，命赵秉均代理财政总长。

计自4月9日在上海就任理财总长，到7月14日解职，熊希龄主要是筹措军饷，磋商借款。其时，中央和地方政府需款孔殷；银行团贷款条件太苛，各方责诘，指为卖国；袁世凯专断掣肘，偶不遂意，即一意孤行，不理睬内阁意见。故熊希龄掌财政不满百日，窘迫棘手，莫可名状，无法施展其"理财能手"的才干，带着郁抑负气的情绪离开了内阁。

1912年12月22日，袁世凯任命熊希龄为热河都统。熊次年2月下旬到热河就职。在热河约四个月，曾筹划热河建省和修葺整理避暑山庄等要政。5月8日，以自己现任军职，宣布脱离共和党。29日，共和、民主、统一三党合并组成进步党，举黎元洪为理事长，梁启超、张謇等九人为理事，熊希龄等19人为名誉理事。

进步党代表着正喁喁望治、力图在民主共和制度下护展自身经济力量的上层民族资产阶级的利益。其政纲在维护共和民国，企图联合袁世凯为首的封建势力，排斥国民党激进派（进步党人称之为暴烈派），建成立法行宪，中央集权的政治体制。

袁世凯既主谋杀害宋教仁，国务总理兼内政总长赵秉均因主持其事，遭全国申斥，托病离职。财政总长周学熙以签订非法的善后大借款，亦为舆论所不容。内阁濒于瓦解。而进步党本部则对国民党人发动的"二次革命"公开通电："促令政府迅速戡乱。"[1]故6月底即有熊希龄行将组阁的传闻。7月，袁世凯向国会提请任命熊希龄为国务总理，获通过。8月26日，熊就任总理职。他提出"不问党不党，只问才不才"的方针[2]力图表示自己超然的态度，避免陷入当时已遭到人们厌弃的"党争"的漩涡。故他的内阁被称为"第一流人才内阁"。先后入阁者计：陆军总长段祺瑞、海军总长刘冠雄、外交总长孙宝琦、内务总长朱启钤、司法总长梁启超、交通总长周自齐、农商总长张謇、教育总长汪大燮，熊自兼财政总长。阁员9人中，进步党人4人，余5人实袁世凯的亲信。

熊内阁于9月11日正式组成，至次年（1914年）2月12日解体，为时短暂，留给人们印象最深的，是11月4日袁世凯发布解散国民党的命令，次年1月10日解散国会的命令，均经熊希龄副署。因而当时即物议鼎沸，后来也多遭非议，指为实属随后出现的帝制复辟之厉阶。正因为有这一无可隐讳的瑕疵，熊内阁的若干政绩，也就被人们忽略了。

考查熊内阁所施行的方针政策，可以看出，在政治上，其主旨在贯彻资产阶级的法治精神，建立"一真正共和国家"[3]；在经济上，提出了一整套发展民族资本主义，改善财政，繁荣经济的计划和基本经济法令。这就不能不触犯袁世凯蓄谋推行封建军阀专制统治和扩大北洋官僚资本的意图。所以，在熊内阁施政期间，熊、袁之间就不时相互枘凿，彼此

1　《进步党本部戡乱通电》，《时报》1913年7月13日。

2　《熊总理对于改组内阁之意见》，《申报》1913年8月31日；《申报》影印本第123册，上海书店，1982年版，第772页。

3　《新总理与国会之接洽》，《申报》1913年9月3日；《申报》影印本第124册，上海书店，1982年版，第29页。

参商。袁世凯是不允许熊内阁真正仿照西方内阁制来行使其权力的。

　　事实上，袁世凯特命熊希龄出组人才内阁，并非看重这个内阁的经纶大才，而是利用进步党人谋术排除国民党"暴烈派"势力的愿望，实无推行民主政治的念头。熊内阁之所以隐忍屈从，在解散国民党和国会两次违宪乱命上副署，则是希冀袁世凯在满足了一定的政治欲望后，能够让内阁按宪章法制履行自己的职能。袁也看出了熊希龄、梁启超等的幻想，故在解散国民党的乱命颁发后，于召见参、众两院议长王家襄、汤化龙时，声称"不作皇帝，不专制，不违法，不解散议会"[1]。到解散国会之前，袁又召见王、汤等进步党重要首脑，许诺说："共和国不可无国会，即不可无政党。本党中人物万勿消极，仍当努力向上，推广支分部，各部经费一层仍当设法。"[2] 使进步党人觉得袁世凯并非没有推行立宪议会制的诚意。同时，据说在迫使熊希龄在解散国会的乱命上副署时，袁还将精心罗织的"热河行宫盗宝"一案作为王牌打出来，对熊希龄进行政治讹诈。于是，这位第一流人才内阁中首屈一指的人才，毕竟不是那沉毅狡悍的一代枭雄的敌手。国会解散后不久，袁指使亲信讽劝熊希龄辞职下台。

　　国务总理，能有几个？出任国务总理，是熊希龄在他从政旅程上的最高纪录，也是他一生事业中最为人指责的瑕疵。

四

　　熊希龄卸国务总理职后，1914 年 3 月 3 日，由袁世凯任命"筹办全国煤油矿事宜"。此时，袁世凯正在一心一意搞帝制复辟，并没有探测开发石油的心思。故荏苒经年，所谓勘探煤油一事，无非虚应故事，实无成效，而政局杌陧，帝制复辟的逆浪逐日暴涨。熊希龄知事无可为，于 1915 年 8 月请假返湘省亲。12 月 12 日，袁世凯发布接受帝位的申令。随后就是一连串受百官朝贺，册封王候的闹剧。在此前后，袁政府屡次电催熊希龄返京销假，以防止这位前任国务总理参与云南护国军起义。熊因家室在京已遭监视，虽一再延宕，也不得不首途北上，于 1916 年 1 月 16 日抵达北京。在京与袁世凯虚与委蛇，不满一月，又以老母由家乡避难至汉口为由，于 2 月 8 日出京南下。故报载此行乃熊"脱身之计"。

1　《时事新报》1913 年 11 月 24 日。

2　《岁暮余闻》，《申报》1914 年 1 月 5 日；《申报》影印本第 126 册，上海书店，1982 年版，第 44 页。

自蔡锷发动护国军起义始，反帝制运动取得迅速进展。3月22日，袁被迫撤销帝制，腼颜复称总统。4月下旬，熊致书袁世凯，坚辞督办全国煤油矿事宜、参政院参政、湘西宣慰使等职。旋电促袁退位。

袁世凯病逝（1916年6月6日）后旬日，熊希龄返京。随即力请恢复民元《约法》，表明他始终坚持着维护共和民国的立场。次年2月，大总统黎元洪特命熊希龄为平政院长（8月卸职）。3月，成立政务评议会，由国务总理段祺瑞任会长，熊希龄、陆徵祥等10余人为评议员。7月初，张勋拥溥仪复辟，熊发电声讨。不旋踵而张勋逆谋破灭，冯国璋取代黎元洪任大总统。恰值京畿、直隶大水成灾，受灾103县，淹没田亩25万余顷，灾民600余万人。9日，冯国璋任命熊希龄督办京畿一带水灾河工善后事宜。

奉命后，熊希龄不辞辛劳，致力于抚辑流亡，赈济饥溺，浚河修堤，平复耕地，京畿、直隶灾区全活者无数，在从事这些善后事宜的过程中，熊得知"灾民流离转徒，有将儿女弃置道路，及鬻卖于人之种种惨状"[1]。于是在各县设留养所170处，留养老弱近4万人。又见于灾民就食于京畿者甚多，因而在北京特设慈幼局，收养被灾男女儿童千余名。这就是驰名一时的香山慈幼院的嚆矢。从此时起，熊希龄日益将自己的精力用于增进社会的福利事业上。

张勋复辟败灭后，孙中山在广东成立中华民国军政府，发动护法运动，力求在中国实现真正的立宪民主制度。赓续盘踞北京政权的北洋军阀，则打着"统一中国"的幌子，相继派兵南来，挑动内战。熊希龄本着消弭战祸的夙愿，多方斡旋，调停南北战事。1918年10月，他偕蔡元培、张謇等24位名流联衔宣告将成立和平期成会，呼吁止戈息兵，实现和平。11月3日，和平期成会在北京成立，熊希龄、蔡元培被举为正、副会长。由于北洋军阀正企图凭藉穷兵黩武的手段达到囊括全国的目标，当然，和平期成会的人士所要期成的愿望是必不可免要成为泡影的。

在此前后，熊希龄曾倡说在中国行联邦制，并为此与岑春煊往返讨论。1920年8月，谭延闿在湖南推行"地方自治"，熊极表赞同，且拟具《湖南省自治法大纲及自治法大纲说明书》，给谭"以备采择"。继谭之后，赵恒惕也大谈其"联省自治"，于1922年元旦公布《湖南省宪法》，随即选举省议会，通告依据《省宪》选举省长。8月20日，省议会开始选举省长候选人，赵恒惕得133票，熊希龄虽然不在湖南，

1 熊希龄：《香山慈幼院发展史》，香山慈幼院，1927年自刊本，第2页。

但由于他在政界和家乡的影响较大，得 115 票[1]，紧逼赵之后居第二位。俗话说，"强龙不压地头蛇"。正式选举，自然是本已坐在省长位子上，而且身绾湘省总司令兵符的赵恒惕当选。公布《省宪》，选举省长，无非虚应故事。如同当时人评论"联省自治"时所指出的，这种政象，"不过是中国的政治现状混乱的一种复式的表现"[2]。

形同传舍的北京军阀政府，于贿选总统曹锟被逐后，段祺瑞重又登台，组成临时执政府。1924 年（民国十三年）12 月，执政府公布善后会议条例，定期召开。次年 2 月至 4 月，熊希龄参加了善后会议，在会上提出"国宪起草程序案""废督裁兵案"等议案，也莫非口角春风，了无实效。因为，善后会议本身就是段执政用以抵制孙中山提出来的召集国民会议主张的措施。无怪乎《东方杂志》也以《善后会议自身的善后问题》为题发表评论，辛辣地嘲讽说："善后会议的必至失败，现在已有十分之八九表现得很明白。……因为想善后会议成功，必待时局已到可以会议'善后'的时机以后。若这时机还没有到，而硬想以一个会议作时局善后的原动力，这是不可能的事情。"[3]

宦海的几度浮沉，政坛的历经炎凉，使熊希龄颇有点灰心了。他开始产生退出政界的念头，想专心致力于社会福利事业。但是，由于封建军阀专制统治的越发暴戾祸国，帝国主义侵略所造成的民族危机愈益加剧，熊希龄又渐次更多地关注民族存亡继绝这一紧迫问题。

1925 年上海发生五卅惨案，激发了熊希龄强烈反对帝国主义疯狂凌辱中国人民的义愤。他倡首发起组织"沪案失业同胞救恤会"，于 6 月 12 日在北京中央公园开成立会。25 日，"救恤会"约各界群集天安门，设台列沪案死难诸烈士灵位，由熊希龄主祭，追悼死难者。会后结队游行，队伍达 10 万人，形成一次反帝爱国的宣传运动。

1931 年，九·一八事变发生，全国掀起了抗日运动的高潮。12 月，熊希龄致电张学良、冯玉祥各将领，请坚持抗日，挽救国难。次年 1 月 10 日，熊受聘为国民救国会指导委员，臂缠黑纱，参与集会，宣传抗日，不禁声泪俱下。13 日，致电南京国民政府主席林森等，呼吁抗日救国。1 月 28 日，淞沪战事发生（一·二八事变），日本侵略军大举进犯上海。

1 《湖南省志》第 1 卷《湖南近百年大事纪述》第 2 次修订本，湖南人民出版社，1979 年版，第 450—474 页。

2 《东方杂志》第 22 卷第 10 号《内外时评·联治运动的勃兴》，第 4 页。

3 《东方杂志》第 22 卷第 8 号《内外时评》，第 3 页。

熊希龄深惧国亡无日，于2月12日发布《香山慈幼院院长通告》，号召全院即行救国总动员：

> 国难临头，已及眉睫。沪上国军捐躯赴敌。敌方压迫，增援不已。是国家危急存亡之秋，亦即吾全国人民救国总动员之日也。空言愤激，无济于事，实行工作，端在此时。吾人须知不走死路，决无生路。必有少数人之能死，然后乃有多数人之能生。国若能救，虽死亦荣，国不能救，虽生亦辱。荣辱之际，有如反掌。虽然，徒以效死望人，而己身不为之先，是懦夫也。余虽六十老翁，此心不甘亡虏，一息苟存，誓当奋斗。本院平日既以爱国主义教育诸生，值此危时，岂能坐视！故于全国人民救国总动员之前，先为本院师生救国之总动员，于本院师生救国总动员之前，先为余一家救国总动员。兹以决定办法，次第告之，尔曹其各遵照办理可也。

这段文字，洋溢着献身救国，效死当先的爱国激情。在《通告》里，他分别安排了自己一家动员的具体做法，组织院内师生200人为义勇军，开赴战区助战，女生则加入红十字救护队，往战区医院帮同工作。

不应当把熊希龄这番爱国激情看作是一时冲动，或认为是某种豁然彻悟，而理应承认，这是他从投身戊戌变法运动以来即抱定的为国家图富强，为社会谋福利的志愿所导向的行动。任何偶然冲动，是不可能产生如此充沛、并非徒托空言的爱国热忱的。他的所有政治活动和社会活动，都或多或少地以此种思想为主导（部分或掺杂有若干图名逐利的动机），由于阶级的局限和认识的局限，以致造成不少政治上的过错和失误。

自颁布《通告》后，熊希龄即督率家人毫不敷衍地履行全家救国总动员的诺言。1933年2月，他由天津地方协会推为代表，专程赴上海，与上海市商会等有关方面洽商援助东北义勇军等事项。并赴南京访国民党要人，敦促切实抗日救亡。4月，他利用北平红十字会的力量，设北平第一后方医院，救护受伤抗战官兵，又设公墓收葬抗战阵亡军民。这时，日侵略军于侵占热河承德后，进犯长城，我军民亟起抵抗，激战于古北口、石匣、喜峰口等地。

熊希龄携长女熊芷等一行，组成救护队，住长城前线救死扶伤。在古北口、石匣等战地，人们经常能看见一位老者，臂缠红十字袖章，朔风吹拂着白髯，仍形态矍铄，出没于负伤军民之间。熊希龄通告先做到一家总动员，确没有丝毫打折扣。

从长城战地返北平后，陡发肝疾，几濒于危。次年，旧病复发。先是，朱其慧于 1931 年 8 月因脑溢血抢救无效逝世。朱生一子，名泉，童年得瘫痪症，终身病废；女二，长名芷，次名鼎，均留学美国，返国后各自结婚成家。故熊希龄病中更倍感孤寂，遂于 1935 年与浙江江山毛彦文结婚。

1937 年夏，熊希龄偕毛彦文到青岛，主持青岛市与香山慈幼院合办婴儿园的工作。筹备事毕，而七七事变发生，已无法北返，于 7 月 21日乘轮赴沪。8 月 13 日，日侵略军进犯上海。友人劝熊希龄离沪远避，熊感到："国难当前，余亦国民一分子，应为国家社会稍尽义务，以求其良心之所安。故决计留沪，与红十字会同人从事救护工作。"[1] 一月有余，计设立临时医院 4 所，难民收容所 8 处，共救出伤兵千余人，难民 15 万余人。在战火纷飞中尽瘁救护，熊希龄目睹："此次湘沪战事，我军全以血肉御钢铁，为国家民族牺牲，可歌可泣，真为吾人光荣！"在感佩之余，他反躬自省："惜乎医院太少，伤兵太多，未能尽量使得全活，此殊为吾人所愧疚也！"熊希龄晚年所表现的思想意境，是难能可贵的。人非圣贤，孰能无过？他那忠于民族，忠于祖国的赤子之心，献身国难的一片血诚和身体力行，与他先前政治上的若干过失来比，使他完全有理由获得"白璧微瑕"的评语。

五

熊希龄后半生另一桩值得称道的工作，是他孜孜不倦地从事于社会福利和教育事业所获致的成就。

自 1917 年在北京设置慈幼局后，到次年，京畿、直隶水患渐平，所收养儿童大部分由家长认领回籍。余下无人认领者尚有 200 余名。熊于是请求大总统徐世昌，向前清内务府商洽指拨已废弃的行宫香山静宜园为基址，建立慈幼院，收留上述无人认领的儿童，另接收北京贫苦旗、汉儿童 500 余人。1920 年（民国九年）10 月，香山慈幼院正式成立，熊希龄自任院长。

慈幼院建立之始，主旨在济贫抚孤，属慈善性质。办理一年后，感到贫苦儿童中天资聪颖者大有人在，于是决定改变方针，以施以教育，造就人才为主。故拟从幼稚园起，次第设立小学、师范、中学以至大学。嗣因经费困难，中学、大学未曾正式建立。

1　1937 年 9 月 20 日熊希龄致朱经农函（手迹件），《熊秉三先生遗墨》，湖南社会科学院藏稿。

凡经慈幼院收留的贫苦幼童、孤儿弃婴，从襁褓起即施以教育，从婴儿园升幼稚园，进入小学后，满 12 岁即安排到农工实习场从事农业和手工业劳作，半工半读。高小毕业，大多数分拨到农工各场当徒工，计工授粮，满三年后技艺精熟，即毕业出院独立谋生。一部分入幼稚师范。少数学业优异者，可资助入中学。不论院内院外孤贫学生，可给以贷款升入大学，毕业后分期偿还贷款。据熊希龄自称，实行这种办法，是鉴于如下社会弊端：

中国数千年教育之根本为何？即无贫富贵贱阶级之平等教育也。……自民国成立，改为新式教育，公私各学校收取学费固重，宿膳书籍亦昂。中等学校，每人每年需费二三百元，大学学校每人须费四五百元，若资送出洋，则其费更加重数倍。从此以后，只有贵族子弟能受高等教育，而平民孤贫之有天才者，皆无门可入，永不能享受高等之教育。即如近日之英美日法等国退还赔款，所决定补助学校研究科学等用途，究其极皆属贵族子弟享其权利。而无产阶级天才儿童，仍抱向隅之憾。是违反中国数千年平等教育之根本精神，而酿将来阶级竞争之无穷患也。[1]

虽然，熊希龄上述看法是出于对中国社会和教育制度的误解，他用以剔除弊端的办法也是从社会改良的观点出发，实际上也不可能循此达到平等教育的理想。但他的想法和愿望是善良的，是想使孤贫儿童也获得造就成人才的条件。据熊希龄所撰《香山慈幼院发展史》载，自该院规定《收录大学正额生章程》后，全年借款升大学者共 32 人，其中该院 27 人，院外 5 人。

除办香山慈幼院外，综计熊希龄在督办京畿水灾河工善后事宜起，历任各种社会救济、慈善福利和教育事业等机构的职责有：顺直水利委员会会长、天津红十字会名誉会董（1918 年），中华慈善团体全国联合会临时正主任（1919 年），中华教育改进社社长（1922 年），日灾筹赈会会长（1923 年），湘灾筹赈会名誉会长（1924 年），永定河工督办（1925 年），陕甘赈灾委员（1928 年），北平红十字会会长，组华南救济队赴闽、浙救济难民（1934 年），赴爪哇出席国际禁贩妇孺会议。此外，还曾倡办湖南义赈会、临时妇孺救济会，与西人合办华洋义赈会，赞助西伯利亚大饥国际赈灾等。

熊希龄后半生把相当一部分心力倾注在济贫施教，改良社会的事业

---

1 熊希龄：《香山慈幼院发展史》，香山慈幼院，1927 年自刊本，第 21 页。

上，表现了他同情贫苦群众，期望教育普及，社会进步，民安物阜，国家富强的心愿。这都应当承认是对社会做了有益的工作。

1937 年 11 月至 12 月中旬，上海、南京先后沦陷，熊希龄避居上海租界，亦为敌骚扰，"精神痛苦最难忍受"[1]。而长江航运已断，遂于 12 月 16 日偕毛彦文乘海轮去香港，拟绕道广州返湘，18 日抵港。因劳累和起居不适，25 日突发脑溢血，不治逝世，终年 67 岁，葬于香港。

熊芷于 1977 年 9 月病逝。毛彦文、熊鼎健在。

熊希龄在政治上确有这样那样的过错和失误，但综其一生，盖棺论定，仍不失为一个赤诚的爱国者，怀有经国济世抱负的政治家，有志造福人群的社会活动家。

（与周秋光合作，原载《湖南师大学报》1985 年第 5 期）

---

1 《告知到港及有关情况致朱经农函》，1937 年 12 月 31 日熊希龄致朱经农函（手迹件），《熊秉三先生遗墨》，湖南社会科学院藏稿。

怀念史学界前辈长者黎澍

1988 年 12 月

1988 年 11 月下旬到北京参加一次会议，乘休会的那天去看望黎澍同志。见他面容虽有点浮肿，但神情却显得矍铄安详。寒暄甫毕，他就将话题转到史学研究，又一次详谈关于正确理解和运用马克思主义研究历史的问题，并着重谈到我们以往过分迷信暴力的失误，认为历史上真正不可抗拒的革命，都不是靠暴力完成，而是通过渐次地改变人们的生活环境和思想意识；这首先是发展经济，同时发展文化教育，经过长期积累后自然完成的。聆听这些谠言高论，使我感到，此老虽身体健康情况欠佳，但思虑依然缜密，剖析问题依然精辟入里，与我几年前在永安南里拜见时差不多，感到很高兴，我认为他只须善自颐养，还能够在马克思主义理论和史学研究等方面不断地提出清新精当的见解，继续给我们这一辈后学以及更年轻一代的学术工作者以更多的启迪和指导。殊料事与愿违。在我将乘一次特快返湘的前一晚，朱正同志心情沉重地对我说："告诉你一个很不好的消息，黎澍同志在家里突然摔一跤，头碰破了，抬到床上躺下后，出的血把枕头全染红了。现在正在医院急救哩！"我听后，心里异常忐忑不安。只因次日拂晓就要赶赴车站南返，就来不及去医院探视。想不到前几日会见和长谈，竟是我和这位敬仰的长者的诀别。

建国初期，我在江西南昌大学历史系从事中国近代史的教学工作，就从黎澍的著作里受益良多。那时，范老（文澜）的《中国近代史》虽已行世，但只出版第一分册，叙事起自 1840 年鸦片战争，止于 1900 年义和团运动；辛亥革命时期的史事，则暂付阙如。因此，黎澍著的《辛亥革命与袁世凯》（1954 年修订重版，改名《辛亥革命前后的中国政治》）就成了我经常置于案头的参考书，也是我开列给学生阅读的必读书。

1961 年在武汉召开纪念辛亥革命 50 周年学术讨论会，我才得以见到这位心仪已久的史学界前辈学者。他那平易近人，娴熟地运用马克思主义阐述历史的理论修养；洞察史事内在联系的敏锐才识；对青年史学工作者不厌其烦地指点勖勉的亲切态度，给了我深刻的印象。从那时起，我虽然没有公开表白要执弟子礼的意愿，但却一直以"私淑弟子"的心情去学习黎澍的论著。

我感到，学习黎澍论著获益最显著的，是他那纯熟而又精当地运用马克思主义理论从事历史研究给予我的教育和启示；而尤其是他那既实事求是，又勇于创新的治学精神，更令人敬佩。比如，他认为"人民群众是历史的创造者"，"人民群众是历史的主人"一类提法不确切，与马克思在其著作中所阐述的有出入，因而著文详论，建议予以澄清；并强调要在历史研究中克服僵化思想。鉴于林彪、"四人帮"相继酿祸谋乱，黎澍更明确地倡说，如果不清除封建专制主义的影响，势必对社会主义现代化建设产生极大的思想障碍。这种真知灼见，清鲠胆识，令人折服。近年所出的《再思集》和《论历史的创造及其他》，值得经常披览，既受教益，且可表怀念这位史学界前辈长者的情意。

（原载《辛亥革命研究会通讯》第 33 期）

近代湖湘文化试探

1988 年

　　1840 年鸦片战争前的漫长的古代，在湖南没有出现过几桩足以影响全国局势的大事; 属于湖南籍的名人，寥若晨星。而跨入近代(1840 年后)，就迥然不同，在诸如太平天国起义，戊戌变法，辛亥革命等重大事变中，湖南所产生的反映，着实引人瞩目; 且人才辈出，为人们所称道，延续至现代，更呈现出鼎盛的局势。其故安在? 这是近年学术界所乐于议论，亦即本文所要探讨的问题。

一

　　晚清维新派人士、经学家皮锡瑞说过: "湖南人物，罕见史传，三国时如蒋琬者，只一二人。唐开科三百年，长沙刘蜕始举进士，时谓之破天荒。至元欧阳原功、明刘三吾、刘大夏、李东阳、杨嗣宗诸人，骎骎始盛。"[1]事实上，即使到了明代，与邻省比，仍然瞠乎其后。检索一部近年编的《中国历代名人辞典》[2]可以窥其大概。该书共收入历代名人 3755 人，鸦片战前为 3005 人，其中湖南籍者仅 23 人，只占同期全国名人的 0.77%。就以皮锡瑞所谓 "骎骎始盛" 的明代来说，在上述《辞典》中，明代共收名人 496 人，其中湖南籍者 6 人，占 1.2%，而江西省籍的则有 38 人，占总数的 7.8%。两相比较，仍相形见绌。还是辛亥革命志士杨毓麟说得确切: "咸同以前，我湖南人碌碌无所轻重于天下，亦几不知有所谓对于天下之责任。知有所谓对于天下之责任者，当自洪杨之难始。"[3]事实也确如此。上述《辞典》的近代部分共收录

---

1 《师伏堂未刊日记》，湖南历史资料编委会编: 《湖南历史资料》1959 年第 1 期，第 105 页。按: 刘蜕号为 "破天荒"，出自《湖南全省掌故备考》卷 28《人物 》，光绪十八年刊，第 16 页。

2 南京大学历史系编: 《中国历代名人辞典》，江西人民出版社，1982 年版。

3 [日]因田一龟著，黄惠泉、刁英华译: 《新中国分省人物志》，上海良友图书印刷公司，1930 年，第 8—14 页。

名人 750 人，其中湘籍的 85 人，占同期名人总数的 11.33%。证之日本学者因田一龟所考察的情况，也大体近似。这位学者依据他收录的自汉代至明代 5690 个名人的籍贯列表比较，河南独占鳌头，计 912 人，占总数的 16%；湖南只 55 人，仅占 0.96%。就元明之际看，收录名人共1679 人，江西跃居第三，计 204 人，占同期总数的 12.2%；湖南仅 27人，占 1.7%。进入现代，收录人物 677 人，湖南籍者 42 人，占同期总数的 6.4%，明显地超过江西（28 人）[1]。无怪乎著名史学家谭其骧称："清季以来，湖南人才辈出，功业之盛，举世无出其右。"[2] 时至今日，侨居美国的华人主编的《北美日报》（纽约），在 1986 年 7 月 1 日的《社论》里还提到："湘籍历史名人、学者、政治家人数之多，近百年一直居各省之冠。"

近代湖南人才之盛，始于太平天国时期，即起自曾国藩等筹组湘军。还在太平天国败亡的前一年（1863 年），一个官员在日记中就写道："楚省风气，近年极旺，自曾涤生领师后，概用楚勇，遍用楚人。各省共总督八缺，湖南已居其五：直隶刘长佑、两江曾国藩、云贵劳崇光、闽浙左宗棠、陕甘杨载福是也。巡抚曾国荃、刘蓉、郭松（嵩）焘皆楚人也，可谓盛矣。至提镇两司，湖南北者，更不可胜数。曾涤生胞兄弟两人，各得五等之爵，亦二百余年中所未见。天下事不可太盛，日中则昃，月盈则蚀，五行生克，四序递迁，休旺乘除，天地阴阳，一定之理，况国家乎？况一省乎？况一家乎？一门鼎盛，何德以堪，从古至今，未有数传而不绝灭者。吾为楚人惧，吾盖为曾氏惧也！"[3] 这个大段感叹，无非是觉得湖南省和曾氏一门的旺气盛况，已经到达极限，逾乎常情。1881 年（光绪七年）王闿运撰《湘军志》脱稿，虽对湘军有所讪刺，但也很得意地宣称："湘军则南至交趾，北及承德、东循潮、汀，乃渡海开台湾，西极天山、玉门、大理、永昌，遂度乌孙水，属长江五千里，击柝闻于海。自书契以来，湖南兵威之盛未有过此者[4]。"据统计，湘军要员官至督抚者达 27 人（总督 14 人，巡抚 13 人）[5]。

诚然，太平天国起义，是正义的、进步的运动；而湘军，则属不义的、反动的政治、军事集团，理应给以谴责。然而，历史本身又是曲折的，

1 南京大学历史系编：《中国历代名人辞典》，江西人民出版社，1982 版。
2 谭其骧：《中国内地移民史——湖南篇》，燕京大学历史学会编辑：《史学年报》第 1卷第 4 期，台湾学生书局，1969 年影印本。
3 张集馨：《道咸宦海见闻录》，中华书局，1981 年版，第 377 页。
4 王闿运：《湘军志》，《湖南防守篇第一》，宣统元年乙酉冬重刊本，第 1 页。
5 罗尔纲：《湘军新志》，台北文海出版社，1980 年影印本，第 64 页。

经常产生反复的一个演变过程，往往会出现正义的、进步的势力因自身的错误或领导集团的腐化而遭到挫败；而不义的、运动的势力则获得阶段性胜利的现象。但是，这样的胜利者却绝不能把历史拉着向后退却，而是必然受历史前进规律的约束，不自觉地去谋求达到失败者所曾追求的目标。如同恩格斯说的：1848 年的革命，和它以前的许多次革命一样，有着奇特的命运。正是那些把这次革命镇压下去的人，如卡尔·马克思常说的，变成了它的遗嘱执行人。"[1] 又称："1848 年革命的掘墓人，竟成了它的遗嘱执行者。"[2] 不是吗！太平天国后期洪仁玕提出了具有发展资本主义意义的《资政新篇》，显露了这次农民起义取得胜利后将要把中国社会导向的前途。恰恰在同时，镇压太平天国的曾国藩、李鸿章就开始筹办洋务；迄太平天国覆败后，洋务新政就加速地进行起来。正是这样，湖南的有志之士就获得湘军将帅的援引，成长为各个方面的人才，从而使戊戌维新和辛亥革命期间，湖南似乎成了举足轻重的省份。

维新运动兴起后，湖南即颇有点得风气之先的气概，举凡开学会（南学会等），兴学校（时务学堂），办报纸（《湘报》《湘学新报》）等维新新政，都率先兴办，卓有成效。著名的维新志士谭嗣同、唐才常，且以左翼首领见称于时，故时人将湖南称为"全国最富朝气之一省"，并非虚言。

伟大的民主革命运动辛亥革命，首倡者是孙中山及其所创立的兴中会，而继起响应者，当首推黄兴和他所组织的华兴会。1905 年夏，孙中山在日本领衔组成同盟会，据考订，参加 7 月 30 日筹备会的共 79 人，居首位的是湖南籍志士，计 20 人，次为湖北，19 人，再次为广东，16 人，以下为广西、安徽等省籍人士[3]。又据 1905～1907 年间在东京加入同盟会的名册统计，湖南籍者为 157 人；次为四川，127 人；再次为广东，112 人；湖北 106 人[4]。正由于有如此众多的湖南志士加入了同盟会，因而在辛亥革命期间的重大斗争场合，几乎都有湖南志士的业绩和勋劳，并产生了饮誉遐迩的一代英豪如黄兴、宋教仁、蔡锷、陈天华、刘道一、禹之谟、蒋翊武、谭人凤、姚宏业、杨毓麟、焦达峰、陈作新等。他们

1 恩格斯：《〈英国工人阶级状况〉1892 年德文第二版序言》，《马克思恩格斯选集》第 4 卷，人民出版社，1972 年版，第 280 页。

2 恩格斯：《"法兰西阶级斗争"导言》，《马克思恩格斯全集》第 22 卷，人民出版社，1965 年版，第 599 页。

3 郭汉民：《同盟会"非团体联合"史实考》，《湖北社会科学》1987 年第 6 期。

4 冯自由：《革命逸史》第 6 集，《中国同盟会最初三年会员人名册》，中华书局，1981 年版，第 63—86 页。

相率下山。"[1] 该书又引"同治《志》载汪辉祖淑厚《脱难录》,谓历朝鼎革,荼毒生灵,惟元明之际为惨,湘潭土著仅存数户。后之人多从豫章来。"[2] 明朝建立,实行招诱流亡和移民垦殖政策,相邻省份即络绎向湖南移民就食。据明代记载称:"荆湖之地,田多而人少;江右之地,田少而人多。江右之人,大半侨寓于荆湖。盖江右之地力,所出不足以给其人,必资荆湖之粟以为养也。"[3] 谭其骧曾依据《道光宝庆府志》《光绪邵阳县乡土志》《光绪武冈州乡土志》《光绪湘阴县图志》《光绪靖州乡土志》等五志的《氏族志》,对宋朝起迁入宝庆府和靖州、湘阴的氏族加以统计,情况如下[4]:

宋朝迁入宝庆府等地氏族情况

土著	9 族
外来移民知原籍	517 族
外来移民不知原籍	63 族
不明	115 族
总计	704 族

移民由江西迁入者达 324 族[5],占 63.1%。按迁入时代计:明代迁入者计 268 族,其中约有七成是明洪武、永乐年间迁入的(181 族)[6]。魏源及其同族、曾任清两江总督魏光焘的先世就是明初由江西吉安迁到邵阳县金坛(今属隆回县)的[7]。醴陵县与江西毗邻,江西迁入者更多,计达 296 族,大部分是明初洪武年间迁来的(200 多族)[8]。到明万历六年(1578 年),湖南人口约 190 万。主要因移民的开发和生聚教化,明代后期,湖南的社会经济获得发展,文化事业也有相应的进步。然而,明

---

1 《醴陵县志》卷 6《氏族志》,1948 版,第 1 页。

2 《醴陵县志》卷 3《政治志·户籍》,1948 年版,第 1 页。

3 丘濬:《江右民迁荆湖议》,《明经世文编》卷 72,中华书局,1962 年版,第 608—609 页。

4 谭其骧:《湖南人由来考》第 1 表,《方志月刊》第 6 卷第 9 期;参见谭其骧《长水集》(上),人民出版社,1987 年版,第 307 页。

5 谭其骧:《湖南人由来考》第 2 表,《方志月刊》第 6 卷第 9 期;参见谭其骧:《长水集》,第 309 页。

6 谭其骧:《湖南人由来考》(续)第 6 表之 4,《方志月刊》第 6 卷第 10 期;参见谭其骧:《长水集》,第 336 页。

7 魏耆:《邵阳魏府君事略》,《宝庆府志》卷 35,清道光二十九年修,1934 年重印本,第 547 页。

8 《醴陵县志》卷 6《氏族志》,1948 年版。

末清初又一次的"鼎革"，湖南居民又一度陷入死亡流离的灾难。

明朝末年，先是农民大起义，战争绵延；嗣即因清兵入关，四出杀伐，湖南各州县迭遭蹂躏；随后又历三藩之乱，长沙一带"杀男妇数十万口"，"残废瓦砾，荆榛千里，如一青燐，白骨所在皆然"[1]。醴陵县"自崇祯十六年至清顺治十一年，人民备历刀兵、饥荒、病疫诸劫，死亡过半，业荒无主。新来占籍者，准其自由管领，插标为界[2]"。慈利县境，竟至"百里无人烟"[3]。沅江县"崇祯十七年流寇势若燎原，加以旱疫荐臻，户口十损七八"[4]。桂东县于清初"合县遭荼毒者五载，至（顺治）十年剿平，仅存罗科、李青、何世济、周台等六十三丁，茕茕孑遗，栖身荆棘"[5]。武冈历经变乱，至清顺治十年"郡人十不存一"[6]。

明清之间的"鼎革"究竟使湖南居民减少多少，是无法查核实数的。这里，只就巴陵（岳阳）、沅江、清泉（衡阳）、湘乡、酃县、耒阳、桂阳、桂东等八个县明末清初丁口赋额的差额作为参考，借以略窥人口减少的梗概。如下表：

八个县明末清初丁口赋额差额表

县名	原额丁赋	清初编审后丁赋	
巴陵[7]	13 294 丁	实存人丁 4 467 丁	（康熙五十年）
沅江[8]	3 600 丁（明万历十年）	1 002 丁	（顺治八年）
清泉[9]	11 451 丁（前明）	实存 3 303 丁	（康熙）
湘乡[10]	21 033 丁（明万历十年）	实存人丁 6 413 丁	（顺治十年）
酃县[11]	2 541 丁	实存人丁 378 丁	（康熙十三年）

1 《善化县志》卷 19《政绩》，嘉庆一五年，第 510 页。
2 《醴陵县志》卷 3《政治志·户籍》，1948 年版，第 1 页。
3 《永定（大庸）乡土志·兵事》，光绪三十一年。
4 《沅江县志》卷 8《赋役·户口》，嘉庆庚午年重修，第 2 页。
5 《桂东县志》卷 4《赋役·户口》，同治丙寅，1925 年重印本，第 268 页。
6 《重修武冈州志》卷 25《残明兵事志》。
7 《巴陵县志》卷 13《政典志一·田赋上》，光绪一七年。
8 《沅江县志》卷 8《赋役·户口》，嘉庆庚午年重修，第 2 页。
9 《清泉县志》卷 9《食货·人丁》，乾隆葵未年辑，第 7 页。
10 《湘乡县志》卷 3《赋役》，同治一三年，第 48 页。
11 《酃县志》卷 8，乾隆乙酉重修。

续表

县名	原额丁赋	清初编审后丁赋	
耒阳[1]	12 068 丁	实存人丁 6 020 丁	
桂阳[2]	7 720 丁（明季）	4 382 丁	（顺治六年）
桂东[3]	2 374 丁	实存人丁 653 丁	（康熙五十年）
合计	74 101 丁	26 618 丁	

按上表核查，清初比明末减少 47 483 丁，即减少 64%。这当然不能认为就是湖南全省丁赋额减少的确切数据，也不能说这就是明末清初湖南人口减少的精确百分数。但大体可借以估计，明清两朝的"鼎革"，湖南丧失了大约 2/3 的人口。

清顺治、康熙以至乾隆年间屡颁"召民开垦"的谕旨，于是，大量移民进入湖南。大庸县清"顺治初元，其时贼氛未殄，虔刘边陲，草薙禽狝，户无遗种。及康熙时，滇藩作逆，走死穷荒，刌怒蹂躏，数年乃得苏息。其时土著老民，百不存一。其后迁徙新户，十常得九，稽其户籍，以江西为最多，湖北、四川次之"[4]。醴陵县因明末清初"重罹浩劫，土旷人稀，播迁来者则十九为闽粤两省汀江、东江流域之人"[5]。蓝山县清初从外迁入者达 163 族之众，以江西、广东两省为多，约各占 1/3[6]。沅陵县"郡中故族鲜明以前者，建宗祠修谱碟，今尚多未逮木本水源"[7]。邻近江西的浏阳县康熙年间所修县志载："浏鲜土著，比闾以内，十室有九皆江西之客民也"[8]。检索《溆浦县志·氏族志》，也可窥探移民的来向和大致年代。如下表[9]：

全县汉族计 154 姓，475 族（另徭族 14 姓不在内）移民来向及族数：

---

1 《耒阳县志》卷2《户口》，光绪一一年，第 263 页。

2 《桂阳县志》卷2《赋役·户口》，嘉庆不丑年，第 2 页。

3 《桂东县志》卷4《赋役·户口》，同治丙寅，1925 年重印本，第 256 页。

4 《永定乡土志·户口》，1921 年，第 342 页。

5 《醴陵县志》卷6《氏族志》，1948 年版，第 1 页。

6 《蓝山县图志·户籍》，1933 年版，第 615—620 页。

7 《沅陵县志》卷37《风俗志》，同治十二年重修，第 3 页。

8 《浏阳县志》卷14《拾遗志》。

9 《溆浦县志》卷14《氏族志·族姓》，1921 版，第 1—40 页。

江西	88 族
其他省	38 族
本省	312 族
合计	438 族
不明	37 族

迁入时代：

宋	29 族
元	24 族
明	115 族
清	191 族
不明	79 族

如果将不明情况的 37 族作为土著,则全县移民占到 92%。前面提到,按宝庆府、靖州、湘阴等府、州、县志所载《氏族志》统计,该七州、县的人口中,移民占到 98.4%。故到清代乾嘉之际,估计湖南全省移民占人口总数的九成以上,是大体可信的。

经过元末明初,明末清初两度移民,湖南居民族源和血缘就基本上实现了更新,从而导致人口素质的提高。

在剥削阶级社会,人口的长期稳定,必然使剥削阶级人口的增长较劳动者增长更快,造成居民里不劳而获、玉食锦衣的剥削者(在封建社会,即包括皇帝为首的宗室、世家和文武勋戚、大小百官,以至地主豪强及其各色依附者)所占比例渐次上升,而胼手胝足、啼饥号寒的劳动者所占比例相应下降。比如,以明代朱氏王朝的宗室为例,朱元璋洪武年间为 58 人,而到明朝覆亡时,即繁衍至 20 万人之谱[1]。他们不耕而食,不织而衣,骄奢淫逸,大多数不啻是社会的蠹虫,大量耗费社会财富,而不能促进社会的发展。在中国古代,一般是经过农民起义的扫荡,使旧王朝倾覆,周期性地调剂人口中剥削者同被剥削者的比例。湖南经元末明初、明末清初两次大移民,也是有这种调剂意义,成为导致人口素质提高的重要原因。其次,大凡离乡背井,迁往他方的移民,一般都具有不同程度的开拓意识,自立自强和勤奋创业的精神。相对来说,那些秉性庸懦,游惰懒散,无所作为的人,多数是不愿流离迁徙去追求温饱

1 顾诚:《明代的宗室》,《明清史国际学术讨论会论文集》,天津人民出版社,1982 年版,第 97—98 页。

或较为富足的生活。所以，从生理素质、心理因素等方面来说，除了遭到某种限制和压迫者外，移民一般是强于土著的。

还应当提到，湖南古称"三苗之国"，从远古起即为多民族交错聚居之地，经汉族统治者的征讨和赶逐，少数民族遂多退处湘西、湘南崇山峻岭之间。人数多者为苗族，古称五溪蛮、武陵蛮，其余为瑶、侗、土家族。汉族同各少数民族长期相处，既多彼此争斗，也曾相互联姻。唯这方面资料确很不足。原因是少数民族历来受歧视，被目为蛮夷，故汉族与少数民族通婚，一般都隐匿不宣。一本介绍城步苗族的书写道："元末明初，城步苗族虽然大批征调出外，不少汉人从江西来这里屯田垦荒，但苗族同胞仍然占全县总人口的90％以上。清朝乾隆五年（1740年）在城步实施改土归流的政策之后，不少苗族同胞为了躲避民族歧视和民族压迫而填报汉族。到民国时，汉族人口便上升到全县人口的第一位。"[1]这种变化，当然就包括汉苗（即填报汉族者）通婚所繁衍的后裔在内。湘西田姓甚多，有人做过考证，认为湘西田姓是春秋田齐之后，辗转迁徙到川、黔、湘边境，"其后裔亦都与土人、苗人杂居通婚，除一部分加入汉族、苗族外，大部分成为土家族。至今这一带的田氏，仍是土家、苗、汉族的大姓。此外，尚有元明时由江西迁入的田氏，也有一部分成为土家族"[2]。在土家族人数较多的永顺县，"来自江西、辰州、沅州等地的汉族农民迁入永顺地区定居，……有些汉族商人，在十余年间，即'累资巨万，置田户，缔姻亲'"[3]。《溆浦县志·氏族志》开列瑶族十四姓，提到"卜、奉、回、杨、蒲、刘、沈七姓，旧系溆瑶，其余或自辰徙溆，或以汉变瑶，或聚居十峒，或散处山间，昔极猖獗，今（按指1921年左右）则式微日甚矣"[4]。谭其骧考证：前述宝庆一府和靖州、湘阴等七州县中，有土著九族，其中扶、蓝、杨、姚四族，系蛮族后裔[5]。看来，在汉族与少数民族杂居的州县，既存在以汉变瑶的情况，也不鲜以瑶（或苗，或土家）变汉的事例。故谭其骧称："清季以来，湖南人才辈出，功业之盛，举世无出其右。窃以为蛮族血统活力之加入，实有以致之。"[6]也有人说："汉人与苗人通婚，成了一个混血的民族，

1　本书编写组编：《城步苗族自治县概况》，湖南人民出版社，1984年版，第21页。

2　何光若：《田氏的来源和分布》，《民族论坛》1987年第1期。

3　本书编写组编：《土家族简史》，湖南人民出版社，1984年版，第87页。

4　《溆浦县志》卷14《氏族志·族姓》，1921年版，第40页。

5　谭其骧：《湖南人由来考》，《方志月刊》第6卷第9期；参见谭其骧：《长水集》，第307—308页。

6　谭其骧：《中国内地移民史——湖南篇》，《史学年报》第1卷第4期。

所以才有特殊的个性[1]。"近代湘西凤凰名人熊希龄，祖籍江西丰城县，母亲吴氏系苗族。这是例证之一。

　　主要是经由移民的垦复和耕耘，到康熙年间，湖南水稻生产即有较大发展，已能提供相当数量的大米作为商品输往江浙一带。康熙三十八年（1699 年）的一则上谕称："谚云：湖广熟，天下足。江浙百姓，全赖湖广米粟。朕南巡江浙，询问地方米贵之由。百姓皆谓数年来湖广米不至，以致价值腾贵。"[2] 嘉庆《善化县志》载："湖南米谷最多，然不以一岁之丰歉为贵贱，而以邻省之搬运为低昂。"[3] 长沙、湘潭、巴陵（岳阳）、武陵（常德）等城镇，渐次成为商贾辐辏，樯帆蔽江的米谷聚散地；手工业、商业相应地繁盛起来。湖南文化教育也随之获得进步。嘉庆二十一年（1816 年），湖南人口达 1 892.9 万人[4]。

　　随着移民的络绎前来和一代代的繁衍，经历一个多世纪，至乾隆年间，"承平既久，人余于地……田之归于富户者，大约十之五六，旧时有田之人，今俱为佃耕之户"[5]。基于土地兼并的激化，农村两极分化在湖南就日益明显。同治年间，巴陵县就有"十分其农，而佃种居其六"[6]的景象。光绪年间，善化县"乡民佃耕多于自耕"[7]。租地竞争激化导致地主剥削的日益酷虐。乾隆二年湖南布政使张灿详呈如下情景[8]：

　　穷檐佃户，横遭田主额外需索规礼，种种苛求，无餍无耻，行同乞丐，全不念及佃户完租之数，已倍于完粮；更复设立名色，百计贪求，复逾于租谷。此种恶习楚南为最。虽经屡次示禁，而恬然如故。若不严加禁革，穷民何堪！今访得有田之家凡遇穷民佃耕其田，必先索取进庄银两，每亩或三五钱，以及八九钱不等；又庄屋地租三五石不等，俱不在正租之内。既佃之后，除纳租外，又每亩派纳粮米一斗或几升，勒令佃户碾米上仓，亦不在正租之内。每年七月内，每亩索新鸡一只，新米几升；九月内又索重阳鸡，重阳酒；腊月内又索年糕，或年粑几块，年鸡一只，

1　李少陵：《江西老表和湖南骡子》，台北湖南文献委员会编：《湖南文献》卷 3 第 1 期，湖南文献出版社，1975 年版。

2　《清实录·圣祖朝》卷 193，中华书局，1985 年版，第 1047 页。

3　《嘉庆善化县志》卷 22《风俗》《米价》。

4　梁方仲：《中国历史户口、田地、田赋统计》，上海人民出版社，1980 年版，第 276—277 页

5　湖南巡抚杨锡绂：《陈明米贵之由疏》，《皇朝经世文编》卷 39，台北文海出版社，1972 年版，第 1400 页。

6　《巴陵县志》卷 13《政典志一·田赋上》，光绪十七年刊，第 1 页。

7　《善化县志》卷 16《风俗》，光绪三年刊，第 10 页。

8　《湖南省例成案·户律·四宅》卷 7。

年肉二三斤不等，更有名色不及细知者，尚难屈指。通计此规礼已过正租之数。更可恨者，凡佃户家嫁娶，田主必勒取挂红礼银，或一二两以至三五两不等。横惩勒索，竟同当日土司之鱼肉其民。又田主本家遇有红白之事，以及修造房屋等项，或每田十亩派工几名，不论忙闲，一呼即至。是名虽佃户，实与仆隶无异。以上各项需索，稍不遂欲，即将田另佃，或借以踞庄骗租名色，送县差拿究比。甚至威逼人命。……

在如此酷虐的盘剥下，佃户"收获甫毕，盖无余粒；此债未清，又欠彼债。盘剥既久，田产罄尽"[1]。到同光年间，湘军因镇压太平军、捻军有"功"，"诸将帅还者，挥霍煊赫，所过倾动。良田甲第，期月而办"[2]。"文武将领之冒饷致富者，行盐起家者，田宅之外，如票号，如当店，以及各项之豪买豪卖，无不设法垄断。贫民生计，占搁殆尽，实已不堪其苦"[3]。类此情况，既导致湖南广大农民生计困穷，谋求摆脱饥寒贫困的斗争日趋激烈；也造成湖南绅权较其他省更为强大。

综上所述，近代的湖南人，是经历元末明初、明末清初两次大移民，在族源和血缘方面同清代以前湖南居民基本上没有联系的新居民。全省人口素质实现了更新，带来了移民所具有的开拓精神和进取心；又因与苗、瑶、侗、土家族等族联姻，吸收了这些少数民族强韧、犷悍和刻苦的习性，从而在湖南渐次形成了一种有别于他省的朴实勤奋、劲直勇悍、好胜尚气、不信邪，甚至流于偏狭任性的乡俗民气。同时，随着绅权的日盛，则在一般所谓耆旧豪绅中滋长着顽固守旧的习气，招来了"湖南以守旧闻于天下"的名声。

基于上述这乡俗民风，在众多有抱负、有作为的学子士人中，即滋长为质朴笃实、不尚浮靡、勇于任事、锐意进取，但也多有尚气任性的士气文风[4]；在同耆旧豪绅的守旧习气抵牾冲撞的过程中，这种士气文风又弥坚弥笃。其延伸外铄，附丽于近代一系列事变中，即构成为近代湖湘文化。

1　转引自湖南师范学院地理系编《湖南农业地理》，湖南科技出版社，1981年版，第38页。
2　《湘潭县志》卷8，光绪一五年。
3　李桓：《上王药石中丞书》，《宝韦斋类稿》卷93。
4　乡俗民风和士习文风，据湖南各府、州、县志的《风俗志》综合，多数都有劲悍、劲直、尚气任性、梗朴一类记载。如《嘉庆善化县志》《风俗》即有"楚民质朴、谨守先正，绝去浮靡"的叙述。陈宝箴称湖南人"好胜尚气"；又说："自咸丰以来，削平寇乱，名臣儒将，多出于湘。其民气之勇，士气之盛，实甲于天下。……其义愤激烈之气，鄙夷不屑之心亦以湘人为最。"（《湖南巡抚陈宝箴奏设时务武备学堂折》，《湘报类纂》，第621页）皮锡瑞称湖南人"尚气，勇于有为，是其好处；而气太盛，多不能虚衷受益"。（《皮鹿门学长第二次讲义——续论讲学》，《湘报类纂》，《乙集下·讲义类》，中华编译印书馆铸板，第3页）。

三

清朝初年，进入湖南的移民还处于救死不暇、糊口维艰的时候，当然无法创建体现自身习性气质的文化。及至社会经济逐渐发展，随后又出现文教昌盛的景况，湖湘文化才显露了它的特色。"十年树木，百年树人"，这已是清朝的乾嘉之际了。从那时起，湖湘文化的氤氲覆载，遂导向了湖南近代人文荟萃，人才辈出，"举世无出其右"的盛况。

稽查各种典籍，从清初至乾隆年间，湖南除王夫之、曾静二位学者为后人所熟知，还有康熙年间攸县陈之草、衡阳王敔、邵阳李元岵、王元复等四个贡生以学识渊博，长于词章被称为"楚南四家"外，其他载诸经传的名人，实属罕见。只是到了嘉道年间，始有善化人贺长龄、贺熙龄、劳崇光，安化人陶澍，湘阴人李星沅，益阳人汤鹏等成进士后，先后官至总督、巡抚等封疆大员，或跻身卿寺，参与朝政。从而使湖南人开始在政治上处于与中原和东南诸省分庭抗礼的地位。

应当指出，陶澍、贺长龄等一批人士的崛起，主要还不在于他们官高爵显，而是他们开始致力倡导一种"通经致用"的学风，已在全国有相当的影响；并在湖南培植起主张变革，经世致用的士习。贺长龄在江苏布政使任内，即延聘邵阳魏源编订一部篇幅达300万资的《皇朝经世文编》，搜集清初以来官员奏疏、学者著述中有关政事、文教、刑律、赋役、河工、盐政等方面的篇章，辑为百二十卷，于道光七年（1827年）第一次刊行。"凡文字足备经济，有关治世者无不搜采，洵称大观，后贤复踵而续之"[1]。《经世文编》的编辑印行，反映了湖南士人已形成不尚空言，力倡务实的风尚。到鸦片战争前夕，中国遭受西方殖民主义破关入侵的危机已迫近眉睫。时任贵州巡抚的贺长龄即提出"治国有经，安内必先攘外"的主张[2]。魏源对于反抗英国侵略的战争尤为关注。迨战争失败，他首先提出"师夷长技以制夷"的命题，且力倡"变古愈尽，便民愈甚"。指斥那班"读周孔之书，用以误天下"的人为"庸儒"[3]。他的哲理、主张和爱国主义精神，对近代中国有很大影响。魏源的知交汤鹏，著有《浮邱子》，摒弃陈词浮语，以论述军国利病，吏治良窳，人事情伪为主旨。一时，提倡务实经世，在湖南成为风尚。

由于清朝统治者屡铸文字狱；沿袭以八股时文甄选士子的科举制度；

---

1 陈邦瑞：《皇朝经世文四编》《序》，台北文海出版社，1972年影印本，第1页。

2 贺长龄：《议复黄爵滋严禁鸦片疏折》，《耐庵全集》。

3 魏源：《默觚下·治篇五》，《魏源集》上册，中华书局，1976年版，第48、49页。

又值考据学盛行，不少士人钻在故纸堆内，津津于考订片言只字。因此，到嘉道之际，士子们多数是空谈义理，不及世务，一味地揣摩时文格律，以为进身之阶；及至进入官场，又以逢迎保身为主旨，国计民生，概不讲求。从而形成士气衰恶，官场腐化，人才枯竭，政局废弛的现象。而此时，清朝的统治正加速衰微，西方殖民主义者则正频频地叩关启衅，并猖狂地从事鸦片走私。外患内忧，不能不激起有识之士的忧虑，亟起讲求经世之学。于是产生了一个倡说变革的经世派，有名者如福建林则徐、浙江龚自珍、安徽姚莹、包世臣等，而湖南陶澍、贺长龄、魏源等，在经世派里为当世所推重。诚如一位学者指出的："从嘉道年间崛起的地主阶级经世派，其发展脉络是明显的，这就是以湖南、安徽为中心的湘系和淮系的一批人物。"[1]

值得提到，嘉道之际湖南经世派的崭露头角，是同他们从王夫之的著作中获得启示有很大关系。王夫之生当明末清初（1619～1692年），他的著作为什么在一百多年后才在湖南士人中产生如此显著的作用呢？这是因为，王夫之在明亡后，僻处深山，窜身窑洞，以长达40年的勤奋钻研，撰写了卷帙等身的学术著作。一则是他的著作中表述了若干反清、反封建专制君主制的思想，对明清以来奉为正统的理学也进行了部分的批判，故而他的遗著曾遭到围搜、查禁之厄；再则是他长期僻处深山，正当湖南遭逢"鼎革"的灾难，茕茕孑遗，野旷人稀；移民甫至，谋生不暇，未遑文事，因而王夫之著作本身也缺乏传播的条件。康熙年间，王夫之次子王敔分批刊刻其父遗作十余种，流传也不广，若干种又被查禁毁版。荏苒近百年，至道光年间，始由新化学者邓显鹤等先后汇刻24种，共157卷，称《船山遗书》。其时，湖南经世派正处在脱颖之际，得读《船山遗书》无疑会受到王夫之的朴素的唯物主义和辩证法思想，历史进化论的观点和经世致用主张的很大启示。

继陶澍、贺长龄之后，是以胡林翼、曾国藩、左宗棠为主要代表的一批湖南士人群体。正当他们要在政治上一试身手的时候，太平天国起义爆发，一举席卷东南，建都天京，举兵北伐，给清王朝以极大的威胁。这时，封建统治者同人民大众的矛盾成为最主要的矛盾，从而导致湖南士人提倡的"经世致用"的内涵，转为共同筹划挽救封建统治秩序的对策。于是，当年由贺长龄强调的"安内必先攘外"的主张，就变为奉行

---

1 龚书铎：《清嘉道年间的士习和经世派》，《中华学术论文集》，中华书局，1981年版，第203页。

道光皇帝"攘外必先安内"[1]的诏谕为宗旨，全力筹组湘军，达到了镇压起义的目的。

因镇压农民战争起家的湘军首脑，对坚持反清，誓不臣服的王夫之也很推重，同样从王夫之的著作中在为学、处世、治军、施政等方面汲取到不少思想资料。太平天国失败后，曾国藩、曾国荃兄弟即再一次较广泛地搜集王夫之著作，在南京设局刊刻行世，仍称《船山遗书》，共收著述62种，计298卷。这里，也许要回答如下疑问：嘉道年间崛起的经世派的主张，无疑是一股进步思潮；而湘军将领以镇压农民起义发迹，其言行是反动的，怎么也服膺王夫之的学说，并作为嘉道年间经世派的后继者呢？这个疑团是不难消释的。因为，王夫之的学术是属于地主阶级进步思想方面的，主旨也是为封建制社会谋长治久安之计，其后学者无非随所处近代的主要矛盾的变化而采取不同的对策而已，彼此的出发点和基本立场并无二致。故经世派由鸦片战争时期倡"安内必先攘外"到太平天国起义后转而奉行"攘外必先安内"的对策，是合乎历史逻辑的。

太平军和捻军失败后，国内地主阶级同农民的矛盾在形式上趋向缓和；而西方资本主义国家则相继转变为帝国主义，彼此之间展开了重新瓜分世界的竞争，中国更成为帝国主义国家角逐的场所。于是，中华民族和帝国主义之间的矛盾又趋向紧张。主要矛盾的变化，又导致湖南士人所注重的经世学风转向将抵御外侮提到首要地位。在西北国土频遭蚕食窃分的紧急情况下，左宗棠以暮年舆榇出关的气概，率湘军西征，收复新疆。随后，在抗击法国侵略的中法战争中，湘军也曾建立抗击入侵者的勋绩，左宗棠、彭玉麟也以满腔爱国热忱筹防御侮。到中日甲午战争期间，刘坤一曾率湘军出关，在辽东抵抗日军，唯战绩不佳。但及至清廷下诏停战议和，刘曾几度建言"宜战不宜和"，并坚决反对割让辽（东半岛）、台（湾）。从这方面说，湘军既充当镇压农民起义的凶手，后来，却也无愧于民族的干城。在反抗帝国主义侵略的斗争中，既有鏖战沙场的名将，也不乏如郭嵩焘、曾纪泽等折冲樽俎的贤才。

19世纪七八十年代以后，资本主义渐次在中国稀疏地出现，一部分商人、地主和官僚开始了向资产阶级转化的历程。发展资本主义经济，仿效西方资本主义政治制度，引进西方文化的言论，即所谓行商战、兴

---

1 道光二十二年二月丁未上谕"谕内阁：朕维攘外必先安内，禁暴即以爱民……"，文庆等纂《筹办夷务始末》（道光朝）第6册，台北文海出版社，1970年影印本，第3574页。

议院、习西学的呼声，日益高涨。重新发扬地主阶级变革思想的经世风尚，已不能适应形势发展的需要，维新变法已是时代的要求。甲午战后，国势阽危，以康有为、梁启超为首发动的"公车上书"为嚆矢，将变法运动推上了议事日程。戊戌维新前几年间，湖南巡抚陈宝箴较为开明，前后任学政的江标、徐仁铸，署按察使黄遵宪等，均不同程度地倾向维新；更主要是维新派首领人物谭嗣同、唐才常、熊希龄等才识卓荦，勇于任事，兼有康有为弟子梁启超、欧榘甲等相继来湘，在时务学堂传习西学。故湖南维新运动的开展，新政的推行，居全国各省前列。谭嗣同、唐才常尤以维新左派著称，终不惜为变法事业而壮烈殉身。

谭嗣同、唐才常之成为维新运动的激进分子，是与他们接受了王夫之的思想影响，发扬了近代以来旺盛的湖湘士气有关[1]。他二人同时师事欧阳中鹄，而欧阳中鹄笃信船山之学，自号瓣姜，即寓有心香一瓣敬王夫之(号姜斋)的意思。谭嗣同不仅服膺王夫之"道随器变"的唯物论和"天地之化日新"的发展观，而且发挥了王夫之"不以一人疑天下，不以天下私一人"[2]的思想，以"冲决网罗"的气概，放言抨击封建专制主义的纲常伦理。曾在时务学堂读书的杨树达于三十多年后讲"湖南文化史略"时称："自王船山先生以后，湖南人笃信民族主义，因欲保持自己民族，故感觉外患最敏，吸收外来文化最力，且在全国为最先。如魏默深之志海图，郭筠仙、曾劼刚之赞西化，光绪丁酉、戊戌之办新政，皆其例也。"[3]这位湘籍大学者大致是谈到他在时务学堂时的感受，其言是可信的。

维新运动失败后，民族危机急转直下，亡国惨祸，迫近眉睫；与此同时，中国资本主义经济进入初步发展阶段，社会阶级和民间风尚相应地产生变化。有识之士，相率从传统文化的樊篱中挣脱出来，转向西方国家和日本探求新知。1899 年黄兴在湖北两湖书院求学，"课程余暇，悉购西洋革命史及卢梭《民约论》诸书，朝夕盥诵"[4]。出国留学的热潮开始涌起；前往日本者，如过江之鲫。1904 年中国留日学生计达 2395 人，其中湖南籍 373 人，占总数的 11.4%[5]。由湖南籍学生编撰的《游学译编》，"所译以学术、教育、军事、理财、历史、地理、外论为主；其余如中

---

1 谭嗣同殉难后，邹容赋诗哀悼，有"赫赫谭君故，湖湘士气衰"之句。(见邹鲁《中国国民党史稿》《列传·邹容略传》商务印书馆，1947 年版，第 1242 页)

2 王夫之：《黄书》，《宰制第三》；选自王夫之：《黄书·噩梦》，中华书局，1956 年版，第 17 页。

3 《积微翁回忆录》，《杨树达文集之十七》，上海古籍出版社，1986 年版，第 100—101 页。

4 黄蔡二公事略编辑处编：《黄克强先生哀荣录》，1918 年。

5 《清国留学生会馆第五次报告》，光绪三十年十月二十六日发行。

外近事，各国现今之风俗习尚，材技艺能，无论书报，择其尤者由同人分译"[1]。反映了他们已基本上填平了"夷夏之防"的沟壑，开始考虑全面地借鉴西方资本主义文化来更新中国。同时，他们也把自己称作"中等社会"，意识到应当承担起主持中国革命的职责。当中国转向资产阶级民主革命的历史时代之际，湖南遂以在东京参加中国同盟会的人数最多，且有一大批中坚人物投身革命；而省境也革命风潮迭起，并以率先响应武昌首义，对辛亥推翻清朝，创立民国作出了重大贡献而得到举国一致的赞赏。

饶有兴味的是，辛亥时期湖南革命运动的蜂起，也同革命党人接受王夫之的影响，宣传船山学术有联系。杨毓麟著《新湖南》，对船山学术的影响有如下叙述：

王船山氏平生所著书，自经义史论以至稗官小说，于种族之戚，家国之痛，呻吟呜咽，举笔不忘，如盲者之思视也，如痿者之思起也，如痦者之思言也，如饮食男女之欲一日不能离于其侧，朝愁暮思，梦寐以之。

又称："船山王氏，以其坚贞刻苦之身，进退宋儒自立宗主，当时阳明学说遍天下，而湘学独奋然自异焉。自是学子被服其成俗，二百年来，大江南北，相率为烦琐之经说。而邵阳魏默深，治今文《尚书》、三家《诗》，门庭敞然。及今人湘潭王氏之于《公羊》，类能蹂躏数千载大儒之堂庑，而建立一帜。道咸之间，举世以谈洋务为耻，而魏默深首治之。湘阴郭嵩焘远袭船山，近接魏氏，其谈海外政艺时措之宜，能发人之所未见，冒不韪而勿惜。至于直接船山之精神者，尤莫如谭嗣同，无所依傍，浩然独往，不知宇宙之圻埒，何论世法。其爱同胞而慹仇虐，时时迸发于脑筋而不能自己。是何也？曰独立之根性使然也。故吾湖南人之奴性，虽经十一朝之栽培浸灌，宜若可以深根而固蒂矣。然至于今日，几乎迸裂爆散，有冲决网罗之势[2]。"

这里，反映了杨毓麟是将船山学术作为培养，并始终浇灌湖南人"特别独立之根性"的心苗的源泉。章士钊在《国民日日报》上发表《王船山史说申义》[3]称：

船山之史学宏论精义，可以振起吾国之国魂者极多，故发愿申说以

1 《游学译编》第2册《游学译编简章》。

2 湖南之湖南人（杨笃生）：《新湖南》，载张枬、王忍之编《辛亥革命前十年间时论选集》第1卷下册，生活·读书·新知三联书店，1960年版，第616、617—618页。

3 发表于《国民日日报》未注作者，据章士钊《疏〈黄帝魂〉》称："此吾在《国民日日报》所撰文。"中国人民政治协商会议全国委员会文史资料研究委员会编：《辛亥革命回忆录》第1集，中华书局，1982年版，第232页。

告世之不善读船山之书，深辜船山之意者。

他把船山学术视作振起"吾国之国魂"的瑰宝。无怪乎 50 多年后，章士钊还意味深长地说："果也！辛亥革命以前，船山之说大振，不数年而清室以亡。"[1] 这显然有些夸张。正确地说，是由于资产阶级民主革命之说大张有以致之。但也反映湖南革命党人笃信船山学说的程度。

概而言之，近代湖湘文化的内涵大体可简略表述于下：

因清初移民的繁衍和生息教化，到清代乾嘉年间，渐次形成了湖南劲直尚气的民风和与之相应的朴质进取的湖湘士气。恰当其时，湮没百余年的船山学说开始广泛传播，其哲理和反清、一定程度反封建的学说思想和经世致用的主张，为湖南士人辗转传习，前后师承。从而进入近代就形成了有别于他省，具有湘人在若干方面异于他省的气质的湖湘文化。此一文化的延伸外铄，遂在近代经世—维新—革命三个历史阶段上，造成了令人瞩目的形势和成就，导致湖南获得近代功业之盛举世无出其右的声誉。

（原载《历史研究》1988 年第 3 期）

---

1 章士钊：《疏〈黄帝魂〉》，《辛亥革命回忆录》第 1 集，第 234 页。

陶澍的历史业绩

1992 年

陶澍，字子霖，号云汀，湖南安化县人，出生于清乾隆四十三年，殁于道光十九年。清嘉庆七年（公元 1802 年）进士，入翰林院。嗣后历官江南道监察御史，四川川东兵备道，山西按察使，福建按察使，安徽布政使，旋升任安徽巡抚，调江苏巡抚。道光十年，擢两江总督（清代两江总督辖江苏、安徽、江西三省）。从道光二年任安徽布政使起，陶澍在江南地区从政 17 年，在各方面颇具政绩，为后人所称道。简要说来，有以下几方面。

（一）整顿财政，清理亏欠

清代的国库收入，以田赋丁税为主，其征收制度可称严密。但由于在实际过程中，存在种种弊端，以致征收不能足额，出现亏空或亏欠现象。这种现象严重影响中央和地方的收入，尤其是嘉庆朝以后，亏欠数额愈积愈多，成为当时一个十分急迫的财政问题。安徽、江苏都是亏欠数目最多的省份，皆超过百万两。清廷将陶澍调任安徽布政使，是希望他能扭转这一局面。安徽的亏欠"甲于天下"，"从前竟至千余万，恩免之后，尚不下数百万"。在陶澍之前，已清查 5 次，但"不能得其要领"。在陶澍到任后，鉴于前几次清查的漏洞，采取检核司案，将州县欠款截清界限等办法，层层考核，条分缕晰，才将历年烂账清理出一个眉目，彻底查明了亏欠的实际情形。如何追补亏欠呢？陶澍认为必先杜绝新亏，杜绝的办法在于严交代、提存库、减捐款、禁流摊等。继而在巡抚任内，他又制定了追补章程，规定了亏欠补缴期限，办法及拥别等，并规定了杜绝新亏之法。在江苏巡抚任内，他继续整顿财政，同时又对清廷一些不合理的规定，据理力争，适当调整。如对子孙代赔的规定，陶澍认为"漫无区别"，有失平允，主张量为变通。对于应免款项，他也往往为民争取，不是一味逢迎清廷。

从根本上说，陶澍无法解决亏欠的问题。但由于他能从这团乱麻中理出一个头绪，且措施精细得当，不徇私情，因而在他任内，江南的亏欠现象开始缓解，财政逐渐趋于正常。

（二）改革漕政，试行海运

漕运早在秦汉之际即已推行，此后历朝均沿袭这一制度。年深日久，不免蠹害层见，积弊丛生。大多是在征收漕粮时，官吏例多浮收讹索；运输过程中，漕船相沿夹带私货，水手恃众斗殴行劫。陶澍自任江苏巡抚起，即着手漕务的整顿。他依法惩处官吏的浮收讹索，严厉禁止漕船舵工水手携带凶器，遇有纠众械斗抢劫等情事，为首者照强盗律治罪，为从者减一等惩处。经此一番整治，漕运积弊虽未尽除，但浮收讹索者也颇有收敛，舵工水手寻衅仇杀的事端也有所减少。

然而，陶澍改革漕运的贡献，主要还是试行海运。漕粮北运，相沿是经由运河水道输运。因运河水浅，年深日久，经常节节淤塞，以致粮船搁浅，无法畅通。遇有淤塞，往往稽延运期，虚耗民力，并给沿途官吏增添讹索的机会。因而，在元代就开始改革漕粮运道，即由河运改为海运。在明朝也曾试行海运，但终因海盗抢劫、倭寇扰害等原因而作罢。到清道光四年（1824年），黄河骤涨，高堰堤溃，以致运河水位下降，漕运成为一个紧迫问题。在这种情况下，时任江苏巡抚的陶澍，不顾守旧大臣和一些胥吏兵丁的反对和阻挠，"毅然以身任"，改革漕运，实行海运。经过精心筹划、考察，陶澍在道光六年（1826年）成功地组织实施了清代的第一次漕粮海运。这是一个具有开创性的贡献，"而人知海漕利国、利民、利官，为东南振敝第一策自此始"。

（三）革新盐政，创行票盐

清代盐政效法明朝，实行纲盐制。全国划定产销地区，由纲商垄断食盐的购销贩运。这种纲盐制实际上是一种官营制。盐税是国家的一项重要收入，其中两淮盐利最大。由于纲商与官府勾结，把持盐政，贪污中饱，以及繁琐的销售环节，层层盘剥，更兼私盐猖厥等弊端，以致官盐价格昂贵，造成滞销，严重地影响了政府的财政收入。1830年，陶澍署两江总督时，"二十年前已逐渐就颓，有江河日下之势"的两淮盐政，"迨及近岁，而决裂日甚"。针对盐政疲敝的种种弊端，陶澍先是改良官运。他制定了盐务章程15条，对盐务的运销、成本、人事等方面进行改革。但是，这种在纲盐制范围内的改革，收效不大。

于是，陶澍又另辟蹊径。在征询魏源等人的意见之后，他毅然从根本上改革纲盐制，创行票盐法。公元1832年，陶澍制定了票盐法章程，以淮北作为票盐的试点。所谓票盐，简单说来，就是设立局厂收税，无论何人，只要照章纳税，均可领票销盐。票盐完全是一种创新的制度，与过去的纲盐制有着根本的不同，它废除了盐业专商，即纲商，将官营改为商营，实际上是一种自由贸易制度。陶澍的这番改革，使清政府的盐课收入有了保障；更重要的是，它使得中国的盐政出现了一个新的变化，嗣后，票盐法又推行到淮南地区，促进了商品经济的发展。

（四）致力水利，协办河工

清代的河工水利，特设河道总督专职负责，各省督抚，亦有协助之责。陶澍不仅仅是恪尽协助之责，而且把它当作"覆育苍生"的大事，致力于清除水患，兴修水利工程。道光三年以来，江南河道淤塞，水灾频仍。陶澍任皖抚以后，即致力于水利工程。他不畏艰苦，亲自登山勘察，掌握第一手资料。在他主持组织下，先后疏浚了吴淞江、白茆河、浏河等河道，开凿了清水长河，维修了不少湖堰圩堤。陶澍的治水工程，使江南人民受益匪浅"盖自前明夏忠靖、周文襄、海忠介后，修举水利之效未有如公者"。

以上所列，为陶澍政绩中尤为显著者。漕粮、盐政、河工等堪称大政，"他人得其一皆足名世，而于公则为绪余"，可见陶澍的治绩之伟。除此之外，陶澍在整饬吏治方面也颇有成效。他自己为官以勤于政事，清廉自励而著称，在江南任内，他曾采取调整官缺，裁汰冗滥，调整治所等措施，对败坏已久的吏治进行整顿。在创新方面，他还进行了币制改革。针对白银外流、铜钱贬值、人民生活困难的情形，他提出自铸银币，改银块为计量货币等主张。

陶澍对后世的影响，不仅仅在于他在江南所建立的政绩，还更由于他提倡讲求"通经致用"，以及网罗、提携了不少人才，对蔚成注重国计民生的经世之风起了重要作用。

当时乾嘉学派盛极一时，"几乎独占学界势力"。乾嘉学派即考据学派，专事校勘辨伪、训诂考证。士子们或执意揣摩制艺时文，以求仕进，或沉溺在故纸堆里，皓首穷经。这种脱离实际的学风，无法解决清王朝所面临的种种社会问题，形成"万马齐喑"死气沉沉的局面。陶澍所处的时代，社会危机更为加剧，吏治腐败，积弊丛生，更兼西方殖民者的东侵，使中国面临着前所未有的变局。在这种情势下，思想界开始出现倡导经世致用的风气，陶澍则是这股经世潮流的重要代表。他"少负经世志，尤邃史志舆地之学"，从政以后，尤为注重经世之学，利用一切可能的机会扩充自己的经世才识。他关心的是国计民生，对于学问，认为，"无论经史词章，果精一艺已足，不必矜博骛广"，提倡"研经究史为致用之具"。尤为重要的是，身膺封疆大吏之后，他身体力行，致力于漕运、盐政、河工等有关国计民生的大政，践履自己"以天下苍生为己任"的经世夙志。陶澍以诸多政绩建树了赫赫经世事功，在政治上为经世致用作了论证，成为经世派最重要的代表。

陶澍注重人才。与他讲求通经致用是密切相关的。他认为要解决有关国计民生的实际问题，就要注重人才。如他所说，"州县为亲民之官，州县得人，天下咸理矣"。正唯他以经世为准绳，所以能够发现、培养和网罗、提携一批有用之才。嘉庆二十四年（1819 年）当京官时，他请假回籍在益阳遇见李星沅，视为"经世才"，鼓励李多读书。后来，李星沅果中进士，官至两江总督。胡林翼也因被陶澍所赏识，而成为他的女婿，并得到他的多方培养。左宗棠地位低微时，陶澍看到他所写的一副对联，与之交谈，目为奇才。陶澍后在江南为官，在施展自己的经世抱负的同时，又网罗、提携了不少难得的人才。如睁眼看世界第一人的林则徐，与他"志同道合，相得无间"，得到他的器重和提携。他升任两江总督时，即请调林则徐为江宁布政使，旋擢江苏巡抚。后来因病开缺，陶澍即上奏称林则徐"才长心细，识力十倍于臣"，推荐林则徐继任。在中国思想史上具有重要地位的魏源，在科举的角逐中屡屡受挫，一生很不得志，被陶澍纳为幕僚，为之筹划漕粮、盐务诸政的改革。正由于陶澍锐意改革，讲求"通经致用"，在他周围聚集了不少颇有才识的改革派，除林则徐、魏源之外，其他如贺长龄、姚莹、包世臣、俞德渊，等等，不一而足。

陶澍无疑是中国历史上一位颇有建树的人物。他的历史业绩，不仅仅是进行了于国计民生有"百世之利"的改革，而且在于倡导一种新的风气，对近代中国产生了不可忽略的影响。他所拔擢的人才，在中国近代史上也多有建树。尤其是湖南进入近代以后，出现了人才辈出的局面，更与陶澍有着直接的渊源关系。可以说，陶澍是中国古代和近代之间承先启后的重要历史人物。

然而，这样一位重要历史人物，在学术界却长期受到冷落。其原因，一是因为他是中国进入近代社会的前一年去世的，是所谓临界人物。治古代史的学者没有去研究他，治近代史的学者也很少涉及。二是由于史学界长时间受到"左"倾思想的影响。一段时间，凡是统治阶级中的人物，不问青红皂白，"立足于批"。甚而认为"清官比贪官还坏"，因为清官麻痹了人民的斗争精神。诸如此类的怪论，严重影响了对统治阶级中的杰出人物也包括陶澍这样的人物的研究。现在我们有了一个较好的学术研究环境，应当对陶澍进行科学客观的研究，并给予实事求是的评价。

（原载何鹤志主编：《论陶澍》，岳麓书社 1992 年版）

相关研究专论

胡适历史唯心主义怎样污损和歪曲中国近百年史

1956 年

胡适宣称他是"从实用主义者的眼光"去看历史，即是说，胡适"研究"历史的哲学基础是实用主义。众所周知，实用主义是美帝国主义反动透顶的主观唯心主义哲学，胡适运用这中反动透顶的主观唯心主义哲学的观点去解释社会生活现象，解释社会历史，形成为旧中国历史唯心主义流派中最腐朽最反动的一个派别。解放前，胡适根据实用主义的历史唯心主义观点，曾经卑劣无耻地污辱我们伟大祖国的历史，特别是因为中国近百年史同当时中国的政治经济生活密切相同，胡适就更加狂妄地对近百年的中国历史大肆歪曲涂抹，为帝国主义侵略中国张目，为中国买办豪绅的黑暗统治和卖国罪行作辩护。因此，举凡从胡适笔下所写出来的有关中国近百年的"历史"，字里行间就无不浸透了反人民反革命的毒素。在全国已经展开批判胡适资产阶级唯心主义思想的运动中，彻底清除胡适历史唯心主义在中国近百年史的研究领域内所曾散布的毒素，是有必要的。

一

历史唯物主义认为决定社会的结构和性质，决定一种社会制度向另一种社会制度过渡的主要力量，是社会物质生活条件体系中的物质资料的生产方式。某一社会中占统治地位的生产方式是怎样的，社会的结构和性质就是怎样的，在该社会中存在着占统治地位的社会思想及与之相适应的制度也就是怎样的。生产方式改变了，社会的结构和性质也跟着改变，社会的思想及与之相适应的制度也都要跟着改变。

生产方式是生产力和生产关系在物质资料生产过程中的统一，其中，由人们对生产资料的关系，即生产资料所有制的形式而决定的生产关系则构成社会的经济基础，每一社会经济形态都有自己的基础，在基础之上，产生与基础相适应的政治、法律、宗教、艺术、哲学的观点和政治制度、法律制度等上层建筑。上层建筑为基础服务，它在消减旧的、过时的基础与建立和巩固新的基础当中起着积极的能动作用，但是它必须从属于基础的改变而改变着，旧的基础消减了，建立在这一基础上的建筑就必然相随而消失。

研究中国近百年史，首先必须遵循历史唯物主义关于生产方式乃是决定社会面貌的主要力量以及社会的经济基础与上层建筑的关系和联系的规律来考察近百年中国的社会性质经济基础以及政治、法律、艺术、哲学的观点和政治制度、法律制度与基础的关系等等问题。

自从 1840～1842 年的鸦片战事之后，帝国主义不但长期地对中国进行军事的、政治的侵略，而且长期地对中国进行经济的侵略，逐步的占有中国的工厂、矿山、海关、银行、交通运输以及其他大的企业，使中国的经济成为帝国主义的一个附庸部分，丧失了独立自主。同时，帝国主义的侵入虽然破坏了中国的自给自足的自然经济，但是帝国主义又竭力扶持中国的封建统治者作为它统治中国的支柱，而中国的封建统治者为了保持对人民的压迫和剥削，也卑鄙无耻地依靠帝国主义，并为它效劳。这样，封建剥削制度不但仍旧保持着，而且同买办资本相结合，在中国经济生活中占主要地位。另一方面，由于中国自然经济的解体，又刺激和促进了中国资本主义经济的发展，但因为帝国主义和封建主义的压迫，中国资本主义生产的发展受到重重阻挠，没有成为中国社会经济的主要形式。所以，根据近百年来帝国主义、封建主义统治下中国社会的生产方式的性质来说，中国不再是一个封建社会，也不是一个资本主义社会，而是一个半殖民地半封建社会。因此，近百年来的中国就贫困落后了。在帝国主义奴役剥削中国人民的经济制度和中国封建地租剥削制度相结合而形成的经济基础之上，产生了和这个基础相适应的政治、法律、宗教、艺术、哲学的观点以及政治、法律等制度，这些观点和制度为基础服务，即为帝国主义和封建主义压迫剥削中国人民的经济制度服务。

胡适历史唯心主义正和历史唯物主义相反，它认为决定社会性质和社会历史发展的不是社会的物质资料的生产方式，而是某种思想、理论或某种政治的、法律的制度。某种社会思想、理论或某种政治的、法律的制度也不是由某种经济基础所派生出来，而是人们的主观愿望和思想动机的结果。因此，胡适在"研究"社会历史时，总是诳骗人们说，由于人们的某种思想、理论或某种政治的、法律的制度的改变，就能引起社会面貌的改变，引起整个的或部分的社会制度的改变。而社会面貌和社会制度的改变，归根到底是以某些个别人的主观愿望和思想动机为根本的力量。

胡适这套唯心主义谬论并不足怪，因为胡适的全部思想就是近百年来中国半殖民地半封建社会经济基础的产物，它为这个经济基础服务，即为帝国主义和中国的买办豪绅服务。胡适宣传这套谬论，竭力避开接触生产方式决定社会面貌的规律以及经济基础和上层建筑的关系的问题，借以抹煞实现社会生存所必需物质资料生产的劳动人民在社会历史中的首要地位；掩盖帝国主义和中国的买办豪绅压迫和剥削中国人民的滔天罪恶，企图实现帝国主义和封建主义长远地统治中国的梦想。

胡适如何运用历史唯心主义的谬论为帝国主义和中国的买办豪绅服务呢？从他有关歪曲近百年中国社会历史的论述中，表现得最为明确。首先，胡适是从来不肯承认帝国主义侵略中国的，他经常下流无耻地宣传：帝国主义对中国只存好意，不存恶意，只有益处，没有害处。1922 年中国共产党发表第二次全国代表大会宣言，雄辩地揭露了帝国主义侵略中国的本质，胡适就立刻出面发表一篇名为"国际的中国"的臭文，竟丧心病狂地讽刺这一不可辩驳的事实是"很奇怪的议论"，"很像乡下人谈海外奇闻。"中共二次代表大会宣言中指出，帝国主义在中国霸占租界，驻扎武装，操纵中国的经济命脉等等侵略行径，乃是中国人民日趋贫困破产的主要原因，而胡适却厚颜无耻地说："租界与东交民巷是福地，外币是金不换的货币，总税务司是神人，海关邮政权在外人手里是中国的幸事！"[1]这种露骨媚外的论调，只有像胡适一流的文化汉奸才说的出来。

近代中国军阀的割据混战，很显然是由于中国地方的农业经济和帝国主义割分势力范围的分裂剥削政策所造成，而胡适却完全否认这两个根本的原因，荒谬地把中国军阀割据混战的政治现象归之于人们的思想动机，说："军阀的封建与帝制的运动都是武力统一的迷梦的结果。"[2]经过胡适主观臆断地捏造了这样一个思想上的原因后，他不仅把帝国主义打扮成和中国军阀混战毫无干系的旁观者，并进一步大肆宣扬："外国投资者的希望中国和平与统一，实在不下于中国人民的希望和平与统

1 胡适：《国际的中国》，《胡适文存》二集卷三。
2 胡适：《联省自治与军阀割据》，同前书。

一。"[1]为了证明这一无耻论言,胡适发出了他们伪造的历史来作证,他说:"民国初年,外人'捧'袁世凯的故事,我们应该还记得。外人所以捧袁,大部分是资本主义者希望和平与治安的表示。"[2]实际上,辛亥革命时期帝国主义捧袁世凯是利用袁来篡窃革命政权的一个大阴谋,中国人民所应记住的是决不饶恕帝国主义破坏中国革命的滔天罪行,而胡适却故意歪曲历史,诱惑人民去记住帝国主义是"希望中国和平与统一"的;这副丑恶嘴脸,不就明显地暴露了胡适是帝国主义的文化走狗吗?

当胡适引证了许多经他歪曲了的历史来替帝国主义辩护后,就一本正经的教训人们说:"不要尽说是帝国主义者害了我们,那是我们自己欺骗自己的话。"[3]看!胡适不仅一笔勾销了帝国主义近百年来侵略中国的血腥历史,而且向中国人民反咬一口。这种口吻,除了说明胡适有着卖国求荣的阶级本能而外,是没有别的解释的。

像胡适曾经忠实无闻地替帝国主义服务一样,他为中国的大地主、大资产阶级效劳也是无微不至的,他仰承大地主、大资产阶级的意旨向人们宣称近代中国已经没有封建制度,也没有资本主义。他的说法是:"封建制度早已在二千年前崩坏了"[4]"压根我就不知道这四十年的中国'封建主义'是个什么样子。"[5]又说"我们只多有几个小富人,哪有资产阶级",因此中国的"资产阶级只好在显微镜底下去寻了。"[6]

胡适矢口否认帝国主义对中国的侵略,又从纸面上消减了中国的封建制度,抹煞了中国资本主义制度的存在,由此,他就得出一个结论说:近百年来中国社会不仅"资本主义不在内",而且"封建势力也不在内","帝国主义也不在内。"[7]因此依照胡适的看法,近代中国贫困落后、生产停滞、政治黑暗,并不是由于帝国主义和封建主义的压迫剥削制度所造成,而是有别的原因。

且看胡适是如何指黑为白、倒是为非的解说近百年来中国社会历史的问题。

在《我们走那条路》的一文中,胡适宣称近代中国是被"贫穷""疾

---

1 胡适:《国际的中国》,《胡适文存》二集卷三。
2 胡适:《国际的中国》,《胡适文存》二集卷三。
3 胡适:《请大家来照照镜子》,《胡适文存》三集卷一。
4 胡适:《我们走那条路》,《胡适论学近著》第一集。
5 胡适:《今日思想界的一个大弊病》,《独立评论》一五三号。
6 胡适:《我们走那条路》,《胡适论学近著》第一集。
7 胡适:《我们走那条路》,《胡适论学近著》第一集。

病""愚昧""贪污""扰乱"这"五大恶魔"[1]统摄的一个国家，由于这"五大恶魔"的统摄，中国就穷困落后了。这一套罗列现象不及本质的谬论是不值一驳的，只要问一两句，这套谬论就立刻要宣告破产。因为他所说的"贫穷""疾病""愚昧"正是封建主义两千多年来和帝国主义成百年来压迫剥削中国人民的恶劣影响，而"贪污""扰乱"则又是半殖民地半封建经济基础的政治上层建筑极度腐朽的表现。胡适宣传这套谬论，实际上是欲盖弥彰。

胡适自己也知道仅仅这样的证据是不够的，所以他先后又搜罗了一连串的思想、制度来作为造成中国穷困落后的原因。在这一篇文章中他写道："现在中国最大的病根，……乃是懒惰的心理，淡薄的思想，靠天吃饭的迷信，隔岸观火的态度。"[2]在那一篇文章中他又宣称：中国最需要的是"有计划的政治"，他们"深信中国的大病在于无计划的飘泊。"[3]过后他又说：中国"文治势力失其作用"，以致"扰乱"很多。接着又称："我们号称五千年的文明古国，而没有一个三十年的大学。在今日的世界，哪一个没有大学的国家可以竞争生存的？"[4]左一种思想，右一个制度，胡扯混拉，纠缠不清，滚在唯心主义的泥潭里，妄图把一些思想、观点和政治的、教育的制度解释为决定社会面貌，决定社会历史发展的主要力量，藉以麻醉人民民众。而归根到底，无非力求证实帝国主义和封建主义的压迫剥削制度在近代中国是根本没有和早已不存在的东西。

胡适把这种历史唯心主义运用去歪曲近百年中国社会历史的谬说是包含着绝大的反革命企图的，早在他发表"国际的中国"一文时，中国共产党中央的机关报——向导周报（第六期）就曾指出：这"比美国每年花上三千万银子雇派许多牧师、记者、侦探、顾问、学者等向我们所做的亲美宣传，还更明显而且有力。"胡适被人民所指斥，竟恬不知耻地声称他"宁可不避'反革命'之名"，而且公然供认他的反革命意图，他说："组织工人，不为他们谋利益，却用他们作扰乱的器具，便是盲动，……臆想一个意义不曾弄明白的封建阶级作革命对象，或把一切我们自己不能脱卸的罪过归到洋鬼子身上，这也都是盲动。"[5]这里，胡适恶毒地污蔑了中国工人阶级（通过共产党）所领导的人民的革命运动，

---

1 胡适：《我们走那条路》，《胡适论学近著》第一集。

2 胡适：《我的歧路》，《胡适文存》，二集卷三。

3 胡适：《这一路》，同前书。

4 胡适：《我们走那条路》，《胡适论学近著》第一集。

5 胡适：《我们走那条路》，《胡适论学近著》第一集。

并从思想上向中国共产党所提出来的反帝反封建的真正民主主义革命纲领举行疯狂的进攻。由此可见，胡适所贩卖的唯心主义思想是马克思主义的死敌，是中国人民的死敌。

二

历史唯物主义指出，一种社会制度为另一种更高级的社会制度所代替，是经由生产方式的改变而实现的，却经由新的生产力和腐朽的生产关系的冲突、最后剔除了腐朽的生产关系，建立与新的生产力的性质和水平相适应的生产关系而实现的。在划分为彼此对抗的阶级的社会中，生产方式的改变取决于各阶级在物质资料生产方面相互关系的改变，因而生产力与生产关系的冲突就表现为阶级斗争，并经由作为阶级斗争最尖锐形式的革命来解决。所以，阶级斗争规律贯穿着阶级社会的全部历史，它是阶级社会发展的根本动力，而作为阶级斗争最尖锐形式的革命则是历史的火车头。

中国近百年史是一部充满了中国人民反抗帝国主义和国内封建统治者的革命斗争的历史，正如毛泽东同志所指示："帝国主义和中国封建主义相结合，把中国变为半殖民地和殖民地的过程，也就是中国人民反抗帝国主义及其走狗的过程"（毛泽东选集第二卷六〇三页）。自1840年的鸦片战争起，中国人民不屈不挠，再接再厉的革命斗争，都曾在不同时期内和不同程度上打击了帝国主义及其中国走狗的反动统治，使帝国主义始终不能灭亡中国。五四运动后，中国人民在中国共产党的领导下进行了30年的新民主主义革命斗争，终于在1949年最后摧毁了帝国主义100多年来和国民党反动派20多年的反动统治，建立了伟大的人民民主专政的中华人民共和国，胜利地完成了变半殖民地半封建社会为新民主主义社会的历史任务，开始了由新民主主义到社会主义的过渡时期。所以，中国人民反帝反封建的革命斗争，乃是近百年中国历史发展的根本动力。

胡适历史唯心主义正和历史唯物主义相反，他贩运了欧美资产阶级腐朽的庸俗进化论的观点来曲解社会历史发展，大肆传播反科学、反革命的改良主义论调。

庸俗进化论是帝国主义者极端反动的一种社会观点，它否定人类社会运动形式有着自己特殊发展规律的特性，把在生物界发现的规律硬搬到人类社会上来。依照这种观点，人类社会被降低到生物界的水平，从而抹煞了人类社会生产力与生产关系变化发展的规律和阶级斗争贯穿着阶级社会全部历史的规律，而代之以"生存竞争""自然选择"这类生物学的规律来解释社会生活现象。于是，地主剥削农民、资本家剥削工人、帝国主义奴役和压榨殖民地人民等等，就被它解释为合乎规律的事情，也被解释为永恒不变的事情。因此，帝国主义异常热衷于宣传这种反动透顶的的社会观点，而美国财阀尤其不遗余力地罗织善于鼓吹这种社会观点的门下士，胡适便是其一。

胡适从美国到中国时，就曾受命前来扩大这种反动社会观点的市场，但当他返国之后，马克思列宁生义的学者和宣传运动已开始迅速广阔地在中国发展起来。这种情况，不能不使胡适大为沮丧，立刻悻悻然地叫嚷说："一班'新'分子天天高谈马克思主义，高谈'阶级战争'与'剩余价值'，致使他"实在忍不住了"。[1]他要出谈他的"实验主义"（胡适把实用主义称作实验主义），妄图用实用主义来阻止马克思主义的传播。首先，他向马克思主义关于阶级斗争的学说发动恶毒的进攻。

胡适并不直接否认阶级的存在，而是用诡辩狡诈的说法混淆阶级的概念，掩饰社会的物质经济基础，藉以否认阶级在近代中国社会中存在。他说：中国"古代社会的阶级约有五等'，"一王、二诸侯、三大夫、四士、五庶人"。到春秋时候，中国"封建制度的种种社会阶级都渐渐消减了"。[2]到"科举盛行以后社会的阶级已平等化了"。[3]到近代中国则"因为脱离封建时代太早，所以比较的是很平等的，很平民化的"，[4]而且因为中国"教育太不普及又太幼稚"，所以也"没有一个有势力的知识阶级"。[5]依照这种说法，很明显地看出胡适所说的"阶级"是和历史唯物主义关于阶级的学说截然不同的，因为他所说的"阶级"，是由政治制度或文化教育来决定的，实际上并不是阶级的差别，而历史唯物主义所阐明的阶级的差别，乃是根据人们在社会经济体系中处于不同地位这一难以改变的事实来决定的。然而，问题还不在于胡适的谬论和历史唯物主义社会阶级划分的标准上的不同，而在于胡适是怎样运用这番谬论来进行反科学、反革命的宣传。他既把中国古代封建等级曲解为阶级，并说阶级在春秋时候就渐渐消减了，而近代中国去古太远，社会已"很平等的"，"很平民化的"，因此，他就向人们论称，

---

1 胡适：《我的歧路》，《胡适文存》，二集卷三。
2 胡适：《中国哲学史大纲》第七七页和三十八页。
3 胡适：《惨痛的回忆与反省》，《胡适论学近著》第一集。
4 胡适：《三论信心与反省》，同前书。
5 胡适：《惨痛的回忆与反省》，《胡适论学近著》第一集。

近代中国是早已没有阶级了。既然阶级不复存在，于是阶级斗争就被胡适污指为没有根据的事情，从而大肆诋毁作为阶级斗争最高形式的革命运动。

胡适仇恨革命达到了极端疯狂的程度，他曾卑劣下流地谩骂说："种种革命都只能浪费精力，煽动盲动残忍的劣根性，扰乱社会国家的安宁，种下相残害相屠杀的根苗。"[1] 特别是近百年来中国人民的革命运动沉重地打击了帝国主义和封建主义的反动统治，胡适就更加仇视，经常歪曲历史事实去污蔑近百年来中国人民反帝反封建的革命斗争。

当谈到太平天国革命运动时，胡适就三番两次地说："太平天国之乱是明宋流寇之乱以后的一个最惨的大劫。"[2] "太平天国之乱毁坏了南方的精华区域，六七十年不能恢复。"[3] 这一说法，胡适曾经一再引做污指革命为"扰乱"的"证据"。然而，这样丑诋太平天国革命也并不从胡适开始，早在胡适狂吠的六七十年前，外国资本主义侵略者和满清统治者就是如此说的，胡适只是抄袭那些反动派的故伎后又含血喷人而已。事实上，太平天国的英雄们在南京建立了革命政权后，凡太平天国境内，没有满清军队和外国资本主义强盗武装侵略的地区，农业生产和工商业都呈现上升的现象，人民生活也很安定。真正毁坏了南方精华区域的不是太平军，而是反革命的湘军和淮军，是外国侵略者的强盗武装。南京该是精华区域之一吧，请看19世纪末后的爱国者谭嗣同是怎么说的，他写道："本地人言，发匪据城时并未焚烧，百姓安堵如故……不料湘军一破城，见人即杀，见屋即烧，子女玉帛扫数入于湘军，而金陵遂永穷矣。至令父老言之，犹深愤恨。"[4] "扰乱"是谁之罪，这还不明白吗？实用主义者涂抹历史真相，不仅反动透顶，而且分外的浅薄鄙陋。

1900年中国人民武装反抗帝国主义的义和团运动，曾经遏止了帝国主义瓜分中国的险恶意图。对于这一正义的、争取民族独立的人民运动，胡适也曾一再地加以污辱，恶狠狠地咒骂它是"拳匪之乱"。

20世纪初，中国资产阶级、小资产阶级民主派领导了辛亥革命运动，推翻了满清封建王朝。之后，资产阶级、小资产阶级民主派又进行了几次反抗封建军阀的斗争。到五四运动后，中国人民在中国共产党的

1　胡适：《我们走那条路》，《胡适论学近著》第一集。

2　胡适：《五十年来中国之文学》，《胡适文存》二集卷三。

3　胡适：《我们走那条路》，《胡适论学近著》第一集。

4　谭嗣同：《上欧阳瓣疆夫子书寄》。

领导之下掀起了反帝反封建革命的强大斗争，中国的革命运动日益深刻广泛地发展着。随着革命形势的发展，胡适反革命宣传也愈益加紧，1930 年时他曾针对自辛亥革命以来的革命运动散布了一次大的无耻谰言，他说："军阀是扰乱的产物，而扰乱大抵皆是长衫朋友所造成。二十年来所谓'革命'何一非文人所造成？二十年中的军阀斗争，何一非无聊政客所挑拨造成的？近年各地的共产党暴动，又何一非长衫同志所煽动组织的？此三项已可概括一切扰乱的十之七八。"[1] 在这一段话里，胡适的卑劣意图是完全可以洞察的：第一，他不仅把革命运动和军阀混战胡扯在一起诋为"扰乱"，而且说，"军阀是扰乱的产物"，污蔑革命造成了军阀；其次，他又诞妄无稽地宣称革命无一不是"文人"所造成，无一不是"长衫朋友"所造成，从而否认了新的生产力与过时的生产关系之间的冲突乃是社会革命的经济基础这一确凿规律，否认了革命乃是阶级斗争的最高形式这一普遍真理，并抹煞了革命乃是被压迫民众自求解放的正义的运动这一无可辩驳的事实。在胡适上述那一段话里，包含了极大量的唯心主义的毒素。

胡适一方面诽谤革命运动，一方面就大规模地把美帝国主义的庸俗进化论的历史观在中国翻版输售，他说："实验主义从达尔文主义出发，故只能承认一点一滴的不断的改进是真实可靠的进化。"[2] 所以"社会国家的变化……都是渐渐地变成的。"[3] 依据这套谬论，胡适认为："改造是这个那个制度的改造，这种那种思想的改造，这个那个人的改造，都是一点一滴的改造"，完全不可能有"根本的改造"。[4] 这种思想，反映了帝国主义和中国的买办豪绅在行将被根本推翻之前对自己前途所抱的主观幻想，他们虚构一套所谓的"一点一滴的进化"的社会规律，妄图说明帝国主义和封建主义压迫剥削中国人民的制度不会有根本的改造，而只有"一点一滴的进化"，并梦想这套虚构的规律变成"真实可靠的进化"。

我们且看胡适如何狂妄地企图把现代中国历史的发展强纳入他们虚构的"一点一滴的进化"的轨道里去，他为此作了些什么卑劣无效的努力。

1922 年，中国共产党发表了第二次全国代表大会宣言，宣言中提

1　胡适：《我们走那条路》，《胡适论学近著》第一集。
2　胡适：《介绍我自己的思想》，《胡适论学近著》第一集。
3　胡适：《中国哲学史大纲》第七七页和三十八页。
4　胡适：《新思潮的意义》，《胡适文存》卷四。

出了党的最高纲领和最低纲领，即最终在中国实现共产主义和当前的历史条件下中国人民进行反帝反封建革命的民主主义的政纲。宣言发表后，胡适显得异常惊惶失措，立刻提出了他那庸俗进化论的改良主义的方案，出面反对中国共产党的民主革命纲领。在这一年中，他首先说："我们深信中国所以败坏到这步田地，虽然有种种原因，但'好人自命清高'，确是一个重要的原因。"[1]因此他向北洋军阀呈递了"好人政府"的主张。嗣后他又说："我们觉得这十年的民国史上，政党的狭窄态度，彼此不容忍对方的主张，专闹意见，确是大乱的一个大原因。"[2]于是他又号称要改造政党。那时，一部分军阀玩弄着"制宪自治"的花样来巩固军阀割据的统治秩序，胡适又抢着出来声嘶力竭地叫嚷道："打倒军阀割据的第一步是建设在省自治上面的联邦的统一国家。凡反抗这个旗帜，没有不失败的。"[3]于是他又背着"联省自治"的大旗四处招摇。这样东一个问题的"改造"，西一个制度的"改造"，其目的无非是混淆视听，欺骗人民，诱惑人民脱离中国共产党的纲领路线的领导，坐视他们演唱这个"改造"、那个"改造"的丑剧，而不是参加革命的斗争。

第一次国内革命战争失败后，蒋介石建立了国民党反动派的新军阀专政。中国共产党向人民指出继续革命战争的必要。党的革命路线则转入建立工农红军和农村革命根据地，藉以恢复和发展革命力量，推动革命高潮的到来，把革命引向全国胜利。在此期间，胡适又用他的改良主义的滥调去替蒋介石效劳。1928年，他根据一个名叫安诺德的美帝国主义分子的主张向蒋贼献策说："用铁路和汽车来做到统一，用教育和机械来提高生产，用防御制度来打倒贪污，这才是革命，这才是建设。"[4]只要检查一下这个时期蒋介石反动派政权机构的内部，就可以明白胡适这项对策的实质。1928～1929年间，美国人林百克和密勒二人充任蒋贼"国民政府顾问"，参与了蒋贼中枢政权机关；美国人茂非古力治获得黄埔筑港工程"顾问"，参与蒋贼军事部门；美国人甘梅尔获得"财政部设计委员会主席"兼"银行币制专门委员"，参与蒋贼财政；美国人满台尔为铁路"顾问"，干预中国的陆上交通；美国航空发展公司代表芮伯与蒋贼订立"中美航空邮务合同"，攫取了中国

1 胡适：《我们的政治主张》，《胡适文存》二集卷三。
2 胡适：《我们的政治主张》，《胡适文存》二集卷三。
3 胡适：《联省自治与军阀割据》，《胡适文存》二集卷三。
4 胡适：《请大家来照镜子》，《胡适文存》三集卷一。

航空运输事业。这里，胡适的改良主义和美帝国主义侵华政策的表里关系，不是暴露得阙其明显吗？

1931年"九一八"事变发生，蒋介石采取不抵抗政策，东北全境很快就被日本帝国主义所占领。1932年，中央工农民主政府宣布对日作战，并号召和领导工农红军和广大被压迫民众，以民族革命战争驱逐日本帝国主义出中国。国民党统治区内人民抗日反蒋运动逐渐高涨。这时，胡适又提出了一个问题来"改造"，一而再，再而三写了关于所谓"信心与反省"的臭文，说什么"今日的大患在于全国人民不知耻，所以不知耻者，只是因为不曾反省。"怎样去"反省"呢？他说："反省就是闭门思过，要诚心诚意地想，我们祖宗的罪孽深重，我们自己的罪孽深重，要认清了罪孽所在，然后我们可以用全副精力去消灾减罪。"[1] 不用说，胡适这一连串"反省"论调的锋芒是针对着正在掀起的抗日反蒋的高潮的，他和蒋介石演双簧，要人们去"反省"，去"闭门思过"，藉此瓦解全国人民的抗日反蒋运动，替蒋介石对外投降、对内发动反革命围攻的滔天罪行充当辩护人。

1937年"七七"事变发生，全国抗日民族解放战争迅速爆发。这时，胡适和汪精卫、高宗武等卖国贼勾结起来活动对日妥协投降，他秘密地向蒋介石建议说："(一)外交路线不能断绝，应由高宗武积极负责打通此路线。(二)时机甚迫切，须有肯负责任的政治家(按即指汪精卫)担负此大任。"[2] 胡适这里表现出来的一副汉奸面孔，用不着作任何分析就已异常明显。举出胡适此一卖国罪证，就使我们对胡适的反人民、反革命的改良主义的本质更加能够洞烛无遗了。

三

历史唯物主义指出，人类历史首先是生产发展的历史，物质资料生产方式依次更替的历史，生产力与生产关系发展的历史，因此，人类历史首先就是身为生产过程中基本力量的劳动者的历史，人民群众的历史。研究历史，决不能把人类社会的发展归结为帝王将相的行动，归结为少数杰出人物的行动，首先应当研究劳动群众的历史，各国人民的历史。

但是，历史唯物主义并不否认和降低个人的作用及个人对于历史事变进程的影响。任何个人的思想和行动如果是与社会发展的规律相符合，善于把自己的愿望和活动同先进阶级的斗争联系起来，为人民群众的切身利

---

1 胡适：《信心与反省》，《胡适论学近著》第一集。

2 《胡适日记》（一九三七年七月三十日）。

益而奋斗，那么，他的活动就能促进和加速社会的发展，成为历史上的杰出人物。反之，在思想行动上同社会发展的规律背道而驰，并力图对抗先进阶级的革命斗争的任何个人，决不是杰出的历史人物，只能成为被历史车轮碾碎的反动派，被人民唾弃的独夫民贼。

研究中国近百年史，首先是要研究近百年来中国劳动人民生产斗争和阶级斗争的历史，特别是要把中国人民反帝反封建的革命斗争当作近百年历史的主体，决不能把它归结为满清统治者、北洋军阀、蒋介石反动集团的活动过程。

对于近百年来中国的杰出的历史人物像太平天国革命领袖洪秀全、杨秀清以及近代伟大的民主主义革命家孙中山在历史上的进步作用，毫无问题是要予以肯定的评价。尤其是对于中国工人阶级和广大人民的杰出的领导者和组织者在中国新民主主义革命斗争、以及由新民主主义过渡到社会主义的伟大事业上的非凡才能和卓越贡献，更要光辉地、形象地当作人民群众的活动、智慧和意志的体现来加以描述。反之，对于近百年中国那些媚外卖国、荼毒人民的独夫民贼像曾国藩、李鸿章、袁世凯、蒋介石之流的秽行丑态，则要彻底揭露和切齿痛恨。指斥他们在近百年中国历史上的反动罪行，也是必要的。

胡适历史唯心主义正和历史唯物主义相反，如前所述，胡适否认物质资料的生产方式是决定社会面貌和社会性质改变的主要力量，断言思想、理论和政治的、法律的上层建筑可以决定社会面貌、改变社会历史、并指称它是某些个别人的主观愿望和思想行动的结果。因此，胡适就荒谬地认为个人的主观愿望和思想动机可以创造历史，人类历史是随着帝王将相、英雄豪杰的主观思想和偶然动机而改变的，根本排除了人民群众在历史中的首要地位和历史发展的规律性。所以，胡适经常夸张个人的作用而蔑视人民群众的力量；崇拜偶然论而否定客观规律，说什么"他起一个念头，也许可以引起几十年的血战。他也许'一言可以兴邦，一言可以丧邦'。"[1]历史事变决定于"他也许"做了什么、想了什么。由于此，胡适就宣称："从我们实验主义者的眼光看起来，从我的历史眼光看来，政治上的历史是红楼梦上说的，'不是东风压了西风，便是西风压了东风'。"[2]历史在胡适的眼里压根儿就是一本塞满了偶发性事件的糊涂账。而人民呢？人民在胡适的笔下总是被诬为"扰乱"、为"奴才"，说什么"一个新社会，新国家，

1　胡适：《介绍我自己的思想》，《胡适论学近著》第一集。

2　胡适：《欧游道中寄书》，《胡适文存》三集卷一。

总是一些爱自由真理的人造成的，决不是一般奴才造成的。"[1] 又说什么"我们可以断定民众运动的牺牲的大部分是白白地糟蹋了的。"[2] 对于以刻苦勤劳著称于世，同时又是酷爱自由、富于革命传统的中华民族，胡适更附和帝国主义的口吻来肆行辱骂，说中华民族是"怯懦不爱自由的民族"[3]，"又愚又懒的民族"，"一分像人九分像鬼的不长进的民族"[4]。总而言之，胡适对人民群众在历史上的作用尽情污辱，毫不隐讳他仇视人民的丑恶面目。

胡适依据个人创造历史的唯心观点，提出所谓"社会重心"的谬说来解释近百年中国历史的发展。他认为："帝制时代的重心应该在帝室"，19 世纪后期以前满清皇室就是"社会重心"，次后，"曾国藩、李鸿章诸人，在十九世纪后期，俨然成为一个新重心"。"戊戌的维新领袖也会轰动一时，几乎造成新重心的形势，但不久也消散了"。"辛亥以后民党的领袖几乎成为社会新重心了，但旧势力不久卷土重来……所以这个新重心不久也崩溃了"。[5] 依据胡适这套谬论，中国近百年的历史就被歪曲为几个个别人所构成的"社会重心"推移变化的历史，也就是几个个别人的历史。

胡适把近百年中国历史歪曲为"社会重心"的推演嬗替，是有他的直接目的。原来他那时正在奴颜婢膝地向蒋贼介石献策言事，称颂蒋贼为现代"伟人"[6]，"魄力与才能确超越寻常"[7]，因而建议蒋贼"收容优秀人物"，"建立社会重心"。[8] 后来，蒋贼果然"收容"了胡适一流的媚外卖国的"优秀人物"去建立四大家族法西斯独裁专政的"社会重心"。胡适跻于蒋贼集团权要之列，就和蒋贼二人形成美帝国主义在中国的一文一武的两个大奴才。

胡适既然极度夸张个人在历史上的作用，但对历史人物的评价却没有客观标准，例如他说："二十年前，康有为是洪水猛兽一般的维新党。现在康有为变成老古董了，康有为并不会变换，估价的人变了，故他的价值也就跟着变了。"[9] 这样说来，评价历史人物只是随着人们主观的好恶为转

1 胡适：《个人自由与社会进步》。
2 胡适：《爱国运动与求学》，《胡适文存》三集卷九。
3 胡适：《这一周》，《胡适文存》二集卷三。
4 胡适：《介绍我自己的思想》，《胡适论学近著》第一集。
5 胡适：《惨痛的回忆与反省》，《胡适论学近著》第一集。
6 胡适：《为新生活运动进一言》，《独立评论》九五号。
7 胡适：《努力》。
8 胡适：《努力》。
9 胡适：《新思潮的意义》，《胡适文存》卷四。

移，而不是以个人的思想行动是否符合社会发展规律为尺度来衡量了。因此，胡适从帝国主义和中国的买办豪绅的利益出发，他说某人好，某人不好，都是凭着他的阶级本能和主观意图来信口胡说了。于是，近代中国杰出的农民革命领袖洪秀全就被胡适诬为"破坏南方的精华区域、六七十年不能恢复"的"扰乱"人物；近代伟大的民主主义革命家孙中山也遭胡适辱骂为军阀，说："孙氏主张用广东为根据做到统一的中华民国……不惜倒行逆施以求达到他的目的……陈炯明一派这一次推翻孙文在广东的势力，这本是一种革命。"[1] 反之，一切独夫民贼因为在历史干着和胡适同样的反革命勾当，胡适正拿他们的罪恶活动当作镜子，因而被胡适颂扬备至。所以，曾国藩一流的汉奸刽子手在胡适的笔下称作了"中兴名将"，说"他的中兴事业……是很光荣灿烂的。"[2] 袁世凯这样的窃国大盗，竟也在胡适的心目中成为大外交家、大政治家，他把袁贼签订"二十一条"的叛国罪行谀为"可谓知己知彼，既知持重，又能有所不挠，能柔也能刚"的出色手段，竟是"历来外交史所未见"[3] 的罕闻。后来又称颂袁贼是能"致吾国于治安之域"[4] 的一个人物。蒋介石建立了国民党反动派新军阀专政后，胡适谄事蒋贼，他费尽心机去把蒋贼打扮成"现代伟人""民族领袖"的秽言丑行，更是有目共睹的近事，他那反革命肺腑，则更是路人皆知的了。

胡适宣传历史唯心主义，千方百计地想把历史当作一个"百依百顺的女孩子"去任他"涂抹装扮"，特别是想"涂抹装扮"中国近百年历史去适合帝国主义和中国买办豪绅的利益，妄图藉此长运地巩固帝国主义和中国买办豪绅对中国人民的黑暗统治。但是，历史本身对胡适他们却完全不是"百依百顺"的，历史列车按照自己的轨道向前行进，终于把胡适和他的主子以及美帝国主义供给胡适准备涂抹中国历史的"脂粉"全部砸了个粉碎。揭露胡适历史唯心主义反动思想对中国近百年史的歪曲和污损，就是要把那已经被砸碎了的胡适反动思想的残骸余臭从中国近百年史的研究领域内全部清扫了出去。

（原载《湖南师院学报》1956 年第 1 期）

---

1 胡适：《这一周》，《胡适文存》二集卷三。
2 胡适：《五十年来中国之文学》，《胡适文存》二集卷三。
3 胡适：《藏晖室札记》卷九和卷十五。
4 胡适：《藏晖室札记》卷九和卷十五。

广州群众"反河南租地"事件年代辨误

1979 年

近 30 年来，先后出版的中国近代史著述和有关的年表、辞书等，凡提到鸦片战争后广州群众"反河南租地"斗争的，都肯定事件发生于 1844 年（清道光二十四年甲辰）[1]。其主要依据是梁廷枏《夷氛闻记》（以下简称《闻记》）卷五里的一段记述[2]。然而，细加推究，这个事件并不发生于 1844 年，而是发生于 1847 年（清道光二十七年丁未）春，是英国驻华公使德庇时（Davis, John Francis）遣使驻港英军偷袭虎门，进逼广州，为逞其入城贸易、租地建屋的侵略计划而激起的反抗。出现此种讹谬的原因，是《闻记》的记述有错误。兹分条辨别于后：

（一）除《闻记》卷五记述此事发生在道光二十四年以外，其余各种官私载籍，如《大清宣宗成皇帝实录》《东华续录》（道光朝）、《筹办夷务始末》（道光朝）等官书和《光绪广州府志》《同治番禺县志》《同治南海县志》等方志，以及黄恩彤《抚远纪略》、夏燮《中西纪事》、马士《中华帝国国际关系史）、柯斯汀《大不列颠与中国 1833 ~ 1860）[3] 等中外私家著述，于道光二十四年内，都没有提到过这一事件。而《闻记》记载此事，则明显地存在着前后词意不相衔接，年

---

1 见于以下各书，以出版先后为序。戴逸：《中国近代史稿》第 1 卷，人民出版社，1958 年版，第 132—133 页；林增平：《中国近代史》上册，湖南人民出版社，1958 年版，第 65—66 页；吉林师范大学中国近代史教研室编：《中国近代史事记》，上海人民出版社，1959 年版，第 40 页；郭沫若主编《中国史稿》第 4 册，人民出版社，1962 年版，第 20 页；王仁忱等《中国近代史》第 1 册，上海人民出版社，1962 年版，第 95 页；翦伯赞主编：《中国史纲要》第 4 册，人民出版社，1964 年版，第 14—15 页；中国史学会主编：《中国近代史丛书·鸦片战争》（六），上海人民出版社，1957 年版，第 89—91 页；《近代中国史稿》（上），人民出版社，1976 年版（只限国内发行），第 64 页；中国社会科学院近代史研究所：《中国近代史稿》第 1 册，人民出版社，1978 年版，第 86 页；"中国近代史编写小组"编：《中国近代史》，中华书局，1979 年版，第 48—49 页；《辞海》，上海辞书出版社，1979 年版，第 846—847 页，"广州反入城斗争"。

2 梁廷枏《夷氛闻记》，中华书局校注本，1959 年版，第 149—154 页。

3 摩尔斯：《清王朝的国际关系》，伦敦出版社，1910 年版；柯斯汀：《大不列颠与中国 1833—1860》，牛津出版社，1937 年，

代紊乱的纰漏。它是这样叙述的：

　　酋（按：指德庇时）驻香港三年，例满当受代返……二十七年二月，行将届，骤率其绿衣防兵三百，偃息旗鼓，从香港潜载，越虎门入……耆英出诘以私入故，则请废馆后通海之新豆栏道，收拓馆地。既许而立堵之矣，又请租河南地以建夷楼……于是耆英不得已，勉派府县官频传业主，令议价值。未到，而（德庇时）酋竟以二十四年四月初二三四日，身履河南洲头，自为丈量，插旗志界。民见事在必行，越日集众双洲书院，言出而发指者数千人。其老成者，谓与其生端事后，不如陈说事前。乃以情理利害四端，详缕其词，投以公函，斥其背约图占之非……领事方迟疑未肯收书，而河南人已刻印四布。酋知众怒鼎沸，非持耆英可以威胁，再往必滋意外也，爰暂止河南之议，更索租花地口之石围塘……[1]

　　就行文来看，整段明明是叙述道光二十七年二月德庇时率军潜入广州后藉端要挟的经过，其中且提到，德庇时既已达成堵废新豆栏道的目的，"又请租河南地以建夷楼"；耆英并已应允了这个无理要求，而不料突然插进"而德酋竟以二十四年四月初二三四日"字样，读来既感到突兀，且觉察到前言后语不相衔接。如果稍加推敲，就不难判断，此种词意枘凿，年代紊乱的文字，显然不是原作者梁廷枏的疏忽，而是因传抄或刊印的讹误而遗留的漏洞。从而说明，《闻记》此处插入"二十四年"字样，是不能不令人置疑的。

　　（二）《闻记》叙述这个事件的当事人之一是两广部督耆英。他是因美使顾盛前来要挟订约而由两江调任两广的。按《闻记》记载的事件经过和时限，耆英应在道光二十四年四月初二日以前即已抵达广州。但事实并非如此。该年四月五日，代理两广总督程矞采发出一个奏折，于奏陈顾盛多方窥伺之后写道："臣耆英指日到粤，自当相机驾驭，设法羁縻，杜其越分之思，即以遏其非理之请。现在耆英由苏州递到照会顾盛公文一件，臣已委妥员赍往澳门投递。仍将现办情形，飞咨耆英查照……"[2] 这说明，程矞采发出这封奏章时，耆英还不曾来到。耆英是何时到达广州的呢？他在发给顾盛的照会里悦："……兹于四月十五日，

────────────────

1　梁廷枏《夷氛闻记》，第149—153页。德庇时此次发动武装扰衅，并不是"例清当受代返"，而是遵奉当时英外相巴麦尊（H.J.T.Palmerston）1847年1月9日、12日的训令而采取的行动，且直接统帅军队入侵的是驻守香港的达格拉少将（Major General Dagular），兵士计900人。见 W.C.Gostin 前书127—131页。此种确实情况，当然是梁廷枏所难于知道的。

2　《筹办夷务始末补遗》（道光朝）第6册（下），第1682页；见朱士嘉编：《十九世纪美国侵华档案史料选辑》上册，中华书局，1959年版，第24页。

行抵广东省城，诚知贵公使在粤候晤，具见诚信可嘉……"[1] 在奏陈同顾盛会晤后的情形的奏折里则提到："奴才于四月十四日抵粤，十五日将先行接印任事，再赴澳门接见该夷使，相机控驭缘由，恭折驰奏在案……"[2] 而马士在《中华帝国国际关系史》第一卷里根据当时《澳门月报》的记载，也称耆英是1844年5月30日（四月十四日）抵达广州的[3]。显然，作为主要当事人之一的耆英既还没有来到广州，那就足以说明《闻记》在记述事件发生的时间上存在明显的讹误。

（三）再看另一当事人英驻华公使德庇时是否在场呢？按《闻记》所叙事件发生的时间，此人也没有来到广州。查德庇时在接替璞鼎查的职务时，于道光二十四年三月二十二日（1844年5月6日）照会程矞采："希请议定地方日期，以便相会给览国主敕命……"次日，又对耆英发出照会称："本公使钦奉国主谕旨，承接璞大臣全权总理香港军民，及领驻扎中华英商事务之职，业经到贵境。兹闻贵督部堂钦奉圣旨前来，赴两广总督之职，……并候不时到省，伸令得以会同前任璞大臣，开行前来，叙见贵督部堂……"[4] 从照会内容来看，德庇时也知耆英还未到来，只是预先知照，要求耆英一到即来会晤。四月中，耆英抵达广州，在会见顾盛之前，就同德庇时见了面。据耆英奏报，他是四月二十五日（6月10日）由广州起程前往澳门会晤顾盛的[5] "道经虎门，即据英咭利新来夷酋（德庇时）及璞鼎查一同来见，察看（德庇时）酋为人，似尚明白，当谕以务须坚守成约，勿稍反复。该酋亦以为然"。不久，耆英又奏称："璞鼎查已于五月初六日由香港起身回国，至德庇时虽不及璞鼎查明白，而到粤数月以来，并无桀骜不法情事。"[6] 到道光二十五年冬，

---

1 《钦差大臣耆英致美使顾盛照会》，载《中美关系史料》（嘉庆、道光、咸丰朝）第42页，台北，1968年12月。

2 故宫博物院明清档案部藏。按：此折已摘录于文庆等纂：《筹办夷务始末》（道光朝）卷72，台北文海出版社，1970年影印本，第9册，第5943页。唯耆英所奏到粤日期等，均经删节未录。

3 见Morse前书，第326页。

4 《德惠师照会》，见佐佐木正哉：《鸦片战争后的中英抗争》资料篇稿，第1页；近代中国研究委员会，1964年12月25日发行。

5 文庆等纂：《筹办夷务始末》（道光朝），第9册，第5943页。据德庇时自称，他是在香港和广州的中途同耆英会晤的。见戴维斯：《和平后中国》第2卷，p43。

6 文庆等纂：《筹办夷务始末》（道光朝），第9册，台北文海出版社，1970年影印本，第5947、5960页。

耆英奏称:"德庇时到粤后,仅据璞鼎查带来虎门与臣接晤一次……"[1]
上述资料证实,从道光二十四年三月二十三日照会耆英起,到四月底止,
德庇时主要是等候耆英到来,约期作第一次的会晤。这就说明,德庇时
挟持耆英图谋强租河南的事件,不可能发生于二十四年四月初二三四等
日;而且,在该年之内,也没有发生这一事件的迹象,因为耆英在奏折
里说过,他和德庇时在虎门会晤一次后,直到次年冬,再没有见过面。

(四)《闻记》卷五在叙述道光二十四年四月初德庇时"身履河南
洲头"后,曾将河南绅耆致英国领事的公函全文登录。查此项公函,并
见于怡云轩主人所辑的《平夷录》,标题是《致英咭唎国领事官信稿》[2]。
两相对照,仅有少许文字上的差异。但《平夷录》在辑录这件《信稿》
的前面载有一则《粤信》,说明向英国领事投递《信稿》的缘由。《粤
信》称:

英夷于二月间,驾驶兵船直抵粤省,声称打仗……一日在河之南岸
勘地分界,触怒粤民,而时在省中城厢内外,议以每铺户捐铺租一月,
凑得经费银三百余万两,齐集壮勇十余万人,并与议书一封,逆夷一见
鼠窜而去云。丁未八月录。

《粤信》首称"英夷于二月间",末署"丁未八月录",说明事件
发生于道光二十七年,《信稿》是该年所发生的事件的产物,而不是道
光二十四年的文件。

(五)最足以证实广州河南群众反租地斗争发生于1847年的史料,
是《筹办夷务始末》卷七十七——七十八所载耆英等人的多次奏报,其
奏陈事件原委同《闻记》所叙基本一致。道光二十七年三月初七日收档
的耆英等人的折片,开始向朝廷奏称:"夷酋德庇时带同火轮船二只,
划艇三板二十余只,夷兵一千余名,于二月十八日突入省河,在十三行
湾泊……"[3]随后,三月初十日、三月十九日、五月二十一日、六月十一
日等日收档的耆英等人的折片,都是奏陈德庇时率兵潜入,要挟租地等
情事[4]。七月二十四日收档的奏折更具体提到:

---

1 文庆等纂:《筹办夷务始末》(道光朝),第10册,台北文海出版社,1970年影印本,
第6183页。

2 中国史学会主编:《中国近代史资料丛刊·鸦片战争》(三),第411页。

3 文庆等纂《筹办夷务始末》(道光朝),第10册,台北文海出版社,1970年影印本,
第6485页。

4 文庆等纂《筹办夷务始末》(道光朝),第10册,台北文海出版社,1970年影印本,
第6490—6491、6492—6495、6496—6498页。

又十三行英、咪两夷馆中间，有一小巷，土名新豆栏……该夷屡欲在巷口租地建房，藉杜纷扰，而民人坚执不从。现经委员传集业户，反复开导，始议定将该处南口内外铺户六间租给夷人……

至该夷所请租地建设栈房一节，德庇时初拟在十三行对面河南地方，指租民田数十亩，因业户均不情愿，信致该酋，向其辞复。该酋一时屈于众论，求地方官为之另择地段。当查有距十三行二里许之石围塘园地，系旧洋商潘绍光之业，该夷以为合用……[1]

迄至八月初一日、九月二十四日收档的奏折，仍然是续陈同德庇时交涉有关租地建屋等种种纠葛。[2]上述奏章所叙德庇时强租河南事件的经过，与《闻记》的记述基本相同。在这种情况之下，何者所记年限确凿可靠呢？显然，《始末》辑录清朝内廷档案，不是一件而是多件的史料，是足资征信的。

以上从《闻记》行文前后枘凿，道光二十四年四月初二三四日耆英、德庇时均不在广州，河南绅耆致英国领事公函系道光二十七年所撰，《始末》所载有关德庇时强租河南的奏章更足征信，从五个方面据实申辩，完全可以断定，《闻记》卷五在叙述广州河南群众反租地斗争事件时，突然插入"而德酋竟以二十四年"等字样，是导致发生年限错误的原因；而这一错误，又显然是传抄或刊印所造成的纰漏。

无疑，《夷氛闻记》遗留下来的这个纰漏，是不宜再在我们的中国近代史著述里继续重复出现了。

（原载《近代史研究》1979年第2期）

---

1 文庆等纂：《筹办夷务始末》（道光朝），第10册，台北文海出版社，1970年影印本，第6522—6523页。

2 文庆等纂：《筹办夷务始末》（道光朝），第10册，台北文海出版社，1970年影印本，第6528—6530页。

二

自耕农的增多及其分化，是促进商品经济的发展，给中国资本主义创造商品市场和劳动力市场的动因吗？这是一个值得展开讨论的问题。

在漫长的中国封建社会里，虽然土地占有形式有所演变，但在占人口总数90%左右的农业人口中，自耕农户、口数量的多少，经常是被人们看作封建经济稳固与否的一个尺度。历代地主阶级改革派，一般都主张采用"均田""限田"一类办法，增大自耕农的户、口，以谋求封建统治的稳定。而大小数百次的农民起义和农民战争的发生，也多半是由于无地少地的农民急剧增加，出现了"富者田连阡陌，贫者无立锥之地"的悬殊现象所致。降及近代，虽然中国逐步地沦为半殖民地半封建社会，但封建制度所固有的基本经济规律是不会改变的。地主阶级有识之士，也仍然叹息"田归富户，富者益富，贫者益贫"[1]，相率倡说要"戢兼并，平租赋"，保持农村小土地农户的优势。所以，从古代到近代，自耕农始终是导致封建经济趋向稳定的因素，而不是冲击封建经济，为资本主义的兴起创造条件的势力。

刘文只承认，自耕农的增加在古代"带来的是封建经济的繁荣"，而对它在太平天国失败后的作用，则断言"带来的不是封建经济的繁荣，而是封建经济关系进一步趋向松懈"。对此，刘作了两项论证：

"（一）自耕农的大量存在，必然导致农民阶级向两极分化：一部分自耕农变成农民中的富有者——富农和富裕的自耕农，另一部分则沦为农村的无产者或半无产者——游民、雇农和佃农。"

"富农和富裕的自耕农是农民中的富有者，它们的资金多，劳动力强，生产规模大，有更多的农产品流入市场，也能够较多的购买各种生产资料和生活资料，为中国资本主义创造了商品市场。……"

"与富农和富裕的自耕农完全相反，更多的自耕农脱离了土地，变成了一无所有的农村无产者或半无产者。其中一部分仍然留在农村，沦为佃农或雇农，一部分涌入城市，成为现代工人的后备军。……"

归纳起来，上述论述有两层意思：自耕农的大量存在，是农民阶级两极分化的原因，这是一层意思。自耕农的分化，是近代中国商品市场和劳动力市场的成因，他们当中上升为富农和富裕的自耕农的，创造了商品市场；沦为游民、雇农和佃农的，创造了劳动力市场。这是又一层意思。

1　光绪十一年《庐江县志》卷2《风俗》，第5页。

这种看法，大有推敲余地。

第一，近代中国农民阶级的两极分化，商品市场和劳动力市场的开拓和扩大，是基于自耕农的大量存在及其分化，还是因为外国资本主义的侵略，中国自然经济逐步解体所产生的后果？正确的答复是后者而不是前者。显而易见，没有外来侵略者的掠夺和国内封建统治者的压榨，仅仅是那基本上不剥削他人的自耕农的大量存在，怎么能"导致农民阶级向两极分化"呢？毛泽东同志在《中国革命和中国共产党》第一章第三节里，就"外国资本主义对于中国的社会经济起了很大的分解作用"，使得广大的农民和手工业工人贫困破产，从而造成了商品市场和劳动力市场所作的概述，言简意赅，是同历史实际相符合的。

第二，近代中国社会两极分化，表现为土地及其他财富高度集中于军阀、官僚、豪绅、买办手里，而农村广大的农民（包括雇农、贫农和自耕农）和城镇的手工业工人及其他贫民，则迅速地被驱向贫困破产、颠沛流离的境地。所以，自耕农的分化，只是整个社会两极分化中的一部分，且不是重要的部分。自耕农的多少及其分化与否，不是决定两极分化的因素。仅有自耕农上升为富农和富裕的自耕农这一变化，远不足以造成商品市场；仅有自耕农下降到游民、雇农和佃农这一流程，也不足以造成劳动力市场。

第三，不言而喻，自耕农的经济状况比起少地无地的贫农、雇农来说是要略胜一筹的。在外国侵略者和国内封建势力的压迫剥削下，他们比贫雇农也略多一点抵御的能力。及至分化下降，一般也是先沦为贫民和雇农，继续贫困破落，才被迫离乡背井，卷入无产阶级后备军的行列。所以，自耕农的大量增多，不但不是造成劳动力市场的因素，而且会因其数量增多的程度，相应地延缓劳动力市场的形成。

刘文的第二项论证是：

"（二）自耕农的增多及其分化的结果，有助于冲击小农业与家庭手工业相结合的生产形式，促进商品经济的发展。"为了阐明这个论点，刘文认为："占有土地越多的农民，他们的生活就富裕，就不从事或比较少从事家庭副业；占有土地越少的农民，他们的生活就不富裕，就越靠家庭副业收入来维持生活；而没有土地的佃农，他们就只有靠家庭副业来补救农业之不足而维持生活了。"

这个看法，就更有推敲余地。

第一，所谓小农业和家庭手工业相结合的自给自足的自然经济，是同封建制度相适应的经济体制。在这个体制里，不但全部农民（从贫困到富裕的）过着这种自给自足的生活，而且地主也通过对农民的剥削（地租和布帛、禽畜等附加租以及徭役等）来满足自己生活的需求。所以，小农业和家庭手工业的结合，是特定历史范畴里的经济生活体制，它的存在，不是由于农民间贫富的差别；两者之间分离的迟速和程度，取决于另一种经济体制，即商品经济冲击的迟速和程度，而不以农村中富裕农民的数量为转移。

第二，农业和家庭手工业相结合的关系的分解过程，也是广大农民遭受剥夺的过程。在近代，由于殖民主义者向中国大量倾销棉纱布及其他日用商品，遂使越来越多的农民被迫停辍自己的家庭手工业，卷入商品经济的范围，遭受资本的剥削。随着侵略者的深入，农民的家庭手工业遭到的破坏越来越大，许多人还被迫同自己的劳动资料完全分离，成为一无所有的无产者。因此，农民家庭手工业的废弃，恰恰不是因为农民的富裕，而是因为贫困，因为遭到剥夺。相反，较为富裕的农民，倒是因为稍能抵御一下外来商品的冲击而勉强保留"晴事耕耘，雨勤织绩"的自给自足的传统。所以，自耕农的增多，对小农业和家庭手工业相结合的生产形式，并没有冲击作用，反而会使这种生产形式的分解延缓下来。

总之，自耕农的大量增多，不可能为资本主义的兴起做历史的准备。甚至还会因其数量的增加而相应地延缓自然经济的分解。延缓商品市场和劳动力市场的形成。至于自耕农的分化，只是自然经济解体过程中整个社会两极分化的一个部分，它并不影响商品市场和劳动力市场的形成，更不是这两个市场形成的原因。

三

永佃制是迫使一部分商人、地主和官僚舍弃地租剥削而转向经营近代工业，成为民族资产阶级的一种租佃关系吗？它有偌大一种威力吗？这是又一个需要讨论的问题。

刘文认为："永佃制在太平天国革命之后，在长江中下游江浙皖赣鄂等省的发展和扩大，标志着地主同佃农之间的租佃关系再维持原有的形式是不可能的了。这是地主阶级被迫向农民阶级所采取的让步措施。在这种制度下，佃农不但有了永佃权，而且还有了土地的占有权，使地主与佃农之间土地依附关系遭到破坏。在农民阶级力量大、斗争性表现充足的情况下，永佃制成为农民反对地主的有力工具。一部分地主、商人和官僚被迫从经营土地而转向经营近代工业，成为民族资产阶级。"

我觉得，这段论述对永佃制的性质似乎缺乏全面的剖析，因而对它的效能作了不切实际的过高评价。

太平天国革命失败后，永佃制在长江中下游的发展和扩大，是在那些地旷人稀，田地荒芜的地区，地主为了能收到地租而用以招徕佃户的一种租佃制度。它首先是对地主有利。到了后来，部分地区的佃农利用这种制度来制约地主的剥削和压迫，使地主感到"深受挟制"，"更受其累"，也是确有其事。刘文对此已作了详细叙述。可是，也不容忽视，在另一部分地区，永佃制却成了地主豪绅加重盘剥的手段。写于19世纪80年代的《租覈》对苏州府的永佃制有过如下的记述：

……城市之人皆以田连底面者为滑田，鄙弃不取，而壹取买田底，以田面听佃者自有之。盖佃者无田面为之系累，则有田者虽或侵刻之，将今岁受困，来年而易主矣。惟以其田面为恒产所在，故虽厚其租额，高其折价，迫其限日，酷烈其折辱敲吸之端，而一身之所事言，子孙之所倚赖，不能舍而之他。甚者有田之家，或强夺佃者之田面以抵其租，而转以售于人，彼佃者虽无如何，亦终惴惴不忍去也。[1]

这不是把地主利用永佃制，将佃户系累于土地上，形成类似人身依附的永佃关系，以逞其酷虐狠毒的剥削压迫的情景描绘得很具体吗？有的地区，永佃制且成了豪强地主变相兼并自耕农土地的法门。有人调查湖北天门、江西乐平的情况称：

其永佃权之来历与皖不同。盖原来之自耕农，因受环境压迫，每愿以低价将田地售于地主，惟保留其永久耕种之权是也。……乐平县上河北乡……相传该处农民欲逃避捐税之累，故特将田地低价售与豪富之家，惟保留其永久耕种之权。[2]

如此永佃权，只能说是豪强地主迫使自耕农卖田投靠，沦为佃户的特权而已。这不是无地少地的农民部分地得到土地，而是自耕农失去土地的制度。

永佃制并不是在长江中下游各省普遍地实行和扩大，而只是在部分地区有所发展。在实行永佃制的地区，情况也有很大差别。有的地区，佃户确曾借助永佃权不同程度地遏制了地主的贪得无压的剥削；有的地

---

1 李文治编：《中国近代农业史资料》第1辑（1840—1911），生活·读书·新知三联书店，1957年版，第253页。

2 李文治编：《中国近代农业史资料》第1辑，第252页。

区，则永佃权反成了地主豪强加重盘剥的手段。因此，似乎不宜不加区别地说永佃制"使地主与佃农之间土地依附关系遭到破坏"，笼统地作出"永佃制成为农民反对地主的有力工具"的评价。

更需要提出，即使是在农民利用永佃制使地主的贪欲遭到压抑，感到"深受其制"的地区，也缺乏确凿可靠的史实足以说明，一部分商人、地主和官僚是因此而转向投资新式企业的。刘文曾就此引用过一些史料，但都不能确切地证实这个问题。其中最有为的证据，是引自金陵大学农业经济系《豫鄂皖赣四省之租佃制度》上的一句话，即"地主多以经商为重，不赖租谷度其生活也"。用来证实"不少地主"因受永佃制的冲击而转向经营工商业。然而，查阅原文，却似乎不是这个意思。原文的一段是：

又如歙县，据当地年老者所谈，洪杨乱后，人少地荒，乏人耕耘，地主乃有召佃之举。惟当时召佃，地主各凭己意，未有共同规定办法，以致紊乱非凡，迄今（一九三六）地主受损非浅。例如该县属第二区岩寺镇一带，当垦荒时，初三年免缴租谷，以后租额亦皆减轻，且予以永久佃种之权。惟议定地税，概归佃农缴纳，盖当地地主多以经商为重，不赖租谷度其生活也。[1]

通观全段，无非说永佃制自太平天国革命失败后在歙县推行以来，直至 1936 年，"地主受损非浅"。所以长期没有改变这种状况，是因为当地地主着重在经商，主要不依赖地租过日子。从头到尾，看不出有永佃制迫使地主舍弃地租剥削，将资金投向近代企业的意思。

刘文还引用了人们倡议采用机器从事农业耕作的若干资料。然而，遗憾的是也都不能证实这些倡议确是由于受到永佃制的压力而发出的，只能说是透露了近代资本主义因素向农业渗透的讯息。

看来，关于"永佃制成为农民反对地主的有力工具。一部分地主、商人和官僚被迫从经营土地而转向经营近代工业，成为民族资产阶级"这一命题，还有待用确切可信的资料去加以证实。就目前刘文所作的论证来说，显然还不能得出这样的结论。

刘耀同志对太平天国革命推动中国资本主义产生所进行的研究是很有意义的。我希望，我的这番质疑问难，稍稍有助于刘耀同志进一步深入探索，在研究这项重大课题的征途上，获得更大的成就。

（原载《历史研究》1979 年第 10 期）

---

[1] 李文治编：《中国近代农业史资料》第 1 辑，第 252 页。

谈中国近代资本主义的产生与洋务运动

1980 年

一、中国近代资本主义不是"欧风美雨"的产物，是"土生土长"的

鸦片战争前，明中叶以后，中国社会内部已经孕育着资本主义的萌芽。鸦片战争以后，才有近代意义的中国资本主义。

什么力量促使中国近代资本主义产生呢？有两种不同的见解：一种意见认为是中国资本主义萌芽的继续发展，是土生土长的。太平天国革命推动了中国资本主义萌芽的发展，从而成长为中国近代资本主义。另一种意见认为，中国近代资本主义，不是中国社会内部资本主义萌芽的继续，而是从外国移植过来的，是受外国资本主义的影响，是"欧风美雨"的产物。这后一种意见，曾被指责为"为帝国主义唱赞歌"，是"洋奴哲学"。

看来，后一种意见是比较符合中国历史实际的。

主张前一种意见的同志认为，太平天国革命推动了中国资本主义的发展，理由是：（1）经过太平天国革命的扫荡，自耕农数量显著增加。太平天国革命给地主阶级以有力打击，有些地主阶级不愿买土地，便投资于近代工矿企业。（2）长江中下游地区"永佃制"的发展，迫使地主投资于工商业。（3）太平天国在江浙一带的革命活动，有力地打击了地主阶级，迫使江浙的地主逃到上海，投资于近代工业。

我认为，上述的理由不能成立。

马克思主义认为，近代资本主义在任何国家、任何地区的兴起，都有它的历史的准备，即都经历过期限长短不一的资本原始积累阶段。资本原始积累的过程，是直接生产者与其生产资料分离的过程。也就是列宁所说的："原始积累就是强使劳动者同生产资料分离，把农民从土地上赶走，霸占村社土地，实行殖民制度、国债制度、保护关税制度，等

等。'原始积累'在一极造成'自由的'无产者，在另一极造成货币所有者即资本家。"（列宁：《卡尔·马克思》，《列宁选集》第二卷，第593页）如果没有这种"用血和火的文字载入人类编年史"（马克思：《资本论》第一卷，第783页）的原始积累，就无法开辟商品市场和劳动力市场，为近代资本主义的兴起创造条件。直接生产者与生产资料分离的过程，具体来说，是农民与土地分离，手工业者与生产工具分离，被迫放弃原来的谋生手段。鸦片战后，外国洋纱布和其他商品的大量输入，破坏了中国农民家庭手工业和城镇的手工业，使中国广大农民和手工业者贫困破产，就是资本原始积累在中国发生发展的过程。所以，是外国资本主义的入侵，才造成了劳动力市场与商品市场，为中国资本主义的兴起提供了客观的条件和可能。据此，那种认为太平天国革命推动了中国资本主义兴起所持的三个理由，事实上都不能成为起作用的因素。

第一，自耕农的增加，对小农业和家庭手工业相结合的生产形式，并没有冲击作用，反而会使这种生产形式的分解延缓下来。自耕农的增多，不可能为资本主义的兴起做历史的准备。甚至会因其数量的增加而相应地延缓自然经济的分解，延缓商品市场和劳动力市场的形成。

第二，永佃制本身，是意味着农民部分地占有土地。所以，这种制度也不是使生产者同生产资料分离的因素。而且，永佃制首先是对地主有利。在一些地区，永佃制又成为地主豪绅加重剥削的手段。所谓永佃权，无非豪强地主迫使自耕农卖田投靠，沦为佃户的特权而已。这不是无地少地的农民部分地得到土地，而是自耕农失去土地的制度，没有任何事实证明它起了迫使地主改营工商业的作用。

第三，至于说，太平天国革命打击了地主官僚，迫使大量官僚地主逃到上海，投资于近代企业。这与当时的历史事实也不符。太平天国几次攻打上海，都攻不下。如果当时攻下了，这些官僚、地主就不可能投资于近代企业了。这岂不等于说，太平天国的胜利不能推动资本主义的发展，反而是它的失败推动了资本主义的发展吗？所以这个说法是不能成立的。

为什么说中国近代资本主义是"欧风美雨"的产物呢？外国资本主义侵入中国后，中国原有的手工业陷入破产的境地。洋纱洋布的倾销，使中国的手工业受到很大的打击。外国轮船在中国内河行驶，使中国原有的航船业受到很大打击。外国资本主义侵略的暴力，使中国的生产者与生产资料分离开来。农民也遭到剥夺而陷于破产，农民的家庭手工业也被废弃，直接生产者被剥夺生产资料而陷于贫困。这就出现了资本原始积累的过程。外国侵略者通过对中国的掠夺，积累了大量的财富，一部分运回本国去，另一部分在中国开办企业。中国近代最早的企业是外国资本主义开办的企业。随着外国商品的冲击，原有的手工业衰落下去，这也意味着原有的资本主义萌芽遭到摧残。19 世纪 60 年代末、70 年代初，有一部分中国人在原始积累中也获得了少量的财富，开始创办近代企业，中国民族资本主义开始产生。

为什么要这样理解呢？这样理解，就为中国资本主义的特点找到了根源。中国资本主义具有半民殖地的性质。如果中国资本主义是土生土长的，那就不是半殖民地性质了。其次，也可以说明，中国近代资本主义为什么如此软弱？由于大量财富被外国侵略者掠夺了去，就使中国资本主义的历史准备严重不足，以致成长特别困难和迟缓。

是否这样论述问题，就为帝国主义唱赞歌呢？我看不能这样说。我们承认中国有资本主义萌芽，如果没有外国资本主义的入侵，中国也会缓慢地发展到资本主义社会。我们说的"欧风美雨"，不是微风细雨，而是狂风暴雨。外国侵略者的残暴掠夺，摧残了中国社会内部的资本主义萌芽。应当看到，这是一场民族灾难。中国资本原始积累的过程，是血迹斑斑的过程。在这过程中，无数农民、手工业者陷于贫困、死亡的境地。正确地揭示中国资本主义的产生是以外国侵略者残暴地剥夺中国人民为历史前提这一事实，怎么能说是为帝国主义唱赞歌呢？

帝国主义侵略中国的目的，是要变中国为殖民地，不是使中国走向资本主义。而中国自给自足的自然经济分解的结果，必然产生资本主义因素，这是客观的结果。

这样论述，并不是否定农民战争的历史作用。其实，也不是任何一次农民战争都推动历史前进，有些战争也造成破坏的。

二、中国资产阶级的前身不是市民等级，而是一部分商人、地主和官僚

西方资产阶级的前身是市民等级。马克思、恩格斯在《共产党宣言》中谈到："从中世纪的农奴中产生了初期城市的城关市民；从这个市民等级中发展出最初的资产阶级分子。"（《马克思、恩格斯选集》第一卷，第 252 页）

毛泽东同志说，中国资产阶级的前身是一部分商人、地主和官僚。

如果说太平天国革命推动了中国资本主义的发展，则很难说明中国资产阶级的前身是商人、地主和官僚。外国资本主义的入侵，使中国原有的资本主义萌芽遭摧残，中国的市民等级也就衰落下去了。在原始积累过程中，他们已不能积累财富。那么，哪些人能积累财富呢？19 世纪中叶，一部分同外国侵略势力有联系的官僚、地主和买办势力，在同侵略者一起剥削中国劳动人民的过程里，分得了一些财富。因此，一部分商人、地主和官僚便逐渐代替了市民等级的地位，成为中国资产阶级的前身。

有一种意见认为，西方资产阶级的前身是市民等级，英国新贵族是从地主转化而来的商人也可以说是市民。这与中国资产阶级的前身是一部分地主、官僚与商人，没有什么区别。

当然，德国、英国有过地主、贵族转化为资产阶级的例子。法国资产阶级革命，推翻了旧贵族，而英国则没有完全推翻旧贵族的统治，使一部分地主、贵族同化过来，成为资产阶级的上层。应当看到，在西方资本主义国家中，由地主、贵族转化为资产阶级的，不是主要的。这是在市民等级完成了向资产阶级转化的过程，资产阶级已有很强大的势力的情况下，迫使地主投降，使地主同化的一种现象。

在中国，商人是否市民等级呢？从史料考查，投资新式企业的商人，不是封建社会商人的继续，多数是买办商人，是外国资本主义培植起来的新的商人。一部分商人与外国势力有联系，投资创办新式企业。作为资产阶级前身的商人，与旧商人没有联系。我们要看到中国资产阶级的前身与西方的不同，才能理解中国资产阶级为什么与封建势力保持着千丝万缕的联系。中国资产阶级因此而与封建势力保持着血缘关系，它是从娘肚子里带出来的软弱性。

三、洋务运动是中国资本主义一定发展阶段的产物，主要不是政治的原因

一般的说法，洋务运动是由于清政府为了挽救自身的灭亡而搞起来的。清政府因受太平天国、捻军的打击，要改变统治方式，所以出现19 世纪 60 年代至 90 年代的洋务运动。

洋务运动的兴起，主要不是政治原因，而是经济原因。19 世纪 70 年代到中日甲午战争前后，正是中国资本主义兴起的阶段。

洋务运动的内容，包括办外交，训练新式军队，建立新式海军，开办军事工厂，建立一批最早的官办、官督商办、官商合办的民用企业。

洋务运动的经济基础是官办、官督商办企业。这些企业是军阀、官僚与买办相结合的产物。前面说到，中国资产阶级的前身是一部分的商人、地主和官僚。在早期，是哪一部分商人、地主和官僚更具有向资产阶级转化的条件呢？是受外国洋行雇用而暴发致富的买办，是得到外国侵略者支持的洋务派军阀官僚。所以，官办、官督商办民用性企业的兴办，是中国资本原始积累所导向的结果，而主要不是出于洋务派有办新式企业的愿望。

中国第一批官办、官督商办企业（如轮船招商局、开平矿务局、上海机器织布局），就是军阀官僚与买办势力相结合办起来的。在创办轮船招商局时，开始是李鸿章投了一些资金，用军饷作为开办经费，经费很不足。后来，由盛宣怀出面，找了徐润、唐景星等两个大买办，让唐景星当招商局的总办，让徐润当招商局的会办。他们经营招商局以后，很快就招来了一批股份。官僚有权势，买办有钱，军阀、官僚与买办结合起来，很快就把轮船招商局办起来了。开平矿务局是由李鸿章委派唐景星去办的。股份除了官僚的以外，大部分是由唐景星通过买办势力凑起来的。上海机器织布局也是由李鸿章派人去办的。前后几个总办，大部分是买办身份，还有一两个是官僚。因此，早期的一批官办、官督商办企业，是军阀、官僚与买办商人结合的产物。19 世纪 90 年代以后才有变化。

官办、官督商办企业有封建性、买办性和垄断性。例如，办了轮船招商局，李鸿章就不许别人办轮船公司。在上海办机器织布局，李鸿章提出了"十年以内，只准华商附股搭办，不准另行设局"的专利规定。因此，这种资本主义，具有官僚资本主义的属性。这是中国早期的官僚资本主义。掌握、占有这些企业的洋务派，是中国早期的官僚资产阶级。

中日甲午战争前，在全部本国企业的资本额内，官办与官督商办企业的资本额占 78%，而商办企业只占 22% 左右。占有商办企业的一般成为民族资本家，当时是少数，力量很薄弱，几乎还不能说已经形成为一个阶级。而早期官僚资产阶级则凭借经济上的优势，使洋务运动成为中国资产阶级的第一个运动。

洋务运动标榜的是"求强""求富"。近 30 年来，一般地批判它是假求强，假求富，认为它是适应外国资本主义使中国半殖民地化的运动。这种看法是值得商榷的。当然，它的"求强""求富"，是为了官僚资产阶级的富强，它的性质是官僚资产阶级求强求富的运动。但是，

　　在当时的历史条件下，洋务派主张办工厂，引进外国的科学技术，试图凭借近代新的经济形式来巩固清朝的统治，多少有利于中国资本主义的发展，这点是要肯定的。我们要指责的是洋务派用腐朽的封建主义体制束缚了新兴的资本主义，用封建主义的专制垄断阻碍了民族资本主义的发展。由于洋务派的封建性、腐朽性，在中法战争和中日甲午战争中实行了错误方针，导致战争的失败，造成民族的灾难。

　　在中国近代史上，中国资本阶级兴起了三个运动。一是官僚资产阶级的自强的洋务运动。中日甲午战争的失败，洋务运动彻底破产，官僚资产阶级完全失去了早期仅有的一点点进步性。接着是具有资产阶级改良主义性质的戊戌变法运动。戊戌变法是中国资本主义兴起阶段的产物。还没有独立的社会地位的民族资产阶级通过"公车上书"，开始了它的政治运动。戊戌变法失败后，是开始形成的中国民族资产阶级发动的辛亥革命。民族资产阶级这时分化为上层与中下层。上层的政治代表是立宪派，发动了立宪运动；中下层的政治代表是革命派。立宪派组织团体，多次发动了立宪请愿。立宪运动使清朝统治陷于孤立。以民族资产阶级中下层为社会基础的革命派，发动多次武装起义，在人民群众广泛自发反抗的形势下，终于推翻了清朝的统治。但革命果实被袁世凯所窃取，辛亥革命没有获得成功。

　　中国近代资产阶级三次运动，都是同中国资本主义的发展规模、资产阶级政治力量成长的程度相联系的。

（原载《中学历史教学》1980年第2期）

民国初年宗社党撮谈

1987 年

一

　　1912 年元旦孙中山在南京宣誓就任中华民国临时大总统之后十多天，一个以倾覆民国、维护清朝统治为主旨的秘密小集团产生了。首倡者是少数清朝的王公亲贵，主要有恭亲王溥伟、肃亲王善耆、贝勒载洵、镇国公载泽、军咨使良弼、原陆军部尚书铁良等。由于封建王朝历来都把宗庙的兴废看作自身存亡的表征，把自己统治的国家称作社稷，因此，这个由王公亲贵集结的秘密团体就被称作宗社党。1 月 26 日，革命党人彭家珍将阻梗宣统退位最力的良弼炸伤（两日后死去），王公亲贵为之心寒胆裂，相率避匿。嗣后，宗社党为复辟清王朝而作祟倡乱达六七年之久，其残伙余孽，潜迹垂 20 年。

　　宗社党谋逆为患，大体靠网罗收买帮会分子，失去粮饷的八旗、防营兵弁、浪迹城镇江湖的无业游民以及各色以打劫为生的歹徒痞棍等。作乱方式，主要是啸集徒众举行武装暴动和进行暗杀一类恐怖活动；较大的、有计划的叛乱，则还有外国侵略分子插手助虐。

　　民国元、二年间，宗社党活动最为猖獗，报端经常刊载宗社党私运军火，攻掠城镇，行凶暗杀，图谋不轨等消息。其中大多数查实系出自宗社党的发纵指示或煽惑裹胁，也有少量是打着宗社党旗号虚张声势。滋事地域，遍及十多个省，而以直隶、热河、东三省、内蒙、陕甘等处尤为频繁。

　　据报载，1912 年春，宗社党头领玉均纠集党徒，在北京东四牌楼炒面胡同双宅秘密集议，筹划暴乱。4 月，传闻宗社党文某在北京齐化门集众，潜谋不轨；又有禁卫军军官、宗社党人舒崇阿在兰甸厂一带煽惑禁卫军发动兵变。天津有"铁血监督团"首领曾广为等受宗社党煽动，企图谋杀袁世凯，经巡警侦知捕获。8 月间，孙中山北上晋京，宗社党策划在北京某处埋设炸弹，进行谋害。官方捕获数人，交军政执法处惩办。

1913年初，有前清皇族联庆谋刺袁世凯，被拿获正法。7月，复有受宗社党指使谋乱之叶崇榘、冯伯熙经军政执法处讯实处死。在热河，同年2月间发生兵变，铺户、民居焚毁百余户，据当时热河都统熊希龄电称，查实系宗社党所策动。东三省系清王朝的"龙兴"之地，又有肃亲王善耆和铁良潜寓旅顺、大连，往来奉天、吉林等地密谋策划，故宗社党益形嚣张。他们勾结日本、沙俄阴谋分子，偷运军火，窝藏匪徒；收罗马贼、会道门徒众，散布谣言，四出作乱，造成东北风鹤频惊、烽烟迭起的局势。

在湖北，宗社党的暴乱方式和直隶、东北各处大体相似，但更集中对武汉首义的领导人施加报复。1912年2月27日，湖北陆军第二镇统制张廷辅在汉口遭暗杀；4月21日，该镇第二协第八标第一营管带王童刚、第一营队官刘子英，谋刺该镇统制王华国，未遂。经查实，王、刘即前次谋杀张廷辅者，系宗社党重金贿买所致。以上是撷取当日报端刊布的少量案件，实际上远不止这一些。民国初年全国政局纷扰，国家多事，与宗社党的肆虐酿祸也有或多或少的关联。

二

应当提到，宗社党首领肃亲王善耆所干的一桩阴谋复辟的罪行，与上述那些暴乱骚动相比，其祸国害民的程度更为酷烈。

善耆是清朝初年八大王爷之一和硕肃亲王豪格的十世孙。豪格因战功，所封王爵"世袭罔替"，即世代承袭均不逐代降等，俗称"铁帽子王"。善耆曾任民政部大臣、理藩院大臣等显职。他结识日本阴谋分子川岛浪速，往来极亲密，曾将第十四个女儿送给川岛为义女，即后来恶名远播，为虎作伥的日本间谍川岛芳子。民国成立后，善耆倾全力谋复辟清朝，至死不悛。

宣统退位前十日，善耆一家即在川岛的庇护下潜离北京，辗转到达旅顺。此时，川岛已获得日本军部和侵踞我旅大的关东都督府的认可，加紧策划善耆同内蒙古喀喇沁王贡桑诺尔布合谋，举兵作乱，僭立"满蒙独立王国"。2月末，日本军官松井清次大尉、木村直人大尉护卫喀喇沁王贡桑诺尔布、巴林王札噶密尔由北京潜返内蒙，伺机发作。日军官多贺宗之少佐则负责输送军火，积屯于公主岭待运。5月，松井率运输队用47辆大车运载械弹从公主岭北面朝阳堡出发，间道入内蒙。6月初，抵达内蒙境，即竖起"大蒙古勤王军"旗号。奉天都督赵尔巽得悉，急命后路巡防营统领吴俊升率部堵截。双方接仗，"勤王军"被击毙17名，内日本人 3 名；被俘 25 名，内日本人 13 名，包括受重创的松井。这样，由川岛浪速为主策划、宗社党人发动的"满蒙独立"叛乱，宣告失败。

但善耆仍不甘心，居然于 1912 年 7 月 23 日与川岛浪速签订如下的《誓约书》：

和硕肃亲王现因希望复兴大清宗社，满蒙独立，并谋日清两国特别之睦谊，增进两国福利，维持东亚大局，贡献世界和平为宗旨，因力不足，伏愿大日本国政府之赞成援助，以期大成。为此预先以左开条件，向大日本国政府为信誓，以后清国权利所至之处，即大日本权利所至之处也。

第一条：南满铁路，安奉铁路、抚顺铁路、关东州、旅顺、大连一带日本所得权利等件，以后展为长期以至永久。

第二条：吉长铁路、榆奉铁路，吉会铁路，其他将来于满蒙布设一切铁路，均俟独立之复兴，大日本政府协商可从其如何办法（原件如此）。

第三条：鸭绿江森林，其他森林、渔业、开垦、牧畜、外务、矿山等之事业，均协商以为两国合办。

第四条：于满蒙地方，应允日本人之杂居事宜及一切起案（原件如此）。

第五条：外交、财政、军事、警察、交通及其他一切行政，皆求大日本国之指导。

第六条：以上所订之外，如大日本国政府有协商之件，统求指示，定当竭诚办理。

以上各项誓盟，以为后日信守之据。

据此，假设善耆的复辟愿望一旦实现，则中国的内政、外交、财政、军警及其他要政，均将唯日本帝国主义之命是听；东北的铁路、矿山，森林、渔牧等权益，将由日本侵略者囊括以尽。这份《誓约书》是善耆为首的宗社党人叛国求荣、罪恶滔天的铁证。

三

1915 年，日本帝国主义乘欧战正酣，加快了侵略中国的步伐。利用宗社党以实现"满蒙独立"的阴谋，再一次提上了它的侵华议程。

第二次"满蒙独立"的方案，是经日本政府、军部审议，由日本参谋本部次长田中义一主持，委派第二部长前关东都督府参谋长福田雅太郎具体部署。福田奉命后，即派土井市之进大佐为满蒙举事的总指挥，配置陆军后备军官 30 余名、浪人 80 余名，分别集中于旅顺和奉天。川岛浪速仍然是牵曳善耆为首的宗社党人履行这个大阴谋计划的实际操纵者。由川岛撮合，日本财阀大仓喜八郎贷给善耆 100 万日元，作为招募马贼、购置军火的费用；善耆则允诺事成之时，以吉林、奉天省内松花江及其支流流域不属民间所有的森林之采伐，以及江面流放木材征收租厘等各项事宜，作为与大仓或其继承人的合办事业，而一切经营之权委予大仓。借款到手，宗社党即用以招募马贼近 3000 人，集结大连、安东县、貔子窝等地，进行操练。

关于蒙古方面，川岛浪速等决定收买马贼出身、轮番地投靠沙俄和日本、迭次扰害民国的反动武装头子巴布札布。1916 年 5 月，川岛派青柳胜敏大尉等一行携带善耆任命巴布札布为东部内蒙古军总司令大臣的委任书，押运枪械弹药至巴布札布营，促其起兵倡乱。6 月，巴布札布悬挂龙旗，宣称"翊扶清室"，分兵两路南下，一由乌珠穆沁进犯张家口，一趋洮南。东北宗社党纷起骚动，以为策应，其中正黄旗人邵荣勋揭橥"扶国军都招讨"旗号，发表宣言，声称要拥溥仪复辟。

这时，中国局势发生变化，日本政府对再一次的"满蒙独立"计划产生分歧，已无意全力支持宗社党的叛逆阴谋。袁世凯想当皇帝，已在全国人民奋起讨伐声中死去，表明搞帝制复辟已为举国上下所不容。在这种形势下，东北三省督军采取联防会剿方略，由洮南镇守使吴俊升指挥进击，在突泉将巴布札布打败。旋以吴俊升受伤，由第二十八师五十五旅旅长张海鹏接充总司令，乘胜追击。8 月，奉军攻克郭家店，巴布札布所部溃退。此时，日本当局的对华政策已有所变化，恐巴布札布一旦败亡会使它的吞噬满蒙的阴谋泄露出来，且企图保存巴布札布这股捣乱武装以备后用。为此，决定暂时中止这第二次的"满蒙独立"计划。由田中义一电告关东都督府参谋长西川虎次郎：立即遣散东北招募的马贼和日本浪人；帮助巴布札布率部退返蒙古，给以金钱和武器，使他不怀二心；同时向善耆说明，宗社党仍将得到日本的重视和援助。9 月，川岛浪速偕松本菊熊、伊东知也等一行到达巴布札布的司令部，颁发犒赏银两和军火，说明日本政府对华政策的变化，对巴布札布多方慰藉，勉励他继续作乱肇祸。

这样，日本侵略者和善耆为首的宗社党合谋策划的第二次"满蒙独立"诡谋，未能得逞。

10 月，巴布札布又竖"兴满灭汉大都督"旗号，进犯热河。林西镇守使米振标督军迎战，将巴布札布击毙，残部溃退。

四

另一个宗社党首领、清末历任甘肃布政使、陕西巡抚、陕甘总督的蒙古正白旗人升允，也需要略加介绍。

溥伟、善耆等在京城组织宗社党时，升允正率领宁夏镇总兵马安良部，以"勤王"为号召，攻入陕西，进围咸阳。1912 年 2 月，清帝退位诏书传到陕西，马安良不欲再为"逊帝"效命，与民军订议和条约，升允沮丧地退到甘肃，组织"秘密保清会"，自任会长，奔走于西北、蒙古一带，勾结满蒙王公贵族，进行复辟活动。他同善耆等接上了头，成了宗社党的重要首领。

1913 年 4 月间，升允潜至库伦，与外蒙古王公大臣筹商，向沙俄乞援，出兵颠覆民国。6 月，他在蒙古各地张贴檄文，自署清陕甘总督，以中兴清朝自誓。7 月，俄国沙皇派参谋到库伦，邀升允赴俄，商议在库伦成立伪政权，拟保荐升允出任总理。

翌年 2 月，日本浪人宗方小太郎怂恿升允赴日乞援。升允到日本，会见善耆的次子宪德和川岛浪速、青柳胜敏等。据善耆后人回忆，当时他们在东京成立了宗社党的本部。此后，升允曾多次去日本活动，与日本政界要人、民间浪人均有往来。

善耆勾结日本侵略者搞第二次"满蒙独立"阴谋时，升允窜往甘肃，啸集宗社党人作乱：妄图策应巴布扎布。1917 年张勋拥溥仪复辟时，升允密遣日本人工藤忠入京协助。以张勋逆谋不旋踵间就败灭，升允的愿望又成了泡影。但他仍没有忘怀甘肃，于 1918 年春偕工藤忠、斋藤源内等五人辗转再至甘肃境内。此行目的是拟劝说其旧部回军将领马福祥、马安良、马麒等重组"勤王军"倡乱，复辟清朝。诸回军将领相互推诿，与升允虚与委蛇。升允发觉又是虚此一行，颓然返抵青岛。

俄国十月革命后，谢米诺夫于 1918 年在赤塔僭立白俄政权。大约出于"同病相怜"的心情，谢米诺夫派使者至青岛与升允联系，嗣后升允即与其订立"彼此协助""共同复辟"的协议，约定由"俄国"借与"清国" 200 万元，枪 1.5 万支；双方在大乌里、恰克图等处"招练兵队"，先在中国"复辟清朝"，然后"助俄"恢复沙皇的反动统治，并约定以中国蒙古地方的金矿作为交换条件。但这个协议只是纸面文章，徒然给升允一伙宗社党留下一桩卖国和复辟的证据而已。

宗社党这股腐朽卖国的复辟势力，在中国近代史册里，是一页祸国殃民的记录。

（原载《民国春秋》1987 年第 1 期）

试论民国初期的议会政治

1990 年

一

议会政治，是资产阶级民主制的基本形式。在西方，不论是资产阶级的君主立宪国还是资产阶级的共和国，都设有议会或国会。资产阶级人们一贯地把这类代议机构美化为"全民"的代表，称它是"代表全民行使民主权利"。

1840 年发生的第一次鸦片战争后不久，有关西方资产阶级议会制的某些粗略形象，就开始传入中国，为当时中国少数先进人士所艳羡。19 世纪 50 年代前后，中国近代早期维新思想家魏源在增辑的《海国图志》一书里，对美国的议会制度就有所阐述，谓弥利坚于都城设有"议事阁与选议处"，称颂"其章程可垂奕世而无弊"[1]。与魏源同时代的徐继畲在编撰《瀛环志略》时，称英国的国会为"公所会"，说它"内分两所，一曰爵房，一曰乡绅房"，并赞叹美国的政治是"创古今未有之局"[2]，字里行间，咸流露着憧憬西方资产阶级议会制度的热切心情。

迄 19 世纪 70 年代以降，中国资本主义经济开始发轫，少数官僚、地主、买办、商人开始向资产阶级转化。伴随着这种社会经济和阶级结构的逐渐变革，资产阶级民主主义思潮就在一部分开明官僚士绅间油然勃兴，出现了一批著名的改良主义思想家。在这批思想家的言论里，除了大声疾呼地宣传发展资本主义近代企业和倡导称为"西学"的资产阶级学术文化外，所谓"议院之法"也占着异常醒目耸听的地位——议院之名亦从此始。他们烘托这种制度说："泰西议院之法～，合君民为一体，

1　《弥利坚总记》，魏源：《海国图志》卷 59，第 1632 页。

2　《英吉利国》，徐继畲：《瀛环志略》卷 7，第 44 页；《北亚墨利加米利坚合众国》，《瀛环志略》卷 7，第 35 页。

通上下为一心，英、美各邦所以强兵富国，稳横四海之根源也。"[1]"即英国而论，蕞尔三岛，地不足当中国数省之大，民不足当中国数省之繁，而土宇日辟，威行四海，卓然为西欧首国者，岂有他哉？议院兴而民志合，民气强耳。"[2]要求开设议院，日益成为当时改良主义者的政治鹄的。

但由于中国资产阶级这时正处于从封建阶级转化的伊始，在政治上和经济上还主要仰承封建主义的鼻息而鹅行鸭步似的缓慢发展。因此，尽管改良主义者对议院是那样地向往热衷，却仍不敢以美、法等资产阶级共和国当作仿效的蓝图，而是遥奉英、德等国的君主立宪以为圭臬。用他们自己的话来说，就是实行所谓"君民共主"，由皇帝诏设议院，颁定宪法。至于什么样的"民"来和"君""共主"呢？撰写《盛世危言》的郑观应在提到议员选举办法时，对选举人资格所作的规定，可以使我们了解它的涵义。他说："选举虽若从众，而举主非入本籍至十年以后，及年届三十，并有财产身家，善读书负名望者，亦不得出名保举议员。"[3]不言而喻，当议院制度在"兴民权"，的口号下被作为一种政治要求在中国提出时，就如同西方资产阶级用"全民代表"为标榜一样，实际上并不是为广大人民群众争取参政权利，而是替地主、资产阶级谋求进身之阶，达到与封建君主联合专政的目的。但尽管如此，在那时的历史条件下，这种委婉软弱的议院政治的呼声，仍具有同封建专制主义进行抗争的积极意义。

19世纪末年兴盛一时的戊戌变法运动，为酝酿已久的改良主义议院政治提供了脱颖而出的机会。主持变法的康有为在上呈光绪皇帝的奏章内虽然没有设议院的主张，但却奏请"开制度局于内廷，妙选通才入直，皇上亲临，日夕讨论，审定全规，重立典法"[4]。他没有直截了当地提到议院，而是以奏请"开制度局"的方式，使之先行或多或少地发挥议院的作用。但不旋踵，变法运动就宣告失败，举凡"百日维新"期间除旧布新的政令，均效昙花一现。所谓"开制度局""重立典法"的奏议，更是空劳楮墨。前此，所有的改良主义政治家都曾相信，只要"皇上振刷纪纲，焕汗图治"，则"一转移间"，议院可兴，富强可望，可是，维新仅百日，就使这个期待了近30年的政治理想化成泡影。

---

1 宋育仁编：《庸书·外篇卷下》，《议院》，1896年木刻本，第55页。

2 郑观应：《盛世危言增订新编（1—2）》，台湾学生书局，1976年版，第53页。

3 郑观应：《盛世危言增订新编（1—2）》，台湾学生书局，1976年版，第53—54页。

4 孔祥吉：《戊戌维新运动新探》，湖南人民出版社，1988年版，第189页。

戊戌变法失败后，资产阶级旧民主主义革命成为 20 世纪初期中国社会生活中的主流。但与此同时，随着中国资本主义经济的初步发展，中国资产阶级上层的势力也有所扩大。因此，作为这一势力的政治代表的改良派，就不仅还有簧鼓的余地，而且加紧呼号哀恳，要求清政府颁赐宪政，借以抵制革命。这样，在革命派为反击改良主义思潮而展开的大论战里，论院问题也是双方唇枪舌战的主题之一。革命派认为，要实现立宪的议会民主制，只有通过革命，推翻清朝统治；把希望寄托于清王朝的钦定恩赐，是一种不切实际的幻想。章炳麟脍炙人口的《驳康有为论革命书》一文里指出："长素以为革命之惨，流血成河，死人如麻，而其事卒不可就。然则立宪可不以兵刃得之耶？既知英、奥、德、意诸国数经民变，始得自由议政之权；民变者，其徒以口舌变乎？抑将以长戟劲弩飞丸发旗变也！近观日本立宪之始，虽徒以口舌成之，而攘夷覆幕之师，在其前矣。故知流血成河，死人如麻，为立宪所无可幸免者。"这种见解，无疑是正确的；历史的进程，也正符合革命派的判断。

无论清末那些立宪派是怎样地"竭诚而请，泣涕以求"，催促清政府赐予立宪，召开国会，以消弭迫近眉睫的革命危机。但清政府却愈益反其道而行，表面上张罗着"预备仿行宪政"，搪塞行骗，实际上却进一步加强专制主义的统治。1908 年（清光绪三十四年）颁布的"钦定宪法大纲"和九年预备的措施，就已暴露了清朝皇室贵族"名为立宪，实则集权"的叵测意图。稍后，虽有资政院和各省谘议局的相继设立，但到 1911 年（清宣统三年）春成立皇族内阁时，全部立宪骗局始彻底洞穿。清政府以自己的行动，证实了资产阶级革命派所预言：立宪议会民主制是不可能"徒以口舌成之的"。假饰立宪，也终于没能消弭革命，相反地是在一定程度上加速了革命高潮的到来。如所周知，迫使清王朝下台，宣告中国封建君主专制政治的终结，不是由于资产阶级立宪派曾经一再地呼吁和请愿，而是因为资产阶级革命派领导人民举发了震惊世界的辛亥革命运动。

自 19 世纪 70 年代议院政治的呼声在中国出现以来，迄 1911 年清王朝的覆灭，中国资产阶级改良主义者一直是奉行着请求清政府颁赐立宪的和平方式，希冀控制议会，同封建势力联合专政，实现"君民共主"。经历近 40 年的努力，这种愿望始终不啻画饼。封建统治者不是使用非和平的暴力手段（为 1898 年的戊戌政变）去摧毁资产阶级这种理想，就是采取搪塞行骗的办法（如预备立宪），进行愚弄。史实证明，资产阶级需要的议会民主，是不可能向封建统治所乞讨得来的。还是章炳麟早年说得对："流血成河，死人如麻，为立宪所无可幸免者。"

二

辛亥革命后，中国建立了形式上的共和国，一开始就采行像一般资产阶级共和国那样的议会制。不论当时人们对议会的组织形式有过哪些不同的见解，但都一致肯定，实行议会民主制，确是时代风向，大势所趋。这种观念的形成，正是辛亥革命运动的结果。

然而，从革命的性质和任务来说，辛亥革命是失败了。尽管专制主义的清王朝已为号称民主共和的中华民国所取代，但国家的权力机构，却落到了袁世凯为首的豪绅买办军阀官僚手里。资产阶级没有成为国家的统治阶级。

无庸讳言，当腐朽的清王朝末代皇帝溥仪宣告退位，而袁世凯用口头承诺"共和为最良国体"的低廉代价窃取了临时大总统的权位后，几乎所有的资产阶级革命党人都曾欢呼过革命成功的口号。这一错误认识，主要根源于中国民族资产阶级的软弱性。但也应当看到，在原来的革命党人里，除了少数甘心依附袁世凯者以外，仍然有不少人对袁氏颇具戒心。他们被迫让出临时政府的大权后，就把希望寄托于《临时约法》和议会，力图控制议会的多数，用以钳制袁世凯，达到梦寐以求的资产阶级共和国理想。

在资产阶级国度里，议会的确是它的国家机构中的重要组成部分，是资产阶级专政的工具之一。列宁指出："资产阶级的议会，甚至是最民主的共和国中的最民主的议会，只要国内还存在着资本家的所有制和资本家的政权，就总是一撮剥削者压迫千百万劳动群众的机器。"[1] 从议会所具有的这种职能来说，辛亥以后中国资产阶级政治家致力于博取选票，控制议会，无疑是一种积极的、进取的政治活动；采用这种手段，确能给袁世凯封建军阀独裁统治以一定的威胁。

可是，问题不是资产阶级政治家致力于议会斗争，而在于他们对议会的权力作了过高的估计。他们认为，只要控制议会的多数席位，就能凭借这个多数出组内阁，从而掌握政权，置袁世凯于名义元首的地位，使他虽欲肆行独裁专制而不能。但事实并不如此。因为，资产阶级的议

---

1 《给欧美工人的信》，列宁：《列宁全集》第28卷，第409—410页。

会固然是资产阶级国家机器的组成部分之一，但却不是主要的、真正的权力机关。与其说资产阶级运用议会来进行专政，毋宁说主要还是利用它来作伪装品，借以掩盖一小撮人的专政，炫耀所谓"全民的民主"，欺骗和愚弄人民。列宁在揭露议会作为资产阶级专政工具之一的职能同时，又曾指出："从美国到瑞士，从法国到英国和挪威等等，那里真正的国家工作是在后台决定而由各部、官厅和司令部来执行的。议会为了愚弄老百姓，专门从事空谈，这是千真万确的事实。……"[1] 又说："资产阶级专政是用立宪会议，各种选举，民主制以及资产阶级用来迷惑傻瓜的其他骗局掩盖起来的。"[2] 从议会主要是作为装饰品这个职能来看，既然辛亥革命以后中国资产阶级并不曾掌握国家真正的权力机关，那么，他们希冀通过议会去实现资产阶级民主，去钳制封建军阀独裁，将不能不是徒劳无功。

且看历史本身是怎样使资产阶级政治家的理想终于落空的。

还在民国成立伊始即召开的临时参议院期间（1912 年 1 月～1913 年 3 月），这个反映资产阶级利益的议会就暴露了它对北洋军阀的无能为力，莫奈其何。像关于建都问题，参议院虽曾通过定都南京的决议，但一经袁世凯阴使曹锟举发兵变，开动军阀官僚的舆论机器大起鼓噪，参议院竟不得不撤销成案，挈临时政府北上去俯就袁世凯集团。唐绍仪内阁被迫坍台后，参议院的同盟会人一度联络统一共和党，阻梗陆征祥组阁。可是，袁世凯不仅动员他所操纵的"舆论"对同盟会大肆攻讦，而且指使北洋军悍将段芝贵等仿"鸿门宴"故事，对议员施加直接威胁，结果又是议员偃旗息鼓，噤若寒蝉。稍后，又出现了黎元洪串通袁世凯公然屠戮革命党人张振武、方维等人的政治凶杀。虽有黄兴等通电请问，议员们提出纠弹，但喋血都门的革命者却沉冤莫辩，而千夫所指的元恶巨憝，则依然高踞大总统、副总统的宝座，俨然"人莫予毒"。经过这一连串的挫折，加上袁世凯的破坏，资产阶级各派政治势力的分化，临时参议院就处于瘫痪状态，如同当时人所指出的："参议院自闹党见后，每逢开会，辄以不足法定数而散。负国民之托付，置国事于无问，数月以来，固比比然也。"[3] 先进的人们，尤为痛心疾首。李大钊有鉴如此，愤而著《大哀篇》，指斥当时的政局说："骄横豪暴之流，乃拾先烈之血零肉屑，

---

1 《国家与革命》，列宁：《列宁全集》第 25 卷，第 410 页。

2 《在全俄工会第二次代表大会上的报告》，列宁：《列宁全集》第 28 卷，第 394 页。

3 李大钊：《李大钊选集》，人民出版社版，1959 年版，第 1 页。

涂饰其面，傲岸自雄，不可一世，且悍然号于众曰：'吾固为尔民造共和幸福也'。呜呼！吾先烈死矣！豪暴者亦得扬眉吐气，击柱论功于烂然国徽下矣。共和自共和，幸福何有于吾民也！"[1] 尽管像李大钊这样的先进志士在当时还是凤毛麟角，但一叶惊秋，正是他们，透露了中国人民鄙弃假共和的消息。

然而，那时的资产阶级政治家们一般还不可能窥测到新兴的共和国的黯淡前景。他们热情地寄望于正式国会的召开。民元国民党就是这种热望的产物。作为国民党实际负责人的宋教仁，为夺取了国会的多数议席，仆仆风尘，遍历南北，进行了广泛的竞选活动。

按照临时参议院通过的《国会组织法》，国会采参议院、众议院两院制。参议院议员主要由各省省议会选出，众议院议员则划分选区进行普选。关于选民资格，选举法第四条作了如下规定[2]。

凡有中华民国国籍之男子，年满二十一岁以上，于编制选举人名册以前，在选区内居住满二年以上，具左列资格之一者，有选举众议员资格；

一、年纳直接税二元以上者；

二、有位五百元以上之不动产者，但于蒙藏青海得就动产计算之；

三、在小学校以上毕业者；

四、有与小学校以上毕业相当之资格者。

从上述规定可以看出，这个模拟西方的民主普选，实际是把占人口绝大多数的贫苦的、没有文化的劳动人民，以及全部妇女摒斥于选举之外。加上选举过程中贿选、伪选现象的层出不穷[3]，与西方所有资产阶级国家的选举毫无轩轾。正如列宁所曾指出："每隔几年决定一次究竟由统治阶级中的什么人在议会里代表和压迫人民——这就是资产阶级议会制的真正本质，不仅在议会制的君主立宪国是这样，而且最民主的共和国内也是这样。"[4] 中国虽然是刚刚在形式上步西方后尘，但那个借自由、平等、博爱女神的现代神话为掩饰的民主制度的虚伪性，腐朽性却如出一辙。

1913年春，国会选举揭晓，在参、众两院870个议席中，国民党籍

1 李大钊：《李大钊选集》，人民出版社版，1959年版，第4页。

2 《公布众议院议员选举法》，《东方杂志》第9卷第3号《中国大事记》，第19页。

3 李大钊在《大哀篇》里揭露当时各党派活动说："此辈蝇营狗苟，坐拥千金，以供其贿买选票者，又果谁之血髓耶？归而犹诒吾蠢百姓曰：'吾为尔作代表也，吾为尔解痛苦也。'然此辈肥而吾民瘠矣！抑尝闻之，各党之支分部因选举耗用者，动辄数万金，……。"又载于1915年8月《大中华杂志》（第1卷第8号）上一篇《追评民国初元国会程度》（吴贯因）的文章，也承认国会议员贿选伪选的腐败现象。

4《国家与革命》，列宁：《列宁全集》第25卷，第409页。

议员占半数以上。资产阶级政治家咸感兴忙，认为实现议会民主，势将计日成功。人们也都预料，只待国会开幕，就行见宋教仁膺命组阁，总理政务。辛亥以后资产阶级的议会活动，这时是如日中天，达到了顶峰。

国民党竞选获胜，使袁世凯深感恐慌。他一面公开宣称制定宪法应规定总统有解散国会权，总统任命内阁国务员无庸经国会通过，并在总统府召开会议，作成议案[1]，企图削减国会权力，堵塞资产阶级民主派出组内阁的门径；一面派人于 1913 年 3 月在上海暗杀宋教仁，用刺刀恐吓企图依靠选票来博取政权的人们。图穷匕见，封建军阀不容许资产阶级民主派登进政府的凶悍肺腑，大白于天下。如日中天的议会政治活动，恰似遭遇晴天霹雳，骤然被卷进阴霾四合的迷离境地。国会还未开幕，前途已不难预卜。

1913 年 4 月，国会成立，一开始就由于袁世凯不经国会通过，擅自向五国银行团举借"善后借款"而迭起风波。虽经议员多次质问，而袁世凯置若罔闻，终不因此敛迹于独裁违法的行径。及袁世凯下令撤换国民党江西、安徽、广东三省都督，悍然发动镇压资产阶级民主派的内战，国会不但无能制止，且其中大多数国民党议员反而采取依违恋栈的态度，宣布与南方举兵反袁的同党人脱离关系。与此同时，袁世凯又指使共和党、民主党、统一党合并组成进步党，用梁启超所上"挟国会以号召天下"策，"名正言顺"[2]地进行军阀独裁专制。这样，国会就开始失去资产阶级民主派用以同袁世凯分享政权的作用，逐渐成了趋附军阀的机构。这种现象，激起了当时一部分渴望民主政治的人们的不满。一个记者指责议会说："参、众两院自成立以来，无日不以争意见为事，置国事于不顾，负吾民之重托，本报前期已略志之。月余以还，依然如故，殊无成绩之可言。况其间日一开常会，正当事件虽不多觏，而拍案叫骂，挥拳捣乱，固千篇一律，书不胜矣。本报因限于篇幅，不及备录，且记者不愿枉费宝贵之笔墨，常记兹无味之乱哄议案也。"[3]

国民党人的"二次革命"遭到镇压后，北洋军阀囊括长江，遥控西南；资产阶级民主派势力消散，在国内落到几乎无可容身的地步。而袁世凯军阀集团的气焰日益嚣张。参、众两院的国民党籍议员虽然还是多数，却日益感到力竭气短，不仅没有出组内阁的希望，甚至能否保住议员席

1 《总统府大会议》，《神州女报》第 1 期《专电汇录》，第 27 页。

2 《梁启超年谱长篇》，上海人民出版社，1983 年版，第 675 页。

3 《参众两院纪略》，《神州女报》1913 年第 4 期，第 42 页。

位也大成问题。这个议会多数的艰辛遭遇，是中国资产阶级政治家始料所不及的。

给国民党所谓议会多数以尖锐讽刺的，尤莫过于选举大总统的那幕丑剧。在那次声名狼藉的选举中，号称全民代表的国民党议员多数，竟不能不屈从于那批佯称"公民"的、由袁世凯派往包围国会的军警打手，与进步党议员一起，投票选举袁世凯为大总统。但尽管屈辱至此，议员们还是不能自保。仅在袁世凯登上总统宝座后的一个月，国民党议员就被扣上"乱党"的罪名，褫夺了议员资格。稍后，残存的进步党议员也被给资遣散。所谓中华民国第一届国会，成立不到一年，就在1914年1月宣告解散。

辛亥革命前，先进的人们都确认，希望清政府赐予立宪议会，无异是与虎谋皮，所以必须革命。辛亥以后，有了共和国，代议制也成为公认不可缺少的东西。在这种情况下，能不能通过控制议会的道路去实现资产阶级的民主呢？当宋教仁为代表的政治家们为此而辛勤擘划时，历史还不曾对此作出答案。但到第一届国会解散，答案就揭晓了。一系列史实都说明，即使是经历过具有全国规模的资产阶级民主革命的影响，即使有了资产阶级共和国的形式，甚至资产阶级的代表还确曾控制到议会的多数，但只要国家真正的权力机关是操纵在封建军阀手里，资产阶级就不可能凭借选票跻身于政治舞台，通过议会使自己成为统治者，实现久已憧憬的共和国方案。至于所谓议会多数，在封建军阀眼里，只不过是几个徒能摇唇鼓舌的畸零。资产阶级没能依靠这个多数，进而"挟总统以令都督"，相反，袁世凯却曾假手于它，"挟国会以号召天下"，"名正言顺"地登上总统的宝座。中国资产阶级所怀的议会多数政党内阁的理想，随着第一届国会的解散，就宣告破灭了。

三

第一届国会解散后，历史还没有给中国人民提供立刻迈上新的革命旅程的条件，西方资产阶级共和国方案，仍然为许多中国人欣羡向往。因此，不论国会在封建军阀骄横傲岸的政治舞台上曾经遭到如何难堪的冷落和贬斥，而多数的资产阶级政治家对于议会制度的热衷，却依旧不减畴昔。1915年8月，作为资产阶级上层势力喉舌的《大中华》杂志，发表一篇题为《追评民国初元国会的程度》的文章，就对那个被解散了的国会异常缅怀眷念。在此前后，与《大中华》的政治态度相若的《甲寅》《太平洋》等类刊物，也为宪法、议会屡作鼓吹，宣传"朝野携手，新旧推心"，希冀向封建军阀分取一杯羹。甚至当时颇有影响的民主主义者陈独秀，也还是不能忘情于英、美的"民治主义"，幻想国民、进步两党消除芥蒂，共同去制裁北洋军阀[1]。情况表明，虽然历史已经为议会道路作出了否定的答案，但中国资产阶级的进步势力和保守派别，还是抱着某种不同的企图，在这个道路上流连徘徊。

及至中国人民摧毁了袁世凯的帝制复辟丑剧，并迫使继起的北洋军阀不能不恢复共和国的政体，于是，曾遭解散的国会，又在1916年复会，中断了的议会政治，再度登场。

这时，某些渴望民主的人们对政局怀着这样一种愿望，即：在专擅成性、蓄谋复辟的袁世凯统治下，国会备遭压抑，是不可避免的。现在，经过了全国规模的反帝制护国运动，人们更加珍惜共和制度，民国总算稳定下来，国会也许从此能发挥它应有的作用。然而，事实却使这些好心肠的人们大为失望。很快就有人看出，继袁世凯当权的段祺瑞，无异是"袁世凯复活"，"袁世凯二世"[2]，国会还能得到比前此解散更好的下场吗？代表资产阶级愿望的《东方杂志》于是发表一篇题为《说两院四个月之成绩忠告议员诸公》的文章，悻悻然地质询道：

此四月间，议员诸公所最尽力者，唯在质问，次则查办而已。至于行立法权，议决一数十条或数百条之全部法律案，则四月之中，来一见焉，就质问言之，除关于平政院、内务部诉讼者外，国务院大都有正式答复。而议员诸公经国务院答复后，不再质问者，固十之八九，则原质问者，理由何如，从可知也。官吏违法纳贿，诚不可不实行查办。然查办须有真实证据，非可任意摭拾，闻风诬指，如乡曲讼棍之告人。而四月中之查办案七八起，其有真实证据者，果几件乎？在昔专制时代，一御史之参摺，其效力亦足使贪墨之吏解职受罚。曾谓为人民之全体，而只行一御史之职权乎？至于建议，虽与普通所谓上条陈者有异，然按照院法，既无一定之强行力，曾谓人民所仰望两院者，如斯而已乎？记者此论，非谓质问、查办，建议必不可为，然四个月间，以大部分之光阴致力于此，而所致力之质问等，又多不足称述，则敢断言非岁酬诸公以5000元之人民所乐闻者耳![3]

---

1 《时局杂感》，《新青年》第3卷第4号，第1—4页。

2 《袁世凯复活》，《新青年》第2卷第4号，第1—4页

3 《内外时报》，《东方杂志》第14卷第4号，第160—167页。

一言以蔽之，国会成了一个不折不扣的清谈馆。在西方资本主义国家里，资产阶级已经掌握了政权，成为国家的统治者，因此，国会专务口舌，徒作清谈，正是起着粉饰资产阶级的作用。这样的清谈馆，对资产阶级来说，它是克尽厥职。在当时中国却不然。因为中国当时还是封建军阀的天下，资产阶级搞议会活动，主旨在于通过它去钳制军阀独裁，进而取得政权，建立名符其实的资产阶级共和国，而不希望它变为替封建军阀帮闲的"清谈馆"。所以，服膺西方民主的人们，慊慊于国会徒托空言无补实际，是可以理解的。

尽管国会始终被限制在清谈的范围之内，封建军阀却还是嫌它口舌太多，屡屡叫嚷什么"侵越司法，干涉行政，复议之案，不依法定人数，擅行表决"[1]，务去之而后快。于是到 1917 年的参战问题发生时，国会就不能不在"督军团"的淫威下大受窘辱；稍后，还是被段祺瑞假手于张勋闹了一个短暂的复辟丑剧而又被解散了。

国会再度解散后，对于议会道路怀疑绝望的人就越来越多。向来以激进著称的民主主义者朱执信感叹地说："中国自从第二次革命起，到现在，整整过了六年多，讲来讲去，都是立宪政治，民权政治，做出来的，到底没有民权政治一丝一毫的气味，就是要一本宪法看看，摆摆样，也没有。"[2]况且，"议会政治，光是议一个宪法，总不算是实验。除了议宪以外，议会简直没有什么事情做出来……所以在中国讲，总可以说，议会政治还没有真正实验"[3]。李大钊更一针见血地指出："今日中国的政治现象，但见有几个政客，抱着强盗的腿转来转去，混一口饭吃，看不见主人影儿。请问这种客吃的饭是哪个款待他们的？共和国的政主到底是谁？"[4]被公认为缔造共和的领导者孙中山，也不禁抑郁浩叹："国事则日形纠纷，人民则日增痛苦，午夜思维，不胜痛心疾首。"[5]情况正像毛泽东在《论人民民主专政》一文里指出的；"就是这样，西方资产阶级的文明，资产阶级的民主主义，资产阶级共和国的方案，在中国人民的心目中，一齐破了产。"

1　《各省督军省长等致公电子政府》，《东方杂志》第 14 卷第 4 号《中国大事记》，第 270 页。

2　《我们要一种什么样的宪法》，《朱执信集》第 2 卷，第 174 页。

3　《议会政治实验是否失败》，《朱执信集》第 2 卷，第 560 页。

4　李大钊：《李大钊选集》，人民出版社，1959 年版，第 126 页。

5　孙中山：《孙中山选集》上卷，人民出版社，1956 年版，第 105 页。

四

1919 年五四运动后，中国历史转入新民主主义革命的阶段。这时，对待旧式资产阶级的代议制度，或者说宪政，毛泽东在《新民主主义宪政》一文里作了透辟的论述：

那种旧式的民主，在外国行过，现在已经没落，变成反动的东西了。这种反动东西，我们万万不能要。中国的顽固派所说的宪政，就是外国的旧式的资产阶级的民主政治。他们口里说要这种宪政，并不是真正要这种宪政，而是藉此欺骗人民。他们实际上要的是法西斯主义的一党专政。中国的民族资产阶级则确实想要这种宪政，想要在中国实行资产阶级的专政，但是他们是要不来的。因为中国人民大家不要这种东西，中国人民不欢迎资产阶级一个阶级来专政。[1]

事实正像毛泽东指出的那样，随着中国共产党领导的人民革命事业的向前发展，几经嬗替的封建军阀、豪绅买办集团，就都曾拾掇起被人民所鄙弃了的旧式议会制度，用来欺世行骗。资产阶级也确实不曾放弃这种政治幻想，但他们却始终没有得到什么，不仅是因为人民不要这种东西，而且是由于军阀买办不肯给它。所以，在这期间出现的一些模拟议会形式的什么国会或国民代表大会，就无一不是帝国主义和封建军阀、官僚买办用以抵制革命，妄图延续其反动统治的醮坛，连半点资产阶级议会民主的气息也没有了。

像 1918 ~ 1921 年间存在的所谓"新国会"，众所周知，无非是皖系段祺瑞在北洋军阀内部展开火并的弄具，借以推行其"武力统一"内战政策的表决机器。在这个国会里，全部议席概由买办资产阶级的"安福系"和新旧"交通系"所包揽，属于资产阶级改良派的"研究系"也大受冷落。可想而知，民族资产阶级是不曾从这个国会得到什么的。

1922 年，北洋派直系军阀于相继打败了皖系、奉系以后，为了装点门面，稳定其反动统治，又在"法统重光"的幌子下，召集早经解散了的旧国会。而实际上，被曹锟所真正"重光"了的，无非是抄袭袁世凯利用国会选举为大总统的那套臭秽行径，所不同的，只是他采用了每票 5000 元的做法，而没有像袁世凯那样大打出手。于是，早已声名狼藉的旧国会，这时就更赢得了"猪仔"的"雅号"。国会这样惊人的堕落，不但为全国人民所不齿，就是资产阶级的右翼也大为不满。代表这

1　毛泽东：《毛泽东选集》第 2 卷，人民出版社，1991 年版，第 732 页。

一势力的《现代评论》杂志先后载文斥责道：

中国这种长期不倒的八百人，不但在时间上已经失去代表的本意，就是在实际上也离开代表的意识万里。他们只是权门的'食客'，只是努力的'寄生虫'，不但不能代表人民，而且还要代表军阀来陷害人民。[1]

这个十三年的'长期国会'，已经把国人对于议会制度的同情心，毁灭殆尽。我们尽管害怕专制，我们决不相信这个国会能防止专制；我们尽管主张要一个国会，我们决不主张保留这一个国会。[2]

从这种"评论"所反映的怨愤情绪可以看出，资产阶级所想要的议会，还是没有要到。

资产阶级的议会政治，历来是资产阶级革命取得胜利之后的产物。无论是君主立宪制的英国或日本，还是共和制的法国或美国，资产阶级取得政权，建立资本主义国家，都不是，或者首先并不是因为控制了议会的多数议席，而主要是通过一连串的国内战争和反抗外来侵略的民族战争而实现的。有些国家，像英国和法国，封建势力还曾几度反攻复辟，经历了七八十年的革命和反革命战争，封建主义和资本主义谁胜谁负的问题才最后解决，资本主义才确立下来。等到资产阶级真正掌握了政府、军队、法庭、监狱等国家机器，他们才借助议会来粉饰"全民的民主"，用议会多数这种形式，决定他们当年哪一个党派，哪一种势力上台执政。当资产阶级还没有掌握国家的真正权力时，尽管它控制了议会多数，封建统治者也会采取解散议会的手法，或者颁发一些抵制的法令来使这个多数完全无效，甚至实行武力镇压。至资产阶级经过革命取代了封建统治者的地位后，这时，如果别的阶级希望通过议会多数来分享政权，资产阶级也会踵袭成法，不让他人染指。迄今为止，世界上还没有出现过任何阶级经由议会的和平方式取得政权的先例。中国近代资产阶级议会历程，也证明了这一点。不用说在清朝封建专制主义统治下资产阶级不曾经由议会取得政权，即使在辛亥革命后建立了形式上的共和制，资产阶级的政治代表还曾一度控制过议会的多数，但因为这次革命失败了，取代清王朝掌权当政的是攘夺了革命果实的袁世凯为头子的北洋军阀集团。以致资产阶级政治家们历经努力，所谓"自由议政之权"的夙愿也无从得偿。

（原载《湖南师大学报》1990 年"史学研究"专辑）

---

1 《国会问题》，《现代评论》第 1 卷第 2 期，第 8—9 页。

2 《非常国会的消息》，《现代评论》第 1 卷第 5 期，第 3 页。

文廷式与戊戌变法

1992 年

　　文廷式（1856，清咸丰六年～1904，清光绪三十年）号芸阁，字道希，晚年又号纯常子。江西萍乡县人。1889 年（清光绪十五年）应科举考试，于入京会试时，得中一甲第二名即榜眼，授职翰林院编修。1894 年（清光绪二十年），大考翰詹一等一名，由编修擢侍读学士，即由七品擢升四品。

　　他虽然也是清王朝的官员，但却与一般只图荣华富贵，封妻荫子的贵族大臣不完全一样，对遭受帝国主义一再侵略，因而日益衰弱不振的国家深感忧危。1894 年（清光绪二十年），日本侵略中国的甲午战争发生，他认为：“朝鲜之事，有争无让，事在不款。”严参李鸿章畏葸，挟夷自重，应加以罢斥。又申言《马关条约》割地赔款，辱国病民，不可签订。1895 年（光绪二十一年）8 月，与康有为、陈炽等在北京发起强学会，思开风气，变法图强。常于松筠庵广集维新人士，议论时政。李鸿章遂授意御史杨崇伊劾其交通内监，被革职，永不叙用。戊戌政变后，东渡日本，返国后病殁。有《纯常子枝语》《云起轩词钞》传世。

一

　　为发动变法革新，康有为、梁启超首先是进行组织学会和编辑报刊。如同康有为说的：“思开风气，开知识，非合大群不可，且必合大群而后力厚也，合群非开会不可，在外省开会，则一地方官员足以制之，非合士大夫开之于京师不可。”[1] 由于康的鼓吹，梁启超的活动，他们得到时任军机处章京陈炽的协助。陈炽认为，“为事有先后，当以报先通其耳目，而后可举会。”[2] 于是，1895 年 8 月 17 日（光绪二十一年六月

1　康有为：《康南海自编年谱》（光绪二十一年），《中国近代史资料丛刊·戊戌变法》（第 4 册），上海人民出版社，1957 年版，第 133 页。

2　《中西教会报》第 14 册，光绪二十年正月。

二十七日），《万国公报》创刊。这份报纸刊行两月，变法维新的主张就为一部分官员和期望变革图强的人士所注意，渐次产生了建立社团的愿望。文廷式对此早就有所筹划，业已和陈炽、沈曾植等商议。9月，"强学会"在北京成立，经推选，陈炽、沈曾植有"正董"之名；沈曾桐、文廷式有"副董"之名。

在列名强学会会籍或参与会务者22人中，康有为、梁启超、麦孟华是资产阶级改良派，文廷式、陈炽、沈增植等，有不同程度的维新倾向，在当时帝（光绪）、后（慈禧）两党之间，属于帝党[1]。

强学会一经成立就卷入当时帝、后两党竞争的漩涡，其内部就不可避免纠纷迭起。后党立即借端发动攻讦。李鸿章的姻亲、广西道监察御史杨崇伊即奏劾文廷式，说他"互相标榜，议论时政"[2]，文遂被革职。于是，正如当时人说的："局事自芸阁去而群不逞大得志，互相争长，势不可当。"[3]强学会也就渐次消沉下去。

二

文廷式既属于帝党，当然也不可避免卷入帝、后两党的斗争。

以西太后为首的满族贵族在同治、光绪年间一直掌握着清王朝的中央政权。在外国资本主义国家相继入侵和国内太平天国、捻军先后起义的冲击下，一贯采取对外妥协、对内镇压的反动对策。由于朝廷内外历来都存在争权夺势的斗争，因而帝、后两党就不可避免地卷入其中，双方都去笼络当时的所谓"言论清议"。人们就将这一类从事"清议"的称作"清流"。

"清流"是封建统治阶级中的不当权派，中、小官僚、文人名士是其主要成员。他们从封建统治和自身利益出发，对外高喊反抗外来侵略，对内攻讦某些当权官员的腐败无能。但"清流"多为中下层官员，在朝廷上的活动能量有限，因而他们需要依附一二个有权势的大臣，奉为首脑。在同治、光绪两朝历任军机大臣兼总理各国事务衙门大臣、光绪帝

---

1 帝党和后党，是清光绪年间在朝廷上形成的两个派别，帝党反对慈禧太后继续掌权，倾向变法维新，借以排斥后党李鸿章、荣禄、刚毅等朝廷权臣和地方督抚，一般说来，在反抗外来侵略时，后党常主张"和"，帝党主战；在朝政上，后党坚持"祖宗之法不可变"，帝党主张变法维新。

2 《手札》。

3 汪大燮：《致汪康年书》（光绪二十二年二月十九日），《汪康年师友书札》（一），上海古籍出版社，1986年版，第729页。

的师傅翁同龢，即是他们期望的对象。

1894—1895 年的中日甲午战争，使中国朝野大为震惊。人们普遍认为，日本以变法而胜，中国则以株守"祖宗之法"而失败。这就不啻给正在活动实行变法维新背后的人们提供了有力的例证。

三

随着维新与守旧之间的争论趋向激烈，帝党与后党之间的角逐也日益紧张。在中日甲午战前和战争当中，康有为和梁启超即与文廷式、沈曾植、张謇等帝党中人结下密切的关系。这种关系到甲午战后更进了一步。于是，"新旧之争"便和帝、后党争结合起来。

1895 年 7 月（清光绪二十一年六月），帝党与维新派结合利用马关条约签订后全国的民愤，把一贯坚持对日投降、阻挠新政的后党大臣孙毓汶、徐用仪先后逐出军机处，从而减少了阻挠变法的势力。8 月，帝党活动分子文廷式、丁立钧、沈曾植、沈曾桐与康梁开强学会于北京，加紧维新变法的活动。

后党见帝党活动频繁，于是亟起图谋压制和破坏。帝党大臣汪鸣銮、长麟突以"离间两宫"之罪被革职。12 月 7 日，侍郎李文田于临终之前，执手密告文廷式称，李鸿章与李莲英"日日相见，图变朝局"。这种变幻莫测的宦海波澜和宫廷秘闻，预示着变法维新将要受挫的预告。果然在 1895 年 12 月，强学会遭后党爪牙杨崇伊弹劾而被封闭，海内"渐讳新政"，变法呼声，一度低落。

接着，后党即对倡导维新的帝党首领翁同龢也进行打击，首先罢其毓庆宫入值，使他失去向皇帝"造膝独对"的时机。继而驱逐文廷式，将丁立钧调出京城外任。张謇也在被排挤之列，他在《日记》中说：

光绪二十二年四月八日　闻李鸿章临使俄时请见慈宁，折列五十七人，请禁勿用，第一即文道希。

文廷式被革职"驱逐回籍"后，返回萍乡积极兴办矿业，倡新学，创办学堂，为故乡做了不少好事，萍乡人民仍然怀念他。据经办过萍乡安源煤矿的李寿铨回忆："当湖北汉阳铁厂开办以后，就有一个叫广泰福商号承包汉厂焦炭。原来萍乡出了一位大名鼎鼎的人物文廷式，他原是光绪帝宠爱的珍妃的老师，因为得罪了慈禧太后被革职回乡。文家本是萍乡望族，就由文廷式的族兄负责组织了广泰福商号，珍妃的哥哥志锐便是其重要的经济支柱。"在萍煤矿开办以后，"并聘请文廷式以地方首绅地位，协同照料"。文廷式还会同县绅段鑫、黎景淑等发起备价收回当地上株岭铁矿，为全县所有。还组织乡梓士绅倡新学，创办学堂。他在萍乡继续实践自己的维新主张。使得萍乡文化"至光绪季年，更逸前代而上之，济济祁祁，极一时之盛事"。废科举后，"中学生之多，几为各省、县之冠""赴东西洋留学者，时有所闻"。

1898 年 8 月（光绪二十四年七月）慈禧太后欲置文廷式于死地，密下诏旨捕拿。当时文廷式的九弟文廷和在南昌是地方绅士，得知此事，星夜去长沙白鹅塘密告于文廷式，幸得脱身出走。次年，又东渡日本避祸。1900 年夏，自日本回到上海。1901 年（光绪二十七年）回到萍乡。

文廷式希望自己的国家摆脱帝国主义的侵略和奴役，又热心于促使清王朝改革图强，使中国从半殖民地半封建社会变为独立自主，富足强盛的国家。他是值得我们缅怀和纪念的历史人物。

（原载《萍乡教育学院学报》1992 年增刊）

序言书评致词杂感

《中国近代史》前言

1957 年 9 月

近年来，我国史学界热烈地展开了关于中国近代史分期问题的讨论。迄目前为止，虽然在划分时期的具体界限上尚有异议，但却一致肯定，正确地采取分期的办法去研究和叙述中国近代历史，才能对中国近代政治、经济、文化各方面作综合的探讨，找出贯串这些错综复杂的历史事件的线索，掌握中国近代史的发展规律，从而对这一阶段的历史获得全面的系统的理解。

本书的体例和结构，就是编者吸取了史学界关于中国近代史分期问题的意见，尝试着按照分期的办法来处理的。

关于分期的具体界限，编者赞同目前高等学校历史系中国近代史教学大纲的划分标志，将中国近代 1840 ～ 1919 年的 80 年历史分为 1840 ～ 1864 年、1864 ～ 1901 年和 1901 ～ 1919 年 3 个时期。在本书中，这 3 个时期分别列为 3 编。每编之下，有若干章。每章也系以年代的起迄界限，可以视为该一时期内的不同发展阶段。为照顾每章所系各阶段的特点，举凡在同一阶段内的历史事件，大体上均按照年代的顺序，纳入该章之内。

虽然上述的三个时期各具有不同的特点，但是，贯串着整个中国近代历史的，仍有一条基本线索。这一线索，即是毛泽东同志所曾指示："帝国主义和中国封建主义相结合，把中国变为半殖民地和殖民地的过程，也就是中国人民反抗帝国主义及其走狗的过程。"[1] 这两个过程交错影响，就构成了中国近代史。基于此，本书的编排和叙述，即以这样两个交错影响的过程为主干，作为各编各章的主要内容。特别是对于近代中国人民反帝反封建的斗争历史，虽编者掌握材料有限，但始终力谋充实，务求能够真实地还原中国人民在各个阶段上从事革命斗争的光辉历程。

为了阐明近代中国人民在不同时期内从事反帝反封建斗争时的阶级

---

[1] 《毛泽东选集》第二卷 602 页。

力量的配备及其相互关系，掌握这一基本线索曲折演变的运动轨迹。因此，编者也尽自己所知，并采用了一些近年来我国学术界有关中国近代经济史、文化史的论述和整理的材料，在各个重要发展阶段上，对经济情况和文化动态作了适当的概述，企图说明社会经济和文化思想与阶级斗争的内在联系，以避免使中国近代的阶级斗争，即中国人民反帝反封建斗争的激化和暂时松弛及其多种表现形式，成为单纯的政治事件或一连串的内外战争。从而使这一基本线索贯串着全部社会生活，窥见近代中国历史发展的全貌。

　　以上所述本书体例、结构、取材等问题的处理，总起来说，都是近年来我国学术界在中国近代史研究领域内得出的成果所赐予。但编者学识浅陋，书中论述难免欠妥，史实也或有错误之处，希望读者随时提出意见，以使再版时订正。

　　　　　　　　　　（原载林增平：《中国近代史》湖南人民出版社 1979 年版）

《黄兴年谱》读后

1980 年 12 月 24 日

毛注青撰《黄兴年谱》已由湖南人民出版社刊印问世。

我读过解放前后出版的介绍黄兴生平的传记，涉猎过台湾、香港刊行的《黄克强先生年谱》一类著述，浏览过薛君度在美国写的《黄兴与中国革命》，比较起来，毛撰《年谱》无论是资料的搜集和考订，还是史事的裁剪和编排，都给人一种后来居上、胜于畴昔的印象。

使人产生这种印象的基本原因，是和作者掌握了大量的资料分不开的。20 年前，作者就开始着手资料的搜集。日积月累，他不仅占有了已公开和未公开发表的文字记载；而且在同黄兴的子女和亲属、同学和门生、共事过的战友和部属等各方面人士的频繁交往中，了解到不少有关黄兴的起居情趣和遗闻轶事；又曾不惮其烦地从事调查访问，在长沙县高塘公社凉塘等地发掘到藏于黄兴故旧乡邻当中的口碑。这后一方面，更是以往为黄兴立传撰谱的人们所难于做到的。

就资料加以考订甄别，以期去伪存真，去芜存精，也许比访查搜集要费更多的时间和精力。对此，作者是下过功夫的。全书所录史事，大多数确凿可靠。不少为以往黄兴传、谱所辗转沿用，似可征信的史实，作者都周详考辩，予以订正。例如，作者考证，黄兴不是 14 岁进岳麓书院，而是 19 岁入城南书院读书，据此，黄兴得中秀才，也就不是过去人们所说的 19 岁，而是 22 岁，至于赴日本留学的年月，以往都相信刘揆一《黄兴传记》、张继《黄克强先生年表》所载无误，作者也没有相习沿用，而是通过对文献资料和访问记录的反复考证，指出不是刘揆一、张继所记辛丑（1901 年）年冬，而是壬寅（1902 年）年春夏之交。特别是刘揆一在《黄兴传记》中描写的乙巳（1905 年）春他随同黄兴回到湖南，准备接应马福益洪江起义而迭逢险阻的那段惊骇动人的经历，曾被人们认为，既出自当事人的记述，当然是无庸置疑。然而，作者对此也没有轻信，而是周密查考，证实了刘揆一这段绘声绘色的历险记，纯属子虚乌有，因而在年谱中加以摒弃[1]。类似的考证，还有几处，不再缕述。

　　按情理说，作年谱的对于谱主总不免有所偏袒，多少流露着为贤者讳，为尊者讳的情感。而《黄兴年谱》的作者则不是这样的。他对黄兴的嘉言懿行、丰功伟业固尽量收录，但并不溢美过誉，对黄兴的瑕疵和过失，也未曾隐讳（如第 260 页摘录了黄兴 1914 年 10 月复宫崎寅藏函中的一段，错误地称颂日本侵略军入侵山东是"贵邦仗义兴师，得收青岛"云）。这种秉笔直书的态度，是应当倡导的。然而，《黄兴年谱》并不能说已经达到无懈可击的程度。少量的史事，在征引史料时也稍欠精当，似还有商榷的余地。比如，在记载 1903 年 11 月 4 日（阴历癸卯年九月十六日）华兴会成立的纲目下，作者引述了刘揆一、章士钊、周震鳞、黄一欧等人的回忆（第 26 ~ 28 页），开列了参与当日聚会的人名。但细加考察，所开列诸人中，刘揆一、秦毓鎏、苏玄瑛、谭人凤等是否在场，就很难坐实。按刘揆一在《黄兴传记》中说：迨十一月（阴历），揆一回湘，公乃邀合吴禄贞、陈天华……等，创立华兴会省垣连升街机关部。"如肯定华兴会成立于九月十六日，则刘揆一没有与会；如认为刘曾到会，则华兴会成立日期不当为九月十六。据秦毓鎏其民国初年自书履历称："癸卯冬，返国，后设立丽泽学院、青年学社于上海，……甲辰夏，赴湘与黄兴、刘揆一等举事于长沙，立华兴会为机关部。"由此推断，华兴会成立时，秦毓鎏尚在日本。至于苏玄瑛，则在 1904 年华兴会筹划起义前不久才到达长沙，起义计划泄露后，他仍留在长沙，安然无事[2]，谭人凤则迟至 1906 年冬才同黄兴相识，他们两人不仅没有出席 1903 年 11 月 4 日的会，且是否华兴会员，还是疑案。华兴会的建立和起事，是黄兴毕生事功中的荦荦大者，无疑，在他的年谱里，弄清楚参与创始其事的是哪些人，是有必要的。本着责备贤者的想法，执以向作者请教。

　　如果说，黄兴毕生的功业是"大醇小疵"，那么，《黄兴年谱》这部书，也可以用这四个字作评价。

（原载《湖南日报》1980 年 12 月 24 日）

1　作者就此史事所作的辨误，已撰成《黄兴乙巳春回湘历险订谬》一文，将在《辛亥革命史丛刊》第 2 辑刊登。

2　参阅《曼殊大师全集·序》。见《年谱》第 64 页。

介绍《走向世界丛书》

1981 年

1840 年鸦片战争以前，由于长期的闭关锁国，使整个中华民族陷入极端闭塞无知的状态。反抗外"夷"侵略的战争失败了，创深痛巨的教训，促使一部分中国人开始睁眼看世界。从 19 世纪 60 年代起，就不断有人到国外出使、游历、考察，相继撰写了些游记、札记，记述自己海外猎奇访异的经过和感想。有志之士，还细心地访查对照，为自己的祖国谋求振衰起敝的方略，"冀收利国利民之效"[1]。湖南人民出版社从去年以来着手编辑一套《走向世界丛书》，就是拣选这一类书籍，以广流传。第一辑校点的 10 种，正陆续发行。

翻开已出版的第一辑几种记述，给读者的印象是：这些距今百年左右，早期走出国门的中国人，对于资本主义国家的一切，无不流露出新奇和惊诧的心情，读来确实饶有兴趣，耐人寻味。尽管这些记述的作者还不能辨识资本主义社会的实质，但在他们的笔下，西方各国政治经济状况、社会风貌和山川景色，毕竟有个清晰的轮廓，使读者大体能了解到 19 世纪资本主义世界的人们是怎样生活的，还不致于在掩卷之后感到无所收获。

当然，校点这套丛书的编辑同志并不只是想让读者增添一些西方史地的知识，而是希望它在目前还能对读者多少有所启发。编入第一辑的 10 种，其作者都是当日赞襄洋务或倡导变法维新的人物。他们为了自己所怀抱的理想能够尽快实现，曾经认真地考察西方富强之术，琢磨着回中国后怎样去仿效取法。可是，从洋务到维新，前后 40 年来，一切新政都不见成效，人们期待富强的愿望，接踵幻灭。这说明，要使中国摆脱贫困落后的处境，比肩于西方列强之间，是何等的艰困。这些百年前向西方学习的先行者，可以说是为中国人效法资本主义写下了最早一迭失败的记录。

---

1 李圭著、谷及世校点：《环游地球新录·序》，作者自序，湖南人民出版社，1980 年版。

然而，人们没有理由因为洋务和维新的缺乏成效，而对这些学习西方的先行者采取任何蔑视的态度。应当看到，他们在仔细地考察泰西各国政教、民情和风物时，仍然很郑重地权衡利弊，辨别什么是中国应当取法的？什么是不需要模仿的？而且告诫国人，西方国家固然文明昌盛，但贫富之间的悬殊，社会生活上的污秽，政治上的积垢，也是暴露无遗，随处可见。因此，决不可"徒惊今日欧美之盛美"，"乃忘己而媚外也"[1]。同时，读者也可以发现，尽管这些初出国门的人没有一个是革命者，但在言行上是检点的，经常注意维护自己国家的利益和尊严。读后，仍旧会感到有一定的借鉴意义。

我们也能看到，因为时代和阶级的局限，这些记述的作者在录下自己的见闻和感想时，仍然显露出不少固于传统观念的谬误和敝帚自珍的偏见，对目前的读者来说，剔除类此糟粕是并不费事的。

还应当提到，从事中国近代史研究和教学的工作者，认真读一读（或重新读一读）这套《走向世界丛书》，确实有助于对洋务运动、戊戌维新作出更符合实际的评价。

（原载《求索》1981 年第 3 期，署名"效愚"）

1 康有为著，钟叔河、杨坚校点：《欧洲十一国游记》（一），湖南人民出版社，1980 年版，第 59 页。

功夫须下在平时教学上

1981 年

就去年高考历史答卷看，大部分考生不同程度地表现出基础知识不足，分析能力不够，文字表达不好等弱点。问到考生，则普遍反映："历史"难记。似乎学历史，就是，"记"历史。这样下去不得了。要改正这一现状，我看应把功夫下在平时的历史教学上。

1. 要通过具体史实的讲述，向学生进行历史唯物主义、爱国主义和革命传统的教育，引导他们爱劳动，爱社会主义祖国，确认社会主义、共产主义是人类社会的必然归宿。从而使学生于学习后感到在思想认识上有收获，了解历史并不是一门靠记忆就可以学好的课程。

2. 教学中要正确阐明历史发展的规律，归纳历史的经验教训，引导学生开动脑筋，通过自己的思维活动去认识历史过程，克服死记呆背，违反学习规律的不良风气。

3. 生动地、引人入胜地讲述历史事件的具体情节和人物活动，使历史课不致枯燥乏味，令人厌烦。

4. 适当介绍重大历史事件、历史人物评价所存在的不同见解，让学生发表看法，培养分析问题、解决问题的能力，提高他们学习历史的兴趣。

但要声明，我只是反对机械地记和背，而不是说可以忽视掌握必要的历史基础知识。

（原载《湖南教育》1981 年第 3 期）

《纪念辛亥革命七十周年青年学术讨论会论文选》前言

1982 年 2 月

1980 年冬，中南地区辛亥革命史研究会在长沙举行年会，到会的除研究会理事外，还有 20 多位从事中国近代史教学和研究的同志应邀出席。会议期间，不少同志认为，拟定于 1981 年在武汉召开的纪念辛亥革命 70 周年学术讨论会，名额有限，将有很大一部分青年研究工作者不能参加，因而建议为他们提供一个学术交流的机会，借以加快培植中国近代史学科的后继力量。1981 年春，章开沅同志和我联袂晋京，在不同场合与熟悉的同志谈起此事，同志们也咸表赞助，且力促辛亥革命史研究会和湖南省历史学会联合筹办，共襄善举。南返后，开沅同志、张磊同志和我就分别同两个会的理事洽商，旋即决定于 1981 年冬召开"纪念辛亥革命七十周年青年研究工作者学术讨论会"，并试办论文评奖。4 月，会议筹备组向全国各省、市、自治区历史学会发出通知，提请推荐论文。

纪念辛亥革命 70 周年青年研究工作者学术讨论会，于 1981 年 12 月 5 日至 9 日在长沙举行。会议收到 27 个省、市、自治区历史学会或相类机构推荐来的论文计 95 篇。这批论文中，确有不少立论新颖，资料丰富，剖析细腻的佳作；大部分是有史有论言之成理，斐然可观。从论文涉及的问题来看，大体在以下几方面较明显地推进了辛亥革命史的研究。

1. 围绕中国资产阶级在辛亥革命时期活动能量和动向所进行的研究和讨论，探索较深，对论证辛亥革命的资产阶级民主革命性质，澄清在海外产生的倡说辛亥革命不是一场革命的误解，有一定作用。

2. 对革命派各种团体，从兴中会起，到湖北花园山机关和华兴会、光复会以迄同盟会的建立及其在国内外的发展，兼及共进会和中部同盟会，直至中华革命党，都作了不同程度的考证和论述，从而对辛亥时期革命组织的酝酿、兴起、联合、分化、改组作了进一步的梳理和订正，有助于更具体地阐明以孙中山为领袖的革命党人领导辛亥革命的经历和功绩。

3. 对清末立宪问题作了较广泛的探讨。提交的论文涉及立宪派的产生及其阶级基础，立宪运动的性质及其评价，清廷"预备立宪"的实质及其结局，立宪与保路，立宪派与革命派的关系，湖南、四川等省立宪派的特点等，这些都为给立宪派和立宪运动作出公允的估价提供了更多的资料和论据。

4. 部分论文，或对史学界以往较少甚至不曾问津的领域作了一定的探索；或对过去视为禁区，咸感棘手的课题，撰文评述（如评论辛亥革命时期的胡汉民、汪精卫）；或对辛亥革命在不同地区的历程作了较广阔的涉猎，等等；从而或多或少地开拓了辛亥革命史研究的范围。

这次会议所获致的成就，超过了我们原先预计的水平。这表明在中国近代史学科的研究队伍中，青年一代正在积极弥补十年内乱所遭受的损失，刻苦钻研，迎头赶上；部分同志已是初露才华，堪称新秀。近年来，人们所引以为忧的学术界"青黄不接"的"饥馑"岁月，以这次会议的情况来类推，肯定会要大大地缩短，也许，那间隔是很有限的。

需要提到，会议所以获得优良的成就，是同试行论文评奖有联系的。推荐到会的文章，经 14 位专家组成的评议组反复评议，最后进行无记名投票，又参考了若干代表所填写的意见表，评选出一等奖论文 4 篇，二等奖 10 篇，三等奖 15 篇。编入这个集子的 19 篇，是获奖论文的一部分。目录是按各篇论述内容的时间先后编排的。

负责本集校编工作的是刘泆泆同志。事前，我怀着欣慰的心情，逐一阅读了 19 篇文章。兹将浏览所及，简略介绍。

部分论文，搜集了较多、包括流传不广的资料，对个别具体事项进行较细致深入的分析，从而探讨了辛亥革命时期某些重大变革的性质和内在联系，提出了颇有价值的见解。《辛亥革命时期的粤商自治会》一文，通过对广东资本家的政治团体——粤商自治会的组成和历年活动的探讨，考察了民族资产阶级在革命和立宪两大运动中的动态和联系，较有说服力地回答了国外一些学者否认辛亥革命的资产阶级性质的议论；并据以揭示中国民族资产阶级的两重性，为说明辛亥革命失败的原因提供了论据。与此相类的有《清末上海地方自治运动述论》，较详细地叙述了清末上海地方自治运动发生的原因、机构性能及其社会基础，对上海资产阶级积极谋求参政、开展反帝爱国斗争，并在 1911 年 10 月武昌起义后"顺从共和"的原委进行评介，论证了辛亥革命是中国资产阶级领导的革命运动。还有《试论川路租股》，从考察川汉铁路公司凭借封建国家权力征集租股的沿革和规模入手，推敲了租股的性质拟为它可以说是近代中国史上独特的资本原始积累，其征收历时之长，范围之广，数额之巨，导致了四川民族资产阶级势力的急剧扩大和保路运动的加速发展，借以探究为什么四川近代工业并不发达而立宪派人却很活跃，为什么四川保路运动终能独步一时的主要原因。这类论文，研究路子对头，挖掘较深，从某一方面窥探了辛亥革命的实质和规律，在会上颇引人瞩目。

　　若干篇文章，分析较逊，但以资料丰富、叙述周详见长，对某些事变作了较全面或较确凿的铺陈和讨论。《武昌起义后的农村变动》一文，阐述了武昌起义后农村的阶级变动、政权演变和经济生活，对这次全国规模的运动在农村的反映，作了较具体的描绘，据以论断，武昌起义后中国农村仍是小农经济占绝对优势，物价飞涨，人们的衣食住行日益艰困，资本主义商品经济极其微弱，致使资产阶级共和国缺乏立足的根基，这就是辛亥革命失败的重要原因之一。作者为撰写此文，仅县志一类即查阅 280 余种，其治学的勤奋和朴实，为到会同志所赞赏。《武昌起义前同盟会在国内的活动和斗争》一文，对同盟会在各地分支机构的蔓延，开展革命活动的踪迹，作了较细致准确的介绍，读后较易使人理解，武昌起义后瞬息间就八方响应，迅速涌起全国革命高潮，是与革命党人的组织准备和积蓄力量分不开的。辛亥前近代学校的稀疏兴起和学界的动态，日益为研究者所重视，提交会议的这一方面的论文计 4 篇。其中一篇《试论清末湖北近代教育》。所用素材较广，阐明张之洞在湖北办学和练新军，其主旨是反动的，但两者都转化为与其原旨相反的革命工具；对这种转化，张之洞的努力具有量变意义，最终经革命党人的催化，就导向了武昌首义的胜利。还有一篇题为《"武昌花园山机关"初探》的文章，肯定花园山机关是早于科学补习所，在湖北最早的资产阶级革命团体，也显示出收集资料较多、考订较细的特色。

　　部分论文，是在已有研究的基础上，提出了新见解，获得新进展。《论辛亥革命准备时期的资产阶级民主思想》，是老课题，但作者把握住三种不同的思潮——改良派的民权思想、革命派的民主思想和无政府主义者的民主议论，分别论述了各自的内涵和特点以及不同阶级的影响，仍然写出了新意；并从而引申出一个发人深省的看法，即认为由改良派到革命派以迄无政府主义者对民主的理解，本应是资本主义制度由兴起而鼎盛而衰落这样的一个历史地位的变化在思想领域里的投影，这一变化过程，在西方经历了三四百年，而在中国，则仅十余年的短暂岁月，正足以反映中国资本主义的未老先衰和在中国没有前途。研究梁启超思想的论著，为数已不少，提到会上的《从戊戌到辛亥梁启超的民主政治思想》一文，对梁启超此一期间民主政治思想的演变轨迹、显著特点及其历史地位，作了较深刻的阐述，读来仍感颇有独到之处。一篇题为《辛亥革命前夕美国对华政策研究》的论文，没有像以往这类文章一样侧重于帝国主义对华政策侵略实质的揭露，而是探讨了美国对华政策产生的原因，并把它同清王朝的内政、外交联系起来，进而论述它对清王朝命运的影响。《共进会平议》的作者进一步论证了共进会的成立对同盟会是一种分裂，并查阅了较多资料，具体比较了文学社、共进会在武昌起义中的作用，得出了后者所作贡献稍逊于前者的结论。《试论贵州自治学社的性质》的作者，运用《自治学社杂志》，将贵州自治学社由立宪转向革命的经过作了进一步的论述。还有《广东会党与辛亥革命》一文，对广东会党的成分和特点，以及它在辛亥革命中的作用进行了分析，使这一课题的研究有所发展。《辛亥革命时期湖南的资产阶级立宪派》一文，则从考察湖南资产阶级上层的具体情况入手，阐述了湖南立宪派活动的特点及其同革命派的关系，这对进一步研究清末立宪运动有启发意义。

还有部分文章，是试图弥补研究的薄弱环节。如《试析国粹派经学的两重性》一文，对辛亥革命期间国粹派的积极和消极两方面的影响，作了较好的分析。中国经学派繁衍，众说纷纭，而在资产阶级登上政治舞台的年代为少数革命党人所假借，这是个难题，作者可以说是为解此难题开始作了有成效的探索。中华革命党前人专论甚少，这里收录的《中华革命党略论》，叙述了该党的始末，于肯定它倒袁先锋作用的同时，着重分析了它的方略的失策和脱离群众，进而揭示资产阶级革命在中国走向终结的必然趋势。《论秦力山》是此次会上人物评论中使人感兴趣的一篇，作者自称，是试图以秦力山的生平和思想演变为例，说明 19 世纪末至 20 世纪初中国一代进步青年，是怎样与时代潮流俱进，经过痛苦摸索，奋斗追求，才走上资产阶级民主革命道路的。一篇题为《辛亥革命中康、梁一派的政治活动》的文章，是以往研究不够的，作者对武昌起义前后康、梁一派同清朝亲贵、袁世凯集团、国内立宪派势力以及革命党人之间的关系，理出了头绪，作了分析。还有《兴中会时期的孙杨两派关系》一文，不仅就此一问题作了较详的阐述，而且对杨衢云给以新的评价。

无庸讳言，这19篇文章毕竟是青年研究工作者的作品，因而多少还存在一些微瑕小疵，显得功力不深，文采不足。但尽管如此，这个集子还是有一定学术价值的：其中一部分论文，是以往没有探讨过的课题；大多数论文则是有新意，有独到见解，或是有新资料，都分别对同类课题的研究具有不可忽略的参考意义。无疑，它不失为辛亥革命史研究进程上有影响的发展阶段的标志之一。

（原载中南地区辛亥革命研究会、湖南省历史学会编：《纪念辛亥革命七十周年青年学术讨论会论文选》，中华书局1983年版）

介绍《石叟牌词》

1983 年

《石叟牌词》是谭人凤于二次革命失败后，又一次亡命日本，隐寓福冈县太宰府町营公庙时所撰（1916 年返国后可能稍有补辑）。每组有《词》《图》《叙》《评》四部分，纪述自己一段经历，咏怀当时心境和感受，评论涉及的史事和人物。全卷计 49 组，叙事起于 1895 年（清光绪二十一年乙未）谭开始接触新思潮，慨然兴救国匡时之志，止于 1913 年（民国二年）二次革命的失败。

《牌词》系自述经历，可以说是作者的自传。

谭人凤在《牌词》里，以牙牌开合正变的不同形式，谱为词，纪述自己怎样从一个"泥于试帖词章"乡间塾师，因关怀国事，蒿目时艰，从而走向结纳会党，图谋反清起义的道路。嗣因起义失败，被迫出走，旋即东渡日本，又是怎样由倾慕孙（中山）、黄（兴），向往革命，遂加入同盟会。于是出生入死，为民主革命殚智竭虑的。辛亥革命后，他又多方奔走，戮力国事，又是怎样为建成真正的共和民国而进行了坚持不懈的斗争。读过《牌词》，一个满腔爱国热忱、勇于任事、激进的民主主义革命家的形象，就会在我们脑际清晰地浮现出来。

在辛亥革命前后的革命家当中，谭人凤以年事最长、为人耿直著称。他那爽朗坦率的胸襟，从不阿附权势、随俗浮沉的品德，疾恶如仇、经常面数友朋过失的性格，在《牌词》里也表现出来，给人以深刻印象。比如，他对孙中山是钦敬的，但遇有他觉得不妥当甚至错误的事情，就毫不客气地当面谏争。然而，他也不是逞意气，不识大体。1907 年秋，谭对孙中山携款往越南经营两广边境起义事，本有误会，颇生訾议。但当一部分同盟会员按会党开山堂办法，别组共进会谋在长江中游发难时，他即认为这是与同盟会"分道扬镳"，是"反文明而复野蛮，尤力持不可"。因此，谭虽有好骂人的声名，却不是性情乖张，喜欢使气骂座的一类人，而是当时革命阵营里一位刚正热情的铮铮长者。

在纪述自身经历时，谭人凤不可避免要涉及当时革命运动中许多重大事变。因此，《牌词》的大部分内容，又可说是关于辛亥革命的一卷信史。

谭是 1906 年加入同盟会的。从当年 12 月萍浏醴起义始，同盟会组织的起义，他曾多次参与，均有纪述；有些事变因亲历其境，记载尤为翔实，武昌起义后，谭往来鄂、湘，在《牌词》里他对湖南响应起义，焦达峰、陈作新的遭杀害，以及赴鄂参与阳、夏战争，嗣又出任武昌防御使兼北面招讨使在武昌筹防等过程，既有记录，且多评论。特别是关于袁世凯凶险狡诈地篡窃革命果实的描绘，是相当深刻的。至于"宋案"和二次革命，更是谭人凤撰写《牌词》时还正为之扼腕愤懑的近事，因而记述尤为周详。

若干史事，谭人凤因亲闻目睹，得以知其底蕴，记载似更为可信。如 1908 年黄兴由越南边界发动起义，攻取钦州时，据刘揆一在《黄兴传记》里称："首先战败清军两营于小峰。不意该两营均属郭人漳部下，公不知为郭军，故有此冲突。未举事前，曾与郭有接济弹药之约，至是郭以公为有意，遂遣全军出与为难。三月初二日，两军剧战于马笃山……郭军三营全溃。""……郭人漳失败后，遂大与党人为仇。"[1] 但事实并非如此。因为，亲往游说郭人漳接济弹药的是谭人凤，他在《牌词》里记载往返交涉情况是这样的：

　　……克强此时［按指从镇南关（今友谊关，下同）退出后——引者］之雄心壮志，固犹未已，特以子弹无来源，颇焦灼。适余至，因与郭有旧，遂往求救济焉，时丁未十二月二十五日夜。二十六深夜抵郭行营，谈颇洽。次日相随入城，适省报道衔复职，贺者盈门，态度或变。戊申正月六日，郭率两队赴原防，余相随返防地，隔越之芒街仅一小溪。芒街多同志，且郭随带之队长，排官，均与余在广西有旧，拟就近图之。忽一夜，郭遣人邀余至，则曰革命事败矣，奈何？出省城所发二辰丸电报见示。余阅毕，喟然叹曰："天不佑汉，受此损害，事诚可哀。"但所购之械不止此，尚有一二船，当不至一误再误。其实此事究不知为何人购办也。郭惊讶久之，问越南现有军费多少，则曰不过数百万。郭闻之心复活，状颇真挚，而余之前念遂息矣。次日遣其侄朴存随赴越。余遇各同志，即介绍此系郭统领侄，则皆会意。故郭侄有所问，辄称道兵如何多，饷如何足。至夜，克强召郭侄小饮，复铺张表示，席间连接四

1 中国史学会编：《中国近代史资料丛刊·辛亥革命》（四），上海人民出版社，1957 年版，第 291—292 页。

函，两系报告准备攻取龙州各军情，铃以第一、第二军印信；两系法文，由舌人译述，则谓某处汇寄款若干万也。郭侄色舞眉飞，无复疑义。次日邀余送返，一一据禀，且极力怂恿，无俟余饶舌。郭遂允如所请，拨济枪弹，约定地点交过。执意余返时，克强已入内地，急往报告。有广西陆军学生何克夫等六人同船行，携带军用品，在镇南关发现，均被扣留。郭惧挂误，乃悬赏缉余，并召归委派驻越之学生德润，杀之以灭迹，事乃又成泡影矣。……

据此可知，郭人漳之所以遣全军出与为难，并非由于误会；且其大与党人为仇，也不是因为所部军队败溃。真实原因在于，郭本不是革命者或同情革命的人，而是一个首鼠两端，贪利忘义，居心叵测的反动军官。

又如，1911 年广州三·二九起义的失败，人们都相信，其原因之一，是以头发公司名义经手运送枪弹的陈镜波，乃清方派进来的间谍。黄兴脱险后抵港第一封报告起义经过的《致海外同志书》[1] 即提到此事。故不久陈由穗到港，党人就推洪承点把陈诱至九龙僻处，用匕首将其刺杀。但谭人凤却认为，这是那个贪生怕死，背信溺职的胡毅生委罪嫁祸所造成的冤案。对此，《牌词》有一段评论：

> 陈兢存知事无可为，不愿附和，尚有理由。姚雨平经手联络军队，不临阵指挥监视，反致倒戈相向，罪诚难辞。然亦尚因枪弹未得，可以藉口。胡毅生既置身事外，所存枪弹，克强向取不与，姚雨平向取不与，试问留之作何用？未发之先，即设计嫁祸于人，谓陈镜波有侦探形迹。既败之后，尚能安居城内，造登假报，表示党人资格，掩护嫌疑。种种诡谲行为，逆迹昭著。……至陈镜波一理发师也，无什价格，目为侦探，人自易信之。然子弹手枪，皆由其头发扎包运入。克强晋省，陈亦知之。使果如胡所云，则枪弹之存于各机关者，当一时破获，何事败五六日后尚有各处发现之事情？思患必预防，克强当早被逮于张鸣岐，何反临时失措，逾墙而走（按指黄兴率队攻督署时，张鸣岐才仓皇逾墙逃出）？胡匿省不敢返，陈反来港寻克强，非一反比例乎？陈有母寄胡毅生家，如有亏心，当迎其母返省也，肯随人夜赴僻处就死乎？党人比时不察，杀一无辜，则又不得不因是非之心而动恻隐之心矣！……

谭所提出的一系列令人置疑的问题，发人深省，作为否定陈镜波间谍内奸罪行的证据，可以成立的。

可见，研究辛亥革命史，《牌词》实为必不可少的参考资料。

---

1 湖南省社科院编：《黄兴集》，中华书局，1981 年版，第 40 页。

谭人凤阅历丰富，为人刚直，宅心公正，因而评论史事，臧否人物，多数颇中肯綮。故《牌词》又可作评论清末民初人物的参考。

谭对孙（中山）、黄（兴）、宋（教仁）、蔡（锷）都很推崇，但对他们的短处和过失，也严肃地给以批评，而且一般没有苛责或偏颇之处。这在《牌词》里是随处可见的。而令人感兴趣的是，谭对某些人的观察，似乎比其他革命党人更为深刻。如对胡汉民，谭竟早就看出他的心术不正，有所揭露，故对孙中山倚胡为左右手，黄兴视胡氏兄弟为刎颈交，颇感费解。而事实上，1908年河口起义的失败，胡汉民的举措不当是其原因之一；三·二九举义之不成，胡毅生不能辞其罪责，胡汉民又极力回护，足见谭人凤确有知人之明。黎元洪之出任首义后鄂军政府都督，谭也评论道："黎元洪一无用之庸劣懦夫也。武昌革命以统率无人，拥为都督，旋而副总统，旋而大总统，居然命世之英。而察其前后事功，汉口由其犹豫而烧，赣、宁由其反对而败，国会由其违法怕死而解散。"故谭人凤称黎为共和民国的"祸水"，二次革命时，"通电全国，谓比獠不除，国无宁宇"。到1916年袁世凯死去，风闻蔡锷有举荐黎元洪、徐世昌、段祺瑞、冯国璋继任大总统之意，谭立即致电蔡锷称："黎氏者，乘风云以博倖位，而肇祸共和者也。徐氏者，亡国之大夫也。段与冯者，袁氏之爪牙，以宠禄生心者也。麾下荐而重之，撝谦之德，诚足多矣，仆窃为麾下耻之。"[1]这种评语，比起同时多数原革命党人的见识，显然要高出一筹。至于评论某些事件，谭也不乏说论卓识。如他用赵盾弑灵公的典故比拟焦达峰、陈作新的遭杀害，指出"谭延闿即未与杀焦谋，焦实因谭延闿而死"，就中肯地点出了这次湖南政变的实质和谭延闿承担的罪责。类似评论在《牌词》中尚多，不一一枚举。

当然，谭人凤也有缺点和错误，这里，只是介绍《牌》的史料价值，而不是给谭作全面评价。因此，议论他的缺点和错误，就不属本文范围了。

（原载谭人凤撰、饶怀民校点：《石叟牌词》，甘肃人民出版社1983年版）

---

1 《谭人凤为彻底解决国是致蔡锷函》，黄季陆主编：《革命文献》第48辑，第188页。

在孙中山学术讨论会闭幕式上的讲话

1984 年 11 月 26 日

这次孙中山学术讨论会，有国内大多数研究孙中山、近代中国革命的学术工作者出席，其中有不少同志在这方面成就卓著，在国际上有影响。又邀请了香港的学者，还有亚洲、美洲、欧洲、大洋洲的学者，他们都是这方面的专家，有关于孙中山、中国近代革命的著作发表，是被认为研究孙中山有成就的学者。国内外学者提出了 64 篇论文，涉及、探讨了许多问题，开拓了研究领域，黄彦同志的综述，章开沅同志的闭幕词都已经谈到。这次会议气氛活跃，讨论热烈，从广州开到中山，还瞻仰了孙中山故居。今天在中山市举行闭幕式，会议取得了成功，得以圆满结束。这无疑推动了孙中山研究，并将在国内外产生积极影响。

最后，我代表会议主办单位中山大学、广东省历史学会、中南地区辛亥革命史研究会，对中山市党政领导、中山故居、中山市孙中山研究会的大力支持和热情接待，对为这次学术会议辛勤工作的同志，表示衷心的感谢。

为期一个星期的孙中山学术研讨会，由于广东省党政领导、中山市党政领导的关怀、支持和指导，到会中外学者和谐的、坚持真理的态度，取得显著成果，将成为研究孙中山的里程碑。这是与为此辛勤工作的同志们是分不开的，我要再次表示感谢。

祝作为贵宾的国外学者一路顺风、平安幸福。祝内地和香港的同行们工作顺利、诸事如意。

让我代表三个主办单位宣布，1984 年孙中山学术讨论会圆满闭幕。

（这份讲话系根据先生所留手稿整理。未经本人审阅。）

《大学语文》序言

1984 年 8 月

　　这份教材，是为高等院校理、工、农、医、军事等专业开设《大学语文》课程而选编。依据高等教育自学考试的规定，要求应考合格者与全日制普通高等院校相应专业学生的业务水平相当，因此，这份教材对于报考理工等科专业自学考试的人员也是适用的。

　　学习《大学语文》这门课，旨在通过精读课本选录的范文，进一步掌握写文章的基本知识和技巧。专攻自然科学的人，当然不要求个个都能像文学家那样，写出来的文章各具风格，字字珠玑，但也不能语无伦次，滞涩不通。一篇有价值的科学论文，必然是写得文从字顺，层次井然，阐论准确。反之，一篇论文如果写得眉目不清，词不达意，甚至不知所云，那就不管内容如何充实，见解如何新颖，也不可能被别人接受，得到赏识。

　　我们祖国历史悠久，自春秋战国时代起，人们热知的语言大师，文学泰斗，说得上是比肩踵起，车载斗量。他们撰写的名篇佳作，传诵至今，更可说数不胜数。不但叙事说理，绘景状物的各类散文写得流畅隽永，耐人寻味；抒怀寄情，惜别念旧的诗词歌赋读来心旷神怡，不忍释卷；就是那些剖析精微，鞭辟入里的科技文章，如本教材选录的沈括、宋应星、高士其等古今名家写的作品，也都精炼雅洁，引人入胜。因此，诵读选录的文章，堪称是一种享受，一番乐趣；也能增长知识，提高文史方面的修养；还可以增强民族自豪感，助长爱国主义的热忱。

　　学习这门课程的同学，也可以在老师的指导下，或依据自己的鉴赏能力和爱好，选若干篇熟读背诵。当然，死记呆背是不可取的，也不是要同学们背熟些古文后亦步亦趋地模拟仿效，依样葫芦。我的想法是，希望同学们通过背诵，熟悉古今名家推敲字句，藻饰文词，分层布局，起承转合的手法和技巧，融会贯通，在写作的时候能够得心应手地构思运笔，顺理成章，而不致感到思路枯竭，写来不成章法。不过，我这里只是就自己读文章所产生的感受提点参考意见，要不要背诵？背诵多少？还得由任课老师说了算。

这份教材选的文章诗词，有些我读过，有些也还陌生，从目录看，选得还是全面精当，适合于理、工、农、医、军事等专业教学的要求。作为高等教育自学考试理工等科专业《大学语文》教材，也大体能保证考试的广度和深度不低于全日制高等院校相应专业的水平。

（原载湖南师范大学等编：《大学语文》，湖南人民出版社，

1984 年版）

《中国近代史参考地图》序言

1984 年

50 年代末起，郭利民同志就是我在讲授《中国近代史》时的协作者。他配合教学进度，绘制了一批教学参考地图，使学生感到，无论是听课还是课前课后自学，效率均大有提高。1960 年，中国近代史教研室集体编写了一部《中国近代史讲义》，利民同志特地绘制了 20 幅地图，制成锌版印刷，分别插入有关章节，更受到学生的欢迎。"文革"后，他精益求精，力谋翔实准确，不殚其烦地校正各图内容，并陆续增添新图，于 1980 年编订成册，印成 16 开本，供本院和省内有关高等院校使用。1981 年和 1983 年，又再度修改，并经教研室的同志分工校订，相继作为教学参考资料，在国内有关高等院校交流，前后共印 8000 余册，尚难满足需求。幸得湖南教育出版社鼎力支持，接受出版。为了尽可能地提高质量，消去错漏，教研室又一次集中力量，对各图逐一校订，由利民同志再行修改，交出版社审核。

在编制这本地图集的时候，作者对事件取舍和表现方式，是扣住了一条基本线索的。这条基本线索，就是毛泽东同志所指出的："帝国主义和中国封建主义相结合，把中国变为半殖民地和殖民地的过程，也就是中国人民反抗帝国主义及其走狗的过程。"[1]因此，在本集 48 幅图中，以显示中国人民抵御外国资本主义——帝国主义侵略，反抗国内反动统治而展开的各种斗争为内容的占大多数。而关于太平天国农民起义、义和团反帝爱国运动和辛亥革命这三大事件从兴起，高涨到失败的过程，更用了较多的篇幅加以烘托。并对近代 80 年来中国各族人民自发的、规模虽不大而此起彼伏、纵横连绵的各种斗争，也分阶段、分专题绘制成图，穿插其间。从而使读者浏览了本图集后，就能形成较深刻的印象，即确认中国近代历史主要是中国人民前仆后继，不屈不挠地反帝反封建

---

1 《中国革命和中国共产党》。

的斗争历程。

在突出近代中国人民反帝反封建斗争的同时，作者也没有忽略用象形或示意的方式，适当地将近代中国经济的主要变化，从地图上表现出来。像关于中国资本主义兴起和初步发展的状况，帝国主义在中国设立工厂、分割中国铁路矿山的情景，都曾分阶段绘制，示其梗概，显其崖略。这就不啻是将近代中国切削出一个纵剖面，使读者大致窥见了半殖民地半封建社会的主要特征。

当然，历史地图是有局限的，不少历史现象不可能通过地图上的标志反映出来。比如，近代思想文化的演变，封建地租剥削的加重，反动统治者的昏庸腐朽等，在历史地图上就一般地只能付之阙如。但是，作为一种辅助手段，在学习近代史的时候，有还是没有历史地图对照参考，功效是大不一样的。有历史地图以备查核，就能收事半功倍之效；没有，虽不一定事倍功半，但学习效果必有所减退。翻阅任何一部中国近代史著作，尽管篇幅不一，体例不同，而映入眼帘的，大部分是帝国主义侵略中国，蚕食鲸吞中国领土的血迹斑斑的纪录，是中国人民反抗内外敌人的英勇搏斗的业绩。如果将这本专题历史地图集置于案头，一面浏览文字叙述，一面按地图的各项标志检索查考，那么，印象就必然更为深刻，理解就必然更为透彻，收效也更为显著。这是毋庸置疑的。

这本地图集内容较充实，主要是供高等院校历史系本科和其他有关专业学生学习中国近代史使用。也可供中学历史教师用作教学参考。广播、电视、函授大学开设中国近代史课程，将它列为参考图集，也较适宜。干部、职工用以辅佐自学中国近代史，更能提高学习效率。

我和教研室的同志一道分工审校这本地图集，主观上是力求完善准确，但因学识不足，力与心违，疏忽之处，敬希读者批评指正。

（原载郭利民编制：《中国近代史参考地图》，湖南教育出版社
1984 年版）

建立一支稳定合格的教师队伍

——三论学习覃申媛
1984 年

读过覃申媛同志模范事迹的报道，觉得她那不求闻达，不图名利，不辞艰困，不避寒暑，三十多年如一日，扎辟远山区，孜孜矻矻地为党的教育事业倾注全部心血的献身精神和高尚品德，确实令人敬佩，感人至深。

当前，新的技术革命对于教育来说，是一次严峻的挑战。邓小平同志去年就提出："教育要面向现代化，面向世界，面向未来。"要实现这"三个面向"，当务之急就是要培养一支又红又专、合格稳定的教师队伍。而广泛地开展学习覃申媛的活动，则是造就这支队伍的重大课题。

有的同志也许会产生疑问：目前是要搞现代化，覃申媛同志虽然作出了可贵的贡献，但她那辟处山区，因陋就简的经验，有多大借鉴意义呢？

这个疑团是容易消释的。

不难理解，无论教育事业现代化的程度有多高，而教师的素质如何，总是始终起决定作用的因素。首先是任何教师都应对自己所从事的职业的崇高意义有足够的认识。古往今来，许多有远见的政治家、思想家、教育家对教师都曾给以很高的评价。汉代著名思想家杨雄在其著作《法言》中说："师者，人之模范也。"捷克著名教育家夸美纽斯认为：教师是"太阳底下再没有比它更优越的职业"。无产阶级革命导师更加重视教师的作用。列宁曾经指出："不提高人民教师地位，就谈不上任何文化，既谈不上无产阶级文化，甚至也谈不上资产阶级文化。"所以，他认为"应当把我国人民教师提高到从未有过的，在资产阶级社会里没有也不可能有的崇高的地位。"毛泽东同志也曾经高度赞许人民教师是"国家和社会的宝贵财富"。党的十一届三中全会以来，党中央不止一次地强调："我们的教师，担负着传授科学文化知识、培养社会主义新人的光荣任务，理应受到全社会的尊敬。"因而认为"必须造成尊师的良好社会风气，提高教师的社会地位，建设一支稳定、合格的教师队伍。"

覃申媛同志自 1952 年在石门简师毕业后，先后在 7 所小学工作，都是办学条件异常欠缺，生活也相当艰苦的地方。她却一直以坚强的毅力和充沛的信心，不但认真负责地完成了教学任务，而且精益求精，工作做得越来越出色。所以如此，其主要原因之一，是她对教师职业的崇高意义有正确的估价。如同她说的："生活虽然艰苦，事业却很崇高。"因而她对自己的职业异常热爱，以当一名人民教师而自豪。如果没有覃申媛同志那样的认识和思想意识，在辟远山区当教师就会畏难退缩，不安心工作，即使在大城市，在教学设备很先进的学校当教师，也会消极懒怠，见异思迁。这样，我们的教师队伍就无法稳定。所以，无论是在教学条件好还是差的学校当教师，是在农村小学还是在高等院校当教师，都应当学习覃申媛同志那种热爱教师职业，忠诚于人民教育事业的思想和品德。

覃申媛同志另一模范事迹是她全面地、不折不扣地履行人民教师所应尽的职责，即真正地做到了既教书又育人，把一批批的学生培育成品学兼优的社会主义新人。

我国古代大学者韩愈就曾把教师的职责归纳为"传道，授业，解惑"。他所谓的传道，当然是指传授封建主义的礼法道德和思想修养，但却充分说明，任何阶级对于自己的教师都曾规定有教书育人的职责的。苏联当代著名教育家苏霍姆林斯基说得更明确：教师"不仅仅是教课的老师，也是培养人的教育者，还是生活的老师和道德教员。"我国无产阶级教育家徐特立也主张教师应是"经师"和"人师"的合一。他说：教师如果只"传授点文化科学知识，而忽视培养方向，这样的教育是失败"的。最近，教育部长何东昌谈到，教育要做到"三个面向"，适应新的技术革命的需要，就得培养出有坚定的马克思主义信仰，道德品质好，又有渊博的知识，有创新能力的一大批人才。这就清楚地告诉我们，作为人民教师，仅仅传授文化科学知识，忽视甚至根本不对学生进行道德品质的教育，是不能认为履行了自己应尽的职责的。

覃申媛同志确实是尽瘁职守，教书育人的典范。她像慈母爱护子女一样爱护自己的学生，既当老师，又当"妈妈"，始终怀着"不让一个学生掉队"的信念，殚精竭虑地把每个儿童都培养成品学兼优的学生。她在这一方面的动人事迹和令人敬佩的思想品德，充满于那篇《崇高的献身精神》的报道里，我这里就不再赘述了。

　　覃申媛同志还有很多优点值得学习，我只是就自己感受最深的谈到上述两个方面。很明显，如果每个教师都像覃申媛同志那样把当教师看作一种崇高的职业，对它无比热爱，锲而不舍地为它献出毕生的精力，我们的教师队伍就会稳定下来，如果每个教师都像覃申媛同志那样全面地履行人民教师的职责，既能精益求精地传授文化科学知识，又能循循善诱地对学生进行道德品质教育，真正把教书育人的工作做好，我们的教师队伍就说得上是合格的。有了一支又红又专、稳定合格的教师队伍，采取相应措施，尽快地用最新技术改善各级各类学校的教学、实验、科研等等设备，积极改革学校管理体制和教学方法，这样，我们的教育事业就能很快地适应四化建设的要求。

（原载《湖南教育》1984 年第 6 期）

左宗棠学术讨论会开幕词

1985 年 11 月 23 日

　　全国左宗棠研究学术讨论会，是由湖南省哲学社会科学学会联合会、湖南省社会科学院、湘潭大学、湖南师范大学、湖南省历史学会 5 个单位联合筹办的。在筹办的过程当中，得到湖南省委、省人民政府的关怀和指导，也得到长沙市委、市人民政府，湘阴县委、县人民政府的大力支持和配合，同时，全国各地学者专家、左宗棠的后裔都给了很大的支持。现在，我们这个全国的左宗棠研究学术讨论会如期开始了。我谨代表左宗棠研究学术讨论会筹备委员会向出席会议的同志们、朋友们表示热烈的欢迎，由衷的感谢！

　　出席今天开幕式的，有湖南省人大常委会主任焦林义同志，湖南省政协原副主席杨第甫同志，湖南省人大常委会原副主任吴志渊同志，湖南省军区李副司令员，湖南省委宣传部副部长龙禹贤同志，长沙市委统战部部长刘守中同志，长沙市人大常委会副主任潘基硕同志，湘阴县委统战部部长杨元甫同志，还有其他有关的省市和学术文化团体的负责同志，等等。邀请来的省内外学术界的有关研究近代史、左宗棠的同志，有以下一些：方克同志，红旗杂志社原副总编辑；林永俣同志，林则徐的后裔，上海社会科学院历史研究所原研究员；陈旭麓同志，华东师范大学历史系教授；夏东沅同志，华东师范大学历史系教授；谢健同志，中国军事科学院研究员；贾熟村同志，中国社会科学院近代史研究所副研究员、研究室主任；姜铎同志，上海社会科学院经济研究所研究员；王天奖同志，河南社会科学院历史研究所副研究员、所长；廖一中同志，天津社会科学院历史研究所近代史研究室主任；杨东梁同志，中国人民大学历史系讲师，《左宗棠评传》的作者；等等，有几十位省内省外的这方面素有研究的同志参加我们这次会议。还有左宗棠的后裔，其中有：左景伊同志，是左宗棠四世孙，全国政协委员，北京化工学院教授；左景鉴同志：左宗棠四世孙，全国政协委员，重庆医学院教授；还有来自美国的左犹麟女士，是左宗棠的四世孙女，美国圣克莱尔蒙特州联合大学东方图书馆馆长；其他省内省外左宗棠后裔参加会议开幕式的也有好几十位。今天到会的同志们、朋友们共 160 余人。

由于省市及湘阴县党政部门的重视和关怀，由于全国学术界对中国近代史、左宗棠研究有素的同志的支持，以及左氏后人的出席一起研究讨论，可以肯定这次学术讨论会一定会获得成功，使中国近代史的研究、左宗棠的研究获得显著的成果，研究的水平将大大的提高，这是可以预期的。

（原载《湖南社联通讯》1985 年第 6 期）

左宗棠学术讨论会闭幕词

1985 年 11 月 27 日

同志们、朋友们：

这次全国左宗棠研究学术讨论会，历时 5 天，大家就所撰著作、论文，展开讨论，交换意见，即将完满地结束。我代表 5 个筹办单位：湖南省哲学社会科学学会联合会、湖南省社会科学院、湘潭大学、湖南师范大学、湖南省历史学会，对到会的同志们、朋友们的积极合作，会务工作人员的辛勤工作，招待所的热情服务，表示由衷的感谢！

参加这次会的，主要是对中国近代史研究有素，特别是对左宗棠进行过不同程度研究的专家、学者。据我所知，目前已出版或未出版的左宗棠传记，有 5 本，其中 3 本的作者到会，杜经国同志因事未到，董蔡时同志本拟到会，因病请假，但他们都提交了论文。这是我们这次会开得好的基本因素。

参加这次会议的还有左宗棠后裔、亲友和有关人士（如秦翰才先生的哲嗣秦曾志同志），这在绝大多数学术讨论会是没有的（前不久林则徐讨论会类似）。他们参与了讨论，提供了资料和看法。如同左景伊同志讲的，他们不会用对自己祖先的尊敬的感情去代替对作为历史人物的左宗棠的正确的评价，事实上他们也是力图这样做的。这无疑也是使我们的讨论更能有效地展开和深入的一个因素。

还要提到，这次讨论会的出席者，较为年轻的史学同行也有一定数量，他们发表了不少富有探索性的意见，受到会上老专家们的赞赏。

因此，可以这样说：这次会是关于左宗棠研究的高质量的学术讨论会，是卓有成效的一次学术讨论会。

这次讨论会，当然还不能、也没有必要达成一个共同的协议，即对左宗棠作一个最终的评价。分歧还是很多的，但有一点是大家所都能接受的意见，即左宗棠是以一个著名的爱国者的形象显露在我们祖国的历史画卷上。

这次会，也把左宗棠研究中聚讼纷纭的问题，作了进一步的探讨，如左宗棠的洋务事业，镇压陕甘回民起义等问题，这些分歧还会在一定阶段延续下去，但无疑是把解决这些问题的进程大大地缩短了。

同时，也必须提到，这次会对于现实生活也有一定影响。当然，认识历史、研究历史，不应当只是为了从历史上取得借鉴，更不能牵强附会、影射。历史学，特别是按照辩证唯物主义、历史唯物主义观点和方法去研究历史，更是一门科学，是和其他科学互为辅车，探索人类全部社会生活规律和前途的科学，也就是认识世界的前天、昨天、明天。但是，我们一句老话："观今宜鉴古，无古不成今。"历史借鉴，总是人们所乐于思考的。我们能够对古人作出正确的、历史的、恰合分寸的评价，也就使人们了解我们能够正确地对待现实的人。"文革"期间，一片打倒声，许多人被不实之词所罗织，于是古人也不幸免，林则徐也被"押到历史的审判台上"。因此，叙述历史，讨论历史人物，某种程度上可以说是"古今对话"。我们能正确评价左宗棠，就意味着能正确地对待现实的人。表明我们确实恢复了党的实事求是的思想路线，是坚持了学术上的双百方针。这对于发展爱国统一战线，促进祖国统一，加强海内外炎黄子孙的联系，为振兴中华、实现四化作出贡献，是有益的。我想，这个信息是能够通过在座的同志们、朋友们，传到台湾、香港和海外的。

这次学术讨论会即将结束，同志们、朋友们即将分别回到自己的工作和生活的地方。祝大家旅途平安，万事如意，全家幸福！

（原载《湖南社联通讯》1985 年第 6 期）

《谭嗣同评传》序言

1985 年 3 月

自梁启超在谭嗣同殉难 4 个月后，1899 年 1 月 22 日出刊的《清议报》第 4 册上发表《谭嗣同传》起，国内（包括台湾）外撰写的关于谭嗣同的"传""评传""传论""年谱"等著作，不下 10 余种。篇幅较大的如台湾东海大学历史研究所林载爵的硕士论文《谭嗣同评传》，计 312 页；美国密西根大学 Rolet R·Ronald 的博士论文 "The Life and Thought of T'an Ssu-t'ung"，计 452 页。因为涉及谭嗣同的论著不少，香港中文大学陈善伟博士还特地编撰了一本专集，名曰 "T'an Ssu-t'ung: An Annotated Bibliogra-Phy"。据他搜集关于谭嗣同的著作和各类文章以及谭嗣同的文集、墨迹等，截至 1978 年，已达 205 种之多。近几年，研究谭嗣同仍属热门课题，以收集于《中国历史学年鉴》上有关这方面的文章标题计，1981、1982 年即达 30 余篇；并先后出版了 3 种传记和阐发其思想的著作；《谭嗣同全集》修订本也已发行。这就是说，给谭嗣同写传记和进行评论，已是起点很高的课题。现在，李喜所同志的《谭嗣同评传》又问世了。读者脑际想必会浮现这样几个问号：这本《评传》是否吸取了已有论著的精粹？提出了哪些新见解？把谭嗣同研究这个课题推进到什么样的高度？还有什么不足之处否？我也是怀着这些想法展读这本新著的。

说这本《评传》吸取了全部已有研究成果的精华，当然是过誉。但作者确在这一方面下过功夫。从谭嗣同本身和所涉及的史事来说，作者力求尽可能地引用经过核对的第一手资料，还罗掘了若干刊登于当时发行的期刊、报纸上的记载，同时也注意吸收能够见到的台湾、香港和国外学者整理的史实，而发现以往有关论著里纪述有失误或疏漏之处，也进行了慎重的订正。就史实看来，这本《评传》大体上做到了信而有征。

以较为确凿的史实为素材，作者将谭嗣同的毕生思想言行作为一个不可分割、浑然自成整体的发展过程加以粗线条的勾勒，然后分阶段进行绘饰。当重采处，他不惜着力，应雅淡处，他索笔轻描，务使谭嗣同的形象及其思想发展过程清晰完整地映现于读者的想象里。依据导致谭嗣同思想变化的主观原因和客观影响，作者认为谭嗣同一生经历了三个发展阶段：

从 1865 年至 1883 年，谭处于封建主义密封式的生活环境中，接受的是传统礼法的熏染，为陈腐教条所束缚。然而，西方来的欧风美雨，也偶尔在浏阳这个丘陵起伏的内地稀疏地洒下几点；破落衰败的封建社会景象，也不会使谭嗣同毫无感受；加上谭自称备遭"殆非生人所能任（忍）受"的家庭变故，因而在谭的心身里，不能不隐伏着叛逆性格的基因。从 1884 至 1893 年，谭虽仍然在所谓"修齐治平"的科举道途上留连彳亍，故"六赴南北省试"。然而，10 年漫游的阅历，蜩螗国事，连绵外患的刺激，终于使谭逐步增添了改革的思绪，奠定了变法维新的思想基础。1894 年后，经历梁启超称之为"唤起吾国四千年之大梦"的甲午战争，谭嗣同思想产生质的飞跃，迅速地进入激进的维新思想家、实干家的前列。

应当提出，作者在描绘谭嗣同这个历史人物的过程里，于挖掘谭本身思想发展的内在因素的同时，丝毫也没有忽略时代、阶级、经济和社会思潮等多方面的影响，务使读者理解，谭嗣同的言行思想，无一不带有当时社会生活的特征。比如，作者在解答谭嗣同为什么成为当时中国旧制度、旧礼教的叛逆者的问题时，就没有过多地注视谭的倔强性格，而是放开眼界，观察了谭的家庭生活，社会交往，推究其给予谭的影响；并更多地从宏观的角度，探讨中国地主阶级没落，资产阶级行将崛起之际可能产生的现象，认为谭嗣同正是这新旧阶级交替时，感触到没落阶级的衰微，从而分化出来转向依附新的社会势力的代表人物。这样理解，是符合历史实际的。如同马克思、恩格斯在《共产党宣言》里所阐述的那样："在阶级斗争接近决战的时期，统治阶级内部的、整个旧社会内部的瓦解过程，就达到非常强烈、非常尖锐的程度，甚至使得统治阶级中的一小部分人脱离统治阶级而归附于革命的阶级，即掌握着未来的阶级。所以，正像过去贵族中有一部分人转到资产阶级方面一样，现在资产阶级中也有一部分人，特别是已经提高到从理论上认识整个历史运动这一水平的一部分资产阶级思想家，转到无产阶级方面来了。"19 世纪末年的中国，尽管新兴的资产阶级还只能说是处于襁褓之中，它同旧的地主阶级决战的时期还没到来，可是，导致统治阶级中一小部分人分化出来的社会条件，应当说是已经具备了的。

总体上看，康有为、梁启超以及其他著名维新人士，都可以说是或先或后地从旧的地主阶级转到新的资产阶级一方来的改良主义思想家、政治家。这是他们之间的共性。然而，谭嗣同与康、梁及同时候的维新人士又有哪些差异呢？要解决好这个问题，重要的是在撰写的时候细心地揣摩谭嗣同的个性。《评传》作者对此是注意到了的。他仔细考察了谭嗣同的生活经历和好恶哀乐以及思维的特点，对谭的个性有所刻画，并据以与康有为、梁启超等人作了比较分析。比如，对历来使人饶有兴趣的议题，即谭嗣同维新思想形成较晚，为什么言行态度转较积极，俨然呈后来居上之势？作者就用较多篇幅，将谭与康、梁的个人处境和社会活动以及兴趣爱憎等进行对照论述，试图回答这个议题。谭嗣同信佛，而龚自珍、康有为、梁启超、章太炎也有过信佛的经历。作者又抓住这个课题，就他们的信佛作了比较。与谭嗣同一道遇难的"六君子"，是否都和谭一样抱有为变法殉身的牺牲精神呢？作者又将杨锐、林旭与谭嗣同加以比较分析。通过这样一些对照辨别，谭嗣同的个性也就显露出来。不过，作者是写一本有史有论，有根有据的评传，对传主个性的塑造，毕竟不像作家写小说主人公那样写得细腻生动。

谭嗣同思想驳杂不纯，言行以激进著称，而间有消极意志。因此，对他的评论，至今还颇多歧异。《评传》作者认真地研究了各家意见，对尚存争议的大小十多个问题均逐一作了分析评述，并申述了自己的见解。其中聚讼纷纭的 5 个主要问题，作者着墨尤多。

1. 谭嗣同的阶级属性问题：大体有民族资产阶级上层的政治代表、民族资产阶级中下层代表人物、民族资产阶级改良派左翼等几种说法。作者感到，说谭是上层，解释不了他和康有为有何不同；说谭是中下层，无从辨析他和孙中山的差别；说谭是左翼，似乎没有确切回答他究应属于资产阶级的哪个阶层。因此，作者认为，戊戌变法时期，以湖南时务学堂的师生为主，形成了一批小资产阶级知识分子，他们公开地倡导变法维新，而内心则不同程度地蕴蓄着反清意识。百日维新失败后，这批人即成为唐才常领导的自立军起义的基本骨干，自立军揭橥的宗旨及表现出来的矛盾立场，实际上是通过唐才常再现谭嗣同的思想和主张。故作者将谭定为正在形成中的小资产阶级知识分子中的佼佼者。

2.《仁学》中的"以太"为何？一曰它是物质的，一曰是精神的，或曰属物质和精神的二元性概念。作者认为，"以太"基本上是一个物质概念，但谭嗣同在运用时有和精神混淆在一起的情况；特别是谭没有讲清"以太"和"仁"的区别和联系。然而，就主要倾向来看，谭嗣同将正在欧美流行的这种科学"假设"接受过来，主观上是要用以解释宇宙；在解析时又把"以太"和许多科学知识结合起来分析，并由此引申到社会生活各个方面，得出了不少富有启发和批判性的结论，从而赋予了"以太"客观存在的物质性。作者强调，应当历史地看待谭嗣同对"以太"的解说，不能因为"以太"这种假设后来被否定了，就将《仁学》里的"以太"归入唯心主义的范畴。

3. 谭嗣同的哲学思想是唯心的抑唯物的？是两者并存而以唯心为主抑唯物为主？其中有否辩证法观点？是否经历了由唯物向唯心的转化？《评传》里显露的观点是：谭嗣同的哲学思想系唯物和唯心并存，而以唯物为主；辩证法和相对主义的诡辩论并存，而以辩证法为主。从而构成了谭嗣同具有唯物主义倾向的宇宙观，进化论的历史观和富有辩证因素的认识论。随着谭的阅历日深和对西学的了解日多，其哲学思想经历了"气一元论""器体道用说""以太说"三个阶段的发展，虽渐次增添了唯心的成份，但趋势是发展的，而不是倒退。完稿于1897年11月的《仁学》中所阐述的哲理虽不如早期的朴实、单一，但却反映了谭嗣同哲学思想的趋向缜密和丰富。

4. 不少研究者认为谭嗣同信佛是悲观厌世的表现，作者对此持异议，指出谭信佛是出于追求真理的动机，其理由是：1896年谭"北游访学"是积极行动，旨在结识天下名士，寻求新的理论以救国匡时，并没有消极失望的念头；在那"学问饥饿"的年代，谭遍寻中西学问，均不惬意，于是想到佛门中去另辟蹊径。事实上，谭的信佛是侧重从哲学的角度去钻研，并非作为宗教信仰，而从佛学中吸收了辩证法思想和大无畏精神，故不宜视作悲观厌世，而应看到，积极方面是主要的。

5. 政变发生后，谭嗣同为什么不离京出走？论者或按梁启超的说法，断言是由于"无以酬圣主"；或据情推测，认为是为了免使父亲、时任湖北巡抚谭继洵遭株连罹祸，即出于忠君孝亲的纲常观念。作者表示不同意这种看法，肯定谭的就义是积极的，有意义的。谭的坐以待捕，似可看作是他思想发展的一个新阶段，即由"和平改良"进到"流血变法"。这种"流血变法"是不成熟的革命意识，是"和平改良"——"武装改良"——"武装革命"三个阶段中的一环。作者指出，在谭嗣同的思想内，和平改良和反清革命本存在对立统一的关系，故当政变将作之时，谭即有说袁世凯起兵杀荣禄，囚太后的行动。迨政变发生，"武装改良"暂时无望，谭就很自然地会宣告："各国变法，无不从流血而成，今日中国未闻有因变法而流血者，此国之所以不昌也。有之，请自嗣同始！"遂毅然用"流血变法"以启迪来者。

以上5个争论较大的问题，只能说是作者提出了自己的见解，显然不应当认为已成定论。我就不完全同意作者的看法。比如，把谭嗣同看作戊戌变法时期正在形成中的小资产阶级知识分子的代表，我即颇有点期期以为不可。因为，我对中国近代资产阶级的产生、形成和发展，曾经提出过自以为是的意见，认为就19世纪末叶中国资本主义的规模和发展水平，当时中国社会的实况来说，中国资产阶级还没有形成为一个独立的社会阶级，因而不可能有上层、中下层的分化，也还没有自己的知识分子。"确切地说，戊戌交法是适应行将形成的民族资产阶级的要求，由正向资产阶级知识分子转化的地主官僚革新派人士倡导的一个政治运动"（见拙著《近代中国资产阶级论略》载《中华学术论文集》）。我之所以着重介绍《评传》中上述观点，旨在说明，不管读者是否赞同《评传》的看法，作者毕竟是综各家之言，经过潜心辨析求索，提出了颇有分量的见解，这无疑是会有效地将谭嗣同的研究导向深入。

读完《评传》，掩卷沉思，感到收益非浅，但也略有不满足的感觉。谭嗣同是晚清思想界的彗星，锋芒毕露而新旧糅杂，《评传》对其哲学思想的分析也间有不够透彻之处，遇到少许难点似有绕开走的迹象。在论述谭嗣同的佛学思想时，则稍嫌拘谨，未能展开。但这是因为近代史研究工作者一般都不谙习佛典，不足为作者一人病也。

写评传，应在"评"字上下功夫，这方面作者确没有吝惜篇幅，全书评论占有足够的比例。通过史实和说理来阐明观点，条分缕析，显得颇有章法。有待改进者，是叙述略输文采，不够生动。此外，谭嗣同的文学思想及其创作，书稿付之阙如，亦不能不令人遗憾。

这本《评传》是谭嗣同研究旅程中的一个阶段记录，当然不是终点。事实上，需要进一步探讨的领域还不少。迄今为止，对谭嗣同思想研究较多的是他的政治思想、哲学思想（这两方面仍有待深入），而关于先秦诸子下迄陆、王以及宗教、数学、自然科学、社会学等各种学说给予谭的影响，则探讨显然不够。比如，《仁学》里引用的大量从西方传来的自然科学知识，谭嗣同是如何接受的？对其思想的形成、转交有何作用？似乎还很少有文章涉及。谭嗣同博采众说，表现在《仁学》里可说是一幅百家并陈、中西杂沓的图景，反映了中国社会骤入近代后所有先进志士都面临要为之焦心竭虑的问题，即如何继承传统思想和吸收西方学术建立足以捍卫民族独立，导致国家富强的近代新文化。所以，进一步研究谭嗣同，似乎应从近代文化史的角度，将谭置于中国近代文化思想的推移演变的轨道上进行探讨剖析，钩玄发微，才能更确切地估量谭嗣同的历史地位，探明其思想实质。

1910 年，上海国学扶轮社出版《章谭合钞》，辑录章太炎和谭嗣同两人的部分著作，合为一集。这表明当时人对谭的估价，也反映谭嗣同在革命派心目中的地位。事实上，从戊戌维新到辛亥革命那急剧变化的年代，谭嗣同的思想，对于先进人士投身革命洪流，确曾产生极大的推波助澜的作用。对此，学术界似无异议，而研讨则颇不具体。弄清这个问题，无疑将加深理解戊戌维新和辛亥革命的嬗替和联系，有助于理清19 世纪末至 20 世纪初中国社会思潮的脉络和去向。

我对谭嗣同没有进行过认真的研究，进此厄言，谨向作者及学术界同仁请教。

（原载李喜所：《谭嗣同评传》，河南教育出版社 1986 年版）

《丘逢甲传》序

1985 年 11 月

毕生为救亡图存做过重大贡献的丘逢甲（1864～1912 年），是台湾学术界竞相研究的历史人物，近 10 余年，至少出版了 3 本记述他生平的传记；而在大陆，却至今阙如也。这样一位值得纪念的爱国者，为什么在大陆长期地受到冷遇呢？推其原故，大概与 50 年代起基于"左"的观念对他所作的不公允的评价还没有来得及摒弃有联系。就这个课题来说，我们台湾史学界的同行倒是走在前面。好在徐博东、黄志萍二位合撰的《丘逢甲传》（以下简称《丘传》）即将问世，很快就会把我们引为憾事的隐忧给消除掉。

30 多年来，在我们的有关著述中对丘逢甲贬抑较多的，大体集中在他主谋筹建"台湾民主国"这一段经历上。有的论著指责成立"民主国"是台湾官绅借以"阻遏"人民抗日力量的措施；有的则稍涉轻薄地把"民主国"讥为"一幕滑稽剧"；有的还或多或少地摆脱不了影射附会的陋习，将"民主国"同前些年嚣张一时，至今仍时起鼓噪的"台独运动"相比附，从而指控为"分裂主义行动"。对这一些颇欠公允的评论，《丘传》都曾详加辨析，有所澄清，使我深受教益。

据有关记载，还在 1894 年黄海海战失利，日本侵略军入寇辽东的时候，"逢甲已窃忧之。太息曰：'天下自此多事矣！日人野心勃勃，久垂涎此地，彼讵能恝然置之乎？'"[1]他鉴于驻台官兵并不可恃，因而亟起聚集乡民进行操练，以备战守。旋因台湾巡抚唐景崧奏荐，得奉"旨"在台督办团练。于是，丘更四处奔走呼号，以"守土拒倭"相激励，一时群起响应，"全台编册有一百六十余营"[2]，初称团练，后改称义军。为国捐躯的著名义军将领吴汤兴、姜绍祖、徐骧等率领的营伍，都在编

---

1 江山渊：《丘逢甲传》。

2 丘琮：《沧海先生丘公逢甲年谱》。

册之中。故丘逢甲在上书唐景崧时自称"工部主事统领全台义勇",并非虚言。他在一首诗里吟哦,"我亦曾驱十万师",确属实事。这都说明,90年前倡首筹组抗日保台义军的,是丘逢甲;全台义军的统领,也是丘逢甲。可是,在我们多数近代史著作或论述甲午至乙未台湾人民抗日的论著中,却不提及这个史实,以致给人们的印象,是台湾义军浴血抗战,是分别自发地纠合起来,各自为战地进行着的。

对丘逢甲"统领全台义勇"的地位不予承认,大概是由于对"台湾民主国"持否定态度的原故。如果我们将建立"台湾民主国"时的形势和这个"民主国"的实际意义加以考查,就不难发现,以丘逢甲为首的台湾士绅的这番举动,是无可非议的。

首先,"台湾民主国"是在清廷决意割让台湾以乞求日寇罢兵的方针业已确立,屈辱的《马关条约》业已在烟台换约(1895年5月8日)生效之后,于5月25日宣告成立的。很明显,它是为了抵抗日本帝国主义吞噬,而不是搞分裂。况且,就在同时,"台湾民主国"还曾电奏清廷,声称"台湾士民,义不臣倭,愿为岛国,永戴圣清"。而在分电北京总理衙门、南洋大臣、闽浙总督等的电文里,就更强调:"台民此举,无非恋戴皇清,以图固守,以待转机。情形万急,伏乞代奏。"这更表明"台湾民主国"是在清廷已将此宝岛割弃不顾,台湾绅民在"无天可呼,无主可依","无人肯援"的万急情况下,基于"以图固守,以待转机"的需要而采取的权宜之计。要说"闹独立","搞分裂",那也是针对夺得了台湾管辖权的日本侵略者。这倒"闹"得好,"搞"得对头。

其次,指责"台湾民主国"的出现"阻遏了台湾人民的抗日力量",则显然是缺乏说服力的看法。我们不宜于胶执这样一种观念,即认定历史上任何进步运动,只要有官绅一类人倡头或插手,必然是起破坏或阻遏作用;并设想人民群众自发的、漫无统率的反侵略反压迫的斗争可以克敌制胜,获得成功。只要考察一下马关订约之后台湾的局势,就不难理解,"台湾民主国"的成立,不是"阻遏了台湾人民的抗日力量",而是有助于稳定人心,组织、动员台湾人民进行抗日保台斗争。

马关订约后,清政府已决意割弃台湾,迭次电谕台湾文武官员克期内渡;台湾文武官员也即时离台或加紧做内渡准备。少量民族败类经日本特务收买,正施展鬼蜮伎俩,密谋勾引日侵略军登陆。歹徒痞棍也四出乘机抢劫官私财物。此时,若没有一个有别于清朝台湾巡抚部院的机构出而倡议抗日保台,号召组编义军,维持社会治安,则台湾立即陷入一片混乱之中，日军很快就会在汉奸的引导下踏上台湾；有志抗日保台的人们既无以自保身家性命，也无可依恃，必致风流星散；义军缺乏统御，也将此起彼落，难见成效。事实上，"台湾民主国"一成立，就不啻树起一面抗日保台的旗帜，形成了全台义军的统率，使台湾军民增强了信心，迅即开展起抗日保台的战斗。所以，尽管"台湾民主国"存在未逾两旬，但它却起了集结抗日义军、开创抗日保台局面的积极作用。

"台湾民主国"成立前后，丘逢甲在台北后路督率义军筹划战守。5月杪，日军猛攻三貂岭，因唐景崧指挥失当，险要尽失，后又弃军内渡，台北旋即告失。丘逢甲急率义军御敌，孤军难支，被迫退守台中一带。尔后，丘部将领吴汤兴、姜绍祖、徐骧等率军狙击入侵者于新竹，屡战不利，饷尽弹绝，所部星散。日寇以丘逢甲首倡保台，故加紧搜捕，务得而甘心。经部属和家人劝说，丘逢甲遂饮恨离台，辗转跋涉，返回祖籍广东镇平（今蕉岭）。

丘逢甲离台内渡，也曾招来若干讪议。这就未免过于苛求了。无疑，他如果坚持到底，终至壮烈捐生，也许会以比现在更为高大的形象显露在祖国近代历史的画卷上。但实事求是地观察，丘逢甲内渡也并非消极逃避，而是从部将谢道隆的劝谏："台虽亡，能强祖国则可复土雪耻，不如内渡也。"[1]遂与随从乔装为婚嫁行列，奉父母内渡。定居镇平山村后，丘逢甲始终以强祖国复土雪耻为职志，故内渡17年，一直是席不暇暖地尽瘁于倡维新、兴教育的事业，后来并倾向于民主共和，对孙中山领导的辛亥革命伟业，也不乏呵护诩赞的勋劳。同时，又不时将怆怀故土、期待振兴的情感，发为心声，形于吟咏，创作了大量洋溢着爱国主义弦律的诗歌。梁启超对此曾极为推崇，将他同晚清爱国诗人黄遵宪并列为"诗界革命之巨子"。所以，就丘逢甲内渡后各方面的建树而论，不是也理应获得后人的钦仰吗？至于后来有人记载指控丘逢甲内渡时卷带义军饷银十万两一事？《丘传》及台湾学者均已详加考订，严正辨诬，我这里就没有必要再行复述了。

我同意《丘传》对丘逢甲所作的如下结论：

丘逢甲是近代中国历史上力谋抗日保台的爱国志士、清末有影响的教育活动家、著名的爱国诗人和资产阶级民主革命派的真诚朋友。他的生平事迹和爱国精神，以及诗歌创作，理应得到科学的公允的评价，以利于继承和发扬中华民族的优秀传统，从而有益于实现"四化"和祖国

---

1 《仓海先生丘公逢甲年谱》。

统一的神圣事业。

必须指出，前面提到的那些对丘逢甲有失公允、迹近苛求的微词和评论，也包括我过去的看法在内，实寓有自我纠偏崇实之意，并非自诩高明，讥刺时贤。关于丘逢甲抗日保台的肯定评价，也是读到近年来发表的有关评介丘逢甲的文章和《丘传》之后所获得的教益，理当声明，以免掠美之嫌。我为《丘传》写序，乃因为它是迄今较为翔实、揄扬较为得体的丘逢甲传记，比起台湾出版的三本同类著作来说，明显地是后来居上，故特向读者推荐。当然，《丘传》若干处叙事说理，尚有待于继续斟酌推敲，少许文字，也还可精心润饰。这里，我就不揣冒昧，代作者致意，敬请读者批评指教。

（原载徐博东、黄志平：《丘逢甲传》，时事出版社 1987 年版）

《萍、浏、醴起义资料汇编》前言

1986 年 7 月 1 日

辛亥革命是中国人民反帝反封建的伟大革命运动，是近代中华民族的第一次腾飞。其历史意义和深远影响是早有定论的。

1906 年发生的萍浏醴起义，是辛亥革命全过程的重要组成部分，是孙中山创立中国同盟会之后的第一次大规模的武装起义。这次起义爆发后，流寓日本的孙中山即发表谈话称："自去年秋江西萍乡之乱发生，风云忽急，全国震荡。湖南、曾州、江阴、东阿、辽河以西等地接踵响应，到处箪食壶浆，以迎革命赤旗。蚩蚩之民，今已发出雷霆之威，义愤的火焰大有烧尽爱新觉罗残骸之势。如不乘此时机起事，我党又何时能如陈、吴之救国！不惜牺牲，我志已决。即将传檄十八省会党，联络声势，立刻举事！"[1]1907 年 3 月，就因为萍浏醴起义系同盟会绸缪定策，发纵指示，日本政府徇清政府的请求，将孙中山驱逐出境。孙中山离开日本后，往来于香港、河内、西贡、新加坡等地，亲自策动潮、惠、钦、廉起义，镇南关起义，河口起义。在此期间，光复会徐锡麟、秋瑾则分别于皖、浙两省策划起义；岳王会熊成基举义于安庆。嗣后，同盟会又发动了广州新军之役（1910 年）、广州黄花岗之役（1911 年）。黄花岗起义虽失败，但如同孙中山所指出："是役也，碧血横飞，浩气四塞，草木为之含悲，风云因之变色。全国久蛰之人心，乃大兴奋。怨愤所积，如怒涛排壑，不可遏抑。不半载而武昌之大革命以成。"[2]由此可知，以率先揭橥"中华国民军"旗号的萍浏醴起义开其端，以武昌首义竟其功的历次起义，构成了同盟会领导的推翻清朝，创立民国的辛亥资产阶级民主革命的全过程，故萍浏醴起义滥觞发轫的功绩，是无庸争辩的。

---

1 《与池亨吉的谈话》，广东省社科院历史研究室等编：《孙中山全集》第 1 卷，中华书局，1981 年版，第 332 页。

2 《〈黄花岗烈士事略〉序》，中山大学历史系孙中山研究所等编：《孙中山全集》第 6 卷，中华书局，1985 年版，第 50 页。

　　涉及萍浏醴起义的文献资料及始末记述，在中国史学会主编的《中国近代史资料丛刊·辛亥革命》第二册（上海人民出版社出版）内，曾列有"萍浏醴起义"专题，刊录资料5种。嗣后，台湾出版大型辛亥革命史料汇编《开国文献》，汇录萍浏醴起义资料较"丛刊"增多，但仍很不完备；调查访问的记录，仍旧阙如。辛亥革命以后，曾经参与此役的当事人，史学界的人士，对这次起义的记述，仍多有疏漏，或语焉不详，或显有歧异；多数起义领导人的家世经历，渺茫莫辨，个别研究者对这次起义是否具有资产阶级民主革命性质，还提出过疑义。因此，继续搜集有关萍浏醴起义的文献资料，特别是访求尚留存于起义地区父老乡亲中的口碑，是刻不容缓的工作。

　　1986年冬是萍浏醴起义80周年。萍乡、浏阳、醴陵三市、县政协常委和文史资料研究委员会的负责同志，咸感到有必要进一步开展对此次起义的调查和研究，藉以更有效地进行革命传统教育和爱国主义教育，激励人民为实现四个现代化而奋发努力的意愿和信心。为此，1985年元月，萍、浏、醴三市县政协文史资料委员会的部分同志，经过商议，组成征集萍浏醴起义资料协作小组，即时开展调查、访问、搜集、整理的工作。历时近1年，计收集资料草稿近30万字。嗣又由协作小组委托湖南师大历史系饶怀民同志汇集文献资料，复核口碑资料，删其繁复，酌作文字加工，并编定全书目次。1986年7月，经协作小组审阅，这本资料汇编得以完稿。

　　全部资料分两大类，一类是调查访问的资料，一类是文献资料。

　　调查访问得来的资料，大部分是当时亲身参加或闻见起义情景的父老回忆口述；部分是起义者的后裔或亲属从先辈那里听来的往事，由采访者记录成文。其中多属局部或片断的起义经过、战斗概况及反动统治者屠戮群众的情景，还有起义领导者的传记。这些资料，都给起义的始末补充了逼真的、具体的情节和梗概，或更正了以往某些记载的讹误。比如，关于第三路码头官李金奇的身世及其被追捕堕白兔潭死难一事，就在有关两篇采访记录里写得详细具体。萍乡蕉园会上决定起义军设八路码头官，其各路码头官的姓名，已往记载都没有逐一列出，且多有误记，而只要浏览本书的资料，就可以窥其全貌。尤其是调查整理的起义者的身世和事迹，多属填空补阙的传记，且订正了以往不少传闻之误。如《姜守旦传》《沈益古传》《胡友棠传》等，即依据各人族谱、乡邻口述写成，做到了情真事确。这类资料，谓为第一次面世，第一手资料，未尝不可。

还应当提到，经采访得来的《三荒记》《煤矿歌》，以粗放俚俗的民间说唱形式，生动地描述了萍浏醴一带人民群众和安源煤矿窿工的穷困苦难生活，用当时通常称呼起义的语言，直率地咏唱了洪江会及安源窿工的战斗情景。这类资料，更可说是朴实地反映萍浏醴起义的现场写真。

汇编的文献资料，其中一部分虽然是已经发表过的，但都重新进行了审校，或有所增益。比如，清方有关档案和当时报刊披露的讯息，辑录就较为全面。这些资料，对于了解清朝统治集团内部倾轧，清廷镇压起义的兵力部署，萍浏醴各处义军同清军两方态势的变化和战斗状况，都有重要的参考价值。依据这些资料里关于起义军旗帜、装束、告示和首领人员的谍报，完全可以坐实，萍浏醴起义确属同盟会策动，有同盟会员直接筹划，以"排满革命"为宗旨，具备资产阶级民主革命性质的起义。

另一些文献资料，系第一次公开问世的文稿。如辑录的王闿运、皮锡瑞、刘人熙、凌盛仪等人日记中的有关记载。刊载于当时支持中国革命的日本友人编印的《革命评论》上评介萍浏醴起义的文字，虽在日本已公开发行，但翻译成汉文收录于本书，也不啻首次发表。有些资料过去虽曾出版，但年久岁远，已属罕见庋藏，如摘录朱德裳所撰《刘揆一》、沈祖燕所辑《忧盛编》里的若干篇幅，也为研究者提供了便利。

此外，为使读者阅读本书时尽可能熟悉萍浏醴起义的全貌，因而又由少数同志参考已有文献和近年调查访问的记载，撰写了一篇《丙午萍浏醴大起义始末记》和马福益、刘道一、蔡绍南、龚春台等主要领导人的传记，以免读者还有补阙勾沉的遗憾。

应当说明，在汇编这本资料集的过程中，仍发现少量具体事件的纪述颇多歧异，但又难于评定孰是孰非。因此，只好不加删改，留待日后订正。比如，马福益究竟在何处被捕？刘揆一撰《黄兴传记》里称湖南湘乡，湖南巡抚端方则奏称在萍乡车站，而寻访得来的口碑，又言之凿凿，称系醴陵阳三石。在汇编时，就概仍其旧，不予变动。其他类似情况，不再赘陈。

当然，这本资料汇编还不能说把所有关于萍浏醴起义的记载搜罗已尽。已知的重要文献——蔡绍南的《丙午日记》，几经搜寻，均归徒劳。负责发动安源矿工起义的萧克昌，其身世经历，几无从查考。1975年，湖南师大历史系几位教师专程前往萍乡寻访萍浏醴起义事迹，在安源煤矿找到一位黄姓老工人，据说曾替萧克昌收过债。听这位老工人说，萧克昌被杀后，他的小老婆蒋氏带着一个儿子逃到萍乡锡坑躲避一时，后来即转到上埠，在这个小镇近郊山上一座庵堂出家修行。为避祸计，她让儿子改姓蒋，定居于山下一座油榨房附近。师大两位老师于是前往上埠，按老工人指点的地址访问，果非虚言。但遗憾的是，蒋氏和他的儿子均早已去世，她的后裔于其先世竟一无所知，且不知自己本来姓萧。致访问者毫无所获，废然而返。

可见，萍浏醴起义的史料，还有待继续发掘，这本资料汇编也将要增益补充，对这次起义的研究，也应继续深入进行。

（原载萍乡市政协等合编：《萍、浏、醴起义资料汇编》，
湖南人民出版社 1986 年版）

黄兴学术讨论会开幕词

1988 年 12 月 29 日

各位专家学者、各位同志：

1988 年黄兴研究学术讨论会是由湖南省政协、湖南省哲学社会科学联合会、湖南省社会科学院、民革湖南省委员会、湖南省历史学会、湖南省海外专家学者联谊会、湖南省联谊国际艺术院、长沙市政协、民革长沙市委员会、明德中学校友会、明德中学、长沙县政协、黄兴镇等单位和社团发起并筹办的。

由上述单位和社团推派代表，组成黄兴研究学术讨论会组织委员会，负责筹备和召开这次学术讨论会。组织委员会的办事机构设在长沙市政协。

熊清泉省长因出席政府有关会议，不能参加今天的开幕式。他将在 1989 年新年期间约期看望与会国内外专家学者。

迄至现在，还有应邀前来的美国马里兰大学薛君度教授偕夫人黄德华女士，美国加里福尼亚大学戴维斯校区顿·普莱斯教授，日本神户学院大学中村哲夫教授及少数广东学者，因阴霾天气飞机不能起飞而滞留广州。这使我们深感遗憾。

今天，黄兴研究学术讨论在黄兴从事教育和革命的明德中学乐诚堂开幕了。我谨代表组织委员会向到会的中、外专家学者表示热烈欢迎！向到会的省、市负责同志和各界来宾表示由衷感谢！

黄兴是我国近代杰出的民主革命先行者，伟大的爱国革命家、政治家、军事家。建国以前，对他的研究是很不够的。建国后，发表了一定数量的研究黄兴的论文，先后出版了《黄兴与中国革命》《黄兴集》《黄兴年谱》等著作。事实表明：多数论著对黄兴的评价是偏低的。关于黄兴在若干有联系的历史事件中的作用、功过，评论也很不一致。更不曾较广泛地通过黄兴的研究和介绍，实事求是地、历史地宣传黄兴来进行爱国主义的教育。因此，举行有一定规模的学术讨论会，邀请国内外从事中国近代史、辛亥革命史研究和教学的专家学者，就黄兴的事功、思想、德行进行全面、深入的研讨，是很有意义的。

可以预期，参与这次讨论会的中外学者专家，将以各自精湛的见解，提到会上切磋商兑从而通过本次学术讨论会，将黄兴研究，以及与此相联系的中国近代史、中国资产阶级民主革命史的研究推进到有明显进展的新阶段。

（原载《辛亥革命史研究会通讯》第 33 期）

《卢汉传》序

1988 年初夏

在中国现代史上，卢汉并非名满天下的大人物，可也不是无足轻重的等闲之辈。就云南来说，20 世纪 20 至 40 年代政局的治乱，经济的盛衰，文教的兴废，与卢汉都有或多或少的关联。

人们都知道卢汉与龙云有密切的关系，但对他俩之间的瓜葛，则一般均不甚了了。作者对此进行过周详的调查研究，将这桩事作了饶有兴趣的叙述。原来，卢汉和龙云以及第九十三军军长龙泽汇，都是云南昭通炎山地区的黑彝，他们的彝姓分别为"阿昔""纳吉"和"海"。而将他们串成瓜葛之亲的是一位阿普家的姑娘。这位姑娘是卢汉的姑祖母，龙泽汇的嫡祖母，龙云的外祖母（按彝姓，龙云和龙泽汇不同姓，可通婚）。所以，龙云、卢汉、龙泽汇之间存在表兄弟的戚谊。由于他们都飞黄腾达，显赫一时，因而这位阿普家姑娘晚年备受三个家族的敬重，被尊称为"老祖婆"。正是这种瓜葛之亲，龙云、卢汉，龙泽汇结成了荣辱与共的关系，解放前相偕掌管云南军政大权垂 20 年。

毫无疑义，使得卢汉从一个属于反动营垒的军政要员转交这革命阵营的爱国将领，其转折点是 1949 年 12 月 9 日的云南和平起义。卢汉领导这次起义，颇富于传奇色彩。起义当天，由卢汉亲自部署和指挥的一系列紧张惊险的场面，作者确实精心着笔，作了绘声绘色的描述。主要情节是：9 日下午，逃避到成都蒋介石还指派亲信张群，携带李弥、余程万、龙泽汇三个军长和其他几个军政大员，飞抵昆明，打算安抚卢汉，稳住云南，俾可凭借西南几省作困兽斗。卢汉机智地与张群周旋，布设"烟雾"，迷惑在昆明的特务和顽固分子，而且计赚张群和蒋介石插到云南的陆军、空军、特务系统的一干首脑，加以软禁和圈禁。9 日晚 10 时，云南就兵不血刃地宣告了和平起义。次日破晓，五星红旗即在昆明五华山省政府办公大楼冉冉升起。作者详细地描绘了这个动人的场面，刻画了卢汉镇静、勇敢和当机立断的才智和魄力。行文遣词，引人入胜，读来兴味盎然。

作者之一的谢本书同志在《前言》提到，为卢汉写传，是早就列入撰述计划的课题。因为，在整个民国时期（1912～1949），担任云南省政府主要领导职务的是4个人，即蔡锷、唐继尧、龙云、卢汉。他们的前后接替和治事施政，基本上反映了民国时期云南的政治、经济、文教和社会生活的景况和演变。谢本书同志已经完成了《蔡锷传》《唐继尧评传》《龙云传》，现在，又将《卢汉传》奉献给读者。本书同志这一构想，确属独具匠心。这就意味着，看过他撰写的这四本著述，既是阅读了几本情真事确的人物传记，又不啻是大体熟悉了民国时期云南的历史进程。对读者来说，这也算是获一举两得的实益。

这本传记对卢汉性格、才智、业绩、过失，都进行了描述和分析；对他一生功过的评骘，也基本上恰合分寸。承作者寄赐书稿，得先睹为快，谨具卮言，藉酬盛意。

（原载谢本书、牛鸿宾：《卢汉传》，四川民族出版社1990年版）

《戊戌维新运动新探》序言

1988 年

6 年前，由于参加戴逸同志主持的《清代人物传稿》（下编）编委会，遂得以与孔祥吉同志订交。那时，他已发表了《〈戊戌奏稿〉的改篡及其原因》《康有为戊戌年变法奏议考订》等论文，开始显露了在戊戌维新史的研究中另辟蹊径的势头。相识既久，我发现孔祥吉同志确有一股锲而不舍的韧劲，对戊戌变法史的研究，视野更广阔，思路也颇深邃。到近期，发表的文章已近百万字，内容涉及康有为等维新派的思想和活动，变法运动中朝野各派政治力量之间纵横离合、扑朔复杂的关系及其斗争，整个运动的兴起、发展及其失败的过程，可以说对清末维新新政有了系统和较全面的论述。因此，我建议他选录若干分别反映维新运动各个方面的代表作，辑为一集，交出版社出版，以便学术界同仁和高校历史专业学生以及爱好浏览历史书刊的人们披阅参考，且有助于推进戊戌维新史的研究。

经祥吉同志自行选录在本集中的论文，我又通读一遍，作为第一个读者，似乎有义务首先对此作出评述。

不容讳言，长期以来人们对戊戌变法的研究和叙述，其资料来源，一般是大量取自坊间刊印流传的书刊，间或杂以少量手稿或抄本的记述。这些资料，大部分是可信的，但也存在或多或少传闻异词之失，也难免某些隐讳失真之弊。梁启超就曾坦率地承认："吾二十年前所著《戊戌政变记》，后之作清史者记戊戌事，谁不认为可贵之史料。然谓所记悉为信史，吾已不敢自承。何则？感情作用所支配，不免将真迹放大也。"[1]据此可知，只凭坊间刊刻或私家所存史料撰述的戊戌变法史，其严谨者自应称作信史，但要使所述内容悉与"真迹"吻合，则显然难于做到。

这本集子的可贵之处，就在于所收论文系作者从查阅现藏于国家第

---

1 《饮冰室合集》专集之七十三，第 91 页。

一档案馆中有关戊戌维新的档案入手进行探索，并以之同坊间流传的刊本对照校勘，从而加以分析研究所获致的成果。档案，历来为史家公认最为原始的史料，而戊戌变法，又主要是清朝统治者自行发动和部署，旋又自行加以取缔和废止的。因此，迄今保留下来的清政府的档案，就更属了解和研究这一变法运动必须查阅的原始记录。1958年，中华书局曾出版过《戊戌变法档案史料》一书，但仅刊录了43万字，毕竟只是汗牛充栋的档案中很少一部分。祥吉同志正是有鉴于此，因而在开始研究戊戌变法史时，就一头扎进了中国第一历史档案馆，孜孜不倦，兀兀穷年，在山积尘封的案卷遗书中爬罗剔抉，浏览抄录，经历几度寒暑才将康有为自乙未至戊戌的奏折梳理排比，整理出来。此中艰辛，是可以想象得到的。就以康有为的《上清帝第三书》来说，据小孔告诉我，这份上书在垒砌成堆的案卷中久已被割裂为三部分，头尾脱离，且归入不同的卷宗。而他却不惮其烦，细心地在一叠叠的卷宗中检索校核，经几个月聚精会神地梳理，一份完整的《第三书》遂得以"破镜重圆"。这就不仅能借以澄清不少聚讼纷纭的问题，而且为国家档案馆修复了一件弥足珍视的历史文物。正由于经历了如此艰难备尝的案头劳作，祥吉同志才得以撰写出一篇篇史事确凿，新意盎然的有关戊戌变法的学术论文。

还值得提出的是，作者致力于档案资料的搜集和整理，并不是旨在继承旧时代史学家以考订史事为历史学终极目的之旧传统，而是本着占有大量资料，以确凿可信的史实为基础的治学方法，来进行戊戌变法史的研究，探索其发展规律和全部事变的内在联系，俾可对这一重大历史事件作出科学的、唯物主义的论述。本论文集中的大部分文章就具有这种意义。如《戊戌维新失败原因新论》《光绪与戊戌维新》等，即表现了作者思虑周密，不囿于成说，以充分可靠的资料为依据，试图探索戊戌变法成败之历史规律的治学态度和方法。当然，不能说作者在本集所收论文中所表述的见解都已经成为定论，没有他人置喙的余地。而只是在论文涉及的各个方面，作者所陈述的看法，一般都为推进戊戌变法史的研究提供了进一步探索的途径或值得参考的意见。

实事求是地说，祥吉同志近年对戊戌变法史的研究虽已崭露头角，但有些问题也并不能认为已经圆满地解决，扫数了结。比如，以他探索最多的康有为《戊戌奏稿》来说，就还有少量未曾弄清的问题。如该书所附麦仲华所撰《南海先生戊戌奏稿凡例》称：

戊戌数月间，先生手撰奏折都六十三首，一代变法之大略在焉，亦有代作者。戊戌抄没，多所散佚，即篇目亦不能忆。

而本集所辑《康有为戊戌年变法奏议考订》，胪列竟有 66 篇之多，较麦仲华所说多 3 篇。这 66 篇中有哪些是康有为所撰？有哪些是他人捉刀？其中哪些或有张冠李戴之嫌？这些问题也可能无关宏旨，但若能一一探索清楚，对还原戊戌变法运动的"真迹"，也是有作用的。

孔祥吉同志正当盛年，在史学研究的征途上肯定能取得更大的成就，为繁荣社会主义学术作出卓越的奉献。弁言草就，谨表真诚的祝愿和期待。

（原载孔祥吉：《戊戌维新运动新探》，湖南人民出版社 1988 年版）

从历史的深度思考建设有中国特色的
社会主义

——评新著《近代中国的社会主义思潮觅踪》
1988 年

　　1840 年的第一次鸦片战争后，中国逐步沦为半殖民地半封建社会，山河破碎，国势陁危，致使一代代的爱国志士为之焦心竭虑，相率向西方寻求挽救危亡的真理。鸦片战争后不久，经过东方信徒改篡过的、比较粗糙的基督教信条，曾经成为洪秀全领导太平天国起义的理论依据。19 世纪末，赫胥黎的"进化论"，被维新派人士奉为圭臬。转入 20 世纪初，倡"自由""平等"的资产阶级民主革命思想，又为当时中国的革命者所倾倒。但这一系列的"西学东渐"，却不曾使中国获得独立和走向强盛，而是持续地向半殖民地半封建的深渊沉沦下去。只是到了五四运动前后，由中国共产党人将马克思主义陆续地介绍过来，并不断地使之同中国的革命实际相结合，领导全国人民进行前仆后继的反帝反封建斗争，才取得新民主主义革命的胜利，走上了在中国建设社会主义的新旅程。

　　回顾往事，中国人找到社会主义和马克思主义，也曾经历了相当长的岁月。开始只是道听耳食地知道有社会主义学说，有马克思、恩格斯；嗣又经过断章取义地介绍，或各取所需地加以曲解，或随心所欲地附会；最后才确知它是无产阶级革命和改造世界的锐利武器。对于这个从略知皮毛到探索精髓的马克思主义传介的长过程，著者皮明麻在其《近代社会主义思潮觅踪》一书里作了翔实可征而又辨析精当的论述。展读之后，受益匪浅，并觉得著者对如下三个问题的论述尤具灼见。

　　"最早记述国际工人运动和社会主义运动的中国人是谁？"对于这一饶有兴味的史事，著者依据近年出版的《三述奇》一书指出，最早记述的中国人正是撰写该书的张德彝。此人是清朝政府派往法国的使节崇厚的随员，恰好在巴黎公社起义的前一日（1871 年 3 月 17 日）到达巴黎。

有关这次起义的性质和意义，他当然不可能有正确的认识，但他凭着亲见亲闻，也直观地描写了起义者的英雄气概；起义的一般情况，也有所记载。这作为社会主义运动被第一个中国人目睹并记录下来的典故，也是弥足称道的。

随后，早期出使欧洲的郭嵩焘、黎庶昌和赴欧洲游历的王韬等在他们的日记或见闻录里，也记载了工人罢工和社会主义运动的片断情景。这类记载虽难免曲解失真，并表示了"民气太嚣，为弊甚大"的忧虑，但著者将其作为"社会主义信息东渐之始"的征兆，也未尝不可。

"谁是最早知道马克思的中国人？"1979年《北京师大学报》第2期刊登的《谈谈〈资本论〉在我国的传播》一文认为，1906年《民报》第二号发表的朱执信（署名蛰伸）所撰《德意志社会革命家小传》，是最早提到《资本论》和马克思（文中称马尔克）的文献。同年，《近代史研究》第2期刊登夏良才同志《也谈早期中文刊物中有关〈资本论〉和马克思译名的记载》，则认为《资本论》和马克思在中文刊物中首次出现，不是1906年《民报》第二号，而是在1899年《万国公报》第121—124期分期连载的《大同学》（李提摩太节译，蔡尔康撰文）一文中。该文提到："德国之马客偲，主予资本者也。"这个看法提出后引起各方重视。在研究过程中，有的学者又认为，"《万国公报》的介绍，毕竟出自一个外国人的手笔，还不是中国人自己著文传介马克思主义。由中国人自己著文传介马克思主义，肇始予梁启超"。根据是梁氏在1902年《新民丛报》第18期上发表《进化论革命者颉德之学说》，提到"麦喀士，日尔曼人，社会主义之泰斗也"。

本书著者则提出了自己的看法。他指出，"孙中山谈论马克思，见诸文字要晚于前者，但对于马克思和社会主义的探讨，却在1899年《大同学》发表之前"。对此，著者依据大量资料进行了论证，认为孙中山知道马克思，并对马克思的学说有所涉猎，当在1896年9月伦敦被难后至1897年7月流寓英国，经常到大英图书馆广泛研读政治、经济等书籍的时候。我觉得本书著者的见解是可以成立的。因为，作者没有囿于谁最先以文字形式提出马克思的姓氏作为评定名次的准则，而是以事实为依据，通过实事求是的辨析论证而得出的看法。请读者参阅本书"二、首知马克思和首入共产国际之谜2、谁是最早知道马克思的中国人？"此外，作者在引文中，还叙述了中国最早的社会党员等一些新问题，均可以引起读者的兴趣。

　　"正确地，将马克思主义作为中国革命指南的学说进行传介的是谁？"本书著者指出，是俄国十月革命之后至中国共产党成立前夕，以李大钊、陈独秀、毛泽东、周恩来、蔡和森以及李达、陈望道等为代表的一批忧怀国事，蒿目时艰的先进志士，分别地从东（日本）、西（西欧）、北（苏俄）三方将马克思主义介绍到中国来。这是著者在认真而又慎重地考察了在此之前那些提到过马克思、恩格斯和社会主义学说的人们所撰述的论著之后所作出的判断。作者这个判断最早见于他在1981年所写《马克思主义是怎样传入中国的》（《武汉师范学院学报》纪念中国共产党成立60周年专辑）。我完全赞同著者的卓见。因为，刊载于1899年《万国公报》上的《大同学》，是英国资产阶级社会学家颉德所著《社会演化》一书的中译本，其中提到的"马克偲"，是作为"德国讲求养民学者"来介绍的，可以说与马克思主义杳不相涉。至于梁启超，也是在他所撰题为《进化论革命者颉德之学说》一文中提到"麦喀士"，而且借批判麦喀士的谬误来推崇颉德。因此，与其说梁启超是传介马克思学说，毋宁说是他率先地批判马克思学说。而朱执信，确实是以专文来介绍马克思和马克思学说的，但通观全文，其主旨仍在于以他们所理解的马克思学说为陪衬，用来印证孙中山所揭橥的"举政治革命、社会革命毕其功于一役"的主张是可以实行的。所以，认为朱执信是最早传介马克思学说的看法，也不能成立。当然，在19世纪末年和20世纪初年，无论是就中国当时社会历史条件还是先进分子的思想认识水平来说，任何人都没有可能正确地去理解马克思学说并进行有效的传介活动。因此，不认为他们真正传介马克思主义，并不是完全否认他们在这方面的业绩。本书对前人在这方面的工作，作了大量叙介，同时又指出他们的不足和偏颇，这决不是苛责前人，而是进行实事求是地、历史地评述。

　　本书著者订正上述早期社会主义传介过程中的三个问题，并不是为了考证几桩典故，而是旨在对近代中国社会主义思潮进行认真的溯流觅踪。在考镜史实的基础上，他将早期社会主义的传介划分出三次探索热潮，作了井然有序、脉络清晰的铺叙，如实地记录了中国近代先进的人们探索社会主义道路及其前景的艰辛、曲折历程。对此，著者在《前言》里已有精萃的阐述；而全书则据以展开，以流畅生动的文词作了既翔实又深入的论证和辨析。

　　应当指出，探索中国近代早期传介马克思、恩格斯及其社会主义学说的踪迹，并辨明不同时期各色人等对此产生的曲解和偏见，是很有意义和大有必要的。这不但使我们能够清楚地了解到，马克思主义是经由怎样一段漫长而纷繁复杂的传介历程，才为中国共产党人所认识，并使之同中国革命实际结合起来。而且，如同赵紫阳同志在十三大所作《沿着有中国特色的社会主义道路前进》的报告提到的："马克思、恩格斯的伟大历史功绩，在于把社会主义从空想变成科学。科学社会主义从学说到实践，从一国建设社会主义的实践到多国建设社会主义的实践，到当前世界社会主义国家改革的实践，都是对社会主义再认识的扩展和深化，都是科学社会主义理论同各国实践和时代发展的结合。在这个过程中，必然要抛弃前人囿于历史条件仍然带有空想因素的个别论断，必然要破除对马克思主义的教条式理解和附加到马克思主义名下的错误观点，必然要根据新的实践使科学社会主义理论得到新的发展。"显然，在这对社会主义再认识的扩展和深化的过程中，近代早期初步具有共产主义思想的先进志士剔除前此中国人对马克思主义的曲解和谬见，并与同时期形形色色的资产阶级社会主义作斗争的经历和业绩，也没有失去其可供借鉴的意义。当然，早期的共产主义者对马克思主义的了解和理解也是有历史局限性的，他们心目中所树立的社会主义模式既在总体上具有科学性，又在长期的历史检验中表现出不足，某些方面仍有主观空想的因素。作者在本书的最后几章对此作出的分析，无疑为今天坚持四项基本原则，同时进行改革，建立有中国特色的社会主义模式提供了历史论证。基于上述看法，谨向读者推介这本《近代中国社会主义思潮觅踪》。

（原载《近代史研究》1988 年第 3 期）

黄兴学术讨论会闭幕词

1989 年 1 月 2 日

各位专家学者、各位同志:

这次以黄兴研究为主题的学术讨论会，历时 5 天，以卓有成效的研究成果迎来了深化改革的 1989 年。

这次讨论会是首次以黄兴研究为主题的学术会议。光临会议的中外学者，一般是在工作繁忙的情况下，抽身来到长沙，给我们召开这次学术讨论会以很大的支持和鼓励。我们非常感激。有好几位专家因气候或其他原因，滞留广州二三日，不能如期到达，也坚持等候，不辞辛劳，兼程赶来。在国内外享有盛名的孙中山研究专家中山大学陈锡祺教授，因身体欠佳，不能远行。特地恳切地敦促林家有教授务必赶到长沙出席会议，盛情高谊，更令人感动。

由于到会的中外学者不少是对中国近代史研究有素的专家；相当一部分学者尤其精于辛亥革命史的研究；提到会上的近 60 篇论文，也不乏佳篇力作，从而使这次会议开得成功，开成一次高水平的中国近代史专题学术讨论会。

会上，对黄兴的事功、思想、德行等方面进行了全面深入、实事求是的评议。就黄兴研究来说，这无疑是一次大丰收。会议组织委员会一定设法将提到会上的论文，通过适当的评选，交出版机构公开出版。

在讨论会上，又曾对当前历史研究的状况，若干不能令人满意的问题，展开了议论。这些为学术界所共同关心的事，集中外专家切磋商讨，也提出了不少很有启发意义，能发人深省的看法。这是会议的又一收获。

这次学术讨论会从筹备到召开，得到了湖南省人民政府、省政协、长沙市人民政府、市政协的指导和支持，明德中学校友会、明德中学、长沙县人民政府、县政协、黄兴镇为会议的召开给予了有效的协助，并做了不少具体工作。会议组织委员会自 1988 年 3 月成立起，办事机构设在长沙市政协，参与会务工作的长沙市政协同志，不辞辛劳，井然有序地做好了本职工作。这一切，是会议如期召开，取得显著成效的重要原因之一。还有，湘江宾馆自总经理起至服务人员的关注和辛勤工作，也使会议安排的程序得以顺利进行。

各位专家学者，各位同志：黄兴研究学术讨论会完满地实现了预期的设想。中外专家学者和会务工作同志即将陆续离开宾馆，返回各自的工作岗位。这里，我谨代表会议组织委员会向到会各专家学者，向为会议操劳的工作同志表示衷心的感谢。祝各位专家学者、各位同志身体健康，旅途顺利，在新的一年内取得更大的成就。

（原载《辛亥革命史研究会通讯》第 33 期）

《中国近代史实正误》序言

1989 年

一

研究历史，必须以马克思主义的唯物史观为指南，以充足的史料为基础，才能了解和探索到历史事件的内在联系、发展规律以及足资借鉴的经验、教益和启示。所以，史料的真伪是不能不考虑的重要问题。如果所据以探索的史料不真实，当然不可能对所要了解的历史事件作出正确的解释。郭沫若曾经指出："无论作任何研究，材料的鉴别是最必要的基础阶段。材料不够固然大成问题，而材料的真伪或时代性如未规定清楚，那比缺乏材料还要更加危险。因为材料缺乏，顶多得不出结论而已，而材料不正确便会得出错误的结论。这样的结论比没有更为有害。"[1]可见对史料进行考证，使之去伪存真，纠谬得实，不能不成为研究历史的重要手段。

相对而言，古代距今年载久远，需考证的史事较多，但近代史的记述，伪赝讹误也不少。梁启超就曾坦率地承认："吾二十年前所著《戊戌政变记》，后之作清史专记戊戌事，谁不认为可贡之史料。然谓所记悉为信史，吾已不敢自承。何则？感情作用所支配，不免将真迹放大也。"[2]这种情况确实存在。比如《戊戌政变记》里记光绪二十四年四月二十八日康有为蒙光绪皇帝召见一事称："历时至九刻钟之久，向来召见臣僚所未有也。"然而，另据同一日蒙召见的张元济在回忆录里写道：

二十八日（即 1898 年 6 月 16 日）天还没亮，我们就到西苑门外，坐在朝房里等候。当日在朝房的有五人，荣禄，二位放到外省去做知府的人，康有为和我。荣禄架子十足，摆出很尊严的样子。康有为在朝房的和他大谈变法，历时甚久。荣禄只是唯唯诺诺，不置可否。召见时，二位新知府

1 郭沫若：《古代研究的自我批判》，《十批判书》，人民出版社，1976 年版，第 1 页。
2 梁启超：《饮冰室合集·专集之七十三》，中华书局，1936 年版，第 91 页。

先依次进去。出来后，太监传唤康有为进去。大约一刻钟光景，康先生出来，我第四个进去。……

1929年，《清史稿》的关外本出版，张氏在上海接到其好友汪兆镛寄来的《清史稿》中的《康有为传》。当他看到叙述光绪皇帝召见康有为的一段文字，提到康有为是"自辰入至日昃始退"。便在该页上旁批："并无其事。元济是日同被召见，康先入，不过十余分钟，即退出。"[1]

揆诸事理，张元济两度提到康有为被召见不过十余分钟，是可信的。因为，当日在朝房等候传唤的还有张元济和荣禄，如果康有为"面圣"真的"历时至九刻钟之久"，确属"自辰入至日昃始退"。这对于区区七品刑部主事张元济来说，被冷落在朝房里候旨是不打紧的，但荣禄却是文渊阁大学士、署直隶总督的朝廷重臣；而且肯定有军国大事启奏，能撂到朝房里从清晨坐等到太阳偏西吗？所以，张元济回忆是可靠的。将召见"大约一刻钟光景"，夸张为"历时至九刻钟之久"，就是"将真迹放大"的一例。此外，《戊戌政变记》还存在对光绪皇帝多所溢美和若干时日的差错，已有学者撰文订正[2]。

在近代史的资料里，没有如实记载史事经过的资料，数量不少。还有一些资料，则是为了某种目的而编造的伪书或虚假记载。比如，署名沈懋良撰的《江南春梦庵笔记》和署名汪堃撰的《盾鼻随闻录》两本号称记述太平天国史事的资料，就是撰者蓄意蒙骗作伪所捏造的伪书。类似这些作伪杜撰的资料，在中国近代史的其他重大史事记载里也曾发现过。所以，在发掘、整理和使用近代史资料的过程中，就存在大致可区分的两项工作：一是识别伪书的辨伪，一是考证记载讹误失实的订谬。建国近40年来，从事中国近代史研究的专家学者，对辨伪和订谬两项工作都较重视，并取得显著的成绩。

二

一般说来，有些史料的谬误，可能不致过多影响对所涉及的人和事的评价和理解。比如，关于辛亥革命时期杰出女革命家秋瑾的生年，即有1875、1877、1878、1879年4种说法。何者正确？当然应该加以考证？但即使采用了错误的生年，也不会贬损对秋瑾的评价。然而，有些史料

---

1 参见[新西兰]叶曼瑛：《从戊戌期间的张元济看中国的开明知识分子》，载《中国文化》第4辑，复旦大学出版社，1987年1月版。

2 参阅汤志钧：《人物评价和史料鉴别》，《康有为与戊戌变法》，中华书局，1984年版，第329—334页。

以讹传讹，却足以导致人们对所涉及的史事得出错误或不够妥当的看法。比如，关于太平天国天王洪秀全的死因，长期以来相传为服毒自尽。直至1962年台北世界书局将藏于曾国藩后人家中的"李秀成亲笔供词"予以影印（称《李秀成亲供手迹》）出版后，就使洪秀全的死因和不少有关太平天国的史事得以澄清。《亲供手迹》的同一页上有两处提到，一处称："天王斯时已病，甚重，四月廿一日而故。此人之病，不食药方，任病任好，不好亦不服药也，是以四月廿一日而亡。"又一处称："天王之病，因食甘露病起，又不肯食药方，故而死也。"事情真相，写得一清二楚，所谓"服毒自尽"的说法从何而来的呢？原来出自曾国藩的篡改。他在抄呈清廷和刊刻外传的所谓九如堂刻本《李秀成供》上，将上述两处删去，篡改为"因九帅之兵处处地道近城，天王斯时焦急，日日烦躁，即以五月二十七日服毒而亡"。经此一改，事件的经过就变成：由于湘军的围困和加紧挖掘地道攻城，洪秀全遂被迫自尽。这样，湘军的"功勋"就烘托得更高了，而洪秀全的死，则可以宣称为"畏罪自杀，幸逃显戮"。洪秀全的评价也就多少受些影响。

值得提出的是，有些史料经过辨误订谬后，还足以纠正或改变人们对重大历史问题的理解和评论，使某些特定的历史研究课题或多或少地获得实质性的突破。以下，举几个近年在这方面的重要成果为例。

（1）关于第一次鸦片战争期间"穿鼻草约"的问题。

沿袭多年的错误说法是：

……英国人已经十分明确地表示他们坚持无论如何要占据香港。义律认为需要使琦善明白他军事上的软弱无力，竟在1841年1月7日命令英军占领了虎门炮台。这时琦善才绝望地认识到，只有虎门要塞才能把英国人与广州隔开。为了避免他认为可能发生的一场屠杀，他无可奈何地于1841年1月20日同意了穿鼻草约。英国人在这项协议中提出的条件是割让香港，赔款六百万元；两国官员在平等的基础上直接交往，并且开放广州贸易……[1]

这种不实之词，早就有人置疑。1983年2月2日《光明日报》第三版发表胡思庸、郑永福《穿鼻草约考略》，以很有说服力的论证，断言：其一，琦善始终没有向义律允诺割让香港，只允寄居，而且始终未答应英方占有香港全岛，只同意寄居香港一隅；其二，所谓"穿鼻草约"是在英

1 〔美〕费正清、刘广京编、中国社会科学院历史所编译室：《剑桥中国晚清史》上卷，中国社会科学出版社，1985年版，第213—214页。

军强占香港之后，才单方面制定的条文，琦善始终未在该约上签字或加盖关防。故"穿鼻草约"当时既未签订，事后也未经中、英两国政府批准。从而考证，英国侵略者捏造所谓"穿鼻草约"，乃是为了制造强占香港的口实，以掩饰其攘夺中国领土的侵略行径。

（2）鸦片战后英国强租广州河南和广州人民反河南租地斗争的年份问题。1980年以前先后出版的中国近代史著述和有关的年表辞书等，凡提到鸦片战争后广州群众反河南租地斗争，都肯定事件发生于1844年（清道光二十四年）。1979年，廖伟章、林增平分别在《学术研究》第2期、《近代史研究》第2期上撰文考证，事件并非发生于1844年，而是1847年（道光二十七年）。讹误的原因，是梁廷枏所著《夷氛闻记》的刊印有差错，学术界不察，故长期沿袭致误。从表面看来年代记载谬误，似乎无关宏旨。但问题并非如此简单。因为，这是英国资本主义无端起衅的侵略行动，长期误作1844年，则可能畀人以口实，讥为无中生有；甚至指控为捏词构陷，致有损于我国学术界的声誉。而且，也难免会导致对前后有联系的其他史事的评述产生差错。故1983年《中国历史学年鉴》发表的一篇《鸦片战争史》研究述评的文章，认为这一史事发生年份的订正，是近年鸦片战争史研究明显进展和创获的成果之一。

（3）多年来，学术界据以论述戊戌维新运动的重要史料，是刊行于清宣统三年辛亥（1911年）五月的康有为《戊戌奏稿》。1982年，孔祥吉于《晋阳学刊》该年第二期上发表《〈戊戌奏稿〉的改篡及其原因》一文，用他在国家第一档案馆和故宫博物院图书馆查阅到的清廷档案以及《杰士上书汇录》中所收藏之康氏奏折的原件和进呈书原本及序，发现《戊戌奏稿》中各奏章与原件之间存在不同程度的差别，有的甚至面目全非，个别奏稿如《请君民合治满汉不分折》，在档案中竟属阙如。从而指出，《戊戌奏稿》是经康氏改篡的，改篡之处比较集中于三点："（一）加进了制定宪法，立行立宪的内容"；"（二）《奏稿》将维新派在变法时的政治纲领由开制度局改为开国会"；"（三）《奏稿》极力掩盖康有为尊崇君权的思想"。作者认为，经改篡的辛亥年刊行的《戊戌奏稿》所反映的大多是康有为及其弟子梁启超等辛亥革命前流亡海外时的政治主张。当时，以孙中山为首的革命派正同康氏保皇党开展论战。康、梁为了回击革命派的笔伐，以求摆脱政治上的困境，并藉以敦促清廷尽速推行宪政，故匆匆将《戊戌奏稿》推出面世。这是改篡戊戌时奏章，裒为一集的政治目的。孔祥吉这一考订和论证，说明使用辛亥《戊戌奏稿》为依据所进行的关于戊戌维新的研究，无论是对当时康梁等人思想认识水平的估计，对所提出来的维新新政奏章条陈所能达到的变革程度的预测，都会与实际情况有或多或少的差距，这就显然难于写出情真事确、信而有征的戊戌变法史。

至于史料辨伪工作所获致的成效，也是较明显的。这里，首先要提到在史学界享有盛名的罗尔纲在这方面所做的贡献。罗尔纲不仅力图坚持以马克思主义唯物史观为指南，孜孜不倦地撰写了大量关于太平天国史的论著，而且不辞辛劳地收集并整理出大量太平天国的资料，并以一丝不苟、精密考证的态度和功力，对资料进行了卓有成效的辨伪订谬工作。他对太平天国起义日期，太平天国的制度政策和颁行的诏旨条令等的考证，大都得到史学界的信服。他对伪造太平天国史事，过去流传颇广的《江南春梦庵笔记》和《盾鼻随闻录》所作的辨伪订谬，确实将这两本谬种流播、以讹传讹的伪书揭露无余，使之再也不能在史学界产生蒙骗作用。

还应当提到，一部由一个英国人伪造的《景善日记》被揭露的辨伪工作，也是值得介绍的，《景善日记》载有义和团运动高涨期间北京朝野的动态，原有学者撰文表示置疑。但因建国初出版《中国近代史资料丛刊·义和团》曾将其收录，故似乎又将疑团冲散。研究中国近代史的学者一般都征引采用。近年，丁名楠发表题为《〈景善日记〉是白克浩司伪造的》[1]一文，论证了宣称1900年8月八国联军攻陷北京后在景善的住宅发现这份日记的英国汉学家白克浩司（B·Backhouse），纯系撒谎诓骗。《景善日记》实系白克浩司伪造的。嗣又有胡滨、吴乃华将英国休·特雷费—罗珀（Hugh Trevor-Roper）所著《北京的隐士——白克浩司爵士的隐蔽生活》（Hermit of Peking-The Hidden Life of sir EdmUnd Backhouse）译成中文出版[2]，书中揭露白克浩司"在政治上也是一个一贯招摇撞骗、弄虚作假的大骗子"。并从多方面坐实了白克浩司伪造《景善日记》的作伪行径。由于这本伪造《日记》中记载了清廷自西太后至军机大臣荣禄、刚毅等在义和团运动高涨时的言行和廷议的情况，故多为研究者所征引。近年既考证出它纯属伪造的赝品，这就不能不使研究者感到有对义和团运动若干史事重新进行估量的必要。

<h2 style="text-align:center">三</h2>

值得提出的是，有些近代史料经考证确属讹误之后，仍然为少数研

1　《义和团运动史论文选》，中华书局，1984年版，第492—504页。

2　［英］特雷费·罗珀著，胡滨、吴乃华译：《北京的隐士——白克浩司爵士的生活》，齐鲁书社，1986年版。

究者所继续引用，以致重复过去的错误或不妥当的看法。比如，近两年出版的一部近代中外关系史的著作里，即仍然肯定琦善曾经与义律订立"穿鼻草约"的说法；同时，也依旧因袭广州人民反河南租地斗争发生于1844年的讹误。又如，因曾国藩篡改李秀成"供词"而产生的洪秀全"服毒而亡"的谬说，虽经台北世界书局于1962年将"供词"原本影印出版而予以澄清，但嗣后少量中外近代史著作，却仍然沿用上述谬说，苏联齐赫文斯基主编的《中国近代史》（1972年出版）就是用"服毒自杀"来记述洪秀全的结局的。

再举一例：1987年一份学术刊物发表《谭嗣同就义前的精神心理分析》一文，对谭嗣同履险蹈危，勇于献身的坚贞气概和牺牲精神，作了很好的分析，颇具新意。但令人遗憾的是，作者在描述戊戌政变前谭嗣同等读到光绪皇帝"密诏"后的活动时，引用了两件业已经过考证的不确切的史事。原文如下：

1898年9月14日，光绪皇帝召杨锐入宫，赐康有为等人密诏，云："朕惟时局艰难，非变法不足以救中国，非去守旧衰谬之大臣，而用通达英勇之士，不能变法。而皇太后不以为然，朕屡次几谏，太后更怒。今朕位几不保，汝康有为、杨锐、林旭、谭嗣同、刘光第等，可妥速密筹，设法相救。朕十分焦灼，不胜企望之至。"康有为等人见后，捧诏大哭，六神无主，束手无策。在这紧急时刻，谭嗣同建议，"密谋招袁世凯入京，用所部新建军，围颐和园，以兵劫太后，遂锢之"[1]。康有为顿时大惊，"执嗣同手，瞪视良久"，说："母后固若是，其可劫耶？"……

据考证，这段叙述中所引的密诏，乃康有为政变前离京南下，闻听政变发作逃往日本时所伪造[2]。光绪于9月15日确给过杨锐一份手诏，但措辞不同，其中只提到"尔等与林旭、谭嗣同、刘光第及诸同志等妥速筹商，密缮封奏"。并没有提到康有为，也没有"设法相救"的字样。故有的学者认为所谓密诏是康有为改篡的[3]。但不论称作伪造还是指为改篡，谭嗣同都不可能看到这份所谓光绪赐给康有为的密诏。显然，据此以分析谭嗣同的心理状态，就将是无中生有了。其次，关于围颐和园劫持西太后的计谋，据考订，不是出自谭嗣同，而是康有为；谭对于采取此一行动还曾表示："此

1 胡思敬：《戊戌履霜录》卷二。

2 房德邻：《戊戌政变史实考辨》，《四、光绪赐康有为密诏考》，载胡绳武主编：《戊戌维新运动史论集》，湖南人民出版社，1983年版，第263—278页。

3 汤志钧：《关于光绪"密诏"诸问题》，《近代史研究》1985年第4期。

事甚不可，而康先生必欲为之。"[1] 当然，不论是谭首倡还是康出的主意，都不改变事件的性质和意义，但如就此事分析参与者的心理状态，谁首倡，谁表示异议或勉强附从，就不能不分辨清楚了。

我还读到过一篇发表于 1981 年的论述辛亥革命时期杰出的革命家邹容的文章。其中提到，1903 年拒俄运动兴起时，留日学生开"拒俄大会"，邹容是发起人之一，并参加了拒俄义勇队。事实上，邹容早在留日学生召开"拒俄大会"（4 月 29 日）之前约两周即回到上海。4 月 27 日，上海绅商和学界在张园召开拒俄大会，签名册上有邹容的名字。所谓邹容在日本参加拒俄运动的说法，原出于冯自由所撰《革命逸史》第二集的《革命军作者邹容》一文。1980 年出版的《辛亥革命史》上册第 439 页已将冯自由的误记作了考证，予以纠正。这可能是文章作者不曾注意到。

上述情况，除了少数研究者偶尔疏忽的原因之外，大约同 50 年代后期起至 70 年代"左"的指导路线有或多或少的联系。在这期间，流行着所谓"以论带史""厚今薄古"的口号，就渐次将研究历史简单化、庸俗化，使历史的叙述和研究片面地、实用主义地去类比，去牵强附会地诠释现实生活中的一些景象。"文革"前，从事史料的辨伪和考订，已被指为"繁琐考证"，"脱离政治"，受到指责和批判。至十年动乱中，林彪"四人帮"大倡"影射史学"，史事纯属胡诌瞎说，史料的辨伪订谬，更是视若敝屣，遭到废弃。目下虽已时过境迁，但遗风余绪，还多少有点贻害。

长期以来，在我国旧史学研究中，不少学者曾经历代师承一种史料即史学的观点，认为研究历史的主要任务就是对史料的考证。史学家将史料考证得确凿无误，就实现了研究的目的。这种旧史学传统中的弊端，是我们所不取的。我们也不赞成忽视甚至摒弃史料的辨伪和订谬。正确的态度应当是，坚持以马克思主义唯物史观为指导，积极学习和采用随着现代科学技术的发展而日臻完备的史学方法，将对史料的辨伪和订谬作为研究、历史的基本训练和重要环节，从而把中国近代史的研究工作加速地向前推进。

基于上述看法，我认为《中国近代史实正误》一书的编撰和出版给史学工作者提供了一本有价值的参考书，对于中国近代史的研究和教学是颇有裨益的。谨以此文为序。

（原载郭汉民、迟云飞编著：《中国近代史实正误》，
湖南人民出版社 1989 年版）

---

[1] 杨天石：《康有为谋围颐和园捕杀西太后确证》，《光明日报》1985 年 9 月 4 日。

《湘中人物传稿》序言

1989 年

　　《湘中人物传稿》与读者见面了。它载有湘中腹地娄底地区古今往来有影响的历史人物二百来人的小传，是一部篇幅较大的地方人物传稿。

　　娄底，相传是天上娄星和氐星相会发光照耀的地方。这片土地，哺育并造就了为数众多，各式各样的仁人志士、英雄贤豪、能工巧匠、名人学士。其中，有三国时蜀汉大臣蒋琬，明代大理评事贺宗，清代"烧车御史"谢正定，清代"中兴第一名臣"曾国藩；有南宋"破天荒"的"湖南童子"贺德英，元代著名散曲名家冯子振，清代"湘学复兴之导师"邓显鹤，"清末才子"李命圣；有辛亥革命期间的"马前卒"陈天华，同盟会湖南分会首任会长禹之谟，光复会总司令李燮和；有中国共产党早期卓越领导人蔡和森，中国工农红军"虎将"贺国中，国际主义战士罗盛教；有"病毒之父"李振翩，湘医"总裁"肖伯章；有人民教育家成仿吾，小学教育专家罗辀重；有中国第一位女飞行员王灿芝，中国第一位赴法留学的老太太葛健豪；有中国第一枚现代火箭弹的制造者钟林，湖南第一座小高炉的创建者吴鉴光；有"锑矿大王"段楚贤，垦殖湖田的创始人曾月川；有"钦赐黄马褂"的厨师戈仙桂，巧铁匠王春贵，等等。

　　《传稿》的作者认为，"在社会主义精神文明建设中，乡土历史的教育，有着特殊的地位和作用"。本乡本土的历史事件和历史人物，"对于当地人民有着更为直接和强烈的感染力"。他决心以研究、宣传乡土历史为己任。从到娄底地区境内工作之余，致力调查收集乡土历史资料。他 20 年如一日，踏遍了湘中腹地的山山水水，走访了众多的工人、农民、干部、教师。当地县（市）及邻近县（市）的中共党史资料及有关的其他地方史、志材料，也都尽一切可能搜罗发掘。与乡土历史有关的在世人物，他也千方百计走访面谈，或信函联系。在收集乡土材料的同时，他还开展乡土史的宣传教育。1984 年，涟源县总工会举办"全县职工学习中国近代史辅导员学习班"，他联系乡土史事畅谈学习中国近代史，备受欢迎，影响很大。1985年，他为地区教委起草"通知"，要求各级各类学校组织师生编写"校史"，"乡土史"，广泛开展乡土史宣传教育。1987年，国家教委要求各地加强乡土教材的编写和教学工作，争取在两年之内编写出版了《娄底历史》，接上又着手撰写《湘中人物传稿》。

《传稿》主要为本籍人物立传，客籍人物对该地有较大影响的传记也一并收入。立传不以地位、职务为准则，凡曾推动或阻碍社会进步，在湘中腹地有一定影响或突出贡献的各行各业已故的体表人物，都尽可能收录。既有名震中外的风云人物，也有名不见传，其事功被淹没的仁人志士，也有反动士绅，湘军首领、暴乱头目；既有大官要员，也有对乡土有所建树的平民百姓；既有年逾百岁的老者，也有十来岁的少年神童。这样，就比较如实地全面反映了湘中地区错综复杂充满矛盾的社会历史的本来面目，且符合历史唯物主义的准则。

《传稿》行文简练，每篇短的不到300字，长的也未超过千字。这样，作者在记述人物生平史事，就没有出现那种事无巨细，罗列排比，写成一本流水账的弊病，但也没有过于简略，写得枯涩乏味。而是在描写人物全貌的同时，集中有限的文字记述最能反映传主本质，表现传主性格特征，或传主一生中对后人有教育和启迪意义的点滴事迹。这样，既可容纳较多的人物传记，又有利于写"活"人物，使《传稿》"容量"增大，生动、具体，更好地发挥"存史""资治""教化"的作用。

由于娄底地区建制还只有十多年，所辖县（市）除新化县建制于北宋神宗熙宁五年（1072年）外，双峰县和涟源、娄底、冷水江三市均在中华人民共和国建立后才建制的，历史资料的搜寻十分困难。因此，《传稿》所收入物，所述史事，难免有不当，不妥之处；有的传主的生平记述仍难免过于简略，缺乏形象的描述。但作为一个新建的地区，在很短期间，便编写出这样一部人物传稿，是难得可贵的。它为社会主义精神文明建设提供了一份较丰富的"资治"，"教化"，可供庋藏的著述。

（据林增平先生手稿，时间据内容判定）

《人与神的搏阖》序

1990 年 2 月

对"中体西用"文化模式进行全面的系统的研究与探讨，无疑是一个具有学术价值和现实意义的课题，然而，这一问题至今尚无专著论述。现有的几篇论文都是从文化的表层结构、运用传统的史学方法进行的定性讨论，而未从文化的深层结构，即从民族传统精神文化固有的空间属性（伦理空间）与世界近代文化确定的时间属性（历史时间）之间的辩证统一的关系进行过论述。至于在中、日、西传统文化特征比较的基础上，对中、日、西近代化模式进行比较研究，来说明中国近代化为什么失败，"中体西用"文化模式为什么至今仍在制约着中华民族文化的发展，这类研究更属鲜见。沈其新同志撰写的本书弥补了学术研究上的这一空白，他做了一件很有意义的工作。

众所周知，"中体西用"是 19 世纪中叶洋务运动期间的指导思想，然而，作为中华文化近代化的主体模式，其对中国近代文化发展的影响则大大超过了洋务运动的本身。长期以来，一提到"中体西用"，人们就不由自主地将其与洋务运动联系起来。这一固定的思维模式禁锢了我们对这一问题的深入研究。实质上，"中体西用"与洋务运动的联系只是一个次要的方面，只是几个历史表象之一，其主要方面是它与中国文化近代化必然性的联系。文化系统论将文化分成物质文化、制度文化、精神文化三个大的层次，这三个层次是由表及里、由浅入深的三个文化阶梯。从洋务运动到五四运动，我们可以清楚地看到中国近代文化的更新及其步步深入的过程。洋务派对顽固派的胜利，迎来了以科技工业为代表的物质文化；维新派对洋务派的论争，以及革命派对维新派的批判，将君主立宪和民主共和制度文化引进，千百年坚如磐石的君主专制的制度文化遂宣告解体，此后的五四运动则解决了西方精神文化的引进问题。文化的内在发展趋势与中国近代的历史都表明，鸦片战争之后，中国人向西方学习的第一课必然是学习其物质文化，这是不可逾越的第一个阶梯。必须强调的是，引进西方科技工业为代表的物质文化的方向并非是洋务派自身所能开拓，而是魏源、冯桂芬等人揭橥的。没有魏、冯等人向西方学习的进步思想导其先，就难以有曾国藩为首的洋务派推行的洋务运动继其后。维新派早在戊戌变法高潮前夕就认识到了这一点，认为《校邠庐抗议》一书实为洋务运动"三十年变法之萌芽"[1]。

中日甲午战争的失败，宣告了洋务运动时期的结束，然而"中体西用"文化模式并未退出历史的舞台。它依然在影响着中国近代人的思维方式，制约着中华文化发展的方向。人们不难在康有为的"托古改制"与孙中山的"以俄为师"的文化模式之中看到它的框架。正如马克思主义所揭示的，历史的发展轨迹是螺旋式上升发展的。从"中体西用"到"民主共和国"方案再到"以俄为师"，经历了一个"否定之否定"的历史发展进程。而在处理中学与西学的关系问题上，都是坚持维护中学，以保持民族的尊严，坚持国体，以捍卫国家的统一。这种以"救国"为轴心的螺旋式上升发展的历史结果告诉人们，民族的精神文化是民族凝聚力的源泉，是民族威望和国家尊严的象征。

随着当前的改革开放向更深层次的发展，有的人对现行的路线方针提出了种种责难。他们无视"只有社会主义才能救中国"这一客观的历史事实，搞历史的虚无主义，认为中国走上社会主义道路是历史的偶然，是政治强权造成的历史超前发展的结果，中华文化如要腾飞，必须对中国近代文化中发育不良的资本主义文化进行补火。其实质是要从根本上否定社会主义制度。这就要求我们不仅仅只是从历史的角度来论述中国走社会主义道路的必然性，还须从中华文化的民族性（精神文化特性）来阐明只有社会主义的文化模式才适合于中国的国情。沈其新同志在本论著中，通过对中、日、西三种传统文化特征的比较和对中、日、西三种近代化模式的比较，在这个问题上进行了颇有启迪性和开拓性的论述，很值得学术界的同仁与关心现行改革问题的各界人士一读。

（原载沈其新：《人与神的搏阖》，湖南出版社1991年版）

---

1 《湘学报分类汇编》，"掌故学"第一。

《简明中国军事史》序言

1990 年 6 月

人们对中国古代的战争，一般是从旧章回小说的描述获得若干概念。大致是当交战双方各自摆好阵势后，即有一方的一员先锋或大将拍马出阵，高声呼吼，扬鞭挑战。另一方立刻也有一员大将飞驰出阵，持武器冲杀过来。双方在阵前展开鏖战。战上数十以至一二百个回合，就以这两员大将的赢输作为双方的胜负。传统京戏或地方剧上演古代战争场面时，也是按上述模式演出。其实，这只是小说上的描绘和舞台扮演的形式，实际情况并非如此。

中国古代以来的战争是怎样进行的呢？我原先也不了解。最近，有幸读到郑必华等同志的《简明中国军事史》，确有茅塞顿开的感觉。

这部《简明中国军事史》分上、下两篇，上篇《中国古代军事史》7 章，撰述从原始社会的部落战争或氏族战争，至鸦片战争前的军事史；下篇《中国近代军事史》8 章，撰述晚清至第三次国内革命战争的胜利，并有专章论述毛泽东军事思想。

关于中国古代军事史，著者从氏族公社时期的部落战争——黄帝和炎帝联合打败蚩尤的"涿鹿之战"叙起，并介绍了当时石兵器的产生和应用。随后，作者对古代从尧、舜、禹、汤起（前 2297～前 1771 年）至清道光二十年（1840 年）的 4000 多年期间发生的重大战役，从战略部署，兵力配备，战争经过等，都作了生动的描写。如战国秦赵长平之战，秦末楚（霸王）、汉（高祖）战争，以及历朝农民起义的战争，记述亦颇翔实，读来兴味盎然，印象深刻。

关于近代军事史，作者对两次鸦片战争起至人民解放军的解放战争期间帝国主义历次侵华战争和中国军民的抵抗活动，以及在此期间中国人民掀起的反帝反封建革命运动的军事活动和重大战役，均有较全面扼要的记述，且对不同时期重要军事活动的成败得失进行了分析，提出了颇中肯綮的见解。

个人读后，感到大有收获，特书此序言，略抒感受，交向读者推介。

（原载郑必华等：《简明中国军事史》，三环出版社 1990 年版）

《黄兴研究》前言

1990 年

　　《黄兴研究》论文集是 1988 年在长沙举行的黄兴研究学术讨论会的成果汇编。

　　这次讨论会是由湖南省政协、湖南省哲学社会科学联合会、湖南省社会科学院、民革湖南省委员会、湖南省历史学会、湖南省海外专家学者联谊会、湖南省联谊国际艺术院、长沙市政协、民革长沙市委员会、明德中学校友会、明德中学、长沙县政协、黄兴镇等单位和社团发起并筹办的。应邀参加这次讨论会的专家学者近百人，多数来自国内，来自日、美和丹麦的 8 人。提交的论文共 58 篇。如果按论述的内容分类，大体上是：从总体宏观上评价黄兴的 5 篇，论述黄兴革命实践功过、是非、得失的 20 篇，论述黄兴的思想、理论和政治观点的 17 篇，对黄兴的品德、操守、禀赋、性格、时代、心态进行分析的 8 篇，论述黄兴的人际关系（即黄兴与 XX）的 5 篇，介绍有关黄兴的新资料的 8 篇。

　　长期以来，学术界对黄兴的研究是较为薄弱的，多数论者对黄兴的评价偏低，关于黄兴的历史功过，看法也不一致，对他的言论思想，研究得更少。这种情况，出席讨论会的部分学者进行了回顾，认为出现这种状况的原因，除了在历史人物研究和评论中长期存在的非此即彼的形而上学方法的影响以外，还与我们没有完全摆脱"天无二日，民无二主"，"领袖只有一个"的正统观念有关。因而在辛亥革命史的研究中，一般地突出孙中山，而忽略对其他人物进行应有的研究和予以评价，特别是对曾经在某一方面或一定期间与孙中山意见相左的人物，往往更不能公允地对待。诚然，就辛亥革命全过程来说，孙中山是无可争辩的领袖，在中国近代史的研究中，孙中山理所当然地要突出些。但如果囿于上述那种正统观念，忽略了辅佐孙中山的革命事业并卓著勋绩的人们，也就不妥当了。

　　然而，筹办这次"黄兴研究学术讨论会"并不只是针对上述有失偏颇的情况，更主要是力图利用这样一个有意义的研究课题，约请海内外专家学者聚集一堂，借以扩展学术研究风气，促进湖南的社会科学研究。同时，长沙有黄兴路，又有黄兴墓耸立于岳麓山，以这位湖南人民熟悉的历史名人为主题来召开学术讨论会，集中评说，并将提交讨论会的论文和研究资料结集出版，无疑是一项使湖南人民倍感亲切，且更易于开展革命传统教育和爱国主义教育。

（原载林增平、杨慎之主编：《黄兴研究》，
湖南师范大学出版社 1990 年版）

《廖仲恺和何香凝》读后

1991 年 5 月 6 日

现代史家郭沫若指出："无论作任何研究，材料的鉴别是最必要的基础阶段。材料不够固然大成问题，而材料的真伪或时代性如未规定清楚，那比缺乏材料还要更加危险。因为材料缺乏，顶多得不出结论而已，而材料不正确便会得出错误的结论。这样的结论比没有更为有害。"[1]《廖仲恺和何香凝》一书的作者周兴樑同志对这个基础工作是下过功夫的。

就该书所引用的资料来看，作者除从清末民初宋教仁、吕志伊、章士钊先后任主笔的《民立报》、邵力子等主编的《民国日报》等报刊发掘了不少以往《廖仲恺文集》及研究论著中未刊或未引用的较为罕见的资料以外，还侧重搜集关于廖仲恺理财方面的言论、作法、数据等方面的记载，以及他支持工农运动的报道等。如李煜堂所编《广东财政司从旧历辛亥年 9 月 19 日起至民国元年 5 月 31 日止收支报告总册》《廖陈（秋霖）死难周月纪念册》等，更属较为罕见；其中《党声周刊》似尚无人引用过。此外，该书还引用了若干苏联、日本学者发掘出来的俄文、日文材料，以及少量南京第二档案馆未刊的档案资料。

作者既掌握了较为丰富的资料，从而有条件对以往所传闻或记载的有关廖、何的史事进行订正或补充。如指出廖仲恺的父亲并非一般传说"卖猪仔"去的旧金山；在香港时，他家就属于较富裕的上流社会。考订廖仲恺受孙中山之命赴天津仅一次，而不是两次或多次，去的时间是 1905 年冬。辛亥武昌首义后，廖仲恺未曾偕其兄长一道参加"南北和谈"，而是先后出任广东省财政司副司长、司长职务，尽瘁于广东省的理财工作，为稳定革命后的广东局势颇著劳绩。还有关于廖、何二人行止和事功的若干史事订正，不一一列举。

正由于作者是在史事搜集较为充足，而又进行了考订的基础上进行

---

1 郭沫若：《十批判书·古代研究的自我批判》，《郭沫若全集》（历史篇）第 2 卷，人民出版社，1982 年版，第 3—4 页。

撰述，因而该书不仅能以全面介绍这对革命伉俪的行止和事功见长，而且臧否得当，叙事也颇中肯綮。

以前对于廖仲恺的研究，一般局限于国共合作时期为改组国民党与建立黄埔军校所作出的贡献，间有论及支持工农运动以及与右派斗争等方面。《廖仲恺和何香凝》在叙及有关此类史事时，既尽可能汲取已有研究成果，也运用新发现的资料，提出了新的见解；既充分肯定廖的功绩，也指出他作为国民党左派与共产党人的差距及其历史局限性。

关于廖仲恺作为经济专家在理财方面的建树，过去几乎无人问津；他在五四运动后思想的转变和进步，以及他的实业建设思想等，虽间有提到，也多属浅尝辄止。该书对上述事项则展开了详述，可以说是适当弥补了前此研究的欠缺和不足，对廖仲恺从辛亥革命至民国初期到"护法"期间以迄国共合作后各个时期的理财实践和贡献，对其实业思想以至整个思想新飞跃的原因和概况，也作了较充分的铺陈。如果说以前对廖仲恺的研究是明显的不足，那么，对何香凝的研究就更为薄弱。《廖仲恺和何香凝》可以说是具有开拓这一研究课题的意义。对何香凝在加入同盟会后作为妇女运动的先驱者所作出的贡献，她在抗日战争、解放战争时期所进行的斗争，以及中华人民共和国成立后参与国事活动，担任全国妇女联合会名誉主席等所从事的活动，该书均曾涉及，只是篇幅略嫌不足。

总之，《廖仲恺和何香凝》是史事翔实，不乏新意的传记新著。特书此卮言，藉申感受。

（原载 1991 年 5 月 6 日《人民日报（海外版）》）

《曾国藩与中国近代文化》序

1991 年 5 月

　　成晓军同志经历了 10 年的辛勤笔耕撰著的《曾国藩与中国近代文化》，已由湖南出版社于今年付梓，不日面世。欣慰之余，特书写弁言，向读者推介。

　　在中国近代史上，人们所耳熟能详的曾国藩，是因编练湘军镇压太平天国起义而发迹的。然而，如果对曾国藩进行较为全面的考察，就不难发现，当中国正从鸦片战争以前的闭关锁国状态解脱出来，渐次走向世界的时候，曾国藩竟是引进西方近代机器与技艺的首倡者之一。在这方面，他的劳绩是不应忽略的。而且，他对中国近代文化的发展，也曾得到同时代的人和后人的称道。

　　为了阐明曾国藩对近代中国文化发展所作出的业绩，著者遍览了曾国藩遗留的全部著述和其他相关的资料，从文化学的角度，全面而深入地论述了曾国藩一生曲折起伏的经历，就其政治观点、人生哲学、治军方略、学问之道、文学创作、教育思想、兴办洋务诸方面，实事求是地敷陈他对中国近代文化所作出的劳绩和弊害。且所有论述又不囿于旧说，一切观点都力图建立在事实和逻辑的基础之上，并能深入浅出，饶有风趣。

　　在写作本书的过程中，著者又不辞辛劳，北上北京，南下广州，遍访有关高等院校和各地的图书馆，搜集资料，务使言必有据，事必真实。在写作过程中，著者参考了有关编著，举凡引用的论点和资料，必注明出处，从未掠美。这种治学态度，也是应当称道的。

　　晓军同志正值年富力强，集科研教学于一身，撰成此著，且有如此质量，实属难得。当然，本书也难免有少许疏漏和论述欠妥之处，但我认为瑕不掩瑜，还是值得学界重视的。

（原载成晓军：《曾国藩与中国近代文化》，湖南出版社 1991 年版）

《湖南近现代史》前言

1991 年 8 月

1840 年鸦片战争前的漫长的古代，湖南没有出现过几桩足以影响全国局势的大事，属于湖南籍的名人，寥若晨星。晚清维新派人士、经学家皮锡瑞说过："湖南人物，罕见史传，三国时如蒋琬者，只一、二人。唐开科三百人，长沙刘蜕始举进士，时谓之破天荒。至元欧阳原功，明刘三吾、刘大夏、李东阳、杨嗣宗诸人，骎骎始盛。"[1]事实上，即使到了明代，与邻省比，仍然瞠乎其后。而跨入近代，就迥然不同，在诸如太平天国起义、戊戌变法、辛亥革命等重大事变中，湖南所产生的影响，着实引人瞩目；且人才辈出，为人们所称道。延续至现代，更呈现出鼎盛的局势。检索一部近年编的《中国历代名人辞典》[2]可以窥其大概。该书共收入历代名人 3755 人，鸦片战争前为 3005 人，其中湖南籍者为 23人，只占同期全国名人的 0.77%。近代部分有 750 人，其中湘籍的 85 人，占同期名人总数的 11.33%。证之日本学者因田一龟所考察的情况，也大体近似。这位学者依据他收录的自汉代至明代 5690 个名人的籍贯列表比较，河南独占鳌头，计 912 人，占总数的 16%；湖南只 55 人，仅占 0.96%。就元明之际看，收录名人共 1679 人，江西跃居第三，计 204人，占同期总数的 12.2%；湖南仅 27 人，占 1.7%。进入现代，收录人物 677 人，湖南籍者 42 人，占同期总数的 6.4%，明显地超过江西（28 人）[3]。无怪乎著名史学家谭其骧称："清季以来，湖南人才辈出，功业之盛，举世无出其右。"[4]时至前些年，侨居美国的华人主编的《北美日报》（纽约），在 1986 年 7 月 1 日的《社论》里还提到："湘籍历史名人、学者、政治家人数之多，近百年一直居各省之冠"。

1 《师伏堂未刊日记》，《湖南历史资料》1959 年第 1 期第 105 页。

2 南京大学历史系编：《中国历代名人辞典》，江西人民出版社。

3 （日）因田一龟著，黄惠泉、刁英华译：《新中国分省人物志》，上海良友图书印刷公司 1930 年版，第 8—14 页。

4 谭其骧：《中国内地移民史——湖南篇》，《史学年报》，第一卷，第 4 期。

近代湖南人才之盛，始于太平天国时期，即起自曾国藩等筹组湘军。所谓"湘运之兴，从湘军起"。还在太平天国败亡的前一年（1863 年），一个官员在日记中就写道："楚省风气，近年极旺，自曾涤生领师后，概用楚男，遍用楚人。各省共总督八缺，湖南已居其五：直隶刘长佑、两江曾国藩、云贵劳崇光、闽浙左宗棠、陕甘杨载福是也。巡抚曾国荃、刘蓉、郭松（嵩）焘皆楚人也，可谓盛矣。至提镇两司，湖南北者，更不可胜数。曾涤生胞兄弟两人，各得五等之爵，亦二百余年中所未见。天下事不可太盛，日中则昃，月盈则蚀，……况国家乎？况一省乎？况一家乎？一门鼎盛，何德以堪？自古至今，未有数传而不绝灭者。吾为楚人惧，吾盖为曾氏惧也！"[1] 这个大段感叹，无非觉得湖南省和曾氏一门的旺气盛况，已经到达极限，逾乎常情。1881 年王闿运撰《湘军志》脱稿，虽对湘军有所讪刺，但也很得意地宣称："湘军则南至交趾，北及承德、东循潮、汀，乃渡海开台湾，西极天山、玉门、大理、永昌，遂度乌孙水，属长江五千里，击柝闻于海。自书契以来，湖南兵威之盛未有过此者"[2]。据统计，湘军要员官至督抚者达 27 人（总督 14 人，巡抚 13 人）[3]。湖南从古代"碌碌无所轻重于天下"，到此时终于一跃成为"功业之盛，举世无出其右"的省份。

诚然，太平天国起义，是正义的、进步的运动；而湘军，则属不义的、反动的政治、军事集团，理应给以谴责。然而，历史本身又是曲折的，经常产生反复的演变过程，往往会出现正义的、进步的势力因自身的错误或领导集团的腐化而遭到挫败；而不义的，反动的势力则获得阶段性胜利的现象。但是，这样的胜利者决不能把历史拉着向后退却，而是必然受历史前进规律的约束，不自觉地去谋求失败者所曾追求的目标。如同恩格斯说的："1848 年的革命，和它以前的许多次革命一样，有着奇特的命运。正是那些把这次革命镇压下去的人，如卡尔·马克思常说的，变成了它的遗嘱执行人"。又称："1840 年革命的掘墓人，竟成了它的遗嘱执行者"。不是吗？太平天国后期洪仁玕提出了具有资本主义意义的《资政新篇》，显露了这次农民起义取得胜利后将要把中国导向的前途。恰恰在这时，镇压太平天国的曾国藩、李鸿章就开始筹办洋务；迄太平天国覆败后，洋务新政就加速地进行起来。正是这样，湖南有志之士就获得湘军将帅的援引，成为各个方面的人才，从而使戊戌维新

1 张集馨：《道咸宦海见闻录》，中华书局版，第 77 页。

2 王闿运：《湘军志》，《湖南防守篇第一》。

3 罗尔纲：《湘军新志》第 96 页。

和辛亥革命期间，湖南似乎成了举足轻重的省份。

维新运动兴起后，湖南即颇有点得风气之先的气概。举凡开学会（南学会等）、兴学校（时务学堂）、办报纸（《湘报》《湘学新报》）等维新新政，都率先兴办，卓有成效。著名的维新志士谭嗣同、唐才常，且以左翼首领见称于时，故时人将湖南称为"全国最富朝气之一省"，并非虚言。

资产阶级民主革命——辛亥革命，首倡者是孙中山及其所创立的兴中会，而继起响应者，当首推黄兴和他所组织的华兴会。1905 年夏，孙中山在日本领衔组成同盟会，据考订，参加 7 月 30 日筹备会的共 79 人，居首位的是湖南籍志士，计 20 人[1]。又据 1905 ~ 1907 年间在东京加入同盟会的名册统计，湖南籍者为 157 人，在各省中排列第一[2]。正由于有如此众多的湖南志士加入了同盟会，因而在辛亥革命期间的重大斗争场合，几乎都有湖南志士的业绩和勋劳，并产生了饮誉遐迩的一代英豪如黄兴、宋教仁、蔡锷、陈天华、刘道一、禹之谟、蒋翊武、谭人凤、姚宏业、杨毓麟、焦达峰、陈作新等。1911 年 10 月武昌起义爆发，湖南继湖北"首义"之后，成为"首应之省"，从而大大加速了其他各省的革命进程。湖南人民为辛亥革命做出了卓越的贡献。

近代湖南人文荟萃，人才辈出的盛况，延续至现代，更呈上升之势。别的不说，只就参与中国共产党领导的新民主主义革命的人物来看，其勋名远播、功业非凡者，湖南籍的应数一数二。中华人民共和国建立后，在第一届中央人民政府的 52 名领导人中，湖南籍的有 10 人，占 19.2%。1955 年，给长期戎马倥偬、功勋卓著的军事领导人授勋典，在授予元帅的 10 人里，湖南籍的 3 人，授大将的 10 人里，湖南籍的 6 人，授上将的 57 人里，湖南籍的 19 人。在老一辈无产阶级革命家中，毛泽东、蔡和森、刘少奇、何叔衡、向警予、徐特立、杨开慧、柳直荀、夏曦、任弼时、陶铸、彭德怀、罗荣桓、贺龙等，他们的名字，将永远铭刻在中国革命的丰碑上。

"惟楚有材，于斯为盛"。这八个字可谓历久常新。

湖南近现代发生的对全国影响巨大的事件前后踵接，自然要产生众多的比肩鹊起的著名人物，而叱咤风云、驰骋宇内的名人一多，自然要使湖南成为国内地位显赫的省份。湘军兴起不久，清统治者很快就倚作长城。如同侍读学士潘祖荫在推崇左宗棠的奏折里写道："国家不可一

---

1 郭汉民：《同盟会'非团体联合'史实考》，《湖北社会科学》1987 年第 6 期。

2 冯自由：《革命逸史》第 6 集《中国同盟会最初三年会员人名册》。

日无湖南，即湖南不可一日无宗棠也"[1]。就湖南而论，既非形胜要害之地，也非财赋充盈之区，显然，所谓"国家不可一日无湖南"，实际上是指不可一日无湘军。维新运动期间，皮锡瑞称："近日湖南风气又为各省之最，是由地气变得益盛，亦由乡先贤之善变也"[2]。唐才常转述西方各国和日本的言论称："振支那者惟湖南，士民勃勃有生气，而可侠可仁者惟湖南"[3]。故谭嗣同在诗里颇为自信地吟哦道："万物昭苏天地曙，要凭南岳一声雷！"倾吐了湖南志士以澄清天下为己任的豪气。杨度早年写过一首《湖南少年歌》，很自豪地吟咏道："中国如今是希腊，湖南当作斯巴达，中国将为德意志，湖南当作普鲁士。诸君慎如此，莫言事急空流涕，若道中华因果亡，除非湖南人尽死"。青年毛泽东创建新民学会时，亦是以"改造中国与世界"为职志，这一切都反映了湖南志士对振兴中华、改造社会的使命感和自信心。

　　湖南在近现代中国占有如此重要的地位，编写一部湖南近现代史的书，自然十分必要。本书上起1840年，下限1949年，历数鸦片战争、太平天国、戊戌维新、辛亥革命、五四运动、第一次国内革命战争、第二次国内革命战争、抗日战争和解放战争各个时期的史事，以政治为主线，兼括军事、经济、教育、文化思想和地方风俗等方面，力图通过史事的叙述，反映湖南近现代社会历史的变迁，讴歌湖南人民不屈不挠的反帝反封建斗争，展现维新志士和革命先驱谋求社会进步、振兴湖南、匡救中华的精神风貌和爱国主义英雄业绩，为我们进行爱国主义教育、革命传统教育和乡土历史知识教育，提供一部教材。当然，写出一部高质量的湖南近现代史很不容易，这本书也只能说是抛砖引玉。我们希望，这部书出版之后，会引起广大读者和更多的史学工作者对湖南近现代史探讨的兴趣，使这一课题的研究朝着更高层次发展。假若它真能起到这种作用，那我们也就引以自慰了。

（原载林增平，范忠程主编：《湖南近现代史》，
湖南师范大学出版社1991版）

1　潘祖荫：《奏保举人左宗棠人材可用疏》，《潘文勤公奏疏》第25—26页。

2　《师伏堂未刊日记》，《湖南历史资料》1959年第1期第105页。

3　《唐才常集》第178页，中华书局版。

《中国社会主义思想发展史纲》序

1991 年

1840 年的第一次鸦片战争后，中国逐步沦为半殖民地半封建社会，山河破碎，国势阽危，致使一代代的爱国志士为之焦心竭虑，相继向西方寻找真理。鸦片战争后不久，经过东方信徒改篡过的、比较粗糙的基督教信条，曾经成为洪秀全领导太平天国起义的理论依据。19 世纪末，赫胥黎、达尔文的"进化论"被维新派人士奉为圭臬。转入 20 世纪初，提倡"自由""平等""博爱"的资产阶级民主思想，又为当时中国的革命者所信服。但是，这一系列的"西学东渐"，却不曾使中国获得独立和走向强盛，而是持续地向半殖民地半封建的深渊沉沦下去。只是到了五四运动前后，由中国共产党人将马克思主义的科学社会主义陆续介绍过来，并不断地使之同中国革命的实际相结合，领导全国人民进行前赴后继的反帝反封建斗争，才取得新民主主义革命的胜利，并实现了从新民主主义革命向社会主义的转变，走上了在中国建设社会主义的新旅程。正如毛泽东同志指出的："中国人找到了马克思列宁主义这个放之四海而皆准的普遍真理，中国的面目就起了变化了。"[1]

回首往事，中国人找到马克思主义的科学社会主义，也曾经历了相当长的岁月。开始只是道听耳食地知道有社会主义学说，有马克思、恩格斯；嗣后又经过断章取义地介绍，或各取所需地加以曲解，或随心所欲地附会，最后才确知它是无产阶级革命和改造世界的锐利武器。中国共产党成立后，又将马克思主义的普遍原理与中国革命的实践结合起来，用以指导中国革命的具体实践。在这一漫长的历史过程中，中国共产党和中国人民经过艰难曲折，付出了巨大的代价，才懂得马克思主义的原理必须与中国的具体实践结合起来，从而使马克思主义中国化，成为中国革命实践的指南。在这个马克思主义与中国革命实践相结合的过程中，中国共产党人逐步探索并创立了具有中国特色的社会主义思想理论。这

---

1 《毛泽东选集》合订本，人民出版社，1959 年版，第 1359 页。

一过程所体现的对科学社会主义理论的丰富和发展，便构成了中国社会主义思想发展历史的全过程。对这一过程进行实事求是的研究和总结，以便从历史的深度来思考建设有中国特色的社会主义，是以马克思主义为指导思想的中国社会科学界不可推卸的历史使命和重要任务之一。王继平同志的《中国社会主义思想发展史纲》便是在这方面所作出的初步的、但却是值得赞赏的尝试。

如果以 1899 年《万国公报》第 121—123 期发表《大同学》一文介绍马克思的社会主义思想作为中国社会主义思想传入和实践的起点（在此之前，清朝出使法国的外交官张德彝以目击者的身份在他的《随使法国记》中首次向中国人介绍了世界上第一次无产阶级的革命壮举——巴黎公社的场面。以后，王韬的《普法战纪》和江南制造局编译的《西国近事汇编》也有关于欧洲社会党活动的片断、零星的记载），到 20 世纪的 90 年代初，社会主义学说在中国传播的历史就将近一个世纪的光景了。在这一个世纪的漫长过程中，马克思主义的科学社会主义经历了从零星、片断的介绍，断章取义的曲解，各取所需的附会到科学地、全面地认识，并与中国革命的实践相结合，加以发展和丰富的过程。在这一过程中，先进的中国人，特别是把科学社会主义与中国实际有机地结合在一起的中国共产党人，是如何从片面地理解到全面地理解，从曲解或附会到科学的认识呢？他们又是如何结合中国的实际对科学社会主义的理论进行丰富和发展的呢？中国社会主义思想发展体系是如何逐步形成的呢？这就需要把近代中国历史的发展过程与中国社会主义思想体系发展的过程结合起来，建构一个反映中国社会主义思想发展历史面貌的体系。《中国社会主义思想发展史纲》在研究和借鉴理论界的成果的基础上，在这方面进行了努力的探索，建立了一个体现中国社会主义思想发展历史全貌的初步的体系，即从中国社会主义思想的渊源开始，经过中国资产阶级的宣传介绍，到五四运动时期科学社会主义理论的指导地位确立并与中国工人运动相结合，再到中国共产党人对通向社会主义的中国道路的探索及具有中国特色的社会主义理论的确立。对这一体系的有关探索，是本书的一个显著的特点。当然，这个体系可能是不成熟的，或者是有缺陷的，但它毕竟是向建立完整的科学体系迈进了一步。

中国共产党第十三次全国代表大会指出："马克思主义与我国实践的结合，经历了六十多年。在这个过程中，有两次历史性的飞跃。第一次飞跃，发生在新民主主义革命时期，中国共产党人经过反复探索，在总结成功和失败经验的基础上，找到了有中国特色的革命道路，把革命引向胜利。第二次飞跃，发生在十一届三中全会以后，中国共产党人在总结建国 30 多年来正反两面经验的基础上，在研究国际经验和世界形势的基础上，开始找到一条建设有中国特色的社会主义道路，开辟了建设社会主义的新阶段。"[1] 十三大的论述实际上阐明了中国社会主义思想发展史上，中国共产党人对科学社会主义理论的丰富和发展所作出的创造性的贡献。质言之，这是中国社会主义思想发展史的核心和本质内容。《中国社会主义思想发展史纲》以中国通向社会主义道路的理论即新民主主义革命的理论——中国社会主义改造的理论和中国社会主义建设的理论——有中国特色的社会主义理论这三种重要理论为主线，勾勒了中国社会主义思想发展的基本线索，并认为这是中国社会主义的里程碑，是马克思主义的科学社会主义基本原理与中国社会主义革命和建设的实践相结合而创造的中国社会主义思想表现形态，这就反映了中国社会主义思想发展历史的本质和核心。这也是本书的另一个特点。

这一特点，抓住了马克思主义的科学社会主义是在实践中不断发展的规律这一科学社会主义理论的精髓。"马克思、恩格斯的伟大历史功绩，在于把社会主义从空想变为科学。科学社会主义从学说到实践，从一国建设社会主义的实践到多国建设社会主义的实践，到当前世界社会主义国家改革的实践，都是对社会主义再认识的扩展和深化，都是科学社会主义理论同各国实践和时代发展的结合。在这个过程中，必然要抛弃前人囿于历史条件仍然带有空想因素的个别论断，必然要破除对马克思主义的教条式的理解和附加到马克思主义名义下的错误观点，必然要根据新的实践使科学社会主义理论得到新的发展"[2]。中国共产党人在中国社会主义思想和实践中所创立的中国。通向社会主义道路的新民主主义革命的理论、中国社会主义改造的理论和有中国特色的社会主义建设的理论，就是根据中国的实践使马克思主义的科学社会主义得到新的发展的表现形态，它突破了前人囿于历史条件而作出的某些带有空想因素或具有教条式倾向的个别论断，是中国社会主义思想发展的特色，也是被实践证明了的中国化的科学社会主义。

科学社会主义的基本原理与中国革命实践相结合的中国社会主义思想发展的历史，是充满艰难探索、付出沉重历史代价的曲折发展的过程。

1 《中国共产党第十三次全国代表大会文件汇编》，人民出版社，1978 年版，第 58 页。
2 《中国共产党第十三次全国代表大会文件汇编》，第 58 页。

人类对真理的认识也是一个由浅而深，由片面到全面的过程。在中国社会主义思想发展史上，中国人民也走过许多弯路，付出过沉重的代价，这是并不奇怪的，历史就是在曲折中发展前进的。重要的是不文过饰非，而是实事求是地总结经验教训，以避免重蹈覆辙。《中国社会主义思想发展史纲》在这方面以实事求是的科学态度和勇于探索的精神，既全面表述了中国社会主义思想发展史上的重大历史贡献，也指出了在这一探索过程中的失误，特别是"文化大革命"时期中国社会主义思想发展的曲折波澜。同时，作者并没有停留在这一层次，而是透过对曲折发展现象的分析，说明了中国社会主义思想发展史上值得引为鉴诫的教训。这就增加了从历史的深度来思考建设有中国特色的社会主义的现实感和力度，这是本书的又一特点。

作者认为，中国社会主义思想发展的历史证明，对中国社会主义思想及其实践形成主要干扰的是来自"左"的方向的种种倾向和观点。这是符合党的十三大对中国社会主义思想发展的分析的，也是符合中国近现代历史发展的实际的。长期以来，中国是一个封建的、半殖民地半封建社会，小生产者的思想非常浓厚，且影响深远广泛。中国革命所处的历史环境以及中国社会主义制度建立之初所借鉴的"斯大林模式"都或多或少地影响着中国社会主义思想发展和实践的过程。新民主主义革命时期多次来自"左"的思想倾向的干扰（王明的"左"倾路线是最严重的一次）自不必说，新中国建立后，从1957年以来，党的工作在指导方针上的严重失误主要表现也是在"左"的方面，特别是"文化大革命"期间，更是"左"倾错误的空前泛滥，给社会主义建设事业带来了严重的损害。忆往而鉴今，实事求是地认识和总结中国社会主义思想发展史上的经验教训，乃是从历史的深度来思考建设有中国特色的社会主义所引出的深刻历史教训之一。

科学研究是在不断借鉴和总结前人的研究成果的基础上发展前进的。中国社会主义思想发展历史的研究也应如此。作为中国革命和建设的指导方针和科学社会主义思想理论，历来是新中国学术理论界重视和取得重大成就的领域之一，特别是十一届三中全会以来，这方面的研究成果已是相继面世，如皮明庥的《近代中国的社会主义思潮觅踪》，姜义华的《马克思主义在中国的初期传播与近代中国启蒙运动》，陈汉楚的《社会主义在中国的传播与实践》，李喜所的《略论民国初年的社会主义思潮》以及钱俊瑞、李时权主编的《论有中国特色的社会主义》，等等，都是近年来这方面研究的有价值和有新意的成果。《中国社会主义思想发展史纲》在借鉴和总结这些成果的基础上，比较完整地勾勒出中国社会主义思想发展历史的轮廓，向读者推出了目前理论界第一本初步的，但却是比较系统地介绍中国社会主义思想发展史的著作，这对于进一步拓展这方面的研究进度，对于宣传社会主义和进行社会主义思想教育是具有理论和实践意义的。同时，还应当提到，广西人民出版社的编辑同志在当前图书销售工作尚未走出低谷的艰难拮据的情况下，从加强我国社会主义精神文明建设的长远利益出发，仍将本书列入近期出版计划，确属难能可贵的大好事。还应当提到，对中国社会主义思想发展史的探索，无论从学术理论还是从现实实践的角度来看，都是一桩较为困难，颇具难度的工作，这就决定了本书在某些方面的不足或明显的缺陷。例如，中国古代大同思想和农民的平等思想，包括太平天国的《天朝田亩制度》是否中国社会主义思想源头的问题；在科学社会主义思想的主导地位确立之后，除了应当以中国共产党人对科学社会主义与中国的实践相结合的思想理论的探索为主线以外，是否还可以对各个时期的社会主义其他流派与观点进行剖析，以增加中国社会主义思想发展史的丰富内容；再如在研究过程中，如何进一步正确处理科学研究与理论宣传的关系，在"科学研究无禁区，理论宣传有纪律"的原则指导下，更加勇敢地探索，以科学的态度更多地提出独特的见解，等等，这些问题都是值得作者以及广大理论工作者今后进一步努力的。但是，瑕不掩瑜，对于一个青年同志来说，能够朝这一方向不断地努力，并不断地加强马克思主义的理论修养，确实是精神可嘉。基于此，我认为《中国社会主义思想发展史纲》是值得向广大读者推荐的。

中国共产党第十三次全国代表大会指出："马克思主义是在实践中不断发展的科学。马克思主义需要有新的大发展，这是现时代的大趋势。世界在发生巨大变化，人类文明在突飞猛进，工人阶级和劳动人民的事业展现了新的前景。这一切都要求马克思主义者开拓新视野，发展新观念，进入新境界。"从历史的深层次来深入思考中国社会主义思想发展和丰富的问题，从历史的深层次来思考建设有中国特色的社会主义的问题，是新时期学术理论工作者、特别是史学工作者责无旁贷的使命之一。望作者能在这一领域中不断努力，不断有所进步。谨表祝愿。

（原载王继平：《中国社会主义思想发展史纲》，广西人民出版社1991年版）

《熊希龄与慈善教育事业》序言

1991 年

熊希龄（1870，清同治九年~1937，民国二十六年）字秉三，原籍江西丰城县，先世屡官湖南湘西州县，遂入籍凤凰直隶厅（今凤凰县），故人称熊凤凰。他早年投身维新变法运动。清末，积极参与倡立宪，兴教育，创实业，理财政，办盐运等，均多著成效。入民国后，相继出任财政总长、热河都统，国务总理，身居首揆，统率百僚，为当世所瞩目。嗣因袁世凯先后发布解散国民党和国会的乱命，均经熊希龄副署，致一时物议鼎沸，指此实属随后出现的帝制复辟之厉阶。下野后，于1914年3月由袁世凯任命为"筹办全国煤油矿事"。此时，袁世凯一意倒行逆施，正加紧部署复辟帝制。熊希龄逆料事无可为，乃借故南下。及袁世凯病逝，熊返京，深感中国政局杌陧不安，于是急流勇退，脱离政坛，献身于社会慈善事业，在北京创设"香山慈幼院"。

1931年，日本侵略者制造九·一八事变，侵占东北三省。全国掀起了抗日救亡运动。熊希龄致电张学良、冯玉祥等将领，请坚持抗日，挽救国难。次年一·二八事变，日本侵略军大举侵犯上海。熊希龄深惧国亡无日，于2月12日发布《香山慈幼院院长通告》，宣称"余虽六十老翁，此心不甘亡虏，一息尚存，誓当奋斗"，号召全院总动员，洋溢着献身救国、效死当先的爱国激情。1933年春，日侵略军于侵占热河承德后，进犯长城，熊希龄携长女熊芷等一行，组成救护队，往长城前线救死扶伤，激励士气。

1937年夏，日本帝国主义制造七·七事变大举发动侵华战争。8月13日，日军进犯上海。熊希龄偕夫人毛彦文适在沪，友人劝他俩离沪远避。熊感到："国难当前，余亦国民一分子，应为国家社会稍尽义务，以求共良心之所安。"因而决计留沪，与红十字会一道从事救护工作。嗣因上海陷落，熊被迫偕夫人南下至香港，拟辗转返湖南内地，继续从事抗日救亡工作。抵香港后，因劳累和起居不适，25日突发脑溢血症，不治逝世。终年 67 岁，葬于香港。

熊希龄所从事的政治活动，也许有若干难免被人指责的瑕疵。然而，综其一生，权衡功过，可以用维新—济世—救亡作为主线来表述他的业绩。他是一位应充分加以肯定的历史人物。

长期以来，学术界对熊希龄的评价一般偏低。其原因是他在袁世凯窃踞民国大总统时任过一年多的热河都统（1912 年 4 月—1913 年 7 月）和 8 个月的国务总理。事实上，将这一年多的从政经历同他在 1911 年 10 月辛亥革命爆发后迅即转向拥戴共和，并为创建民国也颇著劳绩的经历比较起来，毕竟只能作为大醇小疵、白璧微瑕来看待。

而熊希龄毕生最为人称道的业绩，还在于他从 1917 年（民国六年）脱离政界起，即孜孜不倦地从事社会福利事业和教育事业所获得的成就。1920 年（民国九年），他在北京香山创立慈幼院，最初只在济贫抚孤，仅属慈善事业性质。办理一年后，感到贫苦儿童中资聪慧者大有人在，于是改变方针，以进行教育，造就人才为主。故从幼稚园起，次第设立小学、师范、中学以至大学（嗣因经费短缺，大学未正式成立）。

凡经慈幼院收养的贫苦幼童、孤儿弃婴，入院起即施以教育。进小学后，12 岁即安排到农工各场当徒工，出院后即可独自谋生。一部分入幼稚师范。少数学业优异者，可资助入中学。不论院内院外孤贫学生，可给以贷款升入大学，俟毕业后就业再分期偿还贷款。

熊希龄除办慈幼院以外，还连年广泛地为水旱灾害和兵燹战祸所殃及的地区和民众举办赈济，或多或少地减轻了灾区的受害程度。

我和秋光同志于 80 年代初即合作承担"熊希龄研究"课题的任务。计划编撰熊的文集和熊的年谱和传记等。我因事冗，未遑顾及，研究工作主要由秋光同志在积极进行着。数年来，他已陆续撰写了一批研究熊希龄的论文，在海内外产生了一定的影响。现他先行撰写专书，叙述和评论熊希龄创设香山慈幼院等有关慈善教育的活动经历、思想观念、成败得失以及在当时中国社会所产生的作用与影响，这无疑是一个有益的尝试。该书的出版不仅有填补学科空白的作用，对于今人的办理教育，也不无参考价值。故特撰卮言以为序。

（原载周秋光：《熊希龄与慈善教育事业》，
湖南教育出版社 1991 年版）

中国近现代思想史研究的新拓展

——评《中国社会主义思想发展史纲》

1991 年

1840 年的第一次鸦片战争后，中国逐步沦为半殖民地半封建社会，山河破碎，国势贴危，致使一代代的爱国志士为之焦心竭虑，相率向西方寻求挽救危亡的真理。鸦片战争后不久，经过东方信徒改篡过的、比较粗糙的基督教信条，曾经成为洪秀全领导太平天国起义的理论依据。19 世纪末，赫胥黎、达尔文的"进化论"被维新派奉为圭臬。转入 20 世纪初，倡"自由""平等""博爱"的资产阶级民主革命思想，又为当时中国的革命者所信服。但是，这一系列的"西学东渐"，却不曾使中国获得独立和走向强盛，而是继续向半殖民地半封建的深渊沉沦下去。只是到了五四运动前后，中国共产党人将马克思主义的科学社会主义陆续地介绍过来，并不断地使之同中国革命的实际相结合，领导全国人民进行前仆后继的反帝反封建斗争，才取得新民主主义革命的胜利，并实现了从新民主主义革命向社会主义的转变，开始了在中国建设社会主义的新旅程。

回顾往事，中国人找到马克思主义的科学社会主义，也曾经历了相当长的岁月，开始只是道听耳食地知道有社会主义学说，有马克思、恩格斯；嗣又经过断章取义地介绍，或各取所需地加以曲解；或随心所欲地附会，最后才确知它是无产阶级革命和改造世界的锐利武器。中国共产党成立以后，又将马克思主义的普遍原理与中国革命的实践结合起来，用以指导中国革命的具体实践。在这一社会主义思想的传播与发展过程中，中国共产党人逐步探索并创立了具有中国特色的社会主义思想理论。这一过程所体现的对科学社会主义理论的丰富和发展，便构成了中国社会主义思想发展历史的全过程，也体现了中国近现代思想史丰富内涵的重要方面。对这一过程进行深入的研究和总结，以便从历史的深层次来思考建设有中国特色的社会主义，并拓展中国近现代思想史研究的领域，是以马克思主义为指导思想的历史科学工作者不可移易的历史使命。湘潭大学历史系王继平同志的《中国社会主义思想发展史纲》（以下简称《史纲》）便是在这方面所作的初步的、值得赞赏的新尝试之一。

若以 1899 年《万国公报》第 121—123 期发表《大同学》一文介绍马克思的社会主义思想作为中国社会主义思想传入和发展的起点的话，到 20 世纪的 90 年代，社会主义学说在中国传播与实践的历史就将近一个世纪的光景了。在这一个世纪的漫长过程中，科学社会主义经历了从零星、片断的介绍，断章取义的曲解，各取所需的附会到科学地、全面地认识，并与中国革命的实践相结合、加以发挥和丰富的过程。在这个过程中，先进的中国人，特别是以马克思主义为指导思想的中国共产党人，是如何逐步探索、丰富和发展科学社会主义理论的呢？换言之，这一过程发展的基本线索是如何展开的呢？中国社会主义思想发展体系是如何逐步形成的呢？这就需要把近代中国历史的发展过程与中国社会主义思想发展的过程结合起来，建构一个反映中国社会主义思想发展历史面貌的体系。《史纲》的作者在研究和借鉴理论界的成果基础上，在这方面进行了有益的探索，尝试着建立了一个体现中国社会主义思想发展历史全貌的初步体系。即：从中国社会主义思想的渊源开始，经过中国资产阶级的宣传介绍，到五四运动时期科学社会主义理论的指导地位确立并与中国工人运动相结合，再到中国共产党人对通向社会主义的中国道路的探索及其有中国特色的社会主义理论的确立。对这一体系的有关探索，是本书的第一个显著特点。

中共"十三大报告"指出："马克思主义与我国实践的结合，经历了 60 多年。在这个过程中，有两次历史性飞跃。第一次飞跃，发生在新民主主义革命时期，中国共产党人经过反复探索，在总结成功和失败经验的基础上，找到了有中国特色的革命道路，把革命引向胜利。第二次飞跃，发生在十一届三中全会以后，中国共产党人在总结建国 30 多年来正反两面经验的基础上，在研究国际经验和世界形势的基础上，开始找到一条建设有中国特色的社会主义道路，开辟了社会主义建设的新阶段。""十三大报告"的论述实际上阐明了中国社会主义思想发展史上，中国共产党人对科学社会主义理论的丰富和发展所作出的创造性贡献。

质言之，这是中国社会主义思想发展史的核心和本质内容。《史纲》以中国通向社会主义的道路的理论——新民主主义革命的理论、适合中国实际的社会主义革命的理论——中国社会主义改造的理论以及中国社会主义建设的理论——有中国特色的社会主义理论这三种重大的理论为主线，勾勒了中国社会主义思想发展的基本线索，并认为这是科学社会主义与中国革命和建设实践相结合而创造的中国社会主义思想理论的表现形态。这就反映了中国社会主义思想发展历史的本质和核心，也抓住了科学社会主义是在实践中不断发展的规律这一科学社会主义理论的精髓。这是本书的第二个特点。

科学社会主义的基本原理和中国革命与建设实践相结合的中国社会主义思想发展的历史，是充满艰难探索、付出沉重代价的曲折发展过程。人类对真理的认识也是一个由浅而深、由片面到全面的过程。在中国社会主义思想发展史上，中国人民也走过许多弯路，付出过沉重的历史代价，这是并不奇怪的。历史就是在曲折中发展前进的。重要的是不文过饰非，而是实事求是地总结经验教训，以避免重蹈覆辙。《史纲》以实事求是的科学态度和勇于探索的精神，既全面表述了中国社会主义思想发展史上的重大历史贡献，也指出了在这一探索过程中的失误，特别是"左"的倾向和"文化大革命"时期中国社会主义思想发展的曲折波澜。并且，作者并没有停留在这一层次，而是透过对曲折发展现象的分析，说明了产生这种现象的社会的、历史的和文化的根源，并引申出值得引为借鉴的经验教训。这就增加了从历史的深度来思考建设有中国特色的社会主义的现实感和力度，也是历史科学为社会主义现代化建设服务的新尝试。这是本书的第三个特点。

鸦片战争以后百年来的中国，是一个剧烈变化、风云变幻的时代，因而也是一个社会思潮蓬勃汹涌、高潮迭起的时代。鸦片战争以降，社会思潮缤纷繁芜，更替莫测：洋务思潮，维新思潮，民主革命思潮，君主立宪思潮，教育、实业救国思潮，国粹主义思潮，无政府主义思潮，新儒学思潮以及社会主义思潮。上述各种思潮的争斗消长、新陈代谢，构成了中国近现代思想史的丰富内涵。对中国近现代思想史的研究因而也成为史家热衷的领域。应当指出，这种研究取得了重大的成果。然而，从中国近现代思想史的角度来探讨社会主义思想的发展，特别是考察其源流、条理其线索、稽查其得失，使之在中国近现代思想史上的发展呈现出一清晰的面貌，却是以往研究者较为疏漏的地方。《史纲》的撰写，是对这一领域的新探索，因而也是对中国近现代思想史研究的新拓展。

应当指出，对中国社会主义思想发展史的探索，无论从学术理论还是从现实实践的角度来看，都是一件颇具难度的工作。这就决定了本书在某些方面的不足。例如中国古代大同思想和农民的平等思想是否是中国社会主义思想的源头问题；在科学社会主义思想的主导地位确立以后，除了阐述中国共产党人对科学社会主义理论的丰富和发展的主要内容外，是否还可以阐述各个时期的社会主义其他流派，以丰富中国社会主义思想发展史的内容等等。这也是值得作者和广大理论工作者今后进一步努力的方向。但是，瑕不掩瑜，对于一个青年同志来说，写出了目前理论界第一本比较系统的中国社会主义思想发展史著作，是值得庆贺的。基于此，我愿意向读者推介这本《中国社会主义思想发展史纲》。

（原载《湘潭大学学报（社会科学版）》1991年第3期）

中国近代思想史的新探索

——评《清末社会思潮》

1991 年

　　特定的历史原因，使近代中国呈现出古今中外各种思想文化意识相互冲突、交汇融合的复杂状况。因此，近代思想史向来是史学研究者们所关注的重要课题。最近由福建人民出版社出版，吴雁南、冯祖贻、苏中立主编的《清末社会思潮》，就是这个研究领域里又一部富有特色的新作。

　　称其新，一是表现在它的体例上。以前的近代思想史著作，一般都只注重于有影响的思想家个体，并按此来排列章节。但是，这种构架存在着窥一斑而不见全豹的缺陷。因为在近代中国，许多思想主张并不仅仅为少数先进思想家所专有，而是曾在社会上辗转流播，广泛地被人们所接受，所鼓吹，从而形成一股股澎湃的社会思潮。正如梁启超在《清代学术概论》中所形象描述的那样，"凡文化发达之国，其国民于一时期中因环境之变迁与夫心理之感召，不期而思想之进路趋于一方向，于是相与呼应，汹涌如潮然，始焉其势甚微，几莫之觉，寖假而涨一涨一涨，而达于满度"。大凡在历史剧烈变动的时刻，更容易出现此类思潮的涨落。甲午战争之后蔚然勃兴的维新变法主张，20 世纪初激荡张扬的民主革命思想，皆可称之为"潮"。如果笔触只及少数思想大家，就难以反映这种时代巨潮的全貌。为此，《清末社会思潮》另辟蹊径，抓住在近代产生过重大影响作用的社会思潮，将思想家的个体汇合到社会的群体中去，力图从宏观的角度更高层次地把握住近代社会进步思想的主脉络。书中反映的这些社会思潮计有爱国主义思潮、变法维新思潮、革命民主主义思潮、君主立宪思潮、教育与实业救国思潮、国粹主义思潮、无政府主义思潮、社会主义思潮等，依次分为 9 章，一一加以论述，共达 41 万余字。编著者既剖析了康有为、章太炎等当时思想界的风云人物，又提及常被人们忽略的雷光宇、徐佛苏、慧兴等"小人物"，并通过大量引用报刊杂志上登载的文章，团体初创时发表的宣言，以及个人的日记文集，确确实实地显示出近代中国的许多思想主张并不仅仅是几个人的构造物，而是一种不可遏制的浩荡大潮。在书的导论部分编者还概述了清末社会思潮的特点及其形成的社会背景和历史条件，在正文之后并附有研究近代思想史所需熟悉的主要文献史料的目录题解近百种，以方便有志初学者。这种体例安排，使读者在开卷之际就感受到了该书的开拓性。

立论公允，富有创见，是该书的又一特色。如"变法维新思想的产生发展"一章中指出，戊戌政变后，作为一种社会思潮，变法维新仍然有着广大的市场，它非但没有消亡，而且在短暂的低落后又迅速地高涨起来，并在深度和广度两方面都获得发展，尤其是梁启超等人的思想在这时达到了最灿烂的阶段。他们倡言民权，提议新民，鼓动小说、诗歌、戏曲、史学革命，创办报刊、书局、学校，介绍西学，翻译西书，其启蒙之功不可抹煞。以前人们在论及 20 世纪初的社会思想时，大都只突出革命民主主义的历史作用，忽视立宪思潮的存在，即使提到立宪派，也只是定下他们旨在抵制资产阶级革命的结论。《清末社会思潮》则认为，伴随民族资本主义的发展和国际国内政治形势的变化，20 世纪初的中国社会还有一股声势颇大的立宪思潮，其时"上自勋戚大臣，下逮校舍学子，靡不曰立宪立宪，一唱百和，异口同声"。主张立宪救国的人们制造舆论，组织团体，发动请愿，使得"立宪之声，洋洋遍全国矣"。他们标帜的所谓君主立宪，君主是虚名，立宪才是实质，它和民主共和主张一样，同样是为了反对封建专制制度，从而建立资产阶级自身的阶级统治。两者的差异，主要仅表现在具体手段和方法的不同，革命派侧重于武器的批判，立宪派则倾向于批判的武器。客观而论，由于革命派偏重武装斗争，平时又不能公开进行社会活动，所以辛亥革命前夕，立宪派在制造反对封建统治的舆论活动上，比革命派所做工作要多。而且在一段时间内立宪派和革命派之间，也远不像人们所认为的那样水火不容，恰恰相反，两者还存在着某种互相提携、合作共事的迹象。1907 年，于右任、杨笃生等同盟会人士创办《神州日报》鼓动革命时，立宪名流马相伯就热情题词，张謇并为之亲书报眉；而宁调元、田桐等又都曾是立宪政党辛亥俱乐部的成员。总之，"立宪派与革命派的关系除了对立与分离的一面外，还存在着统一与合作的一面"。该书中所持的这些观点，都是既具新意又颇能使人信服的。

　　在近代中国，教育救国、实业救国的呼声也曾久盛而不绝。许多知识分子认为中国之弱弱于民，民之弱弱于智，因此，兴办新式教育是救国之本原，所谓"中国尚有一线希望，全在振兴教育"，"人无教育，就不能自立，国无教育，就不能自强"，甚而鼓吹"学战"。与此同时，许多人士又认为"实业兴替关于一切之兴替"，如果没有实业，"家家用洋货，件件请洋工"，国家就必然贫穷，要存国存种，应该全民族倾全力注于实业。显然，这种持论的出发点是为了拯救民族危亡，是爱国的，自有其可贵之处。然而由于长期以来史学界片面强调政治革命的重要性，所以历史上的教育救国和实业救国主张一直遭到否定。但《清末社会思潮》的编著者在承认它们某些时候会模糊人们政治视线的同时，充分肯定了它们对历史的进步亦有贡献，"从社会的一个侧面为中华民族的生存，做了实在而有益的工作"。这种评价无疑是符合历史事实的。此外，20世纪初的国粹学派以前也总被人们一概斥之为"用遗产作为抵制革命和革命的新文化的手段"。而本书有关章节中对此细加辨析，不是泛论，指出当时实际上有两种不同的提倡国粹。一种是清王朝，他们是把"存国粹"视作"息乱源"之方，目的在维护摇摇欲坠的反动统治；而以章太炎、刘师培为首的国粹学派所提倡的"复兴古学"，却曾服务于资产阶级民主革命，他们反满，反专制，反对定孔子于一尊，号召"发扬人性"，宣扬"人权民主"，"合众共和不可已"，从而在清末民主革命的高涨中曾起过积极作用。这类探幽发微之论，在书中不乏其例，凡此种种，都不难看出编著者们敏锐的史学识见和勇气。

　　历史学是一门带有自身特点的科学，它要求研究者在占有充分的史料根据之后才有资格作出结论。《清末社会思潮》所提出的许多新见解，都有大量的史料作根据。略略审视一下该书的注释，就不难发现作者们治学态度的严谨。尤其值得称道的是，书中所引用的报刊、文集、档案、前人著述……凡数百种，都一一标明出处、版本和页码，无有例外，这是很令人敬佩的。

　　当然，《清末社会思潮》一书也并非白璧无瑕。因为是由多位撰稿人分章执笔的缘故，所以在文笔上和观点上都存在着不协调现象，像第4章与第5章对立宪派的论述就有所矛盾。一些问题，如对义和团"扶清灭洋"口号的评价，社会主义思想早期流布是否已成为一股思潮，也都有再商榷的必要。某些段落，尚属泛泛之谈，落于俗套，似乎还有再深入一步的余地。此外，书定名为《清末社会思潮》，而包括的仅限于近代各种顺应历史发展趋向的进步思潮。其实，在传统包袱沉重的中国，常常是落后保守乃至反动的思想意识占统治地位，这些滚滚浊浪往往能淹没进步的社会思潮，如果对它们也作一番细致的剖析的话，也许能帮助我们更全面、深刻的认识近代中国社会和思想文化。尽管如此，我们认为《清末社会思潮》仍可称得上是一部成功之作。如果考虑到它实际成稿于三四年前，就更显得难能可贵了。

（与郑焱合作，原载《近代史研究》1991年第6期）

《辛亥革命新论》序

1992 年 10 月

　　《辛亥革命新论》就要出版了，这是 1991 年全国青年学术讨论会的优秀论文结集，反映了 20 世纪 90 年代中国青年学者的新探索。我很愿意借此机会说几句话，表示我的祝贺与希望。

　　10 年前，即 1983 年，中华书局出版了《纪念辛亥革命七十周年青年学术讨论会论文选》，是为建国后首次青年史学工作者学术讨论会的部分优秀论文结集，出版后受到学术界的欢迎。《中国历史学年鉴》发表评论，指出这是一部值得重视的结集，所以如此，不仅在于论文集的质量，还因为它反映了辛亥革命史研究队伍中的令人感奋的现象——青年一代的茁壮成长。那次讨论会由湖南省史学会和中南地区辛亥革命史研究会共同发起，在湖南长沙举行，为青年史学工作者提供了一个交流学术的机会，对他们的成长起了很好的促进作用。参加会议的许多青年人现在已成为各地的学术骨干，不少人已晋升了高级职称，有的已成为学科学术带头人。目睹近代史学界"青黄不接"的状况有所缓解，我作为那次会议的组织者之一，深感欣慰。

　　为了发扬奖掖青年，提携后学的传统，湖南省史学会、中南地区辛亥革命史研究会会同湖南省政协、民革湖南省委员会、湖南省社科联、湖南省社科院、湖南师范大学、湘潭大学、中南工大、湘潭师范学院、长沙市政协等单位，于 1991 年 10 月 8 日至 14 日在长沙又召开了"辛亥革命八十周年青年学术讨论会"。会前曾收到全国 22 个省、市、自治区青年学者寄交的论文 120 多篇，经组织委员会聘请专家评审，有 84 篇论文的作者应邀与会。会议围绕"从清末社会看辛亥革命的成因"和"从民初社会看辛亥革命的结局"两个题目展开了热烈的讨论。从论文和讨论情况看，这次会议与十年前的那次长沙会议相比，整体水平有所提高，并在如下几个方面明显地推进了辛亥革命史的研究，或者为进一步的研究提供了讨论的基础。

首先，对辛亥革命时期清政府的社会改革、路政改革以及武昌起义后清廷政治态度的变化过程，对清末几种政治方案的矛盾斗争等都作了较为深入的探讨，从而有助于人们对辛亥革命社会环境的了解。关于清末人口问题及其与辛亥革命的关系的研究，则填补了这方面的空白和不足。

其次，关于辛亥革命前后思想文化的研究有了明显的加强。不少论文探讨了这一时期的文化、教育、社会习俗、社会心理和社会思潮，有助于人们从更广阔的视野上认识辛亥革命的历史方位。

第三，对清末立宪问题作了进一步的探讨，论文涉及到留日学生对立宪运动的推动作用，清末中央资政院议员的具体情况等，从而为更加公正地评价立宪派和立宪运动提供了进一步的论据和资料。

第四，对一向为史学界重视的课题，如辛亥革命时期的资产阶级研究和中外关系等，作了新的发掘，提出了有新意的看法。对热门课题的人物研究，也获得了新的进展。如反面人物清朝督抚大吏的研究，革命派中复杂人物胡汉民、汪精卫、李燮和的研究，立宪派人物梁启超、汤化龙、谭延闿的研究，以及鲜为人知的毕永年、邓实、蒋尊簋的研究等等；有文章分析了孙中山的宗教思想，这在过去是很少有人涉及的。

第五，一些论文探讨了某些区域（如广西、贵州、青海、江西）、某些方面（如海军）、某些人群（如客家人）的情况及其与辛亥革命的关系，不仅弥补了辛亥革命时期区域研究的不足，而且又多少开拓了辛亥革命史的研究范围。

上述成就表明，我国青年一代史学工作者是大有希望的，辛亥革命史研究将后继有人。

辛亥革命80周年青年学术讨论会圆满结束之后，会议的组织委员会决定出版论文选，组成了编委会，开始编选工作，并委托刘泱泱、郭汉民负责主编，田伏隆、贺孝武参与审稿工作。限于篇幅，前述几方面有价值的论文无法一一选入，只能表示遗憾了。本集共选入论文40篇，约40万字。这些论文中，有一部分研究了以往没有探讨或研究不足的课题，大部分则使以往的研究有所深化，提出了颇有新意的独到见解，大体上反映了我国青年学者研究辛亥革命的最新水平，具有一定的学术价值，很值得重视。尽管一些文章多少存在着功力不深，文采不足的瑕疵，却也是初入史坛的青年学者往往难以避免的。人们往往说瑕不掩瑜，用在这里似乎也是恰当的。因此，我衷心祝贺这本集子的出版。

青年人需要提携，青年史学工作者尤需提携。梁任公说过"史学成就独晚"的话，表明了研究史学的艰辛。学术会议注意吸收青年人参加，鼓励青年人发表意见是值得提倡的，专门举办青年史学工作者学术讨论会更是一项值得提倡的善举。参加过长沙会议的青年朋友纷纷来信致谢，并畅谈感受，一位来自内地闭塞环境而又对近代史研究执著追求的青年学者说，这次会议使他"找到了衡量自己思想水平的尺度，从而扬起后半生生活和事业奋进的风帆"。我相信这种感受的真实性。1961 年我有幸参加了在武汉举行的辛亥革命 50 周年学术讨论会，那时我作为 38 岁的青年得识史学界前辈吴玉章、范文澜和不少同行贤达，很受教益和鼓舞。在与同行朋友的交流和切磋中，感到辛亥革命史中确有不少课题值得问津，于是确定了自己的主攻方向。我对治辛亥革命史之所以产生浓厚兴趣，就与那次参加武汉会议有着密切的关系。湖南省史学会与中南地区辛亥革命史研究会在辛亥革命 70 周年和 80 周年都在长沙专门举行了青年学术讨论会，湖南省许多单位和学术团体也积极参与，共襄此举，湖南省、长沙市党政领导对此十分关心，拨款赞助，出版界亦不乏提携青年之士。我建议，这种有利于促进青年学者成长的事情今后应当继续做下去，渐次形成传统，每隔十年，开一次讨论会，出一本论文选。我相信，这将有利于学术事业的繁荣兴旺，有利于祖国和平统一，有利于建设社会主义的精神文明。

（原载刘泱泱主编：《辛亥革命新论》，湖南出版社 1996 年版）

《刘揆一与辛亥革命》序

1992 年

刘揆一是辛亥革命时期重要领袖人物之一，曾代理黄兴主持东京同盟会本部工作长达四五年之久，几乎与孙中山、黄兴、宋教仁齐名；民国初年，他又出任过北京政府的工商总长，为中国民族资本主义的发展作过积极的贡献。毫无疑义，他在辛亥革命史上所应有的地位是不容忽视的。但是，长期以来，由于资料缺乏，史学界对这个历史人物却研究得很不够，甚至可以说是一个空白点。饶怀民同志从 1984 年开始，在广泛搜集资料、整理《刘揆一集》的基础上，撰成《刘揆一与辛亥革命》一书，是建国以来第一部研究刘揆一的专著，是辛亥革命史研究的一项新成果，具有填补学科空缺的意义。

详细占有资料，认真加以考订和选择，以史实为根据，力求客观、公允地评价历史人物，既不苛求，又不溢美，是本书的优点之一。十多年来，饶怀民同志一直注重搜集有关辛亥革命的资料，特别是有关湖南辛亥革命的资料，达数百万字，单独或与人合作整理出版过多种资料集，并运用其中刊载的资料，写过不少有价值的学术论文。本书在写作过程中，作者曾运用大量原始资料，例如，《刘氏十二修族谱》《叔祖霖公谈马福益》《汉、满、蒙、回、藏民党会创立意见书》，等等。有的资料是在调查时从民间找来的；有的资料则是在访日期间牺牲休息时间从日本外务省外交史料馆的档案中查询，择其有用者加以复印。这些资料来之不易，反映作者用功之勤。

不囿于成说，敢于开拓，能提出不同见解，是本书的又一长处。作者以历史唯物主义为指导，以史料为基础，对具体问题进行具体分析。不回避、不忌讳，例如在同盟会成立之初，刘揆一主张"不入孙会"之说，赞成组建共进会以及与袁世凯的关系等问题，作者提出了若干颇有见地的看法，读后耐人寻味。

辛亥革命史研究是个热门课题，研究的起点较高，选题一般较为困难。然而，中国近代社会政治经济的发展是不平衡的，进行区域性研究就显得大有必要。本书作者长期从事湖南地区辛亥革命史研究，已取得不少发人深省的成果。刘揆一是湖南湘潭人，他曾和黄兴一道参与筹组华兴会、联络哥老会首领马福益，合谋在湖南发动反清起义，他的早期革命活动是以湖南为其政治舞台的。作者在书中不局限于知人论事，而是将刘揆一置于辛亥革命这一广阔的社会背景中进行考察，使读者不仅对刘在辛亥革命期间的革命历程有清晰的了解，而且对辛亥革命史的某些环节，特别是对湖南辛亥革命运动将会有一个比较完整的认识，从中亦可窥见作者多年来潜心研究湖南地区辛亥革命史的深厚功底。这也许称得上是本书的第三个特点吧。

如同任何其他学术著作一样，本书也难免有论述欠妥之处。但作者对刘揆一在辛亥革命期间的活动和勋劳作了详细的评述，这就不啻是从一个方面一个角度记述了辛亥革命的史事，无疑会起到在一定程度上拓宽和加深辛亥革命史的研究。

（原载饶怀民：《刘揆一与辛亥革命》，岳麓书社 1992 年版）

《黄乃裳传》序言

1992 年

黄乃裳（1849～1924 年），出生农家，年少时半耕半读，胸怀大志。青年时加入基督教美以美会，从而成为一个虔诚的基督教徒，在"上帝"的光环中勾勒过教育救国的宏图。作为维新志士，他参加了 1895 年 5 月康有为领导的著名的"公车上书"。南返后，他创办了福建近代第一份报纸——《福报》，持续地宣传变法维新。"百日维新"期间，他在京积极参与变法，多次上书，因而被清政府立案追究。作为爱国侨领，他主持创建了蜚声海内外的沙捞越"新福州"垦场（即今马来西亚诗巫地区），至今还得到东南亚华人的称道。作为革命党人，他追随孙中山，投身于资产阶级民主革命，作出了可贵的贡献。黄乃裳一生苦苦探索，寻求祖国的富强之路；他顺应历史潮流，勇于进取，矢志不渝，奋斗终生。

一、黄乃裳的影响及其研究价值

黄乃裳逝世后，林森等名人撰文纪念。福州南台万侯街改名为"乃裳路"。1979 年，旅居马来西亚、新加坡的华侨捐资在黄乃裳故乡闽清兴建了黄乃裳纪念馆。1982 年，华侨又捐资建造黄乃裳半身铜像置于纪念馆内，由省政协副主席许显时先生（现已逝世）主持揭幕仪式，同时举办"黄乃裳事迹展览"。厦门华侨博物院也设专栏展出黄乃裳主持拓荒"新福州"的事迹。

黄乃裳陵墓已定为县级文物保护单位，近又定为省级文物保护单位。

黄乃裳在东南亚一带很有影响。他被沙捞越诗巫的华侨尊为"港主"。为追念黄乃裳的业绩，诗巫福州公会于 1951 年兴建纪念楼，立黄乃裳铜像。1958 年，诗巫市议会将新建的一条大街命名为"黄乃裳路"。"新福州"垦荒 35、50、60、70、80 周年时，都举行了隆重的纪念典礼，出版特刊，缅怀黄乃裳的事功。马星福州社团总会也编印纪念黄乃裳的特刊。1991年3月16日,是"新福州"垦荒90周年纪念日,诗巫福州公会举行了空前盛大的庆典。

散居世界各地的祖籍福州地区的外籍华人和华侨往聚诗巫,共同纪念黄乃裳拓荒功绩。福州市首次组团前往参加了这一庆典。

黄乃裳的一生,几与中国近代史相始终。他经历了资产阶级改良运动到旧民主主义革命的历程。他的思想和实践随着社会历史的发展而更新而前进。黄乃裳一生社会活动范围广、影响大、多彩多姿,在中国近代史、福建地方史、华侨史上都具有研究价值。

国外的史学研究者对黄乃裳十分重视。马来西亚、新加坡有不少人对他进行了研究,其中最有成就的是马来西亚籍华人刘子政。刘氏于1979年出版了《黄乃裳与新福州》一书,近年来,欧美的一些史学研究者也对黄乃裳及其业绩怀有浓厚的研究兴趣。在国内,解放前一些华侨史的著作都提及黄乃裳领导拓荒一事,还有不少纪念性的文章。解放后,尤其是近年以来,黄乃裳研究逐渐得到重视,有关的研究文章日多。福州市侨联、闽清县人民政府、福州市社联、福建省华侨历史学会等单位于1991年11月联合召开黄乃裳学术讨论会,邀请了海内外研究者及马来西亚沙捞越知名人士参加,这是一件盛事。

黄乃裳思想发展的主线是爱国主义,对其进行深入研究,探究其不同时期思想的演进,正确评价其历史地位与功绩,对于近代史、华侨史、革命史以及福建地方史的研究,都大有裨益。由于黄乃裳在东南亚的华人中还很有影响,因此,对他的研究与宣传,是一项激发华侨爱国爱乡热情,开展爱国主义教育的好题材,具有重要的现实意义。

二、黄乃裳研究中的问题与本书的特点

纵观至今所能见到的有关研究黄乃裳的著述,虽成绩不少,但也有不足之处。主要不足有:(1)对黄乃裳的研究还不够系统、深入,大部分研究集中于他领导移民拓荒一事,而对于黄乃裳的其他重大活动则很少涉及。即使是拓荒一事,能深入透彻分析的也极为少见。(2)史料的搜集、挖掘不够,资料缺乏,研究者使用的史料大多是来自黄乃裳的《绂丞七十自叙》,其中差错不少,某些方面甚至以讹传讹。

本书作者久已注意上述问题,搜集了不少第一手资料,力求有所突破。通观《黄乃裳传》,有以下特点:

(1)史料较为丰富、翔实。本书作者经10余年的努力,从各种报

刊及他人文集中，搜集了黄氏遗文 10 余万字，同时，较为深入广泛地进行社会调查，遍及黄氏故乡的亲族、遗属，以及通过亲友，向诗巫拓荒地的福州籍侨胞做了调查。

（2）对黄乃裳一生的介绍与评价较全面较中肯，突破以往的研究。作者从黄乃裳的青少年时代写起，于黄氏重大事件落笔，按其思想发展的脉络，叙述至他逝世为止。书中内容既全面又有重点，且条理清晰，逻辑性较强。

（3）注意考证，澄清了不少重要的史实。

无庸讳言，本书也存在一些不足之处。由于历史的原因，尤其是在 10 年动乱中，不少很有价值的材料散失了。据作者称，在走访黄乃裳的第六子黄育卓先生时，育卓先生告诉作者，他家中原有不少父亲当年留下的遗物，单是梁启超等人给他父亲的信件就有一竹箱，均在"文革"中散失，荡然无存。尽管本书作者做了大量搜集史料和口碑的工作，但仍有史料略显不足的感觉。如第一章《青少年时代》与第七章《晚年的日子》，即稍嫌不够深入。此外，结尾也觉仓促了些。然而，作为唯一的、第一部的黄乃裳传记，是值得向读者推荐的。

（原载詹冠群：《黄乃裳传》，福建人民出版社 1992 年版）

附录:

林增平先生生平大事年表

周秋光 编

1923 年 12 月 30 日（旧历 11 月 23 日）出生在江西省安源煤矿。老家在萍乡县芦溪镇的东北角，始祖从福建莆田县迁来。经过 200 年的繁衍生息，一直聚族而居，故地名称林家坊。父道一，别名林立，生于1891 年，民国初年入湖南高等工业学堂学机械专业，1923 年在安源煤矿任技师。母张世芬，生于 1891 年，与父亲同岁，不识字，小脚，共生育 6 个儿女（4 男 2 女），一生操持家务，是典型的贤妻良母。先生小名"安安"，出生后未满一岁，随母回老家居住，取名增禄。6 岁进族中设立的小学念书，启蒙师周先生嫌增禄名俗气，改为增平。刚满 9 岁，随父母迁居南昌，继续上小学。

1935 年　12 岁。在南昌北营坊小学毕业。

1938 年　15 岁。随父母入川避难。转入成都石室中学上初中三年级。

1941 年　18 岁。是年末，父亲转到湖南芷江工作，乃出川回江西，入萍乡中学借读半年，于次年夏高中毕业。

1942 年　19 岁。是年夏高中毕业后报考刚刚开办两年的国立中正大学（创设于当时江西省政府所在地泰和县杏岭），放榜时得录入文法学院文史系。10 月绕道赶到赣州城外分校入学。同系同学 20 人许。是年冬在江西赣州中正大学分校参加三青团，但未领团证，未参加活动，后自动脱离关系。

1943 年　20 岁。从分校转到泰和本校学习。

1944 年　21 岁。春夏间杏岭伤寒病流行，校内人人自危，一派惶恐。暑假期间日军发动豫湘桂战役，赣中受扰，学校被迫迁往宁都长胜圩，因祖母去世，道途梗阻，只得休学一年，在家乡濂溪小学教书。

1945 年　22 岁。是年秋，抗战胜利，学校迁往南昌望城岗，大部分校舍是旧军营。复学时，文史系分为中文、历史两系，原同班同学约20 人，读了 1 年后，绝大多数已转入别系，剩下只有 4 人，分两系时，仅先生 1 人选学历史。幸从厦门大学转来一位借读的，加上一位复学的，凑成 3 人。

1946 年　23 岁。念正大三年级。

1947 年　24 岁。在艰困的条件下念完四年级，是年 7 月毕业，获学士学位，旋即留系任助教。8 月到广州住 1 月。

1948 年　25 岁。在正大历史系任助教。7 月 20 日结婚，妻李维秀，1929 年 9 月 10 日生，比先生小 7 岁。

1949 年　26 岁。是年五月南昌解放。中正大学由江西军管会接管，改名南昌大学。

10 月 10 日，由南昌大学改革委员会（主任委员艾寒松、副主任委员农康）聘任为南昌大学政治学院助教，任期从 1949 年 9 月 1 日至 1950 年 7 月 31 日。11 月入南昌八一革命大学学习。

1950 年　27 岁。是年 2 月在八一革命大学学习结束，仍回南昌大学任教。承担历史系政治理论课的辅导和部分讲课任务。7 月 8 日收到南昌大学校务委员会（主任委员刘乾才，副主任委员蔡方荫、杨惟义、郭庆棻、魏东明）临时聘函："兹经本委员会决定，下学年度聘请先生继续留校任教，除呈报中南教育部，俟奉批准、再行致送正式聘书外，特先函约，敬请惠允为荷。此致林增平先生。"是年参加土改 7 个月。

1951 年　28 岁。8 月，先生由校务委员会正式聘为南昌大学文法学院文史学系助教，任期至次年 7 月。但先生是年 11 月 15 日复由校务委员会聘为文法学院文史学系讲师。任期从本年 8 月至次年 7 月。先生在文法学院文史学系主要是担任政治课教师，讲授的课程有：《社会发展史》《中国革命史》《新民主主义论》。同时兼任教育系的《中国近代史》课程，这为以后专门从事中国近代史教学与研究奠定了基础。

1952 年　29 岁。在南昌大学文法学院文史学系任讲师，主要教政治，兼教中国近代史，一直到次年 9 月。

1953 年　30 岁。是年中南区进行院系调整，于 10 月调到湖南师院历史系任讲师（担任讲师一直到 1962 年 12 月）。同时从南昌大学调到湖南师院来的尚有尹长民（在生物系）、林立炟（在化学系）等人（此 3 人有 2 人担任湖南师院院长，1 人担任副院长，被南昌大学传为美谈）。先生到湖南师院历史系任教主要是从事中国近代史的教学与研究，开始编写《中国近代史讲义》。自称："我调到湖南师院任教，从那时起，每年都承担专科、本科中国近代史课程的教学任务，每年都把讲义从头到尾校订、修改、充实、提高。经过 4 次轮回，这部讲义就由湖南人民出版社于 1958 年以《中国近代史》书名分上、下册出版。在这几年内，为把讲义修订好，我一般地说得上是专心致志，埋头苦干。除了炎天三伏，午睡这个程序是被我从日常生活里排斥出去了的；而且，还经常捐弃了文娱活动，开夜车是每日例行功课。这当然不足为训。但话又得说回来，做学问，在年富力强的岁月，是应当下点苦功夫的。"是年，长女林颖出生。

1956 年　33 岁。是年下学期，先生妻李维秀从南昌调来湖南师院，从事档案工作。

1957 年　34 岁。

1958 年　35 岁。先生的《中国近代史》讲义由湖南人民出版社以同名书出版，分上下两册，都 60 万言。出书后，被不少大学和科研院所定为教材与研究生参考用书（如四川大学历史系、河北大学历史系、上海社科院经济研究所、湖南社科院等单位。该书 1979 年重印 5 万部，1984 年初第 4 次重印，又发行 3 万多部）。从是年起任湖南省历史学会副理事长（理事长为谢华）。

1959 年　36 岁。是年 12 月，出席省第二届政协会议，担任"社会科学团体"界别政协委员（该届政协委员任期至 1964 年 9 月）。

1960 年　37 岁。子林维纲出生。

1961 年　38 岁。任历史系副主任。

1962 年　39 岁。是年所撰知识丛书小册子《辛亥革命》由中华书局出版，5.8 万字。

是年担任湖南省哲学社会科学联合会副主席。

1963 年　40 岁。

1964 年　41 岁。是年晋升副教授。

1965 年　42 岁。是年 9 月，出席省第三届政协会议，继续担任"社会科学团体"界别政协委员（该届政协中经"文革"停止活动，直到 1977 年 11 月才恢复）。

1966 年　43 岁。

1967 年　44 岁。

1968 年　45 岁。

1973 年　50 岁。是年 11 月中旬，人民出版社林言椒来长沙，邀先生参与编写一部通俗的中国近代史以教育青少年。没想到先生此时尚未全部解放，"依然在'黑洞'之中受审查，经过上下各层多方磋商，总算同意"先生出来参加编写中国近代史的工作。林与先生在湖南宾馆第一次见面，商谈了《近代中国史话》的编写计划。

1974年　51岁。是年7月13日，中共湖南师院委员会为先生与羊春秋、马积高等人在1971年"一打三反"和清查"5.16"运动中的遭受迫害举行平反，组织上错整的材料当众烧毁。本人被迫写的检查交代材料，退还本人。17日，中共湖南师院史地系总支委员会亦为先生举行平反。谓1971年清查"5.16"中，卜占亚转移了斗争大方向，将先生列为清查"重点人"，现为先生平反恢复名誉。是年，所撰历史知识读物《辛亥革命》由中华书局出版，3.5万字。

1975年　52岁。是年应邀参加《辛亥革命史》编写组，与章开沅先生同为主编。为整合全书，先生先后往居北京3年之久。

1977年　54岁。是年11月，第三届省政协恢复开会，先生仍继续担任省政协委员，界别为"社会科学界"（该届政协委员任期至1983年4月），并担任省政协文史资料委员会副主任。是年，先生主编的《近代中国史话》由人民出版社出版。

1979年　56岁。7月评职称申报教授，王永康、孙秉莹为先生主要著作论文写鉴定意见。8月湖南师院党委为先生撰写《关于历史系林增平提升为教授的材料》，谓"林增平同志教学成绩卓著，在学识水平方面，是已具有更高水平的副教授，根据国务院关于高等院校教师职称确定与提升办法第三、七条的有关规定，经群众讨论，党总支研究，院学术委员会鉴定，评审委员会审议，党委通过，同意林增平副教授提升为教授"。但该项工作一度推延，10月，湖南师院学术委员会又为先生讨论通过了一份《关于历史系林增平副教授的鉴定意见》，到12月20日，湖南师院党委在先生的申报教授表上签署了"根据《国务院关于高等学校教师职务名称及其确定与提升办法的暂行规定》第三、七条，经群众讨论，系党总支研究，经学术委员会鉴定，评审委员会审议，党委讨论通过，同意林增平由副教授提升为教授"的审查意见，上报省教委，次年获批准为教授。是年先生由学院任命为历史系主任，同时招收硕士研究生。第一位研究生为鲜于浩。是年先生担任中南地区辛亥革命史研究会副理事长。

1980年　57岁。先生是年提升为教授，并担任湖南省历史学会理事长（按在先生之前有孟树德担任历史学会理事长两年，孟之前系谢华任此职，那时先生一直任副理事长），心情舒畅，深感"文革"失去时间太多，如今已近"花甲"之年，决心减少行政与社会各兼职，全力从事教学与科研。是年他在所填一年一度的教师工作登记卡中对工作安排的意见一栏中这样写道："兼职太多，拟请解除历史系系主任、省政协委员等兼职，希望不再任任何行政职务，增加本系基础课教学任务，准备开出《近代中国资产阶级》选课，俾可抽出时间编写讲稿、教材"。是年 12 月，与章开沅先生主编之《辛亥革命史》上册（分卷主编：林增平、肖致治、冯祖贻、刘望龄）、中册（分卷主编：隗瀛涛、吴雁南）两卷由人民出版社出版。

1981 年　58 岁。先生终因"名气"太大，所请解除历史系主任一职被接受了，但是年 2 月 23 日被省政府（省长孙国治）任命为湖南师范学院副院长。院长为尹长民教授。

是年 7 月，与章开沅先生主编之《辛亥革命史》下册（分卷主编：王天奖、刘望龄）一卷由人民出版社出版。

1982 年　59 岁。5 月，先生应山西《晋阳学刊》编辑部约稿，撰《林增平自传》刊《中国现代社会科学家传略》（《晋阳学刊》编辑部编，山西人民出版社 1983 年 12 月出版）。在这份自传里，先生追述了自己的早年学习与工作经历，也概述了自己的学术发展脉向。有感于转眼就是花甲之年，表达了希望"能在花甲之后摆脱一切行政职务，专门从事学术工作"的愿望。

1983 年　60 岁。4 月，先生赴京参加中国史学会首次学术年会暨中国史学界第三次代表大会，先生时以湖南史学会理事长、中国史学会理事身份与会。随同先生赴会的湖南代表有陶懋炳、伍新福、徐泰来。是年湖南师范学院院长尹长民调省里任职（后尹于 1985 年 7 月 10 日由省政协五届三次会议增选为五届省政协副主席），先生于 12 月 30 日由省政府（省长刘正）任命担任院长。书记为张楚廷。是年先生任湖南省第六届人大代表、常委。参加省人大代表会议期间，先生接受了《湖南日报》记者采访，对过去的坎坷经历深沉而又风趣地表白道："我可算是一个老'运动员'啦！1958 年，我被当作'白旗'拔过；1959 年，被当作'右倾'反过；1960 年，说我学术上有'修正主义'观点，被批过；1964 年到 1965 年，我又成了'洗手洗澡'的对象。'文革'时更不用说，我成了'反动学术权威'，上报刊，进广播，关牛棚，搞劳动。然而，这一切我都经受住了。""有人曾经关切地对我讲，你一生走过的路真是坎坷不平呀。我倒觉得不怎么样。""党犹如我的母亲，在我的生命途中，离不开党的培养。我 28 岁时，晋升为讲师。

1963 年，当上了副教授，担负起系的领导工作。50 年代，党组织就为我创造条件，发表了我写的著作《中国近代史》。我对党是有着深厚的感情和爱的。再批再斗，我只觉得自己给予党和人民的太少太少了…"记者赞道：一个受过多年迫害、冤屈的人，却作起自我批评来了，这是多么高尚的情操，这是一个真正革命者的气度。先生并对记者说："我们要争取在五六年时间里，把系里的中国近代史研究室建成一个教学、研究和培养人才的中心，特别是要培养出一些 30 岁左右、有相当研究能力的同志……30 岁左右，是一个人的最佳年龄。应该把握住这段黄金时光，争取多出成果，以后再不断提高。"

　　1984 年　61 岁。9 月 28 日，经省人民政府批复，湖南师范学院改名为湖南师范大学，先生任校长。是年先生应北京图书馆文献丛刊编辑部约稿，撰自传体文《治史琐言》，更详细地叙述了自己学习研究中国近代史的历程，刊《中国当代社会科学家》第九辑（书目文献出版社 1986 年 12 月出版）。花甲之年刚过，先生的愿望是："能在 2、3 年内摆脱一切行政职务，专门从事学术工作。计划有：继续与章开沅同志等合作，编纂一部《辛亥革命编年实录》；参加《中国近代史资料丛刊、辛亥革命》（续编）的编纂工作；1987 年起修订三卷本《辛亥革命史》。与此同时，还参与白寿彝同志主编的多卷本《中国通史》的编撰工作，将偕章开沅、龚书铎同志分担第十二卷《近代前编》的主编；参加戴逸同志为首的"《清代人物传稿》（下）编辑组"，分担编辑任务。此外，我还不自量力，担任"《魏源全集》编委会"主任委员，不时得为此事张罗奔走。今冬明春，将与周秋光同志合作，完成《熊希龄集》的编纂计划。工作如此繁杂多头，能兑现吗？好在我们的后续力量已上来了，他们中有的正崭露头角。这使我满怀信心"。

　　1985 年　62 岁。先生应日本东京辛亥革命史研究会学者中村义等人邀请，由日本国际交流基金会资助，于 10 月 17 日赴日本讲学，访问了东京、京都和横滨等地，31 日回国，前后 15 天。

　　1986 年　63 岁。先生以年事渐高，需集中时间和精力专事学术研究，故开学以来，乃坚请辞去校长一职，推荐张楚廷以代（时张任书记、副校长），并向省政府保证不离开湖南师大（时有调任先生为湖南省社科院院长之说），四月获准辞职。9 月 24 日，被华中师范大学（校长章开沅）评聘为华中师范大学中国近现代史专业兼职博士研究生导师，此前由华中师大申报国务院学位委员会认可，取得博士生导师资格。是年先生任湖南省第七届人大代表、常委。

1987年　64岁。先生从事教育工作30年，9月，湖南省政府特授予荣誉证书。

9月29日，先生被中国人民大学（校长袁宝华）特聘担任清史研究所兼职教授（两年一聘，1990年12月31日续聘）。11月12日，先生被吸收加入中国民主促进会（介绍人是湖南师大民进成员吴启主、顾延龄，民进师大总支10日讨论通过，12日民进省委批准。其时先生所填入会申请表上担任的社会职务尚有：湖南省人大常委、中国史学会理事、辛亥革命史研究会副理事长、湖南省统战理论研究会副会长、湖南省哲学社会科学联合会副主席、湖南省历史学会理事长）。是年开始招收博士生，挂靠华中师大博士点。第一个博士生为郑焱。是年邀北京人民出版社林言椒先生编《中国近代史研究入门》。

1988年　65岁。3月6日，先生经第六届全国政协第十七次常委会决定，为第七届全国政协委员。是年7月，湖南省民进第二届代表大会召开，举行换届选举，先生以高票当选，继陈孝禅担任湖南省民进第二届主委。是年12月，与章开沅先生合作主编之《辛亥革命运动史稿》由中国人民大学出版社出版。

1989年　66岁。是年3月，被湖南省政府聘为湖南省文史研究馆馆长，主持馆务。5月4日，被四川大学历史系聘为近代史专业研究所客座教授。同年应邀赴美讲学，4月18日签发护照，5月13日出境，6月6日返国，来去都经上海虹桥机场，前后共24天。此次访美系由密执安州立大学弗林特校区邀请，除访问该校区，还到波士顿访问哈佛，在孔祥吉家住8日。嗣又于返程时访问加州大学戴维斯分校，住普莱斯家。又应左犹麟女士邀请至克里蒙特访问她所在的学院。其时正是"八九"风波，"六四"学潮，有人劝先生留在美国，但先生毅然回国。9月，先生被评为省教育系统劳动模范，同月又被评为全国优秀教师，获得奖章。

1990年　67岁。先生手创的中国近代史学科经国务院学位委员会［1990］028号文件批准为博士学位授予单位。7月5日，先生经湖南省历史学会89年度学术会议通过，任湖南省历史学会第五届理事长。

1991年　68岁。7月15日，先生被湖南省社科联聘为湖南省首届社会科学优秀成果评审委员会副主任、学科联合复评组组长。9月25日，先生被全国哲学社会科学规划领导小组聘为全国哲学社会科学"八五"

中国史学学科规划小组成员。9月29日，先生经中共湖南省委同意，被湖南省社科联聘为名誉主席。10月1日，先生由中华人民共和国国务院授予为发展我国高等教育事业做出突出贡献专家，自本年7月起发给政府特殊津贴（政府特殊津贴第〔91〕943095号），每月100元。12月，先生被湖南省教委评为湖南省普通高等学校科技先进工作者。

　　1992年　69岁。年初，先生被评为湖南师大九一年度"十大新闻人物"。5月11日，到北京参加社科基金评审，住北太平庄远望楼，18日返长，19日到家。8月28日，先生以身体不适检查住进湘雅附二院，本来是要为前列腺开刀动手术，结果检查出为胃癌。住院治疗4个月整，省政府和学校以及各方面对于先生病情十分关注。副省长郑培民到医院看望3次。学校领导在先生病中还特地于11月23日上午在师大图书馆一楼报告厅为先生举办七十寿辰庆典，同时在23日下午和24日一天举办"林增平与中国近代史研究"学术研讨会。与会者除了省内各有关领导和部门代表、先生同好、学生以及亲朋戚友，还有来自省外的学者及有关人士。先生特从医院赶来，出席了祝寿庆典。副省长郑培民也来了。先生很高兴，坚持坐了两个多钟头，讲不出话，只喊谢谢。12月27日7时20分，先生因病不治逝世。

图书在版编目（CIP）数据

林增平辑 / 周秋光编 . - 北京：民主与建设出版社，
2014.12

ISBN 978-7-5139-0506-0

Ⅰ . ①林… Ⅱ . ①周… Ⅲ . ①林增平（1923～1992）-
选集 Ⅳ . ① C52

中国版本图书馆 CIP 数据核字 (2014) 第 256545 号

林增平辑

出 版 人：许久文

编　　校：周秋光

责任编辑：刘　芳

设计制作：嘉伟文化

出版发行：民主与建设出版社有限责任公司

电　　话：(010)59419778　59417745

社　　址：北京市朝阳区曙光西里甲六号院时间国际 8 号楼北楼 306 室

邮　　编：100028

印　　刷：长沙湘诚印刷有限公司

版　　次：2014 年 12 月第 1 版第 1 次印刷

开　　本：710×1000　1/16

印　　张：39

书　　号：ISBN 978-7-5139-0506-0

定　　价：95.00 元

注：如有印、装质量问题，请与出版社联系。